Shanqu Gaosu Gonglu Jianshe Jishu Lunwenji

# 山区高速公路建设技术论文集

## （上）

重庆高速公路集团有限公司　主编

人民交通出版社

## 内 容 提 要


本书以重庆“二环八射”高速路网建设和运营成果为依托，从技术创新、人文景观和自然环境等多角度，详细阐述了公路工程技术、桥梁工程技术、隧道工程技术、交通工程及环保景观技术和工程建设管理技术等内容。

本书可供高速公路规划、设计、科研管理人员借鉴参考。



**图书在版编目（CIP）数据**

山区高速公路建设技术论文集．上/重庆高速公路集团有限公司主编．—北京：人民交通出版社，2010.9

ISBN 978-7-114-08615-1

Ⅰ.①山… Ⅱ.①重… Ⅲ.①山区－高速公路－道路工程－文集 Ⅳ.①U412.36－53

中国版本图书馆 CIP 数据核字（2010）第 164287 号

书　　名：山区高速公路建设技术论文集（上）
著 作 者：重庆高速公路集团有限公司
责任编辑：沈鸿雁　丁润铎
出版发行：人民交通出版社
地　　址：(100011) 北京市朝阳区安定门外外馆斜街 3 号
网　　址：http://www.ccpress.com.cn
销售电话：(010) 59757969，59757973
总 经 销：人民交通出版社发行部
经　　销：各地新华书店
印　　刷：北京鑫正大印刷有限公司
开　　本：880×1230　1/16
印　　张：16.75
字　　数：495 千
版　　次：2011 年 7 月　第 1 版
印　　次：2011 年 7 月　第 1 次印刷
书　　号：ISBN 978-7-114-08615-1
总 定 价：90.00 元

# 目 录

## 一、公路工程



## 二、桥梁工程

# 一、公 路 工 程

# 重庆"二环八射"高速公路建设情况简介

重庆高速公路集团有限公司

(重庆高速公路集团有限公司　重庆　401121)

**摘　要**:重庆高速公路在经历了20年高速发展和艰苦建设后,将在2010年全面建成"二环八射"高速公路主骨架网,期间取得了4次中国建筑工程鲁班奖、1条科技和典型示范路等辉煌成就。重庆高速公路在建设过程中,针对"二环八射"高速公路特点,不断总结经验,形成了一套适合山区高速公路建设管理的经验。该经验对重庆未来高速公路的建设有重要指导意义。

**关键词**:高速公路　建设　经验

## 1　重庆高速公路规划简介

1997年重庆"九五"计划纲要提出:要加快形成重庆主城和都市圈的高速环路和放射状快速干路。

2001年重庆"十五"计划纲要提出:推进出口大通道、国道主干线、重要联络支线、省区(市)际断头路建设,建成主城外环高速公路,初步形成以国道干线为骨架、省道一级和二级公路为主体的放射状快速公路网。2005年全市高速公路里程达到689km;高等级公路占全市公路总里程的比重达到19%。现已建成上海至成都国道主干线万州—梁平—长寿段、重庆至湛江国道主干线上桥—崇溪河段、国道212线重庆—合川高速公路和重庆—广安高速公路,正在开工建设重庆—遂宁高速公路。

2003年原交通部对重庆"十五"规划作出重大调整:到2010年将建成"二环八射"的主骨架公路网。

2006年重庆"十一五"规划提出:按照2020年建成"三环十射三联线"高速公路骨架的总体规划,"十一五"期间加快建设重庆至遂宁、重庆至上海、重庆至长沙、重庆绕城公路、重庆至泸州、巫溪至奉节等高速公路建设,形成以主城特大城市为中心、直接连接全市90%以上的区县(自治县、市)的"二环八射"高速公路骨架,进一步深化其余项目的前期工作并争取部分开工。

重庆市高速公路通车里程统计如图1所示。

## 2　"二环八射"高速公路简介

### 2.1　"二环八射"高速公路基本情况

"二环八射"高速公路指围绕重庆主城建成两条环线高速公路和从环线高速公路辐射的八条射线高速公路。"二环"指内环高速公路、绕城高速公路,"八射"指重庆至四川省成都(简称"成渝高速")、重庆至四川省遂宁(简称"渝遂高速")、重庆至四川省武胜(简称"渝武高速")、重庆至四川省邻水(简称"渝邻高速")、重庆至湖北省宜昌(简称"渝宜高速")、重庆至湖南省(简称"渝湘高速")、重庆至贵州省(简称"渝黔高速")、重庆至四川省泸州(简称"渝泸高速")。

"二环八射"高速公路总里程1 903km,桥梁1 420座/282km,其中特大桥64座、隧道187座/322km,其中特长隧道36座,平均桥隧比例达32%,最高达74%。

重庆市,从1994年仅有一条高速公路(成渝高速公路)114km,到2009年建成高速公路总里程达1 578km,15年时间,平均每年建成通车超过100km;每百平方公里高速公路密度由0.14km提高到1.92km。

### 2.2　"二环"高速公路简介

#### 2.2.1　内环高速公路简介

内环高速公路由渝(重庆)长(寿)路的一部分、渝(重庆)黔(贵州)路一期的一部分和上(桥)界(石)路组

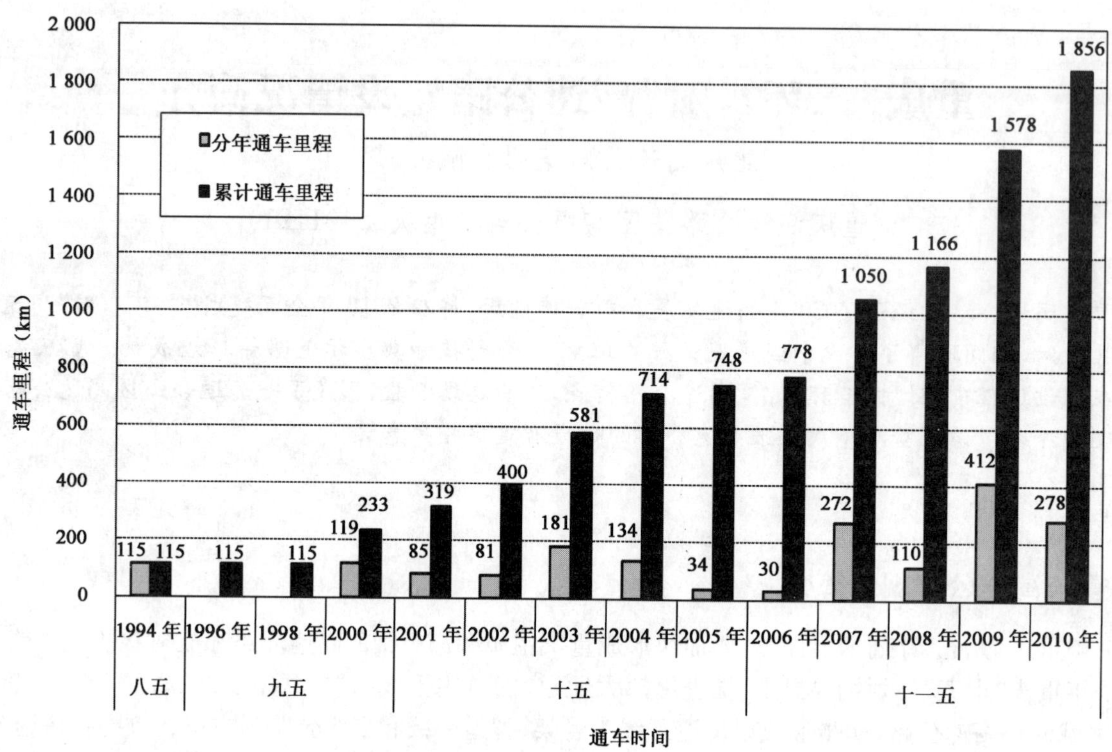


图 1　重庆高速公路通车里程统计

成，全长约 72.8km。高速公路设计行车速度 80km/h，路基宽度 31m。控制性工程主要有大佛寺长江大桥和马桑溪大桥，其中马桑溪大桥于 2003 年获得鲁班奖。

自 2000 年到 2002 年陆续建成，并最终形成的重庆内环高速公路，为重庆城市建设和经济发展做出了巨大贡献。

2.2.2　绕城高速公路简介

绕城高速公路国高网编号为 G5001，由东西南北等四段组成，全长约 187.3km。G75 北碚立交至 G93 江津立交段，设计行车速度 120km/h，路基宽度 34.5m；其余路段设计行车速度 100km/h，路基宽度 33.5m。控制性工程主要有鱼嘴长江大桥、江津观音岩长江大桥。

绕城高速公路于 2009 年全线贯通，将重庆主城范围带入"二环"时代，将为重庆经济建设注入更多活力。绕城高速公路不仅是重庆高速公路建设标准最高的高速公路，而且是交通运输部科技示范路和典型示范路的"双示范路"。

## 2.3　"八射"高速公路简介

2.3.1　成渝高速公路

成渝高速公路国高网编号为 G85（简称"渝昆高速"），全长 114.5km，设计行车速度 60km/h，路基宽度 23m；于 1994 年建成通车，是重庆市修建的第一条高速公路，其中缙云山隧道于 1997 年获得鲁班奖。

2.3.2　渝遂高速公路

重庆至遂宁（重庆段）高速公路网编号为 G93（简称"成渝环线"），其东接重庆市高速公路内环，西连重庆至遂宁公路四川段，形成重庆与成都两大城市间的第二条快捷的高速公路通道，比原有成渝高速公路缩短里程 45km。

渝遂路起点位于重庆市主城区的沙坪坝区，止于潼南县双江镇丁沟村。渝遂路全长约 111.8km，设计为双向四车道高速公路，计算行车速度 80km/h，路基宽 24.5m。该路于 2004 年 12 月开工，于 2007 年建成通车。

2.3.3 渝武高速公路

渝武高速公路网编号为G75(简称“兰海高速”),其南接重庆市高速公路内环,北连四川省南充至武胜高速公路。

渝武高速公路起点位于重庆市主城区的渝北区,止于川渝界的武胜。该路全长约92km,设计为双向四车道高速公路,计算行车速度80km/h,路基宽24.5m。

2.3.4 渝邻高速公路

渝邻高速公路网编号为G65(简称“包茂高速”),其南接重庆市高速公路内环,北连四川省大竹至邻水高速公路。

渝邻高速公路起点位于重庆市主城区的渝北区,止于川渝界邱家河。该路全长约53km,设计为双向四车道高速公路,计算行车速度80km/h,路基宽24.5m。

2.4.5 渝宜高速公路

渝宜高速公路(重庆段)由两段国高网组成,主城至太平立交为G50(简称“沪渝高速”),太平立交至巫山为G42(简称“沪蓉高速”),是重庆市规划的“二环八射”主骨架高速公路网中重要的射线之一,也是重庆市通往我国东部沿海省市的快速出海通道。

渝宜高速公路路线起点位于重庆市与湖北省交界的巫山县火烧庵,以隧道形式与湖北段相接,止点在渝北区童家院子,与已通车的内环高速公路相接。路线总长约457km,采取设计行车速度80km/h,整体式路基24.5m(部分山岭区采取23m)。

全线于1996～2006年陆续开工建设,于2009年陆续建成通车至云阳,已通车里程约306km,其余路段预计将于2010年建成通车。

另有支线:长寿至涪陵高速公路,全长33km;万州至开县高速公路,全长30km;石柱至忠县高速公路,全长80km;忠县至垫江高速公路,全长75km。

2.4.6 渝湘高速公路

渝湘高速公路(重庆段)国高网编号为G65(简称“包茂高速”),是重庆市规划的“二环八射”主骨架高速公路网中重要的射线之一,是重庆市通往我国东南部省市的快速出海通道,对加快重庆市经济社会的全面发展具有重要意义。

渝湘高速公路路线起点位于重庆市与湖南省交界的秀山县洪安镇花垣河(与湖南省境的包茂高速相接),止点在巴南区界石镇,与已通车的渝黔高速公路相接。路线总长约413km,采取两种技术标准,双河口至界石段采取计算行车速度100km/h,路基宽度26m;其余路段采取设计行车速度80km/h,整体式路基24.5m。

全线于2004～2006年陆续开工建设,其中水江至界石段高速公路已于2007建成通车,黔江至水江段已于2009年建成通车,其余段落将于2010年建成通车。

2.4.7 渝黔高速公路

渝黔高速公路网编号为G75(简称“兰海高速”),其北接重庆市高速公路内环,南连贵州省崇溪河至遵义高速公路。

渝黔高速公路(射线部分)起点位于重庆市主城区的巴南区,止于渝黔界的崇溪河。该路射线部分全长约102km,采取两种技术标准,界石至观音桥段采取计算行车速度80km/h,路基宽度24.5m;其余路段(约7km)采取设计行车速度60km/h,整体式路基22.5m。

另有支线:綦江至万盛高速公路,全长32km。

2.4.8 渝泸高速公路

渝泸高速公路国高网编号为G85(简称“渝昆高速”),是重庆市通往贵州赤水、云南昆明的西南重要公路通道,是重庆市通往东南亚地区如缅甸、泰国等国家的重要出海通道,也是通往四川、西藏的重要公路。

渝泸高速公路起点为江津市几江镇槽坊,与重庆绕城公路江津槽坊互通式立交衔接,止于江津市塘河镇的白杨桥,与四川省合江县接线。渝泸高速公路(重庆境)全长47.6km,全线采用双向四车道高速公路,设计行车速度 80km/h,路基宽度为 24.5m。

渝泸高速公路根据实际情况采取分期实施,一期工程约 30.6km,于 2009 年底建成通车;二期工程已于 2009 年开工建设。

## 3 "二环八射"高速公路特点

### 3.1 地质极端复杂,不良地质众多

由于重庆市的特殊地质情况,高速公路沿线断层、溶洞、涌水、突泥、瓦斯及有害气体突出,滑坡、崩塌、软土、膨胀性土等不良地质众多,主要以渝湘高速公路穿越武陵山区和渝宜高速公路穿越大巴山区最为困难。

渝湘高速公路多位于武陵山区,地质多为"喀斯特地貌"构造,线路途径碎屑岩及碳酸盐岩区,地表岩溶洼地、落水洞、漏斗发育,地下溶洞发育,岩石破碎。桥梁桩基施工易遇溶洞,隧道施工易遇岩溶涌水、突泥、瓦斯等有毒有害气体,以及碎屑岩坍塌等。

渝宜高速公路地质特征多为构造剥蚀、溶蚀河流谷地斜坡工程或低山台地工程地质区,残积、坡积、崩积和滑坡堆积层厚,成分不均匀,结构松散,多处于不稳定或者欠稳定状态,局部溶蚀现象明显,风化破碎严重。地层上部多被冲洪积的卵石、砾石土、泥土和砂土充填,夹漂石和块石,卵石、砾石以泥质砂岩、砂岩、泥质灰岩、灰岩为主。区域内大部分地段出露三叠系巴东组地层,岩性主要为粉砂岩、泥岩、泥灰岩、间夹页岩、溶崩角砾岩等,软硬相间,抗风化能力差别大,遇水易膨胀、失水易崩解。因此,边坡开挖极易诱发失稳、滑坡、崩塌等,隧道进洞困难。

### 3.2 桥隧比例高、工程造价高

"二环八射"高速公路穿越崇山峻岭、跨越大江沟谷,桥隧结构物众多,比例大。高速公路里程 1 903km,桥梁 1 420 座(282km),其中特大桥 64 座;隧道 187 座(322km),其中特长隧道 36 座;平均桥隧比例达 32%,最高达 74%,局部路段桥隧比例达 96%(渝湘高速武隆至白马段全长 24.76km,桥隧全长 23.77km,占该段长度的 96%,其中隧道比例 84%)。复杂的地形地质条件,桥隧等结构物比例大,使得工程造价巨大。

### 3.3 技术复杂、科技含量高

"二环八射"高速公路处于重庆山区地形,气候环境高温多雨。重庆高速公路集团有限公司(下称重庆高速)开展了相关技术研究,以提高高速公路使用寿命,保护长江上游生态环境。主要研究的技术有:武陵山区高速公路生态修复与景观营造综合技术研究,山区高等级公路不均匀沉降综合处置技术研究,山区高等级公路高边坡防护方法研究,山区高速公路路基边坡防护与绿化技术研究,高边坡病害防治技术研究等。

"二环八射"高速公路隧道众多,不良地质情况复杂,技术要求高。隧道 187 座(322km),其中特长隧道 36 座,长度超过 5 000m 的隧道更是达到 10 座。为解决特长隧道的通风问题,在隧道中设置竖井(斜井)的有8 座:中梁山隧道(3 130m)、缙云山隧道(2 500m)、白云隧道(7 111m)、羊角隧道(6 665m)、方斗山隧道(7 581m)、吕家梁隧道(6 663m)、摩天岭隧道(7 316m)、葡萄隧道(6 296m)。在施工过程中不仅遇到了有毒气体硫化氢、瓦斯等,而且遭遇了突泥、涌水等,还穿越了特大型溶洞。在隧道方面主要研究的技术有:大涌水量与复杂地质条件下特长公路隧道修筑关键技术研究,隧道软弱岩层掘进施工工艺研究,钢纤维混凝土在公路隧道初期支护中的应用,分水隧道和笔架山隧道不良地质超前探测预测研究等。

"二环八射"高速公路桥梁形态多样,斜拉桥、悬索桥、连续梁桥、拱桥、T 形刚构等桥型无不具备。巫奉高速公路大宁河特大桥为主跨 400m 的上承式钢桁架拱桥,位于同类型桥梁跨径国内第一、世界第二;江津观音岩长江大桥为主跨 416m 双塔斜拉桥,在国内同类结合梁斜拉桥中首次采用混凝土桥面板沿桥横向变厚度,最大索力 8 000kN;此外,还有鱼嘴长江大桥,为主跨 616m 的悬索桥;新滩綦江大桥为体内、体外混合配索预应力桥;细沙河特大桥主跨达 190m,为钢管混凝土桁架式中承拱桥;共和乌江特大桥墩高达 106m 等。这些桥梁施工难度大,技术含量高,主要研究的技术有:大跨径斜拉桥风致振动及制振措施研究,大跨 PC 连续刚构桥受力行为及存在问题对策研究,三峡库区跨江大桥桥墩抗船舶撞击措施研究,大跨径斜拉桥结构抗震分析与试验研究等。

### 3.4 施工场地狭窄，土石方不易平衡，施工组织困难

由于高速公路在崇山峻岭中穿行，桥隧比例大，施工场地极为狭窄，如渝湘高速公路武隆至白马段全长24.76km，桥隧全长23.77km，占该段长度的96%，其中隧道比例84%。桥隧的直接相连给隧道开挖、桥梁预制带来了困难，一些桥梁只能在隧道内设置预制场。

此外，由于桥隧多，桥梁未架通、隧道未挖通之前，土石方跨合同段调运异常困难，一些合同段土石方调运达10多公里，有的还不得不搭建临时便桥，施工投入巨大。

### 3.5 穿越风景名胜区，施工环保、水保要求高

高速公路项目穿越众多的风景区，环保要求高，如渝湘高速公路穿越乌江画廊，沿线有世界自然遗产武隆喀斯特地貌、国家地质公园、仙女山、金佛山、芙蓉洞等多个4A级风景区以及黔江小南海、阿蓬江等风景区。渝宜高速公路穿越大巴山区和三峡景区，绕城高速公路穿越桥口坝森林公园及玉峰山森林公园等。这些都给高速公路施工中环境保护及水土保持提出了很高的要求。

此外，在崇山峻岭中寻找弃渣场，即要保证不诱发滑坡、泥石流等灾害，又要达到保护生态环境要求，还要保证有足够的容量并兼顾经济运距，实在困难重重。

## 4 “二环八射”高速公路建设亮点

### 4.1 抓施工质量，铸精品高速

(1)重庆高速公路建设虽然建设任务重、建设工期紧，但并不影响重庆公路建设者对质量的追求。施工过程严格按照规范施工，建设成果丰硕，得到国家奖项众多，主要有：长梁路获得“国家优质工程”、“百里绿色长廊”，北碚隧道和西山坪隧道获得“国家优质工程银奖”，南湖隧道获得“优秀工程奖”，渝合路获得“国家公路交通优秀工程一等奖”；以及中国建筑工程鲁班奖4次：

①缙云山隧道，属于重庆至成都高速公路项目，隧道左线长2 528m，右线长2 478m，于1997年荣获中国建筑工程鲁班奖。

②马桑溪长江大桥，属于重庆内环高速公路上桥至界石段，该桥为主跨为360m双塔双索面飘浮体系斜拉桥，全长1 104.2m，于2003年荣获中国建筑工程鲁班奖。

③北碚隧道，属于重庆至合川高速公路项目，隧道左线4 035m，右线4 045m，于2005年荣获中国建筑工程鲁班奖。

④方斗山隧道，属于石柱至忠县高速公路项目，隧道左线7 562m，右线7 600m，于2009年中国建筑工程鲁班奖。

(2)绕城高速公路在工程建设中应用了大量新技术、新材料，是交通运输部确定的全国首批4条“科技示范路”之一，和首批12条典型示范路中唯一的绕城公路项目(交公路发[2004]172号)，也是重庆市唯一的“科技示范路”。在重庆高速公路建设中首次提出“民生科技”、“安全科技”、“环保科技”、“节能科技”。

### 4.2 抓科技创新，建绿色高速

#### 4.2.1 科技创新概况

为了达到依靠科技进步和自主创新来降低工程造价、提高工程质量的目的，重庆高速公路集团有限公司坚持以项目建设为依托，联合各大学院校和科研机构，积极探索山岭区高速公路建设新技术、新工艺。

从1998年到2010年，重庆高速公路集团有限公司累计投入科研经费约2亿元，共承担科研项目170项，其中交通运输部联合攻关项目4项、交通运输部西部交通建设科技项目9项，重庆市科委项目24项，重庆市交通委员会项目133项。科学研究取得重大成果，获得多项奖励，其中获重庆科技进步特等奖1次、一等奖6次、二等奖13次、三等奖26次，获中国公路学会一等奖2次、二等奖6次、三等奖7次。取得的科技成果涉及公路路基路面、桥梁、隧道、交通工程以及信息化等各方面，尤其在特长隧道纵向通风、大跨径斜拉

桥抗风、抗震及稳定性、大跨径斜拉桥安全监测以及联网收费等领域取得了突出的成就，为我国山岭区高速公路建设积累了丰富的经验，节约建设资金数亿元。

4.2.2 隧道前馈式智能通风系统

在隧道建设中首次提出了适用于特长高速公路隧道非稳态交通流的前馈式智能模糊通风控制方法，研制开发了公路隧道前馈式智能模糊通风控制系统，并在特长公路隧道国内外首次实施。与传统通风控制方法相比，前馈式智能模糊通风控制系统可以节约电力消耗 20%～30%，延长设备使用寿命并可获得更加舒适的营运环境。

在隧道设计中，30 座 3 000m 以上特长公路隧道和 45 座 1 000～3 000m 公路长隧道的机电工程，全部采用了研究成果中的智能通风照明控制方式、火灾自动报警体系和隧道智能监控系统，并将公路隧道机电智能监控软件系统(JS－SHM2.0)作为重庆市全路网隧道的标准平台软件系统，使得这些隧道在营运阶段预计可实现极为显著的经济效益(9 500 万元/年)。

4.2.3 隧道照明取得的成就

重庆高速公路集团有限公司编制的《重庆隧道通风照明供配电指导意见》对隧道照明系统进行了优化，较大幅度地节约了能源。

(1)隧道灯具拱顶单排偏侧布置，既降低了建设成本，又提供了亮度均匀度，同时节能达 30%以上。

(2)根据重庆地区山区高速公路实际情况，洞外亮度 L20 取值最大为 3 000cd/m$^2$，仅此一项节能至少达 25.39%。

(3)探索采用新的照明灯具，在部分隧道实施了 LED 和无极灯照明，经对比分析，取得了较好的效果。

### 4.3 抓管理平台，建一体化管理

4.3.1 公路隧道智能联动控制技术

公路隧道智能联动控制技术是前馈式通风技术的延伸和深化，将单个隧道的控制扩展到毗邻隧道群，解决了隧道群的运营节能和安全控制。

在正常运营情况，对于相距较近的毗邻隧道，通风、照明相互影响很大，特别是采用前馈式通风和照明时，这种影响更大。主要表现在：对于前馈式通风而言，后面隧道的交通流数量及其特性，将为前方隧道交通流预测创造条件；同时，后方隧道出口污染空气的排出对前方隧道的影响必须提前被预知，从而保证前方隧道前馈通风输入的准确性。

4.3.2 以联网监控、区域管理为基础的多元化投资、一体化管理模式

基于重庆高速公路的特点，需要监控的点和路段较多，如果仍然延续原有的监控体制和模式，势必造成资源建设重复，成本高，效益低，浪费严重；技术规范不统一，路网运营与应急处置不畅，管理难度增加，管理效率难以提高。相对分散和功能单一的以人工监控为主的监控管理模式，已经越来越不适应未来高速公路路网管理的需要。

重庆高速公路管理模式创新，将重庆市高速公路网划分为中西部、东北部和东南部三个监控区域，设立监控总中心和三个联网监控、区域管理中心，形成以监控管理站为基本单元、区域管理中心为枢纽、监控总中心为核心的路网运行智能监控系统，从而起到减少管理层级、精简机构和人员、提高管理执行力、有效降低运营成本、节能增效的作用。

信息化平台的特点在于，实现了“信息找人，方案找人”，而不是传统的“人找信息、人造方案”。

## 5 “二环八射”高速公路管理经验

### 5.1 加强技术统筹工作，落实勘察设计新理念

5.1.1 勘察设计的统筹

公路勘察设计是公路建设的重要环节之一，是工程质量的基础。勘察设计水平决定未来公路交通的发展水平，因此，提升设计理念和提高设计水平，对公路建设具有非常重要的作用。在总结成渝、渝长等高速公

路建设经验的基础上，结合重庆高速公路的地理地质条件等实际情况，重庆高速公路集团有限公司组织编写了《重庆地区勘察设计指南》，形成了地质勘察、总体及各专项工程设计等统筹性的指导意见，指导来自全国的9家设计单位对20个项目的勘察设计工作，落实原交通部2004年提出的“六个坚持、六个树立”的设计新理念。

5.1.2 主体工程设计原则的统筹

重庆在建的20个项目共分属6条高速通道，其中重庆至湖南、重庆至湖北以及重庆绕城高速公路是这些建设项目的重点和难点，而组成这些高速公路的各个项目又由9家设计单位设计。为统一建设项目的施工图设计原则、技术标准、设计参数，重庆高速公路集团有限公司组织编写了针对各通道不同特点的《西部开发省际公路通道重庆至长沙高速公路（重庆市境）施工图设计总体咨询报告》、《杭州至兰州国家重点干线重庆万州至宜昌高速公路（重庆市境）施工图设计总体咨询报告》、《西部开发省际公路通道重庆绕城高速公路典型示范工程施工图设计总体咨询报告》，对道路、桥梁、隧道断面设计、路基路面排水、桥梁上下部结构设计、隧道洞门及内轮廓设计、交叉、净空等进行了统一和规范，从而保证了同一条高速公路各项目之间的协调一致。

5.1.3 高速公路沿线附属设施的统筹

高速公路沿线附属设施（管理监控中心、服务区、养护工区等）是保障高速公路高效运营的重要组成部分，由于在初步设计时是按照多个项目设计而不是一条高速公路进行的统一设计，因此按项目批复的高速公路附属设施的位置及规模可能不适应路网运营管理的需求。根据规划的运营管理体制及路网运营的实际需求，重庆高速公路集团有限公司编写了附属设施的总体规划，对附属设施的位置、规模、功能组合以及建筑景观风格进行了统筹，使得服务区等附属房建设施的建筑风格满足不同的路域景观和历史文化特色的要求，同时也成为高速公路上一道亮丽的风景。

## 5.2 加强工程建设过程管理，提高工程质量和耐久性

5.2.1 开展建设管理年活动，提高工程质量管理意识

按照建立“政府监督、法人管理、社会监理、企业自检”的质量安全管理和保证体系的要求，结合项目实际，从2006年至2010年在全市高速公路建设领域有计划、分阶段地开展“建设管理年”活动，以管理为主线、以质量为中心、以安全为保障、以科技为支撑，完善制度、规范程序、明晰责任、严格履约、控制造价，打造优质、环保、生态高速公路作为活动指导思想，广泛动员参建各方力量、充分挖掘建设管理潜力，全面提升建设管理水平，完善各层次的质量监督保证体系，在制订路网建设时序的基础上提出了各阶段的建设目标及建设管理要求，统筹五年的建设管理工作，使各项工作有序开展。

5.2.2 严格过程管理，多管齐下确保质量

为保证过程管理力度，对业主代表日常工作进行了规定，印发了“业主代表管理手册”，要求业主代表日常工作必须配带工作包，内装一本笔记本、一台数码相机、一本管理手册、一把尺、一份图纸（即“五个一”），加大日常管理力度，把质量问题消灭于萌芽。

推行首件工程，树立质量标准。本着“预防为主、先导试点，切实提高工程质量”的原则，对于分项工程未经首件工程认可，不得进入批量施工。通过首件工程认可，全面客观地分析影响工程质量的各种因素，对各项质量指标进行综合评价，从中得到更科学、更合理的施工参数和质量保证措施，为后续全面施工提供监理质量控制目标和措施，提前杜绝全面施工后可能产生的各种质量隐患，并将首件工程作为验收检测其他工程的依据，以此进行质量管理，大大提高了工程质量。

加强原材料管理，从源头控制质量。材料质量优良是工程质量的基础条件，材料对于保证工程质量和耐久性具不可替代的重要意义。为控制原材料质量，业主逐步建立材料的准入和黑名单制度，如对于路面集料等重要且质量不易控制的材料实施准入制度。通过这些措施使得一些小厂的不合格产品被清除，工程质量得到有效保障。

实行质量责任实名制及项目经理末位淘汰制。为切实提高工程质量，发挥施工单位的主动性和质量意识，对于一些重要结构物，如桥梁工程上部梁板，由施工单位及监理单位责任人签实名负责，此举极大地提高

了施工单位人员自身的质量责任意识。

开展劳动竞赛。为提高工程质量,业主在各项目开展劳动竞赛,把招标时规定的从各合同段提取的劳动竞赛经费按照劳动竞赛的结果重新分配,对做得好的给予奖励,做得差的予以处罚,提高了施工单位全面提高工程质量的积极性和主动性。

### 5.3 不断创新建设管理理念

(1)统筹招标、降低成本。以前的招标模式是按照项目单独组织招标,为降低成本,提高产品质量,重庆高速公路集团有限公司对桥梁支座、机电设备等材料和设备的招标打破了单项目招标的传统做法,而是根据建设时序把多项目集中在一起集中招标。这样不但节约了招标成本、降低了采购单价,同时也保证了产品质量。对于路面用沥青,在统筹招标的基础上,根据项目特点将原来使用的桶装沥青改为散装沥青,大大节约了采购成本。

(2)机电工程一次设计、分期实施、永临结合。针对高速公路隧道众多、建设运营初期交通量不大的实际情况,对于隧道通风、照明及供配电设备,确定了隧道机电建设适应车流量的发展分阶段建设的原则,对隧道机电设计采用的近(期)远(期)车流量、通风、照明、供配电方式等提出了明确的设计要求。针对车流量的分阶段需求,提出一次设计、一次预留、分期实施的机电建设原则,避免隧道机电设施超前建设造成浪费。

路网监控采用多项目共建、区域监控模式,避免了项目之间的重复交叉建设,在节约建设投资的同时也极大地方便了今后机电设备的运营维护工作。把施工临时用电和路网运营永久用电相结合,采取永临结合的建设模式方式,大大节约了工程造价,同时也节约了运营养护费用。此外,在施工中还大力倡导节约型施工,如研究最佳机械台班组合等。

## 6 重庆高速公路未来展望

在交通运输部、重庆市政府和重庆市交通委员会的支持和帮助下,重庆高速公路建设走过了辉煌的20年,建成了“二环八射”约2 000km后,重庆高速公路建设将向下一个目标迈进,将拉开“三环十射三联线”约3 000km的建设宏图。重庆高速公路建设者将充分总结和运用高速公路以往建设的宝贵经验,将重庆高速公路建设成安全、绿色的致富通道,为“畅通重庆”作出贡献。

# 武隆至白马段路线方案比选

敬忠勇[1]　孙立东[2]

（1.重庆市交通规划勘察设计院　重庆　400067；
2.重庆高速公路集团有限公司　重庆　401121）

**摘　要**：武水高速公路武隆至白马段位于乌江峡谷附近，地形、地质条件恶劣，不良地质病害广布，布线于乌江以南（K线），为工程建设提供了良好的通行、弃渣等条件，成功地避开了滑坡、顺层、崩坡积体等不良地质体。本段全部采用桥、隧相连的工程方案，极大地降低了建设难度，确保工程建设和营运安全，避免了采用路基方案的安全隐患。

**关键词**：地形　地质　桥、隧相连　路基　建设方案

## 1　引言

重庆市的公路具有典型的山区公路的特点，特别是东部地区沿乌江一线和沿长江一线区域，地形条件恶劣，地势起伏较大，河流纵横；地质条件差，不良地质分布广，地质灾害频繁；生态环境脆弱，环境保护难度较大。上述不利因素给公路建设造成极大的难度，导致工程投资大、施工困难、难以保障营运安全。

桥、隧工程的造价比路基工程高，尽量减少桥、隧数量以节省工程投资，这是设计人员一般惯用的设计思维；但对于地形、地质等建设条件差的路段，修建路基可能会导致路基稳定性无法保障，地质灾害、营运期间安全事故频繁发生，最终得不偿失，还可能会发生更多的费用。因此，适当增加桥、隧，避免上述不良后果是非常必要的，这在重庆有非常多的经验和教训。武水高速公路的武隆至白马段就是一个成功的例子。

## 2　建设条件

### 2.1　地形、地貌

武隆至白马段为中、深切割的中、低山山地地貌。中山山脉高程600～1 500m。低山丘陵高程200～500m，相对高差一般不大于300m。乌江两岸，由于地壳急剧上升，地表水强烈切割，显示出山势陡峻、峡谷众多的特征，山顶高程最高可达1 500m，与乌江160～180m的高程之间形成500～1 000m的相对高差。

由于该段所出露的地层均为碳酸盐岩和海相碎屑岩地层，并以宽缓的褶皱构造为主，因此在褶皱的核部或翼部常呈溶蚀槽谷或溶蚀谷地。乌江及其山区支流水系河谷地貌表现为深切的“V”形谷地。按成因类型及其特征，地貌主要有如下几类。

#### 2.1.1　侵蚀堆积地貌

乌江两岸以侵蚀切割为主，仅在白马石梁河河谷、武隆县城北及土坎、黄草岭一带可见小规模的河漫滩形态；谢香坨至下柑子湾一带碎屑岩分布偶见残留的堆积阶地痕迹。

#### 2.1.2　构造侵蚀地貌

构造侵蚀地貌主要分布于武隆县城及其以东地区和谢香坨、羊角镇、上下柑子湾一带，由三叠系砂岩、志留系页岩、粉砂岩以及侏罗系中下统砂泥岩混合组成，高程300～900m，相对高差100～300m，形成单斜状、脊状中低山、长垣状低山、尖峰状山谷、中山地形。在褶皱翘起部位，地势逐渐递升形成高耸的单斜山地，在构造线两侧呈长塬状，横向沟谷发育，河谷深切呈“V”字形。羊角、柑子湾一带由于河谷切割强烈，水系呈树枝状，加之砂、页岩的岩性差异，造成鳍状山脊与峡谷相夹的地貌形态，山峰常呈锯齿状的尖峰，地势崎岖、崩塌、滑坡等工程地质现象十分普遍。

2.1.3 构造溶蚀——侵蚀地貌

路线经过其他地段广泛出露有碳酸岩盐地层，形成构造溶蚀—侵蚀地貌，是路段内主要的地貌形态。在武隆长头河至谢香坨一带及羊角镇以西地区表现为溶蚀槽谷低、中山，主要由三叠系、二叠系组成，形成与构造方向基本一致的槽形谷，中间高，两侧低，山势高耸，峡谷深邃，峰丛陡峻，地势险要，山顶高程700～1 500m，相对高差300～800m。

## 2.2 地质、水文条件

2.2.1 地层岩性

沿线出露的地层主要有：第四系残积层、坡积层、冲积层、崩积层、滑坡堆积层的碎块石土，一般厚2～5m，部分厚达15～20m；侏罗系自流井组的石英砂岩、泥岩和砂泥岩互层；三叠系须家河组、雷口坡组、嘉陵江组、飞仙关组石英砂岩、页岩、泥质灰岩、白云质灰岩；二叠系长兴组、龙潭组、茅口组、栖霞组、梁山组灰岩，含煤系地层；志留系罗惹坪组、小河坝组、龙马溪组粉砂岩与页岩互层；奥陶系炭质页岩、炭质硅质页岩，含泥质灰岩；寒武系厚～中厚层白云岩、钙质白云岩、灰岩。

2.2.2 工程地质条件

地层岩性为侏罗系自流井组砂岩、泥岩、三叠系砂岩、志留系页岩、粉砂岩。泥岩、页岩抗风化能力弱，遇水易软化，强度低；砂岩、粉砂岩较坚硬，抗风化能力强，强度高。

涉及地层有三叠系、二叠系、奥陶系、寒武系，岩性以浅灰、灰、深灰色灰岩、白云岩、白云质灰岩等为主。岩层强度高，节理裂隙发育，溶蚀强烈，河溪纵横切割，谷坡陡峻，工程地质条件复杂。武隆段地貌上表现为溶蚀构造中山低山形态，常形成垄脊状山脉或溶蚀槽谷，相对高差800m，形成地形条件恶劣，山高谷深，河谷多呈“V”形峡谷，岸边卸荷裂隙发育，岩溶塌陷和重力坍塌现象屡见不鲜。

## 2.3 水文地质条件

沿线气候温暖潮湿，雨量充沛，地表径流丰富，也为地下水的形成提供了良好的条件。沿线地势较高，在构造应力的作用下各类岩组的裂隙或岩溶均较发育，地下水的富集条件良好，对自然边坡、人工路堑以及洞室危岩稳定影响较大。沿线地下水主要为第四系孔隙水、基岩裂隙水及岩溶水三大类。

## 2.4 不良地质现象

沿线主要不良地质现象有滑坡、顺层、崩坡积体、岩溶与岩溶水、涌水突泥、煤系地层的有害气体、软弱地基等。

在羊角镇乌江南岸，分布有杨家湾滑坡、秦家院子滑坡、羊角大滑坡等羊角滑坡群，路堤加载或路堑开挖将造成滑坡复活。羊角镇建于羊角大滑坡之上，保证羊角大滑坡的稳定和城镇安全是控制路线方案的主要因素。

羊角大滑坡：平面形态呈斧形，滑坡后缘宽750m，高程480～560m，前缘宽1 200m，高程160m，相对高差400m，地表坡度12°52′，南北纵向长1 750m，东西宽900～1 200m，面积1.7km$^2$，滑坡体均厚48.18m，体积819.06×10$^4$m$^3$；滑坡体由粉质黏土、碎块石土和云子山碎裂页岩体组成，滑床基岩为志留系页岩。滑坡形成于清朝嘉庆年间，属特大型巨厚层堆积土古滑坡。

在羊角镇乌江北岸，分布有糯米溪滑坡及长达1km的崩坡积层，对路基稳定性影响较大。

路线经过区碳酸岩类分布广泛，岩溶现象较发育，岩溶水较丰富，无影响路线方案的大型岩溶现象；小型的溶洞、溶槽主要影响桥梁、涵洞等构造物的基础稳定，影响隧道施工安全，但处理难度较小。

# 3 控制路线方案的主要因素

(1)羊角滑坡群分布及其稳定性。为保障羊角镇的安全，路线最好采用绕避方案。

(2)特长隧道群隧址及洞口位置的选择。这直接影响隧道长度和洞口施工安全。

(3)避免破坏乌江河道的自然环境，线位应保持适当距离。

(4)沿线地形陡峻弃渣十分困难，弃渣场位置的选定应以方便弃渣、不污染乌江为原则。

(5)渝怀铁路对武水公路路线线位的选择影响较大，应尽量避免相互干扰。

(6)路线方案的选择应考虑到工程实施难度，如便道修建、建设场地的布局等因素。

(7)乌江峡谷地形陡峻，危岩和河滩堆积物较厚，跨江大桥桥位的选择也是控制路线方案的主要因素。

## 4 可能的路线方案

武水高速公路武隆至白马段，地形陡峻，岩体破碎、整体稳定性差，滑坡、崩坡积层、危岩等不良地质现象较普遍，修建路基难度大、整体稳定性差、造成地质灾害的可能性较大、工程投资并不节省、施工和营运安全无法保障。根据沿线的地形条件，如果以路基方式通过，势必在乌江峡谷的河道边缘附近布线，工程建设对乌江河道的破坏将是灾难性的，因此，该段原则上应远离乌江且以桥、隧方式通过。

对于羊角段，为确保羊角滑坡群和羊角镇的安全，路线采取绕避的方案通过，见图1。

方案一(K方案)：隧道绕避方案

在距离羊角滑坡群后缘650m处，以羊角特长隧道(长6 600m)的方式通过，隧道顶与羊角滑坡底最小距离为400m。此方案全部为桥隧相连。

路线起于马溪河，穿大湾隧道，跨猫儿沟并穿越羊角特长隧道，跨郭溪沟，穿白马隧道，止于白马。

方案二(C方案)：跨江绕避方案

鉴于方案一有大于6km长的特长隧道1座，施工难度大、工程投资大、营运费用高，拟订了两跨乌江绕避羊角滑坡群的路线方案。在乌江北岸，路基段落较长，此方案的羊角隧道仅2.5km长。

路线起于马溪河，穿大湾隧道，跨猫儿沟，穿越沙湾隧道绕避杨家湾滑坡，在羊角镇黄角树跨乌江至北岸，沿江经大梁子、羊角信号台、糯米溪沟、贺家湾，在老鹰岩跨越乌江至南岸，穿越羊角隧道，跨郭溪沟，穿白马隧道，止于白马，与K线相接。

其余路段，因受轿子石古滑坡、土坎古滑坡和跨越乌江桥位的限制，未提出其他有价值的线位方案，鉴于恶劣的地形、地质条件，主要以桥、隧方式通过。

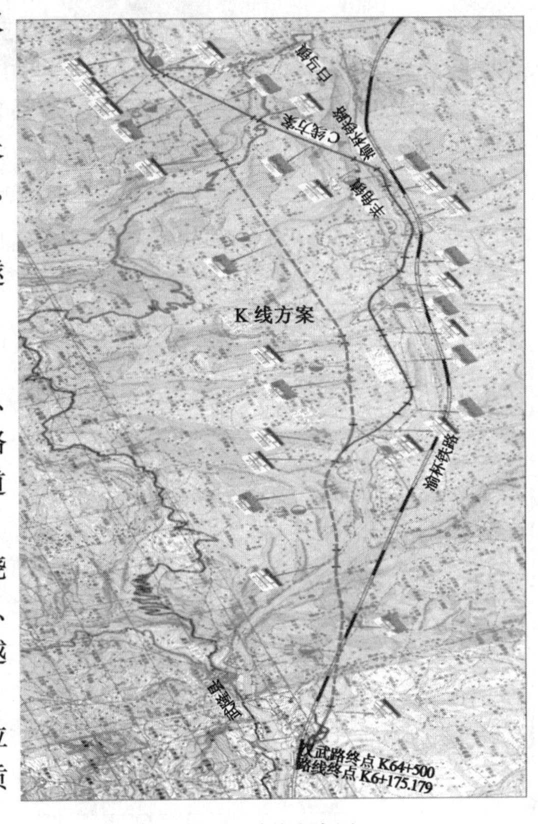


图1 路线方案图

## 5 路线方案比选

### 5.1 K线方案的特点

(1)平、纵面线形技术标准较高，行车舒适度高。

(2)线位距离乌江河道较远，工程建设对自然环境特别是乌江画廊破坏小。

(3)以桥、隧相连的方式通过，施工难度小，公路的稳定性、安全性有保障；对于沿线的自然地貌破坏小，最大限度地保护了自然环境。

(4)路线穿越了乌江分支的马溪河、猫儿沟、郭溪沟等季节性水流的沟谷，上述河谷为工程建设提供了天然的弃土场地。

(5)分布有国道319线和众多乡村道路，通行条件有利于工程建设。

(6)地质条件总体较好，路线所经过地带无重大不良地质现象。

(7)隧道长度较长，营运费用较高。

5.2 C线方案的特点

(1)平面技术标准低,其中平曲线最小半径为450m的有1处,且位于连拱隧道内。

(2)两个乌江大桥与隧道直接相连,因平面指标低而导致多处隧道洞口难以满足3s行程的规范要求。

(3)C线方案虽然隧道较短,但较K线方案路线长约2.6km,营运里程较长。

(4)距离乌江近,北岸段以路基方式通过,对乌江画廊自然环境破坏较大。

(5)地质条件差,路线穿越糯米溪沟滑坡及约1km长的崩积体,白马乌江梯级电站建设必然导致乌江羊角段水位上升,易造成崩积体失稳而影响路基稳定。

(6)工程难度较大,在狭窄的乌江通道内修建两座跨江大桥,桥位处地势陡峻,桥头多与隧道连接,难以找到桥梁施工场地、民工居住场地、材料堆放、机具设备堆放场地等。北岸无既有地方道路,施工便道修建十分困难。

(7)C方案弃方约40万$m^3$,北岸极少的弃方场地已被渝怀铁路弃渣所占,因此必须在羊角岸寻找场地,需绕道武隆县城运输或修建乌江便桥,运输距离过长、费用高。

(8)路基整体稳定性、安全性较差,特别是乌江大桥穿越峡谷,桥头陡峻的山体危岩较多,直接影响桥梁的通行安全。

综上所述,K方案技术标准高,施工方便、工程难度小,对环境破坏小,造价低于C线方案;C线方案技术标准低,地质条件差,施工难度极大,对环境破坏较大,弃土问题难以解决,造价略高。因此,K线方案明显优于C线方案,采用K线作为推荐方案,其工程规模比较见表1。

**羊角段路线方案比较表** 表1

| 指标名称 | 单位 | K线 | C线 | 备注 |
|---|---|---|---|---|
| 起讫桩号 | | K12+759.95~K31+768.25 | CK12+759.95~CK31+754.28 | |
| 路线长度 | km | 15.0 | 17.5 | |
| 平曲线个数 | 个 | 4 | 11 | |
| 平曲线最小半径 | m/个 | 2 350/1 | 450/1 | |
| 最大纵坡 | %/处 | 1.95/1 | 2.7/1 | |
| 路基土石方 | $m^3$ | 270 484 | 807 631 | |
| 防护排水 | $m^3$ | 18 515 | 192 455 | |
| 特殊路基 | $m^3$ | 12 370 | 39 737 | |
| 路面 | 1000$m^2$ | 24.983 | 93.439 | |
| 涵洞 | 道 | 2 | 8 | |
| 大、中桥 | m/座 | 1 292/5 | 2 100/11 | |
| 特大桥 | m/座 | 0 | 1 071/2 | 乌江桥 |
| 中、短隧道 | m/座 | 0 | 1 702/3 | |
| 长隧道 | m/座 | 0 | 8 281/4 | |
| 特长隧道 | m/座 | 12 546/3 | 0 | |
| 建安费 | 万元 | 118 390 | 123 913 | |
| 推荐 | | K线 | | |

## 6 工程方案及建设规模

武隆至水江段高速公路的武隆至白马段起于武隆县城乌江北岸的苏家河,与重庆至长沙公路的彭水—武隆段终点相接,跨越苏家河,穿越武隆隧道(长4 884m),跨越乌江,穿越黄草岭隧道(长3 219m),跨越马溪河,穿越大湾隧道(长2 820m),跨越猫儿沟,穿越羊角隧道(长6 676m),跨越郭溪沟,穿越白马隧道(长3 050m),止于白马隧道出口。

本段路线长度 24.720km，桥梁总长 2 100m，隧道总长 20 649m，桥、隧占路线总长的 92%，隧道占路线总长的 84%。

## 7 结论

武水高速公路的武隆至白马段，布线于乌江以南（K 线），为工程建设提供了良好的通行、弃渣等条件；采用的路线方案成功地避开了滑坡、顺层、崩坡积体等不良地质体；采用桥、隧相连的工程方案极大地降低了建设难度，确保工程建设安全；该段工程建设十分顺利，各隧道均已成功贯通，工程建设期间未出现新的地质病害和安全事故。

通过武水公路建设证明，对于地形、地质条件恶劣的区域修建公路，适当增加桥梁和隧道，近期可能会增加一定的工程投资，但为确保工程建设和营运安全、保证高速公路的长期使用寿命是值得的。从其他高速公路建设看，修建路基时出现了一些重大地质病害，病害治理花费了大量的工程费用，给工程建设和后期营运带来安全隐患，当初的设计思路是值得总结的。

## 参考文献

[1] 中华人民共和国行业标准. JTG B01—2003 公路工程技术标准[S]. 北京：人民交通出版社，2003.
[2] 中华人民共和国行业标准. JTG D20—2006 公路路线设计规范[S]. 北京：人民交通出版社，2006.
[3] 中华人民共和国行业标准. JTG D30—2004 公路路基设计规范[S]. 北京：人民交通出版社，2004.
[4] 中华人民共和国行业标准. JTG D70—2004 公路隧道设计规范[S]. 北京：人民交通出版社，2004.

# 渝湘高速公路酉阳至黔江段总体设计

雷 刚 高文涛

(中国公路工程咨询集团有限公司 武汉 430052)

**摘 要**:公路总体设计对公路建设质量、造价、环境保护具有重要作用,本文结合渝湘高速公路勘察设计实践,就总体设计原则,路基、桥梁、隧道、交叉工程等专项设计应当关注的问题进行阐述,所获得的结论可供类似工程参考借鉴。

**关键词**:高速公路 总体设计

## 1 引言

重庆至长沙高速公路(渝湘高速公路)是国家高等级公路网“7918”中的一条纵线,是重庆市路网规划的“两环八射”中的一射,是西部地区连接中南、东南地区的重要出口通道。酉阳至黔江高速公路(以下简称“本项目”)为渝湘高速公路重庆市境内的一段。

本项目位于黔江、酉阳两区县,路线跨越了自然风光优美的武陵山腹地和独具特色的渝东南少数民族聚居区。路线所经区域地形条件复杂,主要为中山及低中山地貌,高程在380~1 350m之间;区内溶蚀地貌广泛分布。全线受马喇湖断裂及濯河坝向斜影响,地质条件复杂,土地资源紧张,生态环境脆弱,合理选择路线方案,意义十分重大。

## 2 项目特点

本项目为典型的山岭区高速公路,地形陡峭,地质条件复杂。沿线存在滑坡、崩塌、碎落、顺层、岩溶、软弱地基等地质病害。路线受地形、工程地质条件等众多因素影响,桥隧相连,工程艰巨,技术复杂,主要特点如下。

(1)本项目沿线雨水较为充沛,植被茂盛,风景秀丽,人文及自然旅游资源开发潜力巨大。

(2)局部地段地形复杂、高差变化大,存在难以避免的连续长大纵坡。

(3)场地狭窄,互通式立交及服务区布设困难。

(4)地质条件复杂,病害分布广泛。

(5)沿线生态环境较为脆弱,弃土困难。

(6)本地区雾雪天气较多,对公路营运及行车安全有一定的影响。

此外,区域内“8小时工程”(319线)、电力电信设施(规划的22万伏输变电线路)等对本项目局部路段存在干扰。

## 3 总体设计原则

总体设计是高速公路设计的灵魂,对于山区高速公路而言则更为重要,总体设计的好坏是山区高速公路设计成败的关键。总体设计尺度把握不准,轻者造成工程浪费,重者遗留工程隐患,造成环境恶化及严重的社会影响。

山区高速公路虽具有地形复杂、地质病害严重、土地资源珍贵、工程规模大、环保要求高等较为普遍的特点,但本项目与山区高速公路其特点相差很大,找准了项目的特点,就抓住了总体设计的思路要领。

总体设计在充分考虑本项目所属渝东南山区的地形地貌、地质、水文、气候、生态等特点的基础上,坚持以人为本,全面、协调、可持续的科学发展观,以“六个坚持,六个树立”的设计新理念为指导,合理布设路线及沿线大型构造物、互通式立交等，以相对经济的工程造价，取得尽可能好的综合效益，并提供较高的服务水平。

根据本项目特点，勘察设计中遵循了以下总体设计原则。

(1)坚持以人为本，安全至上的原则。设计不但要考虑工程实体安全，更应充分考虑高速公路运营安全。本设计注重平、纵指标的均衡性、协调性，并通过运行车速安全检验，调整了部分线形设计。对局部难以避免的长大纵坡路段采取设置避险车道、爬坡车道及路面防滑等措施，确保公路设施自身安全、运行车辆行驶安全及行人等的安全。

(2)坚持“地质超前”、“地质选线”的原则，避让大的不良地质路段。妥善处理不良地质和特殊路基的“防”与“治”的关系，在明确其可知性、可治性的基础上，进行综合比较论证。

(3)坚持可持续发展，节约资源的原则。路线方案总体设计坚持了统筹规划，合理布局，远近结合，综合利用的原则。设计中始终贯彻在满足功能的前提下尽量少占地，且尽可能少占耕地的思想。如设计中充分考虑合理布设各种交叉方案，合理掌握互通式立交线形指标，力求控制规模，减少工程量及占地，并充分利用互通式立交匝道间的空地堆置废方。

(4)针对沿线对社会环境有影响的居民村落和学校、名胜古迹等进行了多方案论证，尽量减少干扰和占地。

(5)注重公路环境保护及景观设计，将公路自身的平纵线形、路基宽度、桥隧、路线交叉、沿线设施等与沿线地形地貌、地质、气候气象及自然景观、社会环境特征等作为一个有机的整体统一考虑，以充分体现“人与自然相和谐，尊重自然保护环境”的理念。

(6)坚持动态设计原则，由于不良地质隐蔽性较大(如岩溶、滑坡等)，勘察设计阶段很难将相关情况完全摸清，因此须加强施工阶段的地质监测和设计服务，将施工中的动态设计作为整个设计工作的延续和补充。

考虑到地方经济相对落后，征求业主同意后将施工进场道路工程纳入设计范围，以改善地区交通条件。

## 4 路线方案的布设及指标的运用

### 4.1 路线方案的布设

本项目路线设计充分体现了“地质选线、地形选线、标准选线、生态环保选线”的设计理念。路线方案比选中注重了如下几个方面的工作。

(1)地质超前、先行：始终把地质条件作为确定路线方案的第一要素，尽量避让不良地质路段并减少工程隐患，确保项目的可实施性、安全性。

本项目在初步设计开展之前，即组织了以路线、地质、桥梁、隧道等相关专业技术人员前往工地现场进行路线方案踏勘工作。踏勘阶段在工程可行性研究报告所确定的走廊带内，在 1∶10 000 地形图上研究各种可能的路线方案，在各方案两侧 1 000m 范围内展开地质勘察及环境、文物保护等调查，根据地质及环境条件筛选路线方案；路线方案研究总里程达 158km，根据路线方案踏勘情况，经综合分析比选，最终拟订进行同深度比较的路线里程约 101km。

(2)地形选线、标准选线、生态环保选线：采用曲线定线方法均衡、适度地选用指标，充分合理地利用地形并与自然地貌相吻合，以减少工程量，减少对山体破坏，保护原有自然生态与环境，并与路线环境相协调。当路线对自然及人文环境有较大影响时，分段落进行罗列并逐段进行分析，提出布线对策。总体而言，大环境控制布线位置及路线总体走向，小环境决定路线指标的采用。

初测及初步设计阶段，将初步确定的路线方案展布在 1∶2 000 地形图上，通过现场踏勘、纵面试坡、平纵组合及横断面检查(即检查路线适应地形程度)、地质与环境影响评价等工序不断优化调整路线平纵面方案；设置上、下错台或分离式路基，有效减少高填深挖路基。

(3)高度重视工程地质勘察工作：及时对确定的路线方案(含比较线)进行综合地质勘察工作，并注意提高勘察技术水平和技术管理水平。

(4)合理确定工程方案：严格控制填挖高度，尽量避免大填大挖，减少对环境的破坏。局部路段在纵面允许情况下，考虑路基与桥梁、明挖与隧道方案的比选论证。

(5)进行运行车速安全检验，对公路运营安全进行评价：对于难以避免的连续长距离陡坡路段，设计中考虑车辆的实际运行速度，并结合地形等因素设置必要的爬坡车道和紧急避险车道，以提高道路的通行能力，保证行车安全。在隧道进出口尽可能提高平纵线形标准。

(6)路线方案比选：初步设计阶段拟订了比较方案6条，4条比较线(约30km)与推荐线(路线全长60.55km)进行同深度设计比较。除常规的技术经济比选外，还对地质条件、施工条件、环境保护、占用土地、道路运营安全等进行综合比较。

(7)路线方案优化：初步设计基本确定了路线方案及工程建设规模，地质条件也已基本清楚，在此基础上进一步优化路线方案是落实“选线四理念”的必要步骤。定测前路线优化里程达设计推荐线的50%，施工图阶段，路基高边坡数量较初步设计减少45%，路基土石方减少78.6万$m^3$，弃土减少22.5万$m^3$，桥梁减少约1 600m。

### 4.2 技术指标的合理运用

本项目路线全长60.550km，全线采用计算行车速度80km/h，路基宽度24.5m，双向四车道高速公路标准。

设计紧贴项目特点，灵活运用指标，过渡顺适自然。为了提高公路营运质量，平纵指标尽量满足规范规定的一般值，竖曲线半径在有条件的地段尽量采用满足视觉要求的竖曲线半径。

路线平面线形以曲线为主(平曲线占路线总长70.5%)，指标采用上力求连续均匀，相邻平曲线半径、缓和曲线参数之比不大于2；结合地形条件全线最小平曲线半径600m，满足行车视距要求。连续长陡纵坡路段，在有条件的地段设置紧急避险车道和港湾式停车站。本项目主要技术指标见表1。

**主要技术指标** 表1

| 公路等级 | 高速公路 | | | |
|---|---|---|---|---|
| 指标名称 | 单位 | 规范值 | 酉阳至大涵段 | 大涵至黔江段 |
| 平曲线最小半径(一般/极限) | m | 400/250 | 600 | 600 |
| 停车视距 | m | 110 | 110 | 110 |
| 最大纵坡 | % | 5 | 4.0 | 4.8/1 |
| 最小坡长 | m | 200 | 300 | 300 |
| 凸形竖曲线最小半径(一般/极限) | m | 4 500/3 000 | 8 000 | 8 000 |
| 凹形竖曲线最小半径(一般/极限) | m | 3 000/2 000 | 8 000 | 8 000 |

## 5 路基路面及排水

### 5.1 一般路基设计

路基设计遵循因地制宜、就地取材、安全经济、造型美观、顺应自然、与环境景观相协调的原则，充分应用设计新理念选择合理的路基横断面形式和边坡坡率，并采取经济有效的排水防护工程及地质病害防治措施，确保路基有足够的强度和稳定性。

(1)路基断面：取消坡脚、坡顶折角，采用贴近自然的圆弧过渡。低填路基尽量将边坡放缓，使之与原地貌融为一体，形成一个缓冲带，从而达到美化环境且达到提高行车安全的功能。

(2)路基排水：建立完善的路基排水系统，尽可能在有条件时将排水工程设置在视线之外，并从安全、视觉效果及周围环境协调角度等综合考虑路基排水类型。从安全和视觉效果考虑，对于汇水面积较大的挖方边沟采用矩形边沟加盖板形式。从安全和景观考虑，对于地形平坦，纵坡平缓的低填浅挖路段则采用浅碟式排水沟(边沟)或放缓边坡漫流排水形式。

(3)防护工程：在岩土结构稳定、满足安全要求的前提下，采用以植物防护为主，或选择刚性结构与柔性结构相结合，多层防护与生态植被防护相结合的方法进行边坡治理为优。对于上边坡未采用高挡墙、护面墙进行大段落防护。对于自然裸露的稳定岩体，一般不做任何处理。

(4)取土、弃土:尽量将取、弃土场集中设在公路视线以外。取土场多设置在荒山或小山包，地貌易恢复的位置，且施工完成后恢复原地貌。弃方分层碾压，表面整平向外缓倾，并设置必要的排水防护及地表绿化美化措施，与原地貌保持一致，以保护环境，防止水土流失;并注意清表的腐殖土应集中堆放，以利工后恢复植被。

### 5.2 特殊路基设计

通过路线方案的优化，避开了严重的不良地质，但仍存在顺层、滑坡、松散堆积体(岩堆)、崩塌、岩溶、软弱地基等不良地质现象，且存在少量高填深挖路基及路堑高边坡。对不良地质路基主要采取了如下特殊处理措施。

(1)采用综合勘察手段，加强地质勘察工作。通过对搜集的区域地质、水文地质资料进行充分研究，确定可能的不良地质路段，并在此基础上进行专门工程地质调绘。通过大量的工程地质调绘工作，辅以必要的综合物探、钻探和室内试验等综合勘察手段，查明不良地质路段的工程地质、水文地质特征及各岩土层物质成分和物理力学性质等，从而为设计提供充分可靠的依据。

通过综合分析与验算，对不良地质路段作出必要的评价，并综合总体设计情况确定是否必须避让或采取避重就轻的方式予以通过;必须通过时，采取综合治理措施，力求根治，不留后患。

(2)软弱地基:根据软弱土分布范围及物理、力学性质等进行分析计算，主要采取挖淤换填、抛石挤淤等措施处理。

(3)不稳定边坡(及高边坡):根据边坡的工程地质条件等具体情况，经稳定性分析计算，进行针对性的工点设计，一边坡一图。一般采取如下措施处理:土质边坡一般采用放缓边坡、框架植草防护和支挡等措施;岩石边坡一般采用预应力锚杆(索)框架、坡面挂铁丝网喷射厚层有机基材绿化或抗滑挡墙(桩)等措施，以防边坡失稳。

(4)滑坡:加强截排水工作，采取卸载清方或设置抗滑桩、预应力锚索抗滑桩、预应力锚杆(索)框架、抗滑挡墙等支挡措施予以处治，确保道路的安全。

(5)岩溶:根据其大小、分布位置等，采取桥梁或涵洞跨越、钢筋混凝土盖板加固、浆砌片石支撑、爆破后块片石填塞、注浆充填等措施，同时加强排水措施。

(6)崩塌:根据崩塌的工程分类，主要采取 SNS 防护网或在坡脚设置拦石挡墙等处理措施，同时拦截和疏导地表水和地下水。

## 6 桥梁

本项目沿线，山高谷深，地形起伏大。沿线河流属山区峡谷性河流，河道窄、坡降大、流速急。桥梁多为高架桥，其桥高、桥跨基本上由线位控制。桥梁布置原则上服从路线的线形要求，不降低原有河道、沟渠功能，尽量不破坏原有水系和排灌网络，满足水利配套和农灌的需要。

对于中、小跨径桥梁，力求标准化、装配化，以方便施工、缩短工期、降低工程投资。一般采用结构简单、造价低且便于场地化施工和后期养护的 20m、30m、40m 预应力混凝土 T 形梁，先简支后连续或刚构体系。具体桥型方案根据路线平纵线形，结合桥址地形地貌和地质条件等综合选定。桥跨布置依据墩高确定，力求高跨比协调，即采用高墩配大跨，低墩配小跨的原则;对于地质条件较差和跨河桥梁，跨径适当加大。

通过多方案比较，对同一座桥平均桥高在 20～30m 之间者，原则上采用 30m 预应力混凝土组合 T 梁。下部构造采用双圆柱墩、桩基础，个别高桥墩采用 Y 形墩。对平均桥高在 30～35m 之间者，结合地质、地形、施工条件、前后相邻桥梁的结构形式、交叉工程等因素综合比较，采用 30m 预应力混凝土组合 T 梁或 40m 预应力混凝土组合 T 梁桥。下部构造采用双圆柱墩、桩基础等形式。为方便施工，墩高小于 53m 时，采用实体墩或圆柱墩。

对于大跨桥梁，当跨越山谷较宽、高差较大时，一般选用大跨度连续刚构桥与悬索桥及斜拉桥进行方案比较。优先采用具有结构整体性好、受力明确、桥面平顺、行车舒适性好的特点，且施工技术成熟、安全稳妥和造价经济的连续刚构方案。对于跨越山区深V字形沟谷大桥，一般采用承载能力大、抗风性能好和造价较低的拱桥结构。

由于河床比降大，暴雨强度大且集中，冲刷较严重，故加强了下部构造的基础设计。台后填土高度尽可能控制在8m以内，尽量减少因桥头沉降引起跳车。涵洞形式主要采用钢筋混凝土盖板涵、钢筋混凝土拱涵。

## 7 隧道

隧道设计必须考虑所需的隧道长度和功能(断面空间、线形、附属设施)，充分考虑施工安全与工程造价，尤其是与路线总体设计相关联的隧道位置的选择、洞口位置正确与否，不仅影响工程费用，而且影响隧道使用后安全以及养护维修费用。

(1)隧址选择，既要服从路线总体走向，又要根据隧道位置的地形、地质、地物、水文情况和施工条件综合考虑。隧址应尽量选择在地层稳定，围岩条件良好的地质体上。设计时还应对区域内的地下水系受隧道建设的影响程度进行评估，以确保隧址合理。

(2)洞门设计:选定洞门位置应最大限度地保护山体自然状态，有利于环境的协调，行车安全和维修养护，避免洞门前出现高边坡或深拉槽。

洞口位置设计时，需考虑洞口的位置，并注意尽可能减少对植被或自然坡体的破坏，还需要考虑洞口施工范围，洞口的设置方法，洞口的支护结构与辅助施工法，洞口斜坡稳定性及必要支护工程，发生气象灾害的可能性及必要的对策以及地表沉降等对洞口附近结构物的影响。

洞口位置，在Ⅳ级及以下围岩、覆盖层至少应有1.5～3m厚；Ⅲ级及以上围岩，可直接进洞。

## 8 路线交叉

本路段共设置互通式立体交叉3处，即酉阳(北)互通、大涵互通、余家沟互通。区域内与本项目相关的主要公路为国道319线(二级)，拟建高速公路通过以上互通式立体交叉与之衔接连通，在区域内可形成以本路为骨架，连通主要公路的公路运输网络。互通间最大间距不超过25km，总体布设合理。

沿线与其他地方公路、机耕道等交叉均采用分离式，并根据公路等级及沿线居民分布情况设置分离式立交、通道或天桥。全线(推荐线)共设分离式立体交叉3处，通道39道(兼桥下、涵洞22道)，天桥7处，其规模、密度及功能均比较合理，能满足地方交通及人民生产生活的需要。

沿线电力供输电线路多次与本路交叉，为保证高速公路的交通安全和沿线设施不被损害，凡交叉的电力线均按其不同电压标准、最小垂直距离及水平距离架空跨越或通过构造物下穿高速公路。

## 9 环境保护与景观

本路段位于渝东南武陵山区，所经区域沟壑纵横、山川秀美，自然风光和人文景观丰富。设计中以先进的理念为先导，尽可能考虑公路建设与周围环境和自然人文景观相协调。

### 9.1 路线总体布局与周围环境的协调性

(1)强化地质选线、环境选线、安全选线的原则。根据沿线地形、地貌及地质条件，合理布设线位，采用灵活多变的路线布设方法和路基形式，充分重视公路自身线形协调设计，公路线形与结构物协调设计和公路线形与环境协调设计，使线形走向与山川、河流、大地的走势相吻合。

(2)对沿线高路堤和挖方高边坡，结合路线平纵面设计进行逐处研究；对特殊路段进行桥梁与路堤、隧道与深挖方的综合比较。在工程量增加不大的情况下优先考虑采用桥隧方案，尽量减少高填深挖，少拆迁建筑物，少占良田，减少对环境的影响。

### 9.2 构造物与周围环境的协调性

(1)桥梁

桥梁设计除在结构选型、跨径布设方面与自然相协调外，还注意细部设计与自然的配合，并考虑桥梁施工对自然环境的破坏程度。山区桥梁墩台横断面差异大，内外边线高差及地质情况变化较大。根据该特点，墩台基础普遍采用桩柱式基础，以适应地形、地质特点，减少对山体的开挖。桥台护体采用轻巧的形式，并与桥台相连的路基防护自然衔接。

(2)隧道

选择合理的洞门形式，在地形条件容许时优先选择具备行车条件好、与环境结合自然等特点的削竹式洞门形式，力求与自然融为一体。

(3)互通式立交

互通立交区是全线重要的"景观节点"，其优美的造型与自然环境恰当的配合，能给人以赏心悦目之感。互通式立交在选位及形式布设上尽量与自然地貌相吻合。

对互通立交区匝道横断面逐一进行认真设计，边坡坡率变化与地形相协调，尽量放缓边坡，因内侧边沟、排水沟汇水面积较小，尽量采用浅碟形加植草绿化边沟。互通内景观设计优选当地较有特色的树种，采用园林式景观设计手法，使互通景观与周围环境协调。

## 9.3 路基路面及排水工程与周围环境的协调性

坚持"边坡稳定为前提，自然协调为基础，地域文化为特色，适地适树为原则，长远效果为目的"的原则，恢复工程坡面的自然植被。

(1)首先对边坡进行修整，将坡顶、坡脚和两端修成具有自然风格的弧线形。

(2)路线走廊区内地表原始植被保护较好，为了使新建的公路主体工程与自然环境融为一体，路基防护以生态防护为主；尽量减少生硬高大的挡防结构，采用新的边坡绿化技术，弱化圬工砌体对视觉的影响。

(3)中央分隔带进行植树种草，一方面起到视线诱导及防眩作用，另一方面可尽量使人文工程自然化。

(4)路基范围内(包括取弃土场内)清理的草皮、表土，尤其是种植土应临时集中堆放，以备用作中央分隔带、边坡、弃土场、互通立交内、服务区绿化的回填土。

(5)结合本路段的特点，注重岩溶水系的调查，避免高速公路的修建破坏区域内的岩溶水系，注重路基、路面与桥涵相结合的综合排水设计。

## 参考文献

[1] 中华人民共和国行业标准. JTG D20—2006 公路路线设计规范[S]. 北京：人民交通出版社，2006.

[2] 交通部公路司. 新理念公路设计指南[M]. 北京：人民交通出版社，2004.

[3] 交通部公路司. 降低造价公路设计指南[M]. 北京：人民交通出版社，2004.

# 堆填土滑坡抢险及病害治理探讨

周谊一

(重庆高速公路集团有限公司　重庆　401121)

**摘　要**:高速公路建设中的填方路堤、弃土场等堆填土,如果处理不当,易引起滑动破坏。本文通过实际工程案例,对堆填土滑坡的抢险与病害治理进行探讨。通过案例分析可以看到,在地质勘察阶段,应充分认识高填方段填料物理力学性质。设计选线时,应该尽量避免高填方段落,如无法避免的高填方段落,可考虑设桥梁的形式通过。高填方路堤施工过程中,应严格按照设计文件及相关规范进行施作。

**关键词**:抢险　动态监测　滑坡治理

## 1　引言

堆填土滑坡是指在人工堆填土和弃土中产生的滑坡。高速公路建设中常见的有填方路堤滑坡、弃土场滑坡等。通常来说,此类滑坡的规模都不是很大,但是,如果堆填土过高,如达到数十米,也可能发生大滑坡造成严重灾害,导致投资增加,工期延误,甚至危及后期运营安全。产生堆填土滑坡原因主要有以下几个方面。

(1)横坡较陡,填(弃)土时原地面未经适当处理。

(2)基底软弱,未能采取基础换填等加固措施。

(3)填料不良,透水性差,导致地下水集聚。

(4)排水工程未能施作到位,上游侧地表水不能排泄顺畅。

## 2　工程实例

### 2.1　工程概况及滑坡成因

西部开发省际通道重庆绕城高速公路N9合同段LK31+180～LK31+400段填方路堤段为斜坡地貌,地面横坡15°～20°,地表土层厚2～4m,基岩为侏罗系珍珠冲组泥岩夹砂岩,产状98°∠6°。本段填方路基长220m,边坡高度为18m,第一级高度8m,坡比1∶1.5;第二级坡高10m,坡比1∶1.75。此段填方边坡曾于2007年5月发生滑坡,在坡脚处采用了抗滑挡墙进行防护。

2009年4月因连续暴雨,此段已经施工路面面层的填方左幅路基在中分带附近出现椅状贯通张拉裂缝,填方边坡上出现明显的出水带,在出水带附近正在施工的拱形骨架出现外鼓开裂现象,同时坡脚挡墙出现开裂现象。随着降雨进行,边坡裂缝进一步发展,严重影响到路基边坡安全,使正在施工的路面工程被迫中断。相关各方立即制订方案,首先对边坡采取了临时抢险措施,其次对边坡进行变形监测及治理。

### 2.2　抢险措施

为了保证边坡不发生突发性的整体滑移,为治理争取时间,现场对LK31+180～LK31+400段变形较大段落采取了如下抢险措施。

(1)在填方右侧坡脚重新施作截水沟,切断后缘地表水渗入填方体内。

(2)对已产生的裂缝采用黏土夯填封闭。

(3)加强挡墙泄水孔的疏通,增设泄水孔;并在挡墙内侧土体表面渗水较多的地方补设降水钻孔,将孔内的水抽出挡墙外降低土体内的水位,提升土体的$c$、$\varphi$值。

(4)在一级平台施作两排钢管桩保证边坡的临时稳定。钢管桩排间距1.5m,行间距1.8m,钻孔孔径130mm,钢管采用外径108mm,壁厚7mm,壁上打孔。孔内采用M30水泥砂浆压力注浆。

(5)对于遭受破坏的挡墙，采用挡墙上钻孔内插工字钢增大挡墙抗滑力，钢轨桩设一排，孔间距 2.5m。孔深进入挡墙基底以下弱风化 3m，孔径 ϕ220mm，钢轨采用 16 号工字钢，孔内 M30 水泥砂浆压力注浆以充填挡墙内部裂隙。

(6)对边坡变形进行监测。

随着以上措施的实施，边坡变形逐渐收敛。待临时抢险工程施作完后，立即采用了桩板墙进行永久性防护支挡措施。

### 2.3　参数选取及工程措施

物理力学参数根据地勘报告选取。在现状地形条件暴雨情况下，滑体土重度为 21.15kN/m³，滑带土黏聚力取 12.66kPa，摩擦角取 7.66°。开挖分层碾压回填后二级平台以上填土考虑最不利条件，土体重度为 21.15kN/m³，土体黏聚力取 22.61kPa，摩擦角取 12.38°。滑坡推力计算安全系数根据《公路路基设计规范》(JTG D30—2004)，取系数 1.2。

由于滑坡存在 A、B、C 三个可能的剪出口，所以设置防护必须防止多个滑动面滑动。由于最高的 C 剪出口位于填方二级平台附近，所以防护位置必须位于填方二级平台以上才能保证上部滑体不发生滑动。由于二级平台位置防护结构高度最小，所以在二级平台设防护。在二级平台位置滑坡最大推力 160t，需设抗滑桩，采用断面为 2m×3m，间距 5m，共 28 根，如图 1 所示。

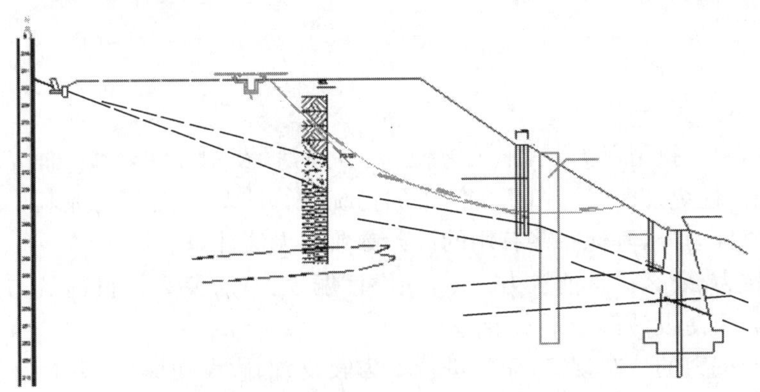

图 1　路堤滑坡处理断面示意图(尺寸单位：cm)

从工程治理过程监测结果表明，滑坡前部第一批抗滑桩实施完成后滑坡体变形收敛，但在第二批桩实施完成后，坡体处于稳定状态，治理效果较好。

## 3　经验教训

导致此滑坡产生原因是多方面的，此工点横坡较陡，填土时由于正处于干旱季节，施工单位对原地面未处理。填料不良，透水性差，导致地下水集聚，水位上升。排水工程未能施作到位，上游侧地表水不能排泄顺畅，直接浸入坡体内。

通过该工程案例可以看到，在地质勘察阶段应充分认识高填方段填料物理力学性质。设计选线时，应该尽量避免高填方段落，如无法避免的高填方段落，可考虑设桥梁的形式通过。高填方路堤施工过程中，应严格按照设计文件及相关规范进行施作。

抢险施工单位务必按照原定抢险方案加紧施工，并加强滑坡观测，保证施工安全。若施工单位贻误抢险及未能及时有效组织永久防护措施施工，将会增加工程投资费用，影响项目通车计划，且在后期运营中需加强此段监测。

## 参考文献

[1]　王恭先，徐峻龄，刘光代，李传珠. 滑坡学与滑坡防治技术[M]. 北京：中国铁道出版社，2007.

# 基于有限元强度折减法的抗滑桩设计新方法

郑颖人[1,2] 赵尚毅[2] 雷文杰[3] 梁 斌[2] 宋雅坤[2]

(1.重庆市地质灾害防治工程技术研究中心 重庆 400000;
2.后勤工程学院军事建筑工程系 重庆 400041;
3.河南理工大学安全科学与工程学院 焦作 454003)

**摘 要:** 目前,抗滑桩上的推力可用传统方法中的多种方法算出,而抗滑桩的桩前抗力、推力与抗力的分布、合理桩长与多排桩等都无法计算。本文率先将有限元强度折减法用于抗滑桩的设计,并取得良好的效果。采用有限元强度折减法设计计算抗滑桩,可以考虑桩土共同作用,计算出滑坡推力、桩前抗力、桩上推力与抗力的分布形式、合理桩长、埋入式抗滑桩上的推力与抗力以及对复合型抗滑桩(如锚拉桩、斜撑桩等)进行优化。通过算例表明该方法使抗滑桩的设计更可靠、更经济。

**关键词:** 有限元强度折减法 抗滑桩 滑坡推力 桩前抗力 合理桩长 埋入式桩

## 1 引言

抗滑桩自问世以来,由于抗滑能力强、施工方便、桩位灵活、费用相对较低,而被广泛应用,尤其是锚拉桩、斜撑桩等出现,其经济性更加改善。由于抗滑桩的传统计算法基于文克勒地基梁计算,不能考虑桩土共同作用,因而除能计算桩推力外,其他一些有用的设计参数都无法计算。

(1)不能计算桩前抗力,要么设桩前抗力为零,使设计偏于保守;要么设桩前抗力为桩前剩余抗滑力,认为桩的刚度与土体一样,而使设计偏于不安全。

(2)不能得到推力与抗力的分布规律,而要进行人为假设,如假设为梯形、矩形、三角形等。

(3)不能进行合理桩长的设计,目前都规定桩长需要通过滑面并延伸到地面,现在人们认识到这并非必要,而且桩即使伸到地面,也有可能出现越顶现象,而失去安全。采用埋入式抗滑桩(抗滑短桩)可大幅节省费用,而且有安全保障。

(4)只能计算全长抗滑桩的推力,而不能计算埋入式抗滑桩上的推力与抗力。

(5)由于桩上推力分布与抗力分布都是人为假设的,因而不能做到锚拉桩、斜撑桩等真正的优化。

(6)无法对多排抗滑桩、桩间距进行合理的设计计算。

本文采用考虑桩土共同作用的数值方法——有限元强度折减法进行抗滑桩的设计计算[1~3],除能妥善解决上述计算问题外,还能直接算出桩的内力,是一种可靠、合理、方便的计算方法,既能使设计安全可靠,又能大幅度降低工程费用,还能合理解决多排抗滑桩与桩间距的设计与优化等问题。

## 2 基于有限元强度折减法的滑坡稳定性分析

### 2.1 模型建立

岩土材料本构模型采用理想弹塑性模型,抗滑桩按照线弹性材料处理。抗滑桩分别采用实体单元与梁单元模拟,采用实体单元法可以直接计算桩后推力与桩前抗力,并且能够直观地反映抗滑桩截面的厚度;采用梁单元法虽然无法计算桩后推力与桩前抗力,但是可以直接得到抗滑桩轴线上的设计推力(推力与抗力的差值)。

边界范围的取值大小在有限元强度折减法中对计算结果的影响较大。当坡顶到左端边界的距离为坡高的 2.5 倍,坡脚到右端边界的距离为坡高的 1.5 倍,且上下边界的距离不低于坡高的 2 倍时,计算精度较为理想。

### 2.2 屈服准则的选取

由于商业软件 ANSYS 提供适合岩土类材料的屈服准则为 Drucker-Prager 外角外接圆准则，计算结果偏大。对于平面应变条件下的强度问题，可采用平面应变相匹配的 D-P 屈服准则[4]。

对平面应变问题，当采用非关联流动法则计算时，D-P 准则系数取

$$\alpha=\frac{\sin\varphi}{3} \qquad k=c\cos\varphi \tag{1}$$

当采用关联流动法则计算时，D-P 准则系数取

$$\alpha=\frac{\sin\varphi}{\sqrt{3(3+\sin^2\varphi)}} \qquad k=\frac{3c\cos\varphi}{\sqrt{3(3+\sin^2\varphi)}} \tag{2}$$

## 3 滑坡推力与桩前抗力的计算[5]

计算采用的模型为重庆市奉节县内分界梁隧道出口处滑坡Ⅰ-Ⅰ断面，如图 1、图 2 所示，抗滑桩的截面尺寸为 2.4m×3.6m，材料的物理力学参数见表 1。

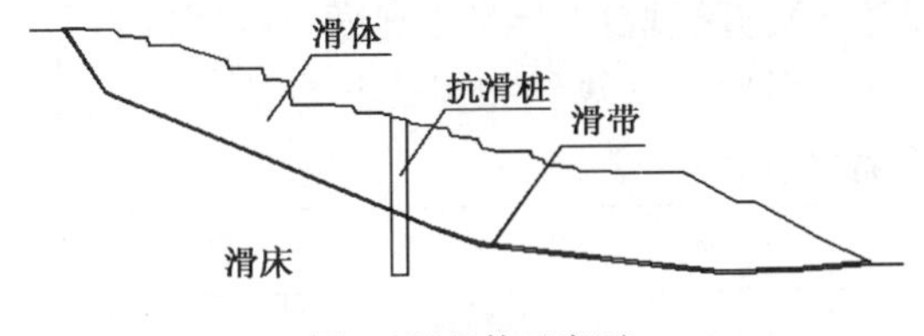


图 1 滑坡体示意图

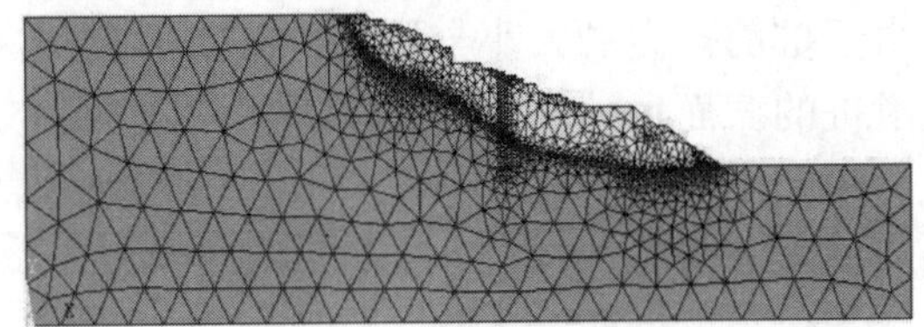

图 2 实体单元模拟抗滑桩的有限元模型

材料物理力学参数 表 1

| 材料名称 | 重度(kN/m³) | 弹性模量(MPa) | 泊松比 | 黏聚力(kPa) | 内摩擦角(°) |
|---|---|---|---|---|---|
| 滑体土 | 22 | 10 | 0.35 | 28 | 20 |
| 滑带土 | 22 | 10 | 0.35 | 20 | 17 |
| 滑床 | 26.16 | 0.818×10⁴ | 0.28 | 1250 | 39 |
| 抗滑桩 | 25 | 3×10⁴ | 0.2 | 按弹性材料处理 | |

计算滑坡推力与桩前抗力时，在设桩位置设置全长抗滑桩，桩分别采用实体单元和梁单元模拟。抗滑桩采用实体单元模拟，当计算收敛后，利用 ANSYS 软件提供的路径分析功能，分别沿抗滑桩桩后和桩前从滑面到坡顶设置路径，将水平应力映射到设置的路径上，然后沿此路径对水平应力进行积分，就可以分别得到滑坡水平推力与桩前水平抗力。采用梁单元模拟，需要分别计算桩前有土(见图 3)与无土(见图 4)的情况，桩前无土时计算得到的是滑坡推力，桩前有土时计算得到的是作用在抗滑桩上的设计推力，即滑坡推力与桩前抗力的差值。

抗滑桩采用实体单元模拟时，有限元模型见图 2。桩与土体的接触关系采用共节点而材料性质不同的连续介质模型。这种模型可以较为真实地反映抗滑桩的截面厚度、桩的变形与抗力的影响。但是采用平面应变计算时纵向长度只有 1m，也就是说，不论桩的截面实际宽度是多少，在程序计算中都按 1m 计算，改变了抗滑桩的惯性矩，进而改变了抗滑桩的刚度，对桩的变形产生了影响。因此，当桩的惯性矩 $I$ 发生变化时，通过改变桩的弹性模量 $E$，使抗滑桩的刚度 $EI$ 保持不变，从而使桩的变形不受影响。

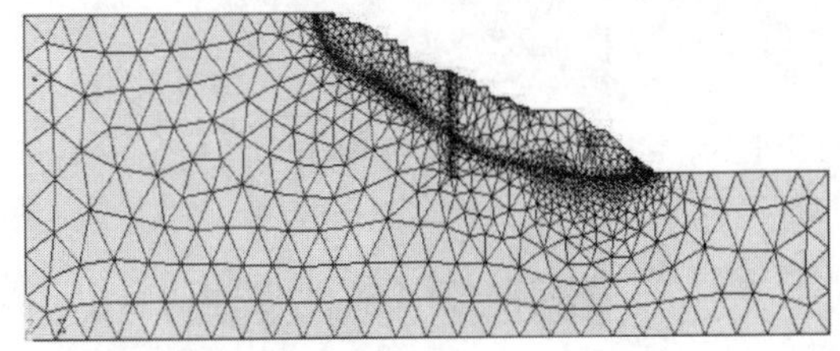

图 3 梁单元模拟桩的有限元模型(桩前有土)

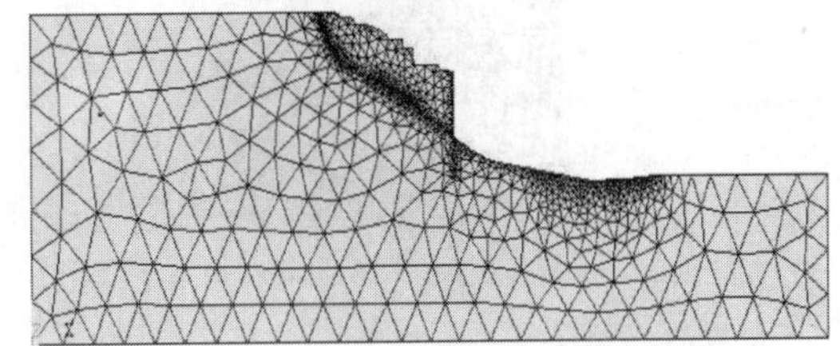

图 4 梁单元模拟桩的有限元模型(桩前无土)

采用不同方法得到的滑坡推力与水平抗力的计算结果见表 2。由计算结果可以看出,有限元强度折减法不论是采用实体单元或梁单元模拟抗滑桩,计算得到的滑坡推力与传统的不平衡推力法的计算结果都很接近,因而可以采用有限元强度折减法的实体单元法或梁单元法计算滑坡推力。

**不同方法计算得到的滑坡推力与桩前抗力** 表 2

| 方 法 | 滑坡推力(kN/m) | 桩前抗力(kN/m) | 设计推力(kN/m) |
|---|---|---|---|
| 有限元强度折减法实体单元法 | 5 390 | 1 830 | 3 560 |
| 有限元强度折减法梁单元法 | 5 350 | 1 700 | 3 650 |
| 不平衡推力法(隐式解) | 5 420 | 2 580 | 2 840 |

有限元强度折减法计算得到的桩前抗力比不平衡推力法的计算结果小很多,其主要原因就是桩前抗力的大小取决于抗滑桩的变形量,而不平衡推力法采用桩前土体的剩余抗滑力作为桩前抗力,相当于假定抗滑桩的弹性模量等于土体的弹性模量,而实际上抗滑桩有较大刚度,其变形是有限的,因此这种做法会使抗力偏大。

由于桩前抗力的大小与抗滑桩的变形有关,而抗滑桩的变形又直接取决于桩的刚度 $EI$,因此,可通过改变抗滑桩的截面尺寸和弹性模量,来分析桩的变形对桩前抗力的影响。计算结果见表 3 和表 4。

**抗滑桩不同截面尺寸时的桩前抗力** 表 3

| 抗滑桩截面尺寸(m×m) | 1.8×2.4 | 3.6×2.4 | 5.4×2.4 |
|---|---|---|---|
| 桩前抗力(kN/m) | 2 030 | 1 700 | 1 620 |

**抗滑桩不同弹性模量时的桩前抗力** 表 4

| 抗滑桩弹性模量(kPa) | $3\times10^{9}$ | $3\times10^{10}$ | $3\times10^{11}$ |
|---|---|---|---|
| 桩前抗力(kN/m) | 2 110 | 1 700 | 1 550 |

由表 3 和表 4 的计算结果可以看出,随着抗滑桩截面尺寸或者弹性模量变大,桩前抗力逐渐减小。

## 4 推力与抗力的分布规律

根据强度折减有限元计算结果,通过图形显示可得到滑面以上桩后推力与桩前抗力的水平应力分布,如图 5、图 6 所示。推力分布大致呈拱形分布,抗力分布大致呈三角形分布。因而在抗滑桩设计中不需要再对推力分布与抗力分布进行假设,从而减小了常规设计中,由于假定截面推力分布所造成的计算误差。

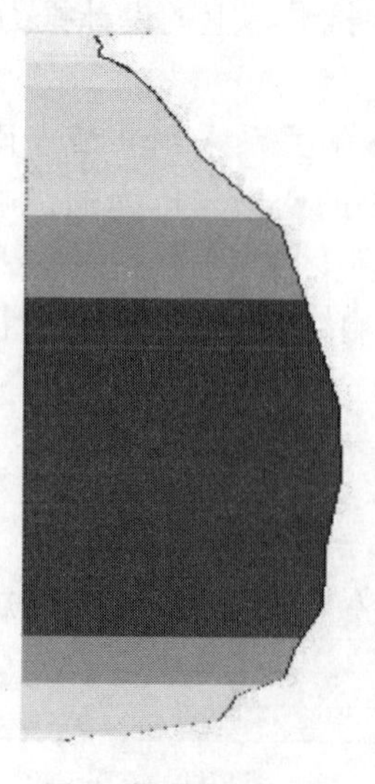

图 5 推力分布

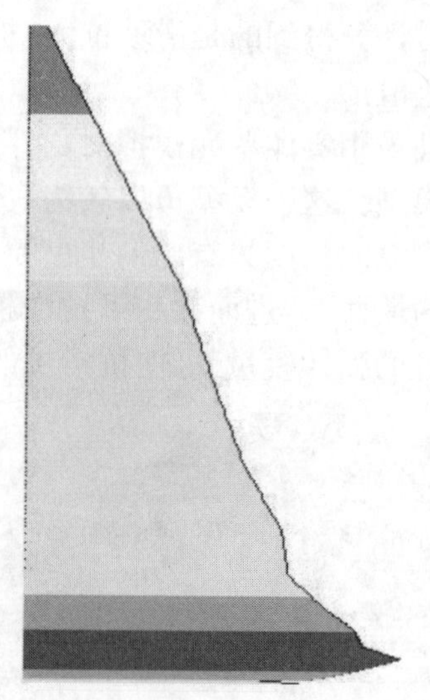

图 6 抗力分布

## 5 抗滑桩合理桩长的确定

传统设计方法中，抗滑桩设计只注重内力计算，以确定桩截面尺寸与配筋，而没有规定桩的长度设计[6~9]，因此既不能保证桩不出现“越顶”破坏，也不知道采用多长的桩长才算合理，无法确定可靠而又经济合理的桩长，这正是当前抗滑桩规范中欠缺的地方。桩长设计的原则是必须保证在任何桩长情况下都要使地层的稳定系数大于或等于设计安全系数，如果达不到安全系数，桩就可能出现“越顶”破坏，即桩虽未拉断或剪断，但地层就已经失稳了，表明桩长不足。下面通过工程算例来说明桩长设计[10]。

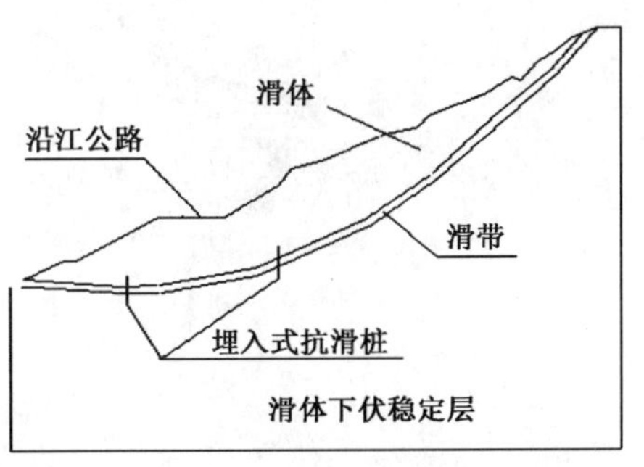


图 7 边坡示意图

滑坡体为重庆市长江三峡库区巫山新县城玉皇阁崩滑堆积体一个典型地质剖面，如图 7 所示，计算参数见表 5。

材料物理力学参数 表 5

| 材 料 名 称 | 重度(kN/m³) | 弹性模量(MPa) | 泊松比 | 内聚力(kPa) | 内摩擦角(°) |
|---|---|---|---|---|---|
| 滑体 | 21.4 | 30 | 0.3 | 34 | 24.5 |
| 滑带 | 20.9 | 30 | 0.3 | 24 | 18.1 |
| 滑体下伏稳定岩层 | 23.7 | $1.7\times10^3$ | 0.3 | 200 | 30 |
| 桩(C25 混凝土) | 24 | $29\times10^3$ | 0.2 | 按弹性材料处理 | |

滑体、滑带和下伏稳定岩层采用面单元模拟，埋入式抗滑桩采用梁单元进行模拟，有限元网格中表现为线单元。由于计算是为了研究桩长与安全系数、滑面之间的关系，所以锚固段的长度简设为 3m。桩的埋设方案为公路上方或公路下方(图 7)。桩的埋设位置为公路上方时，抗滑桩的长度分别为 7m、9m、11m、13m、15m、17m、19m、21m、23m 或 25.54m(全长桩)；桩的埋设位置位于公路下方时，桩的长度分别为 7m、9m、11m、13m、15m、17m、19m、21.22m (全长桩)。

图 8 和图 9 分别列出了该滑坡两个桩位在不同桩长情况下的滑面位置。

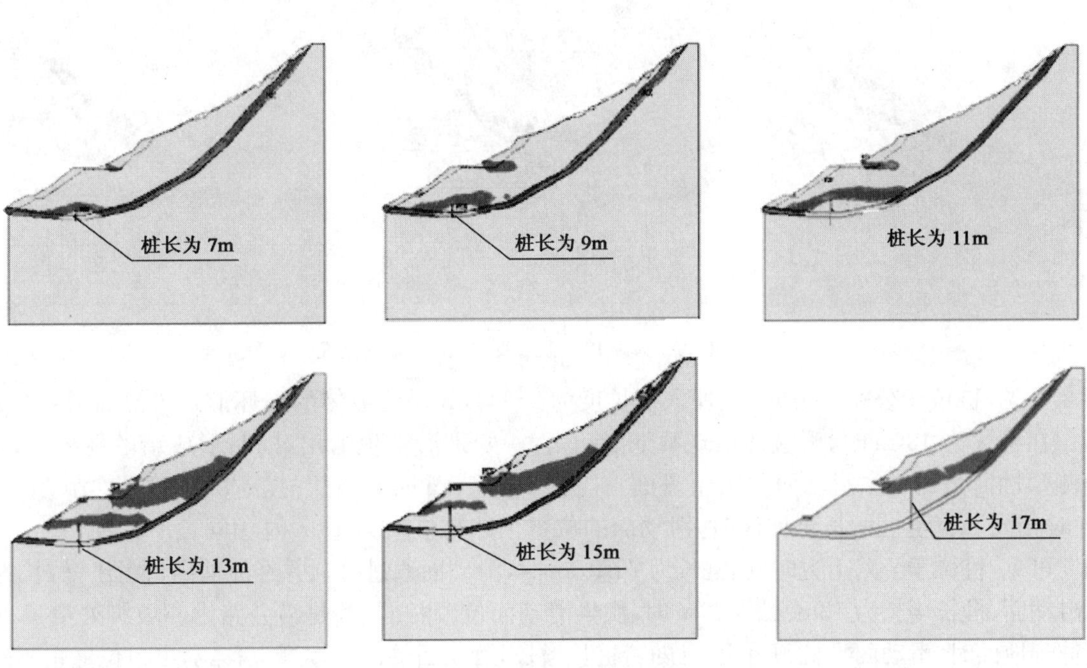


图 8

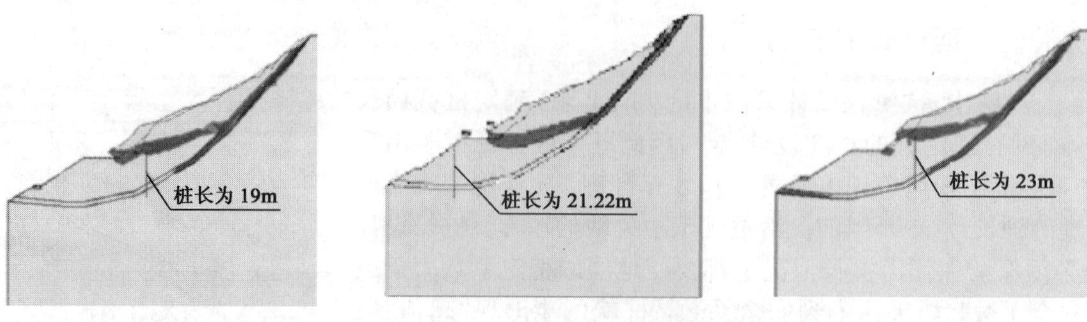


图8　桩位于公路下方,桩长变化与滑动面的位置

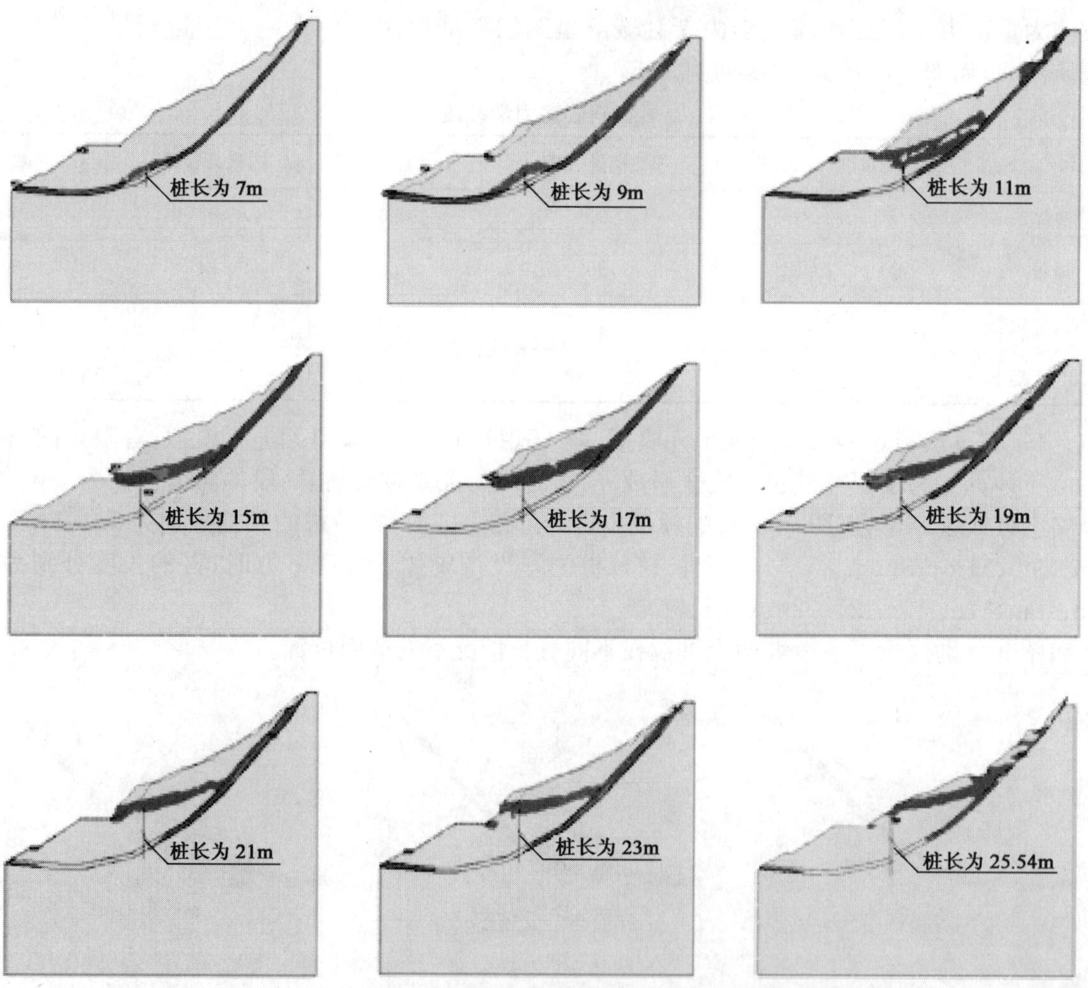


图9　桩位于公路上方,桩长变化与滑动面的位置

由图8可见,桩位于公路下方时,当埋入桩长度为7～11 m时滑坡体的破坏形式为滑面通过桩顶沿原剪出口滑出。在桩长为13 m时,滑坡体出现两处滑动面:一处是沿桩顶滑出,同时形成新的剪出口;另一处是沿公路内侧塑性区贯通至主滑动面的次生滑面。当桩长为15m时只有上述次生滑动面。滑动面位置与桩长为13m时相同。直至桩增长至坡面时,滑动面的位置仍然与桩长为13m时相同。

由图9可见,桩位于公路上方时,当桩长为7m,9 m时,滑动面通过桩顶并经原剪出口滑出;桩长为11 m时形成次生滑动面,桩长增长为13m、15m、17m时,次生滑动面位置相同,都是沿公路内侧坡脚处滑出;桩长大于17m直至伸到地面时,滑动面沿桩顶滑出,且随着桩长增长,滑动面的位置逐渐上移,剪出口位置也不断上移。

表6和表7分别列出了不同桩位在不同桩长情况下的边坡安全系数。

桩位于公路下方时，桩长与边坡安全系数之间的关系　表6

| 桩长(m) | 0.00 | 7.00 | 9.00 | 11.00 | 13.00 | 15.00 | 21.22 |
|---|---|---|---|---|---|---|---|
| 安全系数 | 1.02 | 1.13 | 1.15 | 1.19 | 1.19 | 1.19 | 1.19 |

桩位于公路上方时，桩长与边坡安全系数之间的关系　表7

| 桩长(m) | 0.00 | 7.00 | 9.00 | 11.00 | 13.00 | 15.00 | 17.00 | 19.00 | 21.00 | 23.00 | 25.54 |
|---|---|---|---|---|---|---|---|---|---|---|---|
| 安全系数 | 1.02 | 1.14 | 1.17 | 1.19 | 1.19 | 1.19 | 1.19 | 1.23 | 1.25 | 1.29 | 1.34 |

假设埋入式抗滑桩有足够强度情况下，桩的长度变化能够改变滑坡体的稳定安全系数，桩长变短稳定安全系数减小。当桩位于公路下方时，如表6所示，桩的长度为7m、9m、11m时，滑坡体的安全系数从1.13增加到1.19，这说明增加桩长可以增加滑坡体的稳定安全系数；继续增加桩长(桩长为13m、15m、21.22m)，滑坡体的稳定安全系数仍然保持在1.19，表明此时增加桩长并不能增加边坡的稳定安全系数，即增加桩长并不能提高边坡的稳定性。按前述原则，可以根据设计要求的安全系数来确定合理桩长。如本工程中设计安全系数为1.15，由表6和表7可见，无论桩位于公路下方或上方，其合理桩长均为9m。

若将桩的位置设在公路上方，如表7所示，在桩长低于17m时，滑坡体的稳定安全系数随桩长增加而提高；桩长继续加长，滑坡体的滑动面明显上移，滑体沿桩顶滑出，此时滑坡体的安全系数从1.23增加到1.34。这说明增加桩长能够使滑面上移，并提高滑坡体的安全系数。但上述结论是在假定桩有足够强度的情况下获得的，如果桩的强度只能保证设计安全系数为1.15，那么超过这一安全系数的相应桩长都是没有意义的。可见，采用合理桩长才是最经济合理的。

## 6　埋入式抗滑桩上滑坡推力与桩前抗力的计算

合理桩长确定以后，抗滑桩桩顶高程将低于滑坡体表面一定深度，称之为埋入式抗滑桩。传统的不平衡推力法无法计算出作用在埋入式抗滑桩上的滑坡推力与桩前抗力，设计时人为假定埋入式抗滑桩承担全部滑坡推力与抗力作为设计值，这显然是保守的做法，会对实际工程造成浪费。

为此，进行了埋入式抗滑桩复杂的大型物理模型试验，物理模型试验的模型图和边界条件约束情况见图10，用滑体后面千斤顶施加荷载。试验主要监测和分析了滑体坡面位移和埋入式抗滑桩桩顶位移以及桩身与滑体中不同位置的土压力情况，可以测出桩顶土体所受的压力及桩后推力与桩前抗力。试桩长度分别为1.2m、1.5m、1.8m与2.2m(全长桩)，各种桩长分别进行一次试验。试验结果表明：(1)抗滑桩桩后推力随桩长增加而增大，桩顶土推力随桩长的缩短而增大，桩顶土推力与滑坡推力之比也随桩长缩短而增大，可见埋入式抗滑桩的推力会小于全长桩的推力，它将一部分推力转嫁给桩顶的滑体土上。(2)抗滑桩长度短，作用在桩后的滑坡推力沿桩的高度方向分布均匀。桩长为2.2m、1.8m时桩身推力分布呈梯形分布，桩顶土承担的滑坡推力较小；桩长为1.5m、1.2m时桩身推力近似为矩形分布，桩顶土承担的滑坡推力增大。

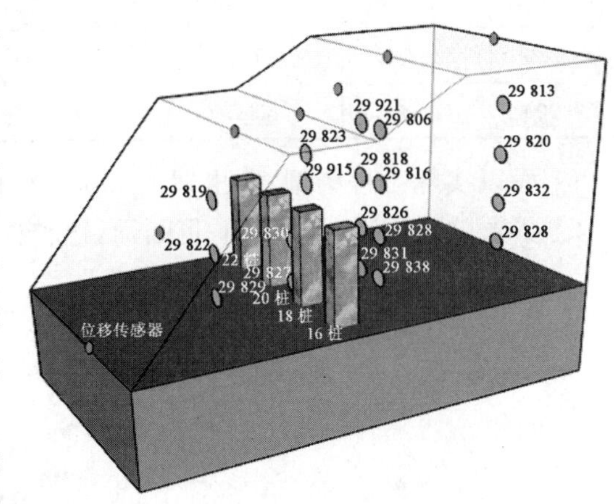

图10　试验模型示意图

对埋入式抗滑桩模型机理试验进行了二维与三维有限元数值分析(模型如图11、图12所示)，通过计算表明，有限元数值分析方法计算所得到的结果与模型试验的结果比较接近。图13和图14分别为全长桩和1.2m桩长的埋入式抗滑桩上的滑坡推力分布。数值模拟结果与试验结果是一致的。试验与计算机模拟都采用了逐级加载，表8列出桩长为1.5m时三维数值模拟结果与试验结果的对比，计算所得的桩后推力与桩顶滑体土承担的滑坡推力与模型试验结果相近。从而证明了采用有限元强度折减法计算作用在埋入式抗滑桩上的滑坡推力与桩前抗力是可行的。

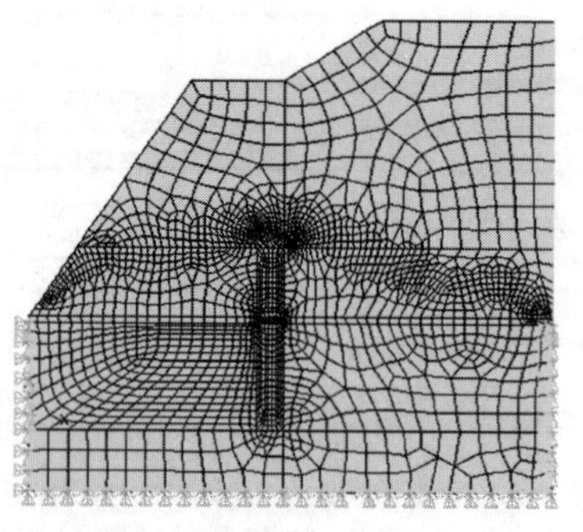

图 11　二维有限元模型

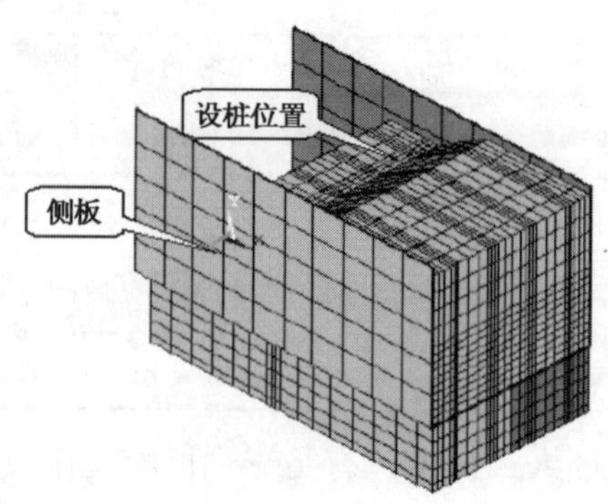


图 12　三维有限元模型

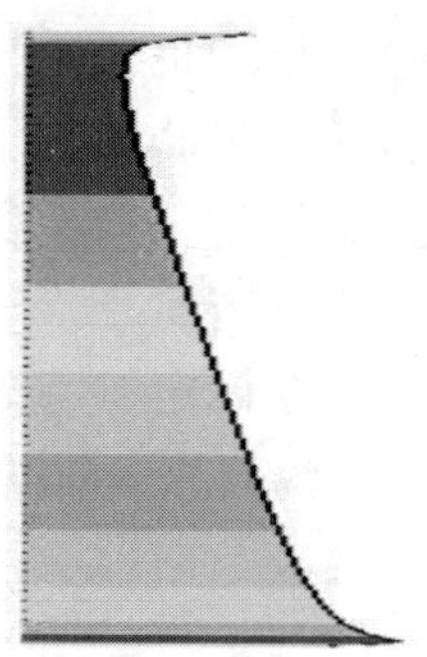

图 13　全长桩推力分布

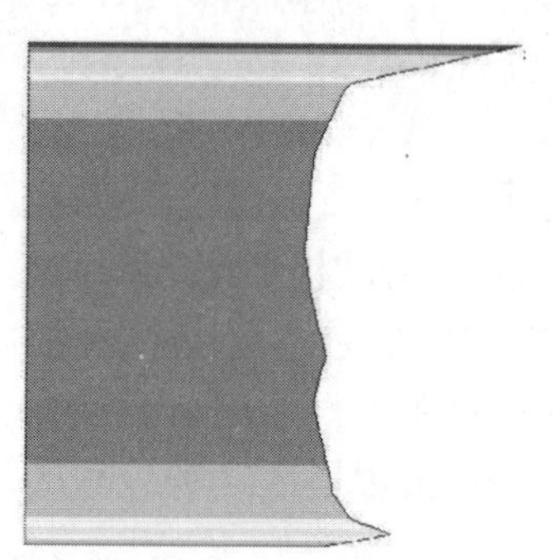

图 14　1.2m 桩长的桩上推力分布

**桩长为 1.5m 的结果对比**(三维模拟)　　表 8

| 计算加载(N) | 试验加载(N) | 数值计算桩后推力(N) | 试验桩后推力(N) | 数值计算桩顶土推力(N) | 试验桩顶土推力(N) | 计算桩顶土推力比例(%) | 试验桩顶土推力比值(%) |
|---|---|---|---|---|---|---|---|
| 26 000 | 31 595 | 10 650 | 5 755 | 5 234 | 8 185 | 32.90% | 58.70% |
| 52 000 | 51 903 | 23 103 | 15 390 | 10 197 | 10 161 | 30.60% | 39.80% |
| 78 000 | 76 364 | 40 582 | 29 754 | 14 335 | 11 163 | 26.10% | 27.30% |
| 104 000 | 105 366 | 59 021 | 61 344 | 17 491 | 12 677 | 22.80% | 17.10% |
| 130 000 | 131 310 | 83 470 | 87 376 | 19 914 | 14 501 | 19.30% | 14.20% |

下面以实际工程为例,给出埋入式抗滑桩的合理桩长及其滑坡推力与桩前抗力。计算采用重庆市奉节县内分界梁隧道出口处滑坡Ⅲ-Ⅲ断面,边坡模型如图 15 所示,计算参数见表 9。

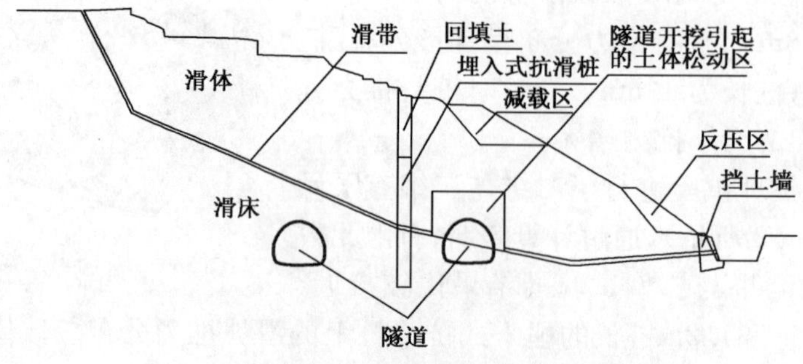


图 15　边坡示意图

首先确定抗滑桩的合理桩长,计算结果见表 10。从中可以看出,当采用 29m 长的埋入式抗滑桩加固后,

设计计算参数 表 9

| 材料名称 | 重度(kN/m³) | 弹性模量(kPa) | 泊松比 | 内聚力(kPa) | 内摩擦角(°) |
|---|---|---|---|---|---|
| 基岩 | 26.16 | $0.818\times10^7$ | 0.28 | 1 250 | 39.1 |
| 滑体土 | 22 | $1\times10^4$ | 0.35 | 28 | 20 |
| 滑带土 | 22 | $1\times10^4$ | 0.35 | 20 | 17 |
| 桩 | 25 | $3\times10^7$ | 0.2 | 按线弹性处理 | |
| 挡墙 | 22 | $4\times10^6$ | 0.15 | | |
| 隧道衬砌 | 25 | $3\times10^7$ | 0.2 | | |

滑坡体的稳定安全系数达到 1.27,达到了设计安全系数 1.25 的要求。因此,确定抗滑桩的合理桩长为 29m,其中滑面以上 16m,以下 13m。与全长桩相比,缩短了 37%。

有限元强度折减法计算不同桩长稳定安全系数 表 10

| 桩型 | 稳定安全系数 |
|---|---|
| 全长桩 46m(滑面以上 28m,以下 18m) | 1.35 |
| 桩长 38m(滑面以上 22m,以下 16m) | 1.30 |
| 桩长 29m(滑面以上 16m,以下 13m) | 1.27 |
| 桩长 24m(滑面以上 12m,以下 12m) | 1.24 |
| 桩长 16m(滑面以上 7m,以下 9m) | 1.18 |

抗滑桩的合理桩长确定后,就可以采用有限元强度折减法直接计算作用在埋入式抗滑桩上的滑坡推力与桩前抗力,计算结果见表 11。

滑坡推力与桩前抗力计算结果 表 11

| 项目 | 数值 |
|---|---|
| 滑坡推力(46m 全长桩)(kN/m) | 7 880 |
| 桩前抗力(46m 全长桩)(kN/m) | 3 480 |
| 桩设计推力(46m 全长桩)(kN/m) | 4 400 |
| 滑坡推力(29m 埋入式抗滑桩)(kN/m) | 5 410 |
| 桩前抗力(29m 埋入式抗滑桩)(kN/m) | 2 860 |
| 桩设计推力(29m 埋入式抗滑桩)(kN/m) | 2 550 |
| 埋入式抗滑桩设计推力与全长桩设计推力的比值 | 58% |

从表 11 可以看出,作用在埋入式抗滑桩上的滑坡推力与桩前抗力都小于作用在全长桩上的滑坡推力与桩前抗力,并且最终的设计推力只有全长桩 58%。

## 7 抗滑桩内力计算及优化设计

采用有限元法来进行支挡结构内力计算和设计时,按有限元法算出的作用在结构上的岩土侧压力与按极限平衡条分法算出的推力相当,证明了采用有限元强度折减法来计算的桩上推力是正确的,在这种情况下可根据土体与支护结构的共同作用来确定桩的推力分布及桩身内力,并且还可对支挡结构进行优化设计。

本文以重庆至贵州高速公路崇溪河至遵义段上高工天滑坡工程为例[14],计算采用的典型断面如图 16 所示。地层岩性从上至下为:第四系覆盖层(耕植土、残坡积层、滑塌块石堆积层)、强风化泥岩、中风化泥岩夹砂岩。路基开挖时,下切坡体只有 5~6m,即引起滑坡的复活,在土层和强风化带内形成滑面。滑坡的治理采用抗滑桩加

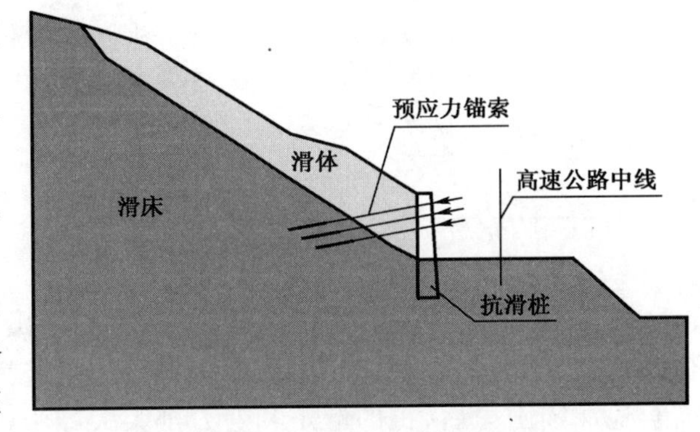

图 16 计算采用的典型断面

预应力锚索的支挡措施。桩截面尺寸 3m×4m,桩两侧各设 3 根预应力锚索。

计算采用的软件为美国 ANSYS 公司的大型有限元计算程序,按照平面应变问题处理,岩土材料用 8 节点四边形平面单元 PLANE183 模拟,抗滑桩用梁单元 BEAM3 单元模拟。预应力锚索的加固作用可以通过施加集中力的方法来模拟,即在有限元网格中距离等于锚索长度且方向与锚索方向一致的两个节点上施加一对相向的集中力(设计锚固力)。岩土材料本构模型采用理想弹塑性模型,屈服准则采用德鲁克—普拉格平面应变内切圆准则,计算参数见表 12。

**计算采用物理力学参数** 表 12

| 材料名称 | 重度(kN/m³) | 弹性模量(MPa) | 泊松比 | 内聚力(kPa) | 内摩擦角(°) |
|---|---|---|---|---|---|
| 滑体 | 21 | 30 | 0.3 | 25.5 | 24.5 |
| 滑床 | 24 | 1×10³ | 0.25 | 200 | 30 |
| 桩(C25 混凝土) | 24 | 29×10³ | 0.2 | 按弹性材料处理 | |

在 ANSYS 程序后处理中,在 Element Table 中定义梁单元(Beam3)的弯矩(SMIS6、SMIS12)、剪力(SMIS2、SMIS8)、轴力(SMIS1、SMIS7)后,即可得到桩内力的大小和分布。当只设置抗滑桩而不设置锚索时的最大弯矩为 48 100kN·m,最大剪力 6 560kN,图 17、图 18 分别为桩的弯矩和剪力分布图。施加锚索后桩的最大弯矩为 11 900 kN·m,最大剪力为 2 650kN,弯矩和剪力分布分别见图 19、图 20。

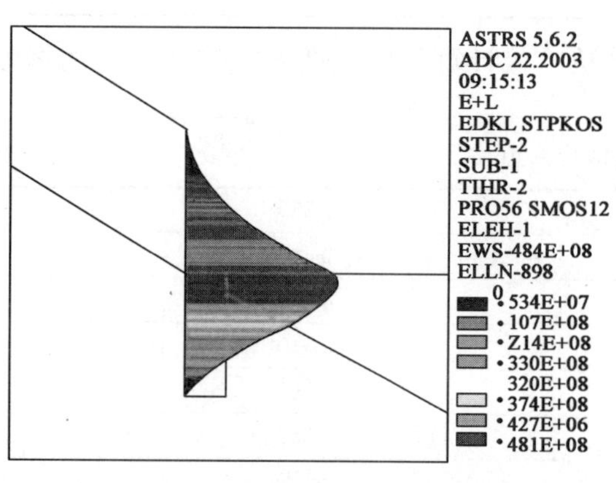


图 17 只设置桩时的桩身弯矩图

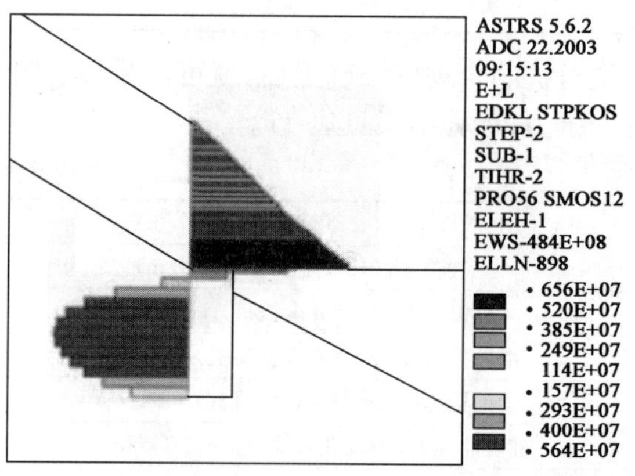


图 18 只设置桩时的桩身剪力图

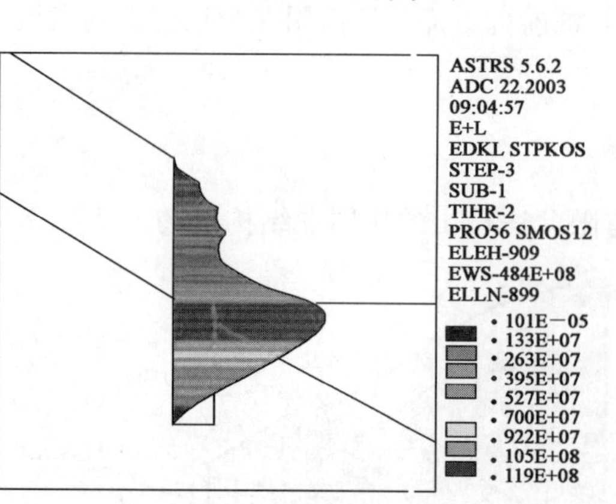


图 19 施加锚固力后桩身弯矩图

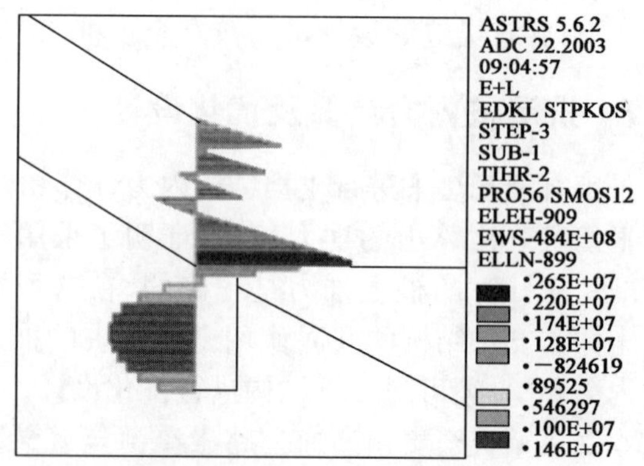


图 20 施加锚固力后桩身剪力图

表 13 为采用不同方法计算结果,从表中看出,传统方法中采用不同的滑坡推力分布形式的计算结果有很大差别,有限元计算结果与传统方法中滑坡推力分布假定为矩形时的计算结果比较接近。另外通过锚索施加锚固力后,桩的弯矩和剪力都大大减小,可见锚索和抗滑桩联合使用显著地改变了桩的悬臂受力状态。

不同方法计算结果对比 表13

| 计算模型 | | 传统方法 | | 有限元法 |
|---|---|---|---|---|
| | | 假设三角形分布 | 假设矩形分布 | |
| 无预应力锚索 | 剪力(kN) | 6 276 | 8 323 | 6 560 |
| | 弯矩(kN·m) | 42 062 | 58 082 | 48 100 |
| 有预应力锚索 | 剪力(kN) | 875 | 1 756 | 2 650 |
| | 弯矩(kN·m) | 5 346 | 11 310 | 11 900 |

锚固力的大小对桩的内力计算结果有较大影响，传统方法中由于滑坡推力分布是假定的，本身存在很大误差，导致优化的可信度低，而有限元计算得到的推力分布接近于实际，因此，可在有限元计算结果基础上对锚固力进行优化。分别计算不同锚固力时桩的内力，计算结果见表14。不同锚固力时桩的弯矩变化曲线分布见图21，从计算结果看出，锚固力并不是越大越好，它有一个极小值。从曲线的走势变化看，有限元计算结果与传统方法中滑坡推力分布假定为矩形时的计算结果比较接近，而与假定三角形分布的计算结果差异很大。计算表明，锚固力为950kN时，桩上内力最小，而且有限元法与矩形分布的传统方法的计算结果接近。但锚索锚固力会由于蠕变而变化，因而设计中不宜采用最低值。

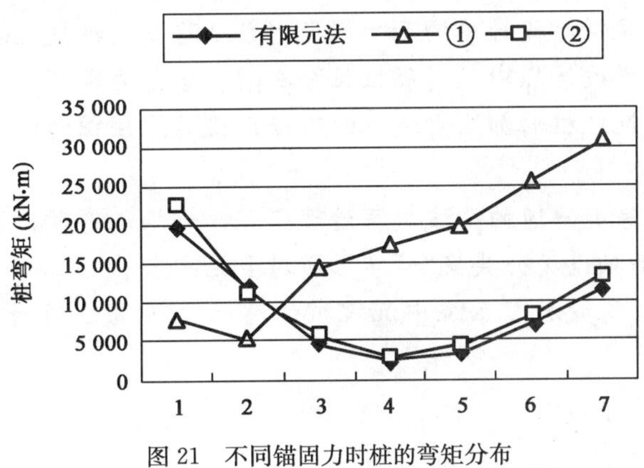


图21 不同锚固力时桩的弯矩分布

采用不同锚固力时桩的弯矩 表14

| 锚固力(kN) | | 桩的弯矩(kN·m) | | |
|---|---|---|---|---|
| | | 传统方法 | | 有限元法 |
| | | 推力三角形分布 | 推力矩形分布 | |
| 1 | 600 | 19 700 | 7 853 | 22 683 |
| 2 | 800 | 11 900 | 5 346 | 11 310 |
| 3 | 900 | 4 550 | 14 516 | 5 583 |
| 4 | 950 | 2 650 | 17 249 | 2 967 |
| 5 | 1 000 | 3 410 | 19 982 | 4 532 |
| 6 | 1 100 | 7 300 | 25 447 | 8 110 |
| 7 | 1 200 | 11 700 | 30 913 | 13 575 |

## 8 结论

采用有限元强度折减法设计计算抗滑桩，能够弥补传统设计方法的不足，增大设计的可靠性与经济性。

(1)能够考虑桩土共同作用，使计算得到的桩前抗力更合理。

(2)能得到滑坡推力与桩前抗力的分布规律，不需要再作人为假设，从而提高计算精度。

(3)可以确定抗滑桩的合理桩长，使桩长缩短，经济效益显著。

(4)不仅能算出全长抗滑桩的推力与抗力,而且可以算出埋入式抗滑桩上的推力与抗力,由于埋入式桩桩长缩短,推力降低,桩身内力大大减少。

(5)可以直接算出抗滑桩的内力,还能对锚拉桩、斜撑桩等进行优化。

## 参考文献

[1] 郑颖人,赵尚毅,张鲁渝.用有限元强度折减法进行边坡稳定分析[J].中国工程科学,2002,4(10):57-61.

[2] 郑颖人,赵尚毅,张鲁渝.有限元强度折减法在岩坡和土坡中的应用[C].中国岩石力学与工程学会第七次学术大会论文集,2002:39-41.

[3] 郑颖人,赵尚毅,邓楚键.有限元极限分析法发展及其在岩土工程中的应用研究[J].中国工程科学,2006,(12).

[4] 徐干成,郑颖人.岩土工程中屈服准则应用的研究[J].岩土工程学报,1999,12(2):93-99.

[5] 梁斌,郑颖人,宋雅坤.不同计算方法计算滑坡推力与桩前抗力的比较与分析[J].后勤工程学院学报,2008. 24(2):14-17.

[6] 郑颖人,雷文杰,赵尚毅.抗滑桩设计中的两个问题[J].公路交通科技,2005,22(6):45-51.

[7] 雷文杰,郑颖人,冯夏庭.滑坡治理中抗滑桩桩位分析[J].岩土力学,2006,27(6):950-954.

[8] 雷文杰,郑颖人,冯夏庭.沉埋桩的加固滑坡体的有限元设计方法探讨[J].岩石力学与工程学报,2006,25(增1):2 924-2 929.

[9] 郑颖人,宋雅坤,雷文杰.穿越隧道的滑坡工程治理研究——埋入式抗滑桩的原理与设计[C].“中国工程院第三次地下工程与基础设施公共安全”学术研讨会论文集.

[10] 雷文杰,郑颖人,冯夏庭.滑坡加固系统中沉埋桩的有限元极限分析研究[J].岩石力学与工程学报,2006 25(1):27-33.

# 洪西高速公路大园铺滑坡成因机制及稳定性分析

胡承强　杨真子　蒋　科

（重庆交通科研设计院　重庆　400067）

**摘　要**：大园铺滑坡是西部开发省际公路通道重庆—长沙公路洪安至酉阳段高速公路上一个大型滑坡。本文介绍了大园铺滑坡地形地貌、工程地质等特性，对滑坡成因进行了分析，针对道路施工时对滑坡的各种影响，采用折线形滑动面稳定性验算法对该滑坡体天然状态及不利组合条件下的稳定性进行了评价，为滑坡治理方案的选取提供依据。

**关键词**：公路　滑坡　成因机制　稳定性分析

## 1　引言

滑坡是山区丘陵地区常见的地质灾害。道路工程是一个带状构造物，在建设过程中不可避免地会穿越滑坡体。大园铺滑坡区位于酉阳县江丰乡桐岭村大园铺组境内，新建西部开发省际公路通道重庆—长沙公路洪安至酉阳高速公路（简称洪酉路）K55＋747.30～K56＋091.90段穿越该滑坡体。经详细地质勘查发现，该滑坡为一古滑坡，滑坡体规模较大，盲目处治可能带来巨大的工程费用。因此，准确判定滑坡的成因和稳定状况，分析洪酉高速公路路基对该滑坡体的影响，对于增强处治措施的针对性、节约工程造价非常重要。

本文对大园铺滑坡的形成条件、影响滑坡稳定性的因素、滑坡体和滑带土的性质进行了分析评价，对边坡的稳定性进行了计算和论证，在此基础上给出滑坡地段路基施工的合理化建议。

## 2　滑坡及环境地质概况

### 2.1　地形地貌

大园铺滑坡区属构造剥蚀—低山地貌（图1），位于唐家沟右岸坡中下部，溪沟沟谷较宽较缓，沟床宽约4～8m。滑床位于沟谷西南侧，其间水田较多，滑坡前缘距溪沟最近处平距约为26m，最远处约为70～80m，高差约4～10m，沟水对滑坡未构成直接冲刷。滑坡区的岸坡为切向坡，坡角为20°～38°。滑坡体后缘地形稍陡，一般呈40°左右，局部达60°甚至形成陡崖。其中后部为平台，宽约50～80m，有较多水田分布其间，滑坡体后侧还修建有十余处民宅。滑坡体后部山岭高程约658m，前缘溪沟高程约452m，相对高差达206m。

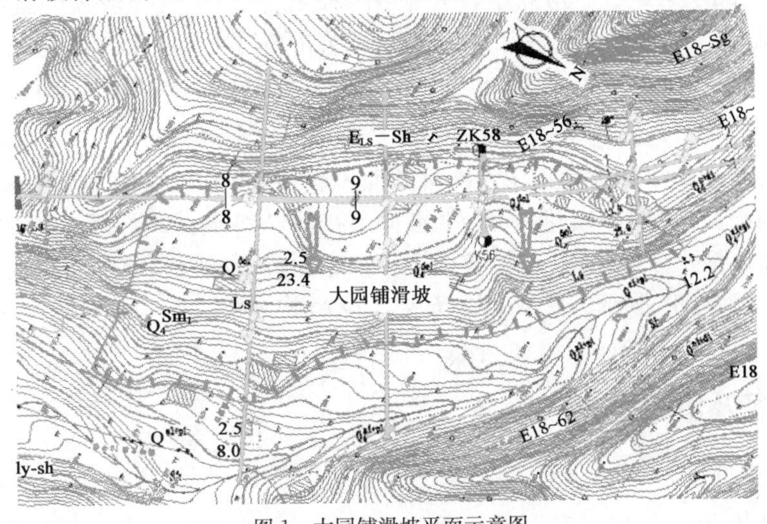


图1　大园铺滑坡平面示意图

### 2.2 地层岩性与地质构造

根据工程地质测绘和钻探揭露,滑坡区地层主要由第四系滑坡堆积层($Q_4^{del}$)黏土、碎石土、块石土和亚黏土及下伏基岩寒武系下统膏田组(∈1g)灰岩及泥岩组成。滑坡区地处区域构造桐麻岭背斜东南翼,岩层呈单斜构造产出,由于受附近正断层及背斜的影响,岩层产状变化较大,为295°~328°∠3°~29°。岩层走向与斜坡坡向呈小角度相交,该正断层沿背斜轴向方向发育,倾向西北方向。从滑坡附近基岩出露情况来看,岩体中主要发育2组构造裂隙:$J_1$ 产状202°~223°∠82°~87°,延伸3~8m,裂面平直光滑、部分呈波状,开度3~5mm,风化御荷达8~15mm,裂隙线密度为2~3条/m;$J_2$ 产状121°~125°∠82°~83°,延伸2~5m,裂面平直,部分呈波纹状,开度2~8mm,风化御荷达12~20mm,无充填,裂隙线密度为1~3条/m。$J_2$ 组节理倾向与坡向大致相同,但裂隙倾角大于坡角,其对斜坡稳定性影响不大。滑坡区内无断层通过,总体构造比较简单。

### 2.3 岩土构成

#### 2.3.1 滑坡堆积体

(1)滑体特征

滑体主要由黏土、碎石土、块石土及亚黏土组成。

黏土:呈硬塑~可塑状,约含20%~25%角砾及碎石,偶见块石,经土工试验得其残余抗剪凝聚力平均值$c$=8.4kPa,内摩擦角 $\varphi$=11.0°,其容许承载力 $[\sigma_0]$=190kPa,极限摩阻力 $\tau_1$=35kPa。

碎石土:呈松散~稍密状,颗粒分配变化大,块石约占10%,碎石约占60%,角砾约占10%,粉、黏粒约占30%,石质成分为砂岩及泥岩,局部含有灰岩,粒径大小介于20~187mm之间,其容许承载力$[\sigma_0]$=350kPa,极限摩阻力 $\tau_1$=160kPa。

块石土:呈松散状,块石约占80%,碎石约占20%,局部含少量粉、黏粒,石质成分为弱风化细粒砂岩,粒径差异大,最大粒径达3 400mm,其容许承载力$[\sigma_0]$=520kPa,极限摩阻力 $\tau_1$=600kPa。

亚黏土:呈可塑~软塑状,其中碎石约占15%,角砾约占10%,偶见块石,主要成分为灰岩和泥岩,粒径大小一般介于10~90mm之间,但最大粒径可达400mm,经土工试验测得其残余抗剪凝聚力平均值 $c$=7.7kPa,内摩擦角 $\varphi$=10.5°,其容许承载力$[\sigma_0]$=210kPa,极限摩阻力 $\tau_1$=40kPa。

土层中粉、黏粒在受水浸润后易软化,粉、黏粒含量高时可呈软塑~流塑状,此时,其稳定性将会降低。

(2)滑带土特征

滑带土由碎石土及亚黏土组成。滑带附近其粉、黏粒含量很高,相对滞水,且多处位于地下水位活动范围之内,常处于饱和状态,其内聚力及内摩擦角值相对较低。

#### 2.3.2 基岩

滑床为基岩,由泥岩和灰岩组成。虽然基岩上部裂隙较发育,但基岩面坡角一般约18~33°,整体较缓,仅前缘少许部位为亚黏土,其滑床稳定性相对较好。据岩石试验得到其弱风化泥岩天然抗压强度约为30.37~38.42MPa,饱和抗压强度约为15.8~19.05MPa,软化系数为0.50~0.51,属于易软化岩石。

### 2.4 水文地质条件

滑坡区地表水主要为冲沟水和坡面稻田水。据地面调查,在滑坡后缘(YK56+000)上方可见一季节性小冲沟,流向N49°E,与滑坡主滑方向近似平行,顺坡向下排泄于斜坡底部唐家沟溪沟中,其与区内斜坡面上的稻田水容易成为滑坡体地下水的来源,对滑坡稳定有一定影响。滑坡所在斜坡底部的唐家沟则为一常年性溪沟,由北西流向南东方向,汇于井岗河,最高洪水位高程470.00~502.60m,对滑坡体无直接冲刷作用。

## 3 滑坡形态特征及滑坡形成机理

### 3.1 滑坡形态特征

大园铺滑坡主要沿基岩面滑动,其基岩面坡度一般介于18°~33°之间,但局部较陡处可达71°,且少数地方呈反倾。滑坡平面形态呈不规则状的梯形，其后壁地形较陡，中后部平缓，前部同样较陡。后缘可见高约2～3m高的错落坎(后壁)，侧缘滑体形成高约0.20～3.30m高的土坎。前缘没有滑动迹象，但局部可见到带状湿地，长约5～8m，呈淋、滴水状渗出，目前滑坡尚未见到各类开裂现象。从调查结果来看，近30年滑坡平台上的民房无变形迹象，亦无滑动的迹象，目前尚处于稳定状态。

### 3.2 滑坡规模

滑坡体范围为洪酉路K55＋747.30～K56＋091.90段，经调查发现，大园铺滑坡为一古滑坡，滑体纵向长110～170m，横向宽335m，主滑方向N53°E，滑体土厚8.6～25.4m，估计土方量约79万$m^3$。根据《公路工程地质勘察规范》(JTJ 064—98)的划分标准，该滑坡属大型滑坡。

### 3.3 滑坡分区

从地形地貌和地勘揭露滑动面构造情况看，滑坡为一整体滑坡，无次级滑坡。滑坡体位于斜坡坡脚的滑坡前缘地带，滑面基岩反倾发展为阻滑段；位于斜坡顶部平台以下及斜坡中部地带，滑面倾角较陡为下滑段；位于斜坡顶部平台，即路线通过区域，则滑动面较缓平，为滑坡稳定后缘，其滑动发展的趋势受斜坡中下部滑动的影响较大。

### 3.4 滑坡成因机制分析

大园铺滑坡滑坡体主要由黏土、亚黏土、碎石土和块石土组成，滑床由灰岩及泥岩组成。因组成坡体的土层与滑床物理力学性质和状态存在差异，且岩、土界面粉、黏粒含量较多，故滑坡区岩、土层的接触面在水的作用下容易形成滑动面。

洪酉路在K55＋747.30～K56＋091.90段路基穿越滑坡体后缘，施工便道的开挖以及路基施工可能会破坏坡面原始结构特征，改变地下水入渗路径，有可能成为该古滑坡复活的诱因。

## 4 滑坡稳定性评价

### 4.1 定性分析

通过实地调查及综合分析，发现大园铺古滑坡体目前暂无变形迹象，滑坡前缘未发现剪出口，侧缘也未发现剪切裂缝，基本可以认为该滑坡目前处于稳定状态。

### 4.2 滑坡稳定性验算

为更准确地判断滑坡的稳定性，本文拟采用折线形滑动面稳定性验算法分别对主轴线1-1′(如图2)与2-2′(如图3)主滑动面进行滑坡稳定性验算。其参数的取值是根据滑坡目前所处状态结合反算法、土工试验及附近同种土层直剪试验值，并考虑工程建设期施工便道开挖以及路基施工对坡面原始结构特征的破坏，地下水入渗等因素而综合确定的，取值如下。

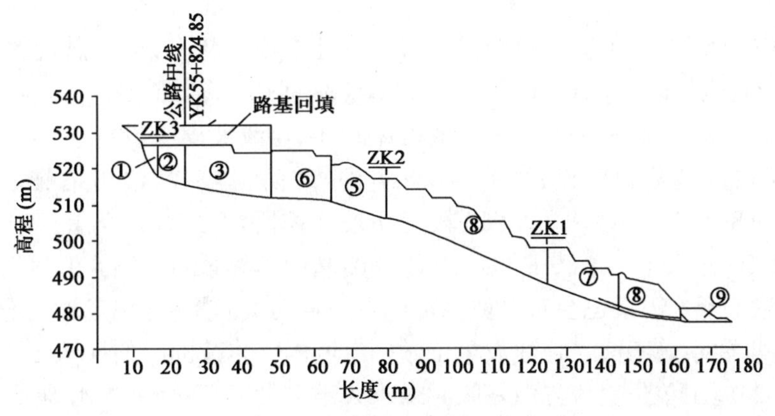


图2 1-1′滑动面分条示意图

天然状态下：1-1′滑动面滑带土$c$、$\varphi$值分别取为15.2kPa、14.3°；2-2′滑动面滑带土$c$、$\varphi$值分别取为

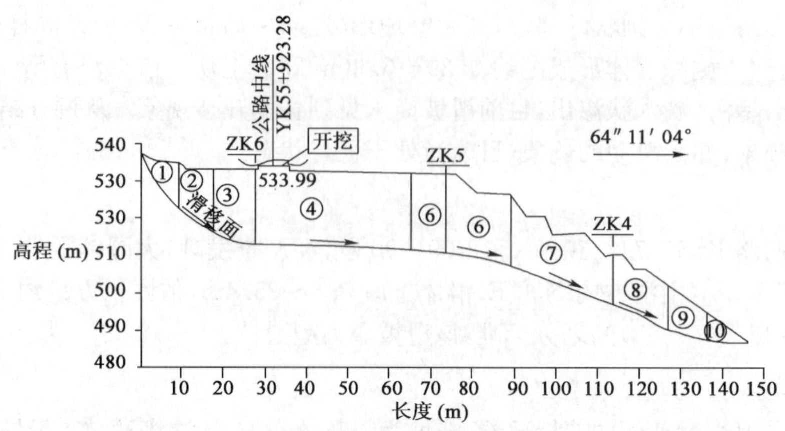


图 3 2-2′滑动面分条示意图

16.10kPa、13.1°,滑体黏性土密度值取 1.91kg/m³,碎石土密度值取 2.11kg/m³。

饱和状态下:1-1′滑动面滑带土 $c$、$\varphi$ 值分别取为 13.8kPa、13.3°;2-2′滑动面滑带土 $c$、$\varphi$ 值分别取为 12.80kPa、12.1°,滑体黏性土密度值取 2.03kg/m³,碎石土密度值取 2.32kg/m³。

其计算结果如下:

天然状态下:1-1′滑动面 $F_s$=1.22;2-2′滑动面 $F_s$=1.26。

饱和状态下:1-1′滑动面 $F_s$=1.10;2-2′滑动面 $F_s$=1.11。

考虑地下水影响,计算结果如下:

天然状态+路基回填加载:1-1′滑动面 $F_s$=1.21。

饱和状态+路基回填加载:1-1′滑动面 $F_s$=1.09。

对于 2-2′滑动面,由于路线经过此处为挖方减载,故无需进行工况验算。

### 4.3 稳定性评价

从以上计算结果对比可以发现,在目前的自然状态下,道路施工加载对大园铺滑坡失稳的影响不大。不管是加载还是处于饱和状态,由于滑坡体中上部地形较为平坦,使其后缘部的稳定性相对较好,洪西高速公路穿越滑坡体的后缘部不会对滑坡体的稳定性造成太大影响。而在地下水的影响下,如地下水入渗滑坡体,使滑坡在饱和状态下,由于 c、$\varphi$ 值的减小,则容易引起坡体前端失稳,将诱导滑坡现象的发生。因此,对于大园铺滑坡,目前主要考虑采取措施以减少地下水对滑坡的影响,且在工程施工中,尽量做到合理安排施工工序,减少人工活动对滑坡的影响。

## 5 治理措施

根据上述分析研究,大园铺滑坡体在目前自然状态下处于稳定状态,暂无需设置支挡措施,只是路线从滑坡区通过时,要力求做到减少对原有滑坡体应力平衡状态的破坏,治理思路应充分考虑路基挖填规模和挖填平衡以及地下水影响。为此,高速公路穿越该滑坡体时,除在滑坡周缘设置了环形截水沟,滑坡区域内的冲沟设置排水沟外,还在路基范围内设置"井"字形盲沟等"防、排、截"治理措施。其中 K55+747.30~K55+800.71 段、K55+861.66~K55+932.19 段为切坡开挖段,开挖深度为 2.00~3.42m;K55+800.71~K55+861.66 段、K55+932.19~K56+091.90 段为路基回填路段,回填高度为 5.00~7.14m,基本做到挖填平衡。由于各种施工干扰因素也会对滑坡稳定产生一定的负面影响,规范施工操作,严格各项施工顺序也是极其重要的。因此,要求施工前:(1)建设单位做好滑坡体整体范围内的征地工作,将该滑坡体范围内的水田改作旱地耕种。(2)施工单位也应先做好临时或永久排水设施,不得有积水地形,施工时做到文明施工,先挖(减载)后填(加载)、分段挖填、尽可能用小功率压路机,做到少铺多压。(3)监理单位应特别加强对该滑坡段路基施工的管理,配合施工单位做好该滑坡的观测点埋设和连续观测工作。

## 6 结论

(1)大园铺滑坡目前处于稳定状态,不管是加载还是处于饱和状态,由于滑坡体中上部地形较为平坦的原因,使得其后缘部的稳定性相对较好,洪西高速公路穿越滑坡体的后缘部不会对滑坡体的稳定性造成太大影响。

(2)大园铺滑坡潜在危险主要在于滑坡在饱和状态下,滑带土体由于 $c$、$\varphi$ 值的减小,坡体安全储备减少,在坡体前端失稳的情况下,容易诱导滑坡现象的发生。但大园铺滑坡复活将会是一个牵引式的逐渐发展的过程。

(3)合理的施工顺序和施工组织可以减少洪西高速公路路基施工对大园铺滑坡的影响,建议该段道路施工时先开挖后回填。施工过程中,尽量减少对滑坡体的扰动,以利于滑坡稳定。

(4)滑坡区多为水田,其地表水易渗入地下而形成地下水,浸润粉、黏粒含量较高的滑带土,使其处于饱和状态,从而降低滑坡自身的抗滑能力,故建议坡体上居民将水田改为旱地栽种;为阻止水流进入滑坡,建议在其边缘修筑环状排水沟,以拦截和旁引滑坡范围外的地表水和地下水;另外,在滑坡范围内需要开挖适当的具有一定纵坡的明沟(渠)排除雨水,必要时应采用防渗措施。

(5)加强滑坡后期观测,根据观测情况在必要时可考虑采取抗滑支挡措施保证路基稳定。

## 参 考 文 献

[1] 洪毓康.土质学与土力学[M].北京:人民交通出版社,2001.

[2] 陈祖煜.土质边坡稳定分析[M].北京:中国水利水电出版社,2003.

[3] 徐邦栋.滑坡分析与防治[M].北京:中国铁道出版社,2001.

[4] 刘燕燕,蒋科等.三峡库区云阳某滑坡稳定性分析[J].公路交通技术,2007.

[5] 万国荣,石豫川等.西南某滑坡成因机制及稳定性评价[J].中国地质灾害与防治学报,2004,15(1):24-27.

[6] 马平,石豫川.何家山滑坡成因机制分析及稳定性评价[J].地质灾害与环境保护,1999,10(2):43-47.

[7] 王国强,吴道祥,等.巢湖凤凰山滑坡形成机制和稳定性分析[J].岩土工程学报,2002,24(5):644-648.

# 抗滑桩在滑坡治理工程中的应用

任志刚[1] 张 杰[2]

(1. 中铁一局石忠高速 B3 项目部 北京 100000;
2. 重庆高速公路集团有限公司垫利分公司 重庆 400060)

**摘 要**:本文以重庆石忠高速公路 B3 合同段 K11+580～ K11+760 里程段滑坡治理工程抗滑桩施工为例,介绍了抗滑桩的施工过程,对抗滑桩的作用、施工方法、事故处理等问题进行了分析,突出其在滑坡治理工程中的重大作用。

**关键词**:抗滑桩 滑坡治理 工程应用

## 1 引言

抗滑桩是穿过滑坡体深入于滑床的桩柱,用以支挡滑体的滑动力,起稳定边坡的作用,适用于浅层和中厚层的滑坡,是一种抗滑处理的主要措施。因其具有施工方便、灵活,对原有山体扰动性小,刷方少,治理效果好,可靠性高等优点,在公路、铁路等土木工程中被广泛采用。目前,抗滑桩的设计理论、施工工艺等都日趋成熟,但是由于各工程所在地的地质情况各不相同,具体施工时遇到的问题也各不相同,本文结合重庆石忠高速公路 B3 合同段 K11+580～K11+760 里程段滑坡治理工程抗滑桩现场施工经验,阐述了抗滑桩的作用、施工方法、问题处理等各方面问题,供类似工程借鉴。

## 2 抗滑桩的作用

抗滑桩对滑坡体的作用是利用抗滑桩插入滑动面以下的稳定地层对桩的抗力(锚固力)平衡滑动体的推力,增加其稳定性。设计单位需根据滑体的厚薄、推力大小、防水要求及施工条件等合理设计抗滑桩的结构尺寸、配筋、间距等,确保桩身具有足够的稳定性,滑体不越过桩顶、不从桩间挤出,桩的断面和配筋合理,能满足桩内应力和桩身变形的要求,桩周的地基力和滑体变形在允许范围内。抗滑桩埋入地层以下深度,按一般经验,软质岩层中锚固深度为设计桩长的 1/3;硬质岩中锚固深度为设计桩长的 1/4;土质滑床中锚固深度为设计桩长的 1/2。当土层沿基岩面滑动时,锚固深度也有采用桩径的 2～5 倍。抗滑桩的布置形式有相互连接的桩排,互相间隔的桩排,下部间隔、顶部连接的桩排,互相间隔的锚固桩等。桩柱间距一般取桩径的 3～5 倍,以保证滑动土体不在桩间滑出为原则。

## 3 施工方法

### 3.1 抗滑桩的施工顺序

抗滑桩的施工顺序为:施工准备→放线、定桩位→开挖桩孔→地下水处理→护壁施工→钢筋笼制作与安装→混凝土浇注→混凝土养护。其施工工艺流程图见图 1。

### 3.2 施工准备

(1)“三通一平” 确保施工现场水通、电通、道路通和场地平整,建立测量控制网,按里程方向测设桩位。孔口做钢筋混凝土锁口,锁口须高出原地面 20cm,孔口上搭防护棚,孔口周围设防护栏,挖排水沟。

(2)工程备料,按施工场地条件,做好材料堆放。弃运土堆放地及通道,混凝土搅拌站的布置。

(3)施工人员进行图纸、技术和安全交底。

(4)进场的钢材、水泥、砂石,应有质保书、质量检验合格证及试验报告。

(5)钢筋焊接试验报告,混凝土配合比单。

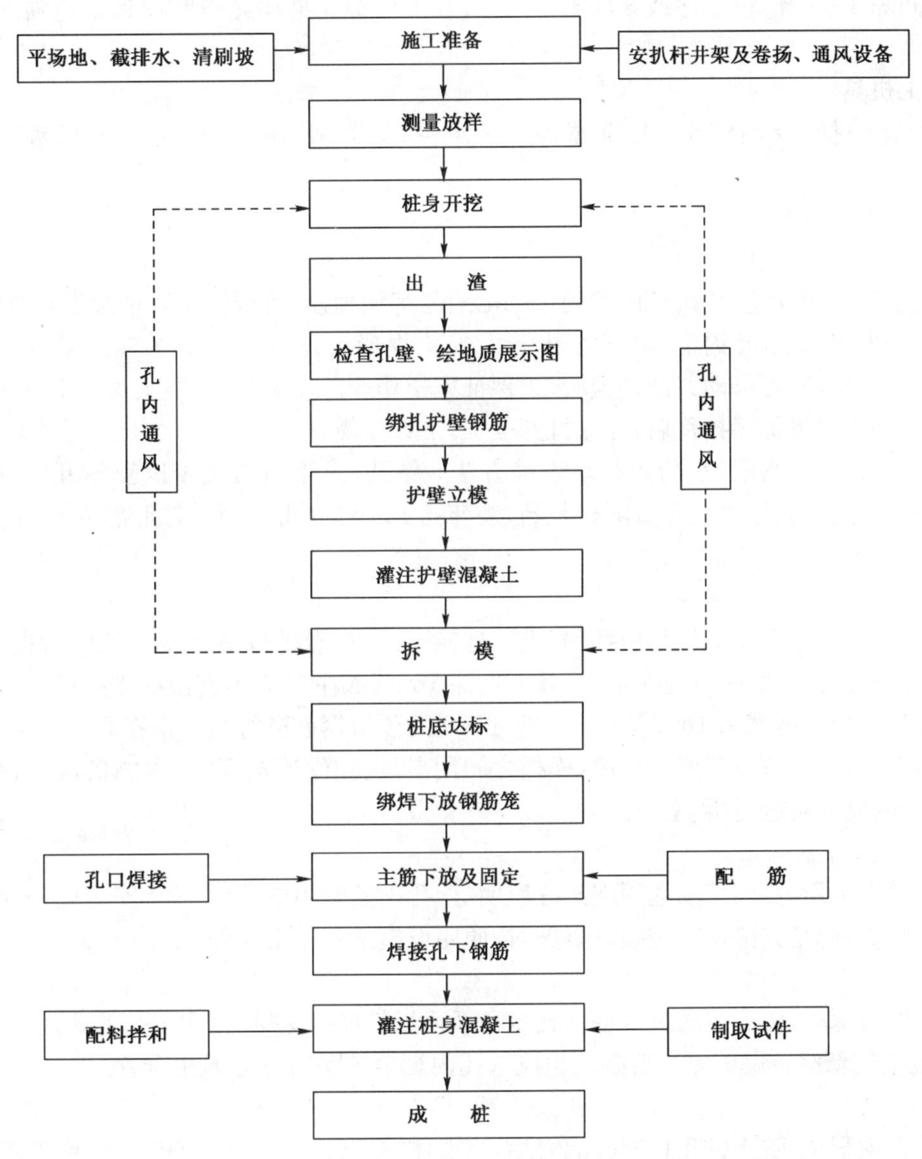


图1 抗滑桩工艺流程

## 3.3 测量定位与放样

(1)测量定位:施工人员必须按图施工,工程开工前根据业主提供的现场坐标点测放轴线,放出的定位线测放所有的桩位,同时做好各轴线的控制桩,桩位的放样允许偏差为10mm。桩位测设完毕后,首先开挖截水、排水沟。经监理复核验收并办理有关手续后,方可进行开挖。

(2)标定中点:挖孔前,以放好的桩位中心点向桩的四周按轴线方向引出桩心控制点,待第一节护壁浇注好后,将中心控制点标定在护壁上,以后每放一节都用大线锤吊中,找桩中心及轴线控制点,在挖桩工作面定出桩轴线,确保桩径不小于设计要求,桩轴线偏差不大于规范值。每浇完三节护壁,需校核垂直度一次,垂直度偏差小于0.5%。并做好记录。

## 3.4 开挖孔桩

### 3.4.1 开挖方案

桩孔开挖采用人工开挖及控制爆破相结合的施工方案,即对填土层、淤泥层、黏土层、碎石土等强度低的地质层采用人工掏挖;对于较大的孤石及基岩,采用钻眼爆破施工,爆破方式为小药量、多炮眼式松动爆破,完毕后必须用鼓风机进行通风工作，降低孔内烟尘浓度后，人员方可下孔继续施工。桩孔开挖采用间隔方式跳挖施工，一般间隔1～2孔，分2序或3序施工，并且在上序桩孔浇注完毕并达到设计强度后，方可进行下序施工。

3.4.2 施工机具

挖孔机具主要包括：专用绞车、提桶、提绳、潜水泵、鼓风机、输风管、镐、锹、风镐、低压照明灯、哨子等。

3.4.3 施工方法及注意事项

(1)开挖

①土方开挖采用分段开挖，分段长度采用1.0m，对易坍塌地段，可根据实际情况缩短分段长度。

②孔开挖采用人工掏挖，孔内土、块石采用专用绞车、提桶提升至孔口，倒在安全距离3m以外，并定期运至指定弃土场，孔口设置可移动式活动盖板，以保证安全作业。操作时，当装土提桶提升至一定高度时，关闭活动盖板，将土倒出并将提桶挂稳后，方可打开盖板，下方提桶。

③岩石开挖采用浅孔、密眼、小药量松动爆破方法。钻孔：采用空压机带风镐钻孔，孔径控制在40mm左右，钻孔成梅花形布置，孔距为0.5m，隔孔装药，装药孔12个，空孔12个，空孔做导向，孔深1.2m，中心孔为掏心孔，孔深1.5m。

(2)施工

护壁施工：护壁混凝土采用机械集中拌和，人工运输至孔口，卷扬机吊运至施工面后进行浇注。坍落度控制在8～10cm。原地面下第一节灌注锁口，其下挖深1m就灌注C15钢筋混凝土护壁一节，往下施工以每一节为一施工循环。每节高度为1m，厚20cm，节与节之间预留钢筋进行单面搭接焊，以提高护壁的整体性。护壁模板采用拆上节，支下节重复周转使用，模板之间用卡具、扣件连接固定，内侧搭设钢管支架作为支撑。护壁混凝土灌注8h后才可进行拆模工作。

(3)照明

夜间施工时要保证用电，施工场地周围架好照明灯，孔内照明用电采用36V安全电压，孔内照明灯泡采用专用防水灯罩防护，防止其碰撞时破裂。爆破时，照明设施全部提出孔外。

(4)通风

桩孔开挖深度较深时，要安装通风设备。孔内通风采用鼓风机送风，每次下孔前要用鼓风机向孔内送风至少15s，以保证空气新鲜。爆破完毕后必须送风待孔内烟尘排净后方可下孔作业。

(5)排水

应及时排除孔内积水，防止桩孔长期浸泡垮塌，当滑体富水性较差，水量较小时，可采用孔内直接排水；若滑体富水性强，水量较大时，可采用井点降水或集中泵排。

(6)地质编录和监测

及时对开挖面进行地质编录和监测，重点检查滑带、滑面的位置，准确划定滑带土的厚度，进行岩性编录，如果滑面位置与设计有较大出入，要及时向监理工程师与设计人员报告，以便妥善处理。

### 3.5 终孔检查

挖到设计深度时，人工打出岩样送检，岩石强度、入岩深度满足要求后，清除孔底积水、淤泥、残渣等，验收合格后，立即进行砂浆封底。

## 4 抗滑桩施工常见问题处理

### 4.1 地下水

地下水是深基础施工中最常见的问题，它给抗滑桩施工带来许多困难。含水层中的水在开挖时破坏了其平衡状态，使周围的静态水流入桩孔内，从而影响了人工挖孔桩的正常施工。如果遇到动态水压土层施工，不仅开挖困难，连护壁混凝土也易被水压冲刷穿透，发生桩身质量问题。如遇到了细砂、粉砂土层，在压力水的作用下，也极易发生流沙和井漏现象。

地下水量不大时，可选用潜水泵抽水，边抽水边开挖，成孔后及时浇注相应段的混凝土护壁，然后继续下一段的施工。地下水量较大时，采用施工孔自身水泵抽水，也可采取对周围桩孔同时抽水，以减少开挖孔内的涌水量，并采取交替循环施工的方法，合理组织安排。

### 4.2 流沙

人工挖孔在开挖时，如遇细砂，粉砂层地质时，再加上地下水的作用，极易形成流沙，严重时会发生井漏，造成质量、安全事故，因此要采取有效可靠的措施。

流沙情况较轻时，有效的方法是缩短这一循环的开挖深度，将正常的1m左右一段，缩短为0.5m，以减少挖层孔壁的暴露时间，及时进行护壁混凝土灌注。当孔壁塌落，有泥砂流入而不能形成桩孔时，可用纺织袋土逐渐堆堵，形成桩孔的外壁，并控制保证内壁满足设计要求。

流沙情况较严重时，常用的办法是下钢套筒，钢套筒与护壁用的钢模板相似，根据桩孔结构尺寸，可分成4～6段拼装，再加上适当的肋条，相互用螺栓或钢筋环扣连接，在开挖0.5m左右，即可分片将套筒装入，深入孔底不少于0.2m，插入上部混凝土护壁外侧不小于0.5m，装后即支模浇注护壁混凝土，若放入套筒后流沙仍上涌，可采取挖出后即用混凝土封闭孔底的方法，待混凝土凝结后，将孔心部位的混凝土清凿以形成桩孔。也可以将已完成的混凝土护壁的最下段钻大，使孔位倾斜至下层护壁以外，打入浆管，压力浇注水泥浆，使下部土层固结，提高周围及底部土层的不透水性，以解决流沙现象。

### 4.3 淤泥质土层

在遇到淤泥质土层等软弱土层时，一般可用方木、木板、模板等支挡，并要缩短这一段的开挖深度，并及时浇注混凝土护壁，支挡的方木木板要沿周边打入底部不少于0.2m，上部嵌入上段已浇好的混凝土护壁后面，可斜向放置，双排布置互相反向交叉，能达到很好的支挡效果。

### 4.4 桩身混凝土的浇注

#### 4.4.1 消除水的影响

(1)孔底积水

浇注桩身混凝土主要应保证其符合设计强度，要保证混凝土的均匀性、密实性，因此防止孔内积水影响混凝土的配合比和密实性。

浇注前要抽干孔内积水，抽水的潜水泵要装设逆流阀，保证提出水泵时，不致使抽水管中残留水又流入桩孔内。如果孔内的水抽不干，提出水泵后，可用部分干拌混凝土混合料或干水泥铺入孔底，然后再浇注混凝土。如果孔底水量大，确实无法采取抽水的方法解决，桩身混凝土的施工应当采取水下浇注施工工艺。

(2)孔壁渗水

对孔壁渗水，因桩身混凝土浇注时间较长，如果渗水过多，将会影响混凝土质量，降低桩身混凝土强度，因此不容忽视。可在桩身混凝土浇注前采用防水材料封闭渗漏部位减少孔壁渗水。对于出水量较大的孔可用木楔打入，周围再用防水材料封闭，或在集中漏水部分嵌入泄水管，装上阀门，在施工桩孔时打开阀门让水流出，浇注桩身混凝土时再关闭，这样也可解决其影响桩身混凝土质量的问题。

#### 4.4.2 保证桩身混凝土的密实性

桩身混凝土的密实性，是保证混凝土达到设计强度的必要条件。为保证桩身混凝土浇注的密实性，一般采用串筒下料及分层振捣浇注的方法，其中的浇注速度是关键，即力求在最短的时间内完成一个桩身混凝土浇注，特别是在有地下压力水情况时，要求集中足够的混凝土短时间浇入，以便利用混凝土自身重量压住水流的渗入。

## 5 抗滑桩安全施工要点

### 5.1 爆破安全

孔内爆破应注意以下事项。

(1)孔内爆破必须采用电雷管引爆。

(2)必须打眼放炮,严禁裸露药包。

(3)严格控制药量,以松动爆破为主。

(4)炮眼附近的支撑应该增设防护或作加固处理,以免炸坏支撑引起坍塌。

(5)实施孔内爆破时,邻近孔的工作人员,必须到地面安全地段躲避。

### 5.2 防止高空坠物

(1)孔口锁口必须高出地面20cm以上,防止石块、杂物滚入伤人。

(2)经常检查吊装机具是否安全可靠,检查吊装用吊钩、钢丝、铁销等的磨损程度,并在作业人员顶部安装挡护板。

(3)定期检查孔口操作平台,孔口1m范围内不得堆放杂物。

(4)施工时孔内人员必须戴安全帽,上下系安全带。

## 6 结语

经过对抗滑桩实施上述的技术,进行安全控制,使其施工过程达到了预期的效果,质量、安全都得到了有效控制,工程顺利实施。

# 渝湘高速公路彭水至武隆段保家互通填石高路堤设计

王 林[1] 张 宇[2] 宋宁强[2]

(1. 中铁二院工程集团有限责任公司 成都 610031;

2. 重庆高速集团有限公司 重庆 401121)

**摘 要**:本文介绍了渝湘高速公路彭水至武隆段C2合同段保家互通填石高路堤的设计思路,提出了填石高路堤可行的设计和施工方法,并浅析了填石路基在山岭重丘区公路建设中的运用。该互通填石高路堤施工完毕近两年,在填石路堤上的绿化工程也试验成功,达到了预期效果。所获得的经验可为类似工程设计、施工提供借鉴。

**关键词**:渝湘高速公路 填石高路堤 绿化工程 设计

## 1 引言

渝湘高速公路彭水至武隆段保家互通式立交为Y形立交,位于彭水县保家楼镇,与国道319新线相连接。互通连接线与国道319新线采用T形平面交叉连接。互通主线设计起讫里程为K3+375～K4+850。互通主线为整体式路基,路基宽24.5m,互通F匝道路基宽15.5m,互通B、C、D、E匝道路基宽8.5m。

根据对互通区的地面调查,本区岩溶主要沿层面、裂隙发育,发育深度一般在1.5m左右,充填黏土,发育深度浅,故对路基影响不大。

互通区岩层倾向、倾角与斜坡坡向坡角基本一致,为顺向坡结构,但该段白云质灰岩、白云岩层面结合较好,力学强度较高。斜坡岩体稳定,未见岩体拉裂、变形现象。

(1)整个互通区为单面坡,且为顺向坡结构,为防止顺层边坡开挖过高,增加顺层边坡处治的特殊路基工点,则整个互通向外侧平移,减少路基开挖。

(2)互通离右侧保家楼镇及319国道均较近,由于319国道从保家楼镇中间穿过,须避免改移319国道和减少房屋拆迁。

(3)整个互通填筑高度较高,部分匝道中心填高均超过20m,最高为23m,填方总高40多米,考虑桥跨方案和路肩墙+填石路堤+护脚的方案,结合整个标段的土石方情况,通过造价和技术的比较,选择填石路堤填筑方案。

## 2 填石路堤填料及地基处理

根据边坡开挖情况,本合同段内均为弱风化和微风化的灰岩,且覆盖土较薄。根据石料饱和抗压强度指标,灰岩的单轴饱和抗压强度≥60MPa。互通区填石路堤采用弱风化灰岩作填料,用灰岩作填石料时则填料为硬质岩石。

本填石高路堤采用硬质灰岩,路基填筑后路床表层精平困难,为确保路基施工质量,在填方路基顶面15cm范围内采用自采石料轧制碎石(规格为5～6cm)进行填筑。

互通区地基均为出露的灰岩,表层覆盖有0～2.0m的黏土,地面横坡较陡,互通填筑前,先清除表层的黏土及树根,然后在原地面开挖台阶,宽度为1.0～2.0m,台阶底应有2%～4%向内倾斜的坡度。

## 3 填石路堤坡率与边坡防护

互通区填方最高为23m,填方总高40多米,填石高路堤第一级高度以8m控制,以后逐级以10m控制,每级间设2m的平台,平台横坡3%。填石路堤边坡高度小于8m时,边坡坡率为1∶1.1;边坡高度大于8m

时,在8m以上边坡率为1∶1.1,8m以下边坡率均为1∶1.3。为回收坡脚,坡脚设置3m高的护脚,护脚埋深1m。

填石路堤要进行边坡码砌,边坡码砌应采用强度大于30MPa的不易风化的石料,码砌石块最小尺寸不应小于300mm,石块应规则。填高小于5m的填石路堤,边坡码砌厚度为1m;填高5～20m的填石路堤,边坡码砌厚度为2m;20m以上填高的路堤边坡分级码砌,即第一、二级边坡码砌厚度为2m,第三级边坡码砌厚度为3m,第四级及四级以上边坡码砌厚度为4m。

由于互通的右下方为319国道,考虑边坡的美观,边坡施工完毕后,在靠近319国道一侧的码砌边坡上,绘制各种图案,其他地方的边坡,码砌植生袋绿化。

## 4 填石路堤施工质量控制

填石路堤的施工工艺推荐如下:运料→堆料→摊铺→大粒径料破碎→补充细料、人工局部找平→边坡码砌→碾压→压实质量检测→达不到要求的路段下一层施工采取措施重新碾压。

填石路堤的压实质量标准宜用孔隙率作为控制指标,控制指标值见表1。

**硬质石料压实质量控制标准** 表1

| 分 区 | 路面底面以下深度(m) | 摊铺层厚(mm) | 最大粒径(mm) | 压实干重度($kN/m^3$) | 孔隙率(%) |
|---|---|---|---|---|---|
| 上路堤 | 0.8～1.5 | ≤400 | 小于层厚2/3 | 由试验确定 | ≤23 |
| 下路堤 | >1.50 | ≤600 | 小于层厚2/3 | 由试验确定 | ≤25 |

在路床区,路堤填筑质量除满足表1的要求外,填石料的最后一层压实层厚应小于40cm,可采用细粒径填石料进行填筑。该层填料石料粒径应小于15cm,其中小于0.5cm的细料含量应大于30%,压实后的填石料顶面应无明显孔隙、空洞,如果施工单位和监理工程师觉得按上述要求难以达到时,可采用其他填料进行填筑。填石料中,细粒径碎石或石屑料含量占大粒径料的15%以上。对细料明显偏少,影响压实的段落,在摊铺初平的填石料表面,应铺洒一层碎石或石屑料,要保证碎石或石屑料填满大粒径料间缝隙。铺洒细料后,摊铺面层应相对平顺,以利压路机碾压施工。

填石路堤的施工质量宜采用施工参数(压实功率、压实速度、压实遍数、铺筑层厚等)与压实质量检测联合控制的方法。填石路堤压实质量可以采用压实沉降差或孔隙率进行检测,孔隙率的检测应采用水袋法进行。在填石料表面填筑土、粉煤灰等其他材料时,填石料顶面应无明显孔隙、空洞。在其他填料填筑前,填石路堤最后一层的铺筑层厚应不大于400mm,过渡层碎石粒径应小于150mm,其中小于0.05mm的细粒料含量不应小于30%。在必要时,宜设置土工布作为隔离层。未达到平整度要求的填石路堤,应在表面局部补充细料并加强人工整平,在达到填料平整度要求后,方可进行下一步工序。

在边坡码砌前,应先用挖掘机刷坡,并用挖掘机对初步修整后的边坡进行适当压实。在边坡修整初步完成后,再进行边坡码砌工作。码砌石块尽量紧贴、密实,无明显空洞、松动现象,砌块间承力接触面应微微向内倾斜,码砌表面平整,在曲线上的码砌边坡应平顺。边坡码砌必须和路堤填筑同步进行,码砌工作应在碾压以前进行完毕,做到层层码砌,在码砌完工后,应及时清理掉路基两边废弃不用的石料。

填石路堤应选用振动压路机进行压实,压实机静重13t以上,选用频率25～30Hz,振幅1.5～1.8mm,碾压速度2～4km/h的参数进行填石碾压。当填石路堤施工层厚大于400mm时,应采用18t自重、击振力50t规格以上的振动压路机和大功率的推土机碾压。

## 5 填石路堤试验路段要求

填石路堤在大规模施工前,应进行现场试验。在试验中,确定填石料所能达到的干密度以及使填石路堤达到规定密实度的施工参数(层厚,最大粒径,碾压遍数等)和合理的施工工序,经监理工程师认可后备案,并作为施工工艺质量控制检查的标准。施工单位在后期施工中如果要改变施工工序,应经过试验并报请监理部门同意。压实试验位置应选择在地质条件、断面形式均具有代表性的地段,试验面积不宜小于$500m^2$。在试验中,应选择大规模施工中采用的压实机具和其他施工机具。

## 6 结语

通过对渝湘高速公路彭水至武隆段 C2 合同段保家互通填石高路堤的设计和施工的经验总结,得出以下结论。

(1)对于硬质岩地区的路堤,当开挖边坡的石方较多,路堤填筑又受到地形限制的情况下,为了节约占地和减少借方,尽量采取填石路堤。如果为硬质岩石,填石高路堤的坡率尽量采用较陡的坡率,以减少填方高度。

(2)填石路堤要求的基底承载力比一般路基要大,陡坡路段的基底表层覆盖土不厚时,最好全部清除,以利于填石路堤的稳定。

(3)填石路堤填筑后路床表层精平困难,为确保路基施工质量,在填方路基顶面一定范围内采用易于找平的材料进行填筑,最好采用自碎石(规格为 5～6cm)或者碎石土进行填筑。

(4)填石路堤施工完毕后,为防止白色污染,最好结合当地实际情况,采用一定的绿化措施,以保证路堤美观。

## 参考文献

[1] 中铁二院工程集团有限责任公司. C2 合同段路线交叉施工图设计 [Z]. 成都:中铁二院工程集团有限责任公司,2005.

[2] 中华人民共和国行业标准. JTG D30—2004 公路路基设计规范[S]. 北京:人民交通出版社,2004.

[3] 中华人民共和国行业标准. JTG B01—2003 公路工程技术标准[S]. 北京:人民交通出版社,2003.

[4] 交通部第二公路勘测设计院编. 公路设计手册. 路基(第二版)[M],北京:人民交通出版社,1996.

[5] 黎莉,赵明华,刘晓明. 高填石路堤施工阶段地基沉降分析方法初探[J]. 公路,2002.

[6] 杨天林. 基础工程[M]. 北京:人民交通出版社,1999.

[7] 霍明主编. 山区高速公路勘察设计指南[M]. 北京:人民交通出版社,2003.

# 锚索框架梁与锚杆格子梁在石忠路高边坡防护中的应用

王春梅[1] 娄亮辉[2]

(1.重庆高速公路集团有限公司垫利分公司 重庆 400060;
2.中铁二十局集团第四工程有限公司 青岛 266061)

**摘 要**:近年来预应力锚索框架梁与锚杆格子梁加固技术在高速公路路堑高边坡加固中得到广泛应用。本文结合石忠高速公路高边坡处治的工程实践经验,对预应力锚索框架梁与锚杆格子梁的施工注意事项进行了总结,旨在引导更趋合理的施工方法,从而达到预期的加固效果,可供类似工程参考。

**关键词**:锚索框架梁 锚杆格子梁 施工 技术 总结

## 1 引言

沪蓉国道主干线支线分水岭(鄂渝界)至忠县高速公路 B4 合同段 50m 以上的路堑高边坡就有 5 处,其中 ZK16+662~ZK16+785 段路堑边坡高达 80m,共十级边坡。在设计和施工这类高边坡时,应遵循"一次根治、不留后患"的原则,以稳定为本,加固为主,排水、防护并重,进行综合处理,确保施工中及通车后的长期稳定。本合同段的路堑高边坡主要采用了技术可靠、经济合理且方便施工的工程措施,即国内外成熟的锚固技术,如预应力锚索框架梁和锚杆格子梁,突出了加固工程效果。

## 2 工程概况

石忠路 ZK16+662~ZK16+785 段为高达 80m 的路堑边坡,共分十级,采用预应力锚索框架梁+锚杆格子梁的防护措施进行处治。本路堑边坡防护工程原设计工程量为:锚索 1 862m,锚杆 3 270m,因部分地段地质情况与原设计不符,变更设计后工程量为:锚索 1 232m,锚杆 2 910m。锚索框架梁与锚杆格分梁结构示意如图 1 所示,本工程从 2005 年 7 月开始施工,到 2007 年 8 月完工。

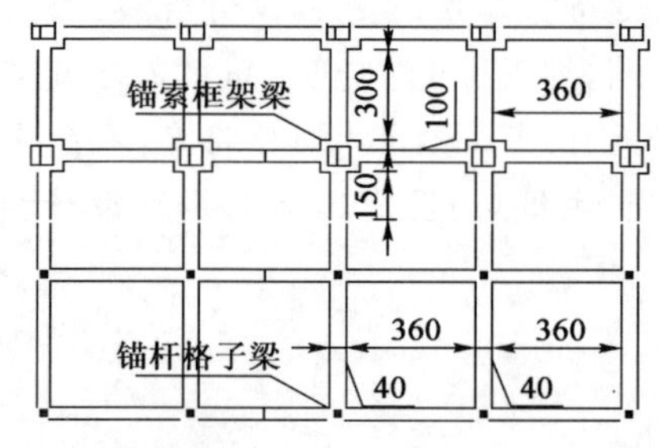

图 1 锚索框架梁与锚杆格子梁结构示意图(尺寸单位:cm)

## 3 施工方法

施工中对锚索框架梁和锚杆格子梁边坡采取防护措施,其防护具体布置形式见图 2。

### 3.1 锚索框架梁防护

在施工前,首先对原材料进行试验,并进行张拉设备的配套标定工作、混凝土配合比试验设计。施工步骤如下。

施工放样→边坡清理及孔位布置→搭设平台、钻孔→清孔→安装预应力钢绞线及锚固端注浆→框架混凝土施工(钢筋加工和模板安装)→按程序分级张拉预应力钢绞线锚固→二次注浆→封锚、混凝土强度检测。其具体施工工艺如图 3 所示。

施工中应注意:施工前做好排水、绿化,以减少干扰,防止边坡坍塌;施工时每台边坡先开挖竖向肋柱部分,柱身一次浇注,待本段柱身锚固达到强度要求后方可从上到下开挖其余部分土体并浇注横向肋柱;开挖竖向肋柱基坑后,基坑内土要夯实,以保证其承载力。

#### 3.1.1 钻孔

放样布孔,根据边坡开挖面的立面图,按设计要求将锚孔位置放在坡面上,采用 $\phi$50mm 钢管脚手架搭设施工作业平台，平台用锚杆固定于坡面。钻机用汽车吊提升到平台上安装就位，钻机就位后自上而下进行钻孔作业，钻孔使用液压潜孔钻机施钻，采用无水钻进的方法作业。以确保边坡地质条件不被恶化，保证孔壁的稳定性。

钻孔过程应有专人负责，对地质情况及钻进情况详细记录，每钻进 2m 或地质变化时应取土样，土样应存放备查。在钻孔过程中，对每个孔的地层变化、钻进状态、地下水及一些特殊情况要及时反馈，采取措施。若遇地层松动破碎时，应采用跟进套管的钻进技术，以确保孔壁完整不坍；如遇坍孔，应立即停钻，进行固壁灌浆处理，待水泥初凝后，重新清孔钻进。当采用注浆护壁时，在浆液中可掺入适当剂量的速凝剂(初凝时间控制在 3～8min)，浆液初凝后即可继续钻进。如果锚固端在预定位置提前进入或未能达到弱风化层，应提请变更设计。钻孔过程使用测斜仪检测钻孔的角度及顺直度，如遇偏差及时纠偏，保证钻孔斜度控制在允许误差之内(±1°)。为了确保锚孔深度，保证锚固段不小于设计长度，实际钻孔深度要求大于设计深度 0.5m，且必须嵌入弱风化岩层。

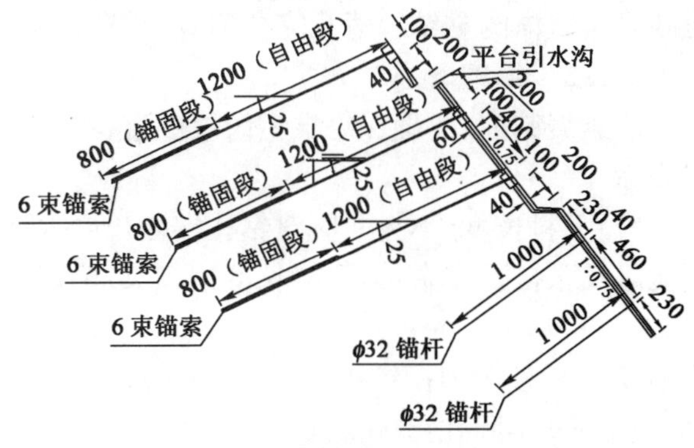


图 2　ZK16＋662～ZK16＋785 预应力锚索框架梁＋锚杆格子梁边坡防护侧面图(尺寸单位:mm)

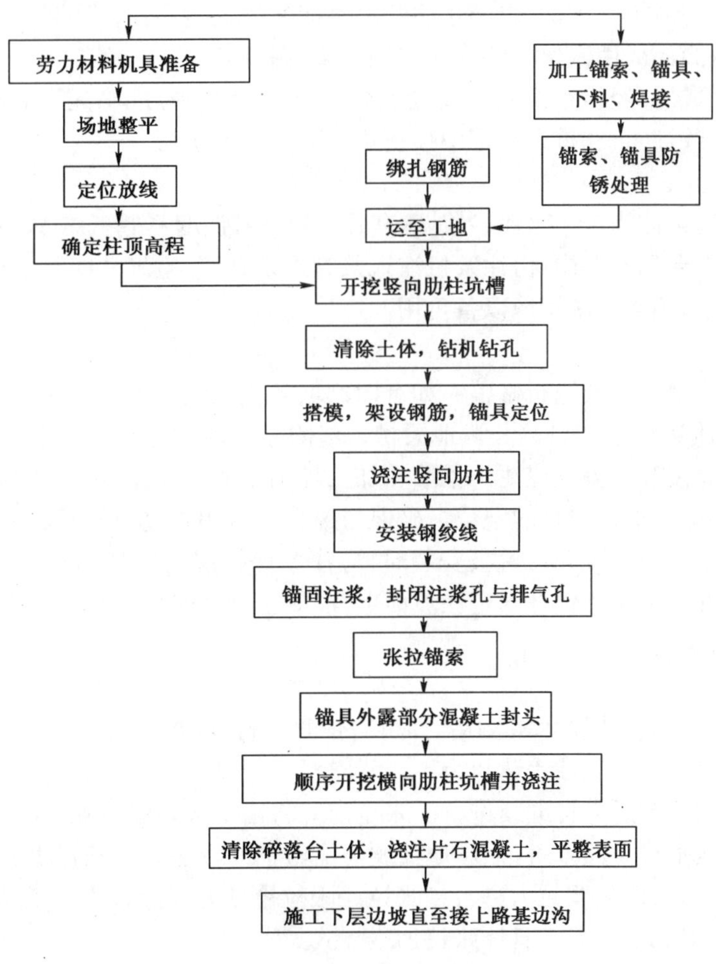


图 3　锚索框架梁施工工艺框图

3.1.2　清孔

钻孔结束后用高压风进行清孔，孔壁不得有黏土或粉砂。石屑和岩粉通过大量高压空气沿孔向孔口吹出，孔口处粉尘过大，妨碍操作工人的视线影响操作，必须对孔口进行喷洒水雾的除尘方法，使岩粉与水雾同时沉积于地面，以保证动力不易损坏及影响操作工人的健康。钻孔时应保持清洁，孔壁无污染物，以确保水泥砂浆与岩体的黏结。清孔完成后,应将孔口暂时封堵,避免碎屑杂物进入孔内。

3.1.3 编索下锚

锚索编制前,要确保每根钢绞线顺直、不扭不叉、排列均匀。除锈、除油污,对有死弯、机械损伤及锈坑处应剔除。

(1)下料长度:下料前应对钻孔实际长度逐孔进行测量,并考虑锚墩高度、千斤顶长度、工具锚工作锚的厚度以及张拉操作余量,下料长度按式(1)确定:

$$L = L_s + L_m + L_q + d \tag{1}$$

式中:$L$——预应力钢绞线下料长度(m);

$L_s$——实际孔深(m);

$L_m$——锚墩及锚具厚度(m);

$L_q$——千斤顶长度(m);

$d$——预留长度(m)。

(2)编束:按孔号截取锚索体材料,钢绞线必须采用机械切割,严禁电弧切割,同时也不得采用焊接。材料截取后,在编索平台上进行拉直编索。在锚固段安置隔离架和紧箍环、安装锚索末端导向帽、自由段防腐处理,在自由段钢绞索上涂锈漆及脱水黄油,外套PVC防腐管在末端安置止水环,并用胶布缠绕。在锚固段、自由段、交界处需特别注意绑扎牢固,以防止注浆时水泥浆进入自由段。注浆管沿隔离架中心穿入,管端距锚索末端导向帽不超过20cm,用铁丝将注浆管与隔离架绑扎固定。

(3)下索:锚索编制完成后,经检查锚固段长度及各部件是否正确,准确无误后按对应孔号下入锚索孔内。下锚时用力要均匀一致,防止在推送过程中损伤锚索配件和保护层。

3.1.4 锚固注浆

下锚后及时进行注浆,浆体为1:1水泥砂浆,水灰比为0.40,强度不低于40MPa。浆液采用砂浆拌和机拌制,汽车吊提升至工作平台储浆斗中,由注浆机注入浆管进入孔底,空气从底孔中排出,当浆液指示器显示已注满时,缓慢抽出注浆管,用水冲洗干净以备再用。

3.1.5 框架梁浇注

框架施工前,需先将该部分边坡进行修整。如有因刷坡超挖或坍塌悬空则先用浆砌片石嵌补。土质边坡采用人开挖地梁槽,石质边坡采用风镐开凿地梁槽。清除基坑表面松土,采用2~5cm水泥砂浆调平,然后进行钢筋骨架的安装,立模和混凝土浇注。钢筋在加工场加工成半成品,运至现场安装。安装钢筋骨架时应注意锚索钢管的埋设和锚锭板及锚具的定位。确保与锚孔保持顺直,斜托顶面与锚孔轴线应保持垂直,锚垫板尺寸误差控制在±0.1~±0.2cm。模板安装时,应注意保护层的控制和模板的加固牢靠,模板采用拼装式钢模板或竹胶模板,安装采用短锚杆固定在坡面上,混凝土浇注时应注意混凝土的振捣和竖梁尺寸的控制,边浇注边振捣,保证密实度。

3.1.6 张拉

待框架梁混凝土强度达到设计强度80%后,即可对锚索进行预应力张拉。张拉采用"双控法"及利用拉力与伸长值来控制锚索应力,以控制油表读数为主,用伸长量来校核。当实际伸长量与理论伸长量差别大于6%时,应暂停张拉,待查明原因后方可继续进行。张拉前应将锚垫板表面清除干净,锚具安装应与锚垫板和千斤顶密切对中,并与锚索轴线方向垂直,千斤顶轴线与锚索轴线应在同一条直线上。张拉方式采用整体分级张拉,并在正式张拉前取0.2P的张拉力进行预张拉。张拉稳压时间除最大一级应稳压25min外,其余每级持荷稳压时间应控制在10min左右。具体张拉加载方式如下。

$$0.2P \rightarrow 0 \rightarrow 0.25P \rightarrow 0.5P \rightarrow 0.75P \rightarrow 1.0P \rightarrow 1.10P$$

3.1.7 自由段注浆封锚

锚索张拉完成后,即可进行自由段注浆,注浆管从锚垫板的注浆孔插入,采用压力注浆,压力一般不超过0.5MPa,浆液与锚固段相同。注浆时,注浆管应边注边拔,并保持注浆管始终有一段埋于浆液中,保证浆液饱满。由于自由段穿过土层多为岩层破碎,或有裂隙,易发生漏浆,因此注浆过程中要注意观察,若发生漏浆，则隔 24h 后补注浆直到注满为止，注满后将锚头外露部分用砂浆封好，防止锚头外露锈蚀而造成预应力损失。

#### 3.1.8 封锚处理

在注浆完成 7d 后，如无异常情况，可进行封锚处理。多余外露的锚索用手提砂轮机切除，严禁电弧烧割，并留 5～10cm 外露锚索，以防拽滑。然后用混凝土将锚头封闭，以防风化侵蚀。

### 3.2 锚杆格子梁防护

当刷坡完毕，应根据现场技术人员的坡面锚杆布置图按图，放出锚杆点位，施工人员根据点位开始施钻。采用手持凿岩机配自钻式注浆锚杆进行施工。当锚杆钻到设计深度后，进行锚杆安设，经检查验收后，应及时进行注浆，防止坍孔影响效果。浆液应严格按设计配合比配制，采用拌浆机拌制，浆体强度不得低于 30MPa。注浆压力控制在 0.1～0.15MPa 之间，所用水泥浆应掺入早强剂和膨胀剂以提高砂浆的早期强度。同时，在锚杆的施工过程中，随时注意观察地质的变化，当地质出现异常时，立即上报监理工程师及设计单位，以改善施工设计。

锚杆钻孔、清孔、混凝土格子梁的施工要求和方法都与锚索框架梁的施工要求大同小异，在此不再叙述。

## 4 结语

随着高速公路的飞速发展，预应力锚索框架梁和锚杆格子梁的施工工艺已比较成熟，施工过程中只要严格按设计和规范要求进行操作，就可以达到预期的防护效果。通过预应力锚索框架梁和锚杆格子梁施工技术在石忠高速公路高路堑边坡处治上的应用，得到以下体会。

(1)工程建设过程中应加强高边坡地质勘查力度，对于地质复杂地段，要采用动态设计。

(2)在对高路堑边坡开挖及支护工程施工前，要做好地表排水系统，必须采取随挖随支护的施工方法，严禁一次开挖到底，以避免开挖暴露时间过长，使边坡松弛范围变大，造成新病害。

(3)确定高边坡支护方案时要多种方案进行比较，以便选择更经济、安全的方案。高路堑边坡复合支护体系在实际工程中要多加采用，这样不仅可以降低工程造价，也可以加快施工进度。

## 参 考 文 献

[1] 尤春安.预应力锚索锚固段的应力分布规律及分析[J].岩石力学与工程学报，2005.

[2] 范宇洁.预应力锚索锚固体的破坏机理和极限承载力研究[J].岩石力学与工程学报，2005.

[3] 常瑞杰.预应力锚索加固高边坡施工技术[J].铁道标准设计，2004.

[4] 于卫华.预应力锚索桩加固高、陡边坡的施工[J].铁道标准设计，2004.

# 一种新型挡墙基础结构形式在洪西路中的应用

胡承强 邹 云 杨真子

(重庆交通科研设计院 重庆 400067)

**摘 要**:洪西路K54+535～K54+645段路基高挡墙因覆盖层较厚,挡墙基础处理困难,通过分析场区地形、地质条件,并进行稳定性计算后,结合工期要求和工程造价,对该段挡墙基础采用一种新型基础结构形式——矩形桩基托梁进行处理,获得了较好的技术经济效益,值得类似工程推广应用。

**关键词**:公路 高挡墙 新型基础结构 矩形桩基托梁

## 1 引言

西部开发省际公路通道重庆至长沙公路洪安至酉阳段(简称洪西路)G3合同K54+535～K54+645段路基高挡墙,因路线从自然斜坡中部冲沟通过,覆盖层较深,开挖过程中发生大面积滑塌,无法继续基坑作业。考虑到挡墙所在路基为合同段内唯一的桥梁预制场地,为确保该段公路建设和使用安全,在进行了详细的工程地质勘察,查清覆盖层的性质、规模和特征,明确覆盖层产生的原因和发展趋势及在稳定性评价的基础上,确定采用新型桩基托梁基础结构形式作为挡墙基础处理的主要措施,并辅以坍塌体卸载和墙背回填等措施对该段路基进行综合整治。

## 2 挡墙路段地质条件

### 2.1 地形地貌

场区为侵蚀剥蚀中低山地貌,路线所在的自然斜坡上部呈一小平台状,下部为单一斜坡,坡度45°～60°,坡脚为井岗河,自西向东流,整个斜坡高差约60m左右。

### 2.2 地层岩性

经工程地质调查及钻探揭露表明,场区地层比较简单,主要由第四系崩坡积覆盖层及寒武系耿家店组灰岩基岩组成,地层岩性特征如下。

(1)崩坡积层碎石土($Q_4^{el+pl}$):浅黄色～褐黄色,主要由砂岩、白云岩及少量灰岩等硬质岩组成,碎石粒径10～150mm,最大可达320mm,含量50%～70%,分布于整个场地,层厚0.54～29.11m。

(2)耿家店组灰岩(∈3g):灰黑色,薄层状～中厚层状构造,分布于整个场地,弱风化带岩质坚硬,单轴饱和抗压强度一般可达9.67～30.2MPa,岩体强度高。

### 2.3 场区水文地质条件

场地整体地形呈北高南低的山脊斜坡地形。地勘结果表明对路基影响较大的是斜坡地表水和地下水,其主要由挡墙所在位置的一天然冲沟汇水而成,向下排泄至坡脚井岗河。该河流为常年性流水,与路基高差约60m,其对公路路基无影响。

## 3 场区稳定性评价

### 3.1 场区变形基本特征

在基坑开挖到17m深时,基坑边坡发生大面积滑塌,并造成前缘便道中断,上部边坡发展成数条弧形牵引裂缝。若继续开挖基坑，其下覆盖层深度还有12m左右，将导致边坡更大规模的破坏。

### 3.2 场区稳定性计算

土体计算参数在经超重型动力触探测试、室内物理力学试验和现场大型直剪试验后，结合恢复原始地面线后的原自然斜坡反算而确定，取值如下。

自然状态：$c=11.73\text{kPa}$，$\varphi=21.91°$，$\rho=1.956\text{kg/m}^3$；饱和状态：$c=7.62\text{kPa}$，$\varphi=17.8°$，$\rho=2.05\text{kg/m}^3$。

稳定性计算包括了对已滑塌基坑边坡的验算和对整个边坡的稳定计算，计算时分自然状态和饱和状态两种工况进行。其中对已滑塌基坑边坡的验算采用了圆弧法，对整个边坡的稳定计算采用了传递系数法。计算模型(图1)和结果如下。

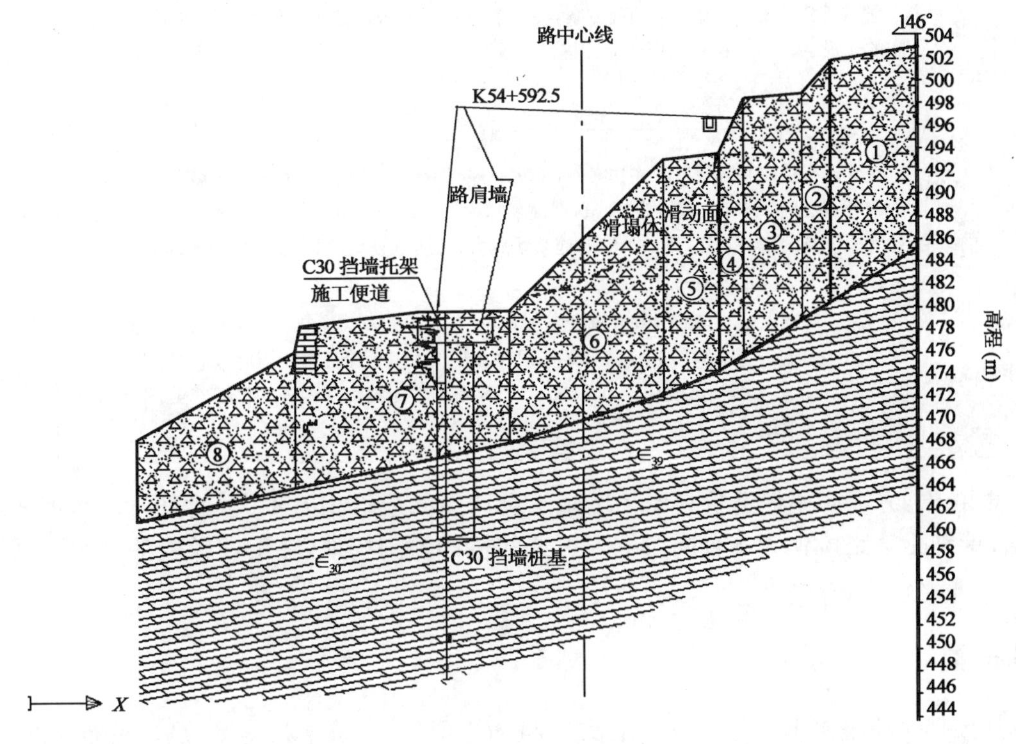


图1 场区稳定性计算示意图

(1)已滑塌基坑边坡验算(圆弧法)自然状态：安全系数 $F_s=1.21$；饱和状态：安全系数 $F_s=0.95$。

(2)整个边坡的稳定计算(传递系数法)自然状态：安全系数 $F_s=1.16$；饱和状态：安全系数 $F_s=1.03$。

### 3.3 场区稳定性评价

从上述稳定分析可见，基坑开挖形成大的临空面，使得前缘土体阻力减少，在雨水渗入饱和土层后，土体自重增加，而 $c$、$\varphi$ 值则降低，原有平衡状态被打破，并最终导致了基坑边坡的滑塌。且场区整体稳定性也不容乐观，一旦基坑继续向下朝基岩面开挖，必将更容易引发大规模的基坑边坡破坏。因此必须对该段挡墙基础进行处理或选择其他的路线通过方案。

## 4 多方案的综合比选

鉴于上述对场区的稳定性分析，考虑到路线受地形地质条件的限制和合同段实际施工条件(挡墙所在路基为全合同段唯一的桥梁预制场地)，为保证施工顺利进行，确保工程安全，设计在结合地勘报告的基础上，对该段路基处理进行了大量的论证分析，分析结果见表1。

**处治方案比较分析表**　　表1

| 方案序号 | 工程措施 | 处治方案分析 | 备　注 |
|---|---|---|---|
| 1 | 普通抗滑桩 | 桩的悬臂段将达到30m,桩顶位移大,施工难以控制,对路面影响大,不但工程造价巨大,而且工程实施技术上也有难度 | 拟不采用该方案 |
| 2 | 锚索抗滑桩 | 对于桩锚体系的支挡方案,施工复杂,工期长,造价也高,考虑到该段路基为本合同段唯一可选的桥梁预制场地,工期较紧,不允许,也难实施这种技术难度大,施工时间较长的工程措施 | 拟不采用该方案 |
| 3 | 圆柱桩基托梁挡墙方案 | 采用板凳式圆柱桩基托梁挡墙方案,在一个10m沉降段落的承台受力范围内采用均匀分布的4根$\phi$1.5m的圆柱桩作为支撑桩。小桩开挖困难,抗滑和抗剪能力差,实施困难,也不经济 | 拟不采用该方案 |
| 4 | 矩形桩基托梁挡墙方案 | 借鉴已有挡墙基础处理的成功案例,采用一种新型挡墙基础结构形式,即将圆柱支撑桩改为方桩,桩按间距5m布置,共12根,截面尺寸为2.5m×3.5m。该方案技术难度小,并能有效发挥桩基的抗滑功能,提供足够的地基承载力,工期也较短,利于桥梁预制场的形成 | 推荐方案(比原设计增加造价43.5万元) |
| 5 | 桥梁方案 | 将原挡墙起点端相接的铜岭大桥全幅加长,并在考虑到桥梁净空与跨径相协调的情况下,采用20m跨径小箱梁,增加5跨,从而将铜岭大桥改为组合跨径大桥,其增加的桥梁长度为103m。该方案工期较长,造价增加较大,且桥梁基础位于滑坡体内桩基仍不安全,不利于桥梁预制场的形成 | 拟不采用该方案(比原设计增加造价116.8万元) |

从表1可以看出,方案4不但造价与原挡墙施工设计图的造价相差不大,而且技术难度较小,施工周期也容易控制,特别是该路段作为本合同段唯一可选的桥梁预制场地,在工期较紧的情况下,该方案为较优方案。

## 5　总体布置

矩形桩基托梁挡土墙是挡土墙与桩的组合形式,桩为矩形桩,由桩梁相连接,是一种新型的挡墙基础结构形式。主要适用于河岸冲刷严重、陡坡岩堆、稳定性较差的陡坡覆盖土,基岩埋置较深,与既有道路紧邻的路段。洪西路K54+535～K54+645段路基挡墙就采用了该新型基础结构形式。

矩形桩基托梁的各部尺寸,是在综合桩间距、尺寸、桩基深度和挡土墙高度后,按照安全可靠、经济合理的原则确定的。具体布置时满足托梁基底不悬空;挡墙基底竖向永久荷载合力作用点与托梁截面中心线、桩中心线重合;托梁按10m一段做成简支梁支端悬出;桩为2.5m×3.5m矩形截面,间距5m,按嵌岩桩设计。

## 6　内力计算

矩形桩基托梁的内力计算[1],主要包括以下几部分。

(1)挡墙的土压力计算。

(2)传递到拖梁上每延米的水平推力、竖向力和弯矩。

(3)托梁的内力计算。

(4)桩的内力计算。

### 6.1　托梁以上挡土墙的土压力

本路段挡墙按公路Ⅰ级荷载标准进行设计,其墙高根据基坑实际开挖情况确定为18m,采用理正岩土

4.5版软件计算，结果如下。

上墙水平土压力：$E_{x_1}$=215.416kN/m，下墙水平土压力：$E_{x_2}$=690.319kN/m。

上墙竖向土压力：$E_{y_1}$=373.180kN/m，下墙竖向土压力：$E_{y_2}$=11.613kN/m，墙身自重 $W_q$=2 298.419kN/m，衡重台以上第二破裂面和墙背之间土体的自重 $W_t$=281.924kN/m。

挡墙合力偏心距：$e$=0.379m。

## 6.2 传递到托梁上水平推力、竖向力和弯矩

(1)水平推力：

$$E_m = E_{x_1} + E_{x_2} = 215.416\text{kN} + 690.319\text{kN} = 905.735\text{kN/m}$$

(2)竖向力：

$$N_m = E_{y_1} + E_{y_2} + W_q + W_t = 373.180\text{kN} + 11.613\text{kN} + 2\,298.419\text{kN} + 281.924\text{kN} = 2\,965.136\text{kN/m}$$

(3)托梁顶中点弯矩：

$$M_m = N_m \cdot e = 2\,965.136\text{kN/m} \times 0.379\text{m} = 1\,123.787\text{kN}\cdot\text{m/m}$$

托梁尺寸为：2.0m×8.685m×10m=173.7$\text{m}^3$，重度：25$\text{kN/m}^3$，

托梁上的竖直均布荷载：

$$q = (2\,965.136\text{kN/m} \times 10\text{m} + 173.7\text{m}^3 \times 25\text{kN/m}^3)/10\text{m} = 3\,399.386\text{kN/m},$$

托梁上的水平均布荷载：$q_x = E_m$=905.735kN/m。

## 6.3 托梁的内力

托梁的内力按支端悬出的简支梁进行计算，具体见图2、图3和表2。

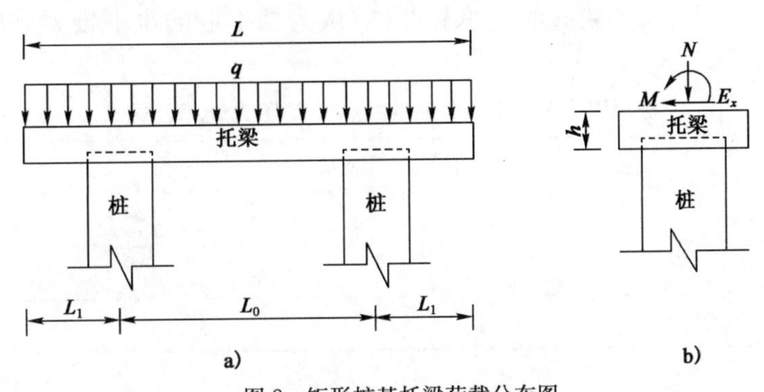


图2 矩形桩基托梁荷载分布图

a)竖直面内；b)水平面内

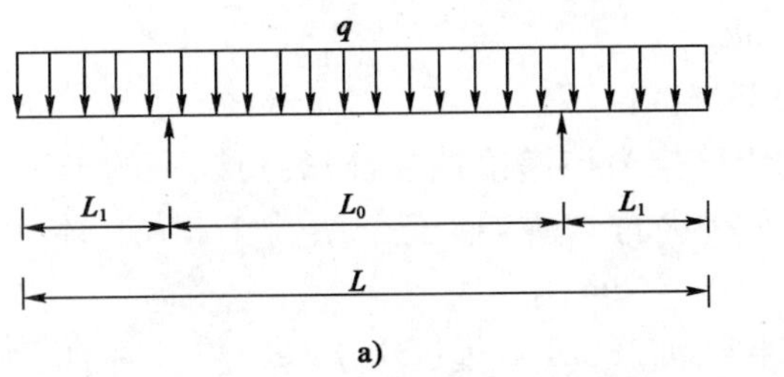


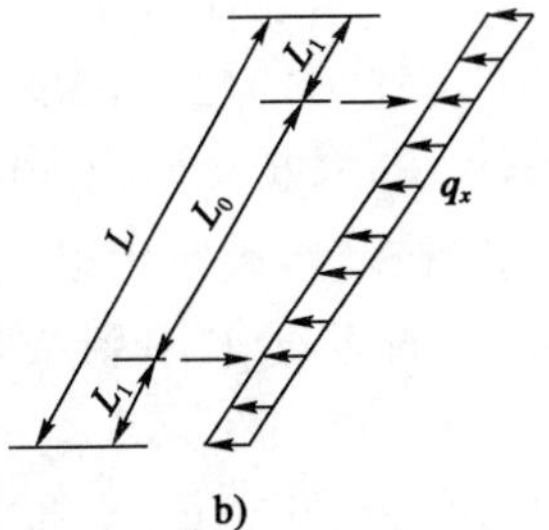


图3 矩形桩基托梁内力计算简图

a)竖直面；b)水平面

图中：$M$——由挡土墙传到每一跨(一个托梁的长度 $L$)上的弯矩，每延米弯矩乘以跨长 $L$；

$E_x$——由挡土墙传到每一跨上的水平推力；

$N$——由挡土墙传到每一跨上的竖向压力。

桩基托梁支端悬出简支梁内力计算公式 表 2

| 内力位置 | 内力计算公式 | 内力位置 | 内力计算公式 |
| --- | --- | --- | --- |
| 支座弯矩 | $M_0=-qL_1^2/2$ | 悬出端最大剪力 | $Q_1=qL_1$ |
| 跨中弯矩 | $M_z=qLL_0/4-q(L_0/2+L_1)^2/2$ | $L_0$范围内最大剪力 | $Q_0=qL/2-qL_1$ |

注:水平面内的计算公式形式与上表一样,但 $q=q_x=E_x/L$。

本工点矩形桩基托梁 $L=10\text{m}$,$L_1=2.5\text{m}$,$L_0=5.0\text{m}$,托梁底部的地基土摩擦系数为 0.3。

托梁的静摩阻力为:3 399.386kN/m×0.3=1 019.816kN/m>905.735kN/m,故托梁不会在水平面内产生弯曲,设计只需进行竖直面内的内力计算。

支座弯矩:

$M_0=-qL_1^2/2=-(3\,399.386\times2.5^2)/2=-10\,623.081\text{kN}\cdot\text{m}$

跨中弯矩:

$M_z=qLL_0/4-q(L_0/2+L_1)^2/2=(3\,399.386\times10\times5.0)/4-[3\,399.386\times(5.0/2+2.5)^2]/2=0$

悬出端最大剪力:$Q_1=qL_1=3\,399.386\times2.5=8\,498.465\text{kN}$

$L_0$范围内最大剪力;$Q_0=qL/2-qL_1=3\,399.386\times10/2-3\,399.386\times2.5=8\,498.465\text{kN}$

6.4 桩的内力

桩的内力可按顶部作用有弯矩和横向推力,锚固点以上只考虑桩后的主动土压力的悬臂桩计算。其计算主要分以下三部分。

(1)桩顶以上的外力计算。

(2)桩后土体推力计算。

(3)桩基竖向应力验算。

桩顶以上的外力计算时不考虑托梁底的支承和摩擦,认为挡土墙的水平推力和竖直力及弯矩通过托梁全部传至桩顶,其计算公式见表 3。

桩顶以上的弯矩、水平推力和竖向压力计算公式 表 3

| 支端悬出简支梁 | |
| --- | --- |
| 弯矩 | $(M+E_xh)/2$ |
| 水平推力 | $E_x/2$ |
| 竖向压力 | $N/2$ |

注:$h$ 为托梁高度。

本工点单根桩顶的受力情况如下。

弯矩:$(M_mL+E_mhL)/2=(1\,123.787\times10+905.735\times2\times10)/2=14\,676.285\text{kN}\cdot\text{m}$

剪力:$E_mL/2=905.735\times10/2=4\,528.675\text{kN}$

竖向力:$N_mL/2=2\,965.136\times10/2=14\,825.68\text{kN}$

桩后土体推力计算:按墙踵破裂角以上的土体推力传递给挡墙,破裂角以下的土体推力传递给桩考虑,并将其恢复到路基成型的工况采用剩余推力法进行计算,取安全系数 1.15,得本工点桩后推力:$T_m=1\,670.09\text{kN/m}$。

单根桩底压应力:14 825.68/(2.5×3.5)=1 694.36kPa,远远小于基岩灰岩的抗压强度,满足要求。

## 7 结构设计

结构设计时,根据荷载效应的基本组合对托梁和桩按承载能力极限状态设计,并分别进行了荷载效应标准组合长期作用影响下的托梁裂缝宽度验算和按标准组合与准永久组合情况下的托梁挠度验算。桩身结构则按照《混凝土结构设计规范》(GB 50010—2002)进行设计。桩与托梁的连接长度则是在保证深入托梁内的钢筋必须能承担桩顶设计弯矩并满足桩身最小配筋率要求的情况下确定的。具体结构设计情况为:桩的截面尺寸为2.5m×3.5m,间距5m,共12根,桩长10～20m,托梁10m为一个沉降段,共长60m,截面尺寸为2.5m×8.68m,挡墙高度18m,嵌入托梁内1m。整段挡墙桩基托梁基础处理造价较之原挡墙设计仅增加了43.5万元,工期和工程安全均得到了保证,技术经济效益比较明显。

## 8 施工要求

由于本段路肩高挡墙地质情况较差,覆盖层较厚,目前已开挖17m深,且基坑边坡已发生严重滑塌,基坑以下覆盖层厚度还有12m。考虑到水是工程破坏的重要隐患,因此设计要求必须在桩基开挖之前,首先修筑好截水沟。其次,由于基坑边坡变形比较严重,桩基采用人工成孔,为保证施工安全,设计要求卸载基坑边坡滑塌体,桩基施工时跳槽开挖,开挖时严禁放炮,土层以上桩孔均需进行护壁,并作好通风和排水措施。另外,考虑到桩基工程的隐蔽性,因此设计要求在浇注桩身前预埋超声波检查管,保证桩基质量。对于挡墙施工,则要求墙背回填透水性材料,墙身设置泄水孔等措施以保证挡墙安全。

## 9 结论

(1)洪西路K54＋535～K54＋645段路肩高挡墙所在斜坡地质情况较差,挡墙下基较为困难,挡墙基坑开挖到接近设计高程后,基坑边坡稳定性较差,发生大面积滑塌破坏,挡墙基坑不能继续下挖,必须对挡墙基础采取处理措施。

(2)综合分析国内目前普遍采用的工程处理措施,借鉴已有挡墙基础处理的成功经验,对该段挡墙基础采取矩形桩基托梁结构形式是可行的,并具有明显的技术经济优势。

(3)矩形桩基托梁这种挡墙基础结构形式,是挡土墙与桩的组合形式,并由桩梁相连接,属于一种较新的结构形式,主要适用于河岸冲刷严重、陡坡岩堆、稳定性较差的陡坡覆盖土,基岩埋置较深,与既有道路紧邻的路段,是一种较好的工程处理措施,其技术经济优势较为明显,值得在施工中大量推广应用。

## 参考文献

[1] 李海光,等.新型支挡结构设计与工程实例[M].北京:人民交通出版社,2004.
[2] 陈忠达.公路挡土墙设计[M].北京:人民交通出版社,2003.
[3] 陈忠达.公路挡土墙施工[M].北京:人民交通出版社,2004.
[4] 陈祖煜.土质边坡稳定分析[M].北京:中国水利水电出版社,2003.
[5] 徐邦栋.滑坡分析与防治[M].北京:中国铁道出版社,2001.

# 多层高填路基变形规律研究

丁静声 吴国雄

(重庆交通大学土木建筑学院 重庆 400074)

**摘 要**:山区公路地形复杂,高填路基多且容易变形,多层高填路基中各路基之间的相互作用会进一步影响路基的变形。本文利用有限元数值计算方法,考虑不同的路基几何形状和填料的物理性质,探讨了多层高填路基的变形规律,算例表明坡间路基顶面两边缘沉降是不均匀的,其中坡率的影响较坡高和密度的影响更明显。为消除坡间路基内外侧的不利高差,上层路基应尽量远离下层路基,即上层路基的边坡尽可能缓些,最好不超过1:2,而且应尽量降低路基高度或将密度较大的填料置于下层路基中,以利于其固结沉降,减小上层路基的变形。

**关键词**:多层路基 高填路基 变形 坡高 坡率 密度

## 1 引言

随着交通建设事业的飞速发展和西部大开发战略的进一步实施,我国高等级公路建设逐渐由东部转向西部,由平原转入山区。受地形限制,山区高等级公路无论是平面定线还是路基横断面形式的确定,难度都较平原区公路大。高填路基由于能够充分利用挖方材料,节约造价,在山区道路中已是一种较为常见的路基结构形式。但高填路基填筑高度大、占地宽,当新建公路与其他道路交叉重叠时,不得不在同一断面布置多条道路而形成多层路基,在车辆荷载和路基自重作用下,多层高填路基变形规律有待进一步研究,而随着西部山区高速公路的快速发展,类似问题将会越来越突出。

## 2 路基填料的变形特性及路基土的本构关系

### 2.1 路基填料的变形特性

路基填料一般采用的是土,而土是由碎散的固体颗粒组成,土的宏观变形并不是土颗粒本身变形,而是由于土颗粒间位置的变化产生的。路基填料变形具有以下普遍特性[1]。

(1)路基填料变形的非线性

大量的试验数据表明,路基土的应力—应变关系在初始阶段表现出直线关系,当应力达到某一临界值时应力—应变关系明显转化为曲线,这种由相同的应力增量引起不相同的应变增量说明路基填料表现出变形的非线性特性。

(2)路基填料变形的弹塑性

在加载后卸载,土一般不会恢复到原来的应变状态,表明有一部分应变是可恢复的,有一部分应变是不可恢复的,而且对土进行循环加载卸载后,在应力—应变曲线上存在滞回圈,这种卸载体缩无法用弹性理论进行解释。实际上,一般土在加载过程中弹性和塑性变形几乎是同时产生的,没有明显的屈服点,所以可将路基土视为一种弹塑性材料。

(3)路基填料变形的剪胀性

路基土体受力后不仅压力会引起塑性体积变形,而且剪切也会引起塑性变形,剪切力引起土颗粒间相互位置的变化,从而引起体积的变化。这种由剪应力引起的体积变化称为剪胀,路基填料变形亦表现出一定的剪胀性。

### 2.2 路基土的本构关系

土的本构关系,或者叫土的本构模型,是指土的应力—应变关系[2]。影响土体变形的因素有很多,因此土的应力—应变关系十分复杂，要在应力应变关系中全部考虑这些因素是不可能的，也是不必要的。在实际应用中，应根据工程实际和受力情况等主要特征去建立其应力—应变关系模型。一般而言，根据模型建立的假定不同，土体应力—应变模型分为两类：弹性非线性模型和弹塑性模型[3]。

2.2.1 弹性非线性模型

弹性非线性模型侧重反映土体在应力作用下表现出来的非线性，它认为全部变形都是弹性变形，通过改变弹性常数来表达其非线性。弹性非线性模型是根据广义虎克定律建立刚度矩阵[D]，但考虑到非线性特性，矩阵中的弹性模量 $E$ 和泊松比 $\mu$ 不再视为常数，而是看作随着应力状态而改变的变量。弹性非线性模型主要有邓肯-张双 曲线模型[4]、$K$-$G$ 模型等。

2.2.2 弹塑性模型

弹塑性模型则把土体总的变形分为弹性变形和塑性变形两部分，用虎克定律计算弹性变形部分，用塑性理论来解释塑性变形部分[5~7]。对于塑性变形，要作三方面的假定：(1)破坏准则和屈服准则；(2)硬化规律；(3)流动法则。不同的弹塑性模型，这三个假定的具体形式也不同。弹塑性模型主要有：Mohr-Coulomb 模型、Drucker-Prager 模型、剑桥模型、清华模型等。

## 3 多层高填路基变形计算模型的建立

### 3.1 本构模型的选取

对于岩土类材料，通常将其假设成理想弹塑性体，本构模型常选用摩尔-库仑模型（M-C）、Drucker-Prager 模型[8~9]。

摩尔-库仑准则可用不变量 $I_1$、$J_2$、$Q_\sigma$表述成如下形式：

$$\frac{1}{3}I_1\sin\varphi+\left(\cos\theta_\sigma-\frac{1}{\sqrt{3}}\sin\theta_\sigma\sin\varphi\right)\sqrt{J_2}-c\cos\varphi=0 \tag{1}$$

式中：$c$、$\varphi$——岩土的黏聚力和内摩擦角；

$I_1$——应力张量第一不变量；

$J_2$——应力偏量第二不变量；

$\theta_\sigma$——应力洛德角。

Drucker-Prager 准则可表述成：

$$\alpha I_1+\sqrt{J_2}=k \tag{2}$$

其中，$\alpha$、$k$ 为与岩土材料内摩擦角 $\varphi$ 和内聚力 $c$ 有关的常数。不同的 $\alpha$、$k$ 在 $\pi$ 平面上代表不同的圆。

摩尔-库仑准则，较为可靠，它的缺点在于三维应力空间中的屈服面存在尖顶和棱角的不连续点，导致数值计算不收敛。而 D-P 准则更适合数值计算，实际上，D-P 准则是摩尔-库仑准则的一种近似。

### 3.2 模型的建立和计算参数的确定

3.2.1 模型的建立

考察多层路基的变形规律就是要考察相邻路基之间的相互影响，多层路基可以通过等代方法把某层路基上的路基及其荷载一起换算成当量土柱高，从而将多层路基简化为两层路基来分析。为此，建立如图 1 所示的多层路基变形计算模型。为便于理解，位于上一层的路基称为上路基，其坡高 $H$ 和坡率 $m$ 的下标为 1，位于下一层的路基称为下路基，其坡高 $H$ 和坡率 $m$ 的下标为 2，两层路基之间的公路路基称为坡间路基，计算时其宽度保持不变，为 10m。

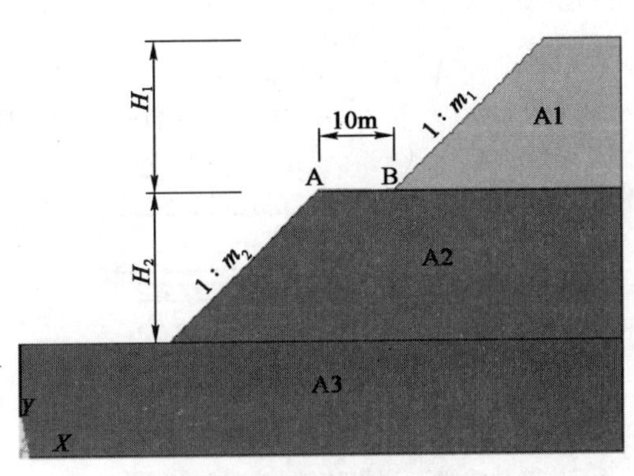

图 1 路基变形有限元计算模型

计算时，基岩底边界为固定约束，左右边界为水平约束，其他边界为自由端。计算程序采用大型有限元软件ANSYS10.0，计算单元采用平面6节点三角形单元。针对路基填料的非线性性质,变形求解时需选择程序提供的弹塑性DP材料模型,输入相应的材料参数,选用稀疏矩阵求解器和牛顿-拉普森迭代方法,以消除计算误差。

3.2.2 计算参数及研究方案

为了能方便地了解路基的变形情况,选择路基顶部边缘A、B两点作为变形观测点。通过试算得知,路基填料的力学性质参数对路基变形影响不明显,对路基变形影响较明显的主要是路基的几何形状和填料物理性质参数,所以本文分别选取上、下路基的坡高 $H_1$ 和 $H_2$、坡率 $m_1$ 和 $m_2$ 及密度 $\rho_1$ 和 $\rho_2$ 进行对比分析,材料的力学性质参数见表1,计算时保持六个参数中的五个不变,只取一个参数作为变量,共六组计算方案。

**路基填料力学性质参数** 表1

| 弹性模量(MPa) | 泊松比 | 黏聚力(kPa) | 内摩擦角(°) |
|---|---|---|---|
| 38 | 0.3 | 30 | 25 |

## 4 计算结果分析

### 4.1 路基坡高的影响

从表2、图2的计算结果可以看出,路基高度的变化一方面会引起各层路基变形的变化:路基越高,变形越大;另一方面路基高度的变化会造成坡间路基顶面内外侧变形不同步的变化:内侧变形较外侧变形大,而且路基越高,内外侧的变形差越大。在边坡坡率一定、填料密度相同的情况下,上层路基坡高对坡间路基变形的影响没有下层路基坡高的影响明显,坡间路基顶面两侧沉降变形的不同步主要也是由下层路基的坡高引起的。所以,应尽量降低下层路基的高度。

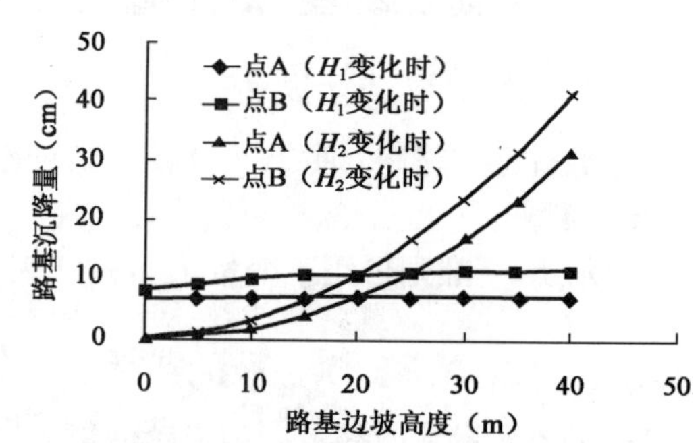


图2 路基坡高 $H$ 变化时观测点处路基变形变化曲线

**坡高 $H$ 变化时观测点的路基变形(cm)** 表2

| 坡高 $H_1$(m) | 上路基坡高 $H_1$ 变化时($H_2$=20m) | | 下路基坡高 $H_2$ 变化时($H_1$=20m) | |
|---|---|---|---|---|
| | A点 | B点 | A点 | B点 |
| 0 | 6.86 | 8.19 | 0 | 0.01 |
| 10 | 6.99 | 10.13 | 1.66 | 2.98 |
| 20 | 7.03 | 10.93 | 7.03 | 10.93 |
| 30 | 7.12 | 11.43 | 16.78 | 23.46 |
| 40 | 7.35 | 11.84 | 31.54 | 41.21 |

注:$m_1=m_2=1$,$\rho_1=\rho_2=20kN/m^3$。

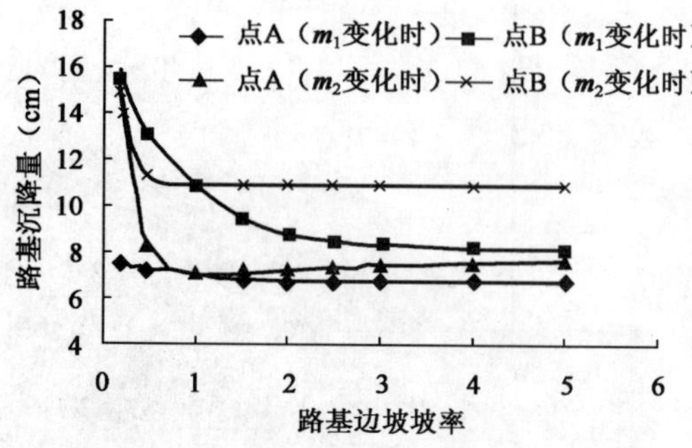


图3 路基坡率 $m$ 变化时观测点处路基变形变化曲线

### 4.2 路基坡率的影响

从表3、图3可以看出,路基坡率的变化对各层路基变形的影响都比较明显,尤其是边坡坡率较小时更为突出。路基坡率小,坡度陡,除了会引起路基变形的增大而最终失稳之外,还会引起坡间路基顶面内外侧变形变化幅度不同,导致内外侧路基高差的进一步增大。在路基高度不变、填料密度相同的情况下,上路基边坡坡率 $m_1>2$,下路基边坡坡率 $m_2>1$ 时,路基沉降变形曲线将趋于水平,说明坡率较大,边坡较缓的情况下,路基坡率的变化对坡间路基沉降变形的影响将越来越小。

坡率 $m$ 变化时观测点的路基变形(cm) 表 3

| 坡　率 | 上路基坡率 $m_1$ 变化时($m_2=1$) | | 下路基坡率 $m_2$ 变化时($m_1=1$) | |
|---|---|---|---|---|
| | A 点 | B 点 | A 点 | B 点 |
| 0.5 | 7.26 | 13.14 | 8.2 | 11.3 |
| 1 | 7.03 | 10.93 | 7.03 | 10.93 |
| 2 | 6.8 | 8.83 | 7.29 | 10.89 |
| 3 | 6.79 | 8.36 | 7.46 | 10.88 |
| 4 | 6.79 | 8.21 | 7.56 | 10.88 |
| 5 | 6.8 | 8.14 | 7.62 | 10.87 |

注:$H_1=H_2=20\text{m}$,$\rho_1=\rho_2=20\text{kN/m}^3$。

### 4.3　路基密度的影响

从表 4、图 4 可以看出,路基密度的变化,对多层路基变形有一定的影响,随着密度的增大,路基变形也随之增大,密度和变形变化趋势基本上呈直线关系,图 4 表明:下路基密度的变化对路基沉降变形的影响较上路基的影响要明显些,因为关系曲线要陡些。在坡率和坡高一定的情况下,下路基密度变化对坡间路基顶面内外侧的变形变化幅度基本相同,而上路基密度对两侧路基变形变化的影响比较明显。所以,如果不能确保填筑相同填料的话,下路基应填筑密度大的填料,上路基应填筑密度小的填料,这样可以加速下路基的固结沉降,减小坡间路基顶面内外侧的沉降差,有利于行车安全。

密度 $\rho$ 变化时观测点的路基变形(cm) 表 4

| 密度(kN/m³) | 上路基密度 $\rho_1$ 变化时($\rho_2=20\text{kN/m}^3$) | | 下路基密度 $\rho_2$ 变化时($\rho_1=20\text{kN/m}^3$) | |
|---|---|---|---|---|
| | A 点 | B 点 | A 点 | B 点 |
| 14 | 6.97 | 10.03 | 4.98 | 8.55 |
| 18 | 7.01 | 10.63 | 6.34 | 10.14 |
| 22 | 7.05 | 11.22 | 7.72 | 11.72 |
| 26 | 7.1 | 11.78 | 9.11 | 13.31 |

注:$H_1=H_2=20\text{m}$,$m_1=m_2=1$。

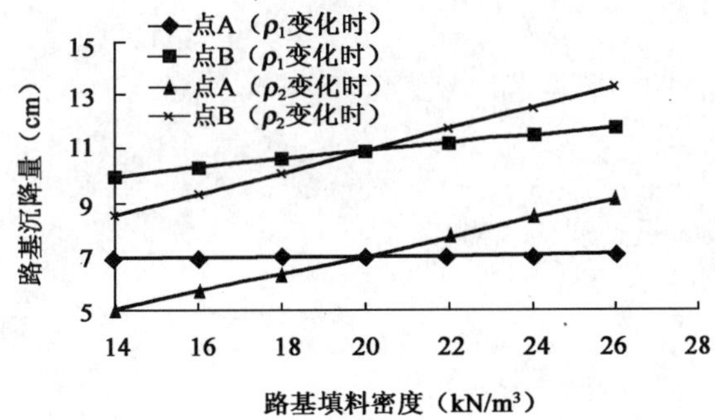


图 4　填料密度 $\rho$ 变化时观测点处路基变形变化曲线

## 5　结论与建议

通过变换路基的几何形状和物理参数,计算了多层路基的顶面沉降,计算结果表明:多层高填路基中相邻路基之间会相互影响,在设计和施工多层高填路基时,应充分认识到这种影响的存在。

(1)高填路基由于填筑高度大,路基变形也较大,应该尽量降低路基的高度或者留有足够的时间让路基自然沉降以减小路基变形。

(2)上路基应尽量远离下路基,即上层路基的边坡尽可能缓些(最好不超过 1∶2),以消除下路基内外侧的不利高差,确保行车的安全。

(3)应尽量压实下层路基填料或者将密度较大的填料置于下层路基中,以利于其固结沉降,减小上层路基的变形。

## 参 考 文 献

[1] 李广信.高等土力学[M].北京,清华大学出版社,2004年.

[2] 钱家欢,殷宗泽.土工原理与计算(第二版)[M].中国水利水电出版社,1996.

[3] 关立军.基于强度折减的土坡稳定分析方法研究[D].大连:大连理工大学,2003年.

[4] 王志亮,殷宗泽,李永池.邓肯-张模型有限元分析路堤沉降实用方法[J].岩土力学,2005,26(7):1085-1089.

[5] 周资斌.基于极限平衡法和有限元法的边坡稳定性分析研究[D].南京:河海大学,2004年.

[6] 刘开复.若干土工问题工程性状的大变形有限元分析[D].杭州:浙江大学,2006年.

[7] 张春笋.多层荷载作用下高填方路堤变坡稳定性研究[D].重庆:重庆交通大学,2009年.

[8] 张鲁渝,郑颖人,赵尚毅等.有限元强度折减系数法计算土坡稳定安全系数的精度研究[J].水利学报,2003,(1):21-27.

[9] 罗启北,万海涛,张艳霞.ANSYS在边坡稳定分析中的应用[J].贵州工业大学学报(自然科学版),2006,35(6):78-81.

# 渝湘高速公路酉阳至大涵段 ZK37＋180～ZK37＋420 滑坡处治设计

高文涛　雷　刚　蔡绍林

（中国公路工程咨询集团有限公司　武汉　430052）

**摘　要**：以渝湘高速公路 ZK37＋180～ZK37＋420 段滑坡为例，分析了该滑坡的形成机制及诱发因素，指出降雨和开挖坡脚为影响该滑坡稳定的主导因素，其整治前处于蠕动状态。针对该滑坡的关键特征，结合稳定性计算结果，提出了防治设计方案。滑坡整治工程施工后的监测结果表明，该滑坡未见进一步发生变形迹象，滑坡趋于稳定，整治方案合理有效。

**关键词**：渝湘高速　堆积层滑坡　滑坡成因

## 1　工程概况

ZK37＋180～ZK37＋420 段滑坡，位于重庆市酉阳县与黔江区交界的黑水镇大涵村，距黔江 66km，距酉阳县约 32km，面积约 0.1km²，滑坡区全貌见图 1 渝湘高速公路路线从该段滑坡中前部通过。滑坡区紧邻国道 319 线，区内交通较为方便。

图 1　滑坡区全貌照片

原设计 ZK37＋180～ZK37＋420 段以挖方路基为主，中心挖方深度一般为 0～6m。其中左侧挖方边坡 ZK37＋180～ZK37＋240 范围内超过 10m，其边坡设计为台阶式，每级坡高为 8m，平台宽度为 2m，边坡坡率一般为 1∶0.75～1∶1.0；第一、二级边坡均采用锚杆格子梁支护；ZK37＋240～ZK37＋420 段左侧挖方高度一般为 3～10m，边坡坡率一般为 1∶1.0，均采用预制框格填土绿化。

该段路基开挖初期，其边坡整体稳定性良好，未出现变形开裂等迹象，在开挖后三个月内，适逢重庆地区多次出现暴雨天气，该区域呈未发生大面积的滑坡，但出现了局部滑塌现象。2007 年 3 月，该段路基已基本开挖到设计标高，用作 E1 合同段的预制场，6 月底 E1 标完成了预制场硬化工作。2007 年 7 月 18～19 日，在遭受百年一遇暴雨后，该段路基左右侧边坡及山体出现开裂变形，预制场中部地面在 8 月 5 日出现局部区域的隆起开裂，使得预制场失去使用功能，路线左侧的民房墙壁、地面也出现多处变形，随着时间的推移，变形继续加剧。在第一次地勘补充钻探工作完成后，2008 年 2 月，滑坡后缘又发现较大范围的拉裂变形，后缘向外扩展约 100m，为准确判断滑坡范围及其对拟建公路的影响，进行了第二次补充勘察工作。

## 2 地质环境

### 2.1 区域地质构造

滑坡区大的地貌单元属构造剥蚀和构造溶蚀中低山地貌区,为梳状中低山区,高程在500～1 000m。大地构造单元位于黔江凹褶束区,构造形迹总体走向北北东～北东向,构造部位位于咸丰背斜北西翼,受铜西向斜与广元盖向斜交汇部位翘起端的影响(图2)。区内地层主要为古生代的奥陶系(灰岩为主)、志留系(页岩为主)、二叠系(灰岩为主)地层,泥盆系局部可见,石炭系缺失,因此,志留系与二叠系间为不整合接触。受构造控制,区内常形成北北东或南东东向的陡崖地形,由于岩性差异,陡崖下部的斜坡地带常常分布有大量的灰岩崩塌大块石堆积区,使得第四系斜坡稳定性较差。

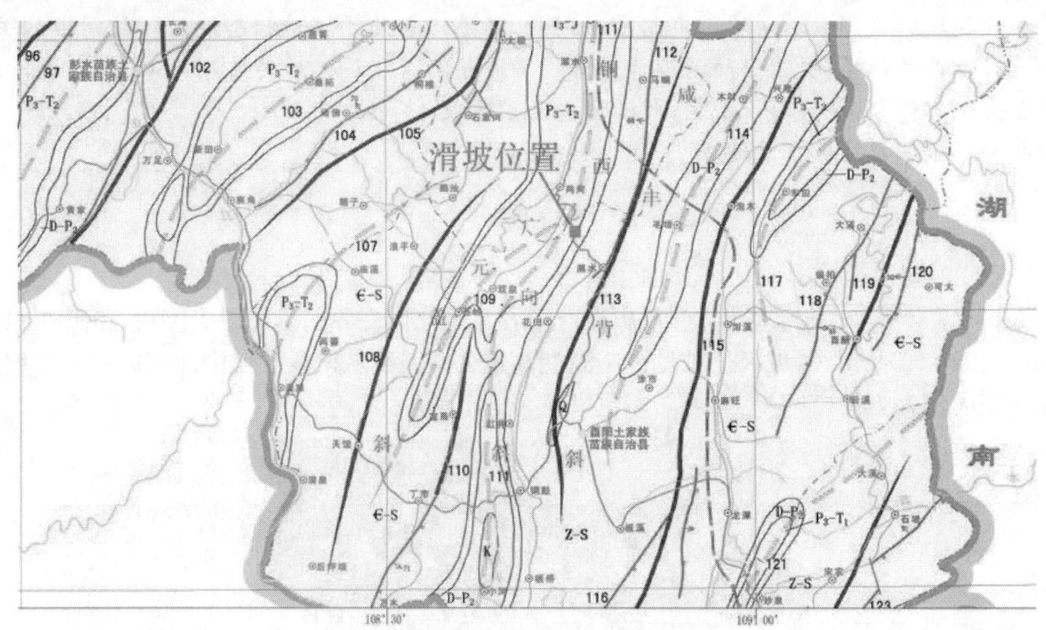


图2 构造纲要示意图

### 2.2 水文地质条件

滑坡区地下水主要赋存于第四系松散堆积体中,基岩裂隙水不发育,大气降水为主要补给源,据勘察期间对钻孔地下水的观测,钻孔内不具统一水位。但是降雨(特别是暴雨)对滑坡体钻孔的动态影响大,有的钻孔降雨前水位低,雨后水位很快升高,升高幅度5m左右,但是又很快消退。由于滑坡体物质不均,为孤石、块石土,地下水主要沿块石间空隙运动,地下水排泄迅速,排向滑坡前缘溪。据钻孔水、泉水、地表水水样试验资料,地下水、地表水水质类型为重碳酸钙型水,对混凝土均无腐蚀性。

### 2.3 滑坡物质组成及结构特征

滑坡主滑方向58°,滑坡后、右侧缘边界以出现的裂缝圈定,左侧边界以裂缝展布走向确定,前缘剪出口根据地形确定。滑坡平面形态呈“圈椅”状,后缘高程约782～785m,目前前缘边界裂缝最低高程711.0m,裂缝还在继续向前扩展,可能最终剪出口在溪沟附近。滑坡体构成的斜坡呈阶梯状,坡度变化较大,滑坡纵长250m ,横向平均宽约280m,面积约90 000m$^2$,滑体厚度8～30m,平均厚度15m,体积约为1.35×10$^6$m$^3$。从横向看,滑床面形态呈波浪形;纵向上滑床形态呈折线形,滑床面倾角为:后缘59°～66°,中后部21°～26°,中前部4°～8°。滑坡体物质组成如下。

(1)滑体

滑坡体主要由第四系崩坡堆积层($Q_4^{col+dl}$)、第四系筑填土($Q_4^{ml}$)组成,滑体厚度8～30m,变化较大。总体呈前、后部较薄、中部厚,两侧较薄的特征。

(2)滑带(面)

从钻孔揭露的情况来看,滑体物质主要由灰岩块石、孤石夹粉质黏土组成,由于滑坡处于蠕滑变形阶段,滑带(面)特征不明显,在基岩面上分布有一层厚度 0.8～6.5m 的灰褐色黏土(页岩全风化层),是滑坡中后段的滑带土,但仅在个别钻孔中与基岩接触部位的土体中见有光面、浑圆状的碎石存在。根据实际剖面情况结合地面调查综合分析确定主要的滑面为土岩接触面,局部从土体中穿过,滑带土多为基岩面上灰褐色黏土及块石土中的软弱层带,滑面平面形态呈折线型。

(3)滑床

滑床面呈一折线形,滑床面坡度中前缘较缓(坡角 4°～7°)、中后缘较陡(坡角 21°～26°),主要为志留系下统龙马溪群强风化页岩组成,岩层产状 312°∠35°,局部滑床物质为第四系土体。

滑坡主要发生在堆积层中,滑体形态受堆积床面(图 3)的形态影响,由图可见,基岩面在拟建道路区及滑坡南侧有一浅沟,其中,南侧沟主要分布在 1-1′剖面附近,一直延伸到长青子河,道路区的浅沟则向约 150°方向倾斜,与南侧沟在 1-1′剖面附近交汇。道路以西的斜坡上,基岩面总体平直,因此,剖面 2-2′,3-3′,4-4′形态比较一致。可见,滑体厚度在中后部基本上成厚板状,滑面平直,而在前部,滑面由于受基岩凸起影响而反翘。

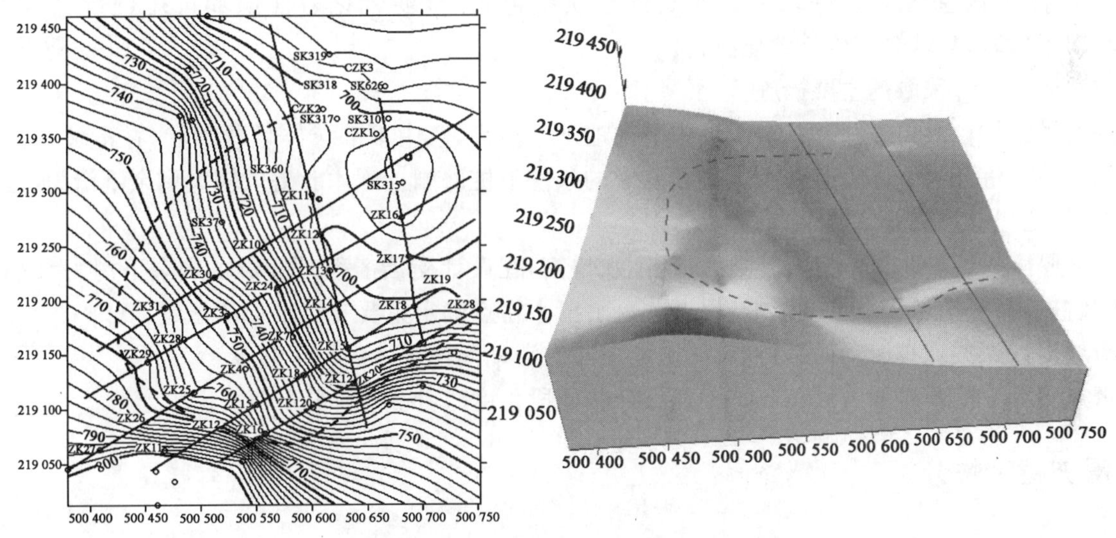


图 3 滑坡区基岩顶面等值线平面图及三维模型图

## 2.4 滑坡成因

滑坡的形成,是由其地形地貌、地层岩性及水共同作用的结果,影响滑坡的主要因素如下。

(1)崩塌体的存在为产生滑坡提供了物质基础。滑坡物质以厚度较大的灰岩块体、碎石土为主,其间充填黏性土或存在架空现象,为稳定性较差的岩土体。

(2)地形坡度条件为滑坡形成与位移提供了临空面,前缘斜坡具有良好的临空条件,为滑坡形成提供了空间条件,滑坡中后部较陡的坡角、基岩面坡角储备了较大的势能。

(3)由于滑体物质极为不均,几乎不存在一个连续的界面,地表水及土体的孔隙水在土体中运动,使其中的部分土长期处于饱水状态,并形成一层软弱面,其抗剪强度降低,是滑坡形成的重要条件。

(4)水的作用,是滑坡形成的激发因素。由于 2007 年 7 月 100 年一遇的特大暴雨作用,雨水的下渗形成较大的渗透压力,降低滑面的抗剪强度,还提高滑坡体重量,加速了滑坡的形成。

(5)人类工程活动,勘察区渝湘公路在滑坡中前部开挖,对加速滑坡活动,减小斜坡的稳定性起了一定推动作用。

综上所述,滑坡变形受地形地貌、岩土结构和物质组成等因素控制,百年一遇暴雨起到重要诱发作用,工程建设在滑坡中前缘减载对滑坡活动起到推动作用。

### 2.5 滑坡特点及其对设计方案的影响

#### 2.5.1 滑坡特点

本滑坡关键性特征主要有以下几点。

(1)滑坡为覆盖层滑坡,滑体主要由块石土组成,块石土土石比为7:3～3:7,自路基向路基外侧块石含量逐渐增加,块石土结构松散,中下部土多呈软～可塑状。

(2)滑坡体下邻长青子河,中下部地下水位高,地下水较丰富,且地下水位除受天然降雨影响外,还受长青子河水位抬升影响,且滑坡中部分布有供应附近村民取水的泉眼。

(3)滑体厚度大,最大厚度达到近30m,平均厚度也达到15m以上,而且厚度深大地段主要分布于路线附近。

(4)滑坡除沿基岩顶面滑动外,中部剪出也是滑坡体的主要破坏形式。

(5)滑坡规模大,分布面积达到近90 000$m^2$,体积达到1.35×$10^6$$m^3$,在提供抗滑力的路基附近剩余下滑力大。

(6)滑坡体下伏基岩为志留系下统龙马溪群灰褐色页岩,弱风化岩样饱和抗压强度只有2.70～4.31MPa,属极软岩,且基岩遇水易软化泥化。

#### 2.5.2 防治设计采取的主要措施

(1)块石土结构松散,且下临河道,滑坡中下部地下水位高,且中下部土体呈软塑状,在滑坡中下部设置支挡工程时,由于桩外侧土体只有在产生很大变形的条件下桩外侧土体才能提供较大剩余下滑力,处治设计重点考虑支挡工程变形对路基的影响。

(2)滑坡厚度大、规模大、下滑力基数大、地下水位高,在设计支挡工程时分析了剩余下滑力大小对桩径的控制性及桩长对支挡工程变形的影响,根据剩余下滑力特点确定主要支挡结果的位置。

(3)滑坡设计除按现有滑动面进行验算外,还对潜在滑动面稳定性进行了验算。

(4)重点验算下伏基岩强度低在支挡工程设计嵌固段长度时,抗滑桩嵌固段侧压力。

## 3 滑坡稳定性分析

### 3.1 计算方法

根据滑坡的滑动面呈近似折线形,故采用传统的传递系数法对滑坡的稳定性进行计算分析。

### 3.2 滑坡岩土物理力学参数建议取值

由于滑坡主要为崩坍坡积堆积层滑动,地质勘探所取样品代表性较差,试验强度指标不能完全反映滑坡实际情况,但根据滑坡分两级滑动,且具分时序滑动的特点,考虑后缘裂缝尚未完全贯通,基本上处于极限状态,具备反分析条件,故本次勘察主要依据室内试验资料结合剖面试算法综合取滑面抗剪强度参数,物性指标主要采用试验统计指标。考虑到滑坡范围大,根据实际情况,结合滑体特征、滑面形态、饱水情况差异、试验指标、变形强度差异等,根据各断面反演成果差异取值。

### 3.3 稳定性计算成果

根据模型组合以及工况组合关系,控制性钻探资料,对滑坡条典型断面进行稳定性分析计算,1-1′断面因无第二级滑动,仅计算了4种组合,其余主要断面均有10种组合计算。同时,为了确定对滑坡稳定性构成影响的因素,选取了2-2′,3-3′断面恢复到开挖前进行前级滑动道路区剪出、天然状态、暴雨状态的稳定性检算。滑坡防治工程布置平面图及计算剖面见图4,分析计算成果见表1。

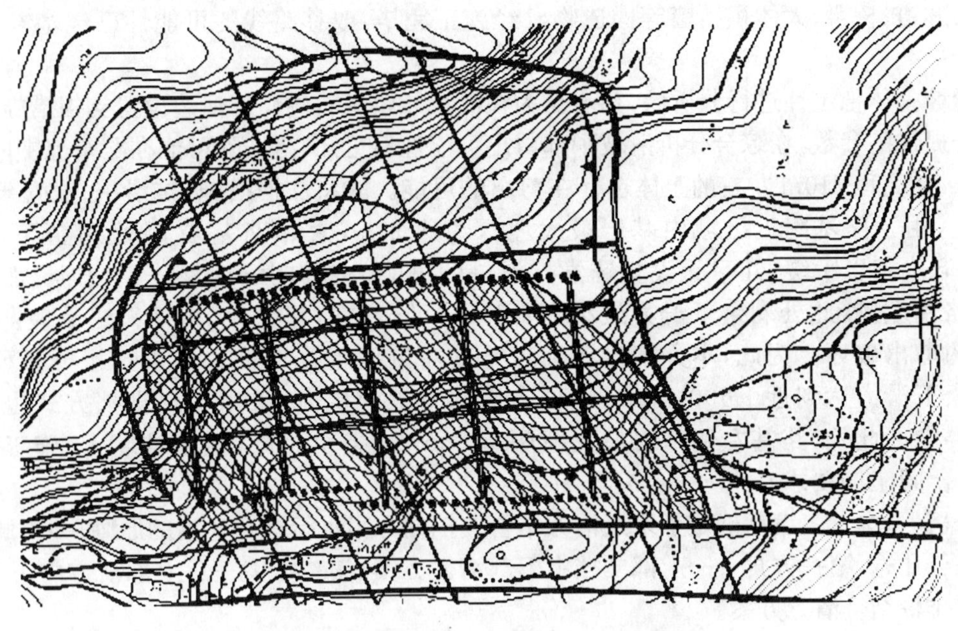

图 4 滑坡防治工程布置平面及计算剖面示意图

稳定性计算结果统计表 表 1

| 模型工况 \ 稳定系数 \ 剖面 | 1-1′ | 2-2′ | 3-3′ | 4-4′ | 5-5′ | 备注 |
|---|---|---|---|---|---|---|
| 前级滑动道路区剪出天然状态 | | 1.19<br>(1.96) | 1.12<br>(1.39) | 1.33 | 1.66 | 1-1′无第二级滑动。<br>括号内为恢复到开挖前地形的结果 |
| 前级滑动道路区剪出暴雨状态 | | 1.00<br>(1.62) | 0.97<br>(1.17) | 1.02 | 1.33 | |
| 前级滑动前部剪出天然状态 | 1.23 | 1.45<br>(1.65) | 1.33<br>(1.41) | 1.44 | 1.40 | |
| 前级滑动前部剪出暴雨状态 | 1.05 | 1.02<br>(1.16) | 1.04<br>(1.09) | 1.02 | 1.07 | |
| 后级滑动天然状态 | | 1.09 | 1.09 | 1.10 | 1.00 | |
| 后级滑动暴雨状态 | | 1.01 | 0.97 | 0.99 | 0.90 | |
| 前后级连通道路区剪出天然状态 | | 1.22 | 1.13 | 1.30 | 1.28 | |
| 前后级连通道路区剪出暴雨状态 | | 1.04 | 0.99 | 1.06 | 1.08 | |
| 前后级连通前部剪出天然状态 | | 1.44 | 1.45 | 1.37 | 1.29 | |
| 前后级连通前部剪出暴雨状态 | | 1.11 | 1.05 | 1.04 | 1.05 | |
| 长青子河边剪出验算天然状态 | 1.43 | | | | | |
| 长青子河边剪出验算暴雨状态 | 1.10 | | | | | |

## 4 滑坡段整治设计

### 4.1 滑坡段整治设计方案比选

根据本滑坡特点，对各种治理方案进行了可行性分析研究。首先对本滑坡整治方案是否存在全部清方、改线等进行了分析。其中完全清方方案由于清除滑坡体后后缘外必将形成新的滑坡体，故未采用。另外由于紧邻本路段的隧道、桥梁、大体积挡墙等构造物已经施工完毕，改移路线的可能性已经基本不存在，故未采用。

进一步对滑坡整体稳定性进行分析后，初步认为在滑坡段路基右侧靠近河边设置支挡措施具有可行性。但根据地勘报告提供的参数，在综合分析滑坡中部剪出可能性后可知，滑坡除可能在路基范围内及滑坡前缘基岩顶面剪出外，在高程 710m 左右的土体也存在剪出的可能。故将支挡措施(抗滑桩)设置于紧邻路基右侧作进一步研究，由于路基附近区域内基岩最大埋深约达 24m，紧邻路基右侧处剩余下滑力最小达 6 000kN/m，且下伏基岩平缓，几乎无设置锚索抗滑桩的可能。桩前由于紧邻长青子河，而且中部剪出治理宜设置于路基左侧，此处剩余下滑力最小为 4 700kN/m，基岩埋深大，短桩无法治理自滑坡后沿开始至路基范围的剪出破坏。为此，本方案设计又对路基左侧设置抗滑桩方案进行了分析研究，计算结果显示最大剩余下滑力达到近 1 600kN/m，即使考虑部分桩前抗力，采用常规支挡方式也无法满足滑坡整治稳定性要求。此外，路基左侧基岩最大埋深达 30m，地下水位高，施工难度大、施工安全难以保证，且无法满足合同工期要求。

经过上述分析后，本方案设计确定了采用清方结合支挡的方案进行综合整治的原则，并由此提出了以下三个方案进行综合比选：第一方案——上部支挡中下部清方方案；第二方案——上部清方中下部支挡方案；第三方案——双排桩结合清方方案。

在设计方提出设计方案后，业主组织专家对本滑坡的设计方案及施工图进行了 5 次评审，评审同意设计推荐方案。

### 4.2 滑坡整治主要工程措施

#### 4.2.1 地表及地下排水

(1)截：滑坡边界设置环形封闭截水沟以拦截和旁引滑坡范围外的地表和地下水，使之不进入滑坡区。

(2)排：在清方范围内每 15～20m 设置一道垂直于路线方向的排水渗沟，平行于路线方向设置两道排水渗沟，排水渗沟尺寸均为 100cm×100cm。泉眼处设置集水渗井，清方过程中在地下水丰富地段设置排水渗井与排水渗沟连接。

(3)堵：用隔水性较好的黏土材料填塞滑体上的裂缝，防止地表水渗入滑坡体内。

#### 4.2.2 上部锚索抗滑桩加固

首先于滑坡体后缘 ZK37＋205～ZK37＋345 距离测设线 118m 处设置锚索抗滑桩，抗滑桩口径为 2.5m×3.5m，桩长 25m，桩顶端设置 4 孔 $6\Phi_j$15.24mm 钢绞线预应力锚索，单孔锚索设计锚固力 600kN，锚索长为 25m，为压力分散型锚索，设计锚固长度为 10m，锚固段全部位于弱风化基岩内。锚索抗滑桩设计抗滑力为 2 600kN/m，桩身长轴走向为 58°0′0″，要求桩身嵌入弱风化基岩的长度不小于 11m。

#### 4.2.3 中下部清方及部分抗滑桩加固

待锚索抗滑桩施工完毕后，自距离路基测设线 118m 处由上至下，由中间向两侧清除部分滑坡体，清方完毕后于 ZK37＋200～ZK37＋250 段距离路基测设线外 22.1m 处设置 2.0m×2.5m 长为 20m 的暗埋式抗滑桩，桩间距 5m，本桩为嵌岩抗滑桩，设计抗滑力为 900kN/m。于 ZK37＋250～ZK37＋380 段路基边沟外侧设置 1.5m×2.0m 长为 11.5m 的暗埋式抗滑桩，本桩为非嵌岩桩，设计抗滑力为 500kN/m。设置于路基附近桩体主要作用是防止整体稳定的滑坡体发生局部原弧剪切破坏，威胁高速公路安全。

#### 4.2.4 路基左右线之间堆方反压

原设计中，分离式路基左右线之间土体按照 1∶3 坡比放坡倒圆角清方，由于本段路基拟作为 E1 标预制梁场，由于场地狭小清除了左右线之间土体，本次设计要求在左右线之间按照原设计横断面堆载废方。

#### 4.2.5 其他防护工程

在滑坡体前沿沿河地段设置护脚，护脚基础置于风化基岩上，护脚高 5m，以避免因为河流冲刷影响路基稳定性。其防治工程布设见图5。

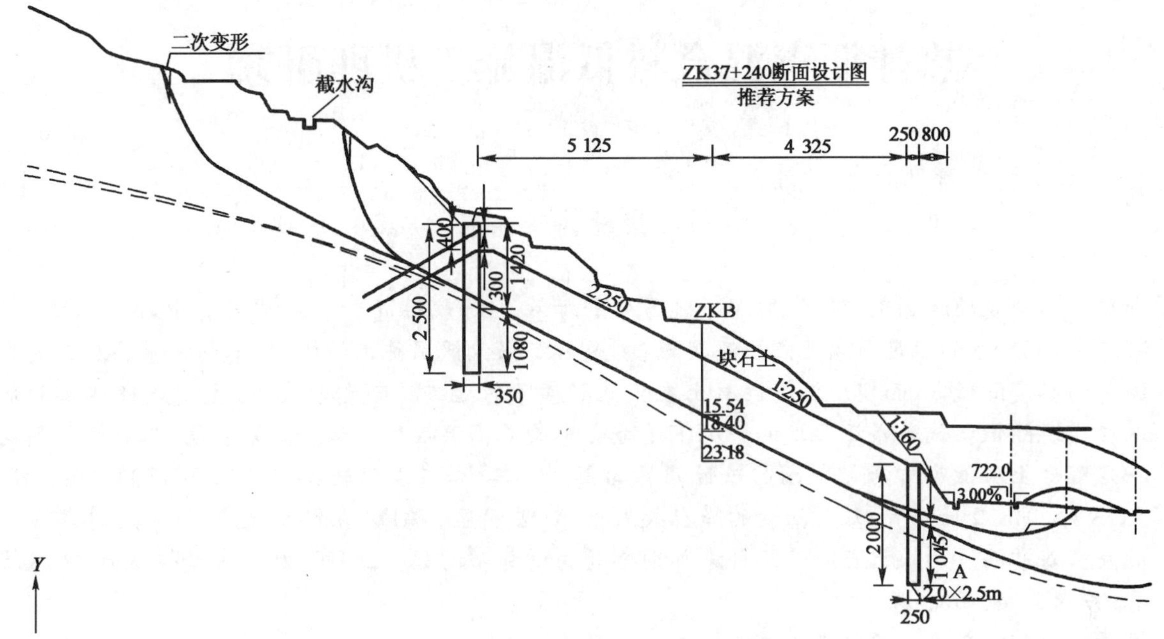


图5 防治工程剖面布置图(尺寸单位:mm)

## 5 结语

本滑坡规模较大,分布面积达到近90 000m²,体积达到1.35×10⁶m³,滑坡厚度大,整治难度大。现滑坡整治工程已施工完毕,监控量测结果表明滑坡未见进一步发生变形的迹象,滑坡趋于稳定。整治达到了保证安全的目的,经济效益、社会效益及环境效益明显。从该滑坡防治工程设计中得到一些体会。

(1)地勘是设计的基础,地勘成果决定了设计的方案及力度,同时设计目的又决定了地勘的工作方向和工作量。在勘察过程中设计应与地勘及时沟通协商,是加快地勘及设计工作的有效手段,本滑坡进行了两次补充勘察这与现场地质条件复杂有一定关系,设计与地勘虽进行了充分的沟通,但仍需进一步加强沟通。

(2)大中型滑坡由于分布范围广,各计算断面间滑动面空间形态、稳定性系数及剩余下滑力差别较大,如孤立各计算断面将造成设计方案杂乱无章,必须综合分析对各计算断面进行统筹设计,以保证设计方案的合理性。

(3)支挡位置的选择必须综合剩余下滑力、基岩(嵌固段)埋深、基岩(嵌固段)岩土体完整度、基岩(嵌固段)坡度、地下水情况等综合因素进行设计,不能只考虑其中个别因素进行设计。

(4)大中型滑坡在结构安全的前提下综合考虑环保与施工安全及经济等因素,如设计偏重环保则会尽量少清方从而造成整治经济性较差且支挡物施工安全性也差,如不考虑经济性则滑坡处治施工安全难以保证且不利于环保。故大中型滑坡一般需要采取综合整治方案进行整治。整治方案的设计首先必须考虑结构安全,然后还需重点考虑经济、环保、施工安全等多方面因素。保证结构安全是贯穿设计的第一原则,其他因素切不可盲目的只注重其中一项,应对滑坡整治多方面因素进行综合考虑。

## 参 考 文 献

[1] 中交第二公路勘察设计研究院.公路设计手册——路基[M].北京:人民交通出版社.

[2] 中华人民共和国行业标准.JTG D30—2004 公路路基设计规范[S].北京:人民交通出版社.

[3] 中华人民共和国行业标准.DZT 0219—2006 滑坡防治工程设计与施工技术规范[S].北京:中国标准出版社.

# 热拌沥青混合料低温施工机理研究

彭建康[1]　董瑞琨[2]　游　宏[3]

(1.北京工业大学建工学院　北京　100022;2.重庆大学土木工程学院　重庆　400045;
3.四川省交通厅交通勘察设计研究院　成都　610017)

**摘　要**:选用不同含量的添加剂ADZ、ADW、ADS分别加入SBS改性沥青和基质沥青中,测试其在110℃、120℃、135℃下的黏度和软化点。测定黏度,是为了探索低温施工的机理:不同含量添加剂的加入使沥青的黏度降低,从而实现沥青混凝土在较低温度下的施工。测定软化点,主要是评估添加剂的加入在实现降低摊铺或碾压温度的情况下是否会影响其高温性能。试验结果表明:三种添加剂均能在一定程度上降低基质沥青和SBS改性沥青的黏度。其中,在温度较低(120℃和110℃)时,ADW和ADS对SBS改性沥青、基质沥青的降黏效果较ADZ明显。ADZ在较高温度(135℃)时表现出降黏效果。基质沥青的软化点随着三种添加剂掺量的增加而增加。三种添加剂含量较低时,SBS改性沥青的软化点反而减小。

**关键词**:沥青　热拌　黏度　软化点　高温性能

## 1　引言

在隧道、低温、(超)薄层罩面等特殊场合使用常规的热拌沥青混凝土往往存在一定的局限。如隧道内使用常规热拌沥青混凝土在摊铺和碾压过程中会释放出大量的热和有毒烟气,严重危及操作人员的身体健康。低温或超薄层情况下热拌沥青混凝土在摊铺过程中急剧降温,不利于混凝土的压实,因路面压实不足而引起路面早期破坏的现象时有发生[1~4]。

目前,实现热拌沥青混凝土在较低温度下施工的技术手段大都是通过在沥青或沥青混凝土中添加某种(些)添加剂,从而实现在低于热拌沥青混合料的拌和温度、摊铺温度或者碾压温度下进行生产[5~9]。研究表明,较低温度可以减轻沥青混凝土生产过程中的老化,老化程度越轻对保证沥青混凝土路面的长期路用性能有着重要意义[10~12]。但是添加剂种类繁多,添加剂的加入实现低温施工的机理到目前为止还没有明确的解释。

## 2　研究方法

为了研究添加剂的加入实现热拌沥青混合料较低温度范围内施工的机理,本文分别对比不同掺量有机添加剂的普通基质沥青和SBS改性沥青在相同温度的黏度。同时,测定不同掺量有机添加剂的普通基质沥青和SBS改性沥青的软化点,以考察在实现低温施工的同时,是否会影响沥青路面的高温性能。

试验中采用的材料为重交基质沥青:壳牌70号;埃索SBS改性沥青。添加剂:ADS,南非生产;ADZ,德国生产;ADW,南非生产;三种均属于有机添加剂系列产品。

不同掺量有机添加剂的普通基质沥青的制备:准备150℃的基质沥青13份,每份不宜少于300g。然后分别向其中的12份基质沥青中加入含量占基质沥青质量1.5%、2.0%、2.5%、3.0%的添加剂ADZ、ADW、ADS,加以搅拌(不少于15min)使上述添加剂均匀分散在热融的沥青中。制得3种不同添加剂的12个试样,以及含量为0%的对比试样。

不同掺量有机添加剂的SBS改性沥青的制备:准备165℃的SBS改性沥青13份,每份不宜少于300g。然后分别向其中的12份SBS改性沥青中加入含量占SBS改性沥青质量1.0%、1.5%、2.0%、3.0%的添加剂ADZ、ADW、ADS,加以搅拌(不少于20min)使上述添加剂均匀分散在热融的沥青中。制得3种不同添加剂的 12 个试样，以及含量为 0%的对比试样。

黏度采用布什旋转黏度计测定每个试样在 110℃、120℃、135℃的黏度。软化点采用环球法测定每个试样的软化点。黏度测试结果见图 1、图 2，软化点测试结果见图 3、图 4。

## 3　热拌沥青混合料低温施工机理

### 3.1　不同掺量、不同类型添加剂+SBS 改性沥青的黏度分析

由图 1 可以看出，在 110℃、120℃、135℃三种温度下，SBS 改性沥青的黏度随着 ADW 含量的增加而降低。其中，以 3%的 ADW 降黏效果更明显。

在 110℃、120℃、135℃三种温度下，SBS 改性沥青的黏度随着 ADS 含量的增加（1.0%→1.5%）而降低。当 ADS 含量超过 1.5%时，其降黏效果变化不大。在 110℃时，SBS 改性沥青的黏度随着 ADS 含量由 1.5%→2.0%→3.0%时，黏度有少量增加。这说明，仅从 SBS 改性沥青降黏角度来说，掺量为 1.5%的 ADS 较为经济。

当 ADZ 掺量较低（1%）时，SBS 改性沥青的黏度均较纯 SBS 改性沥青低。在较低温度（110℃、120℃）时，其降幅尤为明显。在较高温度时，SBS 改性沥青的黏度随着 ADZ 含量的增加而降低。而在较低温度（110℃、120℃）时，改性沥青的黏度随着 ADZ 含量的增加先增加后减小，在 110℃时尤为明显。110℃时掺量为 2%的 ADZ 的 SBS 改性沥青黏度远超过原纯 SBS 改性沥青。根据试验可以初步得出，当 ADZ 添加在 SBS 改性沥青中应用在低于 110℃的情况下效果相对较差。

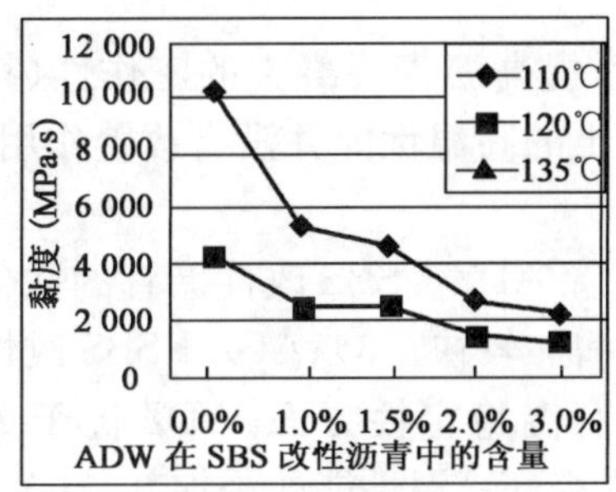


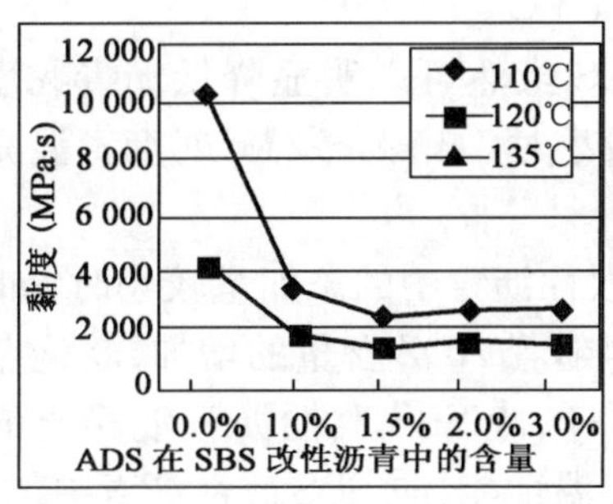


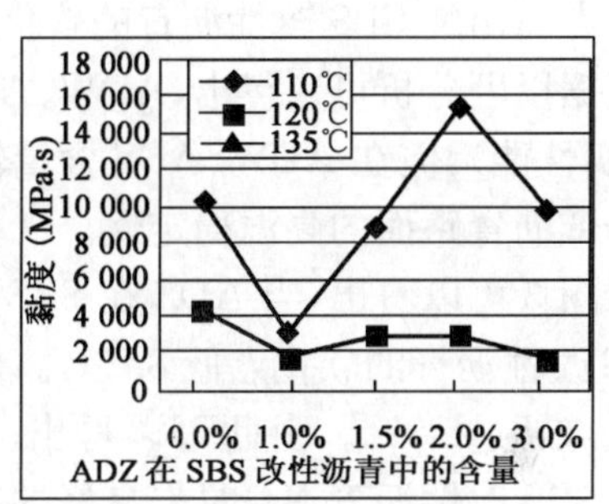


图 1　不同含量添加剂的 SBS 改性沥青在不同温度下的黏度

由图 1 的黏度变化曲线来看，在 3 种温度下，SBS 改性沥青随着 ADW 掺量的增加黏度降低，似乎 ADW 对 SBS 改性沥青的降黏效果最好。但是 ADS 掺量为 1%和 1.5%的 SBS 改性沥青的黏度均比 ADW 掺量为 1%和 1.5%的 SBS 改性沥青的黏度低，说明在较低掺量情况下 ADS 的降黏效果低于 ADW 的降黏效果。

### 3.2　不同含量、不同类型添加剂+基质沥青的黏度分析

由图 2 可以看出，在 110℃、120℃、135℃三种温度下，基质沥青的黏度随着添加剂 ADW、ADS 含量的增加而降低。温度越低，降幅越明显。

而在较高温度（135℃）时，基质沥青的黏度与三种添加剂含量（1.5%、2.0%、2.5%、3.0%）的变化关系不大，且三种添加剂在较高温度（135℃）时对基质沥青降黏效果不如对 SBS 改性沥青的降黏效果好。

在较高温度（110℃、120℃）时，基质沥青的黏度随着 ADZ 含量的增加出现波动，在较低温度（110℃）时更为显著。120℃时，ADZ 对基质沥青的降黏效果并不明显。在 135℃时，ADZ 的加入反而增加了基质沥青的黏度。结合图 1 说明，ADZ 除了在高于 120℃时对 SBS 改性沥青有一定的降黏效果外，对于较低温度（110℃）的 SBS 改性沥青和各种温度的基质沥青，ADZ 基本无降黏效果。

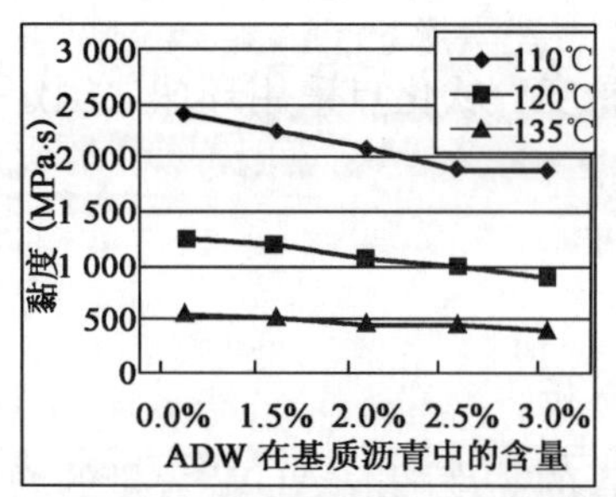


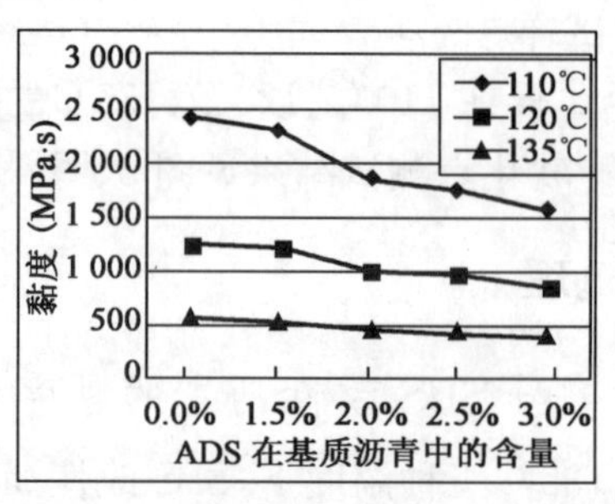


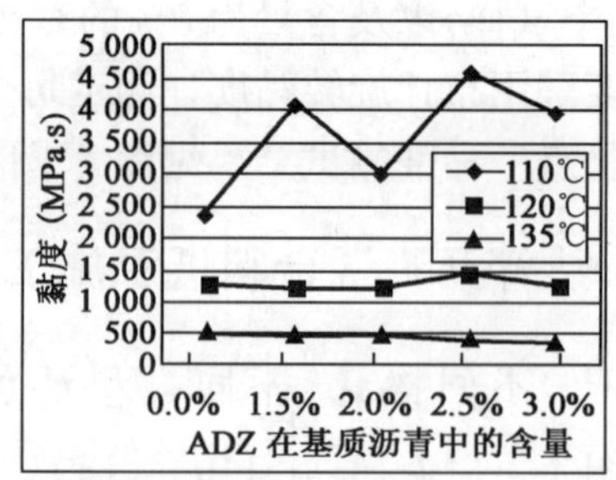


图 2 不同含量添加剂的基质沥青在不同温度下的黏度

## 4 软化点测试结果与分析

研究表明,添加剂的加入会起到沥青某种性能的改善[13~15]或复合改善效应[16~18]。但是,(改性)沥青的成分复杂,添加剂的种类繁多,低温施工类添加剂的加入是否会对热拌沥青性能造成不利影响,还需进一步研究。

### 4.1 不同含量、不同类型添加剂+SBS改性沥青的软化点分析

由图3可以看出,当分别将较低含量(1.0%~2.0%)的ADW、ADS加入SBS改性沥青中时,所制得的SBS改性沥青的软化点均比纯SBS改性沥青的软化点低。较高含量的ADW,如3%ADW+SBS改性沥青的软化点有较大的提高,略小于纯SBS改性沥青的软化点。较高含量的ADS,如3%ADS+SBS改性沥青的软化点高出纯SBS改性沥青的软化点4℃。

根据以上分析可以得出,ADW、ADS虽然可以明显降低沥青黏度,提高沥青混凝土的工作性(拌和性能、压实性能),但在ADW、ADS含量较小时(如1%~2%)对沥青混凝土的高温性能并没有改善作用,相反可能降低沥青路面的高温稳定性。

由图3可以看出,当ADZ在SBS改性沥青中的添加量较小时,如1%ADZ+SBS改性沥青的软化点比纯SBS改性沥青的软化点低3.7℃。但随着ADZ含量的增加,软化点增加较快。3%ADZ+SBS改性沥青的软化点超过88℃。由此可以得出,在保持SBS改性沥青混凝土的高温稳定性方面,ADZ优于ADW、ADS。SBS改性沥青本身具有良好的高温性能,向SBS改性沥青中加入提高高温性能的添加剂ADW、ADS或ADZ并不一定能起到复合的改性性能或维持材料原有的性能,这与以前的研究结论有所不同[16~18]。

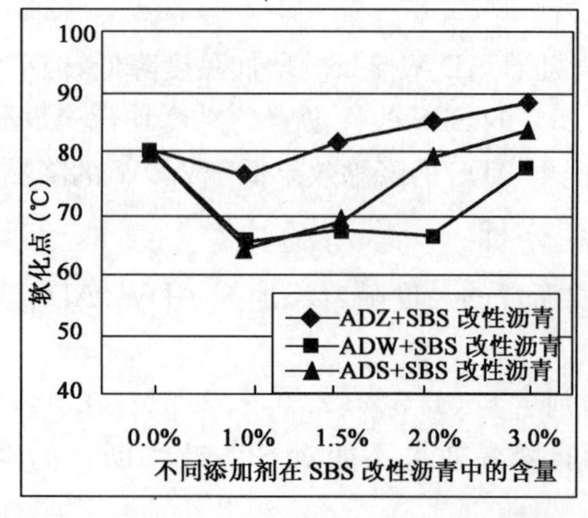


图 3 不同含量添加剂的 SBS 改性沥青的软化点

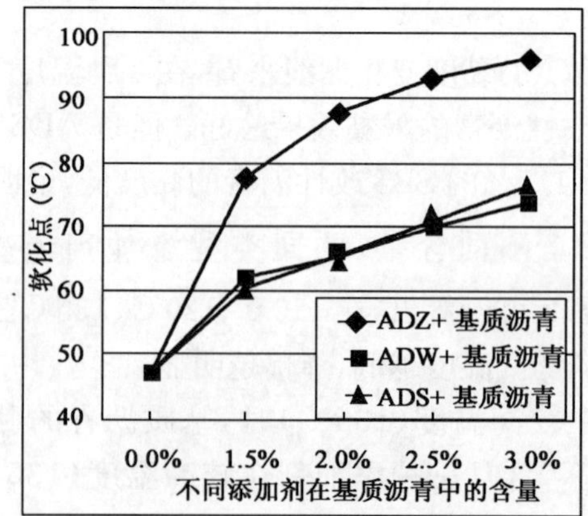


图 4 不同含量添加剂的基质沥青的软化点

### 4.2 不同含量、不同类型添加剂+基质沥青的软化点分析

由图4可以看出,基质沥青的软化点均随着三种添加剂ADS、ADW、ADZ含量的增加而增加。较高含量(3%)的ADS、ADW的基质沥青的软化点有较大的提高,高出基质沥青的软化点近20℃,与一般SBS改性沥青的软化点相当。ADZ对基质沥青软化点的增加幅度最为明显,其增加幅度超过相应的SBS改性沥

青。这说明,不同含量的 ADS、ADW、ADZ 均有利于基质沥青的高温性能,这与以前的研究结果类似[13~15]。

## 5 主要结论

(1)ADS、ADW 和 ADZ 实现热拌沥青混凝土在较低温度下施工的机理是上述添加剂能降低沥青结合料在一定温度范围内(拌和温度、摊铺温度或碾压温度范围)的黏度,从而实现在低于热拌沥青混合料的拌和温度、摊铺温度或者碾压温度下进行拌和、摊铺或碾压,这在一定程度上解决了较低温度下沥青混凝土路面碾压不实的工程问题。

(2)ADS、ADW 不仅可以明显降低基质沥青结合料的黏度,还可以明显提高基质沥青的软化点,改善普通沥青混凝土的高温性能。在实现沥青混凝土路面低温施工的情况下,沥青路面的高温性能也得到改善。但较低含量的 ADS、ADW 和 ADZ 在降低 SBS 改性沥青黏度的同时,使 SBS 改性沥青的软化点也降低。至于较低掺量的三种添加剂是否影响 SBS 改性沥青混凝土路面的高温性能,还需进一步验证。

## 参考文献


[1] 沙庆林.高速公路沥青路面早期破坏现象及预防[M].北京:人民交通出版社.2001.

[2] 张宏超,孙立军. 沥青路面新泛油病害及其机理分析[J].公路交通科技,2002, 19( 6):32-34.

[3] 张宏超, 孙立军. 沥青路面早期损坏的现象与试验分析[J]. 同济大学学报(自然科学版),2006,34(3):331-334.

[4] 杨若冲,梁锡三,赖用满. 沥青路面水损害典型原因与对策[J].同济大学学报(自然科学版) 2008,36(6):749-753.

[5] G. C. HURLEY, B. D. PROWELL, G. REINKE. Evaluation of potential processes for use in warm mix asphalt[J]. Asphalt Paving Technology, 2006 (2006) :41-90.

[6] W. JONES, Warm mix asphalt pavements: Technology of the future[J]. Asphalt, 2004, 19(3) :8-11.

[7] R. ZETTLER. Road manager: Warm mix stands up to its trials[J]. Better Roads, 2006, 76(2): 16-21.

[8] GARDINER S. Hot mix asphalt smoke and emission potential[R]. Washington DC: Transportation Research Board, 2002.

[9] 李祝龙,丁小军,赵述曾,等.沥青混合料应用中的环境保护[J].交通运输工程学报,2004,4(4):1-4.

[10] 董瑞琨,孙立军. 基于长期自然老化的沥青结合料低温抗裂性指标[J]. 高分子材料科学与工程, 2006, 22(2): 111-114.

[11] 董瑞琨,孙立军.考虑老化的沥青结合料低温感温性指标[J].中国公路学报,2006, 19(4): 34-39.

[12] SAID S F. Aging effect on mechanical characteristics of bituminous mixtures[J]. Transportation Research Record, 2005( 1901):1.

[13] 张锐, 黄晓明. 添加 Sasobit 的沥青与沥青混合料性能分析[J]. 交通运输工程学报 , 2007,(04): 54-57.

[14] 董瑞琨,游宏,孙立军. 一种用于碎石封层的改性乳化沥青及其性能[J].材料研究学报,2007,21(3): 291-294.

[15] HURLEY G, PROWELL B. Evaluation of Sasobit for use in warm mix asphalt[R]. Auburn: Auburn University, 2005.

# 浅析武合高速公路路面质量控制

高 建

(重庆高速公路集团有限公司北方建设分公司 重庆 401147)

**摘 要**:本文主要介绍质量控制原理在武合高速公路路面项目管理中的应用,并指出项目业主在提高武合路路面质量方面采取的措施。

**关键词**:路面 施工 质量控制 武合路

## 1 引言

建设工程质量控制是指在明确的质量目标条件下,通过行动方案和资源配置的计划、实施、检查和监督来实现预期目标的过程。在工程建设中,建设者应该充分认识到质量控制的重要性,做好质量控制工作,使建设产品符合质量要求和需要。质量控制的目标是要贯彻执行建设工程质量法规和强制性规范,正确配置生产要素并采用科学管理方法,实现工程项目预期的使用功能和质量标准,这是建设工程参与各方共同的责任。现结合武合高速公路的路面施工浅谈质量控制原理在实际中的应用。

## 2 质量控制的基本原理

质量控制包括事前控制、事中控制、事后控制,这三个阶段构成质量控制的系统过程。事前控制就是要加强主动控制,要求预先针对如何实现质量目标进行周密合理的质量计划安排。其包括质量目标的计划预控和质量活动的准备阶段控制。事中控制是针对工程质量形成过程中的控制。其包括自控和他人监控两大环节,自控主要是质量产生过程中的自我约束行为,他人监控主要来自内部管理者的质量监控和外部力量的监控,当然加强自我监控是至关重要的。事后控制是指对质量活动结果的评价认定和对偏差的纠正。这三大过程控制是一个有机的系统过程,不是孤立和截然分开的。

## 3 武合路路面工程概况

武胜(川渝界)至合川高速公路(以下简称武合路)是国道212线重庆境内的一段,起于川渝交界处的四川武胜县街子镇清水铺,与拟建国道212线南充至武胜(川渝界)高速公路相接,由南向北,止于已建成通车的重庆至合川高速公路上什字互通立交,路线全长33.755 444km(以右线里程计算)。路面结构层主要结构为:

(1)主线路面:30cm二灰底基层+20cm二灰基层+稀浆封层+6cm沥青混凝土AC-25Ⅰ+6cm沥青混凝土AC-20Ⅰ+4cm SBS改性沥青玛蹄脂碎石SMA-13;

(2)匝道路面:30cm二灰底基层+20cm二灰基层+稀浆封层+6cm沥青混凝土AC-25Ⅰ+6cm沥青混凝土AC-20Ⅰ+4cm SBS改性沥青玛蹄脂碎石SMA-13;

(3)桥面:桥面铺装专用防水涂料+6cm沥青混凝土AC-20Ⅰ+4cm SBS改性沥青玛蹄脂碎石SMA-13;

(4)隧道路面:防水黏结层+6cm改性沥青混凝土AC-20Ⅰ+4cm SBS改性沥青玛蹄脂碎石SMA-13;

(5)收费广场:20cm二灰底基层+20cm二灰基层+26cm水泥混凝土板。

## 4 质量控制原理在武合路的应用

武合路路面施工的质量控制目标就是在保证2005年年底通车的前提下,不仅确保路面施工质量满足国家有关工程质量法规和标准的要求，而且确保武合路路面施工质量在重庆高速公路路面建设史上有彻底改观，全面提升重庆高速公路的形象。

为了达到这个质量控制目标，作为项目建设业主的重庆高速公路发展有限公司北方建设分公司（以下简称北方公司）从开始路面工程施工以来，就特别注重质量控制在项目管理中的作用，按照三阶段控制原理，从事前控制、事中控制、事后控制三方面对武合路路面工程质量进行了有效控制。

### 4.1 设计阶段控制

在路面设计阶段，北方公司按照事前控制原则，加强了主动控制，预先对路面质量控制提出了高要求。首先考虑到随着交通量的增长，重载超载车辆的比例不断增加，交通对路面的要求越来越高。纵观重庆已建成通车的高速公路，大量的沥青路面通车不到 3 年就出现了大面积的车辙、拥包、破损和坑槽等路面病害，远远不能达到沥青路面 15 年的使用寿命。为了有效提高沥青路面的路用性能，项目业主北方公司大胆提出在武合路全线的路面表面层结构中采用抗车辙性能和抗滑性能较好的沥青玛蹄脂碎石混合料结构层（简称 SMA），并要求采用质地坚硬的玄武岩作为 SMA 粗集料。这一大胆举措使武合高速公路的路面结构层一跃成为重庆市路面等级最高的一条高速公路，这也为武合路从根本上扭转重庆高速路路面质量差的现状创造了条件。同时，在路面结构层中增设了 15cm 石灰碎石土垫层，并将路面面层厚度增至 16cm，使路面总厚度达到 81cm，增强了高速公路路面的耐久性。

### 4.2 招标阶段控制

在招投标过程中，通过合同谈判将安全生产合同和廉政合同同时写进了路面合同文件，同时要求施工单位保证武合路路面工程质量按照交通运输部有关验收办法验收的优良率达到 100%，工程质量评定得分需大于 90 分。在路面开始施工前，为了加强武合路路面工程的规范化施工，确保武合路路面工程成为优质工程，北方公司还制定了《武合路路面工程规范化管理措施》、《武合路路面工程质量安全处理违约实施细则》和《武合路路面防污染违约处罚实施细则》等文件，从制度条款上规范路面施工，在质量控制过程中起到了有效的事前预控作用。

### 4.3 施工阶段控制

在施工过程中，项目业主北方公司加强了事中控制，对路面工程实行了施工质量动态管理。由于武合路路面施工恰好处于《公路沥青路面施工技术规范》(JTG F40—2004)的推行过程中，出现了设计与新规范部分要求不一致的情况。北方公司在路面设计的技术交底会上明确提出对路面的施工管理将高标准、严要求，即设计文件部分指标高于规范的执行设计文件，设计文件中低于规范要求的应按照规范执行。不仅如此，为了从根本上达到武合路路面质量控制目标，保证以后的路面工程质量，北方公司还提出了"超规范"的要求，在部分沥青路面的指标上提出了高于规范的要求。

(1)为了降低沥青混合料中的粉料含量和加强含泥量控制，要求沥青路面细集料中小于 0.075mm 含量必须控制在"5%"以内，远高于规范所要求的"10%"（表 1）。

(2)规范要求玄武岩作粗集料的表面层结构中，可以采用 0～5mm 的玄武岩石屑作细集料使用，但不允许其中含有较多的 0.075mm 以下的玄武岩石屑。为了防止泥土混入玄武岩石屑，保证 SMA 上面层原材料的洁净并严格执行规范要求，北方公司综合研究后决定所用的 0～5mm 玄武岩石屑停止使用，必须采用洁净的石灰岩石屑或机制砂来用作 SMA 表面层的细集料，现场轧制的玄武岩石屑由施工单位自己考虑另作他用。

(3)为了解决重庆市高速公路沥青路面容易出现车辙的问题，对沥青混凝土配合比设计的车辙试验动稳定度作出了高于规范和设计的要求。即对于设计中未做具体要求的下面层提出动稳定度值不小于 1 000 次/mm 的要求，中面层指标由不小于 1 000 次/mm 提高至不小于 1 500 次/mm，上面层指标由不小于 3 000 次/mm 提高至不小于 3 500 次/mm。

(4)严格控制沥青混合料级配曲线波动范围，将规范允许的级配曲线波动范围由"±10"%缩小至"±3%"以内，同时严格将油石比波动范控制在"±0.1%"范围内，高于规范允许的"±0.3%"（图 1）。

**集料含泥量试验数据表**　　表1

| 项目名称 | 武合高速路面工程 | 合同段 | LM2 | 施工单位 | 贵州路桥总公司武合项目部 | |
|---|---|---|---|---|---|---|
| 取样地点 | 余家沟热拌场料堆 | 试验单位 | 重庆交通工程监理咨询有限责任公司 | | | |
| 使用范围 | 沥青混凝土路面 | 试验规程编号 | JTG E42—2005 | 试样种类 | 石灰石 | |
| 试样粒径 | 0～5mm | 取样日期 | 2005-10-25 | 试验日期 | 2010-10-25 | |
| | | | | | | |
| 样品规格(mm) | 试样编号 | 试验前的烘干试样质量(g) | 试验前的烘干试样质量(g) | 含泥量(%) | 平均值(%) | 技术指标 |
| 0～5mm | 1 | 1 108.7 | 1 096.3 | 1.1 | 1.1 | ≤3% |
| | 2 | 814.3 | 805.3 | 1.1 | | |

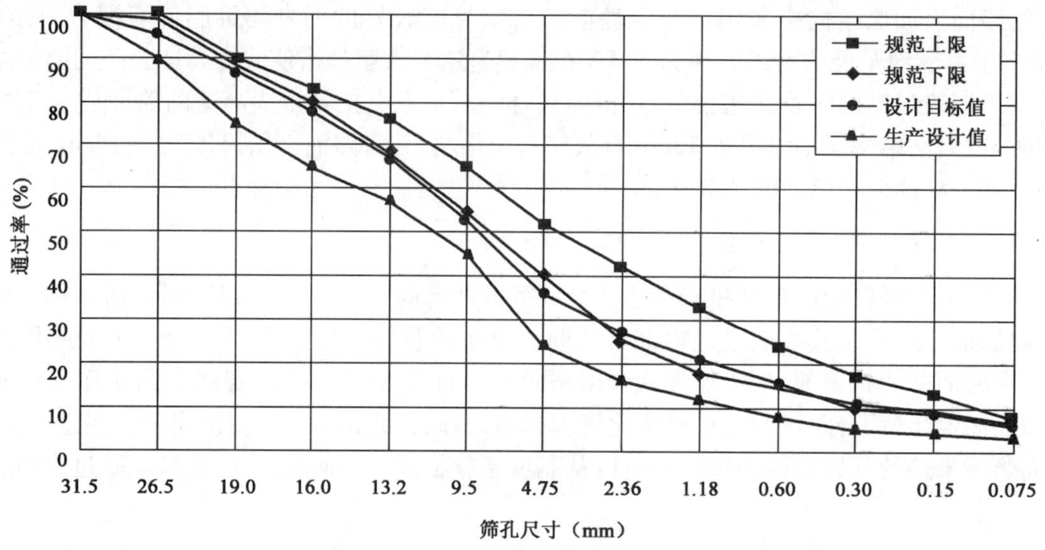


图1　武合路LM2段热料筛分级配曲线图

同时,北方公司组织各方人员学习重庆市及周边地区高速公路建设过程中使用的先进工艺,吸取有关质量病害带来的教训。相关人员在万开路工地学习了塑模施工工艺,并将塑模工艺广泛应用于武合路路缘石生产过程中,保证了路缘石的外观质量;在达渝路参观考察了其所存在的路面病害,分析了产生成因,以便在武合路的施工中吸取教训,加以避免(图2);结合渝邻路等多条高速路路面病害的教训,严格控制层间污染,加强了路面防污染和清洗的力度,确保了路面各层间的干净与整洁(图3)。另外,结合合川当地丰富的卵石资源,将原设计的土路肩填土绿化变更为塑模路缘石与卵石填充路肩的有机结合,使武合路的路肩带形成一条亮丽的风景线。

图2　北方公司组织武合路参建各方考察达渝路

图3　路面冲洗清扫

武合路在路面建设过程中率先采用了多种新工艺和新技术，在重庆的高速公路建设史上创造了多个第一。全线路面上面层采用沥青玛蹄脂碎石混合料结构层(SMA)结构形式是重庆第一条全线采用SMA结构形式的高速路；全线路缘石也是率先采用塑模施工工艺；沥青混合料转运机的使用在重庆高速路建设史上首开先河(图4)；真空无尘喷砂机处理水泥混凝土表面也是首次在高速路上使用(图5)。总之，众多新工艺、新技术的应用体现了项目业主北方公司在项目管理中的大胆创新与探索精神，也预示着武合路的路面工程将是重庆高速公路路面建设的一个新起点。

图4 沥青混合料转运机在武合路的应用

图5 真空无尘喷砂机处理桥面

路面施工完成后的各项技术指标的检测和评定则体现出三阶段控制原理中的事后控制，通过事后控制检查来发现前一阶段施工中存在的问题，并反馈到下一步的施工过程中，对后续工作起指导作用，并通过后续工作进行弥补。白果渡嘉陵江大桥的左幅桥面中面层施工时由于没有严格挂线、摊铺等原因，施工完成后发现平整度较差。北方公司会同现场监理和施工单位技术人员一起仔细复核全桥的高程数据，分析了各种原因，决定在下一步的上面层施工中放弃非接触式平衡梁摊铺、严格挂线、重新调整全桥的线形高程，尽最大努力从技术上弥补上一结构层施工中产生的缺陷。按此要求进行上面层施工后基本解决了平整度的问题，使白果渡嘉陵江大桥的左幅桥面平整度满足了规范的要求。

## 5 建议

武合路的路面工程虽然取得了一些成绩，但也存在不足。现根据项目业主北方公司在实际项目管理中发现的问题提出如下建议，以利于其他项目业主的管理工作。

(1)针对承包人在拌和场场地建设上存在的不足，建议在以后的项目管理中，应该在路面施工前，通过类似进场便道的零星合同模式，先期委托单独的施工单位严格按照合同要求进行拌和场建设，路面单位进场后直接做设备安装。这样可以解决路面承包人因不平衡报价导致场地建设资金不足而引起的拌和场建设标准不能满足合同要求的问题。

(2)武合路路面集料均要求现场轧制，但现场轧制存在现场粉尘含量大、污染问题不好解决、实际地形无法保证集料的水洗设备安装等问题，而让施工单位自己购买成品碎石料又存在料源不好控制、“百家料”等情况。由于路面施工原材料需求量大，建议在以后的路面施工中，原材料实行全国招标，从而可有效控制原材料质量。

(3)建议在沥青路面施工前完成全线的绿化、隔离栅封闭等工作，彻底做到沥青路面的封闭施工，防止层间污染。

总的来说，我们应树立“百年大计，质量第一”的思想，特别是作为一条高速公路的项目建设业主，更应在项目管理中加强质量控制，把质量控制的事前、事中、事后三阶段有机结合，从全盘考虑，保证质量控制目标的实现，确保建成的高速路是一条优质满意的高速公路。

## 参考文献

[1] 丁士昭.建设工程项目管理[M].北京:中国建筑工业出版社,2000.
[2] 龚维丽.工程造价的确定和控制[M].北京:中国计划出版社,2000.
[3] 中华人民共和国行业标准.JTG F40—2004 公路沥青路面施工技术规范[S].北京:人民交通出版社,2004.

# 水泥混凝土路面脱空的 FWD 检测评定方法

吴清高

(重庆高速公路集团有限公司项目建设管理中心　重庆　401121)

**摘　要:** 针对于目前水泥混凝土路面板底脱空评定存在的问题和难点,本文总结、对比、分析了基于FWD各种检测方法的原理和特点。结果表明,落锤式弯沉仪理论上还不太成熟,目前只能粗略判断,但是相对效果比较好,尚需建立合理的评价标准。

**关键词:** 水泥混凝土路面　脱空　FWD　检测方法

## 1　引言

水泥混凝土路面在使用过程中,在车辆荷载的重复作用下,易出现基层与面层板脱空的现象。地面水沿接缝下渗积聚在脱空的空隙内,在车轮荷载作用下形成有压力动水,与基层内浸湿的细集料混合搅成泥浆,在车辆经过时沿接缝缝隙喷溅出来,形成唧泥。另外,由于受温度和湿度的影响,水泥混凝土板产生翘曲,致使板在局部范围内不再与基层保持连续接触,或因土基压实不均匀,路面板下局部将出现脱空。

目前常用的检测水泥混凝土结构内部缺陷的方法很多,但是真正应用于工程上检测水泥混凝土路面的脱空方法还很少。现在通常采用人工判断或贝克曼梁来进行弯沉测试,进而判断脱空。贝克曼梁在应用中的问题包括测试步骤繁琐、速度慢、精度低。而 FWD 测试时定位快、移动方便、多点测试、测试精度高、干扰荷载小,适合于长距离、工期紧的情况,并且使研究更可靠的脱空评定方法成为可能。

本文分析研究了几种 FWD 检测板底脱空的方法,目的是希望最终探寻准确、速度快、实用且可操作性强的检测方法。

## 2　截距法

《公路水泥混凝土路面设计规范》(JTG D40—2002)推荐,板底脱空可根据面层板角隅处的多级荷载弯沉测试结果,并综合考虑唧泥和错台发展程度以及接缝传荷能力进行判断。截距法理论基础是:理论计算和现场测试均表明,当水泥混凝土板角未脱空时,路面板荷载—弯沉回归推算的 0 荷载板角弯沉应当为 0 或接近于 0。它利用 FWD 对水泥混凝土路面施加分级荷载,一般分级荷载定为 3 级。然后利用每一级位下的荷载与相应的弯沉画出荷载—弯沉图,如图 1(某水泥路实测数据回归线)所示。利用回归分析做出荷载—弯

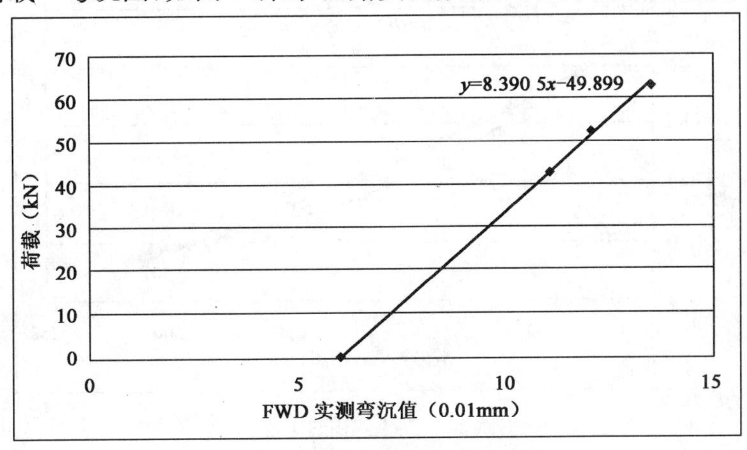


图 1　截距法判定脱空原理图

沉的线性回归曲线,通过回归曲线的截距来判断脱空情况。1993 年 AASHTO 设计体系也提出了一种基于 FWD 检测技术判定板底脱空的理论分析方法,板角弯沉采用 3 种典型荷载,即 27kN、40kN、67kN,在每个接缝处建立荷载—弯沉曲线。如果这个荷载—弯沉曲线的延长线通过坐标原点或距离坐标原点小于 0.05mm,就判断没有脱空。

截距法是一种行之有效的定性脱空判定手段,如清连一级公路路面大修工程中就用 FWD 截距法对试验段内板底脱空进行了检测。结果表明,FWD 方法检测结果的准确率约为 78.5%。

然而截距法用于脱空检测依然有其不足之处:

(1)FWD 截距法检测只能逐个板角进行检测,检测速度较慢,不能达到 FWD 快速检测的目的;

(2)FWD 截距法检测是一种定性判别是否脱空的有效手段,但不易对具体脱空范围进行确定;

(3)FWD 截距法同样未考虑接缝处传力杆对弯沉的影响,在接缝传荷良好的情况下,将不会出现截距的情况。

## 3 弯沉盆变异法

混凝土路面板的路表弯沉盆是路面结构刚度参数的体现,而地基脱空对路表弯沉盆的影响是明显的。均匀支撑的混凝土路面板在荷载作用下的弯沉随离荷载作用点距离的增大而减小,如果离荷载作用点较远位置的弯沉值比较近位置的弯沉值大,则说明可能存在脱空现象。此判定方法能否有效地评定板底脱空状态,最关键的问题是能否选择一个符合实际路面状态的弯沉盆拟合曲线。

弯沉盆曲线大致是一个凹曲线,随着距离的增加,弯沉值逐渐减小。国内外多名学者就选择何种曲线模型对弯沉盆进行拟合有较大的分歧,也对多种数学模型进行了分析比较。其中典型拟合较好的曲线数学模型见表 1。

典型拟合较好的曲线数学模型 表 1

| 曲线种类 | 数学表达式 |
|---|---|
| 指数曲线 | $y=ae^{bx}$ |
| 抛物线 | $y=a_1+a_2x+a_3x^2$ |
| 三次曲线 | $y=a_1+a_2x+a_3x^2+a_4x^3$ |

选取已确定存在板底脱空的水泥混凝土板 FWD 板中实际测试数据,分别就 3 种不同模型进行模拟,以便于选用最佳的模型来判定板底脱空。

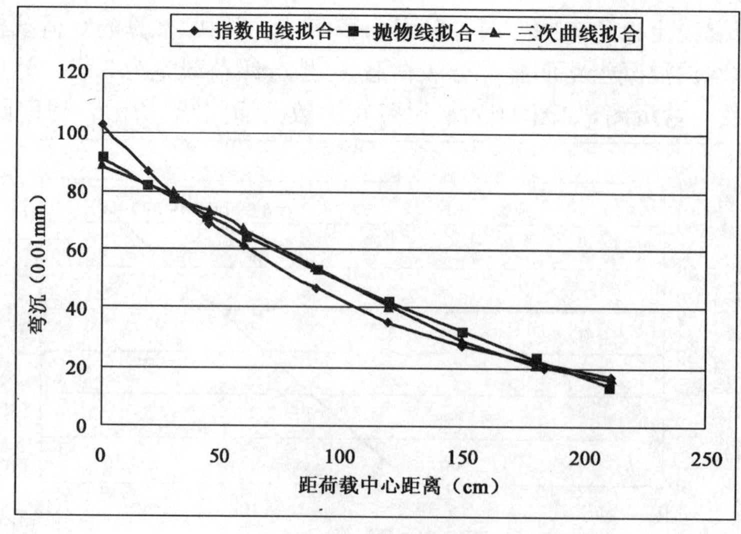


图 2 三种曲线回归比较

由图 2 可知,三种模型指数曲线拟合,指数曲线回归能够较好反映出弯沉的变异性,因此,当采用弯沉盆变异法判定板底是否存在脱空时,选用指数曲线回归弯沉盆曲线。图 3 为指数曲线回归脱空板和未脱空板的弯沉盆曲线对比,从图中可以看出,如仅用弯沉盆变异法,寻找变异点来判定路面板脱空状况,存在很大的主观性和盲目性,且多大变异说明存在板底脱空,也没有一定的依据。从实际工程来看,有部分脱空板并不存在明显的变异性。因此,弯沉盆变异法判据仅能用作辅助手段来判别板底脱空状况。

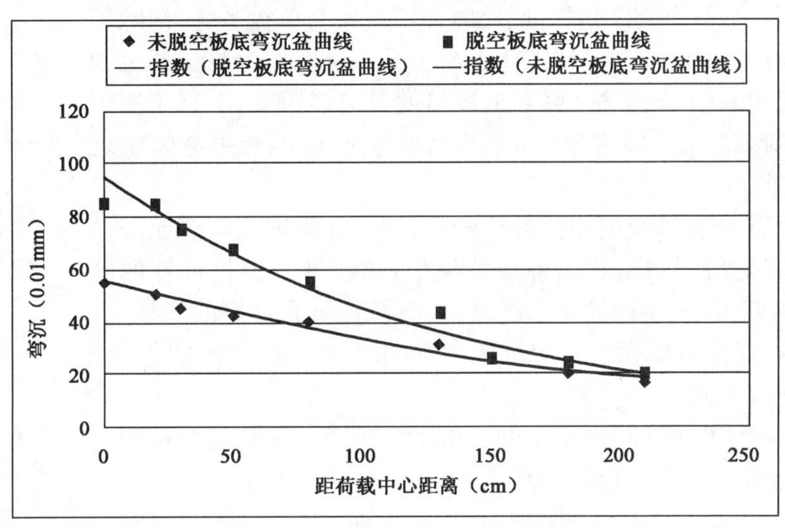


图 3 脱空板和未脱空板的板中弯沉盆曲线对比

## 4 FWD 反算基层模量对比法

利用 FWD 板中实测弯沉盆反算基层模量值,其反映混凝土路面板底的支承情况。假设前提是,认为板中是整块板中支承情况最理想的部位,处于完全均匀支承条件下,而板边中和板角则往往是脱空最先发生处。

根据 FWD 测得的弯沉盆,反算路基和路面各结构层的模量,研究路基路面材料在使用过程中的性能变化,提供设计参数。然而路面模量反算是一个非常复杂的问题。通常,力学分析模型以弹性层状体系理论为主,数学分析主要采用 FWD 实测弯沉盆与计算的理论弯沉盆之间的拟合为目标的最优化方法。目前国内外的模量反算方法,主要可分为 6 类:①图表法;②回归分析法;③数学迭代法;④数据库搜索法;⑤遗传算法;⑥人工神经网络法。

该判别方法的主要依据为:利用混凝土板受测部位的实测弯沉值,选用一种合适的商业模量反算软件,反算板下各部位的模量值与板中基层下模量值进行比较,如果受测部位基层模量值与板中部位基层模量值的比值接近 1,则可判定受测部位处于均匀支承条件下;如果比值远远小于 1,则可判定受测部位处于板底脱空状态。

交通运输部水泥混凝土路面推广组定义模量增大倍数 $n$=基顶回弹模量/土基回弹模量,且试验验证表明,荷载作用于板边时与荷载作用于板中时的 $n$ 值之间有如下关系(板下均匀支承):

$$n_{边}=0.75n_{中} \tag{1}$$

因此,选定临界比值为 0.75 是合理的。当比值大于 0.75 时,认为混凝土路面板处于未脱空状态;比值小于 0.75 时,认为混凝土路面板处于脱空状态。

## 5 考虑接缝传荷的弯沉比法

水泥混凝土路面在长期重复荷载作用下,传力杆或企口缝的松动现象是不可避免的,传力杆可上下活动的最大间隙称为松动量。张宁、黄晓明等分析了重复荷载作用下接缝的运行规律,把发生松动现象的单杆传荷系统的受力过程分解为如图 4 所示的模型。其中 $P_L$ 是由松动量所确定的传荷状态临界荷载:当 $P \leqslant P_L$ 时,传力杆完全不传递荷载作用;当 $P>P_L$ 时,则只有 $P_X=P-P_L$ 的荷载可按无松动时以荷载系数 $C_W$ 被传力杆传递至邻板。

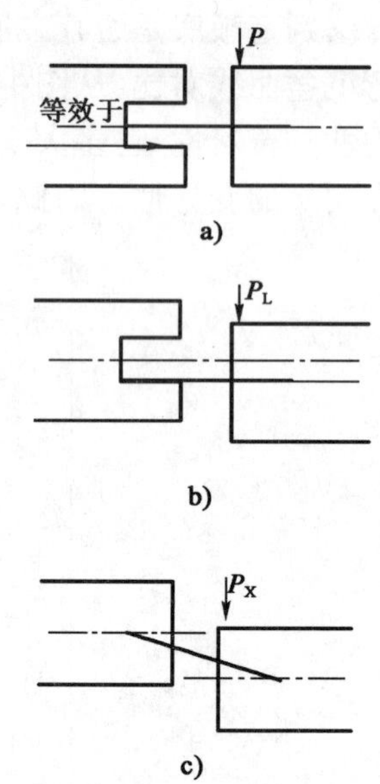

图 4 传力杆受力分解示意图
a)施加总荷载;b)传力杆不传递荷载;c)传力杆以传荷系数 $C_w$ 传荷

评定脱空的关键是区分接缝传荷能力与地基脱空对脱空区板体弯沉造成的影响,因此单一利用弯沉指标来评定脱空状况是不完全符合实际的。当施加荷载 $P<P_L$ 时,仅仅是板体与地基性质影响弯沉,而接缝传荷系统对弯沉影响则不作考虑,这时弯沉就可以用来表征板下地基脱空状况。如果采用小于或等于 $P_L$ 荷载对应的弯沉作为脱空判定指标,则此时评定对象为单板系统,消除了传荷状态不确定的影响,使评定模型得到简化。由于采用弯沉作为脱空评定的指标涉及板厚、地基反应系数、脱空量、混凝土板强度等诸多因素,不利于实际应用。因此,选用 $P_L$ 荷载对应的缝边弯沉 $w_1$、板角处弯沉 $w_2$ 与板中弯沉 $w$ 之比作为脱空评定的指标。

理论弯沉比这一评定指标涉及的相关参数较多,用于计算理论弯沉比的结构参数不易确定。尤其是需要知道路面各层的模量,这将涉及模量反算的问题。经过大量的计算分析发现,不同的路面板结构,弯沉比具有良好的特征性,板厚 $H$、地基反应系数、混凝土板强度对弯沉比的影响可合并为一个参数——混凝土板相对刚度半径 $l$ 来反映。

有限元计算结果表明,两种地基模型上的弯沉盆特征值 $A_W$ 和地基板相对刚度半径之间有良好的相关关系,可表示为:

$$l=ae^{bA_W}+c \tag{2}$$

其中,$a$、$b$、$c$ 均为回归系数;

K 地基时,$a=0.171$,$b=1.361$,$c=0.014$;

E 地基时,$a=0.019$,$b=2.469$,$c=0.175$。

应用式(2)时,板角采用 K 地基模型,板边采用 E 地基模型,计算相对刚度半径。板角、板边的弯沉比 $k$ 与板相对刚度半径 $l$ 的统一回归公式:

$$k=a\ln(l)+b \tag{3}$$

式中:$a$,$b$——回归系数,依实体工程而定。

## 6 结论

落锤式弯沉仪(FWD)理论上还不太成熟,目前只能粗略判断,但是相对效果比较好,尚需要建立合理的评价标准。FWD 是近年来采用比较多的方法,无破损,速度较快,准确率相对较高。

## 参考文献

[1] 中华人民共和国行业标准. JTG D40—2002 公路水泥混凝土路面设计规范[S]. 北京:人民交通出版社,2002.

[2] 张娟,张留俊,尹利华. 水泥混凝土板底脱空检测方法研究[J]. 公路,2008(7).

[3] 吴晖. 水泥混凝土路面板接缝传荷能力的评定方法研究[J]. 公路与汽运,2003(4).

[4] 韩振中. 水泥路面板下脱空机理、处治与评价技术研究[D]. 重庆交通大学硕士论文,2006.

# 防撞护栏混凝土外观质量整体控制的几点体会

张 庆
(重庆交通工程监理咨询有限公司 重庆 400060)

**摘 要**:防撞护栏混凝土外观质量和几何尺寸的准确性直接影响工程的整体形象,本文介绍了水界高速公路的混凝土防撞护栏施工控制方法,为相关技术人员提供参考。

**关键词**:防撞护栏 混凝土外观 整体控制

## 1 引言

高速公路使用过程中影响造型美观的外露工程之一就是桥梁、挡护结构物的整体防撞护栏,其工程质量和几何尺寸的准确性直接影响工程的整体形象,影响行车视觉舒适感。所以,如何保证一条路整体防撞护栏的几何尺寸及美观顺直是项目管理者追求的目标。

由于整体防撞护栏形状的特点决定了施工技术不易掌握和易使外观存在缺陷,其中尤以气泡多、外表线条不顺直最难解决;加之高速公路的土建施工均由多家承包人组成,承包人的施工水平参差不齐,采用模板不统一、混凝土配合比不统一等均易造成防撞护栏色泽不一,纵向和横向线形不顺直等外观缺陷。如何进一步改善混凝土防撞护栏外观质量是项目管理者思考和期待解决的问题。

## 2 统一模板制作与加工要求

为了确保混凝土防撞护栏的外观质量,确保混凝土表面平整、线形美观、节段间平滑顺直、色泽一致,对混凝土防撞护栏的模板制作特作以下规定。

(1)由项目管理部门统一制作模板。用于制作防撞护栏模板的钢板必须是经过表面抛光处理、厚为5mm的新制大块钢板。

(2)模板每节按150~200cm控制,保证足够的模板刚度,面板内不设拉杆孔。

(3)模板连接不允许硬接,必须采用阴阳搭接,阴榫5mm、阳榫6 mm;模板的预拼搭接缝误差不得大于0.5mm, $10m^2$ 内总体拼接误差不得大于1mm、拼接后3m直尺检查平整度小于1m,保证模板接缝平顺,无缝隙和明显错茬;否则对模板重新处理达到要求后才允许使用。

## 3 模板安装

### 3.1 预拼装

钢模板制作完成后,正式进场前要进行试拼装,主要是观察模板安装后的整体效果:模板接缝处是否平顺,有无缝隙和明显错茬,是否达到模板加工制作要求。其必须经过监理工程师和承包人工程技术人员共同检查无误后,方可进场正常使用。如果在此过程中未满足模板制作加工要求可作退货处理。

A5合同段南川A匝道立交桥和A8合同段大沙坝大桥整体防撞护栏模板现场安装试验结果表明,该模板各项检查项目能满足规范要求(图1)。

图1 水界高速公路A5南川A匝道立交桥合同段安装好的防撞护栏

### 3.2 除锈、刷油

钢模板在正式安装使用前,应将表面浮锈清除干净,脱模剂要求统一采用轻质机油或色拉油;保证脱模剂清洁,均匀涂刷;模板安装后 1d 内必须浇筑混凝土,否则要重新清洁模板;涂油不宜过多(涂油过多,模板支好后往下流油,污染混凝土连接面),以保证混凝土表面光洁且混凝土不粘模板。

### 3.3 测量放样

首先用测距仪或者用经纬仪在桥梁边板上准确放样,用墨线将防撞护栏内边缘控制线弹好。除了准确放样外,还要放模板的控制线,以保证施工过程中模板发生移位的控制。曲线段每隔 1.5~2.0m 设一个控制点,每隔 1.5~2.0m 间距精测高程,以此为基础控制防撞护栏模板的位置和高程。

### 3.4 安装模板

上述工作完成后,即可在构造物的准确部位正式安装模板。安装模板的人员应熟悉本项目工作的质量要求。施工前工区主管技术人员要向施工人员进行详细技术交底并提出施工质量要求,使施工人员心中有数。通常模板下部用拉杆螺栓固定,侧面采用三角支撑和顶面拉杆螺栓固定。

### 3.5 工序检查

模板安装完成后,严格执行企业自检,自检合格后,方能报请监理工程师检查。主要检查安装尺寸是否合适,各个固定点(拉杆、支杆等)是否牢固可靠,经过检查合格后方可进行下道工序。同时,在混凝土浇筑过程中,还要随时检查,发现变形应随时调整,并将混凝土重新振捣。

## 4 混凝土浇筑

(1)混凝土配合比:为了保证全线护栏混凝土表面光洁美观,水泥混凝土配合比的确定十分重要,对此要求全线采用同种原材料的同一配合比,并适当加大砂率。经过中心试验室验证审批的混凝土配合比如下:

C30 配合比:382/1・1.69・3.27・0.46(单方水泥用量/水泥・砂・碎石・水);

水泥:腾辉地维水泥 P・O 42.5R;

砂:湖南岳阳中砂;

碎石:南川水江碎石 5~25mm;

砂率 34%,混凝土坍落度不小于 50mm,如果坍落度过大,混凝土易出现泌水现象,表面无光洁面,水痕明显;如果坍落度过小,不易振捣密实,蜂窝、气泡较多。混凝土用的原材料要求较严,砂子、小石子一定要过筛,用量要准确严格按配合比配料。

(2)混凝土拌和:拌和机手要严格控制用水量,拌和时间不小于 3min,保证混凝土拌和均匀及坍落度符合要求,并使拌和出的混凝土有较好的和易性。

(3)浇筑混凝土:混凝土浇筑时采用分 3 层浇筑。第 1 层浇筑到护栏底部斜边下角变点,第 2 层浇筑到斜边上角变点,第 3 层浇筑到顶,由振捣人员控制 3 层混凝土的入模时间及方量。混凝土布料要均匀,严格控制振捣时间,每层混凝土振捣时间不小于 1min,不大于 1.5min。护栏混凝土浇筑完成后,顶面采用 3 次收浆。第 1 次用木抹子抹平,第 2 次用铁抹子抹平初压光,第 3 次待混凝土初凝时采用轧子用力轧光。

(4)拆模板和养生:拆模时间根据气温和混凝土强度而定,不承重构件 10~20h 即可拆模;拆模后应阴干半天(主要是保证颜色一致),用掺加白水泥的水泥浆将气泡堵严并覆盖不污染混凝土的草帘(或其他覆盖物)洒水养生,不宜喷洒薄膜养护剂;对完成的防撞护栏混凝土进行全面检查,发现问题及时分析原因,及时纠正。

## 5 及时设置收缩缝

由于考虑到混凝土的温缩、干缩影响，在浇筑成型的防撞护栏20m、30m、40m、50m梁板对应的防撞护栏位置每隔10m设置1道宽2cm的伸缩缝，桥梁伸缩缝处必须设置梁板伸缩缝；在正反面板每隔5m切割一道宽5mm，深10mm的假缝。对16m板每隔8m设置一道宽2cm的伸缩缝，桥梁伸缩缝处必须设置板伸缩缝；在正反面板每隔4m切割一道宽5mm，深10mm的假缝。通过A8合同段大沙坝大桥整体防撞护栏施工，该桥防撞护栏整体实体外观质量均满足规范要求(图2)。

图2 A8合同段大沙坝大桥整体防撞护栏浇筑成型的桥梁防撞护栏

## 6 结语

通过项目管理部门的统一管理和控制，水界高速公路的防撞护栏的线形、混凝土外观及节段接缝等整体质量较以前项目有了较大的提高，为今后类似项目中的防撞护栏施工、管理、控制提供参考。

# 沥青及沥青混凝土阻燃性能测试与评价

彭建康[1] 樊 德[2] 苏胜斌[3] 董瑞琨[3]

(1. 北京工业大学建工学院 北京 100022;2. 重庆市公路局 重庆 401147;
3. 重庆大学土木工程学院 重庆 400045)

**摘 要**:本文概述了沥青和沥青混合料阻燃性能的测试和评价方法。沥青阻燃性能的测试评价方法主要为:氧指数试验法、水平及垂直燃烧测定法、锥形量热仪法(CONE)、熔融流淌时间和耐烧穿时间测定法、烟密度试验法、标准火灾房法、烟气毒性法、ASTM E 108 法等。其中,对沥青路面阻燃性能的评价多采用氧指数试验法。沥青混合料阻燃性能的测试评价方法主要为:燃烧对路用性能影响的评价方法、燃烧深度的评价方法等。分析了每种测试评价方法的适用范围。通过对比分析得出,沥青结合料是影响隧道沥青混凝土路面阻燃性能的主要因素,但沥青混合料的级配类型、配合比也是影响隧道沥青混凝土路面阻燃性能的重要因素。因此,隧道沥青混凝土路面的阻燃性能测试评价除了对沥青结合料的阻燃性能进行测试外,还应对沥青混合料的阻燃性能进行测试评价。

**关键词**:阻燃 沥青 沥青混合料 测试 评价

## 1 引言

沥青路面因具有噪声低、抗滑性能好、易维修、行车舒适等优点得到人们的青睐。但沥青是一种复杂的高分子混合物,在高温下容易燃烧。加之隧道是一个特殊的封闭空间,内部通风条件差,倘若发生交通事故而引发火灾,沥青混凝土路面燃烧后释放出大量的热和有害气体,将严重影响人的身体健康,甚至危及生命。因此,隧道沥青混凝土路面阻燃性能的测试、评价显得尤为重要。本文介绍了目前有关沥青与沥青混合料阻燃性能的测试方法,并对这些方法的适用范围进行了分析。

## 2 阻燃沥青的阻燃性能测试方法

沥青燃烧不同于液体燃料,也不同于固体燃料,具体表现为单滴温度在着火时会产生明显的突跃,存在明显的固体残炭的燃烧阶段,单滴体积会明显膨胀等。目前评价沥青燃烧性能的指标主要有闪点和燃点,它们可以有效地评价沥青在储存及施工过程中的安全性,但只是描述了沥青能够燃烧的条件,而不能说明沥青在已经着火燃烧的情况下持续燃烧的能力。对于沥青结合料阻燃性能的测试,国内外大都参照评价塑料材料阻燃性能的测试手段来测试沥青的阻燃性能。我国从 1980 年开始陆续制定了 4 部有关塑料燃烧性能试验方法的国家标准,即《塑料燃烧性能试验方法 氧指数法》(GB/T 2406—1980)、《塑料燃烧性能试验方法炽热棒法》(GB/T 2407—1980)、《塑料燃烧性能试验方法 水平法和垂直法》(GB 2408—1980)、《塑料燃烧性能试验方法 垂直燃烧法》( GB 4609—1984)。总体来说,阻燃性能测试、评价方法可分成下述几类:①引燃性和可燃性;②火焰传播性;③释热性;④生烟性;⑤有毒及腐蚀性燃烧产物;⑥耐燃性[4]。而能够应用于或者说有希望应用于沥青的测试方法主要有氧指数测定法、水平及垂直燃烧测定法、锥形量热仪法[5]、熔融流淌时间和耐烧穿时间测定法[6]、烟密度试验、标准火灾房法[7]等。

### 2.1 氧指数试验

氧指数可用于表征材料被点燃的难易程度,衡量材料的火灾危险性。ISO 4589(1996)、ASTMD 2863 及 GB 2406—1981 都规定了标准测试方法。氧指数是指在规定的条件下,试样在氧、氮混合气流中维持平衡燃烧所需的最低氧浓度,以氧气所占的体积百分数表示,表示为 OI(oxygen index),作为判断材料在空气中与火焰接触时燃烧的难易程度，部分文献中也称为极限氧指数，表示为 LOI(limit oxygen index)。根据氧指数的定义，氧指数越高表示燃烧所需要的氧气浓度越高，试样越难燃烧。一般认为，当 LOI＜21％时为易燃材料，LOI 在 21％～27％之间时为可燃材料，LOI＞27％时材料在燃烧中可自行熄灭。氧指数可以按 GB 2406—1993 来检测。氧指数试验是目前在测试阻燃沥青的阻燃性能方面应用较广泛的一种测试方法。其测试方法如下：试样垂直支撑在一个透明的燃烧筒内，燃烧筒内有向上流动的氧和氮的混合气体，点燃试样的上端，然后观察燃烧现象，并与规定的极限值比较燃烧持续时间。通过在不同的氧浓度中试验，可测得最低氧浓度。由于沥青的性质与一般纺织品差异较大，必须针对沥青的固有特性(燃烧性能)来调整试验方法，并找出影响沥青持续燃烧能力的主要因素。对于沥青氧指数测试需考虑 3 种主要因素，即沥青燃烧前加热温度($T$,℃)、沥青燃烧时的总气流量和试样量。

## 2.2 水平及垂直燃烧测定法

UL94 可燃性测试是美国安全保险材料研究室开发的方法，它是广泛使用和经常引用的塑料可燃性测试方法之一，用来初步评价被测塑料是否适合于某一特定应用场所。ANSI UL 94、ISO-12992(1995)、GB/T4608—1996 都规定了测定塑料可燃性的标准方法。材料阻燃分类为 94 HB 者一般采用水平燃烧测定方法，我国《塑料燃烧性能试验方法 水平法和垂直法》(GB/T 2408—1996)与 UL—94HB 基本相同，其试样尺寸为长 125mm、宽 13mm、厚 3mm，在两头为 25mm，中间为 75mm 的准距画上标线，试样夹在环形夹里水平放置，用燃烧器在边缘灼烧试样 30s 内点燃试样，然后撤离燃烧器，如果在火焰撤离后 2s 内熄灭，材料定为难燃 I 级。如果火焰前沿到达第二标线前熄灭，材料定为难燃 II 级。如果火焰前沿到达或超过第二标线，材料定为难燃 III 级。水平燃烧试验是主观性较强的试验，其火焰控制是关键因素，难以把握，因此试验误差较大[15]，在文献[16]、[17]中就是采用的这种试验方法。而 UL 94 法的 V-0、V-1、V-2 及 5-V 通常采用垂直燃烧测定方法。本法是一种在规定的试验条件下对垂直放置的试样施加火焰后的燃烧行为进行材料燃烧等级分类的方法，它适用于塑料的 UL 94 垂直燃烧试验，根据试样燃烧时间、熔滴是否引燃脱脂棉等结果，将阻燃分为 V-2、V-1、V-0、5-V4 个级别，其中 V-2 为最低阻燃级，5-V 为最高阻燃级。

## 2.3 锥形量热仪法(CONE)

同极限氧指数法相比，锥形量热仪法(CONE)试验更加接近材料的实际燃烧情况，ISO 5660—1(1993)及 ASTM E 1354(1990)规定的锥形量热仪法是目前采用最广泛的测定塑料燃烧热释放速度的方法。锥形量热仪可用于测定材料的引燃时间 $T$、质量损失速率、有效燃烧热(EHC)、烟密度等很多有关材料的阻燃性能参数。此方法在阻燃塑料方面的应用很广泛，效果也很明显。

## 2.4 熔融流淌时间和耐烧穿时间测定法

采用图 1 所示装置来测定受火时沥青熔融的流淌和油毡耐烧穿时间。该法采用的试样尺寸为长×宽×厚＝(120～150)mm×(40～55)mm×3mm，火焰长度 25mm。沥青熔融的流淌或油毡耐烧穿的时间越长，其阻燃性能越好。

## 2.5 烟密度试验

大量前期研究表明抑烟比阻燃更重要，抑烟性的评价指标有烟密度法和烟尘质量法，通常采用烟密度法。烟密度法定义为规定暴露面积的试件在规定容积的烟箱内燃烧产生烟雾，测定平行光束在烟雾中穿过单位光路长的透光率变化，再计算比光密度。烟密度法通常采用烟密度箱试验仪进行试验，《塑料燃烧性能试验方法 烟密度法》(GB/T 8323—1987)的烟箱容积 $V$ 为 914mm×914mm×610mm，试件的暴露面积 $A$＝65mm×65mm，光路长 $L$＝914mm。试验分为三步：第一步成型试件，采用地毯式玻璃纤维网浇注填料沥青胶泥，冷却后切成 75mm×75mm 矩形，试件厚约 5mm，用厚约 0.4mm 的铝箔覆盖试件背面并卷边，然后通过石棉板固定在试样盒中。

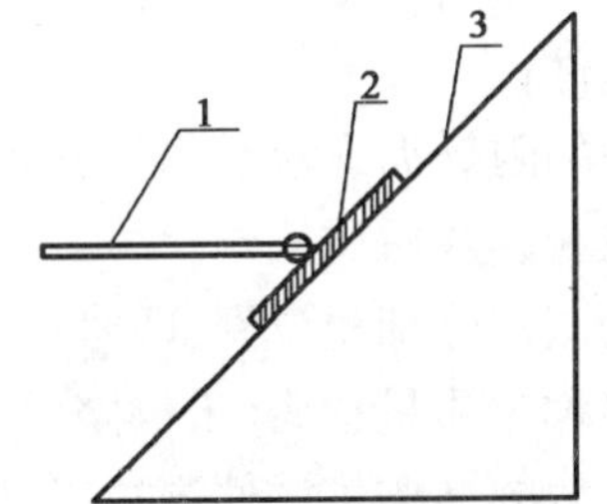

图 1 熔融流淌及烧穿时间测定示意图
1-喷灯；2-样品；3-试样架

第二步接通电源，调整辐射炉电流，使辐射强度达到 25kw/m$^2$，调节丙烷燃气流量到 50cm$^3$/min，调节空气流量到 500cm$^3$/min 规定值，点火燃烧。第三步记录透光率与时间，当透光率达到最小值后再进行 2min 试验后停止。通过透光率计算比光密度，然后做比光密度—时间图。

### 2.6 标准火灾房法

传统的测试方法(LOI 法、垂直燃烧法、水平燃烧法)普遍存在的缺点是试验的规模为试验台尺寸而且测试参数单一，最主要的不足在于测试结果难以与材料在真实火情中的燃烧行为相关联。近年来有人将锥形量热仪应用于材料阻燃性能的研究，但仍然只局限于试验台尺寸的测试。ISO-9705 标准火灾房是在全尺寸、大尺度房间内开展可燃物燃烧试验，测量单位时间内的放热量，即热释放率或释热速率[7]。热释放率是火灾过程最重要的参数，可以衡量火灾的尺度和规模。

### 2.7 烟气毒性

烟气毒性的评价是借用医药品、农药和化学品的传统毒性评价方法，采用动物的半数致死浓度来表达。研究沥青的烟气毒性按照《火灾烟气毒性危险评价方法——动物试验方法》(GA/T 506—2004)进行烟气毒性测试。

### 2.8 ASTM E-108 方法

ASTM E-108 是美国材料试验协会(ASTM)为测试屋面材料燃烧性能而制定的试验方法[21]。该方法包括以下几个部分试验内容：

(1)间断燃烧暴露试验(Intermittent flame exposure test)；

(2)火焰扩展试验(Spread of flame test)；

(3)燃烧标志试验(Burning brand test)；

(4)快速标记试验(Flying brand test)；

(5)淋雨试验(Rain test)。

根据上述几项试验，可将材料划分为 A、B、C 三级，A 级阻燃性能最好。

ASTM E-108 虽不能用于说明在所有真实条件下屋面材料的耐火性能，但可用于提供比较屋面材料在遭受模拟真实火焰下的耐火性能的基础。该方法可用于测试火焰的表面蔓延和在暴露条件下屋面材料对以外部穿透进入屋顶底边的火焰的阻燃性能，可提供在风力 5.4m/s 模拟暴露火焰试验中屋面材料是否成为快速燃烧材料的评断，还可考察屋面材料长期暴露在雨水中其阻燃性能是否受到有害影响。

## 3 阻燃沥青混凝土阻燃性能的测试与评价方法

目前，对沥青混凝土阻燃性能的测试方法研究相对较少，主要有以下几种。

### 3.1 沥青混凝土燃烧对路用性能影响的评价方法

丛培良通过试验室对现场燃料发生泄漏并引起火灾进行了模拟，研究了阻燃沥青混凝土对火灾发生时所产生的阻燃作用。具体试验步骤如下：

采用相同集料级配、相同的油石比条件下的阻燃沥青和普通改性沥青 PG76 分别成型为标准马歇尔试件和车辙试件；

成型好的阻燃沥青混合料试件和普通沥青混合料试件各分成两组，使两组试件的体积性能相同，准备进行常规试验和燃烧后试验；

将燃烧试件分别浸没到 93 号汽油中 5s 后取出，立即点燃试件测试燃烧时间；待自熄后放在 60℃烘箱中 5h 烘干，称量质量损失，未燃烧的常规试件同样放入烘箱中 5h，测定量质量损失；

对燃烧后的马歇尔试件进行飞散试验和稳定度试验；与未燃烧的马歇尔试件试验结果对比；

进行车辙动稳定度试验；与未燃烧的车辙试件试验结果对比。

通过试验对比表明，阻燃沥青对沥青混凝土的阻燃性能具有一定的改善作用。

### 3.2 燃烧深度的评价方法

梁晓莉等人进行了马歇尔试件完全燃烧试验和模型隧道路面燃烧试验，探讨隧道发生火灾过程对沥青混凝土路面面层的灼烤影响深度，为沥青混凝土路面阻燃面层的厚度选择提供依据。

马歇尔试件燃烧试验：采用电炉直接烘烤燃烧试验，结果很难引起燃烧。因此，沥青混合料的燃烧试验采用在沥青马歇尔试件上浇上少量汽油来引燃。在少量汽油用量下，马歇尔试件并不能达到沥青混合料的燃烧温度而引起混合料燃烧。实际试验中加大了汽油用量，采用每隔 1min 加入 30mL 汽油，连续加入 15 次，共计汽油用量为 450mL，并测量试件初始温度和燃烧火焰熄灭时试件表面温度。

隧道模型沥青混凝土路面燃烧试验：由于马歇尔试件完全燃烧试验是对马歇尔试件进行无约束、无阻碍燃烧，与具有一定强度和一定空间结构层面的沥青混凝土路面燃烧的实际现象有较大区别。为此，在模型隧道中进行了路面燃烧试验。考虑到汽油有较大的流淌性，试验中先圈定 3 个直径为 30cm 的圆形试验范围。在试验圈内先加入 400mL 汽油，点燃，每隔 1min 加入 150mL 汽油，在第一个试验圈内连续加 4 次，共计 1 000mL。在第二个试验圈内连续加 9 次，共计 1 750mL。在第三个试验圈内连续加入 15 次，共计 2 650mL。

通过马歇尔试件燃烧试验和模型隧道路面燃烧试验表明，隧道沥青混凝土路面在表面持续 25min 汽油燃烧条件下，路表面烧灼影响深度为 3.2cm。隧道沥青混凝土路面的防火和阻燃层厚度应不小于 4cm。

### 3.3 其他评价方法

丁庆军等人采用燃烧时间与质量损失法，以汽油作为液态燃烧物，考察采用轮碾法成型尺寸为 300mm×300mm×50mm 试块。为模拟真实路面结构形式，试验时试块置于钢板上，底面封闭，待 100g 的93 号乙醇汽油完全倒于试块表面后，迅速点燃，测量燃烧时间与质量损失。通过室内性能试验与模拟燃烧试验对水泥混凝土、AC、SMA 和 OGFC 几种路面材料的路用性能、沥青含量和防火性能进行对比分析，结果表明，利用高黏度改性沥青配制的 OGFC-13 动稳定度达到 7 000 次/mm 以上，飞散损失仅为 4.25%，构造深度在 1.7mm以上，结构稳定，抗滑性能好。同时面层沥青用量少，其大空隙率结构可有效控制汽油燃烧的火势，防火性能甚至优于水泥混凝土路面。

黄志义[25]等人根据沥青燃烧性能分析，也提出了几种评价沥青混合料的方法：①碳化烧损长度评价。碳化长度是衡量材料防火性的重要指标，是衡量材料遇火燃烧时，火势蔓延、扩大的可能性及材料延燃、续燃及死灰复燃程度的大小。②沥青燃烧烟气的评价。沥青受热后不但燃烧，而且还会分解、释放出一些易燃的气体和有毒的气体。这在隧道中，是十分危险的，空气中充满了易燃的气体，往往容易导致爆炸的发生。故需要对沥青燃烧产生的烟气进行分析，选择燃烧后烟气相对较少的沥青。③对沥青路面燃烧耐火性综合评价。通过比尺模型试验，模拟现场火灾，测定燃烧火场与燃烧过程，收集燃烧烟气，并进行烟气分析，寻找防火的途径。

## 4 讨论

(1)沥青结合料阻燃性能的测试评价方法较多，主要有：氧指数试验法、水平及垂直燃烧测定法、锥形量热仪法(CONE)、熔融流淌时间和耐烧穿时间测定法、烟密度试验法、标准火灾房法、烟气毒性法、ASTM E-108 法等。但针对隧道沥青混凝土路面而言，目前主要采用极限氧指数法和烟密度试验法，其中以极限氧指数法评价居多。烟密度试验法主要测定沥青燃烧过程中释放出的烟量，评价阻燃剂的加入是否会引起发烟量的增加，或抑烟剂的加入对阻燃沥青燃烧过程中发烟量的抑制效果。烟气毒性法主要考察阻燃剂、抑烟剂和其他添加剂的加入是否会与沥青中的某些组分发生化学反应，燃烧时产生新的有害成分。而其他测试方法主要针对塑料或其他行业有关沥青产品阻燃性能的测定，对隧道路面用沥青阻燃性能的测试评价还有待进一步验证和完善。

(2)隧道沥青混凝土路面阻燃性能的测试、评价目前分为沥青结合料的阻燃性能和沥青混凝土的阻燃性能的测试、评价。在工程实际中，主要对沥青结合料的阻燃性能进行测试研究，以此来评价相应沥青混凝土的阻燃性能,而对沥青混合料阻燃性能的研究较少。根据前期研究,沥青混合料的阻燃性能除了与沥青的阻燃性能有关外,还与沥青混合料的级配类型、混合料配合比(含油石比)有关。因此,即使使用同一种沥青结合料,当沥青混合料的级配类型、配合比(尤其是矿粉含量、沥青含量等)有较大变化时,除了对沥青结合料的阻燃性能进行测试外,还需对沥青混合料的阻燃性能进行测试。

(3)根据文献的研究结果分析可知,阻燃沥青对沥青混凝土的阻燃性能具有一定的改善作用。但是,评价方法对阻燃性能的影响较大。例如,采用燃烧时间来评价阻燃沥青混凝土的阻燃性能时,不能很好的说明其阻燃性能,甚至会得出相反的结论。而采用质量损失、飞散损失变化及残留稳定度评价时,可以得出阻燃沥青对沥青混合料的耐火性能、阻燃性能具有一定的改善作用。根据马歇尔试件燃烧后的形状观察,可以认为沥青混合料试件在达到一定温度后会发生软化而失去结构强度。在模型隧道内沥青混凝土路面的直接燃烧试验中,汽油的浸泡导致混合料结构松散而失去强度的影响要大于火源直接燃烧的影响程度。因此,选择合理的评价指标和评价方法进行对阻燃沥青混合料阻燃性能的测试评价至关重要。

## 5 结论及展望

(1)目前对沥青混凝土路面阻燃性能的研究主要集中在沥青的阻燃性能方面,而针对沥青混合料阻燃性能的研究很少。即使相同的沥青结合料,不同级配类型和配合比的沥青混合料的阻燃性能往往存在较大差异。因此,沥青路面阻燃性能的测试和评价不应局限于沥青结合料的阻燃性能,还应对沥青混合料的阻燃性能进行测试和评价,因为沥青混合料是沥青混凝土路面的最终产品,其阻燃性能直接关系着沥青路面的阻燃性能。

(2)目前阻燃沥青和阻燃沥青混凝土阻燃性能的测试手段和评价方法主要借鉴化工领域的测试方法和标准。沥青路面阻燃性能的评价还没有独立的标准和试验规范,将目前的试验方法和标准应用到沥青混凝土路面阻燃性能的测试和评价方面还存在一定的困难,甚至有些方法根本不适用于阻燃沥青或阻燃沥青混凝土阻燃性能的测试和评价。对于沥青混凝土路面使用的沥青和沥青混合料来说,制订出相应的试验规范和标准,为沥青混凝土路面阻燃性能的评价提供必要的检测评价方法,在公路建设飞速发展的今天具有重要的现实意义。

## 参考文献

[1] 龚景松,傅维镳.单滴沥青燃料燃烧特性的初步研究[J].冶金能源,2000,19(3):43-45.

[2] 丁庆军,刘新权,沈凡,等.ATH沥青阻燃体系试验及机理分析[J].中国公路学报,2008,21(5):10-14.

[3] 杨宗焜.聚氨硬泡阻燃的应用研究[J].建筑科学,2008,24(2):119-125.

[4] 欧育湘.实用阻燃技术[M].北京:化学工业出版社,2002.

[5] 付永然,林元奎.阻燃沥青的研究进展与建议[J].石油沥青,2006,20(6):70-71.

[6] 吴少鹏.阻燃油毡的阻燃机理研究[J].中国建筑防水,1997(4):18-21.

[7] 罗小锋.阻燃SBS改性沥青的制备与性能研究[D].武汉理工大学,2006.

[8] 李祖伟,陈辉强,牟建波,等.沥青阻燃改性技术研究及其阻燃机理[J].长沙交通学院学报,2002,18(4):44-47.

[9] 余剑英,程松波,吴冬生,等.ATH阻燃改性沥青SMA路用性能研究[J].公路,2008,(1):189-192.

[10] 杨群,郭忠印,蔺习雄.隧道路面阻燃多孔沥青混凝土性能研究[J].同济大学学报,2005,33(3):316-320.

[11] 张卫军,葛折圣.阻燃沥青在隧道路面工程中的应用[J].市政技术,2007,25(1):76-78.

[12] 付永然.沥青材料阻燃性能的研究[D].中国石油大学,2007.

[13] 樊军,杨群,陈以清.沥青氧指数测试方法[J].解放军理工大学学报,2004,5(6):30-32.

[14] 杨群,李望瑞.沥青阻燃性能的评价方法与性能研究[J].建筑材料学报,2008,11(4):431-434.

[15] 张厚记. 沥青路面的矿物组分阻燃机理与技术研究[D]. 武汉理工大学,2007.

[16] 郭进存,廖克俭,戴跃玲. 阻燃沥青的研制[J]. 辽宁石油化工大学学报,2005,25(2):5-8.

[17] 吴国南. 阻燃油毡的研究[J]. 中国建筑防水材料,1992,(4):15-16.

[18] Kim H Y,Cho C P,Chung J T. JSME International Journal,Series B:Fluids and Thermal Engineering[J]. 2005,48(2): 293-299.

[19] Jaekson M,A Robins1. Gas sensing for fire deteetion :Measurement of CO、$CO_2$、$H_2O$ and smoke density in European standard fire tests [J]. Fire Safety,1994,22(2):181-205.

[20] 徐青柏,范思远,宁爱民,等. 阻燃沥青主要性能研究[J]. 石油沥青,2008,22(4):23-25.

[21] 余剑英. 国外阻燃油毡研究与发展[J]. 化学建材,1995,(6):271-272.

[22] 丛培良. 阻燃沥青混凝土的制备与路用性能研究[D]. 武汉理工大学,2006.

[23] 梁晓莉,姜汶泉,黄志义,等. 沥青混合料燃烧试验研究[J]. 公路,2007,(10): 195-198.

[24] 丁庆军,刘新权,胡曙光,等. 大型公路隧道防火沥青面层的设计[J]. 隧道建设,2008,28(1):23-24.

[25] 黄志义,王诚,陆辉,等. 隧道沥青混凝土路面的阻燃技术初探,都市区及区域交通现代化[C]. 合肥:安徽科学技术出版社,2005.

# 机制砂在石忠高速公路中的应用研究

温 泉[1] 郑国徽[1] 曹得生[2] 林依才[2]

(1. 重庆高速公路集团有限公司垫利分公司 重庆 400060;
2. 中国水利水电第七工程局 成都 611730)

**摘 要:**本文综合分析了当前公路工程建设机制砂使用状况,通过对石忠路B8合同段机制砂的生产与机制砂在高强度等级混凝土配合比设计中的应用,阐述了机制砂的生产工艺及机制砂在高强度等级混凝土领域的应用,以促进机制砂生产工艺在公路工程建设领域的推广使用,力求解决高速公路建设天然砂资源不足的现状。

**关键词:**机制砂 高速公路 应用研究

## 1 引言

目前,我国多数地区工程建设应用的是天然砂,但是天然砂资源是一种地方资源,短时内不可再生并需经长距离运输。随着基本建设的日益发展和环境保护意识的日益增强,我国不少地区的天然砂资源正出现逐步减少、砂质量下降、限采或禁采的情况。目前,高速公路建设施工中大多数采用远距离购买天然砂,而砂的价格越来越高,混凝土用砂供需矛盾尤为突出,用砂高峰时甚至出现无砂供应的情况,严重影响了工程建设的进展。其次,随着高速公路混凝土技术的迅速发展,现代公路桥梁混凝土对砂的技术要求也越来越高,特别是高强度等级和高性能混凝土对集料的要求很严,能满足其要求的天然砂数量越来越少,甚至没有。人工砂石在工程中的地位越来越重,成为建设用砂石的重要来源。因此,发展人工砂石集料加工、研究机制砂在高强度等级混凝土中的应用势在必行。

根据石忠高速公路人工砂石集料生产技术状况,重庆高速公路发展有限公司垫利分公司把人工砂石集料生产工艺在高速公路工程的应用和实践列为石忠高速公路工程机制砂应用的推广试点项目。

## 2 石忠路B8合同段机制砂特点及生产工艺

### 2.1 机制砂特点

目前机制砂原料基本为中粗砂,细度模数在2.6~3.6之间,颗粒级配稳定、可调,含有一定量的石粉,除150$\mu$m的筛余有所增加外,其余筛余均能满足标准天然砂1区、2区要求,粒形多呈三角体或方矩体,表面粗糙,棱角尖锐。但由于全国各地机制砂的生产石料的不同、生产加工机制砂的设备和工艺不同,生产出机制砂粒型和级配可能会有很大的区别,例如,有些机制砂片状颗粒较多,有些机制砂的颗粒级配为两头大中间小,但只要能满足规范中对机制砂的全部技术指标,就可以在混凝土和砂浆中使用。

### 2.2 生产系统布置

石忠高速公路B8合同段人工砂石集料加工系统生产加工厂位于石忠路K33+200左侧50m蚕溪河旁开阔地上,该厂承担本标段共计约17万$m^3$混凝土及其他所需砂石料的生产任务,共需砂石成品料约30万t,成品集料生产能力按110t/h设计,粗碎设计处理量135t/h,进入中细破碎处理量76.2t/h,制砂处理量68t/h,毛料全部利用当地开采的石灰岩,详见图1。

### 2.3 生产系统的工艺流程

经粗碎后的集料进入半成品料场堆存,经胶带机输送至筛分车间筛洗出大于26.5mm、26.5~5mm、

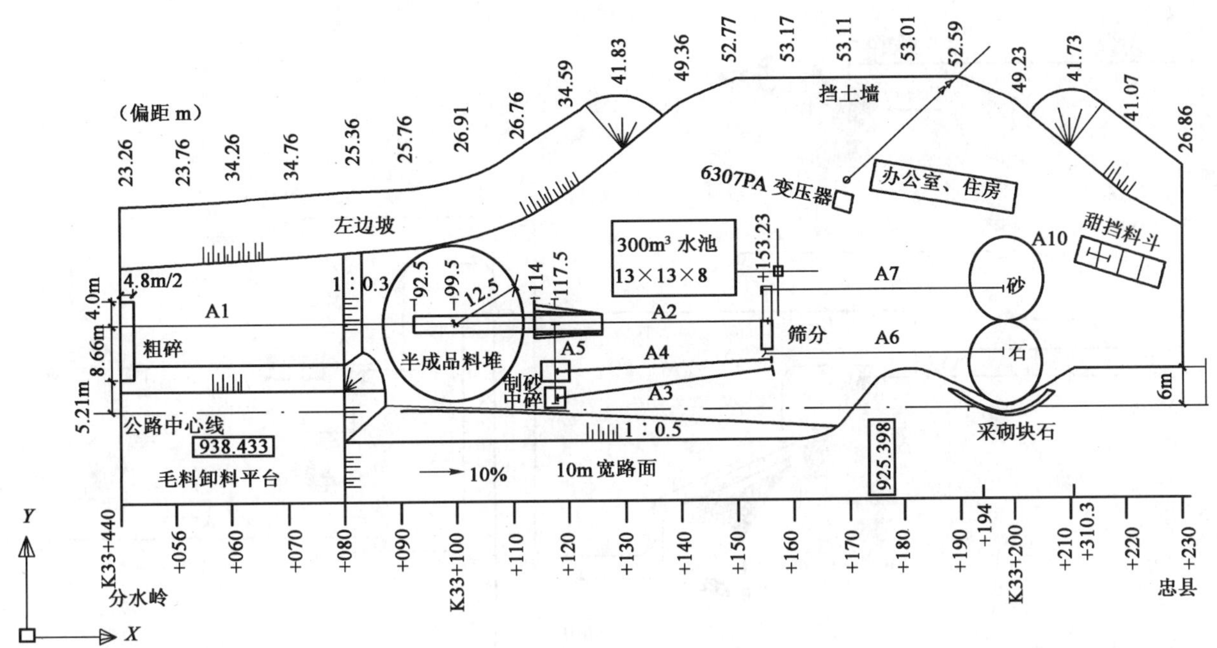


图1 人工砂石系统平面布置图

小于5mm砂三种集料。大于26.5mm集料经胶带机进入中碎车间；26.5～5mm的集料经胶带机输送进入制砂车间(制砂设备为立轴冲击式破碎机ROR9000A)，中碎车间和制砂车间破碎后的集料经胶带机输送再次进入筛分车间进行分级。小于5mm集料经FC-12螺旋分级机处理后生产出成品料直接进入成品砂堆场；26.5～5mm集料生产出部分成品集料进入成品碎石料堆，多余的部分26.5～5mm集料又进入制砂车间进行第二次循环制砂。这样中碎车间、制砂车间和筛分车间形成一个闭路循环，将半成品料加工成26.5～5mm、小于5mm碎石、砂成品集料。投产的人工砂石集料加工系统通过调整生产工艺及筛分车间筛网尺寸，生产出的机制砂、碎石的级配及各项参数指标能同时满足石忠高速公路桥梁、隧道、路面等工程项目用料的要求，详见图2。

人工砂石集料加工系统的机械设备，主要有以下3类(表1)。

(1)破碎、制砂设备，包括各种形式的破碎机和棒磨机，主要用于人工集料加工。破碎工艺通常分粗碎、中碎、细碎3级。粗碎是解破大块石料，多选用旋回破碎机、颚式破碎机或反击式破碎机；中碎是轧制出粒径合乎级配要求的碎石，多选用反击式破碎机或圆锥破碎机；细碎是调整碎石级配，并轧制供制砂用的小粒径集料，多选用圆锥破碎机或锤式破碎机。

传统的人工砂石加工系统制砂设备一般采用棒磨机进行制砂，棒磨机出成品砂率高，但设备自重大、能耗高、成本高(每方成品砂需消耗2kg钢棒)，且损失率高(大量集料被磨成石粉随筛洗水流走)。本项目在本系统的设计中选择了新型制砂设备立轴冲击破碎机(ROR9000A)，以破代磨，设备能耗和成本都有较大降低，同时减少了尾水中的石粉含量，更有利于环保。采用立轴冲击式破碎机生产的人工砂粒形较好，功能符合规范要求。立轴冲击破碎机越来越成为人工砂石系统的发展趋势。

(2)筛分、冲洗设备，用于集料的分级处理。粗集料按粒径通常分为3～4级，使用振动筛筛选出不同级配的粗集料，并在筛选过程中加水冲洗。细集料通常不分级或分为两种级配，采用洗砂机进行选洗。

(3)储运设备，包括各种形式的给料机、带式输送机、堆料机以及集料仓等。储运设备是联系集料加工系统各个环节的配套设施，用于砂石集料加工过程中的转运和将加工好的集料送至集料仓储存。此外，在砂石集料加工系统中还需设置防尘、防噪声、供水、供风等生产辅助设施以及有关自动控制等设施。

根据工艺流程设计要求，石忠高速公路B8合同段人工砂石集料加工厂由破碎车间、筛分车间、成品料仓、给排水单元、废水处理单元、供配电单元、厂内公路及临时设施等组成。砂石料加工厂能确保长期连续为石忠高速公路各施工单位建设生产合格的优质人工砂石集料。

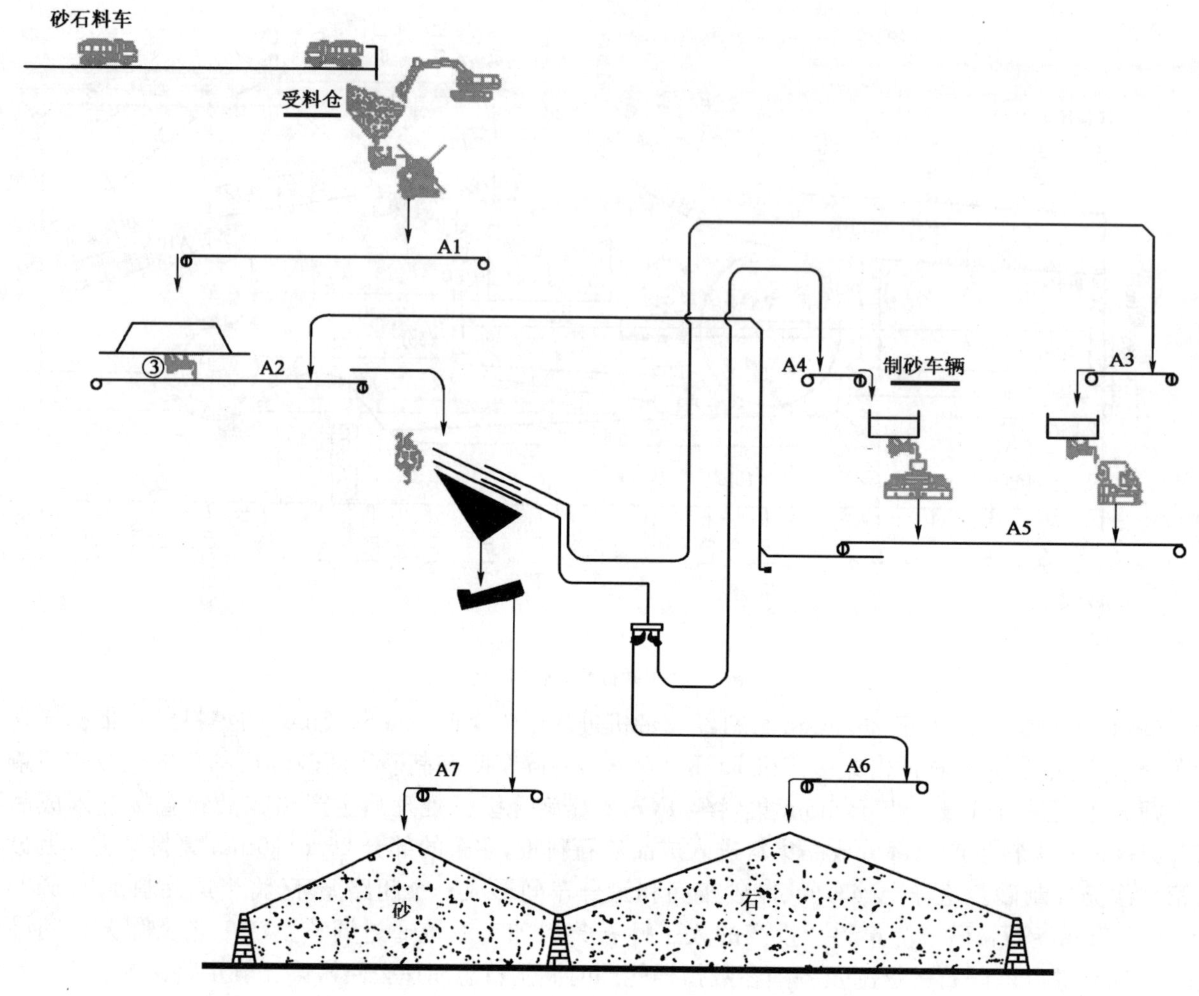


图2 人工砂石集料加工系统工艺流程示意图

**石忠高速公路B8合同段人工砂石集料加工系统主要机械设备表** 表1

| 设备名称 | 型号规格 | 单机功率(kW) | 制造厂 |
|---|---|---|---|
| 强力反击破 | PF-A-1010V | 90 | 四川山宝机械设备有限责任公司 |
| 颚式破碎机 | PE600×900 | 55 | 上海路桥机械设备有限公司 |
| 颚式破碎机 | PEX175×350 | 11 | 常柴股份有限公司 |
| 圆振动筛 | 3YKR2160 | 22 | 鞍山重型矿山机械厂 |
| 制砂机 | ROR-9000A | 264 | 洛阳百力克矿山机械有限公司 |
| 洗砂机 | FC-12 | 9.7 | 南昌矿山机械有限公司 |
| 棒条给料机 | ZSW490×110 | 7.8 | 江苏联源机械制造有限公司 |
| 振动给料机 | GZG703号 | 1.1 | |
| 胶带机 | B800($v$=1.6m/s) | 33.5 | |
| 胶带机 | B600($v$=1.6m/s) | 46.5 | |

## 3 石忠路项目机制砂的质量管理

### 3.1 机制砂生产原料(毛料)质量控制

本项目机制砂生产所用原料地(毛料厂)距项目人工砂石加工系统16km,储量丰富。原料强度指标均符合《公路工程岩石试验规程》(JTG E41—2005)的要求(表2)。

石忠路 B8 合同段机制砂母材石料抗压强度试验记录　表2

| 试件处理状况 | 施加荷载方向 | 试件编号 | 试件尺寸 | | | 受压面积(mm²) | 极限荷载(kN) | 抗压强度 | | |
|---|---|---|---|---|---|---|---|---|---|---|
| | | | 长(mm) | 直径(mm) | 高(mm) | | | 单块值(MPa) | 换算系数 | 代表值(MPa) |
| 表面平整 | 垂直 | 1 | | 50.0 | 49.9 | 1 963.5 | 324 | 165.0 | 1.0 | 159.0 |
| | | 2 | | 49.7 | 49.7 | 1 963.5 | 320 | 163.0 | | |
| | | 3 | | 49.8 | 50.0 | 1 963.5 | 318 | 162.0 | | |
| | | 4 | | 50.0 | 49.8 | 1 963.5 | 309 | 157.4 | | |
| | | 5 | | 50.0 | 49.6 | 1 963.5 | 300 | 152.8 | | |
| | | 6 | | 49.5 | 50.0 | 1 963.5 | 302 | 153.8 | | |

## 3.2 成品质量管理措施

石忠高速公路B8合同段项目部按照技术规程要求，对所生产的人工砂石集料产品进行严格的监督检查，对所生产的机制砂进行细度模数、级配、石粉含量与含泥量等技术指标进行综合的试验检测。根据石忠高速公路工程需要，在严格规范的质量把关下，该项目部生产的机制砂产品的质量、性能均优于地方及其他生产厂家的产品，满足了规范要求(表3)。

石忠高速公路 B8 合同段人工机制砂与其他厂家机制砂性能对比　表3

| 序　号 | 项　目 | 机制砂(石柱六塘厂) | 机制砂(石忠路B8合同段砂石厂) |
|---|---|---|---|
| 1 | 细度模数 | 3.2～3.6 | 2.5～2.9 |
| 2 | 含泥量(%) | 3.5～5.5 | 2.1～3.0 |
| 3 | 表观密度(kg/m³) | 2 680～2 740 | 2 680～2 740 |
| 4 | 堆积密度(kg/m³) | 1 450～1 510 | 1 490～1 560 |
| 5 | 压碎值(%) | 20～24 | 15～18 |
| 采用《建筑用砂》(GB/T 14684—2001)标准试验 | | | |

# 4　机制砂在石忠路项目高强度等级混凝土配合比的设计

## 4.1　C30以下强度等级(含C30)混凝土

我部生产的机制砂已经在本项目的桥梁工程及防护工程C30以下强度等级(含C30)的混凝土施工中成功应用，其混凝土性能均优于采用地方机制砂拌和的混凝土性能。表4为现场C30混凝土性能对比。

自产机制砂与地方机制砂配制 C30 混凝土性能对比　表4

| 水泥(kg) | 砂(kg) | 碎石(kg) | 水(kg) | 外加剂掺量(%) | 坍落度(mm) | 7d强度 | | 28d强度 | | 备　注 |
|---|---|---|---|---|---|---|---|---|---|---|
| | | | | | | 单块值 | 代表值 | 单块值 | 代表值 | |
| 320 | 709 | 1 261 | 155 | 2.56 | 125 | 32.6 | 32.3 | 40.9 | 42.5 | 自产砂 |
| | | | | | | 31.5 | | 42.7 | | |
| | | | | | | 32.8 | | 43.9 | | |
| 348 | 775 | 1 163 | 164 | 2.78 | 130 | 30.4 | 31.2 | 39.6 | 41.1 | 六塘砂 |
| | | | | | | 30.9 | | 41.3 | | |
| | | | | | | 32.2 | | 42.4 | | |

## 4.2　高强度等级混凝土

根据相关公路工程试验规范，石忠高速公路B8合同段在机制砂的C50配合比试验设计中，选用优质原材料：水泥采用地维P·O42.5水泥；砂采用自产机制砂，机制砂规格为2.5～2.7mm；大小碎石采用自产粗集料进行筛分，大石规格为15～26.5mm，小石规格为5～20mm；减水剂采用FJW-4高效缓凝减水剂。

通过初步配合比设计计算后，进行试配，所用粗细集料的称量均以干燥状态为基准。为保证试配拌和达到要求的设计强度，按照调整后的设计配合比基准增减水泥用量，配制成6组新拌混凝土，浇筑混凝土立方试件，经标准条件养护28d后，测定抗压强度。6组设计配合比拌和比例及试件抗压强度试验结果分别见表5、表6。

**1～6组试验配合比(g)** 表5

| 编　号 | 水泥P·O42.5 | 砂 | 碎　石 | 水 | 减水剂掺量(%) | 坍落度(cm) |
|---|---|---|---|---|---|---|
| 1 | 475 | 591 | 1 199 | 165 | 4.75 | 170 |
| 2 | 492 | 585 | 1 187 | 167 | 4.92 | 160 |
| 3 | 510 | 542 | 1 207 | 171 | 5.10 | 185 |
| 4 | 447 | 603 | 1 227 | 158 | 4.47 | 175 |
| 5 | 500 | 546 | 1 216 | 168 | 5.00 | 170 |
| 6 | 475 | 597 | 1 212 | 156 | 4.75 | 115 |

**1～6试件的试配试验结果** 表6

| 试　件 | 7d强度(MPa) | | 28d强度(MPa) | |
|---|---|---|---|---|
| | 单块值 | 代表值 | 单块值 | 代表值 |
| 1 | 49.3 | 49.8 | 60.6 | 60.5 |
| | 49.9 | | 60.3 | |
| | 50.1 | | 60.7 | |
| 2 | 50.6 | 49.9 | 60.9 | 61.2 |
| | 48.6 | | 61.2 | |
| | 50.4 | | 61.6 | |
| 3 | 49.5 | 50.6 | 60.8 | 61.1 |
| | 51.3 | | 61.4 | |
| | 51.1 | | 61.2 | |
| 4 | 42.8 | 43.8 | 52.6 | 3.9 |
| | 43.9 | | 54.8 | |
| | 44.7 | | 54.4 | |
| 5 | 52.4 | 51.9 | 62.1 | 61.6 |
| | 50.6 | | 59.3 | |
| | 52.8 | | 63.3 | |
| 6 | 52.5 | 53.0 | 63.7 | 63.9 |
| | 52.8 | | 63.2 | |
| | 53.6 | | 64.7 | |

根据上述试验结果，选取C50混凝土试验配合比为：水泥∶砂∶碎石∶水∶减水剂＝475∶591∶1 199∶165∶4.75的时候，混凝土试验的力学性能较好。其坍落度为170mm，28d强度60.5MPa。

我部现场桥梁工程T型梁混凝土施工实际应用配合比采用洞庭砂拌制C50混凝土的配合比为：水泥∶砂∶碎石∶水∶减水剂＝477∶649∶1 153∶153∶4.77。表7为自产机制砂与洞庭砂配制C50混凝土试验性能对比。

**自产机制砂与洞庭砂配制 C50 混凝土试验性能对比**　表 7

| 水泥(kg) | 砂(kg) | 碎石(kg) | 水(kg) | 外加剂掺量(%) | 坍落度(mm) | 7d 强度 | | 28d 强度 | | 备　注 |
|---|---|---|---|---|---|---|---|---|---|---|
| | | | | | | 单块值 | 代表值 | 单块值 | 代表值 | |
| 475 | 591 | 1 199 | 165 | 4.75 | 170 | 49.3 | 49.8 | 60.6 | 60.5 | 自产砂 |
| | | | | | | 49.9 | | 60.3 | | |
| | | | | | | 50.1 | | 60.7 | | |
| 477 | 649 | 1 153 | 153 | 4.77 | 130 | 50.7 | 50.4 | 61.0 | 61.0 | 洞庭砂 |
| | | | | | | 50.3 | | 60.3 | | |
| | | | | | | 50.1 | | 61.7 | | |

通过与采用洞庭砂的对比验证，石忠高速公路 B8 合同段在试验设计中配制的 C50 混凝土的性能效果较好，与天然砂配比的混凝土性能相当。试验设计中的混凝土集料均匀、密实，没有出现离析现象，流动性良好。采用自产机制砂试验配制的 C50 高强度等级混凝土的各项技术参数均符合规范要求。

### 4.3　使用机制砂预制 T 梁的试验情况

#### 4.3.1　预制 T 梁试验

B9 合同段于 2006 年 11 月 23 日，对三河大桥右 4-3 号、右 4-4 号、右 4-5 号 T 梁在监理工程师全过程旁站下使用机制砂 T 梁进行混凝土浇筑，配合比采用 B9 项目部中心试验室自配的 1：1.29：2.29：0.35：0.01，水泥用量为 500kg 的配合比。右 4-3 号 T 梁 4d 强度实测值为 45.2MPa；7d 抗压强度实测值为 49.5MPa，14d 抗压强度实测值为 54.4MPa，监理抽检 7d 强度实测值为 46.8MPa。右 4-4 号 T 梁，4d 强度实测值为 45.0MPa；7d 抗压强度实测值为 47.4MPa，14d 抗压强度实测值为 55.0MPa，监理抽检 7d 强度实测值为 47.0MPa。右 4-5 号 T 梁 4d 强度实测值为 45.7MPa；7d 抗压强度实测值为 48.3MPa，14d 抗压强度实测值为 56.5MPa，监理抽检 7d 强度实测值为 48.7MPa，结果表明该 3 片 T 梁强度均满足设计及规范要求。

#### 4.3.2　荷载试验

2007 年 1 月 6 日，B9 合同段对三河大桥右 4-4 号使用机制砂所预制的 T 梁进行了静载试验，右 4-4 号 T 梁在横隔板、翼缘板未连接其他 T 梁的情况下，加载 21t(跨中加载)下，挠度值(跨中)4.5mm，卸载后梁体恢复至零载状态，在加载 21t 延时半个小时后对梁体观测，无任何裂缝，在加载过程中未出现任何异响。三河大桥上部右 4-4 号 T 梁静载试验及各项指标如下(表 8)：

**三河大桥上部在 4-4 号 T 梁静载试验指标**　表 8

| 加 载 程 序 | 忠县端 5 号 | 4 号 | 跨中 3 号 | 2 号 | 石柱端 1 号 |
|---|---|---|---|---|---|
| 零载 | 1 400 | 1 323 | 1 319 | 1 271 | 1 291 |
| 6t | 1 401 | 1 324 | 1 322 | 1 272 | 1 291 |
| 12t | 1 402 | 1 326 | 1 324 | 1 274 | 1 292 |
| 24t | 1 403 | 1 328 | 1 326 | 1 276 | 1 293 |
| 卸载后 | 1 404 | 1 324 | 1 320 | 1 272 | 1 292 |

①观测时间 2007 年 1 月 6 日，观测仪器 AL322 水准仪，单位以 mm 计，分 5 个测点。测点间距从左至右依次为 5.90m、6.12m、5.97m、5.78m。

②右 4-4 号 T 梁在横隔板、翼缘板未连接其他 T 梁的情况下，加载(跨中加载)21t，挠度值(跨中)4.5mm，卸载后梁体恢复至零载状态。

③在加载 21t 延时半个小时后对梁体观测，无任何裂缝，在加载过程中未出现任何异响。

④混凝土强度，张拉检测各项指标正常。

## 5 结论

通过对石忠路机制砂在C50高强度等级混凝土试验与研究，证明了用大型机制砂设备所生产出的机制砂质量是满足要求的，且满足高强度等级混凝土强度和质量要求。增加对人工砂石集料加工系统的重视并加强相应的投入和管理力度将逐渐成为高速公路建设管理的重要内容。随着高速公路建设的发展，数量非常有限的天然砂已不能满足要求，机制砂将发挥越来越重要的作用。

### 参考文献

[1] 中华人民共和国国家标准. GB/T 14684—2001 建筑用砂. 北京：中国标准出版社，2001.
[2] 侯子义. 道路建筑材料. 天津：天津大学出版社，2004.

# 高速公路隧道沥青复合式路面结构防排水研究

林 志 程崇国 李 勇

(招商局重庆交通科研设计院有限公司 重庆 400067)

**摘 要**:路基排水及控制地下水位问题是我国公路隧道采用沥青混凝土复合式路面结构的一大挑战。本文通过对我国公路隧道路面结构防排水技术及隧道路面病害现状的调查,对现有路面防排水研究以及隧道内防排水研究成果的分析研究,提出了隧道内沥青复合式路面结构体系防排水理论,主要包括:隧道路面结构防排水体系的拟定原则;隧道沥青复合式路面防排水系统结构形式和材料。并结合依托工程,给出了高速公路隧道沥青复合式路面结构防排水技术指导方案。本文研究成果对于重庆市高速公路隧道沥青复合式路面的建设及养护,提高隧道路面使用性能、使用寿命及服务水平,降低养护成本,提高公路隧道运营的安全与综合效益,具有现实意义。

**关键词**:公路隧道 沥青复合式路面 防水 排水

## 1 引言

近几十年来,美国、日本、法国、英国和德国等发达国家在路基路面综合排水设计方面已做了不少研究。路面内部排水系统作为一项常用措施,在西方国家道路建设中得到广泛应用。同时科研工作者还在继续对路面内部排水系统的设计、施工、养护和使用效果以及排水材料的规格、试验方法和参数值等,进行着长期的观测、调查、试验和研究工作[1]。

我国在这方面起步较晚,对于路面结构内部排水系统的研究工作始于1990年,同济大学和重庆交通科研设计院、中南大学铁道学院等开展了相应研究[1]。

继1997年8月我国颁布《公路排水设计规范》(JTJ 018—96),路面内部排水系统越来越受到重视。但是必须注意到,虽然排水设计规范对路面内部排水系统有了一个较为统一的认识,但是,规范主要致力于路面排水(包括路肩排水)、中央分隔带排水和路基排水,而对于路面结构内部排水系统仅做了一些定性的规定,对于基层材料和结构尚未进行系统研究。更没有涉及隧道内路面结构排水系统,因此将此规范思路应用于隧道工程中,还需要做大量的研究工作。

隧道路面防排水的关键是设置路面结构内排水系统,排出进入路面结构内的自由水;其次,为阻止毛细水、蒸发水和渗水由下而上进入沥青面层,设置路面结构内防水层也是隧道防排水系统有别于其他防排水系统的一个特点。

## 2 防排水系统结构形式

### 2.1 隧道路面结构防排水体系的拟定原则

新的隧道路面结构防排水体系的拟定原则如下:

(1)路面结构防排水措施要体现"防、排、截、堵"相结合[3],"多道设防"的原则。

(2)各种排水设施应具有足够的泄水能力,排出渗入路面结构内的自由水[2]。

(3)自由水在路面结构内的渗流时间不能太久,渗流路径不能太长。路面饱水时间越长,寿命越短[2]。

(4)排水设施耐久性。各种排水设施必须考虑反虑措施阻止细粒随水渗入,同时,所设计的设施要便于进行经常性的检查、清扫或疏通[2]。

### 2.2 重庆高速公路隧道沥青复合式路面铺装结构

整个重庆市在建高速公路隧道工程采用的沥青复合式路面铺装结构大体一致,具体组成包括:双层沥青面层+防水黏结层+普通水泥混凝土面板+贫混凝土垫层+超挖回填层,见图1。

下面的讨论均是针对以上典型沥青复合式路面结构而提出的。

## 2.3 隧道沥青复合式路面防排水系统结构形式

综合考虑路面防排水系统、隧道路面结构和隧道自身地下水环境特点,参考已有沥青复合式路面防排水实践经验,拟定了如图2所示的高速公路沥青复合式路面结构防排水体系,其主要的特点是:在混凝土面板上、下两侧分别设了一层防水层;设置了多道排水设施:路基横向排水管、透水垫层(基层)及其中的横向渗水管、垫层顶部横向透水盲沟、沥青面层纵向透水盲沟等。

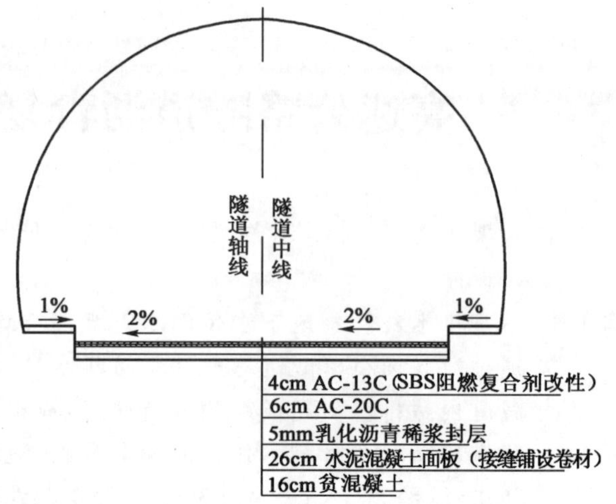


图1 典型沥青复合式路面铺装结构

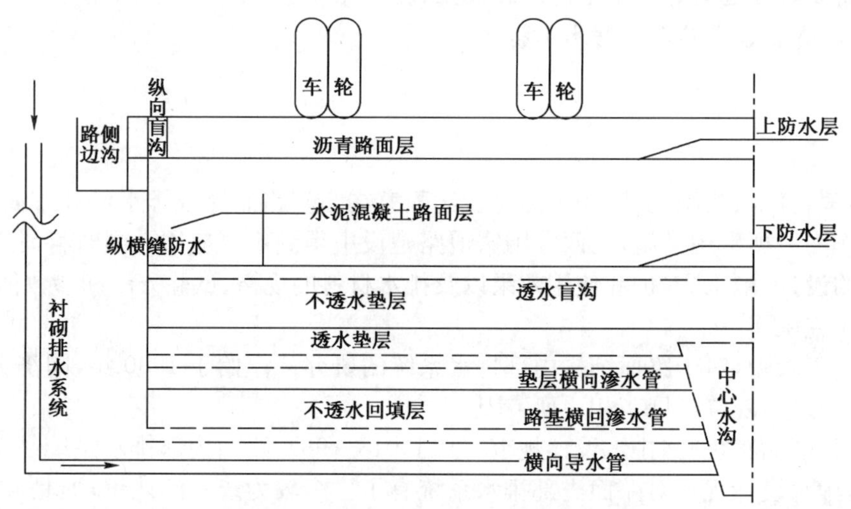


图2 隧道沥青复合式路面防排水体系结构示意图

(1)原隧道衬砌防排水系统

原隧道防排水设计已经形成了一个完整的防排水体系[3]。其主要防水设施有:防水层(含无纺布)、防水衬砌、止水带等;主要排水设施有:中心水(管)沟、纵向盲管、竖向导水盲管(沟)、环向导水盲管(沟)、横向导水管、路侧边沟等;主要堵水措施有:围岩体内压注水泥浆或其他化学浆液,设止水墙等。

在新拟定的路面防排水结构体系中,仍然保留原有隧道衬砌防排水体系,让其继续发挥疏导衬砌围岩地下水压力的作用。其中,中心水(管)沟、路侧边沟也仍就是路面防排水结构中最主要的纵向排水通道,将渗入路面结构中的自由水最终排出隧道的纵向通道。

(2)路基横向导水管

由于原隧道横向导水管是为疏导衬砌地下水到中心水沟设置的,在这种设置中,路基中的集中出水点没有直接的导引通道,很容易通过垫层中的裂缝进入路面结构中,并留存在各个结构界面中,不能有效地进入中心水沟(管)。针对这种情况,有必要在路基与底垫层(回填层、整平层)之间设置集中收水和导水的管道,将水导入中心水沟。

由于中心水沟本身也起到了收集路基水的作用,所以只在路基有集中出水点或路基水量大的路段增设这种横向的集中导水管,缩短地下水在路基中的存留时间,减小其进入路面结构的概率。

这种横向排水管的运用是灵活的,不仅用在无仰拱段,如果在有仰拱段施工过程中,由于各种原因导致仰拱底部或回填材料中水量丰富,也可以设置横向排水管。

(3)不透水回填层

隧道防排水采用的是防排结合的原则，不主张无限制排放地下水。因为大量排放地下水将引起地下水流失，造成当地农田灌溉和生活用水减少，造成围岩颗粒流失，形成地下空洞，甚至地表塌陷，降低围岩稳定性，改变当地的自然生态环境。

基于此种考虑，排水之前首先要堵水、防水，防止水流出围岩、进入隧道内，因此在有仰拱段，需要设置防水性仰拱；在无仰拱段，需要设置不透水回填层。这种设置不仅可以减少进入隧道底部的地下水量，还可以降低进入隧道底部的地下水压力。

(4)排水垫层

该层是路面防排水结构体系中最重要、最核心的一层，也是承上启下的一层。其作用是收集进入路面结构中的自由水，将其导入中心水沟，降低路面结构中的地下水水位及地下水压力，阻止毛细水上升。

该层所用材料首先要有充足的排水性能，其次要有一定的力学强度和抗冲刷性能。如果其强度不能满足路用基层要求，就只能作为排水底垫层使用，其上还需设置垫层；如果其强度满足路用基层要求，其上就不必增设垫层。

为确保路面结构排水通畅，该层排水耐久性要求高，必须设置反滤措施，防止通道堵塞。

为缩短地下水在该层中的流动长度和时间，建议在该层中设置一定间隔的横向渗水管，集中拦截和排泄地下水。

(5)上、下防水层

考虑到地下工程的隐蔽性、复杂性，以及防水措施容易失效、难以检修的特点，为防止路面结构内毛细水、蒸发水上升到沥青面层中，建议有条件时，在混凝土面板上、下两侧均设置防水层；条件不允许时，至少设置一层防水。

(6)沥青面层纵向排水盲沟

在阻止了地下水从下而上进入沥青面层后，沥青面层还会受到来此隧道内衬砌渗漏水和路面清洗水的渗透。在沥青面层下坡缘沿纵向设置盲沟，有利于沥青面层中水经过渗透排出沥青面层，降低沥青面层含水量。

### 2.4 隧道路面结构防排水分级

根据对隧道围岩地下水环境的研究、勘察和施工开挖揭露的围岩富水情况，可以将围岩贫富水构造等级划分为 3 级，分别为：

(1)富水构造：围岩及其地质构造属于富水型(例如：灰岩、断层等)，且开挖暴露出的地下水为股状水流，水量大；

(2)一般富水构造：围岩及其地质构造属于富水型，但开挖暴露出的地下水为淋状、滴状，水量小；或者围岩及其地质构造属于贫水型(例如：泥岩、页岩、砂岩等)，但开挖暴露出的地下水为股状水流，水量大；

(3)贫水构造：围岩及其地质构造属于贫水型，且开挖暴露出的地下水为淋状、滴状，水量小，甚至无水。

与围岩贫富水等级相对应，隧道路面防排水方案也划分为三种类型，分别为：

(1)富水段方案：垫层横向碎石盲沟设置间距为 5m，其内埋设双壁单侧打孔波纹管；

(2)一般富水段方案：垫层横向碎石盲沟设置间距为 10m，其内埋设双壁单侧打孔波纹管；

(3)贫水段方案：垫层横向碎石盲沟设置间距为 20m。

考虑到隧道仰拱对地下水有较好的隔阻作用，因此在设计时有仰拱段路面防排水等级降一级考虑。另外，为确保进入隧道路面结构内的水不纵向流窜，不从富水段流入贫水段，在设计时，富水等级高的段落向富水等级低的段落延伸 10m；有、无仰拱段交界处 20m 范围内，路面防排水等级升高一级。

## 3 设计指导方案

结合隧道工程路面铺装设计，根据上述隧道内沥青复合式路面结构防排水体系研究成果，我们提出 2 种路面结构防排水设计指导方案。如果采用现行典型沥青复合式路面结构(图 1)，建议采用方案一。如果采用排水底垫层,由于其一般不能满足高速公路路用基层的强度要求(表1),建议采用方案二。

适宜各交通等级的基层类型 表1

| 交通等级 | 基层类型 | 交通等级 | 基层类型 |
|---|---|---|---|
| 特种交通 | 贫混凝土、碾压混凝土或沥青混凝土 | 中、轻交通 | 水泥稳定粒料、石灰粉煤灰稳定级配粒料 |
| 重交通 | 水泥稳定粒料或沥青稳定碎石 | | |

## 3.1 设计指导方案一

### 3.1.1 方案简介

无仰拱段:10cm 贫混凝土回填层+16cm 贫混凝土垫层+26cm 普通水泥混凝土板+1cm 防水黏结层+沥青面层。

有仰拱段:仰拱回填+16cm 贫混凝土垫层+26cm 普通水泥混凝土板+1cm 防水黏结层+沥青面层。

贫混凝土回填层主要是防止围岩压力水进入到路面结构内部,二衬及仰拱也起到了同样的作用。

贫混凝土上设置盲沟,可以排走隧道路面内部的渗透水,以及在衬砌背后渗漏到隧道内部的水。

在沥青层较低的一侧设置排水盲沟,用来汇集进入到沥青层内的水,并每隔 10～20m 用排水管把盲沟内的水排到边沟内。排水盲沟内填入级配碎石。

### 3.1.2 路面铺装结构

对各结构层的设计可分别根据公路水泥和沥青混凝土路面设计等规范的规定,并参照已有设计进行。

### 3.1.3 排水结构

(1)隧道底部采用中心水沟式或水管式排水系统,横向导水管采用直径 5～10cm 的双壁单侧打孔波纹管。在无仰拱段,横向导水管宜设置在碎石盲沟内(图3)。特别是在路基有集中出水点或路基水量大的无仰拱路段,必需增设横向导水管盲沟,将地下水直接排入中心水沟。

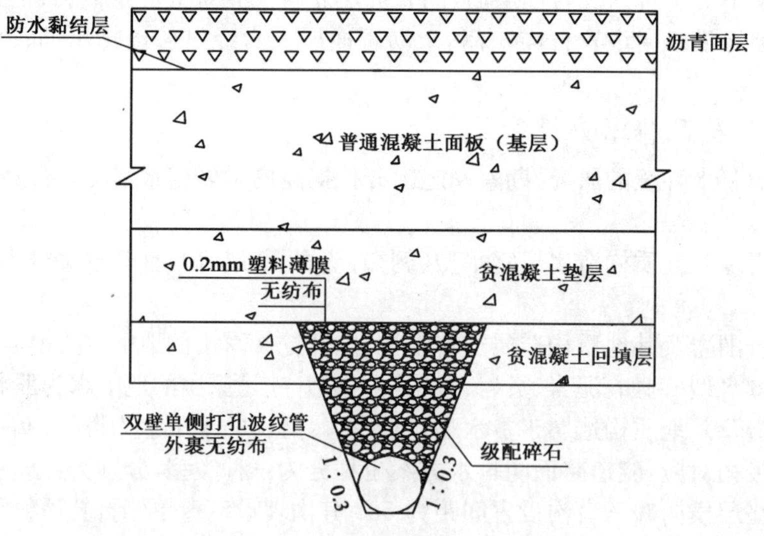


图3 方案一 无仰拱段横向导水管盲沟布置图

(2)贫混凝土垫层上,距离混凝土横缝 1m 位置(如能满足强度要求,可以正对横缝下)设置 10cm 宽的横向排水盲沟,盲沟深度与垫层厚度一致(图4),底部做成朝向中心水沟的坡度。在盲沟内填入碎石,并用无纺布包裹,上铺一层 30cm 宽塑料薄膜,防止盲沟堵塞。在富水区域,盲沟内埋入由无纺布包裹的有双壁单侧打孔波纹管,增加排水能力。

盲沟的水可以直接排到中心水沟管,再排出隧道外;如果盲沟标高高于两侧边沟设计最大过水标高,盲沟的水也可以直接排到边沟,再排出隧道外。

在无仰拱段,垫层盲沟与横向导水管盲沟在隧道纵向上应错开布置,不易重叠设在同一断面上(图5)。

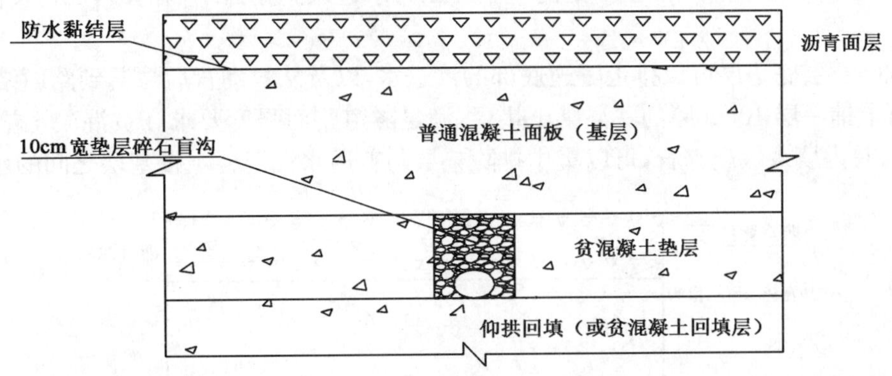


图4 方案一 垫层横向盲沟布置图

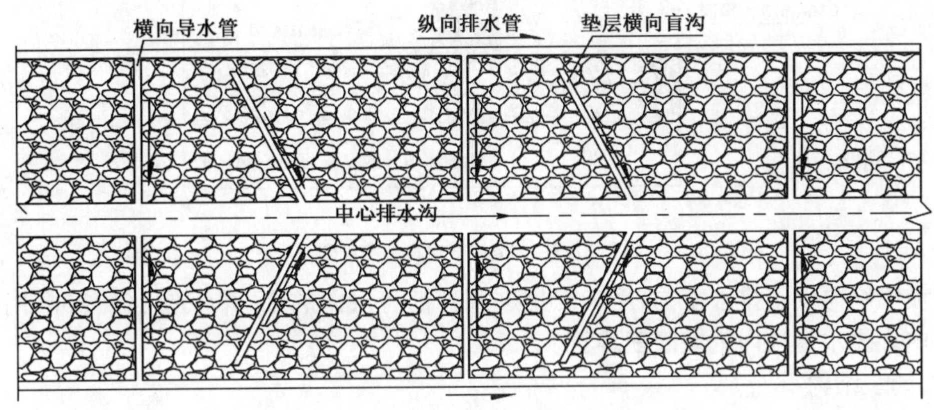


图5 路面防排水平面布置图

(3)隧道两边设置边沟，沥青面层下坡缘沿纵向设置5cm宽的碎石盲沟(图6)，每隔10～20m设置导管将水排到边沟内。

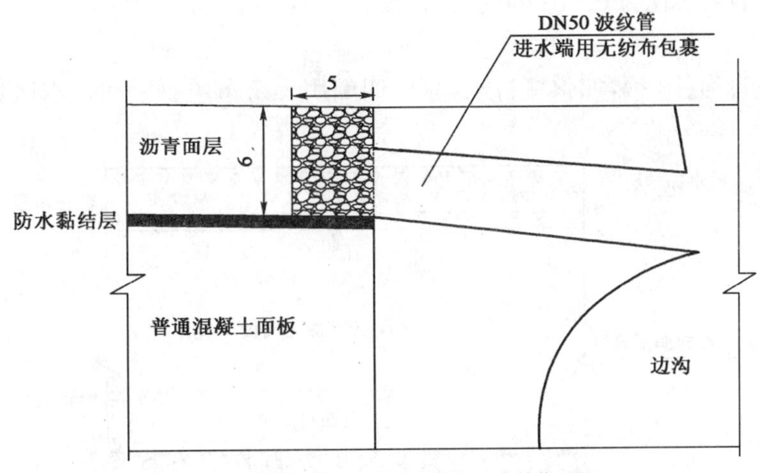


图6 沥青面层纵向盲沟布置图(尺寸单位:cm)

## 3.2 设计指导方案二

### 3.2.1 方案简介

无仰拱段：10cm贫混凝土回填层(整平层)＋10cm多孔水泥稳定碎石底垫层＋10cm贫混凝土垫层＋26cm普通水泥混凝土板基层＋1cm防水黏结层＋9cm沥青面层。

有仰拱段：仰拱回填＋10cm多孔水泥稳定碎石底垫层＋10cm贫混凝土垫层＋26cm普通水泥混凝土板＋1cm防水黏结层＋9cm沥青面层。

10cm 的贫混凝土回填层(整平层)主要是防止围岩压力水进入到路面结构内部，二衬及仰拱也起到了同样的作用。

多孔水泥稳定碎石层底垫层可以排走隧道底部的渗透水，以及从衬砌背后渗漏到路面结构内部的水。

水泥稳定碎石上铺一层 10cm 厚的贫混凝土垫层，满足隧道路面强度要求。贫混凝土垫层上设置 10cm 的排水盲沟(图 7)，其内填入级配碎石，可以集中排除垫层与普通水泥混凝土板基层之间的水。

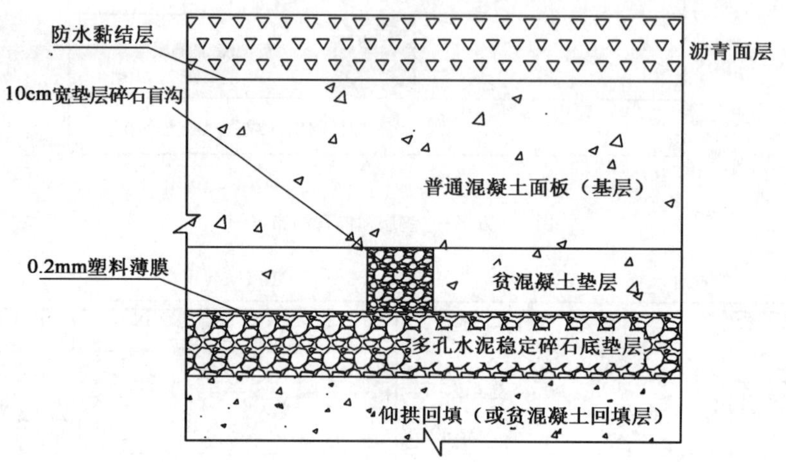


图 7　方案二 垫层横向盲沟布置图

在沥青层下坡缘纵向设置排水盲沟，用来汇集进入到沥青层内的水，并每隔 10～20m 用排水管把盲沟内的水排到边沟内。排水盲沟内填入级配碎石。

3.2.2　路面铺装结构

对各结构层的设计可分别根据公路水泥和沥青混凝土路面设计规范的规定，并参照已有设计进行。

推荐多孔水泥稳定碎石排水层水泥含量为 120～170kg/m$^3$，碎石压碎值应不大于 26%，扁平状颗粒含量不超过 15%，碎石中不应有黏土块。多孔水泥碎石混合料配合比(m$^3$)为：水泥：集料：水＝120kg：1 450kg：48kg；混合料的水灰比为 0.40；28d 抗压强度＞6.0MPa。

3.2.3　排水结构

排水底垫层下设置盲沟(图 8)，如弹簧盲沟，盲沟四周用无纺布包裹。在富水区域盲沟间距适当缩小。其他可参照方案一执行。

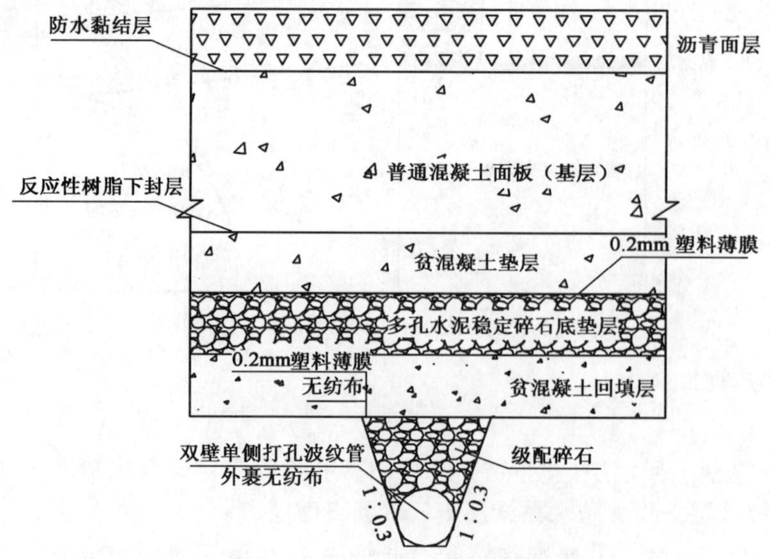


图 8　方案二 无仰拱段横向导水管盲沟布置图

## 4 结论

本文所展示的研究成果已经在重庆多条高速公路隧道中得到了应用，如：石忠路的方斗山隧道、吕家梁隧道；武水路的羊角隧道和白云隧道；重庆绕城公路东段施家梁隧道、玉峰山隧道等。

(1)总结了隧道路面地下水环境，对沥青复合式路面结构中水的来源、分布和存在形式进行了研究。在此基础上对隧道围岩地下水贫富状况进行了定性的分级。

(2)针对重庆市在建高速公路隧道工程采用的沥青复合式路面铺装结构，结合路面防排水研究以及隧道内防排水研究成果，分析总结提出了隧道内沥青复合式路面结构体系防排水理论，主要包括：①隧道路面结构防排水体系的拟定原则；②隧道沥青复合式路面防排水系统结构形式；③路面结构防排水材料。

(3)在以上研究基础上，提出了两套可供选择使用的高速公路隧道沥青复合式路面结构及其防排水措施方案。

(4)针对研究提出的路面结构防排水方案，结合实际情况，提出了具体施工中多孔混凝土垫层、垫层排水盲沟和沥青面层下坡缘纵向排水盲沟的材料标准、施工的技术规程和要求。

## 参考文献

[1] 郑木莲. 多孔混凝土排水基层研究[D]，西安：长安大学，2004.

[2] 杨良，郭忠印，杨学良. 公路隧道路面工作环境调研与分析[J]. 公路，2004，3：148-152.

[3] 王守立，麻虹艳. 沥青路面防水措施初探[J]，辽宁交通科技，2001，24(5)9～10.

[4] 中华人民共和国行业标准. JTG D70—2004 公路隧道设计规范[S]. 北京：人民交通出版社，2004.

[5] 中华人民共和国行业标准. JTG D40—2002 公路水泥混凝土路面设计规范[S]. 北京：人民交通出版社，2002.

[6] 郑木莲，徐江萍，王秉纲. 大孔隙混凝土排水基层的施工与检测[J]. 公路，2003，4：5-61.

[7] 张林洪，吴华金. 公路排水设施施工手册[M]，北京：人民交通出版社，2005.

# 贝雷法在Superpave沥青混合料设计中的应用

文 健[1] 何建宏[2]

(1.江苏省交通科学研究院 江苏 211112;
2.重庆高速公路集团有限公司 重庆 401147)

**摘 要**:本文采用贝雷法对大量Superpave沥青混合料配合比设计数据进行了分析,提出在Superpave沥青混合料配合比设计过程中引入贝雷法作为级配组成的评价和混合料性能预测的辅助工具,并根据分析研究结果,提出在混合料不同最大公称粒径以及在不同层位的应用时,对贝雷法参数取值范围进行适当调整。

**关键词**:贝雷法 Superpave 配合比设计 性能

## 1 Superpave与贝雷法

Superpave技术作为美国公路战略研究计划(SHRP)的重要研究成果,近年来在国内外得到了极大的推广和运用。Superpave沥青混合料设计方法是一套包括从原材料选择到级配选择,以及最佳油石比确定和混合料性能验证在内的综合体系。与传统的马歇尔设计方法相比较而言,有以下主要几大改进:①Superpave采用旋转压实仪(SGC)成型混合料试件,更合理地模拟了现场压实对混合料作用的方式,并能根据交通水平和行车速度选择不同的旋转压实次数,使得室内成型条件更符合实际情况。更适用重交通和超重交通路面的沥青混合料组成设计;②superpave在配合比设计过程中加入了级配组成结构选择的过程,使得设计出的结构组成更趋于合理;③进行混合料的体积性能分析时采用了四相体系,考虑到了集料吸收部分沥青对混合料的影响。有效沥青含量概念的引入,使得分析过程更为科学准确。

然而Superpave混合料级配设计时只有限制区和控制点,无所谓级配范围,级配选择不是传统的选择范围中值方式。因此在Superpave级配设计选择过程中,经常出现多个级配均满足要求的情况,此时就需要一种给予决策者进一步的判断何种级配最优的方法。

贝雷法是美国伊利诺伊州罗伯特.贝雷先生提出的一种沥青混合料设计检验方法,用于评价和判断集料级配的嵌挤情况。近十多年来,贝雷法在许多工程的混合料设计和质量控制中,得到了广泛的应用。贝雷方法是一种很好的Superpave混合料级配选择与评价工具。

贝雷方法基于集料的装填特性对集料级配进行评价,以使混合料结构有良好的嵌挤效果。为了达到最大的密实度和最佳嵌挤效果,贝雷法认为,粗集料相互嵌挤形成的空隙由细集料填充,而集料相互嵌挤时形成的空隙则与集料形状和粒径有关。贝雷方法中,集料按照控制粒径将集料分为三级结构,用贝雷方法级配评价参数粗集料CA、细集料$F_{Ac}$、细集料$F_{Af}$分别评价各级装填特性以最终判断集料嵌挤性能。贝雷法所用的数学模型是平面圆模型,当三个圆球互相嵌挤的时候,接触面有2种可能:球面和平面,从而有4种组合情况,即3球面、2球面1平面、1球面2平面和3平面。而对应4种可能所形成的空隙分别是0.15$D$、0.20$D$、0.24$D$、0.29$D$($D$为圆直径)。贝雷法理论上取四种情况的平均值0.22$D$对应的筛孔孔径$P_{CS}$作为关键控制粒径,即粗细集料的分界点。$P_{CS}$随着最大公称粒径的变化而变化。

$$P_{CS}=D\times 0.22 \tag{1}$$

式中:$P_{CS}$——关键控制粒径;

$D$——最大公称粒径。

实际工程应用中,采用的是0.25$D$。根据分界点划分级配,粗集料形成嵌挤结构,细集料则填充嵌挤形成的空隙。细集料因嵌挤形成的空隙，又由更细的集料填充，由此形成多级嵌挤逐级填充的结构。这样对细集料而言，也需要和粗细集料划分一样，通过两级分界点进一步逐级划分，将细集料中的较粗和较细部分进一步划分。细集料两级分界点 $F_{AC}$、$F_{AF}$ 分别按照下面公式计算：

$$F_{AC}=P_{CS}\times 0.22 \tag{2}$$

$$F_{AF}=F_{A1}\times 0.22 \tag{3}$$

式中：$F_{AC}$——细集料一级分界粒径；

$F_{AF}$——细集料二级分界粒径。

同时，贝雷法取最大公称尺寸 $D$ 的一半作为半筛尺寸 $H_S$。根据以上理论计算出 Superpave 各种结构的各级分界点，见表 1 所示。

**贝雷法计算不同规格混合料各级分界点**　表 1

| 结构形式 | 最大公称粒径 $D$ | 半筛尺寸 $H_S$ | 关键控制粒径 $P_{CS}$ | 细集料一级分界粒径 $F_{AC}$ | 细集料二级分界粒径 $F_{AF}$ |
|---|---|---|---|---|---|
| Sup37.5 | 37.5 | 19 | 9.5 | 2.36 | 0.6 |
| Sup25 | 25 | 12.5 | 4.75 | 1.18 | 0.3 |
| Sup19 | 19 | 9.5 | 4.75 | 1.18 | 0.3 |
| Sup12.5 | 12.5 | 4.75 | 2.36 | 0.6 | 0.15 |
| Sup9.5 | 9.5 | 4.75 | 2.36 | 0.6 | 0.15 |

贝雷方法采用三个控制参数来评价混合料骨架性：粗集料 CA、细集料 $F_{AC}$ 以及细集料 $F_{AF}$。三个参数分别根据以下公式计算：

$$CA=(P_{(NMPS/2)}-P_{pcs})/(100\%-P_{(NMPS/2)}) \tag{4}$$

$$F_{AC}=P_{(F_{AC})}/P_{(P_{CS})} \tag{5}$$

$$F_{AF}=P_{(F_{AF})}/P_{(F_{AC})} \tag{6}$$

式中：$F_{AC}$——细集料的粗比；

$F_{AF}$——细集料的细比；

$P_{(P_{CS})}$——关键控制筛孔通过率；

$P_{(F_{AC})}$——细集料一级筛孔的通过率；

$P_{(F_{AF})}$——细集料二级分界筛孔的通过率。

贝雷法中粗集料 CA 推荐值控制在 0.4～0.8 之间。理论上认为，当 CA 过小时，粗料较多，混合料容易压实，但其粗集料比例不均衡，容易发生离析；当 CA 值接近 1.0 时，粗细集料比例相当，尽管混合料不易离析，但由于中间集料过多，不能形成一致的骨架结构，压实时容易发生推移而难于压实；当 CA 值超过 1.0 时，细集料较多，粗集料已被完全分开，互相之间不能形成嵌挤骨架，而是形成悬浮结构。

同样，贝雷法中用细集料 $F_{AC}$ 来评价较粗的细集料的嵌挤特性，用细集料 $F_{AF}$ 来评价细集料中最细的部分的嵌挤特性。细集料 $F_{AC}$ 对空隙率和矿料间隙率等体积指标影响极大，随着细集料 $F_{AC}$ 增加，混合料的空隙率和矿料间隙率减小，反之则增大。根据美国工程经验，$F_{AC}$ 比取值应该在 0.25～0.50 之间。若 $F_{AC}$ 过大，细集料中填充空隙的细颗粒过多，级配容易形成“驼峰”现象而使混合料表现“软化”；若 $F_{AC}$ 比过低，细集料中粗颗粒间隙体积不能被足够的细料填充，混合料级配不均衡且非常敏感，导致难于压实。根据工程经验，细集料 $F_{AF}$ 也应控制在 0.25～0.50 之间，同样随着细集料 $F_{AF}$ 增加，混合料的空隙率减小，反之增大。若 $F_{AF}$ 过大，级配也在细集料处容易形成“驼峰”现象（表 2）。

**贝雷法推荐的参数范围**　表 2

| 控制参数 | CA | $F_{AC}$ | $F_{AF}$ |
|---|---|---|---|
| 美国工程经验范围 | 0.4～0.8 | 0.25～0.5 | 0.25～0.5 |

## 2 贝雷法在Superpave设计中的分析对比

近年来,随着我国公路建设事业的不断发展,各地对 Superpave 技术也开展了大量的研究和推广工作,并使得 Superpave 技术在江苏、广东、重庆、河南、浙江等地得到广泛的工程应用。笔者用贝雷法对江苏省交通科学研究院为江苏、河南、重庆、浙江、内蒙、青海、安徽等全国个地区设计的近 200 组 Superpave 混合料和 AC 混合料配合比数据进行了计算、分析,并从不同类型、不同参数值以及对应的混合料性能等多方面进行了对比分析。

笔者通过分析该批配合比设计实例发现,在 Superpave 混合料配合比设计时,从粗、中、细三种初试级配的体积指标以及最终综合选取的最佳级配来看,其贝雷法各项参数并不是完全满足美国工程经验范围的,也并不都是参数最佳的级配。

### 2.1 不同规格混合料对比

表 3 列出了该批配合比设计实例中 Sup25、Sup19、Sup13 与相应规格 AC 混合料的贝雷法计算参数平均值以及满足推荐范围的比例。

**不同规格混合料贝雷法参数值对比** 表 3

| 规格类型 | 控制参数 | CA | $F_{AC}$ | $F_{AF}$ |
|---|---|---|---|---|
| | 美国推荐范围 | 0.4～0.8 | 0.25～0.5 | 0.25～0.5 |
| Sup25 | 56 组平均值 | 1.05 | 0.46 | 0.47 |
| AC25C | 23 组平均值 | 0.88 | 0.48 | 0.50 |
| Sup19 | 51 组平均值 | 0.60 | 0.45 | 0.46 |
| AC20C | 37 组平均值 | 0.61 | 0.47 | 0.45 |
| Sup13 | 17 组平均值 | 0.33 | 0.48 | 0.50 |
| AC13C | 22 组平均值 | 0.27 | 0.52 | 0.52 |

注:本文配比数据均来源于江苏省交通科学研究院。

(1)贝雷法参数值特点

从表 3 可见,对于 Sup25 和改进型 AC25C,两者 CA 平均值均超出了推荐范围高限,说明新规范改进型的 AC 结构也开始注重减少粗集料,增加中间集料的“S 型”级配思路。相较而言,Sup25 的 CA 值多 0.17 左右,而 $F_{AC}$、$F_{AF}$值相近。可见,Sup25 结构较 AC25C 结构中间集料更多,更具嵌挤。

对于 Sup19 和改进型 AC20C,其 CA、$F_{AC}$、$F_{AF}$值基本接近,区别不大。对于 Sup13 和改进型 AC13C,其 CA、$F_{AC}$、$F_{AF}$值相近,两者 CA 值偏低限而 Sup13 稍大。可见,Sup13 结构也较 AC13C 结构中间集料更多,更具嵌挤。

从表 3 还可看出,与经验范围比较,各类型混合料的 $F_{AC}$、$F_{AF}$值基本接近经验范围上限 0.5,但从诸多级配的曲线图来看,并未出现“驼峰级配”。显而易见,按目前国内绝大多数 Superpave 设计级配符合粗级配定义范畴,如果 $F_{AC}$、$F_{AF}$值设计过低,则实际工程中压实将更为困难。

(2)与美国工程经验范围比较

由表 4 可以看出,Sup25/AC25C 和 Sup13/AC13C 规格混合料满足美国工程经验 CA、$F_{AC}$、$F_{AF}$值推荐范围的比例并不高。从参数分布特征来看,Sup25、AC25,CCA 值超高限的较多,而 Sup13、AC13C 混合料 CA 值超低限的多,Sup25、AC20C 混合料的各项贝雷参数则多 70%～85%,在推荐范围内。

从上述各组设计的室内性能验证数据以及相应的实体工程施工实施和运营效果来看,其混合料的高温稳定性能、低温抗裂性能、抗水损害性能等各项性能均能满足规范要求和相应设计要求,各自运营期间也未出现相应的明显病害。由此可见,美国推荐的工程经验范围是可以也应该根据不同的地域特征、气候特征、材料特性等进行调整的。

贝雷法参数值与美国工程经验范围比较 表 4

| 规格类型 | 满足美国工程经验范围的比例(%) | | |
|---|---|---|---|
| | CA | $F_{AC}$ | $F_{AF}$ |
| Sup25 | 16 | 80 | 77 |
| AC25C | 43 | 61 | 48 |
| Sup19 | 71 | 76 | 75 |
| AC20C | 86 | 81 | 83 |
| Sup13 | 24 | 59 | 53 |
| AC13C | 0 | 36 | 36 |

## 2.2 贝雷值参数与混合料各项性能

(1)CA 值

由表 3 和图 1 可见,Sup25 按美国经验范围评价只有 16%满足范围要求,大多 CA 值超出 0.8 的高限,但是 CA 不满足要求的 Sup25 混合料,各项性能验证、工程实施和运营观测也都能很好的满足相关要求。根据国内外的大量研究以及路面病害分析发现,车辙多发生在中、上面层(路表下 10cm 以内),下面层影响则较小,因此,在有足够厚度的前提下不宜过于强调下面层的抗车辙能力。如果在保证适当嵌挤效果和抗车辙能力时,级配结构粗集料部分相对减少,中间集料增加,即适当增大 CA 值,这对于混合料减少铺面离析、提高压实度均匀性和铺面密水性都是有利的。由此,对于 Sup25(尤其用在下面层时)笔者认为在达到足够的相应性能前提下,可以适当对 CA 上限放宽。

同时,从图 1 的 CA 分布看,其没有明显的规律,CA 值超过工程经验范围时,并未导致高温稳定性能、T283 抗水损害性能不合格;但从其整体分布而言,随着 CA 值增大,存在一个高温稳定性减小而抗水损害性能增加的趋势。由此说明,Sup25 的 CA 过大和过小都是不合适的。可见,根据上述数据分析,笔者建议对于 Superpave 混合料而言,CA 上限可适当调整到 1.0。

Sup13 的 CA 值只有 24%满足美国的推荐范围,大多 CA 值超出了 0.4 的下限,但是 CA 不满足要求的 Sup13 混合料,各项性能验证、工程实施和运营观测下来也都能很好的满足相关要求。一方面说明,同样 CA 值对于不同公称粒径来说,效果是不一样的,大粒径级配 CA 偏大,不一定会导致混合料软化,小粒径级配 CA 偏小也不一定会离析。在 Sup13 设计时的 CA 值适当偏小,能在保证不离析、易于压实和不易渗水的基础上,提高其骨架嵌挤作用,增强抗车辙能力。根据上述数据分析,对于 Sup13 的 CA 值建议下限可放宽到 0.3。

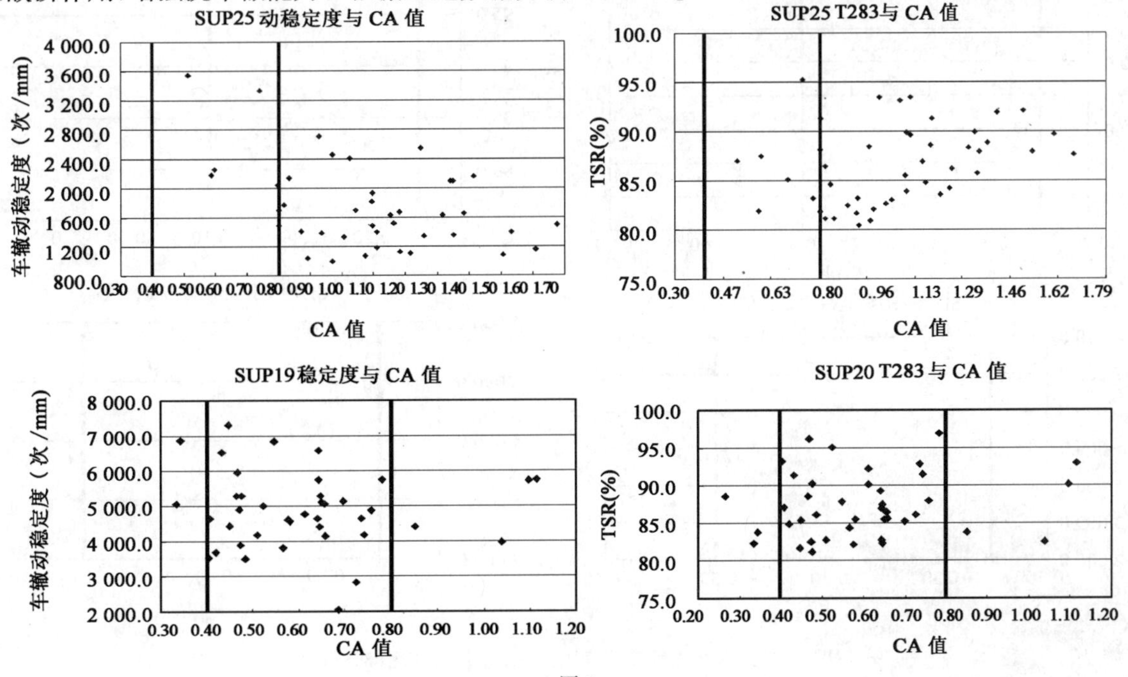


图 1

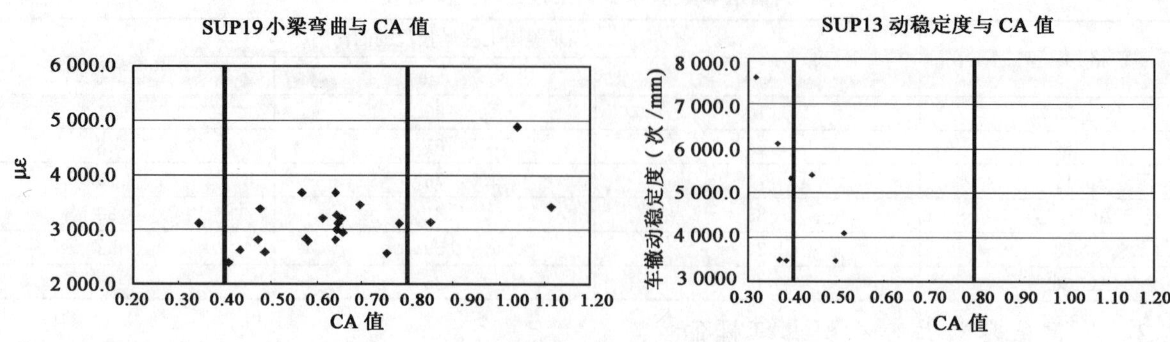


图1 混合料各项性能试验与CA值分布图

(2)$F_{AC}$、$F_{AF}$值

从图2来看，Sup25类型的$F_{AC}$、$F_{AF}$值大多分布在0.4～0.5范围内，$F_{AC}$值、$F_{AF}$值超过0.5时，也未有高温稳定性能、T283抗水损害性、低温抗裂性能等不合格或增减明显趋势，数值与性能之间无明显规律。因此，$F_{AC}$、$F_{AF}$值也可适当调整范围，建议为0.3～0.6。Sup19、Sup13类型规律类似(限于篇幅，部分Sup19、Sup13图片未放入)。

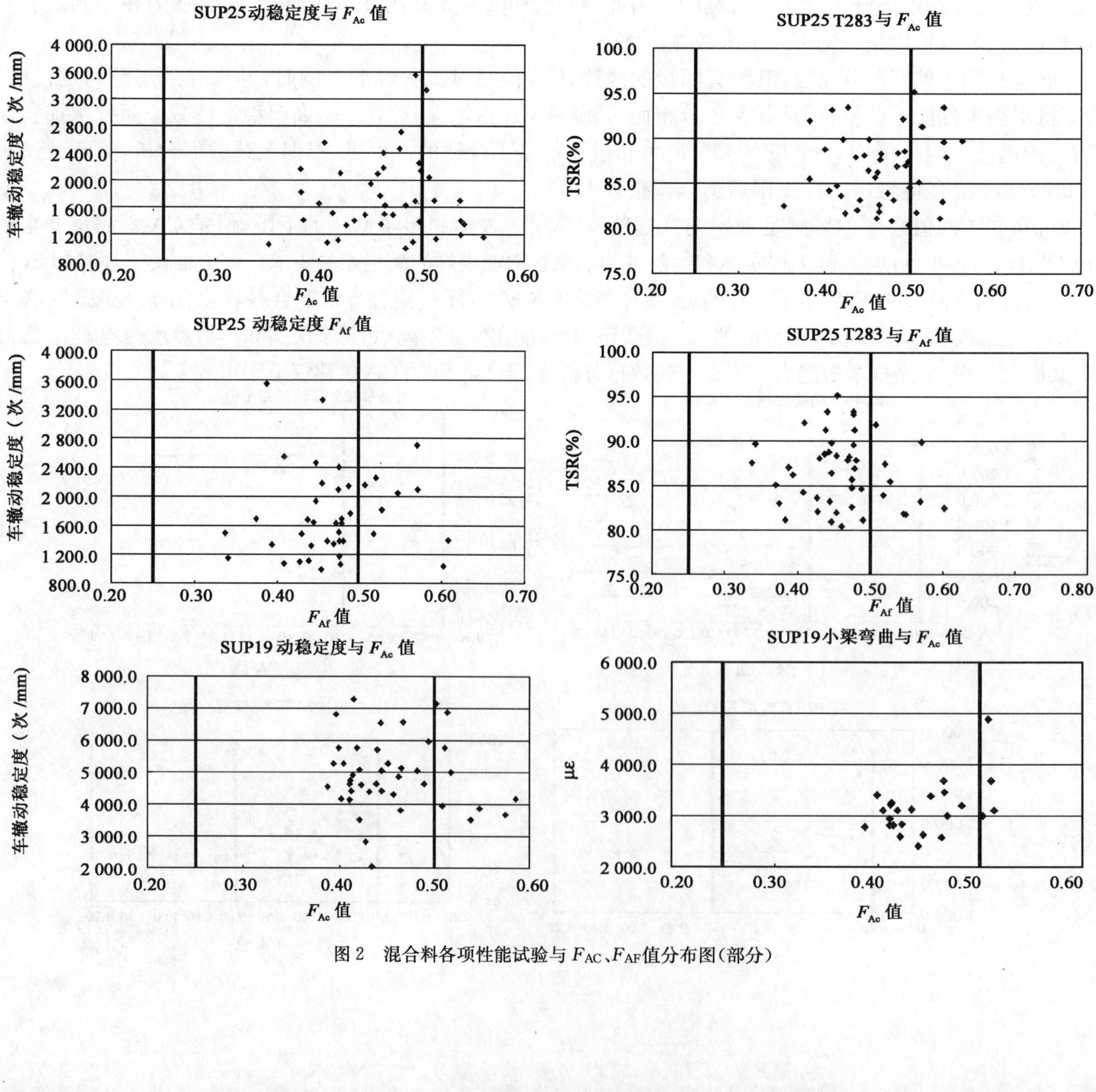

SUP25动稳定度与$F_{Ac}$值

SUP25 T283与$F_{Ac}$值

SUP25 动稳定度$F_{Af}$值

SUP25 T283与$F_{Af}$值

SUP19动稳定度与$F_{Ac}$值

SUP19小梁弯曲与$F_{Ac}$值

图2 混合料各项性能试验与$F_{AC}$、$F_{AF}$值分布图(部分)

## 3 结论与建议

Superpave 混合料级配设计时只有限制区和控制点，无所谓级配范围，级配选择不是传统的选择范围中值方式。笔者运用贝雷法对大量国内不同区域的 Superpave 沥青混合料配合比设计数据进行了分析，发现多数设计的 Superpave 沥青混合料级配的贝雷法参数不能完全满足美国工程经验范围，且分布上都有一定的特征规律。从各混合料室内性能验证数据以及相应的实体工程施工实施和运营效果来看，其高温稳定性能、低温抗裂性能、抗水损害性能等各项性能均能满足规范要求和相应设计要求，由此提出在 Superpave 沥青混合料配合比设计过程中引入贝雷法作为级配组成的评价和混合料性能预测的辅助工具，并根据分析研究结果，提出应结合地域气候差异、不同最大公称粒径、不同结构层位等因素，对贝雷法参数取值范围的进行适当调整，建议调整范围如表 5 所示，供参考。

**建议的贝雷法参数范围** 表 5

| 控 制 参 数 | CA | $F_{AC}$ | $F_{AF}$ |
|---|---|---|---|
| Sup25 | 0.4～1.0 | 0.3～0.6 | 0.3～0.6 |
| Sup20 | 0.4～1.0 | 0.3～0.6 | 0.3～0.6 |
| Sup19 | 0.3～0.8 | 0.3～0.6 | 0.3～0.6 |

### 参 考 文 献

[1] 江苏交通科学研究院. 高性能沥青路面 Superpave 技术实用手册[M]. 北京：人民交通出版社，2005.

[2] 中华人民共和国行业标准. JTG F40—2004 公路沥青路面施工技术规范[S]. 北京：人民交通出版社，2004.

[3] 林绣贤. 论 Superpave 的集料组成和油石比. 石油沥青，2003，17(增刊).

[4] 陈爱文，郝培文. 应用贝雷法设计和检验级配. 中外公路，2004，24(5).

# 重庆界水高速公路长大纵坡路段沥青路面试验研究

李福普　严二虎

(交通部公路科学研究院　北京　100088)

**摘　要**:由于重庆气候、地理、地质条件的特殊性,使得长大坡路段沥青路面在通车后不久容易出现沥青层推挤、拥包等早期损坏现象,严重影响高速公路的使用性能和车辆行驶安全。为此,本文围绕重庆界水高速公路长大纵坡路段开展试验研究这一内容,介绍了相关试验研究情况。

**关键词**:长大纵坡路段　沥青路面　研究

## 1　引言

由于重庆市气候、地理、地质条件的特殊性,山区公路较多,夏季炎热持续高温,重载车、超载车比例较大,在高速公路实行渠道化交通后,沥青路面的车辙、推拥成为最严重的病害。尤其是在长大坡路段,沥青路面在通车后不久容易出现沥青层推挤、拥包等早期损坏现象,严重影响高速公路的使用性能和车辆行驶安全。为此,在重庆市交通委员会科技计划项目"重庆高温多雨山区高速公路沥青路面关键技术研究"中列出了"高速公路长大坡段沥青路面技术研究"专题,并于2006年申请为交通部西部项目。根据课题大纲要求,在水界高速公路上铺筑科研路段。本文重点介绍科研路段的铺筑情况。

## 2　试验路段设计方案

试验路段设计方案见表1。

**试验路段路面方案**　　表1

| 方　案 | A | B | C | D | E |
|---|---|---|---|---|---|
| 面层 | 4cm AC-13(改性) | | 4cm SMA-13(改性) | | 4cm AC-13(改性) |
| | 6cm AC-20C(SBS改性) | 6cm AC-20C(70号沥青掺抗车辙剂) | 6cm AC-20C(70号沥青掺岩沥青或湖沥青) | 6cm AC-20C(50号沥青) | |
| | 12cm ATB-25 | | 12cm ATB-25 | | 10cm ATB-25 |
| 基层+底基层 | 20cm水稳碎石<br>21cm水稳碎石 | | 20cm水稳碎石<br>21cm水稳碎石 | | 20cm水稳碎石<br>23cm水稳碎石 |
| 垫层 | 20水稳垫层 | | 20水稳垫层 | | |
| 试验段落长 | 517m | 650m | 300m | 700m | 2 300 |
| 路段桩号 | K62+833～K63+350 | K63+350～K64+000 | K75+000～K75+300 | K75+300～K76+000 | K76+000～K78+300 |

## 3　沥青混合料目标配合比设计

### 3.1　ATB-25混合料设计

ATB-25混合料采用当地的石灰岩,沥青为泰国IRPC品牌的70号A级道路石油沥青,原材料均检测合格。

根据试验,最终确定的生产配合比如表2所示,最佳油石比3.6%,较正常路段的AC-25C最佳油石比3.9%降低了0.3%。根据材料配合比和最佳油石比,检测各项技术指标合格。其中车辙试验动稳定度达到2 400次/mm,说明设计的沥青混合料具有较好的抗车辙性能。

**ATB-25 混合料配合比** 表 2

| 混合料编号 | 1号 | 2号 | 3号 | 4号 | 5号 | 6号(矿粉) |
|---|---|---|---|---|---|---|
| 集料(mm) | 16～28 | 11～16 | 6～11 | 3～6 | 0～3 | — |
| 配比(%) | 32 | 23 | 11 | 10 | 21 | 3 |

## 3.2 AC-20C 混合料设计

AC-20C 混合料采用当地的石灰岩,原材料均检测合格。

抗车辙剂为法国的 PR PLAST. S 抗车辙剂,其基质沥青为为泰国 IRPC 品牌的 70 号 A 级道路石油沥青,抗车辙剂掺加量为混合料总质量的 0.4%。70 号沥青+抗车辙剂的掺加:若是车辙试验,先将抗车辙剂和集料拌和后,再加入沥青拌和均匀;若是马歇尔试验,先将抗车辙剂和集料拌和后,再加入沥青拌和后放到烘箱,保温半小时后再成型。

湖沥青和岩沥青采用的基质沥青均采用泰国 IRPC 品牌的 70 号 A 级道路石油沥青。70 号沥青+岩沥青的掺加:岩沥青与 70 号沥青比例为 9∶91,采用 2 种掺加工艺,一种是岩沥青与 70 号沥青高速剪切后按照改性沥青方式直接与集料拌和;另一种是先加集料,再加岩沥青,后再加入沥青一起拌和均匀。室内目标配合比设计同时采用 2 种工艺,发现 2 种工艺差异不大,因此在现场生产配合比采用后 1 种工艺。

70 号沥青+湖沥青的掺加:TLA 湖沥青与 70 号沥青比例为 25∶75,实际需加入湖沥青改性沥青总量为设计油石比×1.13×集料总质量。其中,70 号沥青质量为设计油石比×1.13×集料总质量×75%,湖沥青质量为设计油石比×1.13×集料总质量×25%;同时需要降低矿粉的用量,降低的质量为设计油石比×1.13×集料总质量×25%×10%。

50 号沥青抗车辙性能明显较 70 号沥青抗车辙性能有所提高。沥青为中海油 50 号沥青,经检测各项指标均达到现行技术规范要求。根据科研目的,进行岩沥青和湖沥青对比。本次试验用岩沥青,其动稳定度指标较湖沥青高,因此根据室内试验,选定试验路铺筑岩沥青。

为进行长大纵坡路面技术研究,进行了不同胶结料、不同油石比研究。研究发现,在最佳油石比基础上,适当降低 1%～5%油石比,各种胶结料下的混合料抗车辙性能都有明显增加,一般增加 20%～60%。这表明,对于重载交通、慢速交通的长大纵坡路段,适当降低油石比有利于提高其高温、慢速条件下的抗车辙性能。进一步研究表明,当设计油石比在最佳油石比上下调 0.1%～0.5%时,设计的混合料个别指标,如 *VMA* 和(或)*VFA* 可能较设计值偏低一些。因此应根据长大纵坡路段混合料使用特点,从提高混合料抗车辙性能出发,对长大纵坡路段的沥青混合料设计值进行调整,继续采用一般路段的沥青混合料设计指标可能不是很合适,这一点在沥青路面施工技术规范中已经指出,但又没有提出具体调整值,因此本课题将根据室内试验进行研究,提出合适的指标。

最终设计的 AC-20C 生产配合比见表 3。

**AC-20C 混合料配合比** 表 3

| 混合料编号 | 1号 | 2号 | 3号 | 4号 | 5号 | 6号(矿粉) |
|---|---|---|---|---|---|---|
| 集料(mm) | 16～24 | 11～16 | 6～11 | 3～6 | 0～3 | — |
| 配合比(%) | 8 | 23 | 27 | 12 | 27 | 3 |

各胶结料下的最佳设计油石比和调整后采用的油石比见表 4。

**各胶结料 AC-20C 最佳设计油石比和调整后采用的油石比(%)** 表 4

| 胶结料种类 | 50 号沥青 | 70 号沥青+岩沥青 | 70 号沥青+抗车辙剂 | SBS |
|---|---|---|---|---|
| 设计最佳油石比 | 4.5 | 4.5 | 4.3* | 4.4 |
| 调整后油石比 | 4.25 | 4.2 | 4.1* | 4.15 |

注:* 表示没有包括抗车辙剂含量。

### 3.3 表面层混合料设计

表面层粗集料采用江苏茅迪的玄武岩碎石，细集料采用当地的 0～3mm 石灰岩机制砂，矿粉采用当地的 3～6mm 石灰岩现场研磨而成。

根据热料仓筛分结果，参考目标配合比，AC-13C 进行混合料生产配合比设计结果见表 5。试验确定最佳油石比为 4.9%，实际使用调整为 4.7%。

**AC-13C 混合料配合比** 表 5

| 混合料编号 | 1号 | 2号 | 3号 | 4号 | 5号(矿粉) |
|---|---|---|---|---|---|
| 集料(mm) | 11～16 | 6～11 | 3～6 | 0～3 | — |
| 配合比(%) | 26.5 | 26 | 14 | 31.5 | 2 |

同样，根据热料仓筛分结果，参考目标配合比，SMA-13 混合料生产配合比设计结果见表 6。试验确定最佳油石比为 6.0%，实际使用为 6.0%，其中纤维采用北京泛华絮状木质素纤维，为总混合料质量的 0.3%。

**SMA-13 混合料配合比** 表 6

| 混合料编号 | 1号 | 2号 | 3号 | 4号 | 5号(矿粉) |
|---|---|---|---|---|---|
| 集料(mm) | 11～16 | 6～11 | 3～6 | 0～3 | — |
| 配合比(%) | 40 | 34 | 0 | 16.5 | 9.5 |

## 4 试验路段沥青混合料施工

对于一般混合料，我国传统的做法是振动碾压时振压前进，后退仍然振动碾压；对于长大纵坡路段，则要求由坡底向坡顶方向摊铺，必须由坡底向坡顶方向振动碾压，严禁由坡顶向坡底倒推时进行振动碾压，即摊铺和碾压要求沿行车方向进行，不要反方向施工。

同时，为了充分碾压、提高碾压效果，沥青路面施工应配备足够数量的压路机。现场的压路机数量不少于 5 台，其中包括不少于 2 台总重大于 25t 的轮胎压路机。

### 4.1 ATB-25 混合料

ATB-25 混合料的拌和及摊铺基本与一般沥青混合料相同，但由于其级配较一般 AC-25C 粗，且一层摊铺厚度较厚，因此其拌和、摊铺、碾压又有一定的差异。主要在于：①拌和中干拌时间较 AC-25C 相对延长，可适当延长 2～5s；②于 ATB-25 一层摊铺厚度较厚，摊铺速度宜控制在 1.5～2m/min，不应超过2.5m/min。

试铺碾压采用 2 种工艺：①采用 AC-25C 碾压工艺；②初压：胶轮 2 遍；复压：微振 1 遍，再强振 1～2 遍，微振 1 遍；终压：钢轮静碾 1～2 遍至无轮迹。通过试铺确定碾压工艺为后一种。

施工温度控制见表 7。

**ATB-25 施工温度控制(℃)** 表 7

| 温度名称 | 温度值 | 温度名称 | 温度值 |
|---|---|---|---|
| 沥青加热温度 | 150～160 | 摊铺温度 | >135 |
| 集料加热 | 160～180 | 碾压温度 | >130 |
| 出产温度 | 155～165 | 终压温度 | >80 |
| 废弃温度 | >185 | | |

### 4.2 AC-20C 混合料

对于 SBS 改性沥青 AC-20C 和 50 号 AC-20C，其施工基本按一般 AC-20℃的要求进行，但是对于抗车辙剂和岩沥青，其拌和需要注意添加工艺、拌和时间。由于现场拌和楼没有专门的添加设备，且产量较低，因此现场施工直接投放，要按要求、顺序进行拌和，即：①先将加热的集料投放到拌和锅中，通过观察孔将抗车辙剂或岩沥青同时投放进拌和锅干拌 15s；②然后加入 70 号沥青，湿拌 23s，总拌和时间为 38s。

碾压工艺见表 8，施工温度控制见表 9。

AC-20C 碾压工艺　　表 8

| 碾压顺序 | 压路机类型 | 碾压方法 |
|---|---|---|
| 初压 | DD130 | 前静后静 1 遍 |
| 复压 | CC622 | 前强振后静 1 遍 |
| | DD130 | 前强振后静 1 遍 |
| | XP301 和 LTP2030 | 搓揉各 1 遍 |
| | CC622 | 前弱振后静 1 遍 |
| | DD130 | 前弱振后静 1 遍 |
| | XP301 和 LTP2030 | 搓揉各 1 遍 |
| 终压 | CC622 | 共静压 1～2 遍至表面无轮迹 |

不同胶结料的 AC-20C 施工温度控制(℃)　　表 9

| 温度名称 | SBS | 70 号沥青＋岩沥青 | 70 号沥青＋抗车辙剂 | 50 号沥青 |
|---|---|---|---|---|
| 沥青加热温度 | 165～175 | 160～170 | 160～170 | 160～170 |
| 集料加热 | 175～185 | 180～190 | 180～190 | 170～180 |
| 出产温度 | 170～180 | 170～180 | 170～180 | 160～175 |
| 废弃温度 | >195 | >195 | >195 | >190 |
| 摊铺温度 | >150 | >150 | >150 | >145 |
| 碾压温度 | >145 | >145 | >145 | >140 |
| 终压温度 | >100 | >100 | >100 | >90 |

## 4.3 表面层 AC-13C 和 SMA-13

对于 AC-13C，由于油石比有所降低、同时马歇尔空隙率有所提高，为使得现场混合料空隙率仍然控制在 3%～7%之间，要求加强碾压，尽量采用压路机紧跟，趁热碾压。碾压工艺见表 10。

AC-13C 碾压工艺　　表 10

| 碾压顺序 | 压路机类型 | 碾压方法 |
|---|---|---|
| 初压 | DD130 | 前弱振后静 1 遍 |
| 复压 | CC622 | 前强振后静 1 遍 |
| | XP301 | 搓揉 1 遍 |
| | LTP2030 | 搓揉 1 遍 |
| | DD130 | 前弱振后静 1 遍 |
| | XP301 | 搓揉 1 遍 |
| | LTP2030 | 搓揉 1 遍 |
| 终压 | CC622 | 静压 1～2 遍至表面无轮迹 |

由于调试的级配较粗，试铺时铺砂法测定的构造深度稍偏大，故碾压工艺中加强了胶轮的搓揉碾压。

对于 SMA-13，纤维采用直接人工投放，其中干拌 12～17s；然后加入 SBS 改性沥青，湿拌 45～40s，总拌和时间为 55～60s。拌和时间可根据实际情况调整。由于纤维较轻，难以拌和均匀，需要特别注意延长总拌和时间。

由于生产 SMA 时，拌和机生产率降低，为保证其匀速、不间断地连续摊铺，摊铺速度宜控制在 1.5 ～ 2.5m/min。碾压工艺见表 11。

SMA-13 碾压工艺

表 11

| 碾压顺序 | 压路机类型 | 碾压方法 |
|---|---|---|
| 初压 | DD130 | 前弱振后静 1 遍 |
| 复压 | CC622 | 前弱振后静 1 遍 |
| | DD130 | 前弱振后静 1 遍 |
| | DD130 | 前弱振后静 1 遍 |
| 终压 | CC622 | 静压 1～2 遍至表面无轮迹 |

振动压路机应遵循"紧跟、慢压、高频、低幅"的原则，紧跟在摊铺机后面，采取高频率、低振幅的方式慢速碾压，碾压速度宜控制在 2～3km/h。

现场摊铺、运输中沥青离析，需采取及时处理。

施工温度控制见表 12。

表面层混合料施工温度控制(℃)

表 12

| 温度名称 | AC-13C | SMA-13 |
|---|---|---|
| 沥青加热温度 | 165～175 | 165～175 |
| 集料加热 | 175～185 | 185～195 |
| 出产温度 | 170～180 | 170～185 |
| 废弃温度 | >195 | >195 |
| 摊铺温度 | >150 | >160 |
| 碾压温度 | >145 | >150 |
| 终压温度 | >100 | >120 |

## 5 试验路段质量控制主要指标及检测

试验路段质量要求见表 13。

沥青混合料质量要求

表 13

| 项目 | | 质量要求或允许偏差 | 试验方法 |
|---|---|---|---|
| 混合料外观 | | 观测集料粗细、均匀、离析、油石比、色泽、冒烟、有无花白料、油团等现象 | 目测 |
| 拌和温度 | 沥青、集料加热温度 | 符合规范要求 | 传感器自动检测、显示并打印 |
| | 混合料出厂温度 | 符合规范要求 | 逐车按 T0981 人工检测 |
| | | 符合规范要求 | 传感器自动检测、显示并打印 |
| 矿料级配(筛孔) | 0.075mm | ±2%(2%) | 计算机采集数据计算 |
| | ≤2.36mm | ±5%(4%) | |
| | ≥4.75mm | ±6%(5%) | |
| | 0.075mm | ±1%(1%) | 按规范总量检验方法 |
| | ≤2.36mm | ±2%(2%) | |
| | ≥4.75mm | ±2%(2%) | |
| | 0.075mm | ±2%(2%) | T0725 抽提筛分与标准级配比较 |
| | ≤2.36mm | ±5%(3%) | |
| | ≥4.75mm | ±6%(4%) | |
| 沥青用量(油石比) | | ±0.3(0.3%) | 计算机采集数据计算 |
| | | ±0.1(0.1%) | 按规范总量检验方法 |
| | | ±0.3(0.3%) | 抽提 T0722、T0721 |

续上表

| 项　目 | 质量要求或允许偏差 | 试验方法 |
|---|---|---|
| 压实度 | 试验室标准密度的98%(98%)<br>最大理论密度的93%(94%) | T0924,T0922 |
| 沥青层层面上渗水系数 | 上、中面层:300mL/min(SMA:200mL/min)<br>ATB-25:实测 | T0971 |
| 构造深度 | 符合设计要求(如设计没有指标则实测) | T0964 |

注:1.表中质量要求或允许偏差栏(　)括号内为SMA-13指标。

2.表中数据为试验段沥青混合料施工过程中质量的控制标准和检测频度,其中表面层AC-13C以及AC-20C的压实度应提高到98%,ATB-25压实度为97%。

各项检测结果均符合设计要求,另外还对科研路段的弯沉、摩擦系数等进行了检测。

## 6　结语

围绕“沥青路面长大纵坡路段技术研究”课题,课题组在界水高速公路上铺筑了科研路段,进行了大量室内外试验研究,基本达到了科研目标;将在这些数据基础上进一步进行完善、补充试验,完成整个课题研究。

# 小型混凝土预制构件塑模施工

王亚伟

(重庆交通工程监理咨询有限责任公司　重庆　400060)

**摘　要:** 在高速公路施工中小型混凝土预制构件的外观和质量一直难以控制。为了全面确保小型混凝土预制构件的外观和质量,重庆至长沙高速公路水江至界石段在施工中采用塑料模具生产小型混凝土预制构件,做到内实外美、精雕细琢、与环境协调。

**关键词:** 小型混凝土预制构件　塑料模具　施工

## 1 引言

高速公路建设中,北方和部分南方石材丰富、运输方便的省份,为了保证建筑外观质量和线性美观,采用石材砌筑、切割等方法建设路缘石、平石、带石等。2000年,部分建设理念先进的省份开始在高速公路建设中采用塑料模具生产用于边坡、边沟、绿化等的小型混凝土预制构件,但预制构件尺寸均较小,外观也不尽如人意。水界高速公路为了进一步提高小型混凝土构件产品质量,使之具有工厂化生产前景,开展了相关研究。

## 2 技术改进

(1)所有主线平面系统外露小型混凝土构件均采用塑料模具制作,除强调构件外观精美、尺寸精确、安装方便、线性流畅外,注重整体效果。

(2)开发钢筋塑料定位卡,准确定位钢筋位置;衍生系列钢筋塑料垫块和定位卡,解决桥梁等结构物建设中钢筋保护层合格率严重偏低的通病;满足结构物设计对钢筋受力和耐久性的要求。

(3)在不采用高强度等级砂浆的前提下保证混凝土外观精美,确保混凝土强度和构件的受力要求。

(4)操作工艺流程方便,制作成本合理,便于推广。

## 2 施工质量控制

### 2.1 施工工艺流程

小型混凝土预制构件工程施工必须注意过程控制,保证有序施工,其施工流程如下:备料→拌和→钢筋安放→喂料→振捣→一次收面→二次收面→薄膜养护→脱模→堆放→洒水养护。

### 2.2 塑模加工制作与保养

严格按照业主提供的产品结构图,预留安装空隙。根据经验,为了线条美观和脱模方便、减少运输损耗率,科学地考虑构件棱角大小并进行微观调整。为了保证构件的光洁度并适应冬季施工的特点,全部采用ABS原料一次性注塑成功塑料模具。严格检测塑料模具的光洁度,不合格者一律报废,不得进入工地现场。

必须加强塑模的保护意识,现场存放塑模的工棚必须防晒、防火、严禁吸烟,且塑模必须采用面对面的方式分类存放;严禁将塑模拖拉摩擦,且必须轻拿轻放;必须将脱模剂均匀涂刷在塑模内壁;塑模内沾有水泥浆时只能专人用3%的稀盐酸液清洗,严禁磨刷;混凝土养护时必须保证塑模处于保湿状态,严禁直接暴晒在太阳之下。

### 2.3 混凝土材料、浇筑与养护

为保证混凝土表面效果,应从材料、浇筑、养护3个方面着手控制:

(1)水泥

水泥的选用为整个混凝土工程生产施工的基础，选用的水泥应具有活性好、标准稠度用水量小、水泥与外加剂间的适应性良好、原材料色泽均匀一致的特性。

(2)集料

粗集料选用的原则是强度高、连续级配好、低碱活性。同一颜色的碎石，其产地、规格必须一致。应选择含泥量小于1%、粒径5～25mm的碎石。

细集料选用天然河沙和机制砂掺配的中砂，颜色一致，其含泥量要控制在1%以内。

(3)外加剂

外加剂必须减水效果明显，能够满足混凝土的各项工作性能。减水率应为18%～22%，含气量需小于3%、抗压强度比(3d)需大于200%。

(4)超细掺和料

掺和料应能增强混凝土的和易性，且部分替代水泥；应能改善混凝土的施工性能，减少水泥石中的毛细孔数量和分布状态；应能有助于对碱一集料活性的抑制，有利于提高混凝土的耐久性。本工程根据外观要求适量加入5%石粉。

(5)混凝土坍落度

混凝土浇筑的坍落度严格控制在5～7cm。混凝土搅拌时应根据气温条件、运输时间(白天或夜间)、砂石含水率变化、混凝土坍落度损失等情况，及时适当地对原配合比(水胶比)进行微调，以确保混凝土浇筑时的坍落度能够满足施工生产需要。混凝土应做到不泌水、不离析，色泽保持一致，确保质量。

(6)对混凝土和易性的要求

为了保证混凝土在浇筑过程中不离析，要求混凝土应具有足够的黏聚性，在振动过程中不泌水、不离析。《混凝土泵送施工技术规程》(JGJ/T 10—1995)规定泵送混凝土10s时的相对压力泌水率不得超过40%，因此要求混凝土泌水速度要慢，以保证混凝土的稳定性。

(7)混凝土初凝时间

为了保证混凝土浇筑不出现冷缝，根据当前气候，要求混凝土在施工期间的初凝时间保证在2～4h。

当气候有变化时，要求测定混凝土不同温度下、单位时间内的坍落度损失值，以便现场能够掌握混凝土停置时间。

(8)脱模剂

采用HD水乳型高效混凝土专用脱模剂，要求涂刷均匀。

(9)混凝土浇筑

将底层混凝土振捣均匀，在初凝之前浇筑第2层混凝土；振捣第2层混凝土直到表面无气泡泛出时停止振捣。

(10)混凝土养护

严格控制混凝土脱模时间，保证脱模后不掉角、不起皮，必须以同条件试块试验为准。脱模时间以同条件试块强度达到10MPa为准。

脱模之前对混凝土充分洒水进行养护，使水分通过混凝土和塑模的间隙渗入混凝土中。脱模后，在混凝土表面再洒一道水，然后用塑料薄膜包裹，边角接茬部位要严密并压实，养护时间不少于7天。

### 2.4 质量控制要点

(1)塑模质量是达到小型混凝土预制构件要求的首要条件，必须保证塑模尺寸准确，有足够的刚度，板面平顺光洁。

(2)应保证饰面清水效果，外加剂减水性能良好，脱模剂隔水性能、分散性能良好，黏度小。

## 3 质量通病控制

(1)混凝土烂根：严格掌握混凝土坍落度和振捣时间。

(2)表面色差大：必须认真清理塑模和涂刷脱模隔离剂，应有专人检查验收，不合格的要重新刷涂。

(3)按照优化的配合比,选用同一厂家、同一品种强度等级的水泥,同一品种、规格的外加剂、掺和料、脱模剂和养护液;选用同一产源、同一品种、同一规格的粗细集料,以确保执行同一配合比;注意原材料的色泽,使混凝土色差能保持在可调节范围内。

## 4 成品保护

(1)混凝土脱模应轻拆轻放,脱模时,不得碰撞小型预制构件结构。

(2)混凝土脱模后立即进行养护,先涂刷养护剂,再覆盖混凝土面以防污染。

## 5 结语

通过业主和监理的严格管理和承包人的精心组织、施工,水界高速公路小型混凝土预制构件做到了工艺化生产,小型混凝土预制构件由于外观精美、尺寸精确、线形流畅、整体效果好,且生产方便、不受地材制约、工期有保障,得到了多部质监总站的肯定并建议推广。

# 粉胶比对沥青路面使用性能的影响分析

陈李峰[1]　何　兵[2]

（1.江苏省交通科学研究院　南京　210017；
2.重庆高速公路集团有限公司南方建设分公司　重庆　401121）

**摘　要**：粉胶比对沥青路面使用性能影响显著，合适的粉胶比是沥青混合料设计和施工过程中控制的重点。本文通过室内试验分析不同粉胶比下的沥青胶泥、沥青混合料的高温、低温、抗水损害、抗疲劳性能，提出重庆高速公路沥青混合料合适的粉胶比范围。

**关键词**：沥青　矿粉　粉胶比　动态剪切试验　施工控制

## 1　引言

矿质填料在沥青混合料中的主要作用是吸附沥青，沥青只有吸附在填料表面形成薄膜才能对其他粗、细集料产生黏附作用，因此，真正起到沥青混合料结合料作用的，不是沥青胶结料本身，而是沥青填料胶泥混合料，正是这种沥青胶泥混合料才使得粗、细集料结合成为一个整体。影响沥青胶泥混合料性能的主要因素包括：沥青材料本身的性能，填料与沥青的黏附性能，填料的用量等。

我国普遍采用矿粉作为填料，为提高填料与沥青黏附性能，我国规范对用作沥青混合料填料的矿粉明确要求必须是“石灰岩或岩浆岩中的强基性岩石等憎水性石料经磨细得到的矿粉”，同时要求其中0.075mm以下的部分不少于75%，以增加矿粉的比表面积。

当沥青用量一定时，填料的用量对沥青混合料的影响主要表现在：填料用量少了则不足以形成足够的比表面积以吸附沥青，不能形成合适的沥青膜厚度，若沥青用量过大则会造成沥青流淌现象；而填料用量过多则又会致使胶泥成团，影响混合料的和易性，施工过程中容易产生离析等现象。为确定合适的填料用量，美国SHRP研究成果Superpave混合料设计体系提出了粉胶比的要求，其定义为“混合料中小于0.075mm筛孔的集料质量百分率同有效沥青含量的质量百分率的比值”并将粉胶比作为混合料设计阶段的设计标准之一，要求粉胶比控制在0.6～1.2之间（当采用粗型级配时，粉胶比可控制在0.8～1.6之间）。

近年来，重庆高速公路建设管理部门充分认识到了粉尘含量对混合料性能的影响，加大了对集料粉尘含量的控制力度，并要求沥青面层用细集料均采用机制砂。这些措施的提出对提高路面质量起到了一定的效果。但笔者认为，在严格控制成品集料的粉尘含量的同时，还应严格控制混合料中粉尘含量和混合料的粉胶比。

本文主要通过室内试验分析不同粉胶比对沥青胶泥、沥青混合料性能的影响。

## 2　粉胶比对沥青胶泥性能的影响

### 2.1　对沥青胶泥高温性能的影响

室内分别采用0.8、1.2、1.6三个不同的粉胶比值进行沥青胶泥的高温性能评价，试验方法分别为我国规范规定的软化点试验和美国SHRP研究提出的动态剪切流变试验（DSR），评价指标分别为软化点和车辙因子（$G^*/\sin\delta$）。试验结果见表1、表2。

从DSR试验结果来看，随着粉胶比的增大，沥青胶泥在同一温度下车辙因子（$G^*/\sin\delta$）逐渐增大。车辙因子（$G^*/\sin\delta$）越大，表明沥青胶结料抵抗流动变形的能力越强，其高温性能越好。

短期老化后不同粉胶比的沥青胶泥 DSR 试验结果 表1

| 试验温度(℃) | 不同粉胶比下的沥青胶泥车辙因子 $G^*/\sin\delta$(Pa) | | |
|---|---|---|---|
| | 0.8 | 1.2 | 1.6 |
| 58 | $1.52\times10^4$ | $3.05\times10^4$ | $3.94\times10^4$ |
| 64 | $6.18\times10^3$ | $1.33\times10^4$ | $1.53\times10^4$ |
| 70 | $2.92\times10^3$ | $5.90\times10^3$ | $6.66\times10^3$ |

不同粉胶比下沥青胶泥的软化点试验结果 表2

| 粉胶比 | 软化点(℃) | 粉胶比 | 软化点(℃) |
|---|---|---|---|
| 0.8 | 51.0 | 1.6 | 58.3 |
| 1.2 | 54.0 | | |

从试验结果来看，沥青胶泥的软化点随粉胶比的增大而增大，提高粉胶比有利于提高沥青胶泥的劲度，沥青胶泥的高温性能也将提高。但粉胶比是否越大越好呢？

美国沥青路面协会的研究表明，沥青中加入矿粉后(即沥青胶泥)与加入矿粉前两者的软化点之差若小于11℃，则沥青胶泥劲度不至于因增长过多而影响其性能。本试验原样沥青(未加矿粉)的软化点为47.2℃，若按照该研究的结论，则不会因劲度增加过多而影响混合料性能的沥青胶泥软化点最高应不超过58.2℃。从表2可见，粉胶比达到1.6时，掺加矿粉的沥青胶泥软化点正好超过该范围的最高值，粉胶比若再增加则会因沥青胶泥劲度增长过多而影响其性能。

## 2.2 对沥青胶泥低温性能的影响

我国规范对沥青的低温性能评价指标主要包括延度、脆点等。美国 SHRP 报告 A-399 中提出，沥青15℃针入度与反映沥青混合料低温开裂性能的约束试件温度应力试验(TSRST)的破断温度之间有良好的相关性，即沥青胶结料15℃的针入度越大，抗裂性能越好。本文同时采用15℃针入度进行沥青胶泥低温性能。

试验采用0.8、1.2、1.6三个不同的粉胶比值，试验结果见表3。

不同粉胶比下沥青胶泥试验结果 表3

| 粉胶比 | 当量脆点 $T_{1.2}$(℃) | 15℃延度(cm) | 15℃针入度(0.1mm) |
|---|---|---|---|
| 0.8 | −17.6 | 16.6 | 18.3 |
| 1.2 | −23.1 | 6.4 | 16.8 |
| 1.6 | −16.4 | 4.0 | 12.2 |

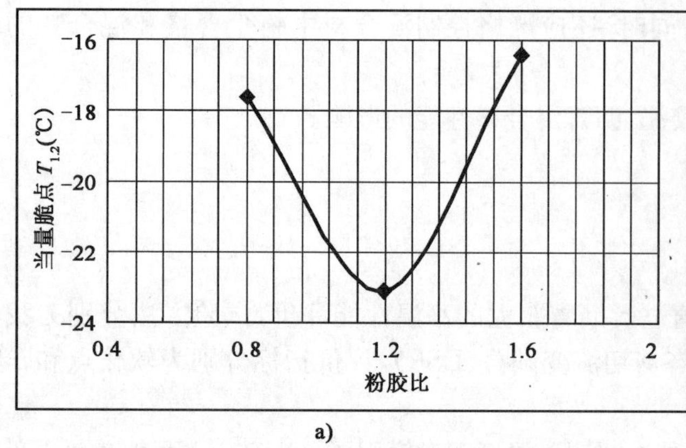


a)

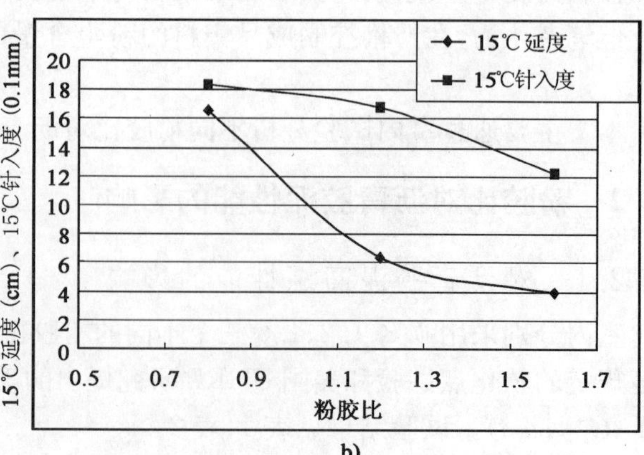


b)

图1 粉胶比与当量脆点 $T_{1.2}$、15℃延度、15℃针入度关系

从表3、图1来看，粉胶比对沥青胶泥的当量脆点、延度、针入度均有影响。随着粉胶比的增大，当量脆点与粉胶比成凹形抛物线关系。当粉胶比在1.2附近时，其当量脆点最小，即低温性能相对最好；随着粉胶比的增大，15℃延度、15℃针入度均逐渐下降，沥青胶泥的低温性能减弱。

### 2.3 对沥青胶泥疲劳性能的影响

采用DSR试验得到的疲劳开裂因子($G^* \sin\delta$值)对不同粉胶比下的沥青胶泥进行疲劳性能分析。试验前对不同粉胶比的沥青胶泥进行PAV老化，模拟其长期老化的状态，然后进行中等温度DSR疲劳试验，试验结果见表4。

**长期老化后不同粉胶比下的沥青胶泥疲劳性能** 表4

| 试验温度(℃) | 不同粉胶比下的沥青胶泥疲劳开裂因子 $G^* \sin\delta$(kPa) | | |
|---|---|---|---|
| | 0.8 | 1.2 | 1.6 |
| 25.0 | $5.06\times10^6$ | $7.99\times10^6$ | $9.38\times10^6$ |
| 28.0 | $3.48\times10^6$ | $4.97\times10^6$ | $5.83\times10^6$ |
| 31.0 | $2.23\times10^6$ | $3.36\times10^6$ | $3.67\times10^6$ |

从试验结果来看，粉胶比对沥青胶泥的疲劳性能影响是显著的，两者主要的关系为：

(1)随着粉胶比的增大，长期老化后(PAV)的沥青胶泥疲劳因子值也相应地增大，抵抗疲劳破坏的能力下降，粉胶比过大对沥青胶泥疲劳性能不利；

(2)随着粉胶比的增大，沥青胶泥的劲度逐渐增大，但温度越高，不同粉胶比下胶结料的 $G^* \sin\delta$ 值相差越小。这表明温度越高，沥青的黏性性质表现得越充分，此时矿粉用量胶泥疲劳性能的影响也就降低了。

## 3 粉胶比对沥青混合料性能的影响

### 3.1 对沥青混合料高温性能的影响

重庆夏季炎热，高温持续时间长，混合料的高温性能是大家一直关心的主要问题之一。目前，研究沥青混合料高温抗变形特性的试验方法很多。美国研究人员发现，单轴压缩蠕变试验与路面实际的永久变形有很好相关性。本文采用单轴压缩蠕变试验分别对不同粉胶比下的AC-20、AC-25型混合料进行高温性能比较分析，并采用黏性劲度模量 $S_{t,v}$ 进行高温性能评价。黏性劲度模量 $S_{t,v}$ 越大，其混合料高温性能越好。试验结果见图2。

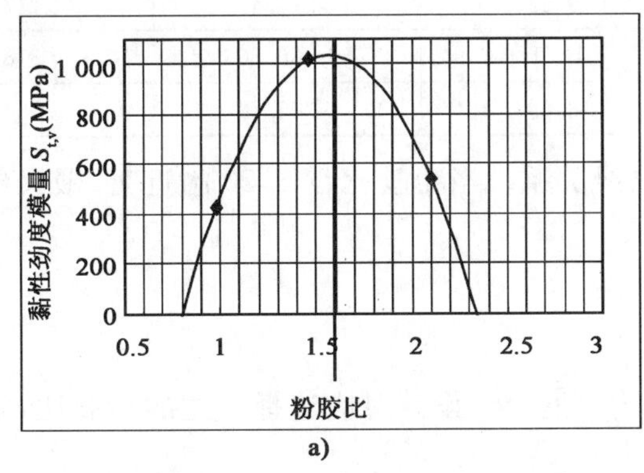

a)

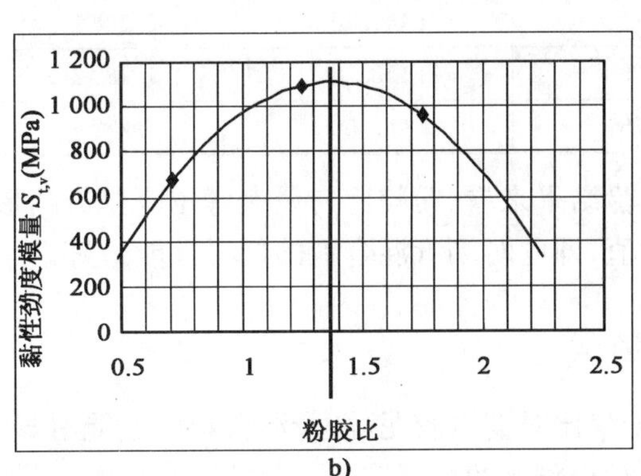

b)

图2 沥青混合料 $S_{t,v}$ 随粉胶比变化关系

a)AC-20 混合料；b)AC-25 混合料

从图2可见，粉胶比与沥青混合料的 $S_{t,v}$ 成凸形抛物线关系。当粉胶比小于临界值时，$S_{t,v}$ 随粉胶比增大而增大，即在此范围内，沥青混合料的高温抗车辙性能随粉胶比的增大而有所改善；而当粉胶比大于临界值时，$S_{t,v}$ 却随粉胶比的增大而不断减小，在此范围内沥青混合料的高温抗车辙性能逐渐减弱。

从图2可知，2种混合料的粉胶比临界值分别为1.6和1.38，粉胶比大于临界值后其高温性能将下降。

### 3.2 对沥青混合料水稳定性能的影响

采用我国规范规定的浸水马歇尔试验和美国 SHRP 研究提出的 AASHTO T283 试验对不同粉胶比下的沥青混合料进行水稳定性评价,试验结果见图 3。

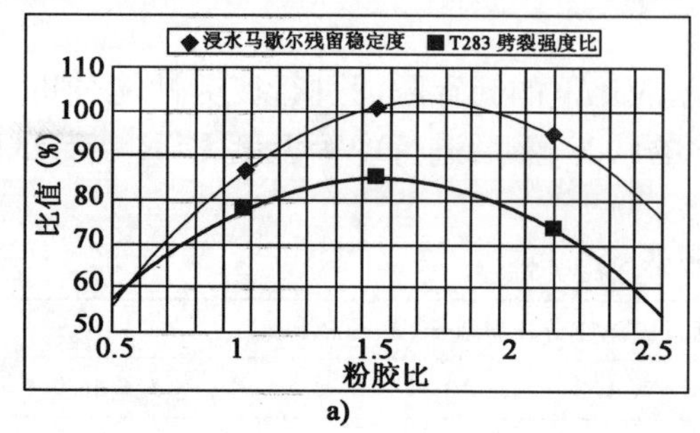


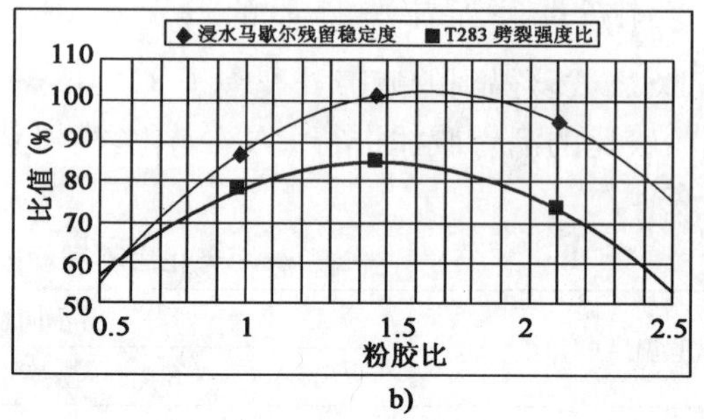


图 3 不同粉胶比与水损害试验关系

a)AC-20 混合料;b)AC-25 混合料

从图 3 可知,水马歇尔残留稳定度和 AASHTO T283 劈裂强度比都与粉胶比成凸形抛物线关系,粉胶比过大、过小都对混合料的抗水损害性能不利。混合料抗水损害性能最好对应的粉胶比值均在 1.6 以下。本次试验的 AC-20 型混合料,其粉胶比在 1.5 附近时抗水损害性能最好,而 AC-25 型混合料抗水损害性能最好对应的粉胶比在 1.3 附近。

### 3.3 对沥青混合料低温性能的影响

采用−10℃低温小梁试验对不同粉胶比与沥青混合料的低温性能之间的关系进行分析。试验过程中,沥青混合料为 AC-25 混合料,采用 3 种粉胶比,试验结果见表 5。粉胶比与弯拉应变关系见图 4。

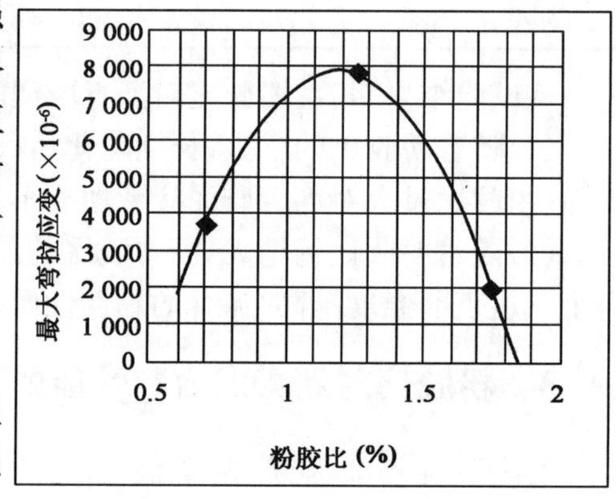


图 4 粉胶比与弯拉应变关系

**−10℃小梁弯曲试验结果** 表 5

| 粉胶比(%) | 最大荷载(kN) | 跨中挠度(mm) | 抗弯拉强度(MPa) | 劲度模量(MPa) | 破坏应变($\times10^{-6}$) |
|---|---|---|---|---|---|
| 0.71 | 1 141.40 | 0.708 1 | 9.32 | 3 217.49 | 3 717.26 |
| 1.25 | 1 458.78 | 1.489 3 | 11.91 | 1 566.86 | 7 818.83 |
| 1.75 | 1 089.50 | 0.372 4 | 8.89 | 6 306.78 | 1 954.84 |

从试验结果来看,粉胶比与最大弯拉应变成凸形抛物线关系。当粉胶比在 1.20 附近时,最大弯拉应变达到最大值,即此时沥青混合料的低温性能最好。

## 4 结论

(1)粉胶比对沥青胶泥、沥青混合料的性能有显著影响。混合料设计时应选择合适的粉胶比,施工过程中应重视对粉胶比的控制。

(2)随着粉胶比的增大,沥青胶泥本身的车辙因子($G^*/\sin\delta$)和软化点值均增加,沥青胶泥的高温性能有上升的趋势;但随着粉胶比的增大,沥青胶泥的低温性能、疲劳性能呈下降趋势。粉胶比过大或过小都将对沥青胶泥性能产生负面影响。

(3)粉胶比与沥青混合料的高温性能、低温性能、疲劳性能均呈凸形抛物线关系,即随着粉胶比的增加,三者均出现先提高后减弱的情况。从试验结果来看,三者的粉胶比临界值均在 1.6 以下。

(4)综合粉胶比与沥青胶泥、沥青混合料之间的影响关系来看,粉胶比取值在 0.8~1.6 之间是合适的,并建议根据不同的层位要求选择合适的粉胶比。重庆地区沥青中、上面层混合料的粉胶比建议控制在1.2～1.6之间，而下面层沥青混合料的粉胶比建议控制在0.8～1.2之间。

## 参考文献

[1] 中华人民共和国行业标准. JTG F40—2004 公路沥青路面施工技术规范[S]. 北京：人民交通出版社，2004.

[2] 贾渝. 高性能沥青路面（superpave）基础参考手册[M]. 北京：人民交通出版社，2005.

[3] 江苏省交通科学研究院. 与路用性能相关的沥青关键技术指标研究报告[R]. 南京：2006.

[4] 沈金安. 沥青与沥青混合料路用性能[M]. 北京：人民交通出版社，2004.

# 旧水泥混凝土再生集料配制沥青混凝土的物理力学性质

刘世红　应文宗

(重庆高速公路集团有限公司南方建设分公司　重庆　401121)

**摘　要**:旧水泥混凝土再生集料的有效利用一直为工程界关注,本文研究用再生旧水泥混凝土集料配制沥青混合料的物理力学性能,对公路建设的可持续发展具有一定的意义。

**关键词**:水泥混凝土　再生集料　沥青混凝土

## 1　引言

随着城市的发展,建筑垃圾不断侵占大量耕地,导致严重的环境污染;基本建设进程的加快,急需大量的建筑材料,开采山石、淘挖河沙、掘坑取土等行为严重破坏了自然环境,且有愈演愈烈之势。据统计,混凝土废弃物约占建筑垃圾的48.35%;废砖、石块占37.42%。这两种废弃物共占建筑垃圾的85.77%。显然,使这些废弃物变废为宝是处理建筑垃圾的最好办法。

大型广场、城市道路、公路、铁路等建筑物(构筑物)需要大量的土方和石方,目前土石方来源一般是开山取石、掘地取土,这对生态环境造成了严重破坏。如果将混凝土废弃物进行破碎,然后对其筛分,再按照所需土石方级配要求混合均匀,则这些混凝土废弃物的破碎物完全可以作为填方料使用,产生显著的经济效益和社会效益。

本文主要研究再生旧水泥混凝土集料配制的沥青混合料的物理力学性能。

## 2　沥青混合料试件制作

### 2.1　试件制作准备

(1)3种集料(再生集料1、再生集料2及天然集料)采用AC-10与OGFC 2种级配配制沥青混合料。2种类型的级配分别如表1、表2所示。

**AC-10级配**　　表1

| 筛孔孔径(mm) | 通过百分率(%) | 筛孔孔径(mm) | 通过百分率(%) |
|---|---|---|---|
| 13.2 | 100.0 | 0.60 | 25.0 |
| 9.5 | 97.5 | 0.30 | 17.0 |
| 4.75 | 65.0 | 0.15 | 11.0 |
| 2.36 | 48.0 | 0.075 | 6.5 |
| 1.18 | 34.5 | | |

**OGFC级配**　　表2

| 筛孔孔径(mm) | 通过百分率(%) | 筛孔孔径(mm) | 通过百分率(%) |
|---|---|---|---|
| 13.20 | 100.0 | 2.36 | 10.0 |
| 9.50 | 97.5 | 0.15 | 10.0 |
| 4.75 | 40.0 | 0.075 | 6.0 |

(2)将3种集料中不同规格的矿料用水冲洗干净后,置于(105±5)℃的烘箱中烘干至恒重。

(3)将烘干的粗细集料,按每个试件设计级配成分要求称取其质量,在一金属盘内混合均匀,矿粉单独加热,置烘箱中预热至沥青拌和温度以上约15℃(沥青拌和温度150℃),即165℃。

(4)用电炉直接加热至沥青混合料拌和温度,将沥青熔化。不同类型沥青混凝土中的沥青用量见表3。

(5)用沾有少许黄油的棉纱擦净试筒套筒及击实座,并置于100℃烘箱中烘干,加热1h备用。

**各种不同类型沥青混凝土中沥青含量** 表3

| 配制沥青混凝土所用集料 | 沥青混凝土矿料级配类型 | 沥青用量(%) |
|---|---|---|
| 天然集料 | AC-10I | 4 |
| | OGFC | 3 |
| 再生集料1 | AC-10I | 4、5、6　4~6 |
| | OGFC | 3、4、5　3~5 |
| 再生集料2 | AC-10I | 4、5、6　4~6 |
| | OGFC | 3、4、5　3~5 |

## 2.2 试件成型

(1)每次拌和1个试件所需的用量。称取已经拌和好的沥青混合料,1个试件所需的用量约为1 180g。

(2)从烘箱中取出预热的试筒及套筒,用沾有少许黄油的棉纱擦拭套筒、底座及击实锤底部,将试模装在底座上,并在上面垫1张吸油性的小圆纸;从4个方向用小铲将混合料铲入试模中,用插刀沿试模周边插捣15次,中间10次;插捣后将沥青混合料表面整平成凸圆弧面。沥青混合料试验室成型情况见图1。

a)

b)

图1 沥青混合料试件成型

a)沥青混合料拌和;b)试件击实成型

(3)用温度计检查混合料温度,待混合料温度达到要求的压实温度后,将试模连同底座一起放在击实台上固定,并在装好的混合料表面垫1张吸油性小的圆纸;将装有击实锤及导向棒的压实头插入试模中,然后开启马达将击实锤从475mm的高度自由落下进行击实,击实次数为75次。

(4)试件击实结束后,立即用镊子将上下面垫的圆纸取掉。试件高度要求为(63.5±1.3)mm。用卡尺量取试件高度,若不符合要求则作废。

(5)去掉套筒和底座,将装有试件的试模横向放置,冷却至室温后,置于脱模机上脱出试件;将试件置于干净的地面上,静置一夜备用。

# 3 沥青混凝土试件密度测定

## 3.1 试验方法与步骤

(1)选择适宜的电子秤,最大称量为试件质量的3倍。

(2)除去已制备好的试件表面浮粒,称取干燥试件的空气中质量。天平感量为0.5g。

(3)挂上网篮,将其浸入溢流箱的水中,调节水位;将天平调零,将试件置于网篮中,尽量不使溢流箱中的水晃动;浸水1min左右,称取水中质量。

(4)对于弄湿了的试件,应先称取其水中质量,再用电风扇将浸水试件吹干至恒重,并称取其空气中质量。

### 3.2 试验数据分析

各种不同类型的沥青混合料物理性质试验结果如表4所示。

**不同类型沥青混合料物理性质试验结果** 表4

| 沥青混凝土所用集料 | 矿料级配 | 沥青用量(%) | 视密度(g/cm³) | 空隙率(%) | 矿料间隙率(%) | 沥青饱和度(%) |
|---|---|---|---|---|---|---|
| 天然集料 | AC-10I | 4 | 2.370 | 1.6 | 11.1 | 85.7 |
| | OGFC | 3 | 2.417 | 4.1 | 11.1 | 63.0 |
| 再生集料1 | AC-10I | 4 | 2.027 | 10.0 | 18.1 | 44.6 |
| | | 5 | 2.057 | 7.8 | 18.1 | 56.7 |
| | | 6 | 2.102 | 4.0 | 16.6 | 75.8 |
| | OGFC | 3 | 2.022 | 11.4 | 17.3 | 34.0 |
| | | 4 | 2.120 | 9.0 | 17.1 | 47.3 |
| | | 5 | 2.117 | 7.7 | 15.7 | 51.0 |
| 再生集料2 | AC-10I | 4 | 2.006 | 8.8 | 16.8 | 47.5 |
| | | 5 | 2.012 | 7.2 | 17.3 | 58.0 |
| | | 6 | 2.053 | 4.0 | 16.3 | 75.2 |
| | OGFC | 3 | 2.071 | 8.3 | 16.0 | 48.3 |
| | | 4 | 2.060 | 7.3 | 15.2 | 51.9 |
| | | 5 | 2.046 | 5.0 | 15.0 | 66.9 |

从表4可以看出,利用再生集料配制的沥青混合料其视密度较天然集料配制的沥青混合料视密度小,这主要是因为再生集料本身的表观密度较天然集料小;再生集料表观密度愈大,其配制的沥青混合料视密度相应的也会稍大一些;同时,沥青含量的变化对沥青混合料的视密度影响不大。

在沥青含量均为4%的情况下,再生集料配制的沥青混合料空隙率、矿料间隙率较天然集料配制的沥青混合料大,沥青饱和度相应较小。但是,再生沥青混合料在沥青含量处于较佳状态下,其空隙率与矿料间隙率会减少,沥青饱和度也会相应提高。因此,配制沥青混合料时,应寻求其最佳沥青含量,使其表现出更好的物理性质。

对于各种集料,采用AC-10I级配配制的沥青混合料,其空隙率和矿料间隙率比采用OGFC级配配制的沥青混合料的要小,沥青饱和度更高,即其物理性质更好。

现行规范《沥青路面施工及验收规范》(GB 50092—1996)对于不同等级的公路、城市道路及人行道路所用的AC-10型热拌沥青混合料提出了不同的技术要求,见表5。

**AC-10型热拌沥青混合料技术标准** 表5

| 道路类型 | 击实次数 | 技术标准 | |
|---|---|---|---|
| | | 空隙率 $W$(%) | 沥青饱和度 $VFA$(%) |
| 高速公路、一级公路、城市快速路及主干路 | 两面各75 | 3~6 | 70~85 |
| 其他等级公路及城市道路 | 两面各50 | 3~6 | 70~85 |
| 人行道路 | 两面各35 | 2~5 | 75~90 |

沥青用量为6%时,2种不同再生集料配制的沥青混合料空隙率均为4%,沥青饱和度分别为75.8%、75.2%。而在各级公路中,《沥青路面施工及验收规范》(GB 50092—1996)对AC-10型热拌沥青混合料的空

隙率要求为3～6,沥青饱和度为70～85。显然,这两种再生集料配制的沥青混凝土都能满足路面使用要求。如果沥青含量处于最佳状况,这两项物理指标可以表现得更好。

## 4 马歇尔稳定度试验

### 4.1 试验准备

(1)量测已经制备好的试件直径和高度。试件高度应为(63.5±1.3)mm,并且两侧高度差不大于2mm。如果试件高度不符合要求,则应作废。

(2)测定试件的密度、空隙率、沥青体积百分率、沥青饱和度、矿料间隙率等物理指标。

(3)将恒温水槽调节至要求的试验温度,即60℃。

### 4.2 试验步骤

(1)将试件置于已达到规定温度的恒温水槽或烘箱中保温30～40min。试件应垫起,离容器底部不小于5cm。

(2)将马歇尔试验仪的上下压头放入水槽或烘箱中,使其达到同样温度;将其从水槽或烘箱中取出,擦拭干净内面,为使上下压头滑动自如,应在其导棒上涂取少量黄油;将试件取出置于上下压头上,然后装在加载设备上。

(3)将流值测定装置安装在导棒上,使导向套管轻轻地压住上压头,同时将流值计读数调零。

(4)在上压头的球座上放置钢球,并对准荷载测定装置即荷载传感器的压头,然后将荷载传感器的读数复位到0。

(5)启动加载设备,使试件承受荷载,加载速度为50mm/min。在试验荷载达到最大值的瞬间,取下流值计,同时读取荷载传感器读数及流值计的流值读数。

(6)从恒温水槽中取出试件至测出最大荷载值的时间不超过30s。

沥青混凝土马歇尔稳定度试验情况见图2。试验数据记录如表6所示。

**不同类型沥青混凝土马歇尔稳定度试验结果** 表6

| 沥青混凝土所用集料 | 矿料级配 | 沥青用量(%) | 稳定度(kN) | 流值(mm) |
|---|---|---|---|---|
| 天然集料 | AC-10I | 4 | 8.56 | 3.2 |
| | OGFC | 3 | 4.97 | 3.6 |
| 再生集料1 | AC-10I | 4 | 8.69 | 4.0 |
| | | 5 | 8.49 | 3.1 |
| | | 6 | 8.90 | 4.1 |
| | OGFC | 3 | 5.18 | 3.1 |
| | | 4 | 6.00 | 3.6 |
| | | 5 | 6.42 | 4.9 |
| 再生集料2 | AC-10I | 4 | 9.94 | 3.1 |
| | | 5 | 10.14 | 4.3 |
| | | 6 | 10.35 | 3.3 |
| | OGFC | 3 | 5.38 | 3.3 |
| | | 4 | 6.00 | 2.7 |
| | | 5 | 6.21 | 3.7 |

图 2 沥青混凝土马歇尔稳定度试验

## 4.3 试验数据分析

《沥青路面施工与验收规范》对 AC-10 型热拌沥青混合料的稳定度与流值提出了相应的技术要求,见表 7。

AC-10 型热拌沥青混合料的稳定度与流值技术标准　表 7

| 道路类型 | 击实次数 | 技术标准 | |
|---|---|---|---|
| | | 稳定度 MS(kN) | 流值 FL(mm) |
| 高速公路、一级公路、城市快速路及主干路 | 两面各 75 | >7.5 | 2～4 |
| 其他等级公路及城市道路 | 两面各 50 | >5.0 | 2～4.5 |
| 人行道路 | 两面各 35 | >3.8 | 2～5 |

将再生集料配制的 AC-10、OGFC 型沥青混合料与天然集料配制的同类型沥青混合料相比,其稳定度和流值差别不大,甚至要稍高一些。随着沥青含量从 4%至 6%逐渐提高,沥青混合料的稳定度也相应提高。

从表 6 可知,2 种再生集料配制的 AC-10 型沥青混合料稳定度均大于 8kN,能够满足高等级公路和低等级公路的使用要求;流值均在 2～4.5 之间,也能满足规范(表 7)要求。

一般认为马歇尔模数与车辙深度有一定的相关性,即马歇尔模数越大,车辙深度越小,因此马歇尔模数在一定程度上能够反映沥青混合料的高温稳定性。

试件的马歇尔模数按下式计算:

$$T=\frac{MS\times 10}{FL}$$

式中:$T$——试件的马歇尔模数;

MS——试件的稳定度;

FL——试件的流值。

各种不同类型沥青混合料的马歇尔模数计算结果如表 8 所示。

**不同类型沥青混合料马歇尔模数计算结果** 表 8

<table>
<tr><th>沥青混凝土所用集料</th><th>矿料级配</th><th>沥青用量(%)</th><th>马歇尔模数(kN/mm)</th></tr>
<tr><td rowspan="2">天然集料</td><td>AC-10I</td><td>4</td><td>2.68</td></tr>
<tr><td>OGFC</td><td>3</td><td>1.38</td></tr>
<tr><td rowspan="6">再生集料 1</td><td rowspan="3">AC-10I</td><td>4</td><td>2.19</td></tr>
<tr><td>5</td><td>2.70</td></tr>
<tr><td>6</td><td>2.19</td></tr>
<tr><td rowspan="3">OGFC</td><td>3</td><td>1.69</td></tr>
<tr><td>4</td><td>1.69</td></tr>
<tr><td>5</td><td>1.32</td></tr>
<tr><td rowspan="6">再生集料 2</td><td rowspan="3">AC-10I</td><td>4</td><td>3.19</td></tr>
<tr><td>5</td><td>2.34</td></tr>
<tr><td>6</td><td>3.12</td></tr>
<tr><td rowspan="3">OGFC</td><td>3</td><td>1.64</td></tr>
<tr><td>4</td><td>2.19</td></tr>
<tr><td>5</td><td>1.69</td></tr>
</table>

从表 8 可知,将两种再生集料配制的沥青混合料的马歇尔模数与天然沥青混合料相比,差别不大,甚至在沥青含量处于较为合适的情况下,再生沥青混合料的马歇尔模数更高。这说明再生集料配制的沥青混凝土其高温稳定性和抵抗车辙的能力并不亚于天然集料配制的沥青混凝土,且再生集料的质量始终得到满足,其沥青混合料的性能基本满足规范要求。

## 5 结语

根据前述分析,可以得出以下结论:

(1)由于再生集料自身表观密度比天然集料小,因此用再生集料配制的沥青混合料其视密度较天然集料配制的沥青混合料要小。同时,与天然集料相比,再生沥青混合料配制的沥青混合料的空隙率和矿料间隙率要大一些,沥青饱和度要小些。这很有可能是因为再生集料中砂浆含量比较多,在一定程度上影响了集料与沥青的黏附性。因此,提高再生集料与沥青的黏附性显得非常重要,这也是影响再生集料能否在沥青混凝土路面中得到广泛应用的一个重要因素。

(2)在调整沥青含量使其达到最佳水平的情况下,再生集料配制的沥青混合料其物理性质指标基本上能够满足规范要求。

(3)从马歇尔稳定度试验结果中可知,再生集料配制的沥青混凝土其马歇尔稳定度与天然集料相比,毫不逊色,有的甚至稳定度更高。从沥青混合料的高温稳定性看,再生集料配制的沥青混合料可以与天然集料配制的沥青混合料相媲美。因此,从抵抗高温变形能力看,再生集料可以用于配制沥青混凝土,作为路面面层材料使用。

# 渝湘高速混凝土工程外观质量管理及控制

张 渝

(重庆高速公路集团有限公司北方建设分公司 重庆 401121)

**摘 要**:本文结合笔者多年的工作实践和经验,针对高等级公路或市政工程结构物混凝土外观质量已上升到美观要求,从混凝土工程外观质量存在的常见问题入手,以某山区高速公路桥涵结构物为例,简要说明其影响因素,进而比较系统地介绍了混凝土外观质量的监控措施,说明了加强施工过程各个环节控制对保证混凝土外观质量至关重要,充分体现施工过程控制的必要性和重要性,从而达到抛砖引玉的效果。

**关键词**:混凝土 外观质量 施工过程 监控措施 细部处理

## 1 引言

改革开放以来,特别是国家确立西部大开发战略后,随着国家基础设施建设力度的加大,铁路、公路、市政等工程建设中,外观主体以块石、面石、料石等非混凝土工程镶面的结构逐渐被以混凝土、钢筋混凝土、预应力混凝土的结构等所取代。对于混凝土工程的内在质量,人们一直都很重视,且在长期的施工中已形成了一套成熟的质量控制措施。而对于外观质量,却没有相关的质量控制理论,实践经验也很少,有时候重视程度也不够。随着经济的逐步发展,高速公路等级标准和人们审美观点的不断提高和审美观念的不断更新,结构物混凝土外观质量要求已经成为一项非常重要的硬性指标,因此大家对混凝土工程的外观质量要求将愈来愈高,尤其是在城市道路工程和山区高速公路建设中,为了与周围环境相协调,混凝土结构物已作为沿线景点布设,分别体现城市精品工程和山区高速公路的风貌。同时,混凝土外露面的观感效果也成为现代化施工企业体现施工水平的一个重要方面,也是业主管理目标中的一个硬性指标,因此,在施工中加强对混凝土外观质量的监控显得尤为重要。笔者作为渝湘高速公路业主中的主要管理者,对结构物混凝土外观质量管理工作尤为重视,并在日常管理中采取了许多必要的和有效的管理措施,以期使渝湘高速公路桥梁、涵洞及隧道等结构物的外观质量上一个新台阶。

## 2 工程概况

渝湘高速公路上西段,全长 31.95km,是典型的山区高速公路,其中特大桥、大桥 8 018m/20 座,中桥 354m/5 座,隧道 17 362.33m/4 座,互通立交 2 处,小桥 42m/2 座,盖板涵洞、通道 33 座,路面设计宽度 24.5m,左右分幅,部分地段左右分线,结构物工程均设计为钢筋混凝土或部分预应力混凝土。面临如此密集的桥涵结构物及其特殊性,在施工中如何加强对混凝土外观质量的监控,将成为本路段施工质量的窗口及形象。现根据多年的施工经验,通过此项工程近两年的施工实践、优化和总结,使混凝土外观质量常见问题、影响因素及监控措施逐渐得到完善。

## 3 混凝土工程外观质量的常见问题及影响因素

根据多年的实践,混凝土的外观质量问题主要表现有:混凝土色泽不一样,表面蜂窝、麻面、斑点、露筋、跑模,混凝土几何尺寸出现变形、线条不明,缝隙夹层,水泡气孔多,缺棱掉角以及行人、汽车、摩托车提早上路,形成明显的车辙等影响美观。

混凝土工程外观质量的好坏与很多因素密切相关,如施工人员素质、环境影响、施工设备、施工配合比、施工工艺、原材料、施工管理办法等,而一个影响因素后也可导致几种外观质量问题,一种外观质量问题也可能由多种影响因素引起。

## 4 制定混凝土外观质量管理措施

(1)制定混凝土外观质量控制目标

首先工程要求或施工需要制定结构物混凝土外观质量标准和控制目标,其次根据质量标准配置相应的设备和设施,最后就是制定混凝土施工工艺标准,并在施工过程中加强工序环节控制和细节处理。

总体目标:就是桥涵等结构物混凝土外观密实,无气泡、麻面等缺陷,混凝土外露颜色均匀一致,外观视觉感观良好。

(2)执行混凝土外观工程首件验收制度

桥涵等结构物混凝土外观质量受施工模板和施工工艺影响较大,且为一次性成型。因此,为保证混凝土外观质量,施工模板进场后,必须经过业主指定的质检小组的专业验收,不合格不得使用;混凝土施工组织和施工工艺必须经过监理审查和批准,否则不得进行施工;在正式进行外露混凝土施工前,必须先按批准的施工组织和经验收的模板进行首件施工,首件经验收合格后,并且完成首件总结后,方可正式进行施工。

(3)组织现场技术交底和各标段现场交流学习会

为使渝湘高速公路各标段桥涵等结构物混凝土外观质量上一个新的台阶,由业主牵头多次组织各标段进行现场相互交流、学习及现场技术交底会,取长补短,积累经验,互相提高,从而整体提高渝湘高速公路的混凝土外观质量。

## 5 混凝土工程外观质量的监控措施

由于混凝土外观质量的影响因素很多,要想减少或消除混凝土工程的外观质量缺陷,当然也必须从多方面入手,根据多年经验,发现主要应从如下几方面采取监控措施:①测量控制。在结构物每道工序施工前用全站仪进行精确坐标放样,重要部位进行交叉复核,确保结构物轴线中心位置,边线位置、垂直度及平面尺寸准确。施工后再进一步复核放样为下道工序施工作准备;②组成混凝土的原材料控制。选择级配较好的砂、石料,并控制石粉含量不超标,选用合格的砂、石等材料。在同一结构物必须采用同一料场的材料,几种材料不得混合使用在同一结构物混凝土内,从材料源头开始进行控制。

### 5.1 施工前严格把握好原材料进场关

混凝土构成材料水泥、砂、碎石和外加剂等应选择同一产地、同一品质、同一颜色的,并且同一单位工程尽可能采用同一批原材料。原材料应干净、无杂质,这样可以有效地避免因原材料不完全相同而造成混凝土外观颜色不一致或出现斑点等现象。

### 5.2 施工中加强水泥的现场检查

对每批进场水泥都要检查其出厂合格证书,并现场抽样送试验室检验,测定其强度、初终混凝时间、安定性等指标,只有全部合格才可使用。随时检查水泥的储存条件,确保干燥、通风、防风雨、防潮湿。禁止施工队伍使用过期或被雨淋而结块的水泥,因为它不仅会影响混凝土强度,而且会使浇筑的混凝土有深色斑点,影响混凝土外观质量。

除特殊情况外,严禁使用山砂或深颜色的河砂,控制砂的粉尘含量、含泥量小于规范或规定允许值,否则,砂外观颜色会有深色的斑点或泥黄色,随时对进场砂进行筛分,检测杂质含量,进行压碎值等试验,选用中砂且大致均匀,这样有利于混凝土密实光洁。

### 5.3 模板控制

模板主要是保证混凝土在凝固和成型过程中,按设计要求不走样不变形,关键是刚度和强度及几何结构尺必须满足设计要求。在混凝土工程施工前,要精心设计大块或整体模板。结构物主体混凝土模板一般应采用整体式钢模板,其整体刚度和各部位强度必须符合振实混凝土的模板要求,承受的侧压力不能小于 $50kN/m^2$,面板厚度宜为 8～10mm,钢模叠放的支点和吊点选定,应使挠度不超过 $L/200$ 且≤5mm($L$ 为模板长度)。盖板和梁底面的光洁效果可采用在平整的钢底模上垫橡胶板等以获得均匀的底面来实现,有条件的部位也可采用垫有机材料实现。

(1)按结构尺寸设计出模板并经过测量放样后进行模板安装。

(2)模板在设计时进行强度、刚度及稳定性验算,主要是对模板面板、模板横竖楞、竖向大肋、横向大肋及拉杆等进行验算,必要时按施工经验进行设置。

(3)对大表面混凝土必须设置横向大肋、竖向大肋,最后在横、竖大肋交点处设置对拉螺杆,或在上道工序施工时,预先预埋构件进行设置拉杆。对于墩柱等必须设置围箍或柱箍,有足够刚度,保证不变形、不移位。

(4)在混凝土浇注前进行模板加固检查,对于所采取加固措施在计算、验算通过或经验值能够满足要求时,方可允许开盘。

(5)对于混凝土分次浇注,模板不能一次支到位,则必须设置施工缝,在模板接缝和施工缝处设置止水带,在浇注下一次或下一循环混凝土时,对前一次或前一循环(翻模)固定模板拉杆螺栓进行二次紧固,防止在接缝处漏浆。

### 5.4 混凝土配合比设计及试验控制

进场后对原材料砂、石、水泥加强抽检,对水泥安定性必须进行检验,拒绝不合格材料进场使用。严格按配合比进行准确投入使用,不得随意调整配合比,导致实际配合比与设计配合比有出入,从而影响混凝土质量,严格控制水灰比。

(1)混凝土配合比设计的好坏对混凝土结构物的观感效果影响极大,必须精心设计。原材料符合规范要求,集料应具有良好的级配,其最大粒径不得超过结构主体厚度的1/2或结构截面最小尺寸的1/4,也不得大于钢筋间的最小净距的2/3。如果结构截面较小、钢筋较密时,可用小石子混凝土浇筑。

(2)混凝土配合比设计要合理选用水泥强度等级,使水泥强度等级与混凝土设计强度等级之比控制在1.3~2.0之间,要按有关技术规范和试验规程进行计算和试验,并在施工过程中经常检查、调整和优化,必要时可掺外加剂等改善混凝土拌和物的和易性,增加混凝土密实度和光洁度。

### 5.5 混合物搅拌控制

混凝土必须严格按规范规定时间进行搅拌,防止搅拌时间太短有生料在结构物混凝土中,发生堵管或离析现象;或在运输和振捣过程中出现离析,从而影响混凝土外观质量和内在质量。

(1)混凝土的拌和要建立原材料计量岗位责任制,计量方法要简便易行、可靠,特别是水的计量,应制作标准计量水桶;外加剂应用小台秤计量。

(2)严格控制水灰比和坍落度。现场拌制混凝土时,须注意根据每车砂的含水率调整水灰比,以保持砂的良好和易性,减少水泡气孔的形成。按规定在拌制地点和浇筑地点检查混凝土坍落度,尽量缩短拌和物的停放时间,减少坍落度损失。

3)必须保证混凝土搅拌时间,严格控制外加剂,对受潮、结块的,应按有关标准鉴定合格并经试验符合施工要求后方可再用,否则要予以废弃。

### 5.6 混凝土施工控制

混凝土入模方式可采用滑槽或泵管和软管,滑槽与混凝土面落差高度不超过规范规定值,泵管及软管出口段必须使混凝土有一段水平运输距离,以免混凝土离析。混凝土振捣是保证混凝土密实和连续性至关重要的工序,必须有熟练的专职工人进行操作。根据所振捣的部位、混凝土下料情况及钢筋部位情况采用不同的捣棒或附着式等振捣机具以及不同的振捣方式进行混凝土振捣。

(1)为保证混凝土外观颜色一致,不因脱剂原因出现花面或颜色较差等,必须采用专用脱模剂。每次拆模后,及时对模板除锈、清理和校正,然后均匀涂脱模剂,最后进行模板安装。同时必须采用专用垫块,并且保证钢筋有足够的保护层厚度,以免出现由于保护层过薄等导致混凝土沿钢筋处开裂等。施工中应使用钢模板,或者尽量用钢模代替木模,并严格控制钢模清洁和表面平整度,每次安装模板前可用小砂轮进行除锈或手工除锈,除锈完毕用抹布擦净并及时将轻机油涂上,以保持钢模内面无任何杂物、污点,脱模剂要涂刷均匀,不得漏刷。

(2)模板加固要牢靠,重点是把关模板接缝拼装是否严密。模板接缝应控制在 2mm 范围内,并采用玻璃胶涂密实、涂平整,以防漏浆,或出现蜂窝、麻面、线条不明。

(3)施工过程中,应时刻注意保持模板内表面干净,弄脏了的模板必须及时用棉纱布将污点擦净。每次使用模板前,要检查变形情况,禁止使用弯曲、凹凸不平或缺棱少角等变形模板。

(4)安装模板前应保证边模板下口严密。开始浇筑混凝土时,底部应先填 50~100mm 与浇筑混凝土成分相同的水泥砂浆。

(5)浇筑混凝土前,应检查钢筋位置和保护层厚度是否准确,是否按要求固定好垫块;操作时不得踩踏钢筋,以免钢筋尺寸发生变化或露筋。混凝土自由倾落高度超过 2m 时,要用串筒或溜槽等下料,避免混凝土离析。

(6)要控制好振捣间距和浇筑层厚度,振捣新的一层,均应插进先浇筑混凝土层 5~10cm,力求上下层紧密结合。掌握好振捣时间,做到不欠振、不过振。注意振捣方法,控制振捣程序,先周围后中间,并注意要将混凝土摊铺四周高中间低,以便把气泡往中间赶出,避免聚集在模板处。振捣棒不要碰撞钢筋、模板、预埋件等,在钢筋密集处,可用带刀片的振捣棒进行振捣。保护层垫块处的混凝土要特别注意振捣,务必使水泥砂浆充分包裹,或采取振捣一小段先取下一小段垫块的方法,这样可有效避免垫块处表面产生明斑或暗斑。

(7)捣棒插入点间距控制在 20~30cm 左右,必须插入到上一层混凝土 30~50cm 之间,将捣棒缓慢提起,将气泡全部排出,到混凝土表面平坦泛浆为止。捣棒不得采用拖、拉、推等方式进行混凝土振捣,并且不得抵在钢筋和模板上进行振捣。根据振捣部位进行分区分工专人负责,同时注意相互交界部位的振捣,设置一名工长进行指挥,防止出现欠振或漏振部位,导致混凝土不密实,甚至出现蜂窝、麻面或狗洞。同时也要防止出现过振现象。

(8)混凝土施工缝的处理也应特别注意,为提高接缝的强度和密实度,可对混凝土进行二次振捣,但不能欠振,也不能过振。

### 5.7 折模

对于承重模板,必须保证混凝土强度达到设计要求后方可拆模落架。对于非承重模板,混凝土强度达到 2.5MPa 及达 24h 即可拆模,同时注意防止出现混凝土强度较低导致表面脱皮等不良现象。在拆模时小心防止对混凝土表面磕碰或损伤。拆模后及时对模板清理、校正和涂脱模剂以备下一次或下一个循环使用。混凝土拆模时间要根据试块试验结果正确掌握,防止过早拆模使混凝土黏模造成蜂窝、麻面或缺棱少角。结构混凝土非承重侧模拆除时,混凝土应具有足够的强度。拆模时不能用力过猛,注意保护棱角,吊运时,严禁模板碰撞棱角。同时要加强成品保护,对于在人多,运料等通道处的混凝土阳角,拆模后要用角钢等保护好以免碰损。

### 5.8 养护

混凝土脱模后及时养护,对于涵、桥台等采用覆盖洒水湿润养护。对于高墩、柱采用专用养护设施进行养护,严防由于养护不及时、不到位而导致混凝土表面开裂等现象。混凝土拆模后应及时养护,养护时间最少为 7d。否则,可能出现收缩裂纹而影响混凝土外观质量。洒水养护应视气温情况,掌握恰当的时间间隔,在养护期内保持表面湿润,注意不使用脱色或不干净的材料覆盖。单位工程尽可能采用同一条件养护,结构物各部分物件在拆模之间应保持连续湿润,以免颜色不一致。

### 5.9 混凝土表面处理控制

混凝土表面一般情况下严禁进行处理,特别是不得私自处理。拆模后对混凝土表面出现的少许气泡或麻面经批准后可进行表面处理。在出现大面积麻面甚至出现“狗洞”时则不得进行表面处理,应报废处理。混凝土表面处理时,派专人进行,包括水灰比和配合比及白水泥掺入量控制等进行试配,以确定合适的配合比和颜色,保证修复颜色与原混凝土颜色一致。

5.10 桥面封闭管理

在桥面混凝土浇筑完毕后的前10d,要严格限制行人、牲口、非机动车、机动车等在新铺的桥面上过往,否则,极易形成脚印、车辙,造成无法弥补的表面外观质量影响。

## 6 结语

现在,人们愈来愈希望多产生有良好观感的混凝土精品工程。其实,只要控制好原材料,精心设计与施工,加强养护与管理,就能达到这一目标业主要主动牵头,加强管理,强化管理目标,注重落实,严格要求,实行精细化施工和管理,尤其是施工过程中各个环节控制和细部处理对保证混凝土外观质量至关重要,必须予以高度重视,要求投入设备配套,采取措施到位,过程监控到位。

桥梁、涵洞、隧道等结构物混凝土施工进入到地面以上和外露部位,在保证混凝土内在质量的同时,外观质量控制更为重要,同时混凝土外观质量控制又是一个系统工程,要求在各个施工管理环节甚至是一个非常细微部位处理都必须予以高度重视,只有各个施工环节控制措施都到位了,才能保证混凝土外观质量。实践证明,通过这些措施的采取,完全能够达到比较反映混凝土基色的混凝土构件良好的外观质量,使混凝土外露面产生良好观感效果是不难做到的,并且在渝湘高速已经取得了较好的效果,值得在同类工程中借鉴和推广。

## 参考文献

[1] 中华人民共和国行业标准. JTG F80/1—2004 公路工程质量检验评定标准(土建工程). 北京:人民交通出版社,2004.

[2] 中华人民共和国国家标准. GBJ 107—1987 混凝土强度检验评定标准. 北京:中国计划出版社,1987.

[3] 中华人民共和国行业标准. DL/T 5144—2001 水工混凝土施工规范. 北京:中国电力出版社,2001.

# 二、桥 梁 工 程

# 连续刚构桥混凝土裂缝原因及处理

钟 宁 符礼斌 罗克昌

(重庆高速公路集团有限公司 重庆 401121)

**摘 要**:混凝土连续刚构桥出现裂缝是很普遍的现象,产生这些裂缝的原因很多,裂缝的种类也不少。对于出现的各种混凝土裂缝,桥梁建设者采取了很多有效的处理方式。本文就连续刚构桥梁建设中出现的裂缝原因及处理的情况,做了一些初步的探讨。

**关键词**:连续刚构 混凝土裂缝 处理

## 1 引言

改革开放以来,我国的公路建设事业迅猛发展,作为公路建设的重要组成部分——桥梁也有了很大的发展。预应力连续刚构桥因为其造价较低,施工难度不大,得到了广泛的应用,基本上所有的高速公路上都有它的身影。尽管如此,连续刚构桥还有很多细节问题还需要认真思考与研究,特别是其混凝土的开裂问题。这些混凝土裂缝可分为斜裂缝、水平裂缝、竖向裂缝和不规则裂缝。本文将就连续刚构桥主要的混凝土裂缝产生原因及处理做一些初步的探讨。

## 2 混凝土斜裂缝

混凝土斜裂缝是连续刚构常见的裂缝,主要是设计和施工原因造成的。目前是高速公路建设的高峰时期,设计院以及设计监理在总体上对设计进行了严格把关;但这基本上是总体、宏观上的,局部细节上则考虑不够周全,因此导致结构局部受力存在问题,常会引起局部混凝土规律性开裂。在预防和处理斜裂缝上,设计方法是很关键的,其次是精心施工。

### 2.1 设计方面的原因

对于连续刚构箱梁,目前习惯用的设计方法是:在边跨梁端设弯起预应力钢束,在主墩处及主跨不设弯起束与连续束,而用直加竖的预应力来克服主拉应力,这样给施工带来极大的方便。但这种方法,常常导致连续刚构主墩处及主跨箱梁斜裂缝大大增加。针对这种情况,设计上可以做一定的改进,目前主要有以下两种方法。

#### 2.1.1 采用现行的设计方法

因施工方便,质量容易得到保证,直加竖来克服主拉应力的设计方法得到了广泛的应用。为了减少混凝土受拉裂缝的出现,新的设计规范做了修订,混凝土容许主拉力下降,为避免斜裂缝创造了条件。

另外,竖向预应力的有效计入量是克服混凝土主拉应力、减少斜裂缝的另一个重要因素。在施工过程中因受多种因素影响,有效竖向预应力会大打折扣。通过平面有限元分析,不计竖向预应力与其计入 50%相比,腹板主拉应力相差 1 倍左右 。为了减少连续刚构斜裂缝,设计应充分考虑竖向预应力的损失,提高局部竖向预应力安全系数,特别是跨中梁高小,竖向预应力束短,预应力损失会更大一些。

#### 2.1.2 采用新的设计方法

根据主拉应力的方向,设置相应的弯起预应力束是解决连续刚构斜裂缝的有效方式之一。连续刚构箱梁主拉应力在不同部位是有一定的差别的。在设计时要依具体情况具体考虑,调整弯起预应力束的方向、大小及数量,斜裂缝将得到有效的控制。这样虽会增加施工难度,但通过精心施工管理能够保证施工质量。

另外,钢筋配备不足也是导致混凝土斜裂缝产生的另外一个原因。在设计上,必须配备足够的钢筋来约束主拉应力,防止混凝土斜裂缝的产生。

### 2.2 施工原因

#### 2.2.1 对竖向预应力不重视

目前,还没有人实测过永久竖向预应力,在施工完成过后到底有多少有效预应力还不很清楚。在连续刚构箱梁出现斜裂缝时,不能正确地作出分析判断,而是在设计、施工各个环节中加强措施,导致人力、物力的浪费,虽勉强解决了问题,但也不知道问题的根本原因,形成不了推广性经验,以至于很多连续刚构桥都有这样的裂缝出现。

另外,施工时现场施工质量控制力度不够,张拉竖向预应力前,混凝土进入了竖向预应力管道内,导致部分区域没有竖向预应力;压浆不密实,竖向预应力不能有效地传到腹板上,并且随着时间的推移,预应力损失将会变大。这些都导致竖向预应力有效值减小,其分力不能够抵抗腹板的主拉应力,引起腹板混凝土斜裂缝。

竖向预应力张拉顺序也会影响施工过程中腹板混凝土的主拉应力。通常竖向预应力张拉要滞后一个施工节段,从而导致该节段一段时间内没有竖向预应力来约束腹板混凝土受到的主拉应力,容易引起腹板斜裂缝的出现。通过不滞后张拉竖向预应力,在一定程度上改善腹板抵抗主拉应力能力,可有效减少斜裂缝的出现。

#### 2.2.2 施工方法不可靠

在连续刚构悬臂浇注施工时,一定的挂篮刚度是很重要的。承包人有的用旧挂篮,反复使用,引起其结构刚度下降;有的新设计的挂篮过轻,其刚度也不够。这两种情况下引起的挂篮刚度不够,是导致混凝土斜裂缝的另外一个重要的原因。在混凝土浇注过程中,挂篮刚度不够引起前端下挠变形大,混凝土受到剪切而产生斜裂缝。

在混凝土配合比设计时,初凝时间不够,在悬臂混凝土浇注未完成(挂篮前段还在下挠)时混凝土初凝,混凝土受剪切从而产生斜裂缝。

通过采用可靠的施工方法、适宜的挂篮刚度与足够缓凝时间的混凝土配合比等措施,可以解决这个原因引起的混凝土斜裂缝。

## 3 纵向裂缝

连续刚构桥的纵向裂缝主要出现在箱梁的顶板、主墩0号块。很多连续刚构都有这样的裂缝出现,主要有以下几种原因。

### 3.1 超载

超载现象在过去是最为普遍的,特别是全国范围内对超载现象综合整治前,大多数货车都有超载现象。过大的荷载直接冲击连续刚构箱梁顶板,在反复作用下,极易在顶板中部产生顺桥向的纵向裂缝。一旦裂缝出现,顶板将加速破坏,桥梁的寿命将受到很大的影响。有效解决超载现象是解决这类纵向裂缝的关键。

### 3.2 施加过大的纵向预应力

为了保证施工和营运过程中连续刚构箱梁结构受力,在箱梁顶板与腹板交界处往往布置了较多的纵向预应力,导致预应力管道间间距较小;加上在施工过程中的一些偏差,部分预应力略超过设计值,使得预应力管道附近局部混凝土的应力过大(经监控表明,该处应力测试超过了混凝土的抗拉强度),产生了沿纵向预应力管道的纵向裂缝。设计上通过优化设计,合理布置纵向预应力,避免应力集中,施工时精心施工,将能杜绝这类原因引起的纵向裂缝的出现。

### 3.3 温差应力估计过小

一座连续刚构的修建,必须经历春夏秋冬四季、昼夜温差、箱梁内外表面温差的影响。对于温差应力重视不够,估计过小,会导致混凝土结构产生各种裂缝,其中纵向裂缝是较为主要的。在设计上,考虑各种因素引起的温差次应力,通过结构设计、配筋、预应力配制来解决温度应力引起的纵向裂缝。

### 3.4 收缩徐变引起

混凝土随着时间的推移，不断产生收缩徐变，在前期收缩徐变较大。这种收缩徐变是很不利的，有时会导致混凝土的纵向裂缝，特别是在混凝土龄期相差较大的新旧混凝土结合面上。连续刚构因受各种原因的影响，墩柱建好了很长一段时间，再施工0号块。后期施工的0号块收缩徐变较大，墩柱的收缩徐变较小，受到墩柱的约束，在0号块底板中部产生了纵向的裂纹。通过连续施工，避免相邻混凝土龄期相差过大，可解决这类纵向裂缝问题。

### 3.5 水化热

连续刚构桥0号块和承台是大体积混凝土结构，水化热较大，处理不当，会引起结构沿纵向方向以及其他的裂缝。通过降低水泥用量、掺入粉煤灰等措施改善混凝土配合比来降低水化热，以及使用温控措施（通水冷凝，加强养护等），控制好混凝土的内外温差，将有效解决水化热引起的混凝土裂缝。

另外，箱梁顶板中，由于多束纵向预应力占用空间的影响，在两腹板之间的横向预应力束位置偏高，在普通钢筋配筋不足、顶板厚度不够时，易产生顶板的纵向裂缝。设计时，通过配置足够的顶板钢筋，增加顶板厚度来解决。

## 4 顶板与腹板间倒角处的裂缝

顶板与腹板间的倒角一般情况下是很少出现裂缝的，如果由于设计考虑不够细致，将可能导致规律性裂缝。某高速公路“小安溪连续刚构桥”就出现了类似的裂缝。

小安溪连续刚构桥左线施工的前4个节段，在箱梁内上倒角距腹板10～15cm处普遍出现纵向裂缝，桥面上部水从裂缝中渗到顶板底部。裂缝开展始于与前节段交接缝60～100cm处，裂缝长度120cm左右，个别节段裂缝达200cm(图1)。

为此，在左线8号墩4号节段进行了专门的监测试验，主要是监测顶板纵向预应力束张拉时顶板开裂部位横向应变值。在边跨箱梁内上倒角处横向粘贴混凝土应变片，与在中跨箱梁内上倒角及桥面横向粘贴混凝土应变片的方案进行对比应力测试。应变片布置见图2～图4。采用UCAM及YJ—26应变仪进行测试。

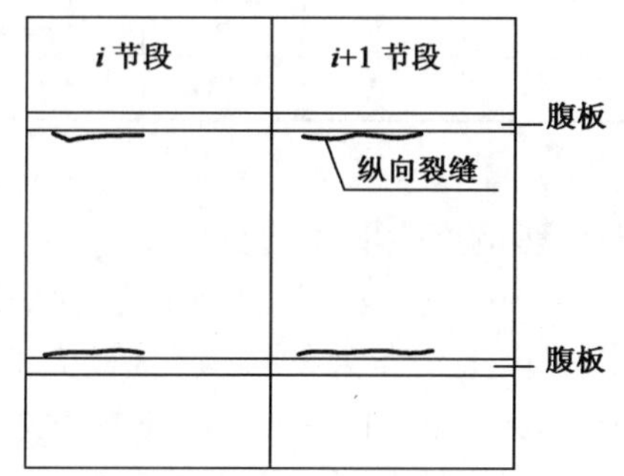

图1 箱梁内上倒角处裂缝示意图

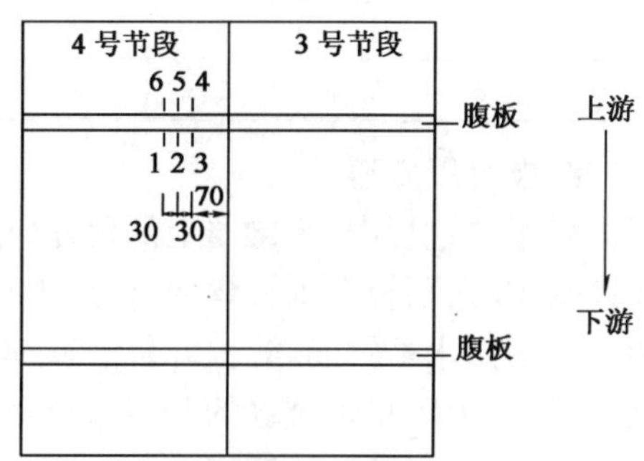

图2 中跨4号节段桥面应变片布置(尺寸单位:cm)

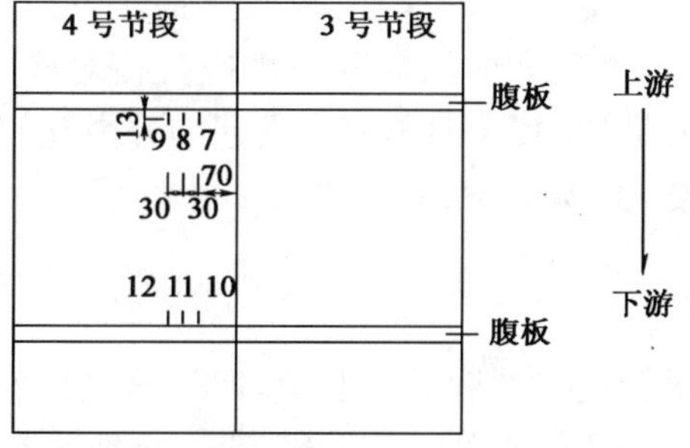

图3 中跨4号节段箱梁内上倒角应变片布置(尺寸单位:cm)

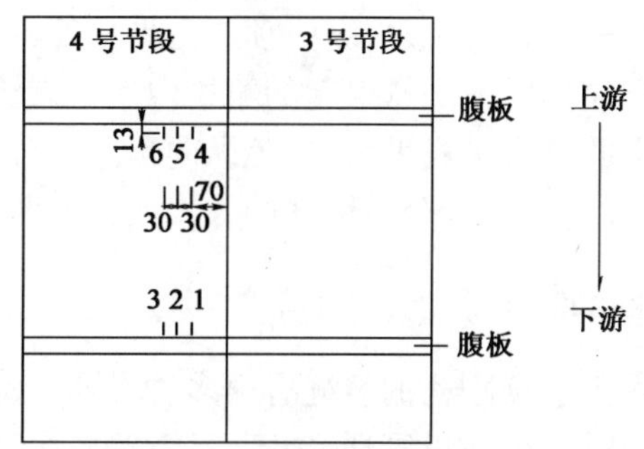

图4 边跨4号节段箱梁内上倒角应变片布置(尺寸单位:cm)

中跨4号节段应变监测结果列见表1。

**中跨应变监测结果**($\mu\varepsilon$) 表1

| 张拉应力 | | 腹板预应力束张拉应力(2 343.6kN) | | | | | 顶板预应力束张拉应力(3 710.7kN) | | | | |
|---|---|---|---|---|---|---|---|---|---|---|---|
| | | 20% | 40% | 60% | 80% | 100% | 20% | 40% | 60% | 80% | 100% |
| 顶板桥面 | 1 | 23 | 41 | 45 | 45 | 51 | 20 | 39 | 55 | 73 | 40 |
| | 2 | 6 | 6 | 17 | 22 | 29 | 17 | 34 | 55 | 80 | 20 |
| | 3 | −19 | −9 | −4 | 4 | 11 | 45 | 81 | 97 | 152 | 174 |
| | 4 | 33 | 42 | 54 | 51 | 58 | 81 | 113 | 139 | 149 | 218 |
| | 5 | 18 | 12 | 18 | 6 | 15 | 9 | 44 | 75 | 95 | 114 |
| | 6 | 66 | 60 | 62 | 53 | 55 | 9 | 15 | 32 | 55 | 82 |
| 箱梁内上倒角 | 7 | 3 | 4 | 6 | 5 | 5 | −4 | −1 | 5 | 7 | 11 |
| | 8 | 0 | 3 | 3 | 0 | 1 | −2 | 2 | 8 | 21 | 50 |
| | 9 | 0 | 0 | 3 | −1 | 0 | −4 | 1 | 9 | 19 | 27 |
| | 10 | 4 | 2 | 5 | 3 | 5 | −2 | 1 | 4 | 2 | 1 |
| | 11 | 5 | 1 | 2 | 2 | 3 | −4 | 1 | 4 | 6 | 13 |
| | 12 | 5 | 1 | 2 | 1 | 1 | −3 | 0 | −1 | 2 | 6 |

边跨4号节段应变监测结果如表2所示。

**边跨应变监测结果**($\mu\varepsilon$) 表2

| 张拉应力 | | 腹板预应力束张拉应力(2 343.6kN) | | | | | 顶板预应力束张拉应力(3 710.7kN) | | | | |
|---|---|---|---|---|---|---|---|---|---|---|---|
| | | 20% | 40% | 60% | 80% | 100% | 20% | 40% | 60% | 80% | 100% |
| 箱梁内上倒角 | 1 | −3 | −1 | −3 | −6 | −9 | 4 | 9 | 14 | 34 | 72 |
| | 2 | 1 | 3 | 2 | 1 | 1 | 2 | 6 | 28 | 97 | 199 |
| | 3 | 1 | 3 | 2 | 2 | 1 | 3 | 9 | 36 | 115 | 266 |
| | 4 | 1 | 2 | 2 | 2 | 2 | 5 | 7 | 10 | 14 | 18 |
| | 5 | 4 | 5 | 5 | 5 | 5 | 5 | 5 | 6 | 12 | 39 |
| | 6 | 5 | 5 | 4 | 6 | 5 | 2 | 4 | 13 | 35 | 259 |

从测试结果可以知道：

在腹板束张拉过程中，箱梁内上倒角处应变均较小，桥面受温度影响产生明显的拉应变。

顶板束张拉时，顶板束水平弯曲，产生了较大的水平分力，通过在中跨顶板内半高部位靠近平弯预应力束处增加一层横向水平钢筋，分担并扩散横向拉应力，使得中跨箱梁内上倒角处的拉应变(最大值为50$\mu\varepsilon$)大为降低，从根本上阻止了裂缝的开展；边跨则按设计图纸进行施工，未设横向水平钢筋，张拉时边跨箱梁内上倒角2号、3号、6号点位拉应变很大(最大值达266$\mu\varepsilon$)。该应变值已达到混凝土极限拉应变值，虽然表面尚未出现裂缝但内部已经开裂。

通过试验，在顶板内纵向预应力平弯处距顶面35cm处增设一层$\phi$16mm@15cm构造钢筋，可有效地解决由于纵向预应力平弯引起的箱梁内倒角裂缝。因此，在设计时，平面弯曲纵向预应力应交错对称布置，使弯曲产生的分力自身平衡，避免纵向预应力分力引起的局部应力集中，其纵向预应力引起的分力互相不能抵消时，可以通过增设分布钢筋的方式或在弯曲束的波纹管外侧设U形拉筋加以解决。

## 5 结语

混凝土连续刚构的裂缝有很多种类，有待进一步的研究。尽管这些裂缝难以避免，但是只要具体问题具体分析，从设计、建设管理、施工、运营等各个环节上着手，寻求解决和处理裂缝问题的方式，连续刚构混凝土开裂是能够得到有效的控制，此类大桥的使用寿命将得到延长，将为国家创造更多的经济与社会价值。

# 大跨结合梁斜拉桥局部稳定性分析

敬世红[1] 郑旭峰[2] 黎 曦[1]

(1.重庆高速公路集团有限公司北方建设分公司 重庆 401147;
2.四川省交通厅公路规划勘察设计研究院 成都 610041)

**摘 要**:利用 ANSYS 软件,建立重庆江津观音岩长江大桥主桥梁段空间有限元模型,进行局部稳定分析。选取跨中和塔根截面的共7种荷载组合工况,根据总体分析的内力结果,得到不同荷载工况下结构弹性稳定系数。结果表明,重庆江津观音岩长江大桥主桥结合梁主纵梁、横梁的局部稳定性能满足设计规范要求。

**关键词**:斜拉桥 结合梁 弹性稳定 加劲肋 有限元

## 1 引言

重庆江津观音岩长江大桥主桥全长879m,主桥桥跨布置为(35.5+186+436+186+35.5)m。主梁为双工字形结合梁,纵向半漂浮体系。结合梁的主梁和横梁采用焊接工字钢截面。主梁截面高度2.8m,腹板厚28mm。横隔板截面最高处接近3.3m,腹板厚28mm[1]。主梁腹板、横隔板受弯矩、轴力、剪力共同作用,板件处于弯、压、剪组合受力状态。研究斜拉桥腹板、横隔板在局部压应力、弯曲应力、纵向压应力、剪应力共同作用时的屈曲性能是十分必要的[2,3]。

结构的稳定问题可分为第一类稳定和第二类稳定。第一类稳定问题属平衡分支问题。实际结构由于存在初始缺陷,其稳定问题属第二类稳定问题,但研究第一类稳定仍然重要,原因是:(1)某些结构的极限荷载与分支屈曲荷载很接近;(2)某些结构的屈曲后强度远远大于分支屈曲;(3)第一类稳定问题体现了结构的刚度特征[4]。

## 2 稳定分析模型

采用板壳、实体单元组合模型进行三维有限元分析:(1)利用全桥模型进行全桥分析,得到内力组合;(2)利用有限元软件ANSYS建立局部模型,采用SOLID65实体单元模拟混凝土,SHELL181板单元模拟钢板;(3)在不同的荷载工况下分析结合梁纵桥及横隔板弹性稳定。在结合梁局部分析模型中,混凝土桥面板与主梁间的剪力钉连接以及混凝土桥面板与横梁间的剪力钉连接按完全固结考虑。采用大型通用有限元软件ANSYS建立结合梁标准梁段的空间局部计算模型(图1)。计算模型采用悬臂结构,横桥向取全宽36.2m,顺桥向长36m。

图1 结合梁局部稳定分析模型

## 3 弹性稳定分析

### 3.1 计算荷载工况

对于主梁采用钢-混凝土结合梁的斜拉桥,在运营阶段不同位置处的截面有不同的内力组合,不同内力组合下结合梁截面上存在不同的正应力分布。选取跨中及塔根截面为研究对象,由全桥总体计算得到主梁典型截面最不利荷载工况,见表1。

**荷 载 工 况** 表1

| 工况 | 轴　力 | 剪　力 | 弯　矩 | 说　明 |
|---|---|---|---|---|
| 1 | −579 | −480.6 | −5 5240 | 跨中截面承载能力最小弯矩 |
| 2 | 72 180 | −791.6 | −18 018 | 跨中截面正常使用组合 III 最大轴力 |
| 3 | 70 600 | −1 136.6 | −28 610 | 跨中截面正常使用组合 III 最小弯矩 |
| 4 | 172 160 | 5 938 | −71 340 | 根部截面承载能力最大轴力 |
| 5 | 150 920 | 7 660 | −118 680 | 根部截面承载能力最小弯矩 |
| 6 | 141 100 | 4 756 | −47 980 | 根部截面正常使用组合 III 最大轴力 |
| 7 | 125 200 | 6 124 | −86 700 | 根部截面正常使用组合 III 最小弯矩 |

## 3.2 梁段弹性稳定分析

利用 ANSYS 的屈曲分析模块，对结合梁梁段模型进行弹性稳定分析，得到各种工况荷载作用下的荷载系数及屈曲模态。图 2 给出了荷载作用下，结合梁可能出现的局部失稳主要形式。

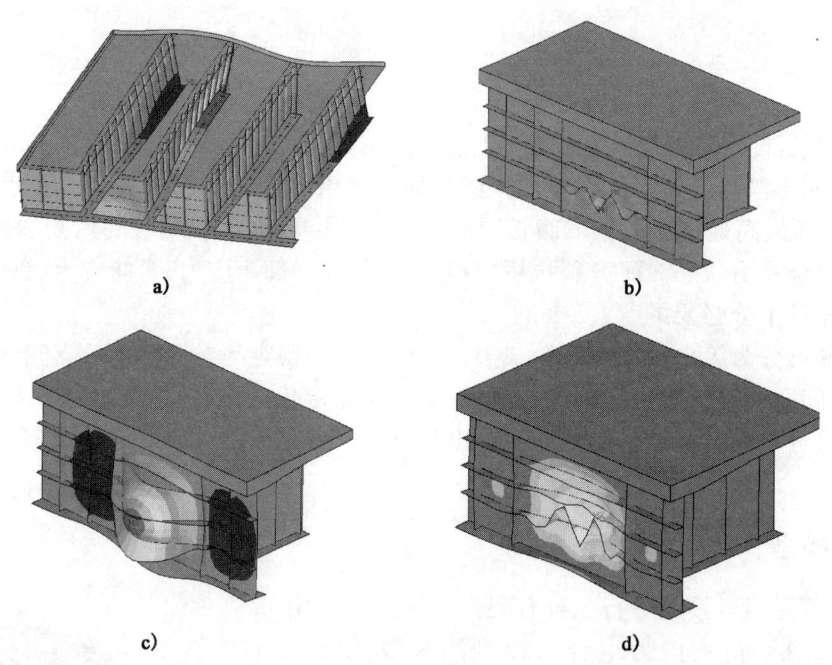

图 2　弹性失稳形式

a)横梁侧倾失稳；b)主梁纵向加劲肋失稳；c)主梁腹板失稳；d)主梁腹板及加劲肋同时失稳

表 2 给出了设计荷载组合作用下结合梁梁段弹性稳定系数及屈曲形式。

**设计荷载组合下梁段弹性稳定系数及屈曲形式** 表2

| 失稳形式 / 荷载工况 | 横梁侧倾 | | 主梁腹板屈曲 | | 主梁腹板及加劲肋屈曲 | |
|---|---|---|---|---|---|---|
| | 阶数 | 荷载系数 | 阶数 | 荷载系数 | 阶数 | 荷载系数 |
| 1 | — | — | 5 | 27.87 | 1 | 25.62 |
| 2 | 1 | 20.20 | 5 | 27.37 | 8 | 28.86 |
| 3 | 1 | 22.44 | (1)3 | 23.43 | 5 | 23.98 |
| 4 | 1 | 9.24 | (1)2 | 9.52 | 5 | 9.73 |
| 5 | — | — | 5 | 7.825 | 1 | 7.70 |
| 6 | 1 | 10.83 | 3 | 12.57 | 5 | 13.01 |
| 7 | — | — | 5 | 10.15 | 1 | 10.06 |

设计荷载作用下，结合梁梁段在不同的荷载组合下对应不同的失稳形式，可能是横梁侧倾失稳，可能是主梁腹板的局部屈曲，也可能是主梁腹板与加劲肋同时屈曲。在轴力作用下，混凝土桥面板分担较多轴向压力，导致横梁侧倾；在负弯矩作用下，混凝土桥面板压应力减小，而主梁腹板压应力增加，导致主梁腹板或腹板加劲肋的局部屈曲。因此，在使主梁受压为主的荷载组合作用下，梁段易出现横梁侧倾失稳；在使主梁受弯为主的荷载组合作用下，梁段易出现主梁腹板或加劲肋局部屈曲失稳。

## 4 结论

通过对重庆江津观音岩长江大桥梁段局部稳定分析，可以得出以下几点结论：

(1)设计荷载作用下，结合梁梁段在不同的荷载组合下对应不同的失稳形式，可能是横梁侧倾失稳，可能是主梁腹板的局部屈曲，也可能是主梁腹板与加劲肋同时屈曲。

(2)主梁受压为主的荷载组合作用下，梁段易出现横梁侧倾失稳，在使主梁受弯为主的荷载组合作用下，梁段易出现主梁腹板或加劲肋局部屈曲失稳。

(3)设计荷载组合作用下，横梁侧倾的弹性稳定系数为 9.24，主梁腹板加劲肋局部屈曲的弹性稳定系数为 9.52，主梁腹板局部屈曲的弹性稳定系数为 9.73。

(4)计算结果表明，重庆江津观音岩长江大桥主纵梁、横梁的局部稳定性能满足设计规范要求。

## 参考文献

[1] 西南交通大学.大跨结合梁斜拉桥稳定性及钢-混凝土组合效应研究报告[R].西南交通大学，2007.

[2] 蔺军，顾强，董石麟.梁腹板在弯、剪及局压复合应力作用下的屈曲分析[J].土木工程学报，2005.

[3] 卫星，李俊，强士中.扁平钢箱梁横隔板施工阶段弹性蹶曲分析[J].第 16 届全国结构工程学术会议论文集，2007.

[4] 李国豪.桥梁结构稳定与振动(修订版)[M]，北京：中国铁道出版社，1996.

# 水界高速公路桥梁伸缩缝施工质量控制

何 兵

(重庆高速公路集团有限公司南方建设分公司 重庆 401121)

**摘 要**:高速公路桥梁伸缩缝的施工质量,直接影响桥梁结构的安全性和行车舒适性。本文从土建缺陷处理、伸缩缝材料管理、施工工艺控制等方面较为系统地阐述伸缩缝的施工质量管理和控制。

**关键词**:伸缩缝 施工 质量控制

## 1 引言

气温变化以及汽车制动力作用导致桥梁混凝土伸缩,为避免由此产生的附加内力而设置桥梁伸缩缝。由于交通量和车辆载重的增加,且长期反复冲击使其材料产生疲劳,这样会加速伸缩缝的破坏。因此,伸缩缝的施工控制是桥梁工作者非常关注的环节。重庆高速公路发展有限公司南方建设分公司从土建缺陷处理、原材料管理、施工工艺控制等方面对重庆水界高速公路57座桥梁440道伸缩缝进行了较为系统的监控,施工质量处于可控状态。由于伸缩缝是继路面工程之后、标线施工之前的一道工序,通车和交工验收的压力较大,其施工难度和质量控制非常困难;加之伸缩缝施工单位施工水平参差不齐,一旦忽视,将对伸缩缝的施工质量和日后安全营运造成很大影响。

## 2 土建工程遗留缺陷处理

伸缩缝遗留的问题有:梁片安装精度不够,导致缝宽比设计加大或缩小,同时也导致槽口不对称、槽口深度不够;为了施工方便,在桥台处预留超宽缝;原梁板预埋钢筋因维持交通等原因大量废弃等,以及伸缩缝内残留有各辅助工程丢弃的各种垃圾,亦需要即时清理。土建施工的遗留问题,致使伸缩缝处理施工难度加大,施工成本增加。因此,采取以下措施进行处理:

(1)对已施工完沥青上面层的桥梁及时进行切缝、清理、凿毛。凿毛一定要彻底,以所有混凝土面凿出新鲜端面为准,并附施工照片。

(2)对施工现场与设计型号不相匹配的伸缩缝必须经各驻地高监、业主代表确认后才能变更。

(3)槽口宽度若不对称,以宽的一端为准保证其对称;若深度不足则重新切割保证其深度。

(4)侧面防撞护栏采用不锈钢板包缝处理,钢板内侧贴交通工程反光膜,由交通工程施工单位施作。

(5)对预留钢筋进行复位处理。部分预留钢筋位置不准的要重新植筋,80型伸缩缝门字形钢筋按60cm间距植入深度20cm,160型伸缩缝L形钢筋按60cm间距植入深度20cm。

(6)对端头进行处理。封锚端头不齐或成折线形的,误差大于3cm时应斜向植入$\phi$12mmII级钢筋,深度15cm、间距60cm,并用C50细石子混凝土重新封端;端头尺寸误差大于10cm时,需重新补浇混凝土进行处理。

## 3 施工原材料质量控制

伸缩缝施工中,材料管理对象主要为伸缩缝本身和浇筑混凝土所需的原材料。

### 3.1 伸缩缝

以SSF-3合同段SSFB—160型钢伸缩装置为例,要求所有到场的伸缩缝必须具有出厂证明且产品合格证需齐全,到场之后经中心试验室检测合格后才能使用。检测集中在钢带和橡胶带上,主要检测指标为:

(1)型钢化学成分检测:C、Mn、Si、P、S 的含量;

(2)型钢机械性能检测:屈服强度、抗拉强度、伸长率;

(3)橡胶带物理性能检测:抗拉强度、扯断伸长率、硬度。

### 3.2 混凝土材料

水界高速公路项目采用 C50 钢纤维混凝土,要求采用波浪形钢纤维;碎石用反击式破碎机轧制,粒径控制在 5～20mm,砂采用洁净的天然中砂,并采用中心试验室检测合格的高效减水剂,水泥采用 52.5 级快干水泥。

## 4 施工工艺

伸缩缝的安装质量是确保伸缩缝承受长期荷载冲击作用、保证使用效果和舒适性的关键,各级人员均应认真重视。

### 4.1 安装前的检查和准备

(1)对前述土建遗留问题进行全面整改,这是最基本的环节。

(2)检查伸缩缝钢件,不允许出现扭曲变形,沿长度方向应满足不大于 1.5mm/m,全长应满足 10mm/10m 的要求。伸缩缝到工地后,要求用枕木垫放,并遮盖。

### 4.2 安装

(1)移放伸缩缝时,确保缝的线形与线路垂直,与两边桥梁栏杆垂直。

(2)按上述方法处理后,尽可能焊接能使用的钢筋,包括原预埋筋和新植钢筋,并要求焊满缝。

(3)在焊接定位钢筋时,要使用两把 3m 直尺拼接靠正,这是确保最后平整度的基础。

### 4.3 混凝土浇筑

(1)混凝土采用 C50 钢纤维混凝土,要求必须采用强制式拌和,坍落度控制在 3～5cm。

(2)预留槽口超宽部分应加设钢筋网片,钢筋纵、横向间距均为 15cm。

(3)完成上述封端等处理措施后,在伸缩缝底部,应采用厚模板垫紧,防止漏浆;伸缩缝缝间隔,应采用泡沫塑料填塞,防止混凝土将间隙堵死,影响自由伸缩。在预留槽内根据设计要求分段浇筑混凝土,特别注意控制箱底板混凝土的振捣密实。

(4)混凝土养生时,需特别注意初期养护管理,加强交通管制;达到设计强度后,对伸缩缝进行最后检查和清理,然后有序开放交通。

## 5 结语

伸缩缝施工是一项"精致"工序,要采用"家装化"的思想才能做好。以前,很少有专业人员对这项工作这么关注,主要是受项目交工和通车压力的影响所致。对车流进行有效分流管理,施工确保安全,以及隐蔽工序交接、照片管理、污染防治等,都是确保伸缩缝施工质量的有效保障。通过对水界路伸缩缝的严格管理,所有伸缩缝的平整度均控制在 2.5mm 以内,可保证在较长时间内安全运营。

## 参考文献

[1] 中华人民共和国行业标准. JTJ 041—2000 公路桥涵施工技术规范[S]. 北京:人民交通出版社,2000.

[2] 曹先星,等. 浅谈公路桥梁伸缩缝改造施工质量控制[J]. 华东交通大学学报,2005.

# 张力对斜拉桥拉索镀锌钢绞线腐蚀行为的影响

罗 杰[1] 杨文军[1] 周鉴庭[2]

(1.重庆高速公路集团有限公司垫利分公司 重庆 400060;
2.重庆交通大学 重庆 400074)

**摘 要**:应用伏安极化法和中性盐雾腐蚀试验研究了张力作用下斜拉桥拉索镀锌钢绞线在5%NaCl溶液中的腐蚀行为,腐蚀产物理化性质由XRD、TG—DTA等测试表征。结果表明,镀锌钢绞线的腐蚀电流,即腐蚀速率随试验前施加的张力增加而增大,其产生白锈的盐雾试验周期小于1,经15~22kN张力作用后的镀锌钢绞线,产生红锈的盐雾试验周期为16,而经0、10kN张力作用的钢绞线,则产生红锈的周期延长至23。钢绞线腐蚀产物主要是$Zn_5Cl_2(OH)_8 \cdot H_2O$、$Zn_4(CO_3)(OH)_6 \cdot H_2O$和ZnO。

**关键词**:斜拉桥 拉索 钢绞线 腐蚀行为

## 1 引言

斜拉桥是一种跨越能力大、结构轻巧美观、受力明确、空气动力稳定性好、结构形式简洁的桥型[1,2],其拉索则是桥梁的主要承重结构,它的耐久性将直接影响全桥安全。目前,用于斜拉桥拉索的钢绞线主要有全裸钢绞线、环氧涂漆钢绞线和镀锌钢绞线三种类型,其中镀锌钢绞线因其抗拉强度高、延伸率好、松弛值低、应力损失小、抗疲劳性能优良、防护能力强等诸多特点而被广泛应用。然而,作为拉索,不仅长期暴露于自然环境并且承受交变载荷,索内钢绞线极易遭受环境腐蚀,进而影响桥的安全和使用寿命,严重者则导致重大事故发生[3,4]。对此,Honshu-Shikoku桥梁管理部门[5]已就其监护的10多座斜拉桥开展了预防性维护研究,提出诸如:防腐蚀涂层、拉索除湿、静态和动态监测等维护措施;而Hamilton H R和Barton S C等[6,7]则采用人工加速腐蚀试验方法评价拉索耐蚀性,重点探讨不同负载作用下拉索的全面腐蚀、腐蚀破裂和氢脆,比较试验样品腐蚀前后损失质量、氢浓度和可变载荷等方面的变化;Suzumura K等[8]则研究了镀锌钢绞线腐蚀行为的环境影响因素,指出当相对湿度小于60%时,镀锌钢绞线不会发生腐蚀,而处于湿润或浸湿环境中的钢绞线,其表面镀锌层寿命约达10年,但如环境中存在大量NaCl或温度升高均会显著加速钢绞线的腐蚀。本文拟在前期工作基础上,探讨斜拉桥拉索镀锌钢绞线在5%NaCl溶液中张力作用下的腐蚀行为,进而评价其耐蚀性,这对延长斜拉桥拉索使用寿命和提高桥梁安全性研究具有重要参考意义,而相关研究迄今国内尚未见报导。

## 2 试验

### 2.1 仪器、材料与试剂

电化学工作站(CHI660B,上海辰华)、盐雾腐蚀试验箱(YWX/Q750C,无锡苏南试验设备有限公司)、微机控制电子万能试验机(CMT5105,深圳三思材料检测有限公司)、酸度计(pHS—25,上海雷磁)、电子天平(AL204,Mettler Toledo公司)、热重-差热分析仪(DTG—60H,日本岛津)、X射线衍射仪(XRD—6000,日本岛津)。

镀锌钢绞线由重庆万桥交通科技发展有限公司提供,成分:0.75%~0.85% C,0.12%~0.32% Si,0.60%~0.90% Mn,P≤0.025%,S≤0.025%,Cu≤0.20%;$\phi$=5mm;抗拉强度:≥1 570MPa;屈服强度:≥1 330MPa。使用前两端作镦头处理,氯化钠、氢氧化钠、盐酸、氨水等均为分析纯。

### 2.2 电化学腐蚀试验

用专用夹具固定五根两端镦头镀锌钢绞线于万能试验机上(夹具结构见文献[7]),分别施加 0kN、10kN、15kN、20kN、22kN 张力[22kN 是钢绞线屈服强度的 1/1.2(材料安全系数)]。应用极化法由 Tafel 直线外推测定室温下不同张力作用时镀锌钢绞线的腐蚀电流,三电极体系,即研究电极为镀锌钢绞线(工作面积 3.14$cm^2$),铂环为辅助电极,Ag/AgCl 电极为参比电极,腐蚀液为 5%NaCl 溶液(pH=7),电化学腐蚀试验装置如图 1 所示。扫描电位范围 −1.21～−0.91V,扫速 10mV/s,极化前腐蚀试验体系预先稳定 5～10min。

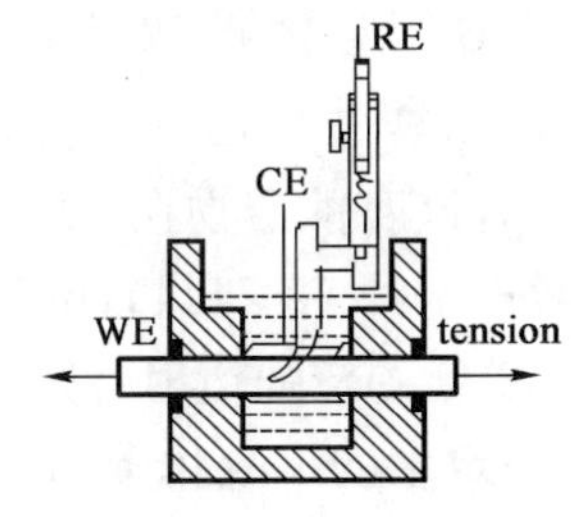

图 1 电化学腐蚀试验装置示意图

### 2.3 中性盐雾腐蚀试验(NSS)

将经过张力作用后的镀锌钢绞线连同夹具置于盐雾腐蚀试验箱中,以“喷 12h、停 12h”为一个喷雾周期,每隔一周期检查钢绞线腐蚀状态,表面出现红锈即停止试验。从夹具取下腐蚀后样品,用蒸馏水轻轻冲洗,刀片轻轻刮下腐蚀产物待用。刮去腐蚀产物后的钢绞线再用 15%氨水浸泡、蒸馏水冲洗、干燥称重,采用失重法评价经不同张力作用的镀锌钢绞线腐蚀速率。

### 2.4 腐蚀产物表征

使用 X 射线衍射仪分析腐蚀产物结构与组成,电压 40kV,电流 30mA,扫描范围 2°～80°,扫描速率 8°/min;热重-差热分析仪观测升温过程腐蚀产物结构变化,温度范围 15～500℃,升温速率 10℃/min,氮气氛,流速 50mL/min。

## 3 结果与讨论

### 3.1 张力作用对镀锌钢绞线腐蚀电流影响

图 2 示出镀锌钢绞线在不同张力作用下 5%NaCl 溶液中电化学腐蚀的 Tafel 曲线。如图可见,镀锌钢绞线腐蚀电流随张力增加呈增大趋势,且当张力为 22kN 时镀锌钢绞线腐蚀电流达到最大值,为 0kN 的 4.5 倍。其原因可能是该钢绞线镀锌层内的多晶晶面因张力增加而发生滑移,晶粒间距离随之增大,使吸附 $Cl^-$ 的晶界电位变负,从而更易发生腐蚀。

### 3.2 NSS 试验对不同张力作用下镀锌钢绞线耐蚀性评价

图 3 为镀锌钢绞线经不同张力作用后再经中性盐雾腐蚀后的表观照片。试验发现,试验钢绞线在中性盐雾腐蚀的一个周期内,表面就开始出现白锈,延长腐蚀周期,电化学腐蚀加快,白色锈点越来越多,直至表面全为白锈布满;之后,红锈产生,但其出现的快慢与施加的张力大小有关。如作用张力为 15～22kN 的钢绞线产生红锈的盐雾试验周期为 16,而在 0kN 或 10kN 张力作用下则延长至 23 周期,可见张力作用对镀锌钢绞线腐蚀行为有直接影响。图 4 给出由失重法测得的镀锌钢绞线在不同张力作用下的腐蚀速率,同样表明随张力增加钢绞线腐蚀速率呈上升趋势,与上述极化法得出的规律相一致。根据图 4,该钢绞线的腐蚀速率于 22kN 张力下达最大值,对应的腐蚀深度为 0.41mm/年,此值比极化法 Tafel 外推计算的腐蚀深度大 5 倍,其原因当与中性盐雾腐蚀环境中雾粒对镀锌层冲刷作用、失重法测量存在误差有关。

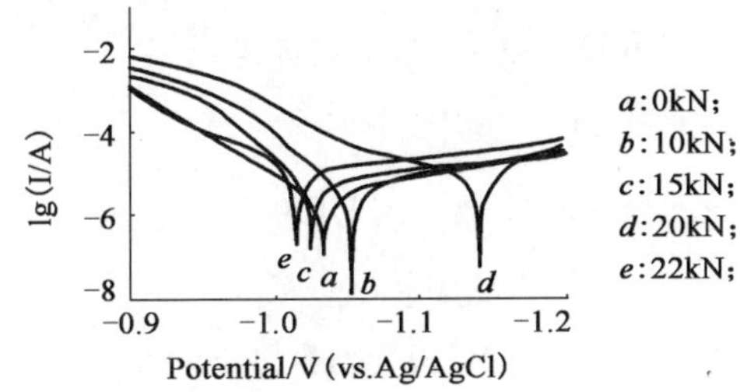

图 2 不同张力作用下镀锌钢绞线在 5%NaCl 溶液中的 Tafel 曲线

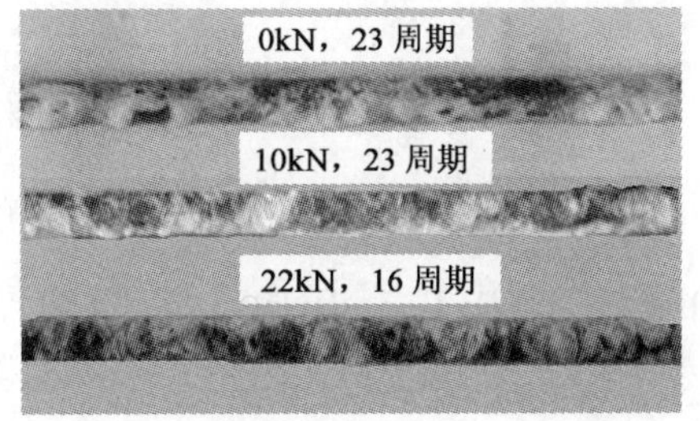

图 3 不同张力作用下镀锌钢绞线 NSS 试验后的照片

### 3.3　腐蚀产物的组成与结构分析

图5给出22kN张力作用下镀锌钢绞线经中性盐雾腐蚀16周期的腐蚀产物XRD图谱。对照PDF卡片表明,该腐蚀产物在$2\theta$为11.186°、33.506°和37.857°处的强衍射峰与$Zn_5Cl_2(OH)_8 \cdot H_2O$的标准衍射谱相符(卡片72-1444),说明镀锌层的主要腐蚀产物为$Zn_5Cl_2(OH)_8 \cdot H_2O$;而出现在31.733°、34.393°和56.552°处的较强衍射峰则与ZnO相符(卡片89-1397),说明腐蚀产物中含有部分ZnO;又因盐雾试验环境存在一定量的二氧化碳,故而腐蚀产物也含有少量$Zn_4(CO_3)(OH)_6 \cdot H_2O$,这与Q. Qu等的研究报道的结果一致;此外,该腐蚀产物也存在少量的$Fe_2O_3$,即红锈,表明本盐雾腐蚀试验难免导致Fe基体发生缓慢的电化学腐蚀。

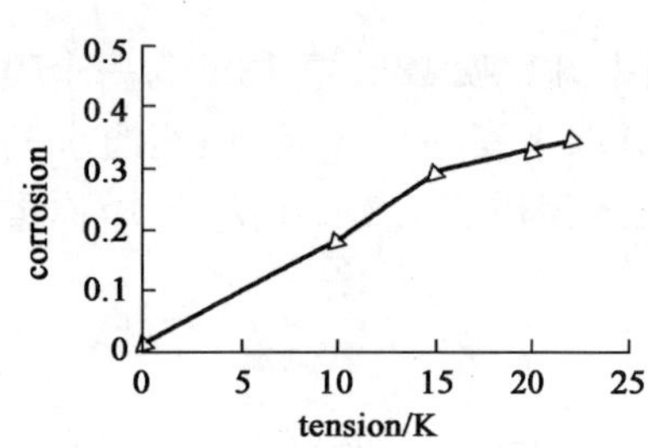


图4　镀锌钢绞线在不同张力作用下的腐蚀速率

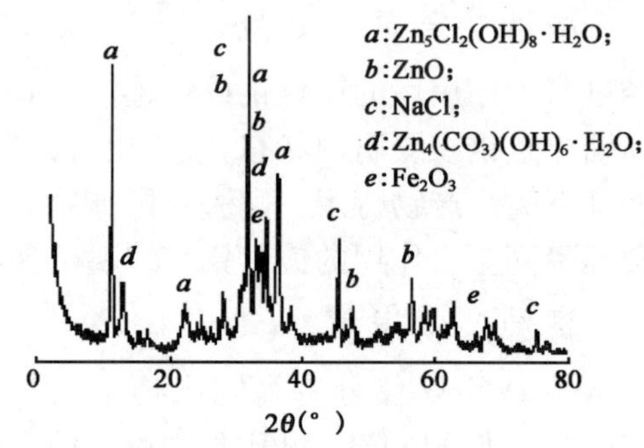


图5　镀锌钢绞线腐蚀产物XRD图

图6示出腐蚀产物热重和差热分析结果。发现在室温至150℃范围内,TG曲线随温度升高而缓慢下降,而其对应的DTA曲线则在150℃前出现吸热峰,这与腐蚀产物失去吸附水和结晶水有关。在150~250℃之间,TG曲线快速下降,与此对应的DTA曲线上显示两个吸热峰,第1吸热峰对应于$Zn_5Cl_2(OH)_8$的受热分解,第2吸热峰为$Zn_4(CO_3)(OH)_6$受热分解和前面$Zn_5Cl_2(OH)_8$再进一步受热分解;250~500℃之间,TG曲线缓慢下降,对应的DTA曲线则表出出明显的吸热,这是$Zn_5Cl_2(OH)_8$之热分解产物,即Zn(OH)Cl又继续热分解所致。

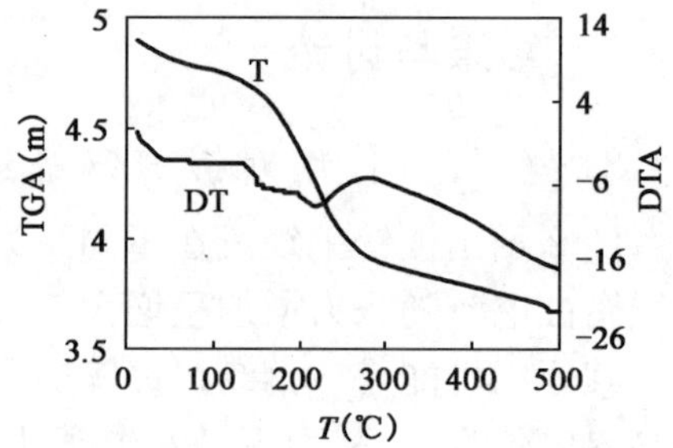


图6　镀锌钢绞线腐蚀产物TG-DTA图

### 3.4　盐雾腐蚀过程初探

镀锌钢绞线经中性盐雾试验16周期后,除镀锌层遭受腐蚀外,钢绞线基体铁也同时发生缓慢电化学腐蚀。其腐蚀过程可能为:

(1)在盐雾腐蚀试验箱内,钢绞线镀锌层最先受到含湿热空气的盐雾和$O_2$的作用而发生电化学腐蚀:

阳极　$$Zn - 2e \longrightarrow Zn^{2+}(aq)$$

阴极　$$1/2O_2 + H_2O + 2e \longrightarrow 2OH^-(aq)$$

(2)$Zn^{2+}$与$OH^-$作用发生化学反应:

$$Zn^{2+}(aq) + 2OH^-(aq) \longrightarrow Zn(OH)_2(s)$$

$$Zn(OH)_2(s) \longrightarrow ZnO(s) + H_2O$$

$$4ZnO(s) + Zn^{2+}(aq) + 5H_2O + 2Cl^-(aq) \longrightarrow Zn_5Cl_2(OH)_8gH_2O(s)$$

(3)湿热空气中$CO_2$溶于5%NaCl溶液,产生的$CO_3^{2-}$参与上述化学反应:

$$3ZnO(s) + Zn^{2+}(aq) + CO_3^{2-}(aq) + 4H_2O \longrightarrow Zn_4(CO_3)(OH)_6gH_2O(s)$$

(4)镀锌层局部区域腐蚀后露出Fe基体,虽然有以镀锌层作牺牲阳极的阴极保护作用,但铁基体的电化学腐蚀仍然缓慢发生,从而出现红锈(铁锈)。

## 4 结论

在5%NaCl溶液中镀锌钢绞线极化腐蚀电流随其作用张力之增加而呈增大趋势，并于22kN下镀锌钢绞线腐蚀电流最大，为0kN的4.5倍；在张力0～22kN作用范围内，各钢绞线在NSS试验一个周期内产生白锈，作用张力较小(0kN、10kN)的镀锌钢绞线产生红锈的周期为23，而张力大的(15～22kN)仅为16，其腐蚀产物主要为$Zn_5Cl_2(OH)_8 \cdot H_2O$、$Zn_4(CO_3)(OH)_6 \cdot H_2O$和ZnO。钢绞线腐蚀是一个复杂的过程，有必要进一步开展模拟真实环境下斜拉桥拉索镀锌钢绞线腐蚀过程及其防护研究。

## 参考文献

[1] 马坤全.建设与期望大跨度斜拉桥的研究[J]，世界桥梁，2000，4:60.
[2] 陈开利，余天庆，习刚.发展与展望的混合梁斜拉桥的研究[J].桥梁建设，2005，2:1.
[3] 经柏林，谢华骞.索研究斜拉桥的研究[J].中国市政工程，2003，6:19.
[4] 唐清华，郑史雄.抗腐蚀的索斜拉桥和悬索桥研究[J]。四川建筑，2005，25(1):125.
[5] Yanaka Y，Kitagawa M.钢桥梁的维修本州四国联络交叉研究[J].建筑钢的研究，2002，58: 131.
[6] Hamilton HR.大桥斜拉索腐蚀防护，II:加速腐蚀试验研究[J].桥梁工程，1998，3(2):72.

# 大跨结合梁斜拉桥桥面板有效宽度分析

符礼斌[1] 郑旭峰[2] 黎 曦[1]

(1.重庆高速公路集团有限公司北方建设分公司 重庆 401147;
2.四川省交通运输厅公路规划勘察设计研究院 成都 610041)

**摘 要**:利用ANSYS软件,建立重庆江津观音岩长江大桥主桥梁段空间有限元模型,进行局部分析。选取跨中和塔根截面得7种荷载组合工况,根据总体分析的内力结果,完成局部应力分析,得到截面纵桥向正应力沿横桥向分布情况。按照6次多项式拟合得到截面应力分布曲线,进而确定截面有效宽度,并与设计规范计算值进行比较。结果表明,江津观音岩长江大桥设计中有效宽度取值合理,与数值分析结果吻合。

**关键词**:斜拉桥 结合梁 剪力滞 应力分布 有限元

## 1 引言

重庆江津观音岩长江大桥主桥全长879m,主桥桥跨布置为(35.5+186+436+186+35.5)m。主梁为双工字形结合梁,纵向半漂浮体系。结合梁斜拉索锚固处高3.2m,跨中高3.542m,横桥向主梁中心距35.2m,主梁全宽36.2m。结合梁斜拉桥的传力路径为载荷→桥面板→横梁→主梁→斜拉索→塔墩→大地,桥面板除随结构整体受力变形外同时产生较大的横向面外弯曲和纵向不均匀局部变形(压弯构件的剪力滞现象)。斜拉桥主梁为压弯构件,这种局部的横向弯曲变形加大主梁桥面板的局部变位。另一方面,桥面板横截面沿桥轴方向非均匀变形。斜拉索拉力通过主梁传递到全截面,必然引起桥面板剪力滞后,使桥面板横截面上正应力沿板宽的分布不均匀[1]。要确定主梁桥面板的剪力滞,必须准确获得沿桥面板分布的应力函数。目前,剪力滞效应的分析方法主要有卡曼理论、弹性理论解法、比拟杆法、能量变分法、数值分析法和试验研究方法等[2]。

虽然利用上述的几种经典理论方法可以计算翼缘板应力,从而确定出翼缘板有效宽度,但理论方法的推导和计算相当复杂、繁琐,并都建立在一定的理论假设之上,因此存在一定的局限,且不便于工程的实际运用。为了既能利用简单的初等梁理论公式,又能得到接近于桥面板实际应力的最大值,目前对桥面板有效宽度进行分析的通常做法是,采用空间有限元方法对桥面板弯曲应力的横向分布进行计算,再据此确定桥面板的有效宽度,或是直接按组合梁的设计规范来确定有效宽度。

## 2 梁段应力的空间分析

### 2.1 空间计算模型的建立

平面计算模型不能考虑结构横桥向的内力传递关系,不能考虑桥面板、横梁与主梁连接处及其附近区域的应力分布,不能反映出主梁的局部(面外)弯曲,无法考虑外荷载作用下主梁的畸变、约束扭转以及剪力滞的影响。采用板壳、实体单元组合模型进行三维有限元分析,可解决平面模型无法反映的局部与整体的耦合变形、局部应力分布状况等问题。虽然用板壳、梁单元组合模拟主梁对大跨度桥梁作空间分析具有计算精确的优点,但是以耗费大量的计算成本为代价的。一般情况下,首先应对全桥进行整体受力分析,在了解桥梁整体受力特点的基础上,从整体模型中取出需要作局部细致分析的区域建立空间模型,将其用实体单元剖分,将整体分析中局部区域对应的边界条件施加到局部模型上,再在该局部模型上施加对应的荷载后,即可对局部模型进行空间受力分析。对江津观音岩长江大桥的结合梁局部模型进行分析,研究结合梁斜拉桥剪力滞效应，其步骤如下：(1)利用全桥模型进行全桥分析，得到内力组合；(2)利用有限元软件 ANSYS 建立局部模型，采用 SOLID65 实体单元模拟混凝土，SHELL181 板单元模拟钢板；(3)在不同的荷载工况下分析结合梁纵桥向剪力滞效应。弹性工作状态下，不考虑剪力钉的滑移，因此，在结合梁局部分析模型中，混凝土桥面板与主梁间的剪力钉连接以及混凝土桥面板与横梁间的剪力钉连接按完全固结考虑。采用大型通用有限元软件 ANSYS 建立结合梁标准梁段的空间局部计算模型(图 1)。计算模型采用悬臂结构，横桥向取全宽36.2m，顺桥向长 36m。

图 1 结合梁局部分析模型

## 2.2 计算荷载工况

对于主梁采用钢-混凝土结合梁的斜拉桥，在运营阶段不同位置处的截面有不同的内力组合。在不同内力组合下，结合梁截面上存在不同的正应力分布。选取跨中及塔根截面为研究对象，由全桥总体计算得到主梁典型截面最不利荷载工况，见表 1。

**荷 载 工 况** 表 1

| 工况 | 轴 力 | 剪 力 | 弯 矩 | 说 明 |
|---|---|---|---|---|
| 1 | −579 | −480.6 | −55 240 | 跨中截面承载能力最小弯矩 |
| 2 | 72 180 | −791.6 | −18 018 | 跨中截面正常使用组合 III 最大轴力 |
| 3 | 70 600 | −1 136.6 | −28 610 | 跨中截面正常使用组合 III 最小弯矩 |
| 4 | 172 160 | 5 938 | −71 340 | 根部截面承载能力最大轴力 |
| 5 | 150 920 | 7 660 | −118 680 | 根部截面承载能力最小弯矩 |
| 6 | 141 100 | 4 756 | −47 980 | 根部截面正常使用组合 III 最大轴力 |
| 7 | 125 200 | 6 124 | −86 700 | 根部截面正常使用组合 III 最小弯矩 |

## 2.3 梁段应力分布

图 2 给出了工况 1 跨中截面承载能力最小弯矩作用下，横梁间混凝土桥面板及横梁上混凝土桥面板正应力沿横向变化(图中仅给出半幅桥应力变化曲线)。

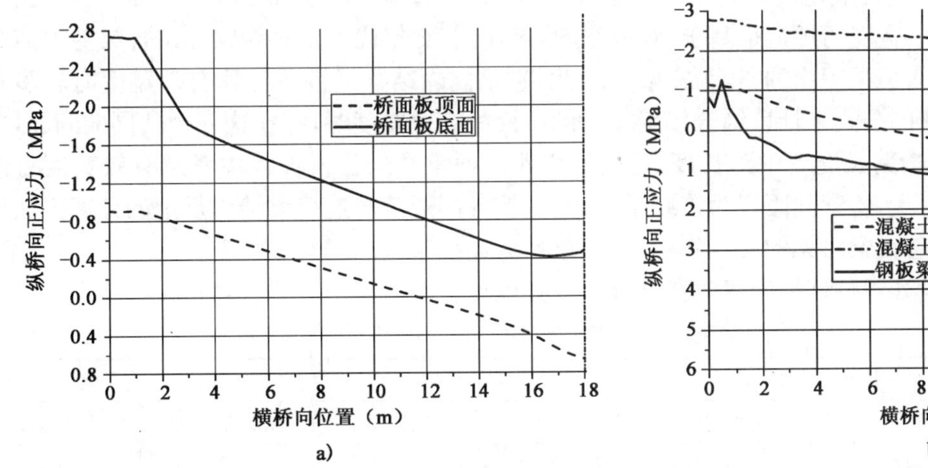


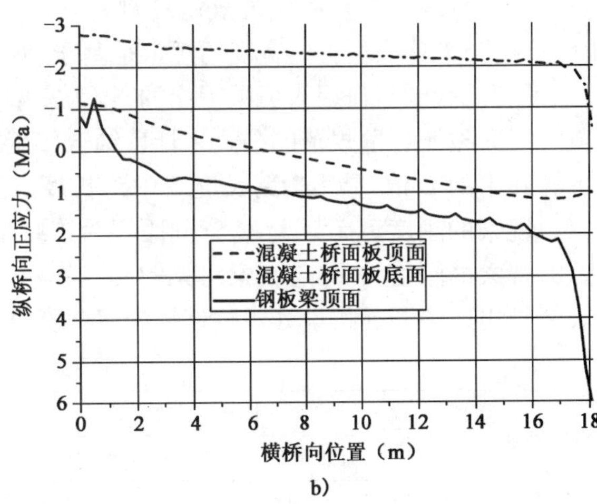


图 2 桥面板纵桥向应力沿横向变化

a)横梁间混凝土桥面板；b)横梁上混凝土桥面板

图 3 给出了工况 5 根部截面承载能力极限状态最小弯矩作用下，横梁间混凝土桥面板及横梁上混凝土桥面板正应力沿横向变化，桥面板全截面受压，在横梁位置处出现压应力极值(图中仅给出半幅桥应力变化曲线)。

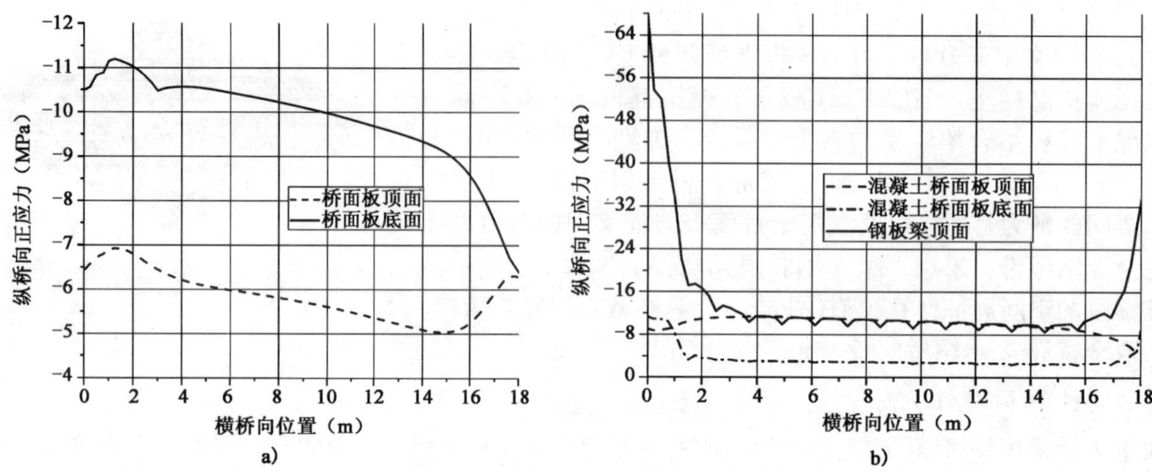


图3　桥面板纵桥向应力沿横向变化

a)横梁间混凝土桥面板;b)横梁上混凝土桥面板

## 3　桥面板有效宽度

通常可以通过剪力滞系数$\lambda$或翼缘有效分布宽度对剪力滞效应进行描述,可将某截面处的剪力滞系数认为是考虑剪切变形求得的横截面最大法向应力与按初等梁理论求得的横截面的法向应力的比值[3]。有效分布宽度是指按初等梁理论的公式算得与真实应力峰值接近相等的翼缘折算宽度[4]。其是根据翼缘内的应力面积与折算截面的翼缘内应力面积相等的原理换算得到的。有效宽度与实际宽度之比称为有效宽度比,它反映翼板应力分布不均匀程度。因此,工程设计应该采用这一折减后的截面抗弯模量,按初等梁的弯曲理论去计算其纵向弯曲应力与挠度。

### 3.1　设计规范计算有效宽度

各国规范对结合梁设计中翼缘有效宽度提出了不同简化的公式。公式中翼缘有效宽度大多与宽跨比、截面类型、截面尺寸、支承条件、跨度布置、截面纵向位置、荷载类型、荷载分布等因素有关。我国桥梁规范对结合梁桥的翼缘有效宽度没有明确规定,仅说明可参照T形梁翼缘有效宽度的计算方法。国内结合梁桥在计算翼缘有效宽度时多参照国外规范的规定,如英国规范BS5400[6],欧洲标准EC4[5]等。其中,英国规范BS5400对结合梁翼缘板有效宽度的规定是基于20世纪60年代到70年代大量对钢梁和结合梁剪力滞分析的计算、模型试验的科研报告成果得出的,较为完整。因此,它是国内结合梁桥在计算有效宽度时较多参考的规范之一。按照各国规范的公式来计算结合梁斜拉桥的桥面板有效宽度时,存在这一个共同的问题,即如何考虑算式中的$L$值:是用边跨长度或中跨长度,还是用索距。通常在斜拉桥设计中考虑有效宽度有两种方法:(1)视索的刚度为无穷大,将索间距视为连续梁的跨度,按各国规范对连续梁结构规定的计算方法进行计算;(2)视索的刚度为零,忽视索对梁的支点作用,将主梁作为连续梁。

表2给出跨中截面按设计规范计算的有效宽度及有效宽度比。

**截面有效宽度**　　表2

| 计算依据 | 按索距计算 | | 按跨度计算 | | 平均值 | |
|---|---|---|---|---|---|---|
| | 有效宽度(m) | 有效宽度比 | 有效宽度(m) | 有效宽度比 | 有效宽度(m) | 有效宽度比 |
| SS3110 | 3.12 | 0.17 | 3.12 | 0.17 | 3.12 | 0.17 |
| DIN 1078 | 5.4 | 0.3 | 18.0 | 1.0 | 11.7 | 0.65 |
| CP117 | — | — | 9.0 | 0.5 | 9.0 | 0.50 |
| EC4 Part2 | 2.5 | 0.14 | 18.0 | 1.0 | 10.25 | 0.57 |
| BS5400 | 3.6 | 0.20 | 17.5 | 0.97 | 10.55 | 0.59 |
| 日本桥规 | 4.9 | 0.27 | 18.0 | 1.0 | 11.45 | 0.64 |

### 3.2 有效宽度的数值分析

通过对结合梁梁段进行空间精细有限元分析，可以得到各种荷载组合下结合梁截面上沿横桥向的纵桥向正应力分布。将其与按初等梁计算得到的截面应力比较，可以得到结合梁桥面板纵桥向正应力的剪力滞系数。由于剪力滞现象引起的混凝土桥面板弯曲应力的不均匀主要表现为靠近钢梁腹板部分处最大，中部逐渐减少。沿横桥向，若半幅桥面板的纵向正应力按函数 $\alpha(x)$分布，则半幅桥面板的有效宽度可按式(1)确定。

$$B_e = \frac{\int_0^{l/2} \sigma(x)}{\sigma_{max}} \tag{1}$$

采用空间有限元的方法计算桥面板有效宽度时，根据有限元计算的结果结合桥面板单元的横向划分，半桥面有效宽度按以下步骤进行计算：(1)获得混凝土桥面板沿横向纵桥向正应力分布；(2)绘制横桥向正应力与横向距离关系曲线；(3)利用多项式函数 $f(x)$，对应力-距离曲线进行数据拟合，确定拟合函数；(4)利用式(1)，计算截面有效宽度(有效宽度比)。分析中，选用 6 次多项式函数，对应力分布进行拟合，计算得到工况 1～14 荷载作用下，结合梁截面桥面板的有效宽度，见表 3。

**结合梁截面有效宽度** 表 3

| 荷载工况 | 1 | 2 | 3 | 4 | 5 | 6 | 7 |
|---|---|---|---|---|---|---|---|
| 有效宽度(m) | 12.03 | 13.27 | 13.09 | 13.17 | 12.04 | 13.33 | 13.01 |
| 有效宽度比 | 0.67 | 0.74 | 0.73 | 0.73 | 0.67 | 0.74 | 0.72 |

通过桥面板有效宽度的空间有限元数值分析结果同日本公路桥梁规范(钢桥篇)和英国规范 BS5400 的计算结果对比分析，发现取索距为计算跨度所得的有效宽度值偏小，取斜拉桥跨径为计算跨度所得的有效宽度值偏大，有限元计算结果接近两者的平均值。按英国规范计算的桥面板有效宽度变化趋势与有限元数值分析结果较为接近。

综上所述，虽然空间有限元数值分析方法计算精度较高，但由于空间有限元模型的建立及分析计算所耗用的时间较多，因此在对结合梁斜拉桥的组合梁截面进行整体分析时，可取索距为计算跨度并参照英国规范 BS5400 计算桥面板有效宽度，然后应用弹性分析法对组合梁截面进行换算，简化钢-混凝土主梁的受力状态分析。

## 4 结论

通过对重庆江津观音岩长江大桥桥面板剪力滞效应分析，可以得出以下几点结论：

(1)重庆江津观音岩长江大桥混凝土桥面板、钢主梁翼缘存在明显的剪力滞现象。

(2)空间有限元数值分析分析结果表明，重庆江津观音岩长江大桥结合梁桥面板有效宽度为 10～13m (剪力滞系数为 1.35～1.75)。

(3)按桥梁设计规范计算结合梁斜拉桥主梁有效宽度时，取索距为计算跨度所得的有效宽度值偏小，取斜拉桥跨径为计算跨度所得的有效宽度值偏大，有限元计算结果接近两者的平均值。

(4)重庆江津观音岩长江大桥设计时采用剪力滞系数为 1.6，与数值分析研究结果基本吻合。

## 参考文献

[1] 西南交通大学. 大跨结合梁斜拉桥稳定性及钢-混凝土组合效应研究报告[R]. 西南交通大学，2007.
[2] 强士中. 桥梁工程(下册)[M]. 北京：高等教育出版社，2002. 267-273.
[3] 万臻. 斜拉桥常用截面形式主梁的剪力滞效应研究. 成都：西南交通大学硕士论文，2002.
[4] 何畏，强士中. 板桁组合结构中混凝土桥而板有效宽度计算分析. 中国铁道科学，2002，23 (4)：55-61.
[5] European Committee for Standardization. Eurocode 4 Design of Composite Steel and Concrete Structures Part 2 Bridges[S]，1997.
[6] 英国标准学会. 钢桥、混凝土桥及结合桥[S]. 成都：西南交通大学出版社，1987.

# 江津观音岩长江大桥G梁段吊装施工方案安全性能评价

黄定勇[1] 郑万山[2]

(1.重庆高速公路集团有限公司 重庆 401121;
2.招商局重庆交通科研设计院有限公司 重庆 400067)

**摘 要**:江津观音岩长江大桥G梁段是观音岩长江大桥南岸边跨最后一节段。为使桥面吊机和架桥机能够一次性将G梁段主梁起吊安装,需3台起重机械和设备同时作业才能完成,为确保施工安全,有必要对该施工方案的安全性进行评价。

**关键词**:施工方案 安全性能 评价

## 1 引言

江津观音岩长江大桥是重庆绕城公路南段跨越长江的重要工程。该桥在江津市观音岩附近跨越长江。江津观音岩长江大桥是重庆绕城公路南段中规模最大的特大桥,也是交通部门第一座跨度最大、桥面最宽的结合梁斜拉桥(图1)。

图1 重庆江津观音岩长江大桥效果图

主桥桥跨布置为(35.5+186+436+186+35.5)m双塔双索面斜拉桥,主桥共长879m。两岸引桥采用主跨为30m简支变连续的T梁。主梁的截面形式为双工字形结合梁,纵向半飘浮体系。斜拉索桥全桥共136对,按双索面扇形布置,标准节段索距在主梁上为12m。索塔采用菱形桥塔,设两道横系梁将桥塔分为上塔柱、中塔柱和下塔柱三部分。其中10号墩位于深水区域,枯水季节的水深约12m,承台为圆形,承台直径32m,厚度6.5m;桩基为嵌岩钻孔桩,20根$\phi$250cm钻孔桩。

主梁为钢主梁与混凝土板共同受力的结合梁,中间以剪力钉将两者结合。结合梁斜拉索锚固处高3.2m,跨中高3.543m。钢主梁截面双工字钢中心间距35.2m,桥面板厚26cm,钢主梁顶部加厚为40cm。主梁全宽36.1m。

G梁段是观音岩长江大桥南岸边跨最后一节段,为边跨尾部压重段。该段全长24.5m,主梁自重为73.4t,共设置7道横梁,其中H8横梁重54t,H9横梁质量达76.8t;而桥面吊机最大起质量为45t,故桥面吊机无法单独完成G梁段的吊装施工,拟采用在12号墩的墩顶处预埋地脚螺栓及焊接钢板,设置钢管立柱及分配梁并安设双导梁架桥机,利用双导梁架桥机与桥面吊机联合对G梁段主梁进行吊装。为使桥面吊机和架桥机能够一次性将G梁段主梁起吊安装,在架设之前,还须通过设置于12号墩附近的桅杆吊机将主梁移至对应位置。这样一来,G梁段的吊装需3台起重机械和设备同时作业才能完成。为确保施工安全,有必要对该施工方案的安全性进行评价。

## 2 G梁段吊装简介

### 2.1 G梁段主梁吊装方案

G梁段是上部结构吊装中最重的梁段(图2)。G梁段吊装质量为73.4t(包括锚拉板),顶板及底板宽均为1.0m。

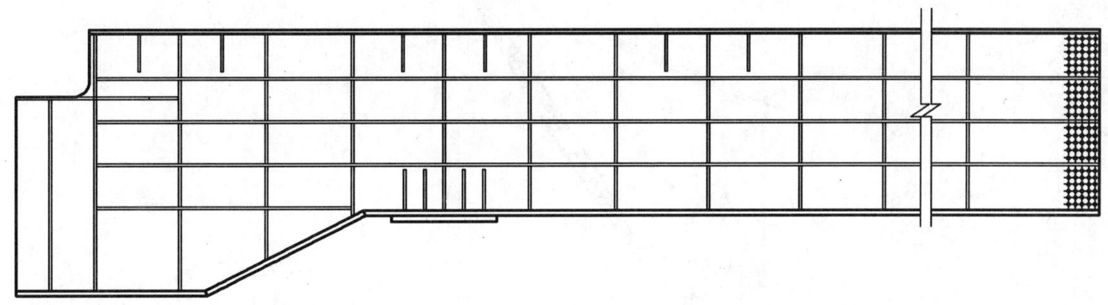

图2 G梁段简图

由于桥面吊机最大起质量为45t,故桥面吊机无法单独完成G梁段的吊装。在12号墩(边墩)墩顶处,预埋地脚螺栓及焊接钢板,设置4根$\phi$1 000mm×10mm钢管,在钢管桩顶部焊接3I400b型工字钢箱作分配梁,分配梁顶部设置一道双导梁(SDLB40m/120架桥机)。

利用双导梁架桥机与桥面吊机联合对G梁段主梁进行吊装(图3)。为使桥面吊机和架桥机能够一次性将G梁段主梁起吊安装,在架设之前,还须通过设置于12号墩处的桅杆吊机将主梁移至对应位置(主梁中心距12号墩中心13m)。G梁段移到位后,桅杆吊机不松钩,将主梁起吊脱离地面0.5m左右,桥面吊机起吊主梁的江侧吊环位置,架桥机双导梁通过兜绳起吊岸侧吊点位置(起吊点距岸侧端6.5m)。桥面吊机和双导梁吊机同时受力,保持同样的提升速度起吊主梁,待全部重力交由桥面吊机和双导梁后,桥面吊机和双导梁吊机停止不动,拆除桅杆吊机起吊绳。桥面吊机缓慢地作顺时针旋转,双导梁上的行走平车缓慢向上游平移。期间,须保证桥面吊机起吊绳的竖直和行走平车的四轮受力平衡,以免发生受力不均的情况,直至将主梁移至距12号墩边缘1m处,停止平移。桥面吊机和双导梁吊机再同时匀速提升G梁段主梁,直至将主梁提升高过12号墩墩顶0.5m,停止提升。桥面吊机再次作顺时针缓慢旋转,双导梁上的行走平车缓慢向上游平移,直至将主梁移至安装位置,迅速安装连接板,并打上冲钉,之后高强螺栓的操作与标准梁段相同。吊装示意如图4所示。

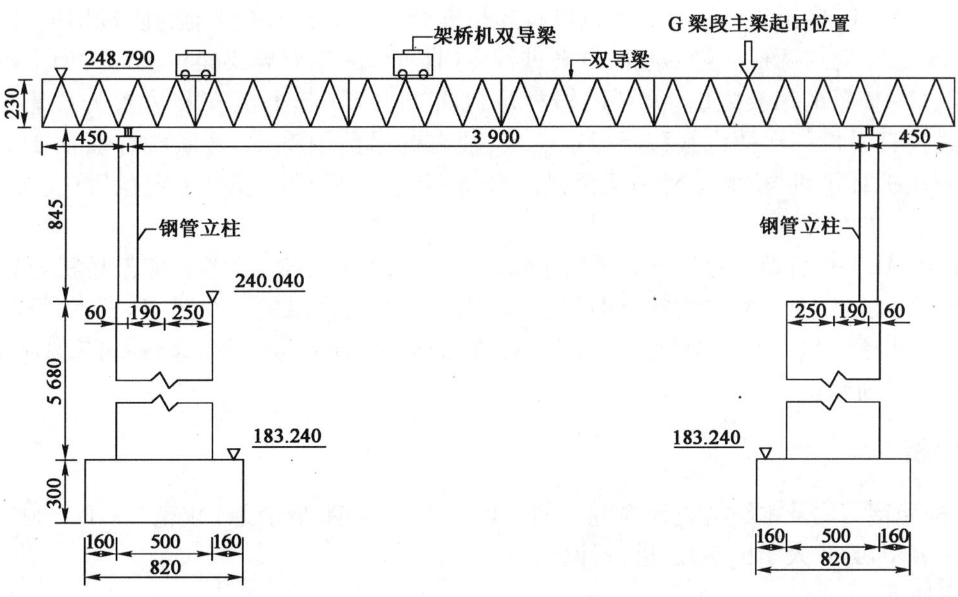


图3 双导梁安装示意图(尺寸单位:cm;高程单位:m)

在安装下游主梁时,与上游主梁不同的是,主梁的平移必须在高过桅杆吊机吊臂以后,否则将与桅杆吊机位置相冲突;平移距离与上游主梁相同。

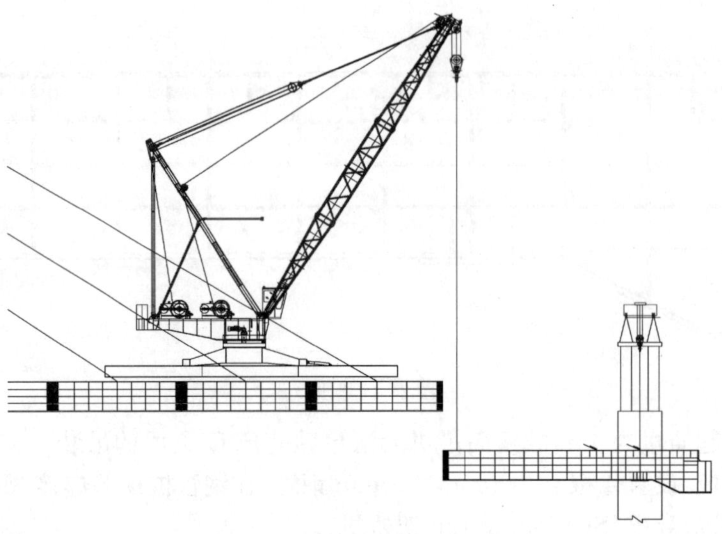

图 4 吊装示意图

## 2.2 横梁吊装方案

G 梁段内的横梁参数如表 1 所示。

**G 梁段内横梁参数表** 表 1

| 梁段编号 | 梁段长度(mm) | 梁段高度(mm) | 梁宽(mm) | |
|---|---|---|---|---|
| | | | 顶宽 | 底宽 |
| H3 | 34 180 | 2 800～3 282 | 700 | 700 |
| H6 | 34 180 | 2 800～33 142 | 700 | 700 |
| H7 | 34 180 | 2 800～3 282 | 700 | 700 |
| H8 | 34 180 | 4 000～4 342 | 700 | 700 |

表 1 中，H3、H6、H7 横梁均可用桥面吊机进行起吊安装。而 H8、H9 横梁的质量均超过了桥面吊机的最大起质量(45t)，故须对这两根横梁的起吊方案进行专门设计，采用双导梁架桥机与桥面吊机联合起吊。

在进行 H8、H9 横梁的吊装之前，须利用桅杆吊机将 H8、H9 起吊至安装位置的投影地面。H8、H9 横梁均不能通过桅杆吊机一次性将其移至指定位置，故在起吊前须将 12 号墩墩柱后面 15m 范围内进行平整、硬化，并利用桅杆吊机、桥面吊机和架桥机配合将 H8、H9 横梁吊装至指定位置(安装位置在地面上的投影处)。

H8 横梁重为 54t、H9 横梁重为 76.8t，桥面吊机不能满足吊装要求，故考虑将架桥机导梁支撑于 13 号墩墩顶 T 梁和 15 号索与 16 号索之间的桥面板上，利用导梁起吊横梁的一个吊点，桥面吊机起吊另一个吊点，横梁直接起吊，由于 H8、H9 横梁已经提至指定位置，故架桥机不必进行平移，便可完成安装。架桥机导梁的安装位置如图 5 所示。

# 3 计算分析

根据《公路桥涵钢结构及木结构设计规范》(JTJ 025—86)、《钢结构设计规范》(GB 50017—2003)、《钢结构设计原理》(丁阳，天津大学出版社)进行计算。

取计算荷载如下：

(1)G 梁段主梁吊装重力(包括锚拉板重力)$g_1=734\text{kN}$；兜吊支架重力 $g_2=7.4\text{kN}$；

(2)导梁自重：根据 SDLB40m/120 双导梁架桥机的技术性能参数，查得每节导梁重为 5.5t，则单导梁的自重为 $q_1=\dfrac{6\times5.5\times10}{48}=6.9\text{kN/m}$；

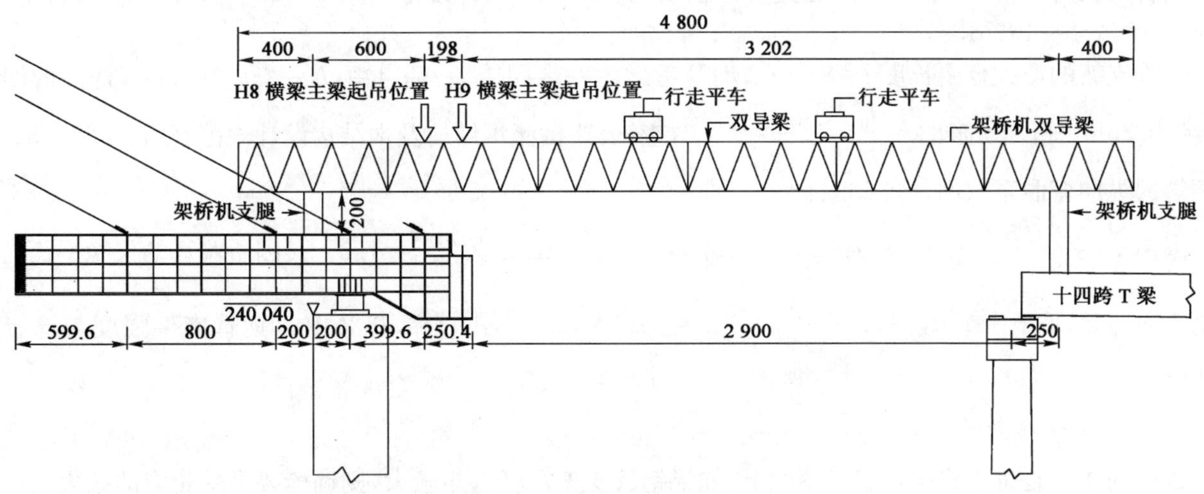


图 5　横梁吊装示意图(尺寸单位:cm;高程单位:m)

(3)运梁平车自重:每台平车按 6t 考虑,则 $Q_c$=60kN。

吊装 G 梁段主梁与吊装 H8、H9 横梁均采用桥面吊机与双导梁架桥机联合起吊,而吊装横梁全部采用厂商提供的定型产品。G 梁段主梁吊装时双导梁架桥机需要施工单位临时架设钢管支架支撑,以提高工作高度。

由于桥面吊机与双导轨架桥机是定型产品,本文不对这两件定型产品进行结构分析,只要施工单位在使用过程中起吊半径与起吊质量严格控制在产品要求之内,避免超能力起吊,就能确保安全。因此,桥面吊机与双导梁架桥机安装调试严格按照厂商提供说明书进行,必要时请厂商进行指导。

由于 G 梁段主梁吊装结构中,施工单位临时增设的钢管支架是非定型产品,本文仅针对钢管支架及其锚栓进行安全性分析和计算。

### 3.1　钢管支架竖向力分析

双导梁自重、运梁平车、G 梁段主梁质量(偏安全取整个 G 梁段质量)和兜吊支架,考虑 1.1 的动力冲击系数。因此,单根导梁承受均布荷载为 $q$=6.9kN/m;承受吊装集中荷载为 $P=[1.1\times(734+7.4)+60]/2=437.8$kN(该集中力距离钢管支架之间最小距离为 1.9m)。结构受力简图如图 6 所示。

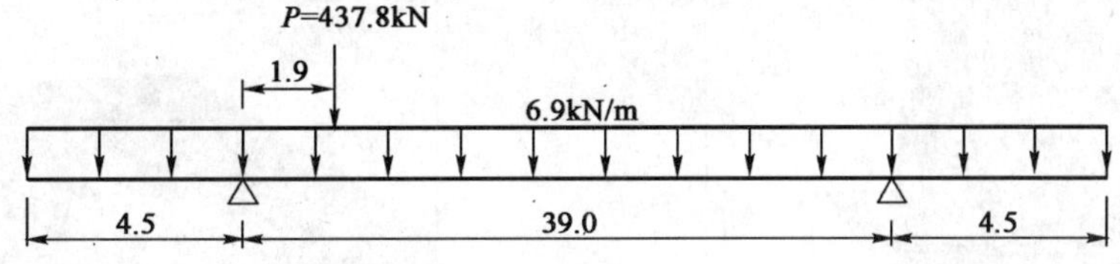


图 6　双导梁受力简图(尺寸单位:m)

根据计算得到单根钢管最大轴向压力 $N_{max}$=581.5kN,最小轴向压力 $N_{min}$=186.3kN。

### 3.2　钢管支架水平力分析

为了考虑 G 梁段平移时运梁平车制动产生的制动力和吊重摆动引起的水平力,取吊重与运梁平车总重力的 0.1 作为水平荷载。则单根钢管支架顶端水平荷载为 $F=0.1\times(734+7.4+60)/4=20.0$kN。由水平力产生的支架底端弯矩为:$M$=169kN·m。

### 3.3　钢管支架强度及稳定性验算

钢管支架截面面积:$A=3.11\times10^4\text{mm}^2$。

钢管支架截面惯性矩:$I=3.81\times10^9\text{mm}^4$。

钢管支架材料为A3钢,根据《公路桥涵钢结构及木结构设计规范》(JTG 025—86)得到其容许应力为:$[\sigma]=140\times1.3=182$MPa。

钢管支架的最大自由长度 $l=8.45$m,钢管考虑为一端固结、一端自由,$l_0=2l=16.9$m ,杆件的回转半径 $i_0=0.35$m,杆件长细比 $\lambda=\frac{l_0}{i_0}=\frac{16.9}{0.35}=48.3$,查《公路桥涵钢结构及木结构设计规范》(JTJ 025—86)得受压钢管的纵向弯曲系数 $\phi_1=0.836$。

因为 $\frac{N}{A}=\frac{581.5\times10^3}{3.11\times10^4}=18.7\text{MPa}\leqslant0.15\phi_1[\sigma]=22.8\text{MPa}$,故取 $\mu=1.0$。又因所验算的失稳平面与弯矩作用平面一致,取 $\phi_2=1.0$,则 $\frac{N}{A}+\frac{\phi_1}{\mu\phi_2}\cdot\frac{M}{W}=37.2\text{MPa}<\phi_1[\sigma]=152\text{MPa}$,钢管支架强度与稳定性满足要求。

### 3.4　锚栓验算

锚栓的作用是将支架固定于墩顶之上,如果钢管支架承受弯矩较大,则锚栓要承受相应的拉力。计算锚栓时,应采用较小轴向力和较大弯矩组合,因此,本文采用如下组合:$N=186.3$kN,$M=169$kN·m。

由于锚栓拉力无法采用公式进行计算,故此处利用有限元软件进行分析。通过建立支架、垫板等三维有限元模型,分析锚栓所承受拉力(图7)。垫板与墩顶之间连接方式采用只承压力、不承拉力模拟。垫板上锚栓处固结处理。

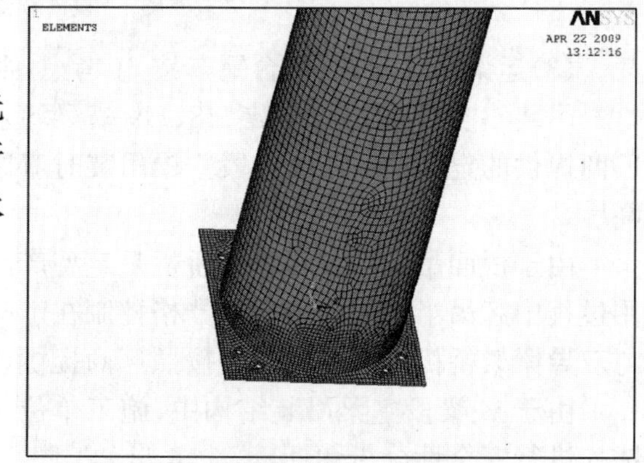

图7　钢管支架有限元模型

钢管几何特性:$\phi$1 000mm×10mm;

垫板:1 100mm×1 100mm;

钢结构弹性模量:$2\times10^5$MPa;

钢结构泊松比:0.3;

轴向力:$N=186.3$kN;

钢管顶端水平力:$F=20$kN。

有限元分析结果如图8、图9所示。

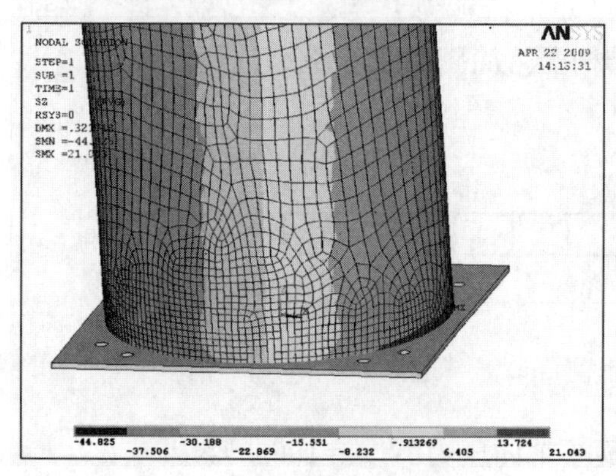

图8　钢管支架轴向应力云图

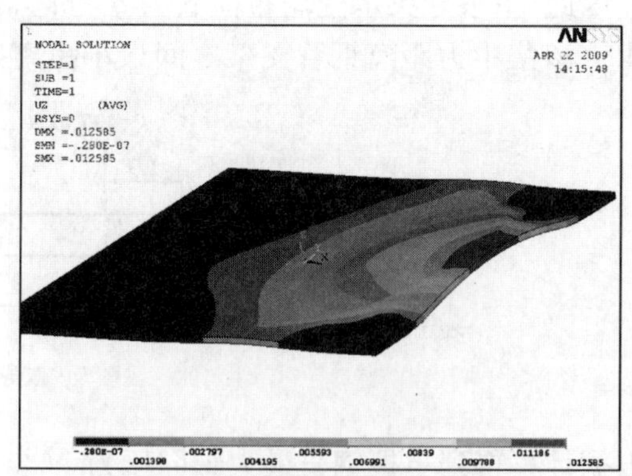

图9　垫板竖向变形

经提取锚栓处反力得到最大锚栓拉力为31kN。锚栓直径选择为28mm,则 $\sigma=\frac{31\,000}{\pi\times14^2}=50\text{MPa}<[\sigma]=110\text{MPa}$,满足要求。

## 4　结论

(1)钢管支架强度及稳定性能够满足吊装G梁段主梁吊装要求,但为了安全和防止意外需要在钢管与垫板之间加强连接。

(2)桥面吊机、桅杆吊机和双导梁架桥机属于厂家定型产品,在使用过程中要严格按照操作规程进行安装调试,认真核实起质量和起重半径在允许范围之内。

(3)在施工中注意确保锚栓有足够锚固长度。

(4)由于在G梁段主梁、H8和H9横梁吊装均需要桥面吊机与双导梁架桥机联合起吊,因此,两个起吊设备之间配合、协调同步非常重要,需要专门措施保障。

(5)G梁段吊装工人应经过专门培训,并具备丰富的吊装经验才能上岗。在实际吊装过程中且不可野蛮操作,桥面板起升、平移和下降速度应平稳、均匀,不得突然制动。

(6)双导梁架桥机组拼完成后,应进行试吊检验,包括静载、动载试验,合格后才能进行正常作业。

(7)在G梁段吊装处有六级及以上大风或大雨、大雪、大雾等恶劣天气时,应停止起重吊装作业。

(8)在自然光线不足或者在夜间进行工作时,都应该设置足够的照明设备。

# 桥梁与边坡锚索预应力张拉控制系统

罗　斌　刘世红

(重庆高速公路集团有限公司　重庆　401121)

**摘　要**:桥梁预应力、边坡预应力锚索的预应力张拉施工质量参差不齐,缺乏过程控制技术与设备,张拉后,一旦发现问题,难以补救。AS—10预应力张拉控制系统可对桥梁、边坡预应力锚索等预应力张拉过程进行有效监测与控制。

**关键词**:预应力　张拉　施工质量　控制

## 1　预应力工程张拉施工中存在的不足

预应力在公路工程中已得到广泛应用,主要用于桥梁预应力和边坡预应力锚索支护。

预应力工程的安全性、运行状况和耐久性在很大程度上依赖于预应力张拉施工质量。如对桥梁预应力,有效预应力过小,梁体将会产生下挠甚至垮塌;有效预应力过载,可能导致梁体变形过大及开裂。对采用预应力锚索加固的边坡,锚索预应力直接关系到边坡的稳定性与变形。

目前预应力张拉的施工质量参差不齐,缺乏过程控制技术与设备,张拉后,一旦发现问题,难以补救。预应力工程张拉施工普遍存在以下问题。

(1)施工张拉有效预应力的控制精度较差。目前基本上采用油压表来控制施工张拉荷载,同时通过测定预应力筋的伸长量,即采用"双控制"来控制张拉力。但目前机械指针式油压表的精度均不能满足预应力控制精度的要求,且千斤顶的稳压能力有限。

(2)张拉分级、持荷、超张拉、锁定不能满足设计要求。如边坡预应力锚索普遍存在预应力松弛严重的问题,主要原因就是未按设计要求进行张拉分级、持荷时间不够,由此形成安全隐患。

(3)未对预应力张拉过程进行有效监控。施工张拉有效预应力一般通过审核施工记录和监理旁站进行监督管理,如果安装监控设备进行全过程控制,就能即时发现与处理异常情况,并能客观记录、评定张拉施工质量是否合格。如我国在役预应力桥梁较多存在开裂和下挠现象,经大量调查与检测,主要原因就是缺乏对预应力张拉质量进行有效控制,即使发现预应力损失过大或过载,也难以补救。

## 2　AS—10预应力张拉控制系统的特点

AS—10预应力张拉控制系统可对桥梁、边坡预应力锚索等预应力张拉过程进行有效监测控制;同时,可作为锚下预应力的检测设备,也可进行锚索拉拔试验及其数据分析处理。另外,由于AS—10采用的传感器精度很高,可对千斤顶、力传感器等进行现场校核。AS—10预应力张拉控制系统的标准配置为力传感器、位移传感器、便携式监控仪、笔记本电脑、配套软件、辅件若干。

AS—10预应力张拉控制系统具有以下特点。

(1)可准确控制张拉分级荷载、超张拉及锁定荷载,荷载控制精度比油压表显著提高。

(2)自动记录张拉过程,客观评定预应力施工质量,确保工程质量。

(3)具有无线通信功能,可实时显示对侧张拉荷载和钢绞线伸长量等参数。当梁两端对拉时,可保持同步张拉,或对某张拉施工作业进行无线监控。

(4)分析处理软件功能强大、方便、实用。如用于张拉控制时,具有数据与曲线实时显示、异常报警、数据分析处理与质量评定、自动形成各种报告等功能。

其既可独立使用便携式监控仪进行张拉控制和数据采集,也可采用计算机进行操作和控制。

## 3 工程应用

AS—10 预应力张拉控制系统已在多项重大工程中得到成功应用，如在重庆用于渝湘高速公路桥梁预应力、万梁高速公路分水滑坡治理预应力锚索、菜园坝大桥苏家坝立交边坡预应力锚索等工程，对控制预应力张拉的施工质量起到了保障作用。图 1 为 AS—10 预应力张拉控制系统。图 2 为用于桥梁预应力张拉控制。图 3 为用于边坡锚索预应力张拉控制。用于检测锚下预应力时，如图 4 所示用于检测 T 梁施工张拉有效预应力的 $P—S$ 曲线，如图 5 所示用于检测边坡预应力锚索施工张拉有效预应力的 $P—S$ 曲线。

图 1 AS—10 预应力张拉控制系统组件

图 2 用于桥梁预应力张拉控制

图 3 用于边坡锚索预应力张拉控制

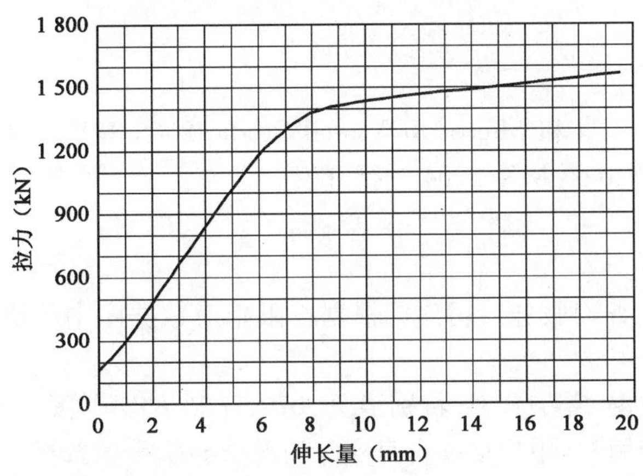


图 4 T 梁锚下预应力判断为 1 390kN，预应力损失 11%

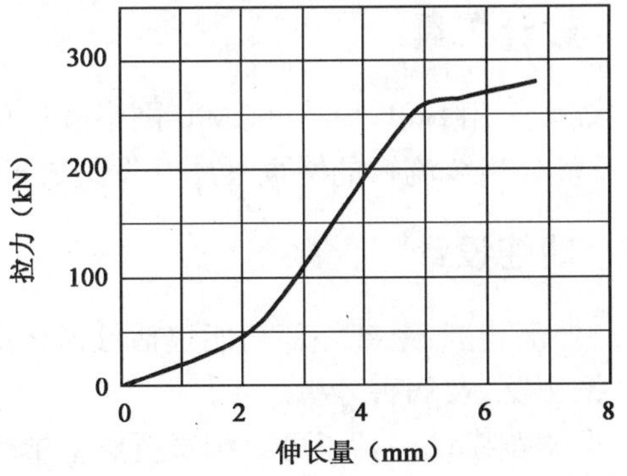


图 5 边坡锚索预应力判断为 266kN，预应力损失 24%

# 桥梁病害管理系统设计

李 波

(重庆市高速公路集团有限公司北方建设分公司 重庆 400060)

**摘 要**:根据目前桥梁的运营现状和管理上的需求,提出了基于Internet的桥梁管理系统研究与开发的总体思路,对设计目的、前期工作、功能、用户权限、操作流程、数据字典、运行环境等方面的设计进行了介绍。

**关键词**:桥梁 管理系统 设计 SQL Server 2000 ASP. Net C#

## 1 引言

随着我国国民经济和桥梁交通事业的发展和交通量的迅猛增加,桥梁管理部门面临的主要任务将从建设桥梁转向养护、改建、维护上;但是目前桥梁的管理水平还相对落后,许多工作还在使用传统的手工管理,收集处理信息数据工作量非常大,耗费时间也非常长。要想改变传统的养护管理系统的不足,就必须借助先进的计算机技术来改进桥梁管理,实现桥梁管理的现代化、信息化和可视化。

## 2 设计目的

桥梁管理系统设计的主要目的就是要把分散的文档、图纸以及与桥梁有关的各种数据进行组织、分类,建立一系列的桥梁信息数据库,为养护管理人员及有关部门提供快速准确、图文并茂的数据查询功能;提高养护数据管理的可视化程度,进而改变传统的养护管理方式,初步达到桥梁养护信息可视化的目的。

## 3 前期工作

桥梁资料的收集是系统的一个重要部分,在系统设计前应对目前出现的桥梁资料有足够的调研。通过桥梁管理单位、档案管理单位、书籍、网络等途径来获得桥梁资料,然后将获得的桥梁的资料分类,主要分为两大类:一类是属性资料,一类是病害资料。将属性资料中所反映的所有桥梁属性提取出来,进行编码,初步形成数据字典;将病害资料进行总结,把病害及其治理措施进行分类,以便运用到系统的病害分析模块中。

## 4 设计工具

系统可采用SQL Server 2000网络数据库、ASP. Net C#和Microsoft Visual Studio 2005等技术和工具,以及整合当今流行的网页程序开发集成工具DreamWeaver MX 2004进行开发。

## 5 功能设计

(1)外部功能:系统外部功能包括可视化窗口,可提供查询服务。用户可根据权限来对数据库中的资料进行数据浏览,及病害分析。

数据浏览模块包括了可以浏览桥梁基本信息、基本数据、养护资料、特别情况、病害现象、档案与图。

在病害分析模块中,系统将细化后的桥梁病害呈现给用户,用户根据自身实际情况选择病害。选择完毕后,系统将给出每个病害出现的原因及相应的治理措施,并按病害所处的位置及病害自身危害程度给出权重,最终为全桥给出一个分数,表明桥梁目前的病害程度。

(2)内部功能:系统提供对桥梁资料进行添加、删除、编辑、修改病害分析模块、管理用户权限等功能,主要是通过管理员来进行操作。

## 6 系统用户权限设计

桥梁管理系统基于网络化数据管理设计,一切功能都可以通过网络实现。设计中主要是考虑如何有效地管理用户对系统资源的使用,特别是局域网数据共享下控制对数据的安全存取。系统设普通用户、高级普通用户、管理员和超级管理员这四级用户登记管理,采用用户名、用户口令进行用户分级管理,以保证系统安全。对于普通用户登录系统后,只能查看系统里面的桥梁基本信息和基本数据,能查看病害分析的选项,但不能生成报告;对于高级普通用户,能查看系统所包含的桥梁资料和进行病害分析与评价,但不具备修改、增加、删除等功能;对于管理员,可以浏览所有的桥梁资料和进行病害分析,还可以进行增加、修改;超级管理员,除了可以享受管理员的所有权限外,还具有删除功能。对于以上四级用户具有不同的权限,是由系统管理员进行赋予、升级、剥夺等管理的。

## 7 操作流程设计

(1)各类用户登入流程。用户登入后,有服务器判别用户类型,分别进入不同的操作界面,如图1所示。

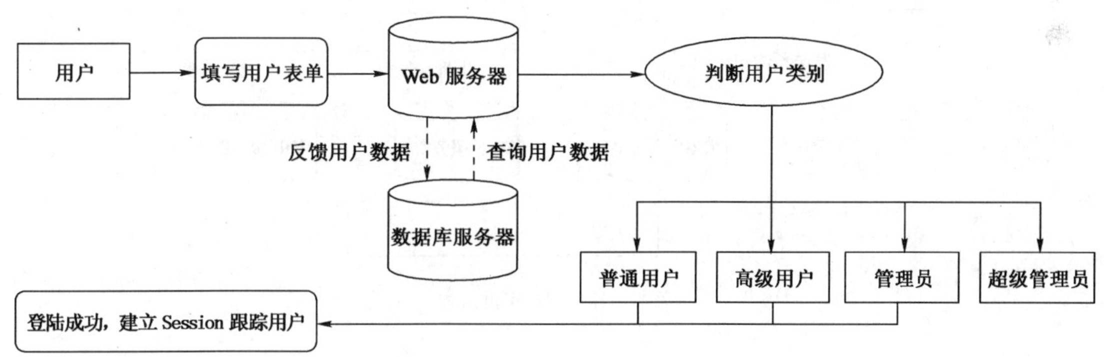


图1 各类用户登入流程

(2)查看桥梁信息流程。普通用户、高级用户、管理员以及超级管理员都有权利查看桥梁信息,只是根据不同的查询条件进行查询。具体查询条件有服务器判断用户类别生成,如图2所示。

(3)病害分析流程,如图3所示。

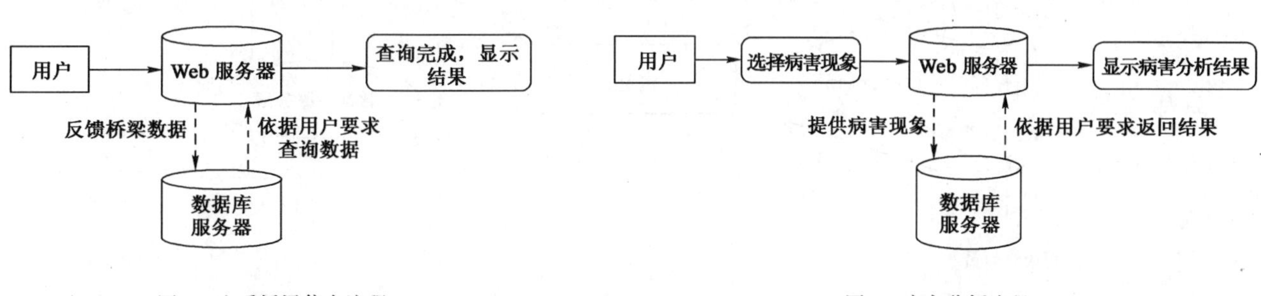


图2 查看桥梁信息流程

图3 病害分析流程

(4)桥梁信息管理流程。管理员有权查看、添加、修改和删除桥梁的信息,服务器根据管理员的要求更新数据库,如图4所示。

(5)各类用户审批流程。系统管理员收到用户的注册信息后,对用户申请进行审批,并反馈回数据库,如图5所示。

(6)数据流程图,如图6所示。

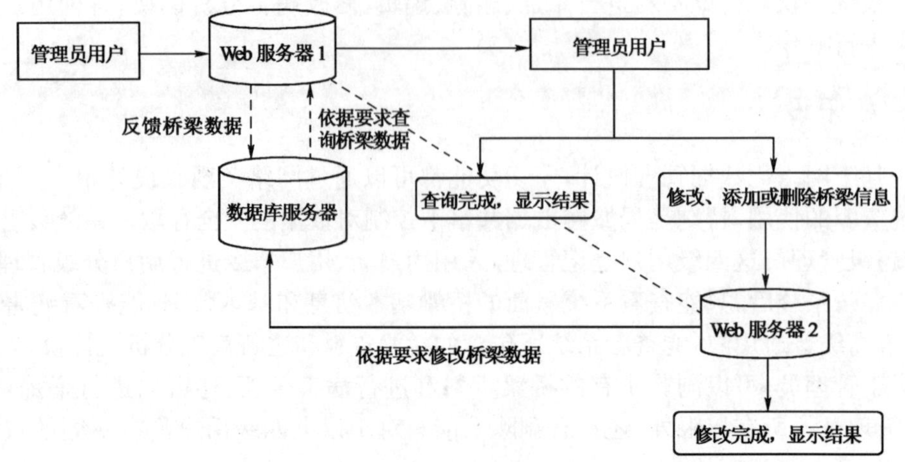


图 4 桥梁信息管理流程

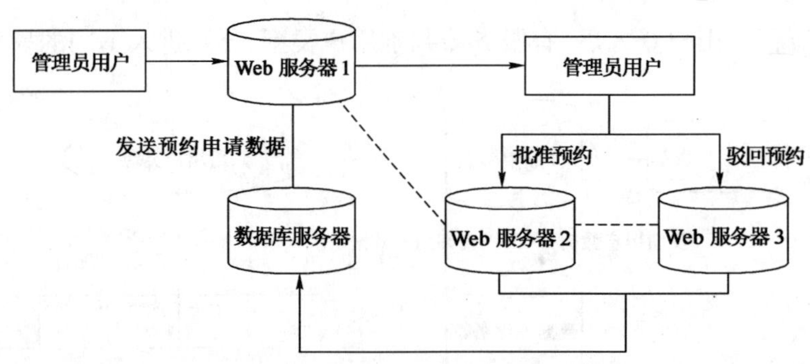


图 5 各类用户审批流程

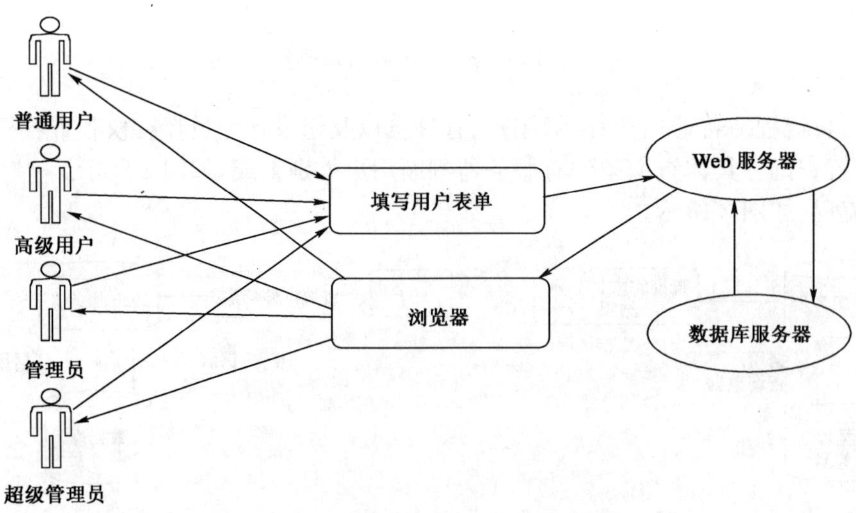


图 6 数据流程图

## 8 数据字典设计

根据前期工作所搜集的桥梁及其病害资料，可将数据字典分为桥梁基本信息 info 表、基本数据 data 表、养护资料 conservation 表、特别情况 special 表、病害现象 disease 表、档案与图 file 表、上传文件表、病害设计图表、病害图片表、档案设计图表、档案图片表、用户 User 表。例如病害现象如表 1 所示。

disease 表 表1

| 字段名 | 类型 | 初值 | 说明 |
|---|---|---|---|
| Dtype | nvarchar(50) | | 病害类型 |
| DFtime | datetime(8) | 1900-01-01 | 发现时间 |
| Dlocation | nvarchar(50) | | 病害位置 |
| Ddescription | nvarchar(50) | | 病害情况描述 |
| Dreason | nvarchar(50) | | 可能原因 |
| Devaluation | nvarchar(50) | | 综合评定 |
| Dremark | nvarchar(50) | | 备注 |
| Dwhethermend | nvarchar(50) | | 是否修补 |
| Dmendarea | nvarchar(50) | | 维修范围 |
| Dmendmate | nvarchar(50) | | 修补材料 |
| Dmendway | nvarchar(50) | | 维修方式 |
| Dmendfee | nvarchar(50) | | 维修费用 |
| DmendBtime | datetime(8) | 1900-01-01 | 维修开工时间 |
| DmendEtime | datetime(8) | 1900-01-01 | 维修竣工时间 |
| Dmendower | nvarchar(50) | | 建设单位 |
| DmendDesform | nvarchar(50) | | 设计单位 |
| DmendBulform | nvarchar(50) | | 施工单位 |
| DBCapacityG | nvarchar(50) | | 承载能力评分 |
| DSQualityG | nvarchar(50) | | 结构质量评分 |
| DAppearanceQG | nvarchar(50) | | 外观质量评分 |

其中病害位置可分为翼墙、耳墙，锥坡、护坡，墩台及基础，主拱圈，纵横梁，立柱，吊杆，系杆，支座，桥面铺装，桥面板，伸缩缝，栏杆、护栏，照明，标志，排水设施，调治构造物，其他。

## 9 系统运行环境设计

为了保证系统运行的效率和可靠性，系统服务器端应具有较高的软硬件配置，但客户端的要求不是很高。此应用程序可广泛运行于国际互联网即 Internet，也可适用于内部的局域网。其运行要求如下。

(1)软件环境

客户端：在客户端可以使用 IE5.0 及以上的浏览器。

服务器端：Windows NT/Windows 2000、Internet Information Server (IIS)4.0 及其以上版本、IE 等；或者 Windows 98、Personal Web Server(PWS)、IE 等。

数据库：采用 SQL server，运行于服务器端。

(2)硬件环境

服务器 CPU：PIII 500 以上，内存：256M 以上；

客户机 CPU：P200MMX 以上，内存：32M 以上。

## 10 结语

桥梁在运营过程中，承受荷载的作用和环境的侵害，必然会引起结构功能等的变化，而桥梁状态的劣化影响行车安全。由于不同桥梁的劣化程度差异较大，影响桥梁劣化程度的因素也很多，且每一因素对桥梁运营状态的影响程度也不一样，因此在掌握了桥梁实际工作状态的基础上，必须建立完善的桥梁管理系统，才能对运营桥梁的状态做出正确的监察和评估，因此桥梁管理系统软件的实现将改变传统落后的桥梁管理方式，适应现代化、大规模、高质量的桥梁养护管理要求，具有重要的社会效益和经济效益。

对于实现桥梁管理系统,还需要做大量的工作,可以将具有支持空间数据的获取、处理、分析、建模和显示功能,并可以解决复杂的规划和管理问题的地理信息系统(GIS)运用到系统中来,还可以将桥梁上布置的传感器通过有线或无线网络与本系统连接,将传感器测得数据,自动传入系统的数据库服务器,进行储存和分析,最后将结果储存和显示给登录用户。

## 参考文献

[1] 杨文渊,徐犇.桥梁维修与加固[M].北京:人民交通出版社.1994.

[2] 李晓黎,张巍.ASP+ SQL Server 网络应用系统开发与实例[M].北京:人民邮电出版社.2004.

[3] Alaylioglu H, Alaylioglu A. Finite element and experimental bases of a practical bridge management and maintenance system [J]. Computers and Structures, 1999, 73: 281-293.

[4] 孔祥福,符力国,张珂.近代以来中外桥梁发展概述[J].山东交通学院学报.2003.

[5] 陈宝春,高晴,吴庆雄.钢拱桥发展概况[J].北京交通大学学报.2006.

[6] 高晴,陈宝春.钢拱桥发展综述//中国公路学会桥梁和结构工程分会2005年全国桥梁学术会议论文集[C].2005.

[7] 苏继东,季雪征,梁亚宁.钢管混凝土拱桥的发展概况[J].林业科技情报.2004.

[8] 谢海清,张方,代璞.钢管混凝土拱桥的回眸与展望[J].四川建筑.2004.

[9] 开永旺,李明.拱桥的病害分析与综合治理[J].工程建设与设计.2006.

[10] 王技,钟海辉.旧拱桥的病害分析与质量评价体系的建立[J].公路交通技术.2005.

# 界石互通立交现浇混凝土连续箱梁施工控制

赵 勇

(重庆高速公路集团发展有限公司南方建设分公司 重庆 401121)

**摘 要**:现浇混凝土连续箱梁施工中,施工安全和施工质量控制是桥梁施工管理重点。结合重庆至长沙高速公路水界段界石互通立交施工安全和施工质量控制,提出支架工程、混凝土工程和预应力工程是现浇混凝土连续箱梁施工控制的3个关键因素。

**关键词**:连续梁 箱形梁 桥梁施工 施工控制 关键因素

## 1 引言

界石互通立交A、B、C匝道为现浇混凝土连续箱梁,位于重庆至长沙高速公路水江至界石段立体交叉上,横跨花溪河。A匝道为2联预应力混凝土不等跨等截面连续箱梁,采用单箱双室,桥宽8.5m,长423m。B线左幅桥为预应力混凝土不等跨等截面连续箱梁,采用单箱3室,宽10.75m,长346m;B线右幅桥为预应力混凝土不等跨等截面连续箱梁,采用单箱单室,宽7.25m,长352m。C匝道桥为2联预应力混凝土不等跨等截面连续箱梁,采用单箱3室,宽12.0~12.96m,长393m。A、B、C匝道最大纵坡4.639%。箱梁结构混凝土强度等级为C50,预应力钢材采用$\phi_j$15.24mm高强低松弛钢绞线,纵向钢束采用$\phi_j$15.24mm,13~22根不等并布置在腹板中,采用锚具锚固。

## 2 支架工程

### 2.1 支架基础处理

本工程属于高支架施工,平均支架高度约25m,最高支架高度达44m(C匝道CP4墩)。由于该立交工程横跨花溪河和渝黔高速公路,基础处理相当复杂,故根据不同的地理条件采取了几种不同的处理方式。

(1)支架位于强风化泥岩表面时,一般采用人工开挖到岩层,经过人工检平后直接搭设支架。

(2)支架位于地表面高低起伏较大且表面土层薄,则通过人工清理表层并在岩面上采用条石砌筑成台阶支架基础。

(3)支架位于潮湿低液性黏土区,则采取换填土,机械夯实处理地层,其上浇筑10cm厚C10混凝土,然后砌筑带状条石作为支架基础。

(4)支架位于高斜坡农田黏土层,采用翻晒、机械压实,使其土体密实度达到90%以上,然后在上面浇筑6~8cm厚封水C15混凝土,砌筑条带状条石作为支架基础。

(5)支架所有低洼地带基础旁均挖排水沟,将雨水浸水进行引流到花溪河中,使基础不受雨水浸泡。

(6)箱梁跨越花溪河采用在钢桁梁上敷设满堂碗扣支架结构,并对钢珩梁进行结构验算,使其满足施工要求。

### 2.2 支架搭设

A、B、C匝道桥上部结构现浇箱梁全部采用WDJ型碗扣式承重支架,通过荷载计算确定支架立杆横纵间距,并对稳定性进行验算。支架搭设在标准截面处,按0.6m间距搭设,并在腹板和横梁承重部分加密,横向连接杆间距均采用0.6m。同时,在支架搭设过程中必须对支架的上下支撑进行检查,防止支架支撑有脱空漏垫的现象。

对于搭设高度超过30m的施工支架,沿高度方向每隔5m须用普通脚手架钢管与支架立杆连接形成一个劲性骨架平台,以提高支架的整体稳定性。另外,支架搭设高度与宽度之比(长细比)超过 3∶1 时,拟在支架高度方向 2/3$H$ 处及顶部设置缆风,缆风间距不超过 10m,以提高支架稳定性。

### 2.3 支架预压

为了消除支架的非弹性变形,对满堂支架单跨进行支架全断面预压,压重取浇筑成型后混凝土的质量加上施工荷载的质量总和,并考虑乘上 1.2 倍的安全系数作为布载依据,布置荷载要求模拟布载。为确保支架的安全及稳定,对全部超高支架进行了预压。

## 3 混凝土工程

由于本工程受施工场地、工期及混凝土方量大等因素影响,全部采用泵送商品混凝土施工。在施工过程中,为控制混凝土的质量,减少箱梁混凝土结构裂缝,对泵送商品混凝土的配合比进行反复验证,并对其施工工艺作了严格要求,且在混凝土浇筑完成后,对混凝土养护提出了具体要求。

### 3.1 混凝土配合比确定

根据文献[1]要求,泵送混凝土坍落度为 8～18cm,砂率为 40%～50%,集料最大粒径除符合构件断面尺寸要求及结构钢筋间距要求外,还应要求小于 1/3 输送泵管径。箱梁结构一般采用 0.5～2.5cm、1～2cm 碎石和中粗砂。泵送混凝土配合比还应满足混凝土最大水灰比、最大和最小水泥用量要求。泵送高强度混凝土水泥用量大,砂率大,为减少混凝土水化热对混凝土结构影响和减少收缩裂缝,采用高等级水泥的同时,尽量减少砂率。其箱梁混凝土配合比见表 1。

**混凝土配合比** 表 1

| 混凝土强度等级 | 水灰比 | 水(kg/m³) | 水泥(kg/m³) | 碎石(kg/m³) | 砂(kg/m³) | FDN-OR 缓凝减水剂/(kg/m³) | 砂率(%) | 坍落度(cm) |
|---|---|---|---|---|---|---|---|---|
| C50 | 0.35 | 160 | 455 | 1 251 | 587 | 4.55 | 31 | 8 |

### 3.2 泵送商品混凝土施工

泵送混凝土主要特点是泵送速度与摊铺振捣速度相适应,同时混凝土拌和运输速度受泵送速度控制。混凝土泵送速度过快,振捣不充分,结构易产生蜂窝;若泵送混凝土过慢,混凝土在泵内停留时间过长,就会出现卡管问题。所以泵送混凝土浇筑时,振捣能力非常关键。

### 3.3 混凝土养护

混凝土抹面完毕且达初凝后,对混凝土表面以喷雾形式细洒一层雾状水,补充混凝土凝结硬化时的过大水分损失,洒水完毕后对混凝土表面进行及时覆盖。混凝土施工完前 7d,每天定时浇水养护,保持混凝土表面的始终处于湿润状态。以上洒水及覆盖除对混凝土养生外,也是为了减少混凝土表面的收缩裂缝。

## 4 预应力工程

在本工程的预应力工程施工中,预应力筋张拉和管道压浆成为施工控制重点。

### 4.1 预应力张拉

预应力筋张拉在箱梁混凝土强度达到 100%及凝期达到 14d 以上时进行,预应力束的张拉顺序严格按照施工图给定的顺序进行。本工程钢束采用双侧张拉,预应力钢束采用双控指标控制,即张拉力和延伸量控制。应力锚固前检查钢绞线延伸量与理论值是否符合规范要求,然后进行应力锚固,否则需查找原因进行处理。应力锚固后对钢绞线进行检查是否有滑丝现象,符合要求后才能进行下一步的压浆施工。

### 4.2 管道压浆

为防止预应力筋被腐蚀,提高结构的安全度和耐久性,确保工程质量,本工程箱梁纵向管道采用了真空灌浆工艺。该工艺提高了孔道压浆的饱满度和密实性，为后张预应力体系提供了强有力的保护措施。

(1)真空灌浆工艺原理：压浆前，在孔道的一端用真空泵对孔道进行抽真空，使之产生-0.1MPa左右的真空度(真空度达到80%以上)；然后用灌浆泵将优化后的特种水泥浆从孔道的另一端灌入，直至布满整条孔道，并加以不小于0.7MPa的正压力，以提高预应力孔道灌浆的饱满度和密实度。

(2)真空灌浆技术要求：本工程针对真空灌浆施工，对真空灌浆的工艺、水泥浆性能及压浆设备提出了具体要求，明确了各项具体指标，并对施工中经常出现的问题进行了控制。

## 5 结语

实践证明，在界石互通立交现浇混凝土连续箱梁施工中，通过对支架工程、混凝土工程和预应力工程这三大关键因素的科学控制，极大地提高了工程施工质量，确保了整个工程结构的安全性和耐久性，对今后同类桥梁施工管理具有一定的参考价值。

## 参考文献

[1] 中华人民共和国行业标准.JTJ 041—2000 公路桥涵施工技术规范[S].北京：人民交通出版社，2000.

[2] 龚洛书.混凝土实用手册[M].北京：中国建筑工业出版社，1995.

# 忠县长江大桥11号主墩基础浮式平台体系转换施工技术

李洪霞[1] 静国锋[2] 温 泉[1]

(1.重庆高速公路集团有限公司垫利分公司 重庆 400060;
2.中铁一局有限公司桥梁处 陕西 714000)

**摘 要**:通过忠县长江大桥11号主墩基础施工,介绍采用浮式平台进行深水基础钻孔施工及采用钢吊箱进行承台施工中的体系转换施工工艺。

**关键词**:忠县长江大桥 钻孔平台 钢吊箱 体系转换

## 1 工程概况

主桥为205m +460m +205m的双塔斜拉桥,全长870m,包含10号主塔墩、11号主塔墩。孔跨布置如图1所示。

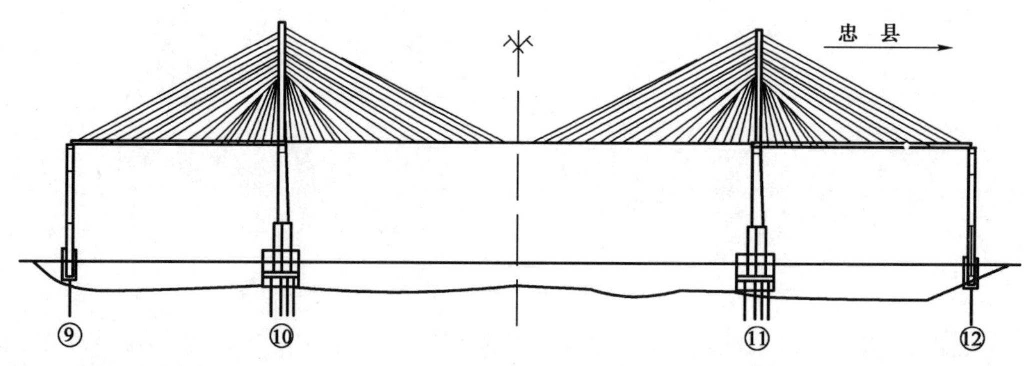


图1 1/2主桥布置示意图

11号墩处于三峡工程的回水区和长江航道的深泓线。三峡二期水位,施工水深平均23m。墩位附近流速1.7m/s。

11号主墩河床高程112.59~117.54 m。覆盖层主要有细砂、卵石层。粉细砂层分布于墩位西部,厚度2.40~5.90m。卵石层分布于河床表层,厚3.90~11.70m。

11号桩基和承台为钢筋混凝土结构,承台为直径33m的圆形承台,高6m。封底混凝土高度7m。承台下设置19根直径3m的钻孔桩,桩间距6m,桩长44.5m。桩位布置如图2所示。

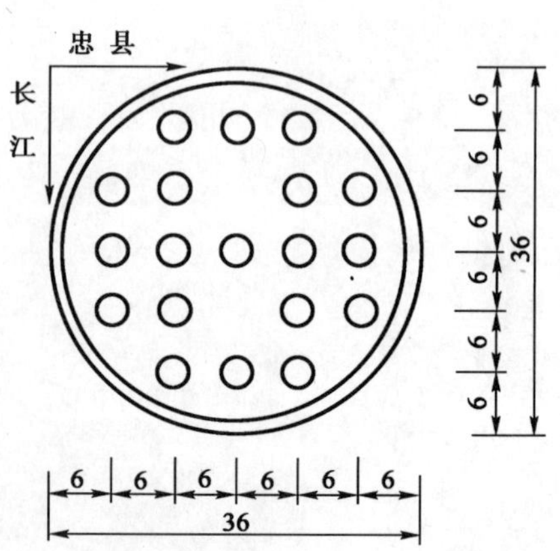


图2 11号墩桩位布置图(尺寸单位:m)

吊箱为圆形双壁结构,外径36m,内径33m,双壁宽度1.5m。吊箱侧板自下向上分块为7m+6m+6m+6m+6m+3.5m,高度34.5m,侧板总重1 160t。吊箱底板系统为钢框架结构,底板总重265t。

本桥是沪蓉国道主干线的控制性工程,主跨460m,主墩塔高247.5m,在长江上游同类型桥梁较少。本工程于2005年8月25日开工,由于受三峡二期水位的影响,要求在2006年6月底前将水中结构施工完成在高程160m以上,因此,水中基础工期特别紧张,优质、快速地完成水中基础施工是本工程的重点与难点。

## 2 方案比选及施工流程

### 2.1 方案比选

在进行深水基础施工中常用的施工方法是双壁钢吊箱加固定平台或双壁钢围堰;钢吊箱施工无需嵌岩,因此对于河床覆盖层的平整度要求较低,适用范围较广;钢围堰的施工方法就是先将围堰嵌岩,下放钢护筒,封底后,施工钻孔桩,最后施工承台。施工操作相对简单、安全,但对河床平整度要求高。

由于11号墩处河床覆盖层较薄,且为卵石层,不适合设置固定钻孔平台;河床表面倾斜大,不适合采用钢围堰的施工方法。在借鉴钢围堰、钢吊箱加固定平台的施工方法后,确定采用浮式平台加钢吊箱体系转换作为11号主墩基础施工的施工方案。

### 2.2 施工工艺流程

在码头组拼浮式工作平台。浮式平台由四艘400t甲板驳船组成,驳船两两对接,接头处采取固接措施。

将拼装好的浮式平台用牵引锚索固定在拖轮上,调整好走行方向,拖运到11号墩位处。将锚绳系于浮式平台栓锚桩上,通过调整锚绳的松紧程度进行浮式平台精确定位。

安装护筒导向架,进行定位钢护筒施工。定位钢护筒的作用在于将平台精确牢固、定位,以满足其他钢护筒的准确定位需要。上钻机进行钻孔施工。钻孔同期进行钢吊箱加工工作。底节吊箱侧板分块加工完成后,在码头利用2艘800t驳船组拼成拼装平台将底节12块吊箱侧板组拼成整体,将吊箱底板系统同时安装完成。钻孔桩施工结束后,将钢护筒在计算位置割掉,退出浮式钻孔平台。将在岸边拼装好的底节钢吊箱(含底板系统)浮运至墩位处,接高已割除钢护筒,安装吊杆系统,在底节吊箱拼装船内注水,使之下沉到与吊箱脱离,吊箱质量转移到钢护筒上,完成体系转换。利用吊杆系统下沉吊箱,接高吊箱并下沉至设计位置。进行吊箱封底施工,最后抽水施工承台(图3)。

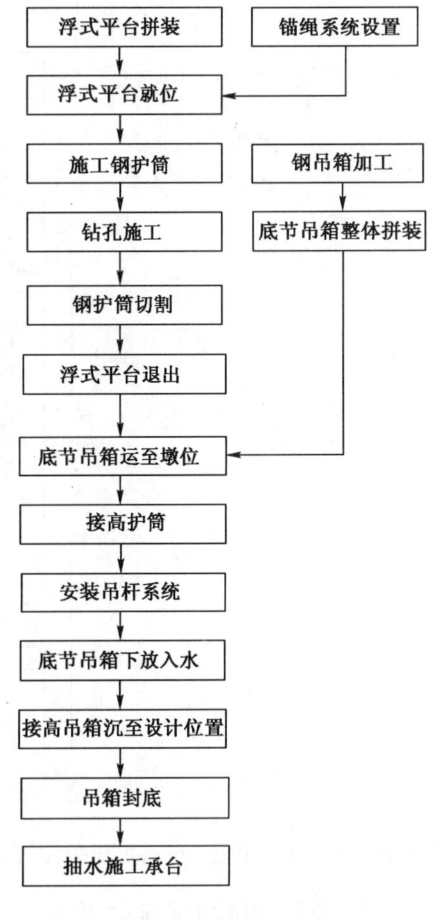

图3 11号墩基础施工工艺流程图

## 3 浮式平台施工

浮式工作平台(图4)利用4艘400t驳船组拼而成,是基础施工的关键。根据平台在施工过程中的荷载分布,对其进行详细计算。

## 4 浮式平台拼装中的分船工作

横梁长44m,在拼长过程中需要不断将一侧船舶向江心移动以满足拼装要求;固定侧驳船上的横梁端头与船固接,移动侧横梁端头设置滑道、导向和限位装置(控制分船距离),通过油顶和倒链将船移开。另一方面,随着分船的进行,靠江心的船舶承受的水流冲击力越来越大,在江心与靠岸侧驳船间产生巨大剪力,如不采取措施将会造成事故。为此,在靠江心的上游位置设置定位船,通过定位船平衡剪力,保证横梁拼装的顺利进行。

## 5 定位钢护筒施工

浮式平台主要依靠锚绳进行定位,但是其平面位置依然随水流小幅度摆动,为了准确进行钢护筒施工,需要设置定位护筒。根据需要,将4号、8号、12号、16号护筒作为锚固护筒(图5),利用平台龙门吊机下沉定位桩钢护筒,采用260t液压振动桩锤将其打入卵石层4~5m后,在护筒内填充7m高砂夹卵石,用型钢将

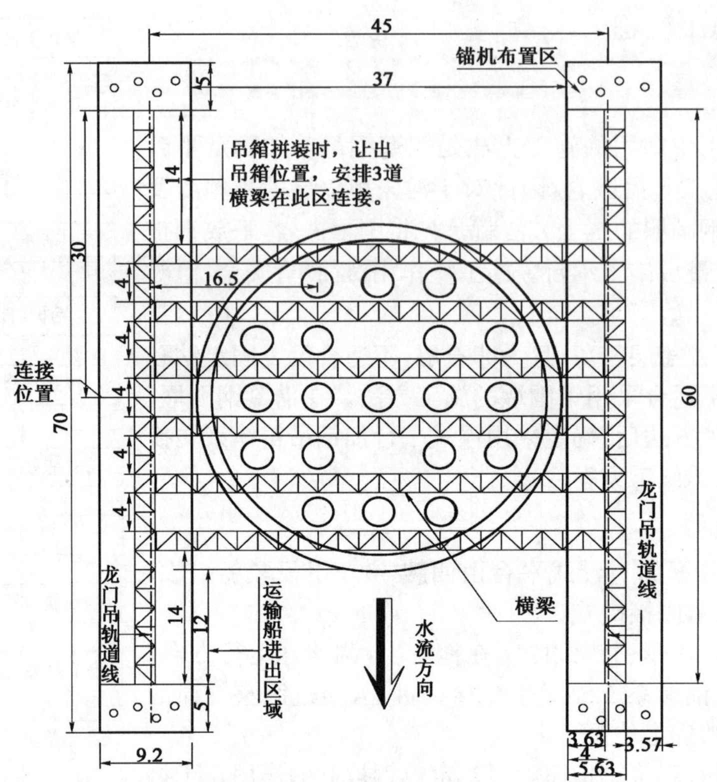


图 4　浮式平台平面布置图(尺寸单位:m)

万能杆件和 4 个定位护筒平面位置上卡死,完成平台精确定位施工。

## 6　其余钢护筒定位施工

制作上下“井”字形导向架,用 $\phi$32mm 精轧螺纹钢张拉,使上下导向靠摩擦力与万能杆件固定(图 6);在上游抛锚设置定位船,通过由定位船上的卷扬机、滑轮组牵出下拉缆,牵住护筒下口,达到了控制护筒垂直度的目的,为后期吊箱下放提供有力的保证。

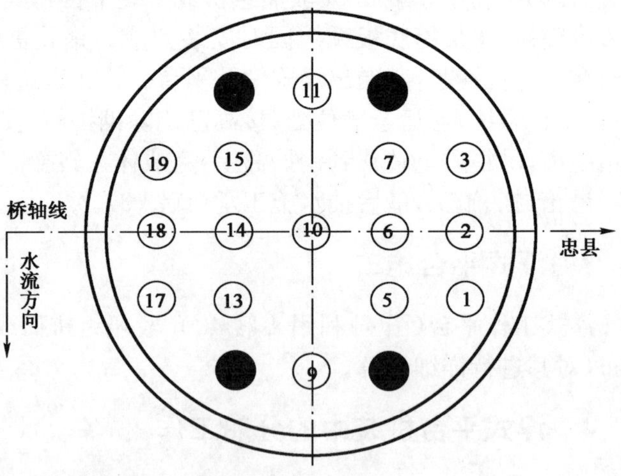

## 7　浮式平台退出

钻孔桩施工完毕后,在钢护筒上测放切割线。其高程根据水位变化预计及平台结构尺寸限制来确定,确保浮式平台能顺利退出及底节吊箱的顺利进入,同时保证在未对接全部钢护筒时,江水不淹没切割位置。

图 5　定位桩布置图

钢护筒切割前,调整锚绳的松紧程度,解除所有钢护筒与浮式钻孔平台的连接,使浮式平台完全由锚绳固定。在外围四角钢护筒(1 号、3 号、17 号、19 号)(未割除段)内安装对位销(用型钢加工),以满足吊箱浮运至墩位时的临时固定。

钢护筒的切割时间在最后的一根桩封孔结束后进行突击切割,避免切割过早,水位变化范围过大,影响整个施工计划。

钢护筒切割、调运完成后,用缆风将龙门吊固定在平台上,设置龙门限位装置。拖轮就位,在两侧夹持住浮式平台。首先松开尾锚锚绳,将尾锚锚绳系于 4 号和 12 号钢护筒上;接下来,对称接长侧锚锚绳,逐步收紧主锚锚绳,将浮式平台向上游拖动,距离墩位距离大于 80m 后,固定栓锚。

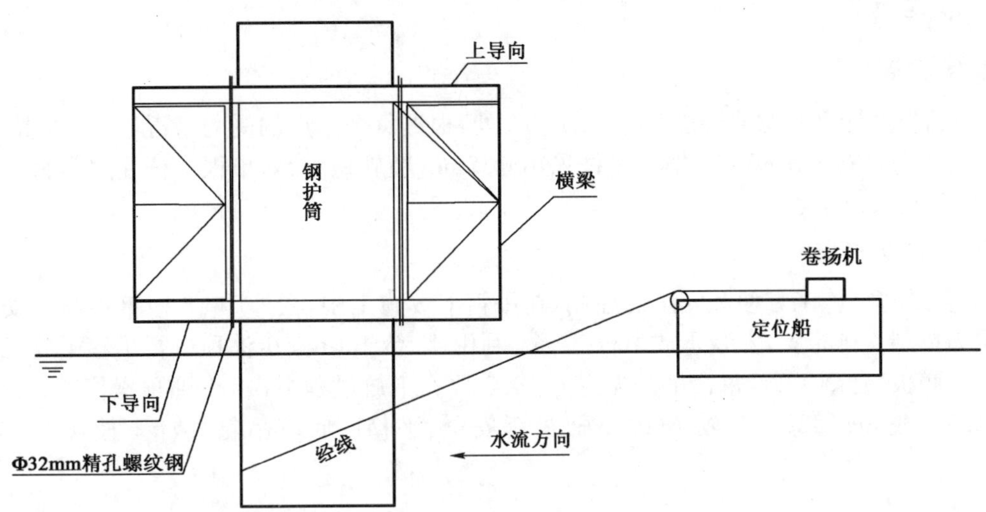


图6 钢护筒下放定位系统布置

退出的过程中，用2艘拖轮左右夹持，控制平台的方向，避免平台与钢护筒间的碰撞(图7)。浮式平台退出后进行了改装，14d后改装完成再次推进到了墩位，配合后序钢吊箱接高工作。

## 8 底节吊箱推进到位(图8)

利用4艘拖轮将底节吊箱推进到墩位处。推进到位后，对栓接锚绳进行微调，使平台稳定。推进前，将外围12根钢护筒用定位型钢连接成整体，预防推进中驳船碰撞独立钢护筒对已成桩基混凝土造成影响；定位型钢与钢护筒采取卡口连接，方便拆装。由岸边到墩位处的推进路线采取"Z"形，采用两次前进、后退的方式，将拼装平台的位置与墩位对正后，再缓慢将底节吊箱推进到墩位，在快要进入到墩位时，自停靠在上游钻孔平台上的锚绳用机驳牵引到拼装平台上拴好，然后通过逐步收紧主锚及侧锚锚绳，将拼装平台缓慢、平稳的推进到墩位。

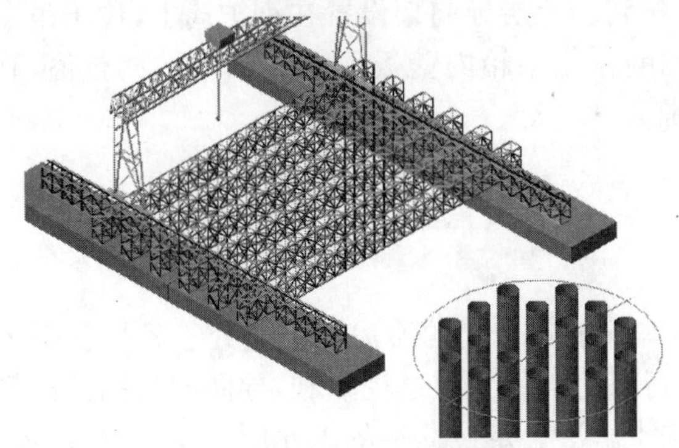

图7 浮式钻孔平台退出示意图

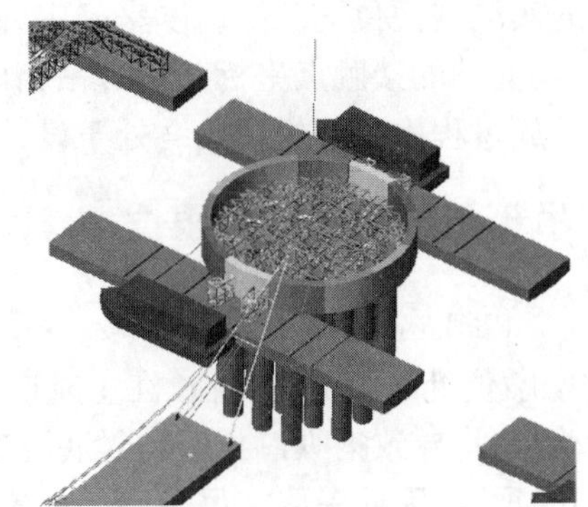

图8 底节吊箱推进示意图

## 9 钢护筒对接

钢护筒是吊箱下放及封底施工的受力主体，对接高的护筒的焊缝需要严格控制。根据切割前的钢护筒编号及对位标记，利用150t浮吊对接钢护筒。钢护筒对接好后，先进行点焊，浮吊松钩后，进行下一个护筒对接。由于时间紧迫，钢护筒对接处为齐口对接，焊接质量无法保证，因此在对接时，我们采取在对接处加垫6mm钢板，使对接处预留6mm缝隙。焊接时采取内外双面焊接，内外的环形焊缝外又加焊10块缀板，使钢护筒对接处的强度满足计算要求。

## 10 吊点布置

### 10.1 整体布置

11号墩钢吊箱根据计算及构造要求,布置吊点76处,根据每个吊点的受力情况,分别设置了单吊杆、双吊杆和三吊杆吊点,总计布置吊杆116根。吊杆采用$\Phi$32mm精轧螺纹钢,单根吊杆屈服力为63.2t,满足施工设计吊杆控制拉力41t的要求。

### 10.2 下放吊点布置

根据结构计算及遵循施工方便和安全的原则,在吊箱下放施工中,在外围12根钢护筒上安装4道贝雷梁,每道贝雷梁为单层4排布置,安装下放吊杆24个,利用48台100t液压油顶进行吊箱下放工作。

底节吊箱(含底板)自重468t,每根吊杆受力为19.5t。在下放过程中,48个油顶操作工人,根据指令,同步松顶,每个循环下放8cm,每步下放1cm,下放过程安全、平稳。底节吊箱共计下放4.8m后进入自浮状态。

## 11 喇叭口安装

喇叭口的安装位置是根据实测钢护筒平面位置和倾斜度来确定的,原则是保证钢吊箱在下放过程中,不会发生喇叭口卡在钢护筒上的情况,以及下放到位后喇叭口与钢护筒的周边缝隙保持均匀。对钢护筒顶面及桩顶高程处的平面位置进行测量,得到每根钢护筒的准确位置和倾斜度,作为喇叭口安装的依据。

喇叭口底口每边与钢护筒预留23cm的缝隙,根据钢护筒的实际参数进行准确的定位后,保证了吊箱的顺利下放。

## 12 导向架安装

钢吊箱下放过程中的位置导向依靠导向架来实现。同时,位于上游的导向架,还将承受水流冲击力,因此通过设置牛腿横梁将19个钢护筒连接成整体,共同抵抗由吊箱传递的水流冲击力。

导向架共设置了4层,除上层焊接在钢护筒上外,其余3层设置在吊箱侧板上。导向架的位置通过对应的钢护筒的实测平面位置及倾斜度来确定,确保了吊箱下沉顺利。上层导向架设置在钢护筒上,位于吊点横梁的下方,其前端的接触点坐标与设计吊箱内壁相应点坐标相符,于吊箱内壁板预留了5cm的调整值,确保了吊箱在下放过程中平面位置始终处于设计允许的误差范围。

## 13 吊箱下放到位后的限位

### 13.1 吊箱底部水平限位

11号墩墩位处水深流急,且长江主航道又靠近11号墩,来往船舶带起的波浪会引起处于悬吊状态下的吊箱的摆动,这将导致喇叭口封堵和封底混凝土施工无法进行。为确保下放过程顺利,导向架与钢护筒都有预留值,不能顶紧,因此采取在吊箱底部设置定位撑杆的方法来解决。定位撑竿的工作原理是:吊箱入水前,在位于外侧距离吊箱较近的8根钢护筒的对应底板桁架的顶部,安装8根带有可转动铰座的定位撑竿,入水前用铁丝将其吊起,不影响吊箱下沉,吊箱下沉到设计高程;下口位置位置通过拉缆调整到符合要求后,潜水工入水将铁丝剪断,撑竿前端圆弧板与钢护筒顶紧,达到了牢固固定吊箱下口的目的(图9),经过封底实践,起到了良好的效果。

### 13.2 吊箱顶部水平限位

在钢护筒上焊接型钢限位装置,顶紧钢吊箱上口。

### 13.3 吊箱竖向限位

在浇筑封底混凝土前,应保持吊箱重力大于浮力,并预留1m水位变化对吊箱的影响,才能进行喇叭口

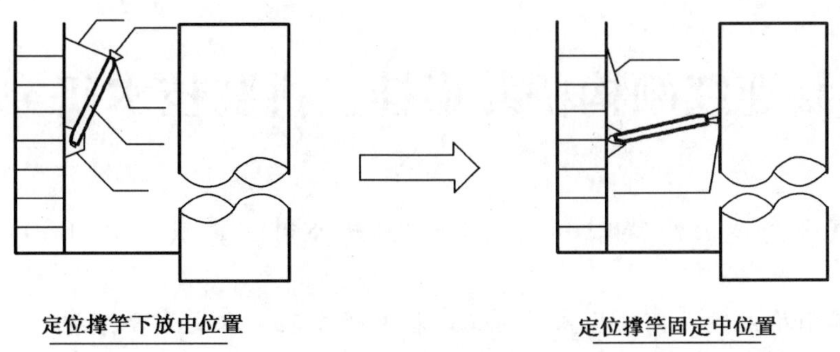


图 9　定位撑竿工作原理图

的缝隙封堵施工。解决的办法之一，在吊箱夹仓内注水，使浮力小于重力，吊杆受力，吊箱竖向稳定。但是由于钢护筒与吊箱的位置关系，外围吊杆本身就承受比中部吊杆更大的力，为保证封底施工时吊杆的受力控制，因此夹仓注水量是有限制的。解决方法之二，通过内撑系统，设置压杆，压杆用 $\Phi$32mm 精轧螺纹钢，两端通过铰座分别连接在内撑系统横梁和钢护筒上，既解决了水位上涨对吊箱的影响，又不增加结构重力（压杆共设置了 48 根）。由于采取了上述的固定措施，保证了吊箱在封底过程中的稳定状态，喇叭口的缝隙封堵质量良好。

## 14　喇叭口封堵

吊箱位置限定后，拧紧抱箍螺栓，使抱箍与护筒抱紧。用袋装混凝土将抱箍与吊箱底板的缝隙封好。至此，从钻孔施工到钢吊箱通过体系转换下沉到位，封底混凝土浇筑前的工序已全部完成。

## 15　结语

先采用浮式平台施工钻孔桩，后通过体系转换将钢吊箱下沉到位。该方案在钻孔桩施工的同时，完成了钢吊箱的分块加工和底节钢吊箱的整体拼装，节约了大量的工期，加快了工程进度，为确保在三峡三期水位前完成水中结构的施工赢得了时间。

利用已成桩的桩基作为钢吊箱下沉的支点及导向，工序利用合理。采用浮式平台体系转换进行钻孔桩的施工方法，在加快施工进度、缩短工期方面，是深水基础施工的一个较好施工的方法，为类似河床的深水桩基础施工提供了很好的借鉴。

# 忠县连续刚构桥菱形挂篮拼装技术研究

史真钢

(重庆高速公路集团有限公司垫利分公司　重庆　400060)

**摘　要**:挂篮拼装是连续刚构桥梁上部结构悬臂施工的控制性工程。本文主要介绍如何合理有序拼装挂篮,以确保优质、快速地实现高箱梁连续刚构桥梁由下部结构转换为上部结构悬臂施工。

**关键词**:菱形　挂篮　连续刚构　拼装

## 1　工程概况

忠县长江大桥位于忠县县城上游8km处,东起康家沱,跨越马粪碛及长江航道。主桥为205m+460m+205m的三跨斜拉桥(图1),石柱岸主引桥为112m+200m+112m的连续刚构桥(图1)。其中7号、8号墩为主引桥主墩,0号块箱梁宽度11.8m,长度14m。0号块箱梁横桥向轴线断面高度为13m。1号块箱梁横桥向断面高度为12.299~12.717m。

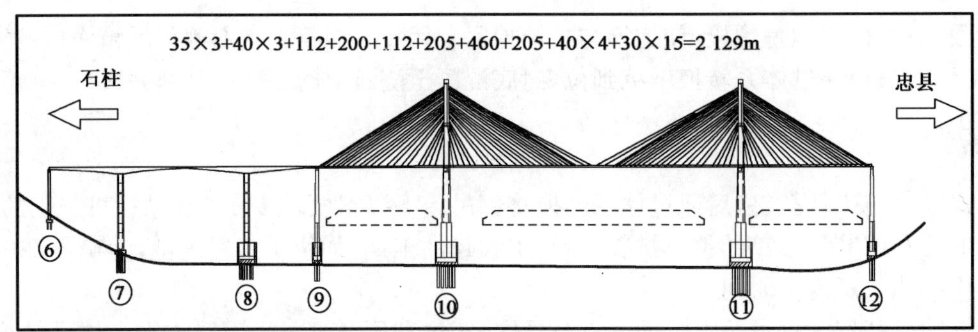


图1　桥型布置图

挂篮构件情况见表1。本桥主引桥所使用挂篮为改制挂篮,各构件之间由销子、16Mn钢吊带、Φ32mm精扎螺纹钢连接。由于为改制挂篮,所以8套挂篮都有变形。这样,对于一些连接构件来说,其尺寸和销孔位置有所变化,集中体现在挂篮平联、后锚系统等一些薄壁构件上。针对这种情况,为防止直接拼装造成构件频繁转运和不成套匹配而影响工程进度,决定对挂篮进行试拼装。

选择场地,进行试拼装,然后对试拼装后的挂篮进行成套编号,并有序堆放。

**挂篮自重一览表**(单个)　　表1

| 构件名称 | | | 数量(件) | 单　位 | 单件质量 | 总质量 |
|---|---|---|---|---|---|---|
| 主桁系统 | 主桁杆件 | 1号 | 2 | kg | 1 096.9 | 2 193.8 |
| | | 2号 | 2 | kg | 843.5 | 1 687 |
| | | 3号 | 2 | kg | 757 | 1 514 |
| | | 4号 | 2 | kg | 860.5 | 1 721 |
| | | 5号 | 2 | kg | 852.3 | 1 704.6 |
| | 结点板 | 前结点板 | 2 | kg | 558 | 1 176 |
| | | 前支点结点板 | 2 | kg | 663.5 | 1 327 |
| | | 立柱上结点板 | 2 | kg | 496 | 992 |
| | | 后锚结点板 | 2 | kg | 692 | 1 384 |

续上表

| 构件名称 | | | 数量(件) | 单 位 | 单件质量 | 总质量 |
|---|---|---|---|---|---|---|
| 主桁系统 | | 前横梁桁片 | 1 | kg | 2 323.1 | 2 323.1 |
| | | 后横梁桁片 | 1 | kg | 1 864.8 | 1 864.8 |
| | | 上平联 | 1 | kg | 1 567 | 1 657 |
| | | 下平联 | 1 | kg | 1 897.6 | 1 897.6 |
| | 分配梁 | 外模分配梁 F11 | 2 | kg | 554.5 | 1 109 |
| | | 底模前端分配梁 F12 | 2 | kg | 649.35 | 1 298.7 |
| | | 底模后端分配梁 F13 | 2 | kg | 426.1 | 852.2 |
| | | F11 吊带 | 4 | | 86.5 | 346 |
| | | F12 吊带 | 8 | kg | 85.57 | 684.6 |
| | | F13 吊带 | 4 | kg | 91.6 | 366.4 |
| | | 小计 | | kg | | 26 008.0 |
| 后结点锚固系统 | | 主锚杆 G45(2 370mm) | 4 | kg | 71.6 | 286 |
| | | 锚固螺母 | 8 | KG | 6.2 | 50 |
| | | 锚固小车拉杆 G47 | 4 | kg | 55.25 | 221 |
| | | 连接器 J1 | 4 | kg | 39.3 | 157 |
| | | 连接器 J2 | 8 | kg | 29.7 | 237.6 |
| | | 连接器 J3 | 8 | kg | 14.1 | 112.8 |
| | | 连接器 J4 | 2 | kg | 91.5 | 183 |
| | | 锚杆分配梁 F7 | 2 | kg | 128.65 | 257.3 |
| | | 蹬筋锚固分配梁 F8 | 4 | kg | 115.3 | 461.2 |
| | | 锚固小车拉杆分配梁 F9 | 2 | kg | 158.3 | 316.6 |
| | | 行走小车 | 4 | kg | 159.5 | 638 |
| | | 后锚分配梁(轨道压梁) | 4 | kg | 117 | 702 |
| | | 小计 | | kg | | 3 622.5 |
| 滑船系统 | 滑船 | 滑船分配梁 | 4 | kg | 260 | 1 040 |
| | | 滑船 | 2 | kg | 524 | 1 048 |
| | | 挂篮轨道垫板 | 6 | kg | 101.1 | 606.6 |
| | | 小计 | | kg | | 2 694.6 |
| 行走 | | 滑轨(14.2m) | 2 | kg | 3 451.9 | 6 903.8 |
| | | 顶推千斤顶底座 | 4 | kg | 97.2 | 388.8 |
| | | 小计 | | kg | | 7 292.6 |
| 底篮系统 | | 挂篮底平台 | 1 | kg | 15 727.5 | 15 727.5 |
| | | 底模吊带转换接头 | 8 | kg | 35.1 | 280.8 |
| | | 底模 | 1 | kg | 3 746.2 | 3 746.2 |
| | | 后下横梁连接器 | 6 | kg | 25 | 150 |
| | | 底篮后锚承压梁 | 6 | kg | 48 | 288 |
| | | 小计 | | kg | | 20 192.5 |
| 底模吊带 | | $L$=3.5m | 4 | kg | 117 | 468 |
| | | $L$=3.0m | 6 | kg | 102 | 612 |
| | | $L$=2.0m | 14 | kg | 73 | 1 022 |
| | | $L$=1.0m | 6 | kg | 45 | 270 |
| | | 小计 | | kg | | 2 372 |

续上表

| 构件名称 | | 数量(件) | 单位 | 单件质量 | 总质量 |
|---|---|---|---|---|---|
| 外模系统 | 长滑梁12m(I56b) | 2 | kg | 1 380 | 2 760 |
| | 短滑梁6.5m(I56b) | 2 | kg | 747.5 | 1 495 |
| | 长托梁 | 2 | kg | 246.3 | 528.6 |
| | 短托梁 | 2 | kg | 172 | 344 |
| | 行走小车 | 2 | kg | 83.24 | 166.5 |
| | 外模板 | 2 | kg | 6 875.7 | 13 751.4 |
| | 翼缘模板 | 2 | kg | 2 114.2 | 4 228.4 |
| | 小计 | | kg | | 23 273.9 |
| 内模系统 | 内滑梁(I56b)$L=12$m | 2 | kg | 1 380.8 | 2 761.6 |
| | 内滑梁吊架 | 4 | kg | 56 | 224 |
| | 内滑梁行走小车 | 4 | kg | 134.9 | 269.8 |
| | 内顶模 | 1 | kg | 3 544.3 | 3 544.3 |
| | 内模板 | 2 | kg | 3 400.4 | 6 800.8 |
| | 1号块堵头模板 | 1 | kg | 1 611.2 | 1 611.2 |
| | 压脚模板 | 2 | kg | 428 | 856 |
| | 小计 | | kg | | 16 067.7 |
| 单个挂篮质量总计 | | | kg | | 102 124.65 |

高墩水上挂篮拼装施工与陆地拼装不同,存在着高悬空作业、水上构件转运、高空起吊、有限场地材料合理堆放等困难。针对这些困难,并考虑到最大限度使用现场空间,需安装8个挂篮,其中7号、8号墩第一个挂篮需要进行预压载,以观测其承载后变形状况。

## 2 施工工艺

### 2.1 第一个挂篮安装

挂篮安装时,先在0号块的中间拼装第一幅挂篮,待主桁架及上下平联,前后横梁安装好以后,再推到0号块边缘,进行压载试验,最后再安装整幅挂篮的模板系统、工作平台等。其安装施工工艺流程见图2。

(1)材料转运

将单端有劲板的5.2m、9m轨道梁各4根,2个滑船,后锚连接器(4个J1、8个J2、8个J3),2根F7、4根F8分配梁,8个后锚小车,4根后锚拉杆(配8个G46螺帽)转运至驳船,并分类堆放。

(2)轨道梁和后锚小车安装、锚固

从0号块纵向中心线向外2.6m和3.4m放线,粗略找平。共安装4根钢轨,每根钢轨上安装2个后锚行走小车。钢轨的安装,由塔吊进行吊装。轨道梁靠0号块提前预埋竖向$\Phi$32mm精轧螺纹进行锚固。$\Phi$32mm精轧螺纹按1.5m间距布置在两轨道中间。第一次钢轨的安装考虑钢轨应能同时满足整幅挂篮的使用要求,轨道采用2根(9m+5.2m)的轨道错头布置。注意确保轨道梁的平整,高程一致。

因在箱梁顶部存在0.2%横坡,在轨道安装前要进行找平工作,以箱梁高端点为准,局部用砂浆找平,相对的低端点位置加工14cm和12cm高的轨道垫板,在垫板安装前也要进行砂浆找平工作,然后垫轨道垫板。个别位置可用钢板进行找平。

(3)滑船和后锚支点安装

滑船组合由分配梁F1、F2和滑船拼装成整体后,采用塔吊整体吊装。吊装要保证滑船中心线与后锚锚固中心距离为6.15m。

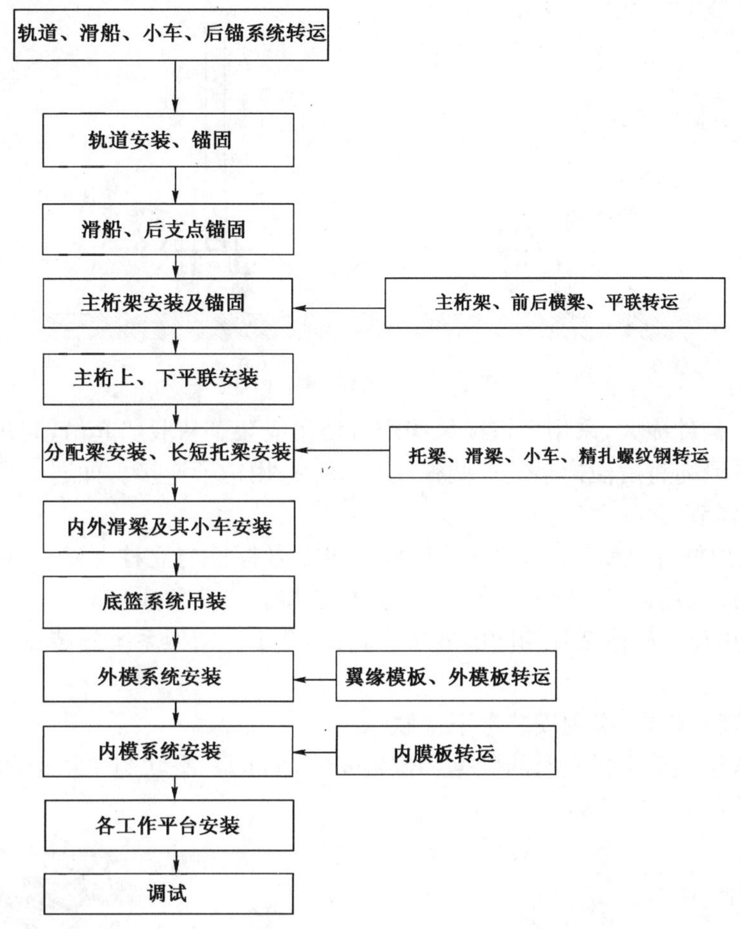


图 2 挂篮安装施工工艺流程

后锚支点安装，先安装连接器 J3，与预埋精扎螺纹钢连接；然后连接器 J2 与 J3 采用钢销连接，分配梁 F8 与连接器 J2 连接；最后在后锚小车上用钢销连接 F9 分配梁与连接器 J4 的组合(图 3)。

(4)主桁架转运

由于主桁架构件庞大，现场塔吊起重能力有限，不能对拼装好的菱形桁架整体起吊，所以在转运时，化整为零，将先拼装构件放在表层，后拼装构件放在底层。注意底层构件堆放要垫平，防止由于重力因素造成底层构件压载变形。堆放次序(从下到上)依次为前横桁架片，4、5 号杆件与前挂点结点板组合，后横桁架片，1、2 号杆件与后锚固结点板组合，3 号杆件与前支点结点板、立柱上结点板组合。

图 3 安装好的滑船与后锚固支点

(5)主桁架安装

主桁架安装，先安装 3 号主桁杆件与前支点结点板、立柱上结点板组合。此组合与滑船相连接，考虑到连接后容易上下游方向失稳，所以采用两个手拉葫芦对拉，并且滑船位置用 I25 型钢斜撑。手拉葫芦上端与立柱上结点板连接，下端与 0 号块顶面预埋件连接(图 4)。

1 号、2 号杆件与后锚结点板的组合安装，1 号杆件与立柱上结点板连接，2 号杆件与前支点结点板连接，安装后形成后三角。由于前三角没有安装，所以后三角容易后倾。为此，现场焊制三角架作为后锚结点板位置支撑。三角架下端与 0 号箱梁上预埋件焊接。

后三角安装完成后，将后锚固拉杆从后锚结点板穿下，与连接器 J1 连接。连接器 J1 最后与 F8 分配梁连接。后锚拉杆上部用 G46 螺帽紧固，然后安装 F7 分配梁。

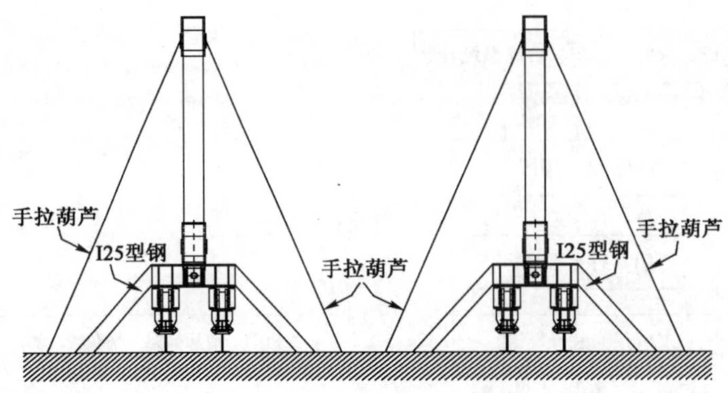

图4　3号主桁杆件斜拉图

后横桁架片长17m,构件庞大,采用2根缆风绳配合塔吊安装。从驳船起吊,起吊高出挂篮1m左右,转动至安装位置上空,用缆风绳将后横桁架位置调整,缓缓落下,用销子连接。如遇到局部位置稍有偏差,可采用千斤顶配合手拉葫芦调节。

安装4号、5号主桁架杆件与前挂点结点板组合,先将5号杆件与立柱上结点板连接,再将5号杆件下的方管钢与3号杆件连接,最后4号杆件与前支点结点板连接。前三角成型。

前横桁架片安装采用与后横桁架片相同的方法。到此,整个主桁架系统安装完成(图5)。

(6)上下平联安装

为了保证前后横桁架片稳定,必须安装上下平联。

上下平联安装,要根据挂篮试拼装时的数据和位置安装(图6)。平联与主桁架的连接,采用销子和普通螺栓,先安装方管钢,后安装平联角钢。

图5　安装好的主桁系统

图6　安装好的上下平联

(7)分配梁、长短托梁安装

分配梁、长短托梁属于条形小构件,对构件的起吊影响不大。所以,在构件转运的时候,只需要将内外滑梁放于底层,其他构件分类堆放则可满足起吊需求。

分配梁与前后横桁架片的连接通过3.0m、3.2m、2.94m三种单吊带和销子来实现。安装时候先安装F12分配梁,再安装F11分配梁,最后安装后横桁架片下的F13分配梁。

长短托梁的安装,先从F11分配梁上和0号箱梁预埋孔里穿过精扎螺纹钢,然后塔吊起吊,缆风绳配合控制旋转,进行长短托梁的安装。

(8)挂篮整体移动

采用两个10t手拉葫芦将挂篮从0号块中心移动至0号块边缘,用精扎螺纹钢连接,并用千斤顶加压,进行加载试验(图7)。

(9)内外滑梁安装

荷载试验后,内外滑梁由6.5m、12m长的I56b型钢构成。内外滑梁安装同样采用塔吊配合缆风绳吊装到位,采用普通螺栓与长短托梁连接在一起。之后,将内外滑梁小车安装到滑梁上,并用精扎螺纹钢将其锚固到位(图8)。

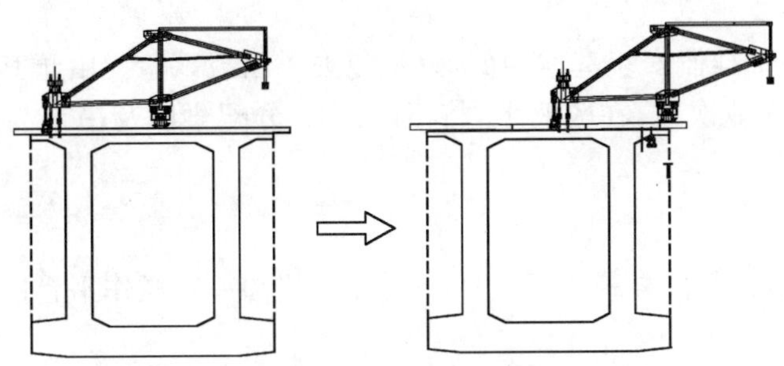

图 7 第一幅挂篮移动图

(10)底平台吊装

底平台拼装在施工驳船上进行，拼装好后，整体起吊安装(图 9)。

图 8 分配梁、长短托梁与内外滑梁安装完毕

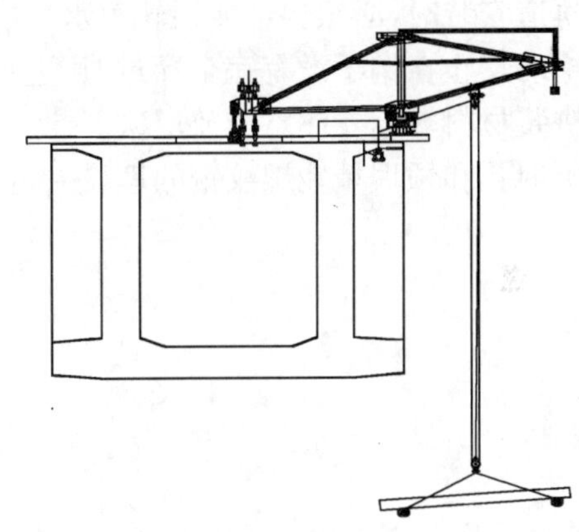

图 9 底平台起吊示意图

底篮的吊装，首先在主桁架 4 号杆件外侧中间设置上吊点，在 0 号块顶面翼缘上设置 2 台 8t 卷扬机(图 10)，通过卷扬机和滑轮组将底平台提升到位后，立即进行锚固。卷扬机的钢丝绳直径为 $\Phi$36mm，需要的准备钢丝绳长度为 800m。后下横梁的锚固通过分配梁 F13 上的吊带和底板上的 6 根锚杆锚固。前下横梁通过 F12 的 6 根精扎螺纹钢和双吊带组合锚固。

拼装后的挂篮如图 11 所示。

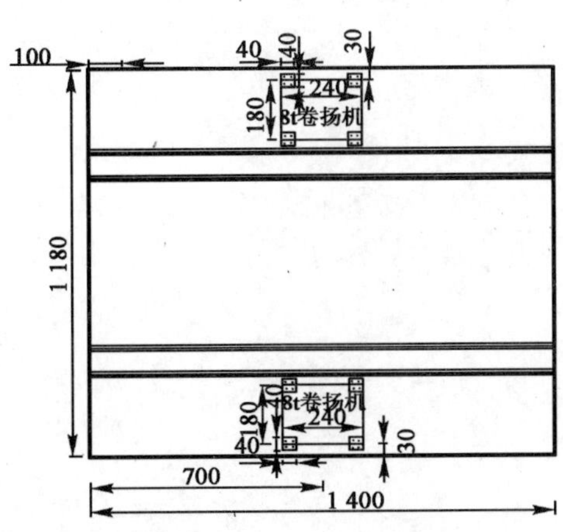


图 10 卷扬机布置图(尺寸单位：cm)

图 11 拼装后的挂篮

### 2.2 其他挂篮拼装

其他挂篮的安装和第一个挂篮安装基本相似,只是免去了压载试验。由于其他挂篮安装时,前横桁架片为高悬空作业,为减少悬空作业次数,在驳船上,将 F11、F12 分配梁以及吊带与前横桁架片连接成整体,一次性吊装。

### 2.3 模板系统安装

待所有挂篮安装完成后,进行内外模板系统的一次性安装和一些操作平台的完善。

## 3 结语

菱形挂篮是连续刚构桥梁悬臂施工时,常用的一种挂篮形式。挂篮拼装的速度、质量是决定连续刚构桥梁施工进度和质量的重要一环。经过本桥 8 个挂篮的拼装,有以下几点值得注意:

(1)轨道安装时,必须保证 4 根轨道水平(偏差 4mm 内),否则挂篮各构件的连接销很难穿过。

(2)绝对禁止在销子没有完全穿过时,进行下一个构件安装。

(3)拼装材料转运要注意堆放层次。

(4)预埋孔和预埋精轧螺纹钢的埋设一定要精确。

# 忠县长江大桥锚碇系统设计与验算

林树奎

（重庆高速公路集团有限公司垫利分公司　重庆　400060）

**摘　要**:本文主要介绍忠县长江大桥10号墩锚碇系统的设计和验算等方面内容。近年来同类工程很少,没有可以借鉴的设计验算和施工经验,通过本工程的实践,提出了一些计算和施工方法,供参考。

**关键词**:忠县长江大桥　锚碇系统　设计　验算

## 1　工程概况

石忠高速公路B18合同段位于忠县县城上游8km处。B18合同段主要工程内容包括石柱岸主桥(1/2斜拉桥)、主引桥(连续刚构桥)、引桥及229m路基。主桥10号墩位于河床中部,基础采用双壁钢围堰钻孔桩复合基础。钢围堰外径36m,内径33m,壁厚1.5m。钢围堰顶面高程根据施工控制水位取＋150.78m(黄海高程),底面高程＋116.28m,围堰高度为34.5m。桥型布置如图1所示。

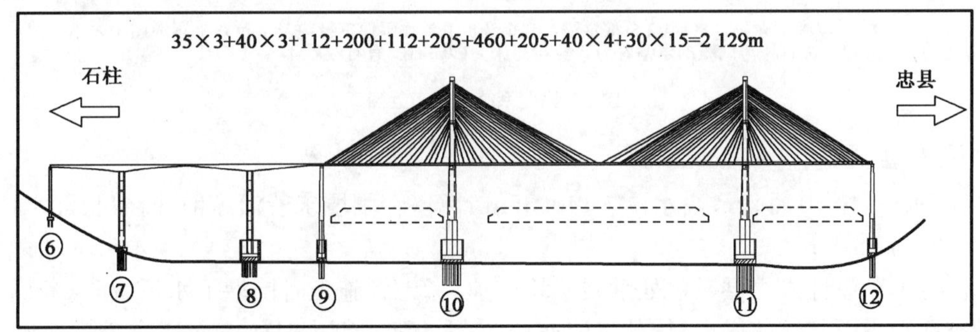


图1　桥型布置图

桥位处于三峡工程的回水区,三峡水库蓄水位＋139m(吴松高程)时,水位在＋136.77～＋138.18m变动。三峡水库蓄水后的2004年9月,洪水位为＋149.93m,对应流量为63 000m$^3$,相当于20%的洪水频率。

自2003年6月三峡库区蓄水以来,坝前水位按＋135(枯水期)～＋139m(洪水期)运行;2006年汛后,水库＋156～＋135～＋140m水位调度运行(表1)。

**忠县站**(2003年6月～2004年12月)**逐月最高水位**(黄海高程)　　表1

| 年份 | 1 | 2 | 3 | 4 | 5 | 6 | 7 | 8 | 9 | 10 | 11 | 12 |
|---|---|---|---|---|---|---|---|---|---|---|---|---|
| 2003 | — | — | — | — | — | 140.62 | 144.11 | 138.59 | 145.39 | 137.15 | 137.76 | 137.58 |
| 2004 | 137.47 | 137.42 | 137.17 | 137.48 | 138.60 | 140.61 | 138.40 | 138.16 | 149.93 | 140.35 | 138.29 | 137.50 |

2003年7月18～20日对桥区河段进行了流速、流向等观测,资料表明主流线顺直,表面流速在1.2～2.1m/s之间,水面比降为0.64‰～0.109‰,桥轴线附近表面流速在1.5～1.7m/s之间。2004年12月25日、30日测量主流表面流速分别为0.31m/s、0.46m/s。

数学模型计算结果表明,三峡坝前水位＋135m,当流量$\Theta$=63 000m$^3$/s(20%)时,流速在2.0m/s左右,最大流速2.28m/s;当流量$\Theta$=76 700m$^3$/s(5%)时,最大流速2.51m/s。

10号墩位于长江河床中部,覆盖层为卵石,结构松散不密实,厚度3.0～5.3m,顶面高程＋119.74～＋

120.68m，顶面坡角 2°～4°，底面高程＋119.74～＋117.16m。

钢围堰的锚碇系统作为钢围堰吊运就位、接高吸泥下沉等定位和基础施工时船舶停泊系锚之用。锚碇系统包括导向船组及锚碇设施（霍尔锚、锚链、锚缆）。根据 10 号墩的河床地质、水文资料、施工水位及施工条件，参照已往特大桥的施工经验，进行锚碇系统的选择和设计。10 号墩锚碇系统按墩轴线对称布置。

施工设计中采用不同级别的霍尔锚作为锚碇系统的主锚、尾锚、边锚。

## 2 10 号主墩锚碇系统设计计算

10 号墩锚碇系统平面布置如图 2 所示。

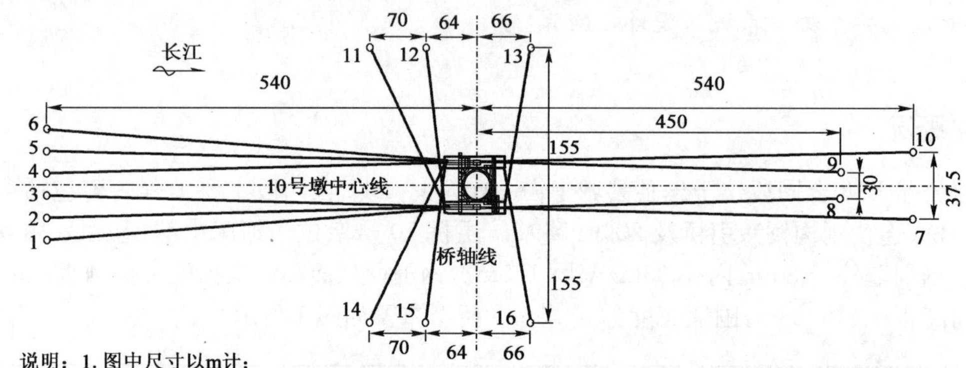


说明：1. 图中尺寸以m计；
2. 1~6为8t霍尔锚，8~9为2.5t霍尔锚，其余为8t霍尔锚围堰下拉缆及下拉八字尾缆图中未示；
3. 根据锚着拉力试验确定锚着力系数在河床为砂卵石、岩石取$K$=4。

图 2 锚碇系统平面布置图

### 2.1 计算依据资料

(1)施工最高水位：按 10 月份最高水位＋140.35m 计算（在围堰未着河床前，随着长江水位的变化，围堰最大入水深度控制为 20.5m）。

(2)计算流速：由于设计未提供墩位处垂线平均流速，考虑到施工时围堰下水后，河床断面被压缩及围堰周边产生的涡流和吸力引起流速增大，故计算流速按 20%的洪水频率时的表面流速 2m/s 取值。

(3)基本风荷载：查《公路桥涵设计通用规范》(JTJ 021—89)，全国基本风压分布图忠县地区为 $W_0=0.4\ \mathrm{kN/m^2}$。

### 2.2 锚碇设施受力计算

(1)钢围堰动水压力 $R_1$

$$R_1 = K\gamma AV^2/(2g) \tag{1}$$

式中：$K$——水流阻力系数，圆形取 $K=0.8$；

$\gamma$——水的重度，$\gamma=10\mathrm{kN/m^3}$；

$g$——重力加速度，$g=9.81\ \mathrm{m/s^2}$；

$A$——围堰入水部分在垂直水流平面上的投影面积；

$V$——计算流速。

由此，$R_1=K\gamma AV^2/(2g)=0.8\times10\times(36\times20.5)\times2^2/(2\times9.81)=1\,203.7\mathrm{kN}$。

(2)围堰风阻力 $R_2$

$$R_2 = KK_ZW_0F \tag{2}$$

式中：$K$——风载体形系数，K=1.0；

$K_Z$——风压高度变化系数(偏大取，$K_Z=1.0$)；

$F$——挡风面积($\mathrm{m^2}$)(在水位＋140.35m 围堰露出水面的高度为 9.5m，$F=36\times9.5=342\mathrm{m^2}$)。

$$R_2=KK_ZW_0F=1.0\times1.0\times0.4\times342=136.8\text{kN}$$

(3)导向船组水流阻力 $R_3$

$$R_3 = 2(fSV^2 + \Psi A_1V^2) \times 10^{-2}\text{KN} \tag{3}$$

式中：$f$——铁驳摩阻力系数(取 $f$=0.17)；

$S$——船舶浸水面积[$S=L(2T+0.85B)=1132.875\text{m}^2$]；

$L$——船舶长度(75m)；

$T$——吃水(1.9m,保证干舷高度为1.5m)；

$B$——船宽(13.3m)；

$\Psi$——阻力系数(方头船取 $\Psi=10$)；

$A_1$——船舶垂直水流方向的投影面积($A_1=TB=1.9\times13.3=25.27\text{m}^2$)；

$V$——计算流速($V$ 取 2m/s)。

$$\begin{aligned}R_3&=2(fSV^2+\Psi A_1V^2)\times10^{-2}\\&=2(0.17\times1\,132.875\times22+10\times25.27\times22)\times10^{-2}\\&=2(770.355+1\,010.8)\times10^{-2}=35.6\text{kN}\end{aligned}$$

(4)导向船组的风阻力 $R_4$

$$R_4 = 2K_1K_{Z1}W_0F_1 + K_2K_{Z2}W_0F_2 \tag{4}$$

式中:$K_1=1.0$；

$K_{Z1}=1.0$；

$F_1$——1艘导向船的挡风面积($F_1=1.5\times13.3=19.95\text{m}^2$)；

$K_2$——导向船上联结梁、变电所、桅杆吊等的风载体型系数(综合取0.5)；

$K_{Z2}$——上项设施的风压高度变化系数(综合取 $K_{Z2}=1.15$,按离地面15m高计)；

$F_2$——上项设施挡风面积(估算为$900\text{m}^2$)。

$$W_0=0.4\text{kN/m}^2$$

$$R_4=1.0\times1.0\times0.4\times19.95\times2+0.5\times1.15\times0.4\times900=223\text{kN}$$

(5)工作船水阻力 $R_5$(400t方驳)

$$\begin{aligned}R_5 &= (fSV^2 + \Psi A_1V^2)\times10^{-2}\\&=(0.17\times501.63\times2^2+10\times13.95\times2^2)\times10^{-2}=9.0\text{kN}\end{aligned} \tag{5}$$

(6)工作船风阻力 $R_6$

$$R_6=KK_ZW_0F \tag{6}$$

式中:$F$——1艘导向船的挡风面积($F=1\times9.3=9.3\text{ m}^2$)；

$$R_6=1\times1.0\times0.4\times9.3=3.7\text{kN}$$

(7)工作船风阻力 $R_7$

每墩2艘400t方驳改装的工作船,同时停靠在导向船旁。其总阻力:

$$\begin{aligned}R_7&=2\times(R_5+R_6)\\&=2\times(9.0+3.7)=25.4\text{kN}\end{aligned} \tag{7}$$

(8)主锚所受的总锚力 $R_{主}$

$$\begin{aligned}R_{主}&= R_1+R_2+R_3+R_4+R_7\\&=1\,624.5\text{kN}\end{aligned} \tag{8}$$

## 2.3 主锚受力计算

根据以往特大桥梁施工的经验,10号主墩拟订采用6个8t霍尔锚作为主锚,按式(9)进行验算。

$$W = F/(10K) \tag{9}$$

式中:$W$——锚在空气中的质量；

$K$——锚着系数,河床为黏土、砂时,$K=8\sim12$;河床为卵石、岩石时,$K=4\sim5$(本工程暂取 $K=4$,实际取值由试验确定)。

$$F=10KW=10\times4\times(8\times6)=1\ 920\text{kN}>R_{主}=1\ 624.5\text{kN}$$,满足要求。

每个主锚受力为:$R=1\ 624.5\div6=270.75\text{kN}$ 。

## 2.4 主锚锚链及钢丝绳缆

(1)锚链

选择原则:按镇江锚链厂产品试验负荷表中所列的 M2 级有档锚链拉力负荷,除以 5 倍安全系数,大于或等于主锚受力来选择锚链。$\Phi$53mmM2 级有档链拉断荷载为 1 560kN。

$$5R=5\times270.75=1\ 353.75\text{kN}<1\ 560\text{kN}$$

选用 $\Phi$53mmM2 级有档链作为主锚链。每个锚配 2 节锚链,即 27.5×2=55m。

(2)主锚钢丝绳

①钢丝绳验算

根据式(10)进行验算:

$$K=\alpha F_g/R \tag{10}$$

式中:$K$——为钢丝绳的安全系数(取 $K=3.5$);

$\alpha$——考虑钢丝绳之间荷载不均匀系数($\alpha=0.82$);

$F_g$——钢丝绳钢丝破断拉力总和;

$R$——1 个主锚的受力(270.75kN)。

$$F_g=KR/\alpha=3.5\times270.75\div0.82=1\ 155.6\text{kN}$$

由此可选用 6×37—47.5—1 700—光—右交钢丝绳作为主锚的钢丝绳。

②钢丝绳长度计算

$$L_m=\sqrt{h^2+2hR/P}(\text{m}) \tag{11}$$

式中:$L_m$——钢丝绳长度;

$h$——锚位处水深(取 $h=20.0$m,河床高程为+122.0m);

$R$——1 个主锚受力(取 270.75kN);

$P$——每米钢丝绳在水中的质量,按空气中质量的 70%计。

$$P=7.929\times0.7\times9.81=54.45\text{N/m}$$

计算得:$L_m=446$m,取 $L_m=445$m,锚链长度为 55m,每根主锚缆总长 $L$ 为:

$$L=445+55=500\text{m}。$$

由于导向船船艏至桥轴线约为 40m,故主锚锚位距桥轴线取 540m。

## 2.5 尾锚和边锚

(1)尾锚

①尾锚的作用:便于和主锚对拉收紧,调整围堰上下游位置,在有变化的水流和风力状态下施工,减少围堰在下沉中的摆动和平面位移,便于控制准确定位。尾锚数量按主锚的 40%配置,因此,尾锚配置 5t 和2.5t 霍尔锚各 2 个。每个 5t 锚配 2 节 $\Phi$43mmM2 级有档锚链,选用 6×37—36.5—1 700—光—右交钢丝绳;每个 2.5t 锚配 2 节 $\Phi$34mmM2 级有档锚链,选用 6×37—36.5—1 700—光—右交钢丝绳。

②5t 霍尔锚、锚链及钢丝绳验算

锚链及钢丝绳验算同边锚。

钢丝绳长度 $L_m$:

$$L_m=\sqrt{h^2+2hR/P}(\text{m}) \tag{12}$$

式中:$h$——锚位处水深(取 h=23.0m,河床高程为+119.0m);

$K$——为锚着系数(取 $K=4$);

$R$——为 5t 霍尔锚极限力(取 $R=50K=200\text{kN}$);

$P$——每米钢丝绳在水中的质量,按空气中质量的 70%计(取 $P=33.14\text{N/m}$)。

按式(12)计算,$L_m=527\text{m}$。为了防止抛锚距离太长,而导致锚缆柔性过大,锚位距桥轴线同主锚,取 540m,钢丝绳长度 $L_m=450\text{m}$。

③2.5t 霍尔锚、锚链及钢丝绳验算

锚链验算:

$R$ 按 2.5t 霍尔锚极限受力取值,$R=4\times25=100\text{kN}$。$5R=5\times100=500\text{kN}<688\text{kN}$,所以锚链满足要求。

钢丝绳安全系数:$K=\alpha F_g/R=0.82\times\frac{856}{100}=7.0>3.5$,钢丝绳满足要求。

钢丝绳长度:

$$L_m=\sqrt{h^2+2hR/P}=373(\text{m})$$

锚位距桥轴线,取 450m,钢丝绳长度 $L_m=360\text{m}$。

(2)边锚

导向船边锚是用来调整导向船组及钢围堰落床时沿桥轴线方向偏移的重要结构,受力较大,边锚按主锚的 40%配置。由于桥位区主流线顺直,尽可能保证主锚与水流方向平行,且桥位区无大型、快速船泊通过,波浪力影响较小。所以导向船在两侧各设置 3 个 5t 的霍尔锚作为边锚。为便于工作船的停靠,保证足够的航道宽度,两侧边锚采用全锚链。选用锚链长度 $L$ 计算如下。

$$L=\sqrt{2hF/q} \tag{13}$$

式中:$h$——锚位处水深(取 $h=21.5\text{m}$);

$K$——为锚着系数(取 $K=4$);

$F$——为 5t 霍尔锚极限受力(取 $F=5K=5\times4=20\text{t}=200\text{kN}$);

$q$——每米锚链在水中的质量,按空气中质量的 70%计(取 $q=0.279\text{kN/m}$)。

$$L=\sqrt{2\times21.5\times200/0.279}=175.6(\text{m})$$

$$L_m=1+\frac{1}{6}(q/F)^2L^3=175.6+\frac{1}{6}\left(\frac{0.279}{200}\right)^2\times175.6。$$

$$=177.4(\text{m})(\text{取 } L_m=178\text{m})$$

下游边锚配 5 节 $\Phi$43mmM2 级有档锚链,上游边锚配 4 节 $\Phi$43mmM2 级有档锚链,为了便于连接,上、下游锚链均接部分 6×37—36.5—1 700—光—右交钢丝绳,锚位距 10 号墩中心线 155m,其长度由现场确定。

钢丝绳安全系数验算:

$$K=\alpha F_g/R=0.82\times856/200$$
$$=3.51>3.5\text{,满足要求。}$$

## 2.6 围堰下拉缆

为控制钢围堰下沉时下端位置,在距围堰下端 6m 处的围堰壁上附有 2 个转向滑轮(围堰中心线两侧各设一个,其间距为 12m,形成对称),设置 2 根 6×37—47.5—1 700—光—右交钢丝绳下拉缆。下拉缆上游端经导向船的系缆桩导向至绞缆系统,下游端与围堰刃脚以上 6m 处的吊耳相连。

围堰受力计算时,为了安全,围堰所受水流按均布考虑,如图 3 所示。

由图示模式计算得:$\alpha=28.91°$,$\beta=31.34°$

$$18S_下\cos\beta\cos\alpha+29.7S_下\sin\beta=(R_1\times13.75+R_2\times1.25)$$

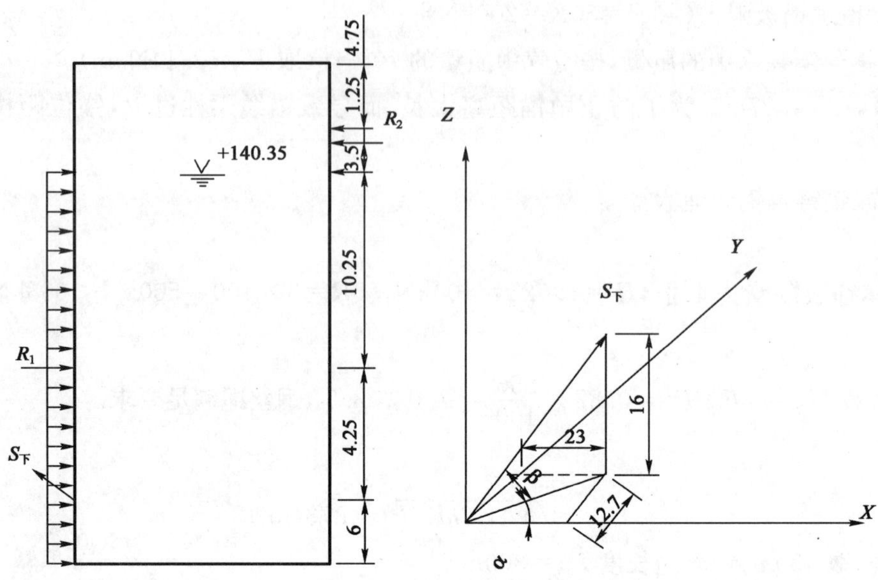


图3 围堰受力计算模式(尺寸单位:m;高程单位:m)

$$S_{下} = 578.5\text{kN}$$

验算钢丝绳：

$$K = F_g 2a / S_{下} \tag{14}$$

式中：$F_g$——钢丝绳的破断拉力(取 $F_g$=1 430kN)；

$K$——钢丝绳的安全系数(取 $K$=3.5)；

$\alpha$——钢丝绳破断拉力的系数($\alpha$=0.82)。

$$K=1430\times2\times0.82/578.5=4.1>3.5$$

选用 6×37—47.5—1 700—光—右交钢丝绳 2 根，作为围堰上游下拉缆，其钢丝绳长度为 40m。

为调整围堰下口垂直水流方向的位置，围堰下游设置两根 6×37—36.5—1700—光—右交钢丝绳下拉八字尾缆。尾缆上游端系在围堰刃脚以上 6m 处(围堰中心线两侧各设一个，其间距为 12m，形成对称)，下游端经导向船下游系泊系统至绞车系统。钢丝绳长度由现场确定。

## 3 锚碇系统配套附属设施

(1)船本身的定位、移动由 6 个主锚、4 个尾锚、6 个边锚三组缆绳系统构成自身的固定系统与调节系统。

(2)船甲板上设置的主要设备有：边锚缆调缆系统，主、尾锚缆调缆系统，系泊系统，绞车系统，桅杆吊，联结梁系统，供电系统，服务系统。

(3)缆调缆系统：由双滚子导缆钳、四轮滑车组(32t)、拉力架、调节索及相配套的钢丝绳、眼板、卸扣等共 6 套。

(4)尾锚缆调缆系统：其设备同边锚缆，共 10 套。其中 2 个 2.5t 尾锚可采用 80kN 锚机收紧后，采用手拉葫芦调缆。主锚调缆系统采用 40t 滑车组，5t 尾锚缆采用 32t 滑车组。

(5)系统：由原驳船上所有的缆桩构成。

(6)车系统：每条船均设有 2 台 80kN 船用卷扬机，用于全船调缆系统的动力供应。

(7)杆吊：桅杆吊底座设在万能杆件组拼的联结梁桁架上，并用 I56a 找平，共 2 套。

(8)接梁系统：两条导向船由万能杆件桁架连接成整体。其具体结构见图 4。

(9)电系统：由引入电缆，800kVA 和 400kVA 箱式变电站组成，供整个系统的动力与照明用电。

(10)系统:包括值班室、工具间、储物间、洗手间及其相应的设备。

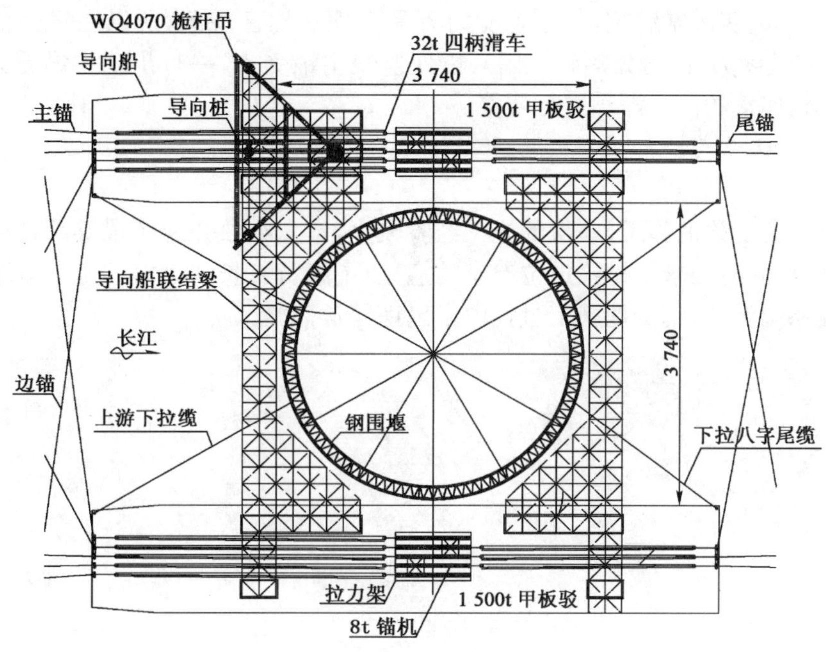


图4 导向船布置图

## 4 锚碇系统施工控制关键

### 4.1 理顺边缆、调直

浮式拼装平台进入导向船组内,导向船采用连接梁连成整体后,即可进行导向船左右边缆对拉,调直理顺边缆,实现导向船就位,使导向船中轴线和桥墩中轴线重合。由于各锚均采用旧锚链,故边锚缆在进行对拉时,均要求试拉至100%荷载,即200kN。两侧边锚缆调直理顺后,各缆拉力值调为100kN。

### 4.2 对拉测力、理顺主锚缆

10号墩有6个主锚,4个尾锚,将所有的锚缆牵引到滑车上,分成三组分别同尾锚进行试拉。试拉是在导向船基本定位,锚缆上滑车组后进行的。试拉的目的是为了防止锚缆弯曲,锚链不直,锚头未抓住。试拉荷载为设计值的100%即270kN,以测试锚的真实拉力。调整动滑车组牙口的距离至4～5m,利用导向船的调缆设备,收紧1根尾缆和1根主锚缆形成对拉,利用弹簧测力计测出主锚缆受力270kN时即松缆;然后再收紧尾锚和另一根主锚缆形成对拉,依次进行,以调直主锚缆。调直的顺序为:先放的缆后调,后放的缆先调。由于应对拉的两边要松了才能拉下一组的两根,每根主锚在对拉完毕,放松前应量好画线,尾锚的两根不松,又与主锚的另一对试拉,调整动滑车组的位置试拉完成;按照上一组的松开距离松开,再拉另外一组主锚,方法相同。

由于主锚是6个,尾锚是4个,对拉测力完毕,初定位的主锚缆拉力应适当(每个主锚缆的初拉力为100kN)。定位位置要有一定的提前量,以抵消在围堰接高下沉过程中,由于主锚的负荷越来越大,主锚缆钢丝绳被拉长、悬链线线形调整同时由于长江水位下降,从而导致导向船组位置向下游移动。导向船组初定位时向上游的提前量暂定为1.5m(在围堰接高下沉过程中,根据实际情况作调整),以保证围堰在着床时,围堰的位置与设计位置基本相符或约偏上游。在围堰接高下沉过程中,尾锚要适当地配合收紧,随时保证有较大的张紧力,同时边锚也要随时保证围堰位置准确,有较大的张紧力,防止围堰发生晃动。

锚着力的测量:在对拉的同时测出锚开始滑动时的主缆受力$R$。

### 4.3 主锚缆测力和调整装置

在施工过程中,由于诸多因素影响,各主缆受力容易出现不均衡现象,所以在每个锚缆滑车组钢丝“死头”末端串联120kN弹簧测力计(考虑周转使用),以便监视主锚受力,一旦出现主锚受力不均,利用与滑车组钢丝绳“活头”末端相连接的倒链滑车进行调整。

## 5 结语

由于近年来没有同类桥梁的施工,获得的施工经验较少,本文细致介绍了锚碇系统的计算,在计算得过程中也不断地反复验算,同时征求了抛锚定位专家的意见,了解黄石长江大桥的施工方案,最终通过实施验证是可行可靠的锚碇系统设计,钢围堰施工过程中未出现异常情况。

# 先简支后结构连续T梁施工工艺及质量控制

卢卫忠

（重庆高速公路集团有限公司垫利分公司　重庆　400060）

**摘　要**：先简支后结构连续T梁桥因具有构造简单、施工方便、节省投资等优点，已在重庆乃至全国高速公路范围内普遍使用。这种结构施工按结构受力状态可分为简支梁阶段、体系转换阶段、连续梁阶段。为保证这一新型的简支连续梁桥设计施工质量和耐久性，必须加强先简支后结构连续各关键节点的质量控制，加强对现场施工过程精细化管理，弄懂设计意图。本文通过沪蓉国道主干线垫恩高速忠县—石柱段先简支后结构连续桥梁的施工过程质量控制，对先简支后结构连续的施工工艺和质量控制进行阐述。

**关键词**：结构连续　施工工艺　质量　控制

## 1　引言

先简支后结构连续桥梁，是近期随着桥梁发展有应运而生的一种桥梁形式。这种桥梁的结构特点是：由预制梁段与现浇湿接头段组成，在桥墩支承处由双排临时支座经体系转换成单排永久性支座；在恒载与活载作用下结构的受力特征为连续梁受力结构；桥梁结构转换体系后，现浇湿接头处承受着最大的负弯矩和最大的剪力，是连续梁的关键部位，其质量直接影响到桥梁结构的安全和使用寿命，应高度重视。

垫恩高速公路忠县至石柱分水岭（简称石忠路）全长80.33km，西与湖北利川接界，设计为双向四车道，路基宽度24.5m。全线桥梁上部结构主要采用先简支后结构连续，主梁间距2.45m，翼缘板中间湿接缝宽0.65m，体系转换后墩顶设盆式橡胶支座（单支座形式）。结合现场施工情况，本文对先简支后连续梁桥施工工艺及质量控制进行阐述。

## 2　施工工艺及质量控制要点

### 2.1　施工工序

简支T梁预制→存梁→T梁安装→焊接湿接缝连接钢筋、现浇湿接缝混凝土→焊接墩顶结构连续段钢筋、现浇墩顶连续段湿接头混凝土并预留连接钢筋，布设墩顶负弯矩处桥面板钢筋→浇筑墩顶墩顶负弯矩区桥面铺装→待混凝土的强度达到设计强度的90%后，张拉墩顶负弯矩预应力钢束→浇筑剩余的桥面板混凝土→解除临时支座，实现体系转换→防撞护栏、桥面沥青混凝土等附属设施的施工→成桥（图1）。

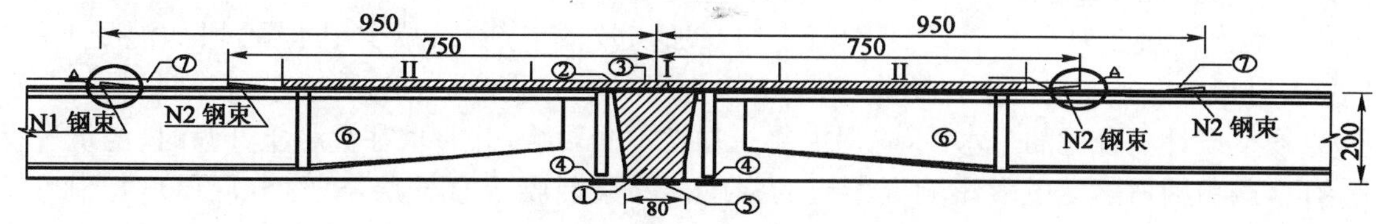


图1　先简支后结构连续T梁施工工序（尺寸单位：cm）

①-现浇连续段；②-负弯矩区桥面铺装；③-连接钢筋；④-临时支座；⑤-永久支座；⑥-梁体；⑦-其他部分桥面铺装

T梁架设完成后，即可进行T梁横隔板、湿接缝混凝土的施工。临时支座在设计上采用硫磺砂浆。因配制硫磺砂浆支座和以后拆除较为麻烦，故可采用砂箱混凝土块结构形式较为方便，即在梁肋底部设一木

(钢)制砂箱,装好洁净的河砂,再在砂箱上搁置预制块。这样拆除方便,便于体系转换。

2.2　质量控制要点

先简支后连续梁结构的剪力和弯矩(负弯矩)最大的位置均处在两跨梁衔接处(支座处)即现浇连续段湿接头处,结构受力见图 2,因此现浇连续段湿接头承受着最大的剪力和最大的弯矩,为先简支后连续梁的危险截面。如何保证墩顶负弯矩区预应力混凝土的施工质量应至关重要。

2.2.1　T 梁模板的制作

石忠路各合同段桥梁数量较多,有的位于直线上,有的在曲线上。直线桥桥面横坡 2%,曲线上的桥梁根据半径大小,横坡变化范围为±2%～±6%,曲线半径越小,所设超高横坡就越大,同跨 T 梁间距 2.45m,而盖梁垫石系按横坡阶梯设置,若不考虑横坡影响,直线桥梁与梁之间高程就会相差 4.9cm;曲线上根据半径大小分别相差 4.9～14.7cm,形成整个半幅 T 梁间由低到高的阶梯状,若不采取措施加以控制,将严重影响桥面铺装的厚度。若按常规将模板加工成固定形式,显然不能满足要求,为此石忠路各合同段在开始着手预制 T 梁时,业主项目部统一要求将 T 梁翼板模板加工成可调形式,以适应桥面横坡的变化。T 梁架好后,桥梁纵横向顺适性较以前有较大改观。

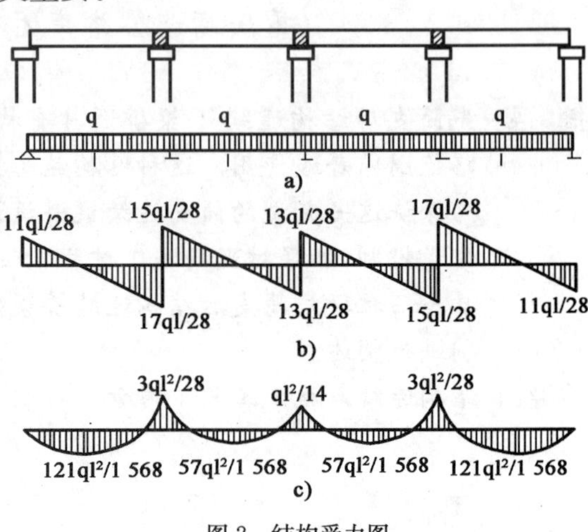


图 2　结构受力图

a)结构简图;b)剪力图;c)弯矩图

2.2.2　T 梁预预制台座

T 梁预制台座的位置尽量选择在离桥台较近的路基上,预制场台座布置应结合所采用起吊设备合理布置。台座混凝土不宜小于 C30,并根据模板底部拉杆预留相应孔洞。顶部贴钢板,在台座两端吊装孔处设活动座板,以便兜吊 T 梁。为避免在 T 梁张拉后 T 梁两端应力集中,台座两端 1.5m 范围内宜在台座顶面预埋较为软质的木模板,预防 T 梁端部因应力集中压裂端部混凝土。在制作 T 梁台座时,应按 T 梁设计图中所提供起拱度大小(没提供时可自行计算),预留适当负拱度,防止因起拱过大影响桥面高程。

2.2.3　T 梁负弯矩预应力张拉齿板(槽)质量控制

作为承受 T 梁负弯矩钢束张拉的齿板(槽),要求齿板留设规范、混凝土要有足够强度。因齿板在 T 梁顶面预留,齿板钢筋较密、体积较小,施工难度较大,必须重点控制承受负弯矩张拉的混凝土齿板(槽)的施工质量。在控制时,要求承包人必须加工齿板定型模板,对安设齿板时有影响的钢筋予以适当调整;齿板混凝土必须与梁体翼缘板同时浇筑完成,严禁分两次浇筑。因负弯矩预应力扁锚和扁形塑料波纹管分别预埋在齿板和梁顶混凝土内,浇筑梁体混凝土时应有固定扁锚与波纹管的相关措施,防止因偏位产生两跨梁间预应束错位影响负弯矩钢束张拉。

2.2.4　T 梁混凝土浇筑

T 梁混凝土为高强度混凝土,因此混凝土施工应控制好现场原材料的质量、施工配合比的实时调整、混凝土坍落度、和易性、振捣工艺控制以及模板安装质量等环节。

石忠路 T 梁设计强度为 C50 混凝土,混凝土均掺加高效减水剂,以减少用水量,增加混凝土的强度,保证施工混凝土的和易性。在混凝土拌制前,首先应检查原材料的质量是否符合要求;粗细集料的含水率应在现场实测,以便整设计配合比的用水量,确保混凝土强度不受影响;并要求在混凝土开盘时、浇筑过程中实测混凝土坍落度,避免因坍落度过大影响混凝土的强度。T 梁混凝土宜分层浇筑,分层厚度控制在 50cm 左右。混凝土在运输过程中如发现离淅、泌水现象,必须经二次拌和方可入模。混凝土振捣采用附着式结合插入式振动器振捣,注意不过振或漏振,避免出现因过振造成混凝土泛砂或漏振造成蜂窝、麻面甚至"狗洞"。模板不容易安装密贴,混凝土容易出漏浆而产生蜂窝、麻面,为此可采取在 T 梁预制台座两侧设橡胶皮或塑料软管封住模板与台座间的缝隙。横隔板端头、翼缘板边和 T 梁端部因均有预留钢筋伸出,可在钢筋伸出模板处设橡胶垫和海绵进行封堵,可最大限度避免出现漏浆影响 T 梁外观。通过采取上述一系列措施,石忠路 T 梁预制质量做到了内实、外美。

2.2.5 梁长计算及封端混凝土

预制T梁前，应先计算好预制T梁长度。对于位于曲线上的桥梁，在预制T梁时，必须要考虑曲线内外侧T梁梁长的变化。特别是伸缩缝端的T梁梁长调整，要求经计算后，在封端混凝土与T梁端部第一个横隔板间来调整梁的长度。封端混凝土模板必须固定良好，防止因跑模影响封端混凝土的结构尺寸。只有这样才能保证T梁在架设后所留缝宽一致，确保伸缩缝安装质量。

2.2.6 T梁连续端端部凿毛

作为先简支后连续后浇湿接头混凝土承受着最大剪力和最大负弯矩，如何保证连续段湿接头施工质量将关系到体系转换后这一结构受力成败。因此，T梁预制完成后，宜在预制场内完成T梁端部的凿毛处理；否则架上梁后再去剔打、凿毛，操作空间太小，凿毛工作势必大打折扣，影响新旧混凝土的紧密结合。

2.2.7 支座安装

架梁前认真复核墩顶支座、垫石高程，安设临时支座和永久支座。临时支座建议采用砂箱混凝土块的形式(图3)，便于在施加负弯矩预应力后方便解除；永久盆式支座必须在T梁架设前安装到位，并采用环氧砂浆锚固。这一阶段主要是控制好临时支座和永久支座的高程，注意临时支座在T梁架设后有少量压缩变形，必须在事前予以考虑，必要时可做一下压缩变形试验，确定压缩变形量。

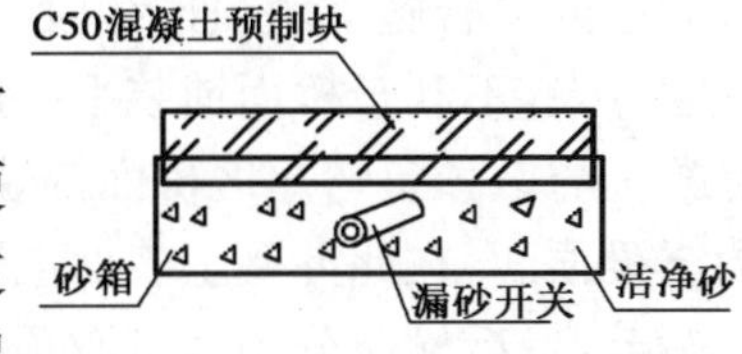


图3 临时支座简图

2.2.8 浇筑墩顶负弯矩区连续段混凝土和负弯矩区桥面铺装

因设计要求墩顶连续段湿接头与墩顶负弯矩区桥面铺装混凝土同时浇筑，所以在施工前必须认真做好施工组织安排，以半幅桥为单位，浇筑顺序宜由远跨向近跨倒着实施桥面铺装。以石忠路30mT梁桥为例，两跨梁间负弯矩张拉齿板间的最小距离15m(图1)，若一次浇筑完成，施工面积较大，桥面混凝土平整度不易控制，混凝土施工难度较大，因此施工工艺上可采取以湿接头为中心按5m宽纵向分三幅浇筑至齿板处，具体做法可先同时浇墩顶湿接头及其上桥面铺装(宽5m，图1中I部分)，然后浇剩余两幅桥面铺装混凝土至齿板处(图1中II部分)。在浇筑墩顶连续段湿接头前，应认真检查T梁连续端部的凿毛情况、两跨梁间钢筋焊接质量、负弯矩波纹管连接头质量及钢绞线束是否穿通、模板是否安装到位，负弯矩区桥面铺装钢筋与梁顶预留钢筋是否连接。检查完毕，即可同时浇筑墩顶连续段湿接头和负弯矩区桥面铺装混凝土(图1中I、II部分)，待墩顶连续段混凝土和负弯矩区桥面铺装达到设计强度90%后，即可进行负弯矩预应力张拉、压浆，之后浇筑其他部分桥面铺装。

施工墩顶连续段混凝土和桥面铺装应注意两个问题：一是浇连续段混凝土时必须安装底模，端头必须认真凿毛，在平常检查时发现部分单位采用砂、碎石抹水泥砂浆作底模，振捣混凝土时容易出现漏浆影响混凝土质量；二是在施工桥面铺装混凝土时，必须将桥面杂物、浮浆清洗干净，适当凿毛，并要求将原T梁顶面预留钢筋与桥面钢筋焊接。

2.2.9 解除临时支座，实现体系平稳转换

体系转换的目的是将梁(板)由简支变为连续，即使原来并不承受弯矩的梁端处(墩位)可承担负弯矩，并以此减少在跨中出现的最大正弯矩。这个过程是在前述各工艺完成后，梁体由临时支座转化到永久支座来实现的。临时支座拆除时，应做到逐孔对称、均匀、同步、平稳；体系转换后，永久支座与梁底密贴，使之符合设计及规范要求。

在负弯矩预应力钢束张拉和桥面铺装完成后，即可解除墩顶临时支座，实现桥梁体系转换。解除顺序为：以一联为单位进行解除，从一联的两端向中心对称解除(解除时应注意观察临时支座解除后，梁体有无变化，后浇连续段混凝土底部与下面永久支座是否紧密接触，真正达到受力工况，实现平稳转换)；一联解除后，即可拆除其他联梁临时支座。

2.2.10 防撞栏杆施工

防撞栏杆施工主要控制栏杆线形和混凝土的外观。防撞栏杆模板宜采用定型钢模板，每块模板不超过

2m 长为宜。安装模板以 20m 长为一浇筑节段,若遇曲线桥时,在安装防撞栏杆模板时,必须按曲线进行放样,放样点数以每块模板长度的倍数适当加密。模板底部应有防止漏浆的密封措施,模板上下设拉杆固定,并与原桥面预留孔洞用花篮螺丝拉接固定。栏杆安装好后应吊线校正模板垂直底。一个节段浇完后,拆模时应保留接头处 2m 长的模板,以便与下一个节段模板顺接,保证两个节段连接处平顺过渡。这样可保证防撞护栏线形圆顺,外观质量上乘。

## 3 看法及建议

设计图要求墩顶连续段混凝土必须与墩顶负弯矩桥面铺装混凝土同时浇筑。其设计意图是加强墩顶湿接头与负弯矩区桥面铺装混凝土的整体性。按上述 2.8 所述,虽然可以满足设计要求,但在实际施工过程中,照此做法工序交叉影响较大,只有在半幅 T 梁架完后,且在此半幅 T 梁不作为运梁通道的前提下,方可从远往近退着施工墩顶连续段混凝土及桥面铺装,上、下道工序间隔时间太长,一次浇筑桥面铺装混凝土的宽度过大,不利于桥面铺装平整度控制。为了更好地达到设计要求和设计意图,笔者认为可采取墩顶连续段混凝土与墩顶负弯矩区桥面铺装分两次浇筑施工方案。即先将已架半幅 T 梁墩顶负弯矩区连续段混凝土浇至梁顶面,在此混凝土表面上预留与桥面钢筋相连接的钢筋,在浇筑桥面铺装时将其表面混凝土浮浆清除并凿毛,然后横向分幅浇筑墩顶负弯矩区桥面铺装,逐跨张拉负弯矩钢束预应力,最后浇筑剩余部分桥面铺装。这样即可保证墩顶连续段混凝土和负弯矩区桥面铺装的整体性,又能保证上、下道工序紧密衔接,相互交叉影响较小。

为今后运营、维修方便,建议在简支连续梁各桥墩、台处设型钢式检查梯,以便方便人员上下检查桥梁运营过程中的质量状况。

## 4 结语

石忠高速公路先简支后结构连续 T 梁桥的施工得到了各级领导的高度重视。项目业主通过在全线组织连续梁桥关键节点施工的培训会、现场会,极大地提高了监理和施工单位的质量意识;加之业主项目部质量、安全管理小组不定期地对桥梁上部结构各关键环节施工质量的巡查、督促,石忠高速公路整个桥梁上部先简支后连续施工质量始终处于良性受控状态。

## 参考文献

[1] 中华人民共和国行业标准.JTJ 041—2000 公路桥涵施工技术规范[S].北京:人民交通出版社,2000.
[2] 徐光辉,胡明义.公路桥涵设计手册-梁桥(上册)[M]北京:人民交通出版社,1996.

# 三肋拱桥主拱悬拼吊装节段预抬量的确定

王 波 周水兴

（重庆交通大学土木建筑学院 重庆 400074）

**摘 要**：拱桥悬拼过程中各节段高程预抬量是施工的关键，直接影响大桥合龙时的拱轴线形。大宁河大桥是国内首座三肋钢桁拱桥，无支架缆索吊装法施工。采用有限元同最优化计算理论相结合的方法来求解整体安装高程预抬量，并以整体安装位移为目标函数，基于ANSYS软件的优化分析功能采用一阶分析法进行迭代优化，计算出分片安装时各拱肋合理的初始预抬量值，为大桥的建设提供了可靠依据。

**关键词**：三肋拱桥 斜拉扣索 预抬量 有限元

## 1 引言

拱桥在向大跨径发展遇到的技术难题之一就是施工问题，我国桥梁前辈周念先在其出版的《桥梁方案比选》一书中，就不止一次引用了费·莱西奈氏的叙述："100m 和 1 000m 的拱桥在设计方面难度相差不大，而施工方面的难度差别就非常悬殊"[1]。虽然大跨度拱桥的施工方法较多，有转体施工法、悬臂施工法、劲性骨架法和缆索吊装法等，但目前应用最多的还是缆索吊装法。缆索吊装法施工的关键在于如何确定拱肋各节段预抬量，它直接关系到大桥的成桥线形。

迄今为止，国内建造的大跨度拱桥，无论是钢管混凝土拱桥还是钢箱拱桥都是双肋拱桥，因此，有关拱肋节段预抬量计算的研究也仅局限于双肋拱桥中。三肋拱桥拱肋节段在安装过程中，其线形控制与双肋拱桥有很大不同。三肋拱桥拱肋节段安装过程中，由于后续分片节段和平联的安装会影响已安装节段的高程，因此，如果简单地将每片拱肋安装时的初始预抬量都取相同的数值，则在安装完平联后由于平联结构自重的影响，势必使该节段在安装完毕后的各拱肋高程不相等，这就要求每片拱肋安装时的初始预抬量是不同的值。合理确定每片拱肋节段安装的初始预抬量是三肋拱桥节段安装过程中线形控制的关键。

优化分析是目前斜拉桥斜拉索、缆索吊装扣索与预抬量计算中常用的一种方法，通过设置目标函数、约束设计变量和状态变量，确保桥梁在整个施工过程中，结构的受力状态和变形始终处在安全范围内，调整后的线形符合设计期望。本文也将最优化的计算理论引入到节段预抬量的调整计算中。

## 2 工程概况

大宁河特大桥位于著名的小三峡风景区，是国道主干线杭州至兰州跨越大宁河的一座钢桁架上承式拱桥（图 1），大桥净跨 400m，矢跨比 1/5，拱轴系数 $m=1.9$，拱肋采用桁架结构，桁高 10m（上、下弦中心线），横向由三片拱肋组成，肋间距均为 10m。拱肋上、下弦杆为等截面钢箱，高 1.5m，宽 1.0m，内设纵向加劲肋。半跨每片拱肋分为 9 个节段，全桥共 54 个节段，最大吊重为 160t（拱脚段）。

大宁河大桥采用吊扣合一的无支架缆索吊装法施工，根据现场的施工条件，扣塔设置在 5 号、6 号交接墩帽梁上，主塔设置在扣塔之上，主塔与扣塔铰接。半跨拱肋设置扣索 9 组。1 号扣索直接锚固在拱座地锚上，2～5 号锚固在交接墩上，6～9 号扣索锚固在扣塔上。宜昌岸扣索布置如图 2 所示。

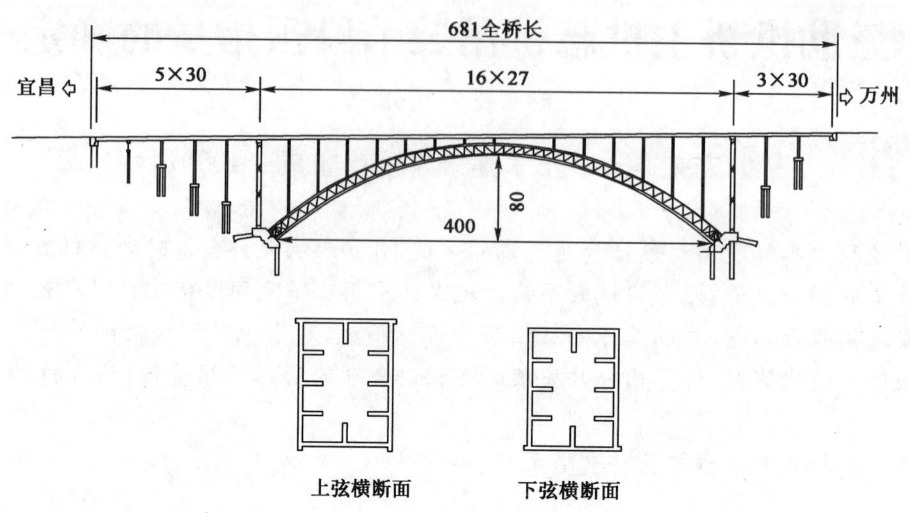


图1 大宁河大桥布置图(尺寸单位:m)

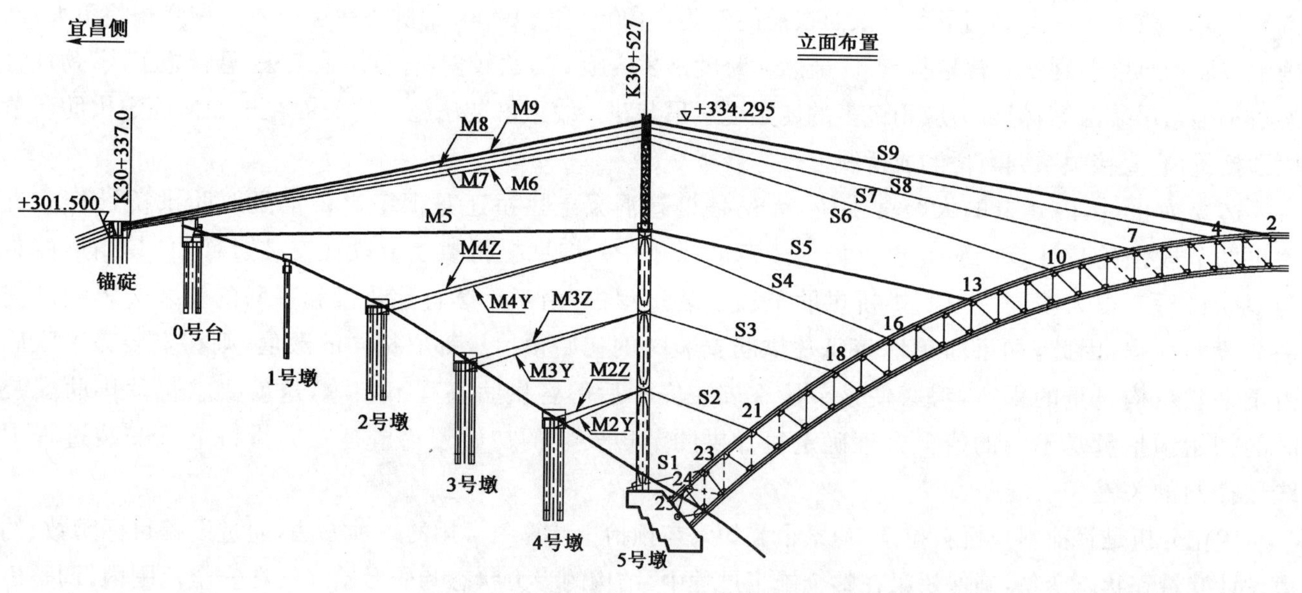


图2 宜昌岸扣索布置示意图(高程单位:m)

## 3 数学模型

### 3.1 最优化计算方法

在对拱肋进行线形控制过程中,理论上讲,总会存在一组最为合理节段预抬量,使得拱肋线形与设计期望线形偏差降到最小。因此,本文以拱肋各高程控制点的高程偏差平方和最小作为优化目标,以控制点的实际位移为设计变量,索力及控制截面的应力值为状态变量来建立优化模型。

设最优化问题[2]为:

$$\min f(s)=\sum_{j}[u_j(s)-\overline{u}_j]^2 \qquad s=[s_1,s_2,\cdots,s_n] \tag{1}$$

$$0 \leqslant s_i \leqslant LN_p/k \qquad i=1,2,\cdots,n$$

$$\underline{u} \leqslant u_i(s) - \bar{u}_j \leqslant \bar{u} \qquad j=1,2,\cdots,h$$

$$-[\sigma] \leqslant \sigma_j \leqslant [\sigma] \qquad j=1,2,\cdots,m$$

式中：$s$——各组扣索索力组成的向量；

$u_j(s)$——拱轴线上控制点的实际位移值；

$\bar{u}_j$——拱轴线控制点上的期望位移；

$L$——扣索钢绞线的根数；

$N_p$——单根钢绞线的屈服力；

$k$——安全系数；

$\bar{u}$、$\underline{u}$——分别为各控制点实际位移和期望位移偏差的上下限；

$\sigma_i$——结构单元的最不利组合应力；

$[\sigma]$——钢材的容许应力。

由式(1)可知，理想的情况是通过张拉扣索使拱轴线全盘达到期望线形，但实际上这是无法做到的。因为期望位移主要是由结构自重引起的，它是分布载荷，而索力为点荷载。为此选取若干控制点，使其偏差之和最小而且各控制点的偏差控制在规范要求内，这样得到的拱肋线性就可满足施工要求。

使用一阶分析法将有约束多变量非线性规划问题变成无约束非线性规划问题，即将原目标函数 $f(x)$增广为一个新的函数：

$$Q(X,q) = \frac{f}{f_0} + \sum_{i=1}^{n} p_x(x_i) + q\left[\sum_{i=1}^{m_1} p_g(g_i) + \sum_{i=1}^{m_2} p_h(h_i) + \sum_{i=1}^{m_3} p_w(w_i)\right] \tag{2}$$

式中：$f_0$——参考目标函数；

$q$——控制约束的参数；

$p_x$——设计变量的外罚函数；

$p_g$、$p_h$、$p_w$——状态变量的混合罚函数[3]。

计算迭代步骤采用以下方法：

$$X^{(k+1)} = X^k + s_k d^k \tag{3}$$

这里，$s_k$ 是采用黄金分割法和最小二乘法来确定的参数，其对应的搜索方向 $d^{(k)}$ 用共轭方向法[4]确定，迭代公式如下：

$$d^k = -\nabla Q(s^k, q_k) + r^{k-1} d^{k-1}$$

$$r^{k-1} = \frac{[\nabla Q(s^k,q) - \nabla Q(s^{k-1},q)]\nabla Q(s^k,q)}{[\nabla Q(s^{k-1},q)]^2} \tag{4}$$

$$s^{k+1} = s^k + \lambda_k d^k \left(0 \leqslant \lambda_k \leqslant \frac{\lambda_{\max}}{100}\lambda_k^*\right)$$

最优化计算时的收敛准则如下：

$$|f^k - f^{k-1}| \leqslant \tau \tag{5}$$

其中，$\tau$为目标函数的允差。

## 3.2 结构计算模型

大宁河特大桥施工仿真计算采用 ANSYS 通用有限元程序，用 APDL 语言编写了全桥模型的命令流。主拱模型采用 BEAM44 单元，扣索采用 LINK10 单元模拟[5]，按照切线安装法计算。结构的计算模型如图 3 所示。

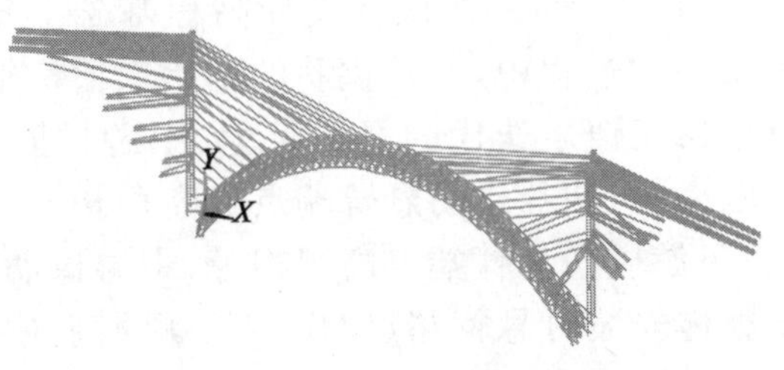


图 3 大宁河大桥整体计算模型图

## 4 高程预抬量计算

### 4.1 整体安装预抬量计算

将上述理论和方法编写成APDL命令流,对大宁河大桥的钢箱拱肋拼装过程中的整体安装预抬量进行计算。首先将所有涉及的单元一次性全部建立起来,将每节段悬臂端点的位移值作为设计变量;扣索的索力、钢拱肋内的应力和变形均是欲约束的变量,将它们设置为状态变量;将每节段悬臂端点的实际高程与设计高程差的平方和最小作为目标函数,在控制点一定的情况下,利用二者平方和的最小值评价最优化计算的逼近程度。在计算中,考虑结构几何非线性的影响,并按应力叠加法考虑了拱桥的实际施工过程。

大宁河大桥宜昌岸的钢箱拱肋整体安装节段预抬量计算结果如表1所示。表中的数据表示每节段悬臂端点在设计高程的基础上的预抬量,正值表示抬高,负值表示降低。

宜昌岸整体安装节段抬高量(cm)

表1

| 节段 \ 工况 | 第一大段 | 第二大段 | 第三大段 | 第四大段 | 第五大段 | 第六大段 | 第七大段 | 第八大段 | 第九大段 | 合龙段 | 撤除拉索 |
|---|---|---|---|---|---|---|---|---|---|---|---|
| 一号 | −1.3 | −0.8 | −1.1 | −1.1 | −1.0 | −0.9 | −0.8 | −0.6 | −0.4 | −0.4 | −0.9 |
| 二号 | — | −0.8 | −1.4 | −1.4 | −1.2 | −0.9 | −0.7 | −0.1 | 0.5 | 0.6 | −0.7 |
| 三号 | — | — | −1.4 | −1.4 | −1.2 | −0.6 | −0.2 | 0.7 | 1.8 | 1.9 | −0.3 |
| 四号 | — | — | — | −0.9 | −0.9 | 0.0 | 0.3 | 1.3 | 2.7 | 2.9 | 0.2 |
| 五号 | — | — | — | — | 0.25 | 1.6 | 1.5 | 2.1 | 3.0 | 3.1 | 0.3 |
| 六号 | — | — | — | — | — | 3.8 | 3.1 | 2.7 | 2.5 | 2.3 | −0.1 |
| 七号 | — | — | — | — | — | — | 5.3 | 3.5 | 1.1 | 0.8 | −0.8 |
| 八号 | — | — | — | — | — | — | — | 4.9 | −0.1 | −0.6 | −1.4 |
| 九号 | — | — | — | — | — | — | — | — | −0.8 | −1.3 | −2.0 |

### 4.2 分片安装预抬量计算

大宁河大桥每节段的施工顺序是:安装上游拱肋→安装中游拱肋→安装上、中游之间的平联→安装下游拱肋→安装中、下游之间的平联。在分片安装预抬量计算的过程中,把整体安装中各节段的位移(表1)作为各节段分片安装完成后的目标值,使分片安装完毕后三片拱肋的位移都等于整体安装的位移。

本文以整体安装时的预抬量作为的目标值,利用一阶优化方法,通过一系列的子迭代来求得合理的预抬量增量值。具体计算流程如图4所示。

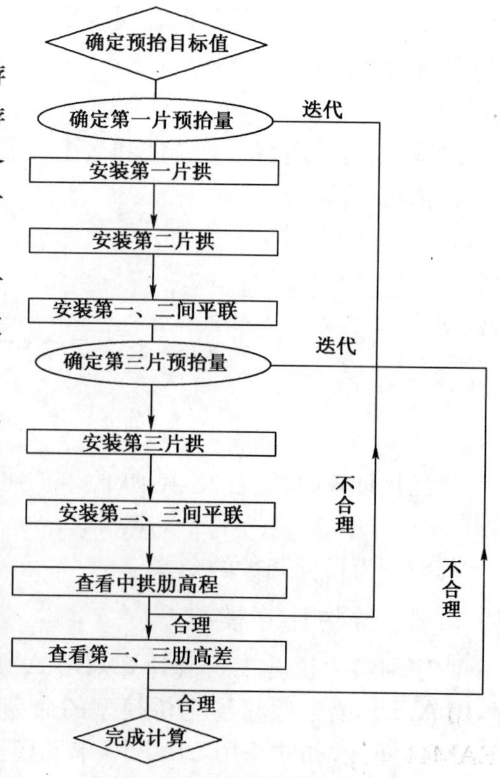


图4 分片安装预抬量计算流程图

下面以宜昌岸第5节段的三片拱肋预抬量计算为例来说明本文所提出的方法。由表1可知,整体安装第5节段时悬臂端点的高程是在该点设计高程基础上抬高0.25cm。在分片安装的过程中,三片拱肋的初始预抬量是在0.25cm再增加一个修正值。迭代的目标是上、中游拱肋在安装二者之间的平联之前,两片拱肋悬臂端点的高程相等;整节段安装完毕后上、下游拱肋悬臂端点高程相等,中游拱肋悬臂端点的高程等于整体安装时悬臂端点的高程。根据上述的计算流程和迭代方法计算大宁河大桥宜昌岸第5节段分片安装时各拱肋预抬量。结果如表2所示。

**第 5 节段分片安装预抬量**(cm) 表 2

| 工况 / 观察点位置 | 安装上游拱肋 | 安装中游拱肋 | 安装上游和中游拱肋的平联 | 安装下游片拱肋 | 安装中游和下游拱肋的平联 |
|---|---|---|---|---|---|
| 上游拱肋 | 0.66 | 0.95 | 0.38 | 0.46 | 0.26 |
| 中游拱肋 | 0 | 0.95 | 0.49 | 0.68 | 0.25 |
| 下游拱肋 | 0 | 0 | 0 | 0.85 | 0.26 |

由表 2 看出,三片拱肋在分片安装时悬臂端点的高程是在设计高程的基础上分别抬高 0.66cm、0.95cm 和 0.85cm,即在整体安装第 5 节段时预抬量 0.25cm 的基础上分别增加修正值 0.41cm、0.7cm 和 0.6cm。而且该节段安装完毕后的三片拱肋悬臂端点的高程在设计高程基础上分别抬高 0.26cm、0.25cm 和 0.26cm,上、下游拱肋高程和目标值(整体安装时抬高 0.25cm)只差 0.01cm,完全在规范的允许范围内。这充分证明了该计算方法的合理性。

## 5 结语

三肋拱桥目前在国内已建成的拱桥中还很少,对于在吊装过程中三片拱肋的高程控制方法还有很多问题值得探讨。文中利用 ANSYS 中的优化计算功能选择合理的设计变量、状态变量和目标函数得到整体安装时各节段的预抬量;并以整体安装的预抬量作为实际施工过程中分片安装的目标值,利用一阶分析方法通过多次迭代得到各拱肋安装时的初始预抬量。算例表明,该方法计算简单、合理、有效,可供三肋拱桥主拱吊装节段预抬高程计算参考。

## 参 考 文 献

[1] 张建民,郑皆连,秦荣.钢管混凝土拱桥节段施工中的扣索索力调整计算[J].中外公路,2002.

[2] 张治成,叶贵如,王云峰.大跨度拱桥拱肋线形调整中的扣索索力优化[J].工程力学,2004.

[3] More, J. J. ,Wright, S. J.. Optimization Software. Guide. SIAM, Philadelphia, 1993.

[4] 汪树玉,杨德栓,刘国华.优化原理、方法与工程应用[M]. 杭州:浙江大学出版社,1991,243-258.

# 钢桥用高强螺栓连接面抗滑移系数试验产品试件的设计与制作

霍晓春[1] 武 峰[2]

(1.重庆高速公路集团有限公司北方建设分公司 重庆 401147;
2.武船重型工程有限公司 武汉 430015)

**摘 要**:针对钢桥高强螺栓连接方式所需进行的连接面抗滑移系数试验,通过阶段性试验,比较不同设计标准之间的差异,确定产品试件的设计规格与制作方式。

**关键词**:抗滑移 高强螺栓连接 防锈防滑涂料

## 1 引言

在桥梁钢结构中,摩擦型高强螺栓具有耗散内应力、增强结构弹性和桥梁稳定性等特点。一般高强螺栓不承受剪力,但高强螺栓栓接区域有受剪力的要求。摩擦面弥补了高强螺栓的不足。高强螺栓和摩擦面联合使用扩展了高强螺栓的适用范围。摩擦型高强螺栓连接是钢桥制造与架设过程中的重要连接方式,在桁架式钢桥和钢箱梁U肋连接等领域应用广泛。由于该类连接工程直接涉及桥梁安全,如何制作具有代表性的高强螺栓连接面抗滑移系数试验产品试件,是一项重要的研究设计工作。

## 2 设计标准的差异与选择疑虑

目前,钢桥用高强螺栓连接面抗滑移系数试验产品试件的设计依据有多种,主要包括:《钢结构高强度螺栓连接的设计、施工及验收规程》(JGJ 82—91)、《铁路钢桥栓接板面抗滑移系数试验方法》(TB 2137—90)、《公路桥涵施工技术规范》(JTJ 041—2000)及《钢结构工程施工质量验收规范》(GB 50205—2001)。

四种标准的设计差异主要集中在连接试板的制作宽度($b$)上。其中,《铁路钢桥栓接板面抗滑移系数试验方法》(TB 2137—90)规定:"试件的宽度$b$应按照TB J2中高强度螺栓连接计算的有关规定计算确定";《公路桥涵施工技术规范》(JTJ 041—2000)与《钢结构工程施工质量验收规范》(GB 50205—2001)则明确规定了不同螺栓规格所对应的具体制作宽度($b$)。

摩擦系数可分为静摩擦系数和动摩擦系数两种,桥梁中主要测试静摩擦系数。由于连接试板的制作宽度($b$)不仅关系到产品试件是否具有代表性,同时应考虑试验过程中钢材的屈服强度,直接影响试验结果的真实性与有效性。因此,制作标准的选择显得尤为关键。

## 3 无机富锌防锈防滑涂料的厚度设计疑虑

目前,高强螺栓连接面广泛采用"无机富锌防锈防滑涂料",其设计厚度在《铁路钢桥保护涂装》(TB/T 1527—2004)中明确规定为"120μm±40μm",但由于一些外来设计的影响,往往将该区域厚度设计为"≥75μm"。摩擦系数主要由原子间的范德华力决定,涂层厚度对范德华力的大小有一定的影响。因此,考察无机富锌(防锈防滑)涂料设计厚度对实际抗滑移系数的影响,也是一个重要的课题。

## 4 试验设计与阶段性分析

### 4.1 第一阶段试验

由于标准要求试件的钢板厚度应为所代表的钢桥中有代表性部件的钢板厚度,因此对于采用大直径高强螺栓薄板连接的方式，如钢箱梁U肋连接，制作的试件容易产生试验过程中摩擦面未滑移而钢材出现屈服的现象，因此。模拟M24高强螺栓连接，设计验证连接试板制作宽度($b$)对抗滑移系数的影响。

试验对象及参数如表1所示。

**第一阶段试验对象及参数** 表1

| 试样名称规格 | 观音岩长江大桥主—横梁高强螺栓连接面抗滑移系数试验 | | | |
|---|---|---|---|---|
| 委托日期 | 2008.7.25 | | 报告日期 | 2008.8.1 |
| 试验类别 | 委托检验 | | 试验标准 | JTJ 041—2000 |
| 来样编号 | QP1、QP2、QP3 | | 试样编号 | B1289 |
| 螺栓规格 | M24 高强螺栓 | | 螺栓等级 | 10.9S |
| 夹板牌号规格(mm) | Q345qC12×85×369 | | 拉板牌号规格(mm) | Q345qC16×85×332 |
| 设计 DFT(μm) | 120±40(TB/T 1527—2004) | | 实际测量 DFT 范围(μm) | 100～170 |
| 每侧螺栓数 | 2个 | | 传力摩擦面数 | 2个 |
| 试件号 | 预拉力(kN) | | 滑移载荷(kN) | 抗滑移系数 $\mu$ |
| QP1 | 220.6 | 222.9 | 498.0 | 0.56 |
| QP2 | 229.0 | 227.8 | 486.5 | 0.53 |
| QP3 | 215.8 | 215.9 | 465.5 | 0.54 |

依据《公路桥涵施工技术规范》(JTJ 041—2000)设计制作抗拉试板宽度$b$=85mm(M24高强螺栓)。试验过程中发现，在夹板与拉板(芯板)未发生相对滑移时，拉板先发生材质屈服变形，造成试验结果不能反映实际摩擦面状态(实际摩擦系数应比测量值大)。试验过程照片及说明如图1、图2所示。

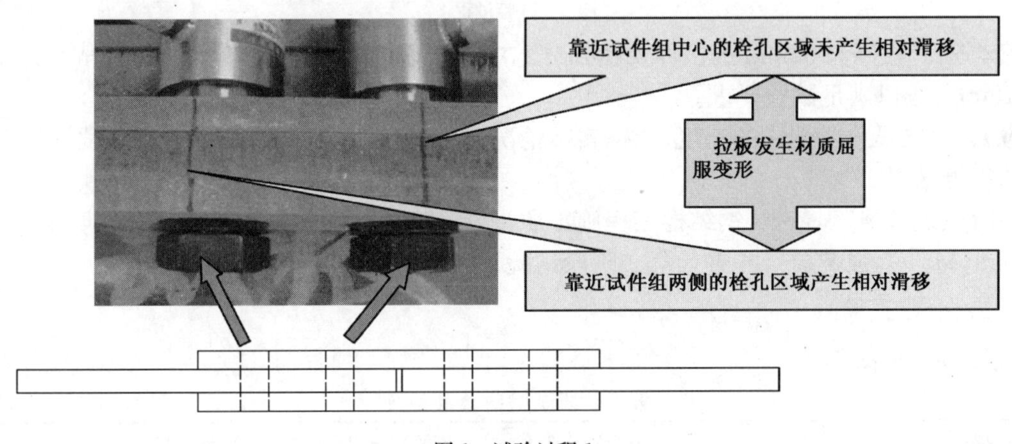


图1 试验过程1

从图中可以看出，试板发生了相对滑移、拉板发生材质屈服变形。所测摩擦系数偏小，主要反映动摩擦系数。根据物理理论，静摩擦系数比动摩擦系数大，测试结果并非静摩擦系数，不能反映真实情况。

试验现象表明，当钢板材质为Q345qC，采用两栓试件，直径为24mm的10.9S大六角头高强度螺栓进行抗滑移系数试验，设计抗滑移系数要求$\mu \geqslant 0.55$时，依据《公路桥涵施工技术规范》(JTJ 041—2000)标准要求，抗滑移系数试件板宽$b$=85mm。在试验过程中发现，滑移面尚未发生滑移，而拉板已经出现屈服现象。

经过受力计算验证，若要达到设计要求的$\mu \geqslant 0.55$的下限值，则试件拉板所受拉力至少须达到495kN；而试件必须在此拉力作用下处于弹性状态，方可完成试验，否则试样未滑动前钢板就已经先屈服变形了。依据此要求，拉板最小厚度为：

$$\delta_{\min}=\frac{F}{R_{\mathrm{eL}}\cdot(b-M)} \tag{1}$$

式中：$\delta_{\min}$——拉板最小厚度(mm)；

$R_{eL}$——拉板屈服强度(N/mm²);

$F$——拉板所受拉力(N);

$b$——拉板宽度(mm);

$M$——拉板上螺栓孔孔径(mm)。

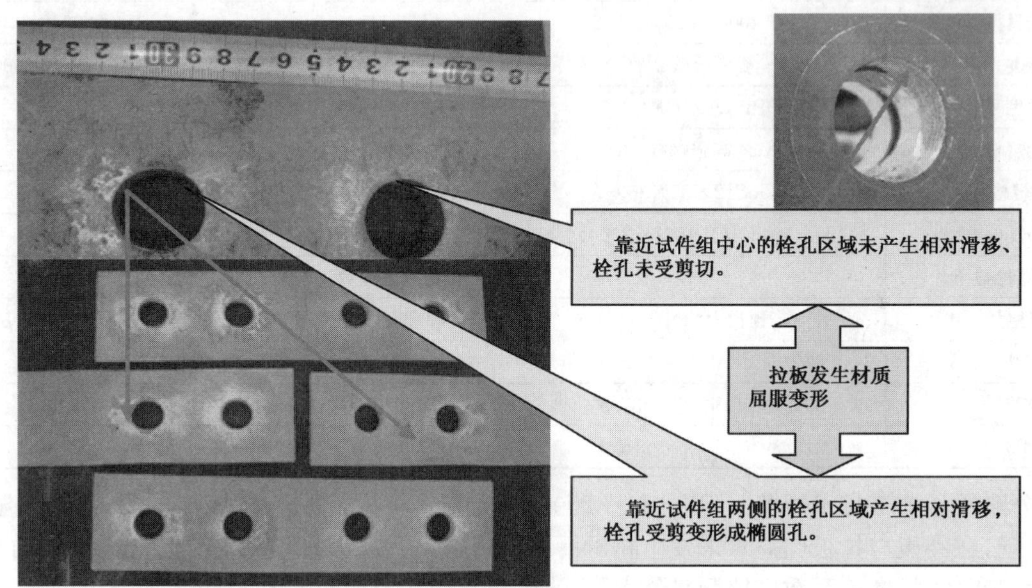


图 2 试验过程 2

材质为 Q345qC,板厚为 85mm 的试件要达到 $\mu \geqslant 0.55$ 所需的最小厚度为 $\delta_{\min}=24$mm。而该组试件中,拉板厚度为 16mm,难以满足试验要求。

综上考虑,建议秉承科学严谨的态度,依据实际情况,计算出满足要求的抗滑移试验试件的宽度,以便得到准确可靠的检测结果。

鉴于第一阶段试验情况,依据《钢结构工程施工质量验收规范》(GB 50205—2001)的要求重新设计试板宽度 $b=110$mm(M24 高强螺栓),并进行第二阶段试验。

### 4.2 第二阶段试验

试验对象及参数如表 2。

**第二阶段试验对象及参数** 表 2

| 试样名称规格 | 观音岩长江大桥主—横梁高强螺栓连接面抗滑移系数试验 | | | |
|---|---|---|---|---|
| 委托日期 | 2008.8.4 | | 报告日期 | 2008.8.9 |
| 试验类别 | 委托检验 | | 试验标准 | GB 50205—2001 |
| 来样编号 | L1、L2、L3 | | 试样编号 | S0822 |
| 螺栓规格 | M24 高强螺栓 | | 螺栓等级 | 10.9S |
| 夹板牌号规格(mm) | Q345qC12×110×369 | | 拉板牌号规格(mm) | Q345qC16×110×332 |
| 设计 DFT(μm) | 120±40(TB/T 1527—2004) | | 实际测量 DFT 范围(μm) | 100~160 |
| 每侧螺栓数 | 2 个 | | 传力摩擦面数 | 2 个 |
| 试件号 | 预拉力(kN) | | 滑移载荷(kN) | 抗滑移系数 μ |
| L1 | 223.6 | 223.2 | 613.0 | 0.69 |
| L2 | 225.7 | 225.8 | 641.6 | 0.71 |
| L3 | 224.5 | 226.0 | 635.2 | 0.70 |

依据设计要求,按照《钢结构工程施工质量验收规范》(GB 50205—2001)设计制作抗滑移拉伸试板宽度 $b$=110mm(M24 高强螺栓)。试验过程中发现,螺栓区域同时发生相对滑移时,拉板未发生材质屈服变形,试验结果能真实反应实际摩擦面状态。试验过程照片及说明如图 3 所示。

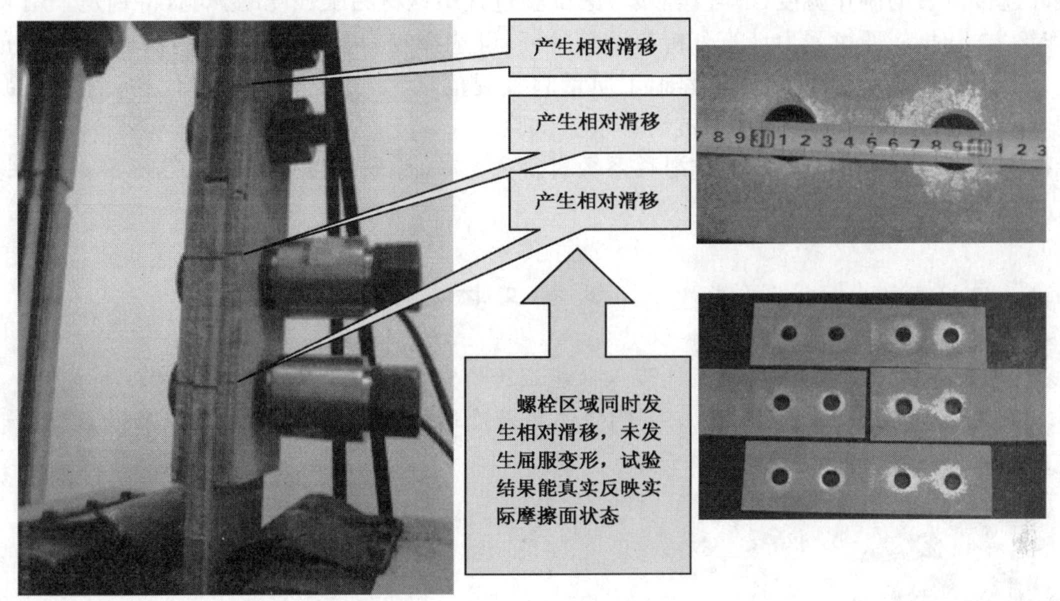


图 3 试验过程 3

试验现象:螺栓发生了相对滑移,拉板完好无变形。所测摩擦系数为静摩擦系数和动摩擦系数之和,总体主要反映静摩擦系数。根据物理理论知识,摩擦系数为静摩擦系数和动摩擦系数之和,测试结果反映了真实摩擦系数情况。

在通过合理选择检测标准,调整试件宽度,完成第二阶段试验后,为考察涂装不同厚度无机富锌(防锈防滑)漆对抗滑移系数的影响,设计进行第三阶段试验。涂层厚度依据外来设计要求(75μm)进行试件制作。

### 4.3 第三阶段试验

试验对象及参数如表 3。

**第三阶段试验对象及参数** 表 3

| 试样名称规格 | 观音岩长江大桥主—横梁高强螺栓连接面抗滑移系数试验 | | | |
|---|---|---|---|---|
| 委托日期 | 2008.8.9 | | 报告日期 | 2008.8.11 |
| 试验类别 | 委托检验 | | 试验标准 | GB 50205—2001 |
| 来样编号 | LQ1、LQ2、LQ3 | | 试样编号 | S0824 |
| 螺栓规格 | M24 高强螺栓 | | 螺栓等级 | 10.9S |
| 夹板牌号规格(mm) | Q345qC12×110×369 | | 拉板牌号规格(mm) | Q345qC16×110×332 |
| 设计 DFT(μm) | 75(外来设计要求) | | 实际测量 DFT 范围(μm) | 70~100 |
| 每侧螺栓数 | 2 个 | | 传力摩擦面数 | 2 个 |
| 试件号 | 预拉力(kN) | | 滑移载荷(kN) | 抗滑移系数 μ |
| LQ1 | 225.6 | 224.2 | 521.2 | 0.58 |
| LQ2 | 230.5 | 230.8 | 557.5 | 0.60 |
| LQ3 | 228.7 | 236.8 | 486.3 | 0.52 |

试验结果显示,当无机富锌(防锈防滑)漆厚度降低时,试件的抗滑移系数有明显下降。75μm 厚涂层的范德华力较 120μm 的涂层小,拼接板和受力板上无机富锌防锈防滑漆原子间的距离在原子引力范围内能反

映出较大的摩擦系数。故摩擦漆涂层厚度,对摩擦系数有一定的影响。

## 5 结论

(1)设计连接试板的制作宽度(*b*)时,必须考虑试验过程中钢材屈服强度的影响,特别是采用大直径高强螺栓薄板连接方式时,应通过受力计算分析与试验验证,可选择较为合理的《铁路钢桥栓接板面抗滑移系数试验方法》(TB 2137—90)和《钢结构工程施工质量验收规范》(GB 50205—2001)代替《公路桥涵施工技术规范》(JTJ 041—2000)进行试件制作与抗滑移系数试验。

(2)无机富锌(防锈防滑)漆厚度对抗滑移系数有很大影响,涂层厚度应依据成熟标准《铁路钢桥保护涂装》(TB/T 1527—2004)进行设计施工。

## 参考文献

[1] 王哲夫、李云涛.摩擦型高强螺栓连接节点性能试验研究[J].国外建材科技,2007.

[2] 中华人民共和国行业标准.JGJ 82—91 钢结构高强度螺栓连接的设计、施工及验收规程[S].北京:中国建筑工业出版社,1991.

# 纤维增强型桥面柔性防水涂层作用机理与施工要点

凌天清[1] 邱清琼[1] 饶 军[2]

(1.重庆交通大学土木建筑学院 重庆 400074;
2.贵阳环城高速公路南环线总监办 贵阳 550025)

**摘 要**:从桥面防水层物理性能、路用性能来阐述防水的机理及其影响因素,对防水层的施工指导更具有针对性。通过查阅相关文献及施工现场的观测结果,从纤维增强型桥面柔性防水涂层的黏结强度、抗剪强度、不透水性的形成机理,抗施工损伤性、温度适应性、耐久性的影响因素等方面,阐述了纤维增强型桥面柔性防水涂层的工作原理,并由此提出了纤维增强型桥面防水层的施工要点。

**关键词**:道路工程 桥面防水 机理分析

## 1 引言

柔性防水材料可大体分为涂料类与卷材类两大类。柔性涂料类防水材料为在常温下呈无固定形状的黏稠状液态或可液化的固体粉末状态的高分子合成材料,是单独或与胎体增强材料复合,分层涂刷或喷涂在需要进行防水处理的基层表面上,通过溶剂的挥发形成一个连续、无缝、整体的,且具有一定厚度的、坚韧的,能满足工业与民用建筑、路桥工程等部位的防止渗透要求的一类材料的总称[1]。纤维增强型柔性防水涂层是指在柔性防水涂料中掺入了纤维增强胎基而形成的防水层。良好的桥面防水层可以使桥面板和主梁钢筋免受水的侵蚀,从而避免产生碳化和腐蚀破坏。与建筑领域中防水材料和工业涂料的应用条件相比较,桥面防水材料的工作环境显得更为苛刻,因而其性能要求也更为严格。它除了具备不透水性、耐久性好、温度适应性好等基本性能外,还有更加全面的要求,如与桥面板和沥青混合料具有良好的黏结力,抵御各种外界荷载和温度变化引起的剪力,适应桥面频繁变形的抗疲劳性能,以及承受沥青混合料摊铺时造成的160℃的热冲击和具备施工机械施工过程造成破坏的防刺破性能等。总的来说,要达到桥面防水的目的,以下几个性能要满足要求[2]:(1)黏结强度;(2)抗剪强度;(3)不透水性;(4)抗施工损伤性;(5)温度适应性;(6)耐久性。

## 2 防水涂层性能的形成机理与影响因素

### 2.1 黏结强度与抗剪强度的形成机理

防水层的抗剪强度有一部分是由防水层与桥面板和沥青混合料铺装层的黏结力提供的,所以黏结强度与抗剪强度的形成机理有一定的共性,在此将其作为一个整体来分析。

防水层的黏结强度主要来源于三个方面:自身的黏结强度、与混凝土桥面板的黏结强度、与沥青混合料铺装层的黏结强度。

防水层自身黏结强度的形成就是涂料的成膜过程。当涂料被涂覆在被涂物上,由液态或粉末状态变成固态薄膜的过程称之为涂料的成膜过程(或涂料的固化)[3]。水性防水材料是高聚物和沥青在水中的分散体系,以球状微粒分散在水相中。施工中,增强胎基被乳液均匀包裹。随着水分的挥发球状微粒相互融合形成连续的具有弹性的涂膜。

防水涂膜与混凝土桥面板的黏结在有机涂料科学里主要可由四种理论解释[4]:(1)机械结合理论;(2)吸附理论;(3)扩散理论;(4)化学键理论。各种因素的贡献并不相同,表现的较为明显的可用机械结合理论和吸附理论来解释。经过抛丸的桥面调平层不但清除了表面的灰尘和浮浆,而且使桥面粗糙,有些表面还是多孔性的。液态涂料渗透到这些凹凸不平的沟痕或孔隙中,固化后在界面处产生了啮合力;此外在涂料固化过程中,液体涂料中有机大分子通过链段与分子键的运动逐渐向被黏物表面迁移,极性基因靠近,当距离小于$5\times10^{-10}$m时,能够相互吸引,产生分子间力,形成黏结。

防水涂膜与沥青混凝土面层的黏结可由机械结合理论和“相似相亲”的规律来解释。摊铺沥青铺装层时130~160℃的高温会使防水层在一定程度上变软,有机防水涂层与同样是有机物质的沥青材料具有较强的相互融合趋势,并且在进行碾压后,会有少许面层集料进入防水层,形成契合。

### 2.2 不透水性的形成机理

从微观上分析,高聚物防水材料良好的渗透能力使其从混凝土表面孔隙中进入混凝土内部,进入桥面混凝土表面孔隙和内部空隙,当水分挥发出去后,防水材料能充分堵塞混凝土内部空隙,强化混凝土表面的防水性,提高混凝土的自防水能力。从宏观上分析,柔性防水材料依靠防水材料黏结到桥面板上形成具有良好弹性的防水薄膜,隔断水与混凝土的接触,起到防水作用。这种双重屏蔽作用保证了防水材料的有效性。此外,养生期间,应保证使涂料中的水分充分挥发出来,避免水分在受热的情况下蒸发膨胀形成气泡病害。

### 2.3 抗施工损伤性的影响因素

防水层厚度不足是抗施工损伤能力低的主要原因之一,应根据抗施工损伤性能的高低来确定防水层的最小厚度。根据试验[5],认为涂膜类防水层的最小厚度应不小于1.2mm。此外,若防水层的厚度过大,即单位用量过多也不妥当[4],因为如此会使得防水层与上下界面的黏结力仅由防水材料自身的黏结力提供,在拉拔试验中表现为防水材料被拉伸的比较长;另外,过分增加厚度也会增加施工成本,所以应使防水层厚度控制在规范与设计允许的最佳范围内。

防水涂层喷涂均匀性也是一个重要的影响因素。在喷涂增强纤维时容易产生成团或漏喷现象,主要是纤维受潮或人工喷涂速度不均匀产生的。因此,禁止使用受潮的增强纤维,加强现场管理,及时采用人工处理成团或漏喷现象,确保喷涂增强纤维的均匀性。倘若喷涂不均匀,会使防水层在摊铺机、压路机等荷载的作用下,受力不均而产生破坏。

### 2.4 温度适应性的影响因素

沥青基防水材料在高温条件下将发生物理变化和化学变化。物理变化主要表现为流动变形,化学变化表现为化合物特定条件下热分解、热氧化[3]。在防水材料的施工和使用过程中有两种热环境对材料最为不利,一种是在沥青层未铺筑之前,由于太阳的直射,致使防水材料自身温度升高,防水材料将会软化、发黏,施工时施工机械的轮胎会黏附防水材料,从而导致防水层的破坏;另一种是防水材料在沥青铺装层施工过程中受到热混合料的冲击作用,材料在瞬间获得大量的热能,使材料温度骤然提高,如果防水材料高温性能差,会出现流淌、变形的现象。

桥面防水层的最低温度一般出现在冬季。纤维的加入有助于改善防水层的低温抗裂性。加入纤维后,纤维与纤维、纤维与周围基体之间由于纤维的不连续性而存在复杂的相互作用,有助于降低沥青的温度敏感性,对裂纹的扩展起到阻滞作用。

### 2.5 耐久性的影响因素

防水层的使用寿命是受多种因素影响造成的,大致可以分为防水层的受力特点、防水材料性能、防水层施工等方面的原因,可归纳为是由于防水层的内部因素和外部因素共同作用而产生的。内部因素是指防水层施工不当,结构设计不合理等;外部因素是指施工损伤、超载等。下面就其产生的特殊性进行分析。

(1)对桥面板基面的处理不当。没有彻底清除基面的灰尘、浮浆和油污,粗糙度不够等。灰尘、浮浆和油污阻碍了防水层与桥面板的有效黏结,根本没有黏结强度或黏结强度很弱,在施工车辆和运营车辆荷载作用下,极易产生脱皮现象。此外,若基面的粗糙度小,其表面积就小,与防水涂层的黏结力小,并且摩阻力也小,相应地黏结强度、抗剪强度也较小,从而影响防水层的耐久性。

(2)对桥面板裂缝和坑洞的处理不当。桥面板在经抛丸处理后会出现很多不规则的可见裂缝。裂缝深度3~6mm,宽度多为0.5~1mm,可用防水涂料或环氧树脂进行勾缝。对于坑洞可用环氧树脂或聚合物砂浆修补找平;否则,裂缝里的空气或水分在高温的环境下使防水层出现空鼓的现象。

(3)施工机械对防水层的损伤。就像前面所讲，若防水层在铺筑沥青混凝土面层前已受损坏，就起不到预期的防水效果，耐久性更无从谈起。

(4)超载车辆的影响。当超载车辆在桥面经过时，主梁挠度增大，诱使防水层脱落；另外，其在弯道或启动、制动时产生的推力，也严重影响防水层乃至铺装层的使用寿命。

## 3 防水涂层的施工要点

以上讨论了纤维增强型桥面柔性防水涂层的物理性能、路用性能的产生机理或影响因素，也提到了施工中的一些细节会严重影响桥面防水涂层的使用性能及其使用寿命。为了使桥面防水层在桥面铺装层的使用年限内不损坏，完成桥面防水的任务，在纤维增强型桥面柔性防水涂层的施工中要注意以下几个要点：

(1)涂料使用前应搅拌均匀。不均匀涂料形成的防水涂膜随着水乳溶剂的蒸发，最终将形成厚度、黏结强度和抗剪强度分布不均匀的防水层，在薄弱的区域容易在车辆荷载、环境温度等的作用下产生破坏，从而影响其耐久性。

(2)混凝土桥面必须平整、粗糙，无垃圾、无浮灰、无油污，并且不能有钢筋等尖锐突出物。喷涂前，基面要干燥，预计涂料未表干前会下雨时，不能施工。表面平整、粗糙的桥面板有助于防水层与桥面板的机械咬合，从而提高防水层的黏结强度和抗剪强度。桥面板上的垃圾、浮灰、油污会在防水层与桥面板之间形成一个薄夹层，严重影响防水层与桥面板之间的机械咬合、吸附、扩散、化学键等作用的产生，从而降低防水层的黏结强度和抗剪强度。钢筋等尖锐突出物，会在施工过程中和道路开通后的车辆荷载作用下，刺破防水层，从而影响防水层的不透水性、耐久性。根据在本文工程实例的现场观察，抛丸处理能够较彻底地去除桥面板的尘土与浮浆，打磨出较好的黏结基面。

(3)防水涂料本身的性能是关键，必须保证在沥青混合料和水泥混凝土之间起到牢固的黏结作用，材料本身必须满足在160℃高温下不流淌的要求，所以必须选择优质的防水材料。防水涂料本身的性能将影响防水层的整体性能，例如不良的防水涂料形成的防水层温度适应性比较差，在沥青混凝土面层未摊铺前，受到太阳的直射自身温度升高，以及在摊铺过程中受到热混合料的热冲击作用，防水层会出现变形、流淌等现象，在冬季低的条件下容易出现开裂。

(4)喷涂均匀。特别应注意的是受潮的纤维在同步切割喷涂过程中容易产生成团现象，因此，禁止使用受潮的增强纤维，应加强现场管理，确保喷涂增强纤维的均匀性。涂料的喷涂以及增强纤维分布不均匀会使防水层的厚度不一，导致受力不均匀，而影响其耐久性。增强纤维分布不均匀会使增强纤维没有发挥出应有的作用，会影响防水层的低温抗裂性，以及抗施工损伤性。

(5)乳液性质的防水涂料，高温天气应该避免在中午施工，以避免形成气泡。一旦形成气泡，应立即进行处理，赶平后不影响黏结力。假如防水层在施工中形成了气泡，而又没有及时处理，则气泡在车辆荷载、高温等的作用下会破裂，在防水层上形成孔洞或薄弱面，从而影响防水层的不透水性和耐久性。

(6)在防水层没有完全干透前，禁止车辆通行。防水层施工完后，在沥青混凝土铺装层未做以前要严加保护，严防钉子、木棍、钢筋、手推车等人为破坏防水层。车辆在未干透的防水层上行驶会使防水层产生滑移、变形，使其耐久性降低。钉子等人为破坏因素会使防水层出现孔洞而影响其不透水性。

(7)沥青混凝土桥面铺装层的适当铺筑温度。既要有足够的温度使沥青铺装层与防水层良好地融合，又不能使铺筑温度过高，以致防水层过软而被集料刺破。一般130～160℃的摊铺温度能满足要求。适当的摊铺温度能使防水层在一定程度上变软，根据“相似相亲”的规律，有机防水层与沥青混凝土铺装层会形成较好的融合，而形成较大的黏结强度和抗剪强度；过高的铺筑温度会使防水层被集料刺破，从而影响其不透水性。

## 4 工程实例

贵阳环城高速公路南环线桥面防水采用高分子聚合物橡胶树脂改性的阳离子水乳型沥青基桥面防水涂料(AWP—2000F)，增强胎基采用无碱玻璃纤维，桥面铺装结构层从下到上依次是AWP—2000F＋AC-20(6cm)＋AC-13(4cm)。基面处理采用抛丸处理方式，可以把桥面的浮浆、尘土清理干净。水乳型防水涂料成膜过程靠水分挥发和乳液颗粒融合完成,无有机溶剂逸出,不污染环境,不燃烧,施工安全,其价格也较便宜,具有经济环保特点[6]。同时,此种防水层具有良好的黏结性、抗剪性、抗硌破性、抗疲劳性,对水泥混凝土基面有一定的渗透性,具有较好的抗渗性能。防水层厚度控制在1.5～1.8mm之间,现场观察桥面层摊铺,没有出现明显硌破现象。防水层的结构示意图如图1所示。

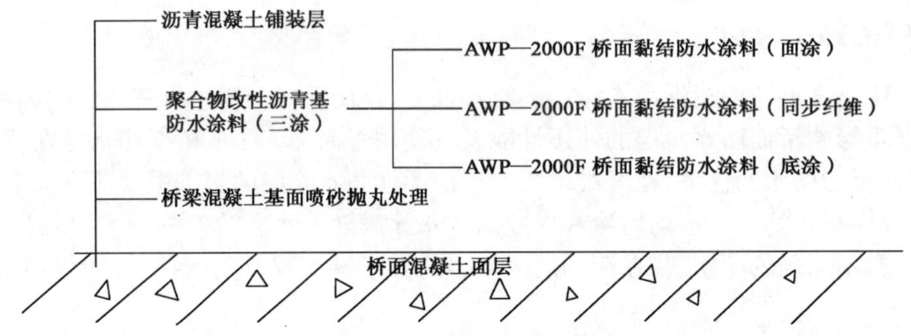

图1 水泥混凝土桥面柔性防水层结构示意图

南环线花溪Ⅰ号桥桥面防水层与水泥混凝土桥面板间的黏结强度、剪切强度如表1所示。

花溪Ⅰ号桥桥面防水层与水泥混凝土桥面板间的强度实测数值 表1

| 项次 | 检查项目 | 实测数值(常温) | | | | | | | | 规定值或允许偏差 | 检查方法和频率 |
|---|---|---|---|---|---|---|---|---|---|---|---|
| | | 1 | 2 | 3 | 4 | 5 | 6 | 7 | 均值 | | |
| 1 | 黏结强度(MPa) | 0.39 | 0.51 | 0.42 | 0.42 | 0.55 | 0.41 | 0.49 | 0.46 | 不小于设计要求,且≥0.3(常温),≥0.2,(气温≥35℃) | 拉拔仪:3 000m² 测4点(拉拔速度:1 mm/min) |
| 2 | 剪切强度(MPa) | 0.57 | 0.51 | 0.49 | 0.66 | 0.63 | 0.62 | 0.55 | 0.58 | 不小于设计要求,且≥0.4(常温),≥0.3(气温≥35℃) | 剪切仪:1组3个(剪切速度:10mm/min) |

黏结强度与剪切强度实测数值的分布比较均匀。各测点的黏结强度实测值均大于规范要求的0.3MPa,均值0.46MPa,大于0.3MPa;各测点的剪切强度实测值均大于规范要求的0.4MPa,均值0.58MPa,大于0.4MPa,说明防水层与桥面板黏结良好,能够满足抗施工损伤及正常运营状态下,桥面防水耐久性的要求。

## 5 结语

由于桥面防水与建筑防水存在着较大的区别,本文从桥面柔性防水层的性能出发,阐述了其作用机理与影响因素。为了使防水层具有良好的防水性能,依据防水性能影响因素的分析,本文又分别从防水涂层基面处理,防水层的喷涂、养护,沥青混凝土铺装层的施工等方面提出了一些建议。

## 参考文献

[1] 周冰.路面防水材料性能与施工工艺研究[D].山东:山东大学,2008,9.
[2] 裴建中.桥面防水系统设计方法[J].长安大学学报(自然科学版),2006,26(3):26-29.
[3] 涂料工艺编委会.涂料工艺(第三版)上册[M].北京:化学工业出版社,1997.
[4] 王朝锋.基于高聚物的桥面防水材料应用技术研究[D].西安:长安大学,2006,5.
[5] 张占军.混凝土桥桥面防水系统性能及设计方法[D].西安:长安大学,2004,4.
[6] 陈立军,陈焕钦.防水涂料的研究现状和发展趋势[J].涂料工业,2004,34(10):53-57.

# 龙洞河特大桥工程施工安全管理

王运涛

(重庆高速公路集团有限公司渝东建设分公司　重庆　401147)

**摘　要**:施工安全管理历来是山区高速公路建设的一个重点和难点。对于重庆目前在建的高速公路项目而言,地处三峡库区腹地的巫奉路的管理难度更是首屈一指。本文主要介绍建设公司对巫奉路控制工程龙洞河特大桥的施工现场安全的管理与控制情况。

**关键词**:龙洞河特大桥　控制工程　施工　安全管理

## 1　引言

龙洞河特大桥是国家重点公路上海至成都线重庆巫山至奉节段重点控制工程之一,建设环境十分恶劣。自开工以来,重庆高速公路集团有限公司渝东建设分公司就把该项目的管理作为一个重点来抓,尤其是施工安全保障工作。在建设公司的精心管理组织下,通过参建各方的共同努力,该项目的工程进展顺利,实现了工程质量、安全和进度上的预期控制目标。

## 2　工程简介

龙洞河特大桥位于分离式路基段,左、右线桥面宽度为12.25m,各有2联,第一联为95m+180m+95m预应力混凝土连续刚构,第二联为3×30m预应力混凝土T梁引桥,先简支后结构连续,桥梁全长468m。

主桥上部结构为预应力混凝土连续—刚构箱梁,采用单箱单室截面。箱梁顶宽12.25m,底宽6.5m,两侧悬臂长度2.875m。箱梁根部梁高10.8m,跨中及端部梁高3.5m。悬臂板端部厚15cm,根部厚75cm。箱梁根部底板厚100cm,跨中底板厚32cm,梁高及底板厚从根部到跨中采用1.8次抛物线变化。上部构造按全预应力混凝土设计,采用三向预应力。

全桥基桩均按嵌岩桩设计。桥墩按径向布置、桥台按平行理论跨径线布置。1、2号主墩墩顶与箱梁固结,最大墩高为42.5m,采用双肢薄壁空心墩形式,单肢薄壁截面尺寸为6.5m×3m。1号、2号主墩承台厚4m,基础采用桩径2.0m的钻(挖)孔灌注桩,基桩按纵向3排、横向3排布置,每个墩共设9根桩。3号桥墩为6.3m×3m空心柱式墩身,下设3.0m厚承台,墩身下设4根直径1.8m的基桩。4号、5号桥墩为1.6m×1.6m矩形截面墩身,下设2.0m厚承台,各墩柱下设1根直径1.8m的基桩。0号桥台采用明挖扩大基础,6号桥台采用重力式U台、扩大基础。

全桥设计挖方6 651$m^3$,桩基共26根总长1 575m,Ⅰ级钢筋340t、Ⅱ级钢筋3 103t,钢绞线884t,C55混凝土12 496 $m^3$、C50混凝土1 227 $m^3$、C40混凝土5 470 $m^3$。

龙洞河特大桥位于重庆市巫山县骡坪镇龙河村境内,呈243°走向,横跨指肠河。指肠河是一条近南北走向的V形冲沟,位于骡坪镇龙河村谢家老屋东南。桥址首尾无路抵达,桥位区交通极为不便。

桥址区内广泛分布有可溶性碳酸盐岩,据钻探资料,岩溶整体上不发育,主要为小溶孔、小溶洞,局部存在垂深2m的溶洞,对岩体的整体性和强度有一定影响。龙洞河不稳定斜坡处在龙洞河东岸深切陡坡上,地貌特征呈半圆弧形月牙状,前缘临指肠河深切割的V形沟,坡陡谷深,自然坡度45°~55°,沟最大垂深约150m。坡体处在$T_2b_3$地层中,岩层走向斜交,为切向坡,大部分基岩裸露,部分为崩坡积物覆盖,植被发育,为灌木和松树。该崩塌(滑坡)体处于东桥台边坡上,稳定性差,设计将桥台深入山体基岩,以避开坡积物覆盖层。

## 3 施工安全保障措施与事故应急预案

### 3.1 施工安全保障体制和预防措施

#### 3.1.1 制度保障

在工程管理方面,公司有成熟的管理办法,如《工程质量进度安全评比实施办法》、《工程安全和文明施工考评实施办法》和《承包人违约实施细则(日常考评)》等。针对该项目,公司成立了项目分管领导主抓、工程部长负责、业主代表会同安办牵头落实的特大桥施工安全保障领导小组。要求施工单位建立健全安全生产责任制、安全生产管理制度,否则限期整改完善,尤其是以下几个方面。

(1)强调安全员的管理,要求项目部配备足够数量的专职安全员,并要求安全生产管理人员获取安全生产继续教育考核合格证,否则对其进行培训或更换。

(2)严格推行班前安全检查制度,即每日开工前,由现场监理会同安全员进行安全状况检查,做到不安全不开工、无交底不开工。在日常检查和季度评比中,公司工程部加强了对施工技术交底和安全交底的规范管理并严格考核。

(3)要求项目部选择有资质的劳务公司承担劳务分包任务,选择有资质的设备租赁单位承担机械设备的租赁业务,在签订经济合同的同时签订安全合同,从管理源头上预防事故的发生。

#### 3.1.2 经济手段

公司实施计量支付与安全管理挂钩制度和安全事故否决的评比制度,并明确要求项目部实行员工效益与安全管理挂钩、劳务分包单位支付与安全管理挂钩,通过安全管理的目标考核与责任单位(人)的经济效益挂钩,确保安全管理措施的有效落实。

要求施工单位落实安全生产经费在该项目的投入,并进行严格的审查,从经济上预防事故的发生。结合季度评比和年度综合考评,公司对施工单位的安全工作实施奖惩激励措施。

#### 3.1.3 培训教育

公司带动施工单位项目部组建了农民工夜校,由项目经理任校长,项目总工牵头定期对参建工人进行技能培训,内容主要包括施工工艺讲解和施工安全知识教育。公司还组织开展了农工劳动技能竞赛和规范施工操作比赛等活动,不定期地在项目部内部和项目部之间进行,丰富民工生活的同时,带动了民工学习的积极性。

#### 3.1.4 社会救援

公司强制要求施工单位对施工作业人员进行足额投保人身意外险,否则立即停止本项目的一切施工,并移交有关行政主管部门接受行政处罚。保险,无论对民工个人而言,还是对施工单位来说,都是一种行之有效而又可靠的保障方式。为从业人员足额投保,无疑是在安全管理方面增加了有力的保障。

### 3.2 安全事故应急预案

为快速、及时、妥善地处理大桥施工过程中发生的重大生产安全事故,做好应急处置和抢险救援工作,最大限度地减少人员伤亡、财产损失和社会危害,公司要求施工单位根据相关规定,针对龙洞河特大桥的高墩、挂篮作业可能发生的坠落事故制订安全事故应急预案。预案对应急救援机构、职责划分以及处理过程(图1)作了详细规定。

公司相应地制订了响应程序,即接警与报警→指挥抢险→事故调查与处理。

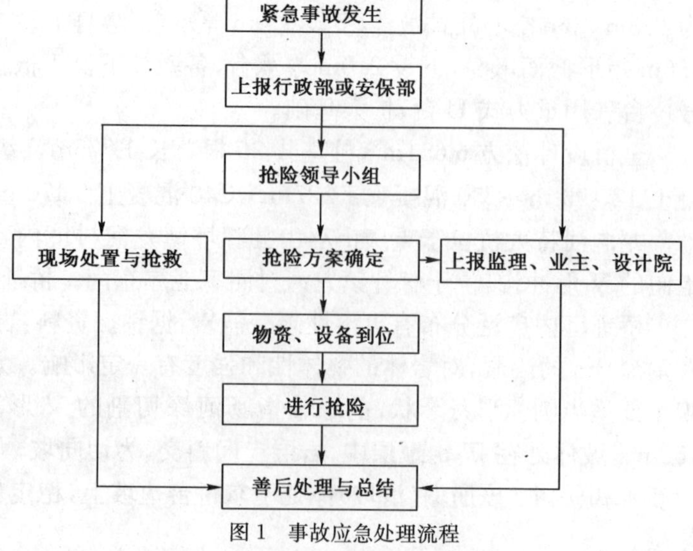


图1 事故应急处理流程

## 4 施工过程中的安全控制

考虑到龙洞河特大桥的重要性和恶劣的施工环境，建设公司对其施工过程中的安全保障问题进行了认真分析，精心组织了一系列的具体安保措施。

### 4.1 桥梁桩基施工安全控制

施工现场严格按照技术规范要求做好桩基锁口和孔口的安全围挡以及孔口防雨设施，特别要求卷扬机的配重恰当，并安排专职安全员在现场督察，确保工人规范上下井坑，强制要求出渣人员系好安全带。上述均是硬性要求，有违反者必须予以严肃处理，即凡是锁口高度、安全围挡、防雨措施不符合要求的，不得作业，限期整改；对于不系安全带或搭乘渣筐进出等违规情况，都将给当事人一定程度的经济处罚，并追究项目部相关责任人的责任，情节严重的，项目部将受到全线通报批评。

### 4.2 墩柱施工安全管理

#### 4.2.1 制定严格的特种作业制度

要求特种作业人员必须持证上岗，做好特种作业人员进场、转岗、离场动态管理登记。

做好特种作业设备如起重设备的吊装试吊记录以及使用、检查、维修、保养记录等。

对安全生产管理行为的内业资料进行规范的成册归档。

#### 4.2.2 做好施工现场的安全防护

(1)危险警示

施工现场及其附近布设相关安全标志、标牌，做好危险警示与安全要求的告知工作。

(2)安全措施要求

为防止高空意外坠物事故的发生，要求对施工现场实行封闭式管理，严禁任何闲杂人员进入，过往人员必须佩戴安全帽。

强制要求 40m 以上的高墩安装升降机。该桥左幅 2 号主墩高达 42.5m，右幅 2 号主墩高度为 40.40m，施工单位按要求在 2 号桥墩安装了两台升降机，供人员上下。其他墩柱施工，则按规范要求搭建了人员上下的安全通道(四周围挡，并有防坠网)，杜绝作业人员爬塔架上下桥墩，以消除高处坠落的隐患；要求施工现场的工人必须戴好安全帽，高空作业必须系好安全带，并要求专职安全员现场巡视、监督。

要求进入上部结构施工之前，搭建安全通道，确保过往人员和设备的安全。

另外，根据市交委质监站的监督意见，对于 2 号主墩以外的墩柱施工，对上下人员的脚手架增设了缆风索，以确保脚手架的稳定性。图 2 和图 3 分别为挖孔和墩柱作业现场。

图 2 挖孔作业现场

图 3 墩柱作业现场

(3)制订高温中暑应急救援预案

重庆巫山的夏季炎热而漫长，高温期一般出现在 6 月底至 10 月底，室外气温高达 40～50℃。为避免在高温期出现中暑现象，要求施工单位制订了相关应急预案。

①预防措施

a. 高空连续作业时间不能太长,不得超过 8h,并佩戴防护口罩。

b. 适当调整施工作业时间,避免高温时段进行室外施工,同时改善劳动作业条件和创造良好的职工休息环境。

c. 做好中暑急救教育,加强对防暑降温知识的宣传教育,给每一位工人发放防暑降温物品、药品。

②应急措施

发生高温中暑事故后,立即启动应急救援预案。首先对中暑人员进行酒精擦洗或采用冰块降温,同时通知施工队队长或现场安全员,拨打急救电话“120”,并通知安保部组织可行的应急抢救。应急小组人员各司其职,立即将中暑人员送外抢救,按程序处理事故、事件,最大限度地减少人员和财产损失。

### 4.3 桥梁上部结构施工的安全

由于施工场地的局限,当大桥进入上部结构施工后,交叉作业的矛盾就突显出来了。1 号、2 号主墩间的猫道和拌和站及料场均处于桥面下方,上方作业对桥下过往人员和设备形成了安全威胁。为此,公司要求施工单位建立了严格的猫道通行管理制度和桥下人员设备进出许可制度。进入上部结构施工之前,公司要求提前要求施工单位在桥下搭建安全通道,并要求在桥址处准备好安全帽。

落实具体的安全防护措施,做到万无一失。这些措施主要包括:现浇箱梁沿桥梁纵向两侧的有效围护、挂篮作业平台的安全防护、作业人员及器物的防坠、重要施工工艺及操作规程告示、安全交底和巡视等。

## 5 安全管理成效

建设公司对龙洞河特大桥采取周报制度,及时了解大桥的工程进展和人员设备情况,以便尽快做出反应,确保控制工程的顺利推进。对于检查发现的大大小小问题,公司现场管理人员均向施工单位开具了整改通知,督促其及时回复,并事后进行复查,取得了良好的管理效果。公司还将安全检查纳入工程质量、进度季度评比考核中,实行重奖重罚制度,有效地推动了工程安全管理与控制工作。这些做法都值得推广。

自 2009 年初,龙洞河特大桥的施工步入了快车道。截至 9 月底,该桥累计完成投资约 1 700 万元,占全桥投资计划的 35%。其中,2009 年前三季度完成产值近 1 500 万元,并率先进入了上部结构施工。值得提及的是,开工至今,该桥施工中尚未出现过一起安全事故,施工质量控制良好,施工单位已连续多次在建设公司组织的工程质量、进度季度评比考核中取得了优异成绩。究其原因,离不开建设公司的有效管理与控制。

## 6 结语

作为工程管理人员,对于安全问题,必须高度重视,因为“安全是生命、安全是效益、安全是形象、安全是政治”。

项目安全管理的核心就是启发和引导从业人员去重视生命价值,实现“要我安全”到“我要安全”的转变。

明确安全工作的重要意义,抓住安全生产的管理要点,对于具体的项目,尚需结合工程的实际情况,采取积极可行的措施,才能有效控制风险,做好管理与控制。建设公司在龙洞河特大桥的项目建设中采取了一系列管理措施和有益探索,从而保证了工程的顺利进行。

## 参考文献

[1] 黄绳武. 桥梁施工及组织管理(上册)[M]. 北京:人民交通出版社,1999.

[2] 范立础. 桥梁工程(上册)[M]. 北京:人民交通出版社,2001.

[3] 肖建平. 桥梁工程施工[M]. 北京:机械工业出版社,2007.

# 江津观音岩大桥钢梁焊接技术

濮家利[1]　张述明[2]

（1. 重庆高速公路集团有限公司北方建设分公司　重庆　401147；
2. 武船重型工程有限公司　武汉　430415）

**摘　要：**本文根据江津观音岩大桥钢梁的结构形式及制造特点，阐述了施工过程中的焊接工艺技术，介绍了钢梁制造过程中几个重要位置的焊接施工方案，使焊接变形得到了有效控制，确保了优良的焊接质量。

**关键词：**钢梁　焊接工艺　变形控制　焊接质量

## 1　工程概述

江津观音岩长江大桥主桥桥跨布置为35.5m＋186m＋436m＋186m＋35.5m，主桥长为879m(图1)。主梁的截面形式为双工字形结合梁，纵向半漂浮体系，桥面纵坡不大于2.5%，横坡2%。主梁斜拉索锚固处高3.2m，跨中高3.542m。横桥向两个钢主梁的中心间距35.2m，主梁全宽36.2m。钢主梁材质采用Q370qE，横梁材质采用Q345qC，锚拉管材质采用Q345D。

图1　江津观音岩大桥全景

## 2　焊接工艺评定

江津观音岩大桥主、横梁材料分别符合《桥梁用结构钢》(GB/T 714—2000)的Q370qE和Q345qC钢板以及锚拉板材料符合《低合金高强度结构钢》(GB/T 1591—94)的Q345D钢板。Q345qE钢具有一定的淬硬倾向，当冷却速度过快时，伸长率和断面收缩率均明显下降，且容易出现成分偏析，导致焊缝化学成分不均匀。若冷却速度过慢，则在焊接过热区容易出现晶粒粗大的片条状魏氏体组织，降低焊缝的低温冲击韧性。故选择合适的焊接工艺参数，对得到内部质量符合要求，强度、硬度、塑性、冲击韧性等力学性能均合格的焊缝是至关重要的。

观音岩大桥全桥钢梁节段共分8种类型，共65个节段，标准节段梁长12m。主梁采用高度2.8m工字钢式的结合梁，主梁共分为8种梁段，标准节段主梁顶板截面为50mm×1 000mm，底板为80mm×1 000mm，腹板厚28mm。横梁的标准间距为4m，标准横梁顶板宽700mm，厚度为28mm；底板宽700mm，厚度为32mm，腹板厚16mm。在正式生产前，我们根据对接缝的结构形式、钢材材质及板厚进行相应的焊接工艺评定，以确定合适的焊接工艺参数，指导生产施工。本项工程针对不同的焊接接头形式，共进行了21项焊接工艺评定，确定了合适的焊接方法、焊接材料、焊接电流、电压、焊接速度、预热温度及线能量等。所有焊接工艺评定的试板均已按TB 10212—98要求进行机械性能试验并合格。

在生产施工过程中,根据焊接工艺评定对应编写了焊接作业指导书用以指导焊接生产。

## 3 焊工资质控制

凡是参与观音岩大桥钢结构制造的焊工,均持有压力容器焊工证(劳动部锅炉压力容器安全监察局考核颁发)或船舶焊工证(国家船舶检验局考核颁发)。焊工必须熟悉并严格执行工艺要求,并经焊接工程师考核认可后方能上岗作业。由于大桥结构的多样性,要求焊工平、立、仰、横全位置均能施焊。严格有效的焊工资质管理,保证了观音岩大桥焊接工艺的正确实施。

## 4 全桥主要焊接接头形式及所采用的焊接方法

根据钢梁的结构特点,钢梁的制造分主梁、横梁、小纵梁及锚拉板单元制造。

钢梁的主梁、横梁、小纵梁腹板与翼板焊缝采用双面埋弧自动焊焊接,加劲肋采用全自动 $CO_2$ 气体保护焊焊接,锚拉板部位采用半自动药芯焊丝 $CO_2$ 气体保护焊焊接,其他不便施工部位的焊缝均采用手工电弧焊进行焊接。

## 5 重要位置焊接工艺及焊接变形控制措施

### 5.1 工字钢腹板与翼板焊接

观音岩大桥主梁、横梁、小纵梁等均属于工字钢结构,其根部的熔深、焊缝的外观质量及焊接变形是质量控制的重点。

为了保证工字钢腹板与翼缘板间角焊缝的焊接质量和减小焊接变形,我们采用细丝的埋弧自动焊进行焊接。焊丝直径为4.0mm,以便取得良好的根部熔深。同时,为了保证良好的焊缝外观成型,我们还将采用专用的旋转胎架,使得工字钢腹板与翼缘板间的角焊缝位于亚船形位置进行焊接。腹板上面的加强肋角焊缝采用全自动药芯焊丝 $CO_2$ 气体保护焊进行焊接,这样可以减少焊接变形。

首先焊接工字钢腹板与翼缘板间的角焊缝,校正后装配腹板上面的加强肋,先焊接仅有竖向加强肋侧的角焊缝,然后翻身焊接另一侧的加强肋角焊缝。

工字钢腹板与翼缘板间角焊缝的焊接顺序示意图如图2所示。

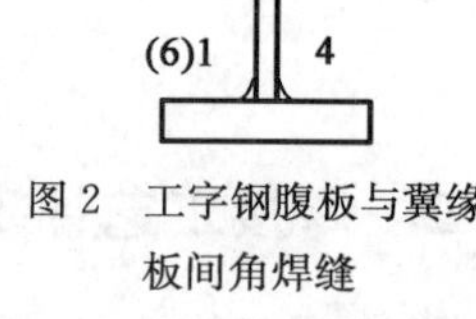

图2 工字钢腹板与翼缘板间角焊缝

工字钢腹板与翼缘板间角焊缝在旋转胎架上进行焊接,每条焊缝均处于船形位置进行焊接。腹板上的加强肋采用3～4台 $CO_2$ 气体保护自动焊机分散对称施焊,焊机的焊接方向相同,焊接速度一致。

工字钢腹板与翼缘板间角焊缝在焊接后容易产生焊接角变形,最好的控制方法除了采用线能量小的焊接方法进行焊接外,其余选用预放反变形措施。考虑到翼缘板比较厚,刚性大,不易预放反变形,因此我们只进行刚性固定来减少焊接角变形。

工字钢翼缘板焊接角变形采用火焰校正。

### 5.2 锚拉板的焊接

锚拉板与主梁、锚管、加强肋的角焊缝均采用药芯焊丝 $CO_2$ 气体保护焊进行焊接,不便施工的局部位置采用手工电弧焊进行焊接。

锚拉板作为一个部件先制造,然后再总装到主梁上面。先焊接锚拉板与加强肋的角焊缝,由2名焊工分散对称施焊,焊前预热100～120℃,焊接过程中对焊缝进行适当锤击,保持层间温度不小于100℃,采用多层多道焊接,每层焊缝厚度在4～6mm之间,每道焊缝宽度在7～12mm之间。焊后采用石棉布进行保温。

然后焊接锚拉板与锚管间的角焊缝,接着焊接锚管与锚垫板、加强肋的角焊缝,焊接方法与顺序同上。

总装时,先焊接锚拉板与主梁上盖板间的角焊缝,由一名焊工采用分段退焊法进行焊接,先焊接正面坡口焊缝,填满2/3的坡口后,就进行反面清根,接着焊接完反面的焊缝,最后再焊完正面剩下的焊道。焊前预热100～120℃,并增加适量的刚性固定工装。焊接过程中对焊缝进行适当锤击,保持层间温度不小于

100℃，焊后采用石棉布进行保温。焊接过程中对焊接变形进行监控，一旦变形超标，立即改变焊接顺序，在反面进行焊接，及时纠正焊接角变形。

由于该焊缝为主要受力焊缝，直接承受斜拉索的巨大拉力，同时主梁翼缘板又比较厚，焊接时必须保证主梁翼缘板不出现层状撕裂。我们将采取以下措施：

(1)选择低温冲击韧性特别好的低氢型焊接材料，以减少焊缝金属中的扩散氢含量，避免出现裂纹。

(2)适当提高焊前预热温度，焊前预热温度达到 120～150℃，同时控制层间温度不小于 120℃并不超过 250℃。

(3)对焊缝坡口形式进行优化设计，在保证不出现气孔、夹渣、未熔合、未焊透等焊接缺陷的情况下，尽量采用小坡口，以便减少焊缝金属的填充量。

(4)焊接操作时采用窄焊道进行焊接，每道焊缝不得过宽，以便减少焊接内应力。同时，在保证焊接质量的情况下，尽量使用小电流施焊。

(5)焊接完后，采用小锤进行捶击焊缝，以便消除焊接内应力。

(6)最后焊接加强肋与主梁翼缘板间的角焊缝，采用药芯焊丝 $CO_2$ 气体保护焊进行焊接，焊接时采用多层多道焊接，每层焊缝厚度在 4～6mm 之间，每道焊缝宽度在 7～12mm 之间。

## 6 焊接缺陷的防止措施

观音岩大桥是大型工字钢厚板焊接，控制焊缝质量，防止焊接裂纹、气孔等缺陷的产生是保证大桥质量的关键。在施工过程中，采取了下列工艺措施。

### 6.1 焊接材料及焊接设备的控制

(1)对焊接设备的控制

设备管理人员对焊接设备进行定期检查，抽验实际焊接规范与设备上的指示是否一致，以保证焊接设备处于完好状态；对达不到焊接要求的设备及时进行了检修、更换。焊接设备放置在通风、避雨的场所，使用电源网络电压的波动范围小于 7%。焊接导线的截面尽可能大，长度尽可能短，以保证供电回路动力线压降小于额定电压的 5%，焊接回路电压降小于工作电压的 10%。

(2)对焊接材料的控制。

焊接材料均采用 TWE-711Ni$\phi$1.2 药芯焊丝、H08Mn2E$\phi$5.0 埋弧焊丝及 E5015 手弧焊条和锦州天鹅 SJ101q 氟碱型碱性烧结焊剂。所有投入使用的焊接材料均在开工前经复验及焊接工艺评定合格后选用。

焊接材料由专用仓库储存、按规定烘干、登记领用。焊剂和焊条未用完时，应交回重新烘干；焊条烘干次数不得超过两次。烘干后的焊条应放在专用的保温筒内随用随取。

$CO_2$ 气体保护焊的气体纯度应大于 99.5%，含水率≤0.005%。

### 6.2 焊前预热控制

当环境温度低于 5℃、相对空气湿度≥80%、母材板厚≥24mm 时，对所有焊缝，特别是无封底焊缝的坡口焊缝，焊缝两侧各宽 80～100mm 区域内要求预热，预热温度为 80～120℃。

不预热的钢板在焊接前使用烘枪去除潮气，有效防止了氢致裂纹的产生。

### 6.3 防风、防雨措施

$CO_2$ 气体保护焊在风速超过 2m/s、手工电弧焊在风速超过 8m/s 时，均采取了良好的防风措施，防止焊缝产生气孔；否则，严禁施焊。

现场焊接时采用防风雨棚进行局部防风。遇有雨天时停止施工，若因进度要求需雨天赶工时，除局部加热和防风外，还使整条焊缝置于有效的防风雨棚保护下才可施工，有效地控制了焊缝中的含氢量，防止了氢致裂纹的产生。

### 6.4 其他控制措施

(1)在焊缝两边各宽 30mm 区域内，及时清除水、锈、氧化皮、油污、油漆或其他杂物；

(2)多层多道焊时,将各层各道间的熔渣彻底清除干净;

(3)焊接时,严格控制层间温度,采用点温计在焊接过程中进行实时监控;

(4)焊后清理熔渣及飞溅物,按要求将焊缝打磨平顺;

(5)施工人员在施工过程中,严格执行工艺纪律,发现焊缝出现裂纹及时通知工艺人员;工艺人员在查明原因后制订工艺方案,经监理工程师批准后实施。

(6)通过以上多种工艺措施,有效地控制了焊接缺陷的产生,经过对焊缝进行 UT、RT、MT 无损探伤,焊缝质量优良。

## 7 产品试板的焊接

观音岩大桥钢梁制造共同步焊接产品试板 64 块,焊接完成后进行了无损检测探伤及力学性能试验。力学性能试验按《铁路钢桥制造规范》(TB 10212—98)要求执行。试样结果表明,其拉伸、侧弯及低温冲击韧性等力学性能均达到规范要求。

## 8 焊缝无损检测

工厂委派了持有二级以上合格证件、并经监理工程师认可的检测单位的专职无损检测人员承担观音岩大桥的无损检测工作。

焊缝施焊 24h,并经外观检验合格后,才进行无损检测工作。内部质量等级及探伤具体要求见表 1。

无损检测具体要求 表 1

| 质量等级 | 探伤比例 | 焊缝位置 |
|---|---|---|
| BI | 100%UT | 拼板焊缝,锚拉板与主梁焊缝,锚拉板与锚拉管焊缝,加劲肋对接焊缝 |
| BII | 焊缝长度的 10%RT | 拼板焊缝 |
| BII | 100%UT | 主、横梁腹板与翼板焊缝,主梁腹板连接板焊缝,锚拉板加劲焊缝 |
| I | 100%MT | 主梁腹板横向加肋焊缝,锚拉板与主梁焊缝,小纵梁、重纵梁、支撑梁翼板与腹板角焊缝 |

## 9 结语

通过采取前述措施并认真实施,重庆观音岩大桥主桥钢结构焊接质量优良,检测结果表明:

(1)观音岩大桥确定的焊接参数合理,焊缝成型良好,有效地控制了焊接缺陷的产生;

(2)焊接变形得到了有效控制,工字钢腹板与翼板焊缝、锚拉板与主梁焊缝等位置的焊接工艺制订合理,减少了坐标误差,有效地保证了产品的质量;

(3)无损检测一次合格率高,工艺试板及产品试板力学性能试验结果均符合规范要求。

### 参考文献

[1] 中华人民共和国行业标准. JTJ 041—2000 公路桥涵施工技术规范[S]. 北京:人民交通出版社,2000.

[2] 中华人民共和国行业标准. TB 10212—98 铁路钢桥制造规范[S]. 北京:中国铁道出版社,1998.

# 江津观音岩长江大桥 A、B 梁段托架设计与施工监测

韩 均[1] 龚兴生[2] 黎 曦[1]

(1. 重庆高速公路集团有限公司北方建设分公司 重庆 401147;
2. 贵州省桥梁工程总公司 贵阳 550001)

**摘 要**:江津观音岩长江大桥 10 号墩位于长江中心水域中,A、B 梁段的施工由于受水上运输及吊装设备的限制,成为主梁施工的控制节点,施工中采用托架及动臂吊机联合施工,以确保施工进度,保证施工安全。

**关键词**:江津观音岩长江大桥 A、B 梁段托架 设计与施工监测

## 1 工程概况

江津观音岩长江大桥是重庆绕城公路南段跨越长江的重要工程。该桥在江津市观音岩附近跨越长江,是重庆绕城公路南段中规模最大的特大桥,也是公路桥梁中第一座跨度最大、桥面最宽的结合梁斜拉桥。全长 1.19km,主桥主跨为 436m,桥面宽度 36.2m,双塔双索面斜拉桥。主桥共长 879m,索塔采用菱形桥塔,高 172.8m。两岸引桥采用主跨为 30m 简支变连续的 T 梁。

主梁的截面形式为双工字形结合梁,纵向半漂浮体系,在索塔下横梁与梁体间设置油压阻尼器。横向采用限位支座。斜拉索桥全桥共 136 对,按双索面扇形布置,标准节段索距在主梁上为 12m。

A 梁段主梁长 18m,顶板宽 1.0m,底板宽 1.2m,重 42t;B 梁段主梁长 15m,顶板宽由 1.0m,底板宽由 1.2m 渐变为 1.0m,重 31t。

## 2 托架设计

A 梁段的施工在支架平台上进行。支架平台的结构刚度对 A 梁段施工有着相当重要的影响。

托架结构主要由纵梁与斜支钢管焊接而成,斜支钢管采用 $\phi$1 000mm×10mm 钢管,钢管与下横梁侧面预埋件焊接在一起,焊缝高度按 8mm 控制,且钢管与预埋板之间的椭圆面保证满焊,纵梁采用 2I40b 工字钢箱。工字钢箱贯穿下横梁顶支座垫石南、北两侧,中间部分预埋于支座垫石内部,纵梁顶部设置横向分配梁,横向分配梁采用 3I56b 型工字钢箱,钢箱顶部再设置 2.5~3.1cm 厚的橡胶垫层来支承主梁,橡胶垫层可有效保证主梁底油漆面不受摩擦而损坏,并能增加钢梁底与分配梁之间的接触面积,托架结构见图 1。

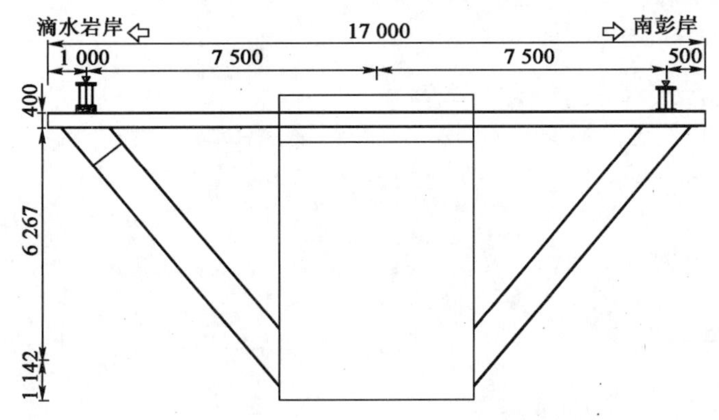


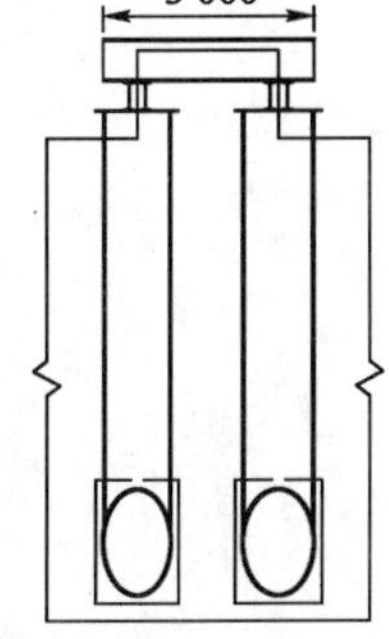


图 1 托架结构图(尺寸单位:mm)

## 3 托架计算工况

工况 I:仅架设 A 梁段主梁、横梁及小纵梁(按预定施工程序,桥面板安装及湿接缝的浇筑均在 B 梁段 A1、J1 斜拉索一张以后,故其荷载未考虑入内),第一台桥面吊机安装完成,并开始起吊(尚未完成安装)江侧的 B 梁段主梁。

工况 II:A 梁段主梁、横梁、小纵梁、桥面板安装完毕,B 梁段余下一根 H3 横梁(此时 H2 横梁由于受动臂吊机位置所限,暂时还不能安装),桥面吊机起吊最后一根 H3 横梁(注意,此时 H3 横梁处于架设状态,尚未安装完成)。

工况 III:A 梁段主梁、横梁、小纵梁及 B 梁段主梁、三根 H3 横梁安装完毕,桥面吊机处于空载情况,准备安装 A1、J1 斜拉索。

根据对三种受力工况的分析,工况 III 受力最大,作用于托架上的最大压力 $V_A$=1 851. 8kN,以下仅对工况 III 进行验算。

## 4 结构分析

单个托架所受的最大压力 $V_A$ = 1 851. 8kN,对应此托架的另个支点所受的压力为 $V_A = \frac{3\,479.2+2\times4.6}{2}$=1 744. 2kN。

利用有限元程序 MIDAS 对结构系统进行分析,得出最大组合应力图、最大位移图如图 2 和图 3 所示。

托架最大应力 $\sigma_{max}$=77. 0MPa<[$\sigma$]=140MPa,满足强度要求。

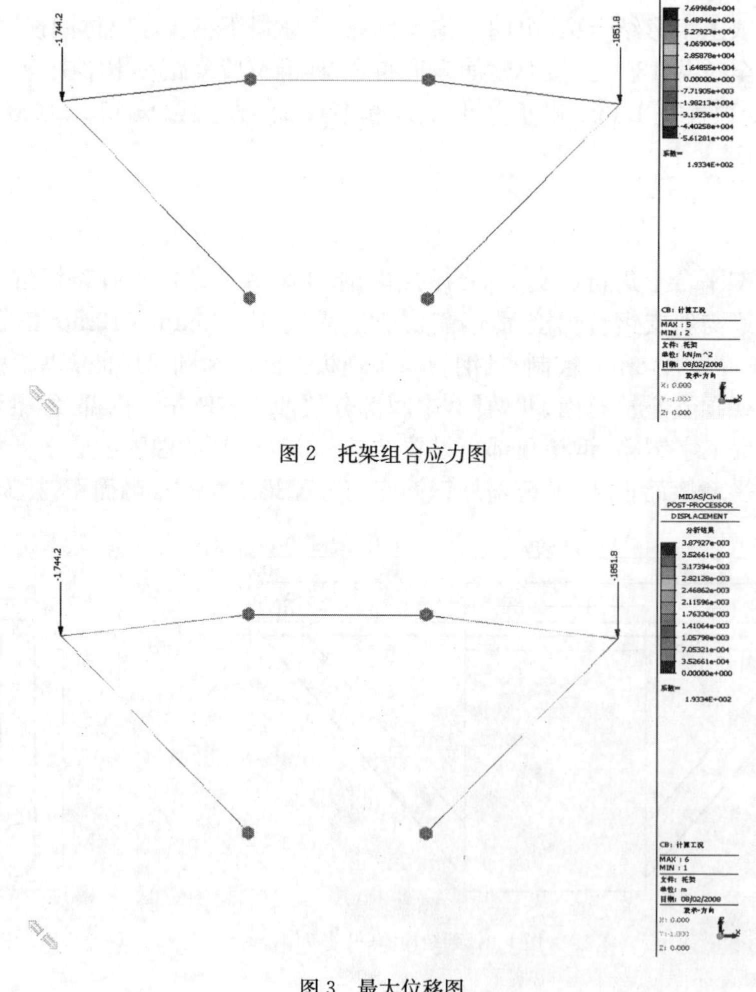


图 2 托架组合应力图

图 3 最大位移图

分配梁支承点处位移最大 $\Delta=3.9$mm，满足临时钢结构 $L/400=5\,000/400=12.5$mm 的要求。

## 5　托架监测方法

在主梁施工托架关键部位安装振弦式应变传感器，在主梁（A 梁段与 B 梁段）的纵梁、横梁、小纵梁和桥梁面板施工的每一分级荷载下，测量所有应变测点的应变，然后通过虎克定律推算测点的应力。

为了方便、准确地对主梁施工托架的整个施工过程进行跟踪监测，利用最新研制开发的，基于 GPRS 的“DST1—16A 振弦传感器分布式无线遥测系统”和专用软件，它能自动循环采样，自动无线传输，自动计算应变、应力、合成内力等。当监测应力达到一定数值时，可以预先对每一监控点设置报警值，当监测应力达到预警值时计算机就会自动报警。为了确保现场实际监测时能准确及时有效地提供有关数据与曲线，对监测系统的各种硬件和软件在试验室均做了试验，如应变计量程，应变计线性度及范围，应变计稳定性及环境温度的影响，硬件和软件结合后数据的采集、传输、计算等过程的检验、调试等；还对全部应变计及相应导线接入检测仪器系统后进行调试检测，取得了许多宝贵的经验和第一手资料。

托架水平型钢与倾斜钢管在连接处焊接成为整体，并且在倾斜钢管顶端焊接加强肋板，防止局部受压破坏。支架的预埋件设置于下横梁侧面，通过预埋钢板与支架钢管连接。预埋件分两类，上层预埋件呈水平受拉状态，下层预埋件呈倾斜受压状态，下层预埋件与钢管的夹角为 45°，采用在预埋钢板上焊接牛腿的方法，将倾斜受压转换为垂直受压。图 4 为观音岩大桥 S4-2 主梁施工托架实体照片。

图 4　观音岩大桥 S4-2 主梁施工托架实体照片

在主梁施工托架的前期准备工作完成之后，首先确定各测试断面及各应变计的相应位置，安装应变计的同时测量其频率读数，确认每只应变计读数在正常预定范围内之后，用强力胶水将传感器粘贴在结构之上。每个托架附近设置一个无线遥测分站，将距离每一分站最近的传感器导线沿钢结构侧面引向该分站，并通过专用接头接入分站机内。全部传感器导线安置完毕后，利用和计算机相接的主站连接所有分站，测试所有应变计全部的读数。经过调试，确认所有测点均能正常工作。

## 6　托架测试结果

观音岩大桥 S4-2 标段主梁 A、B 梁段施工从 2008 年 10 月 1 日开始到 2008 年 11 月 26 日结束，在将近 2 个月的监控期间，一共采集数据 21 万余个，应用先进监测手段为托架安全施工提供技术保障。

**1 号分站各个通道在施工过程中的最大应力**（拉为正，压为负）　表 1

| 通道号 | 1 | 2 | 3 | 4 | 5 | 6 |
|---|---|---|---|---|---|---|
| 最大应力(MPa) | 50.8 | 44.6 | 70.0 | 53.4 | −24.5 | −26.0 |
| 通道号 | 7 | 8 | 9 | 10 | 11 | 12 |
| 最大应力(MPa) | 47.7 | 45.3 | 44.4 | 37.8 | −28.5 | −29.8 |

利用有限元软件对观音岩大桥 S4-2 标段托架进行数值分析，得到 1～4 通道、7～10 通道测点理论计算值为 72.7MPa，5～6 通道、11～12 通道测点理论计算值为 −31MPa。从表 1 中看出，除了 3 通道与 12 通道应力与理论计算值接近外，其他通道应力均远小于理论计算值，结构处于安全状态。实测值比理论值小的原因是托架实际受力条件与理论计算略有差异，计算偏安全。

## 7 结语

江津观音岩长江大桥A、B梁段的施工在业主、施工单位、监理的大力支持下取得了圆满成功,并对施工过程中的钢托架结构应力、应变做了全方位、全过程的连续监测,监测结果较计算结果为小,托架安全系数较高,为后期的标准梁段施工奠定了良好的基础。

## 参考文献

[1] 中华人民共和国行业标准.JTJ 041—2000公路桥涵施工技术规范[S].北京:人民交通出版社,2000.

[2] 中华人民共和国国家标准.GB 50017—2003钢结构设计规范[S].北京:中国计划出版社,2003.

[3] 交通部第一公路工程公司.公路施工手册—桥涵[M].北京:人民交通出版社,2006.

# "先桥后挖"施工法在分离式立交桥施工中的应用

何晓东[1] 钟 宁[2] 黄颖斌[3]

(1.重庆交通大学 重庆 400074;2.重庆高速公路集团有限公司 重庆 400042;
3.重庆交通工程监理咨询公司 重庆 400060)

**摘 要**:本文介绍了重庆绕城高速公路与成渝高速公路交叉处一跨线桥在施工中采用的一种新的施工方案。应用该方案进行施工,既不会影响成渝高速公路车辆的安全运行,又加快了施工进度,节约了施工成本,实践证明该方案切实可行。

**关键词**:先桥后挖 施工方案 跨线桥

## 1 工程概况

新建的绕城高速公路将下穿成渝高速公路,在走马互通立交与成渝高速公路交叉处设一跨线桥 YK318+277.304,如图1所示。桥下净空为5.5m,其桥梁布置形式为28m+25m+2×28m+25m+28m现浇预应力连续箱梁,桥梁全长169.2m。上部构造采用现浇预应力连续箱梁,梁高1.8m;下部构造采用柱式桥台,桥墩采用柱式墩,桥墩直径为1.6m;挖孔桩基础,桩径为1.8m。该跨线桥的桩基落在正在运行的成渝高速公路上,跨线桥采用左右分幅设计。

由于该跨线桥的桩基落在正在运行的成渝高速公路上,在桥梁的施工过程中,必然会影响到成渝高速公路的通行,成渝高速公路的车流量又很大。在施工期间,如何保证施工的顺利进行又不阻断成渝高速公路的交通,并且还要保证成渝高速公路上车辆运行的安全,这将是施工单位面临的一大难题。

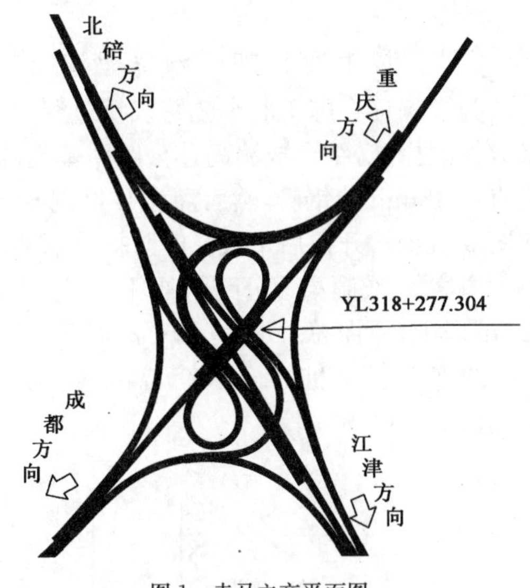

图1 走马立交平面图

## 2 方案的制订与比选

根据现场实际情况,针对以上问题,并结合本工程的施工工期。为了保障成渝高速公路车辆通行畅通和绕城高速公路施工便利,拟对跨线桥 YK318+277.304 实行半幅封闭施工,先进行右半幅桥施工,阻断右半幅车道,把右幅车流引入左幅车道,右幅通车后再进行左幅的施工,并制订了两套施工方案以供选择。

方案1:半幅整体开挖,也即是传统的施工方法。在采用小型抗滑桩进行防护后,对成渝路的右半幅路基整体开挖至跨线桥桩基的顶面设计高程,然后再采用人工挖孔的方法进行 YK318+277.304 跨线桥右半幅桩基的开挖,挖至桩底设计高程后进行桩基、墩柱的施工,待完成达到设计标准后,再搭支架现浇预应力混凝土连续箱梁。右幅通车后,进行跨线桥左幅的施工,左幅的施工工序与右幅相同。

方案2:"先桥后挖"的施工方法。结合原成渝路本段竣工图和现场的具体情况,为确保施工进度,方便施工,在注重安全和节约施工成本的前提下,可以采用该施工方案进行施工。现浇箱梁梁高1.8m,为了便于后期箱梁的施工,先对成渝路机械开挖2m深,2m以下的墩柱和孔桩全部按孔桩开挖,如图2所示。原设计系梁离箱梁底有4.5~5m,如果要对系梁进行施工,则必须对成渝路开挖到6~7m,原该段成渝路全部是填方路基,这样开挖对成渝路另一幅路基很不稳定,在车辆通行时很不安全。经与设计方沟通,取消系梁,把桩径由原来的1.6m变为1.8m。因墩柱的直径为1.8m,为保证护壁厚度(10cm)及加固墩柱模板施工方便,则开挖直径为2.6m,每1～1.5m设加固护壁一道。人工挖空至桩基顶面设计高程后,因桩基直径为1.8m,则开挖直径调整为2m,保证护壁厚度(10cm),每1～1.5m设加固护壁一道。对墩柱按孔桩施工处理措施,在墩柱外侧加钢护筒,以保证墩柱的外观质量和施工期间左半幅道路的稳定,并能节省工期,而又能保证在土石方开挖时不损坏墩柱。右幅通车后,左幅施工可以采用全幅开挖路基至桩基顶面设计高程,其施工工序与方法一相同。

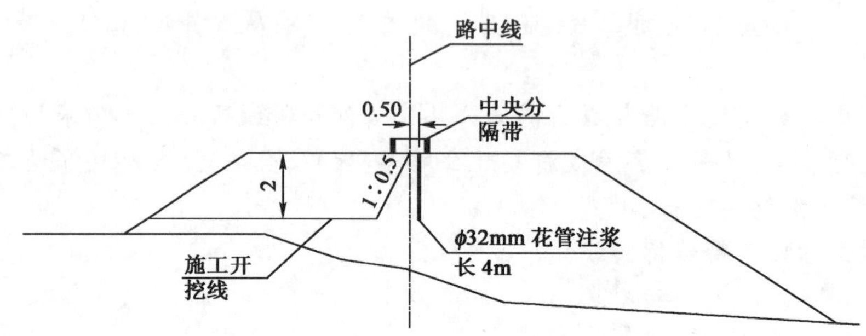


图2　开挖断面示意图(尺寸单位:m)

## 3　施工方案的比较

### 3.1　边坡防护加固的难易性

为了保证在施工右半幅跨线桥过程中,左半幅成渝高速公路能正常通车,必须对左幅高速公路路基边坡采取加固措施,结合成渝高速公路路基基础情况,考虑采用小型抗滑桩进行防护。桩径采用300mm,中间放置直径48mm的钢管,然后灌注C30混凝土,桩的间距为500mm,沿成渝高速公路中央分隔带顺桥向布置,如图3所示。开挖后边坡临时防护采取2cm厚的M5水泥砂浆抹面。

方案1:成渝高速公路与外环高速公路的高程达到7m以上,在开挖前进行防护时,抗滑桩的长度将至少7.5m以上,所需总长度为(169.2/0.5)×7.5=2 542.5m,灌注C30混凝土的数量为4.598$m^3$。

方案2:抗滑桩的长度将只需要4m,所需总长度为(169.2/0.5)×4=1 353.6m,灌注C30混凝土的数量大约为2.298 $m^3$。

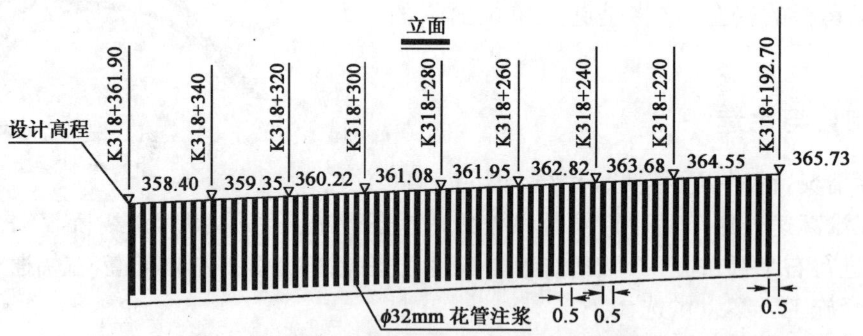


图3　小型抗滑桩布置图(尺寸单位:m;高程单位:m)

### 3.2　施工过程中的安全性

若采用方案1,将会导致大面积的开挖,在开挖过程中,先期的支护并不一定能够完全保证左半幅的稳定,势必给左半幅的行车带来潜在的安全隐患。可能还需要进行额外的支护,进一步增加了工程造价。若采用方案2,在开挖过程中,由于开挖的断面尺寸小,先期的支护完全能够满足左半幅的稳定,安全系数较高。方案2采用"先桥后挖"的施工方案,即当右半幅桥建好通车后在挖除桥下土方,而方案1是先挖除土方,再进行右半幅桥梁施工。相比之下,方案2将较早地将左幅的车辆引入建好的右半幅桥梁,进行左半幅桥的施工,减少了施工期间的安全隐患问题。

### 3.3 所需临时设备的比较

上部结构拟采用的施工方法为搭支架现浇，支架形式为层高1.5m、纵向间距1.2m，横向间距1m。若采用方案一，所搭支架的高度按平均5.5m计算，共需钢管9 306m。若采用方案2，由于箱梁高1.8m，开挖深度为2m，对开挖后的地基进行适当的处理，不需要搭支架直接利用开挖后的地基就能进行上部结构的施工，节约了大量的临时需要材料。

### 3.4 所需施工期的比较

在边坡的开挖过程中，方案1不确定因素较多，可能需要进行额外的支护，这将延缓施工进展。方案2由于安全性能的提高，不需要进行额外的支护，加快了工程的施工进度，同时方案2取消系梁可以节省工期40d左右。进行上部结构施工时，方案2不需要进行搭支架这一工序，也加快了施工的进度。

### 3.5 有无横系梁

如果要对横系梁进行施工，则必须对成渝路开挖到6～7m，原该段成渝路全部是填方路基，这样开挖对成渝路另一幅路基很不稳定，在车辆通行时很不安全，故取消系梁。只挖成渝路至2m左右，保证成渝路路基稳定和行车安全；无系梁比有系梁更美观，并便于桥下土石方开挖；取消系梁可以节省工期40d左右；取消系梁，为了墩柱的抗扭和稳定性，故把1.6m直径的桩柱改为1.8m。

成渝路YK318＋227.30跨线桥是整个绕城高速公路的控制性工程。施工环境及条件很困难，施工工期非常紧张。如果不进行合理的安排和方案的优化处理，将会影响整个绕城高速的通车时间。通过比较(表1)不难看出，采用方案2"先桥后挖"的方法将为最优方案。此方法在施工过程中极大地降低了工程造价，加快了工程进度，提高了施工过程中的安全性能，该方案能为成渝线跨线桥施工节省工期2～3个月。

**方案比较一览表** 表1

| 方案 | 方案1 | 方案2 |
| --- | --- | --- |
| 施工安全 | 安全性能低 | 安全性能高 |
| 临时设备 | 混凝土C30：4.598$m^3$，所需钢管数量：11 848.5m | 混凝土C30：2.298$m^3$，所需钢管数量：1 353.6m |
| 施工进度 | 由于施工过程中不确定因素多，施工难度较大，所需工期较长 | 施工难度相对较容易，施工工序较少，所需工期短 |
| 工程成本 | 高 | 低 |

## 4 "先桥后挖"法的施工工序及要点

(1)施工准备。

(2)成渝路半幅开挖及防护：开挖深度及坡比应确保成渝路的另半幅行车安全，考虑施工简单快速、经济安全，采用短密花管混凝土桩支护，支护必须在开挖之前施工完毕。

(3)孔桩开挖：对成渝路机械开挖2m以下的墩柱和孔桩全部按孔桩开挖，墩柱按孔桩施工处理，故在墩柱外侧加钢护筒，以保证墩柱的外观质量，并能节省工期，在钢护筒外面涂上有色防锈漆，以保证在土石方开挖时不损坏墩柱。

(4)待墩柱和桩的混凝土达到设计强度后，进行桥梁上部结构施工。

(5)待上部结构施工完成后，挖出桥下部的原成渝路的路基土石方。在挖土石方的过程中，为了确保桥梁及成渝路的安全，不得采用爆破和大型机械作业开挖，只能采用人工开挖的方式进行掘出。

(6)进行交通转换和另半幅桥梁的施工。

## 5 "先桥后挖"法的适用条件

当有新建的高速公路下穿已有的高速公路，已有的高速公路车流量又比较大，在施工期间不能阻断现有交通,并且还要保证施工期间行车的安全,临时改道又受到地形条件的限制或者将增大工程的成本,不妨可以考虑本文所提到的“先桥后挖”的施工方法来组织施工。应用此方法不仅可以降低工程的造价,节约工程成本,而且可以加快施工的进度。

## 6 结语

针对成渝高速公路在此立交处的工程地质条件和施工条件极其复杂,大面积开挖会给行车带来安全隐患并大量增加支护费用,提出了一种新的施工方法,即“先桥后挖”的施工方法。实践证明,该方法在施工中切实可行,应用此方法成功地解决了施工中可能出现的问题,加快了施工进度,节约了施工成本,减少了施工给现有交通带来的安全隐患等问题。当有新建的高速公路在立交处穿越已有的高速公路,且已有的高速公路车流量又较大时,可以参照本文的施工方案进行组织施工。

## 参考文献

[1] 中华人民共和国行业标准.JTJ 041—2000 公路桥涵施工技术规范[S].北京:人民交通出版社,2000.
[2] 中华人民共和国行业标准.JTJ 01—88 公路工程技术标准[S].北京:人民交通出版社,1995.
[3] 周水兴,等.路桥施工计算手册[M].北京:人民交通出版社,2006.
[4] 潘家铮.工程地质计算和地基处理[M].北京:水利电力出版社,2006.
[5] 叶书麟.地基处理工程实例应用手册[M].北京:中国建筑工业出版社,1998.
[6] 顾晓鲁,等.地基与基础[M].北京:中国建筑工业出版社,2003.
[7] 杨文渊.实用土木工程手册[M].北京:人民交通出版社,2001.
[8] 杨文渊,等.简明公路施工手册[M]. 北京:人民交通出版社,2004.
[9] 邬晓光.桥梁施工及组织管理[M]第2版.北京:人民交通出版社,2008.

# 灰色系统理论在白果渡嘉陵江大桥施工控制中的应用

张永水[1] 杨 雷[2] 高 建[2]

(1.重庆交通大学 重庆 400074;

2.重庆高速公路集团有限公司北方建设分公司 重庆 401147)

**摘 要**:本文以白果渡嘉陵江大桥施工控制的具体实践为例,探讨了灰色系统理论在连续刚构桥施工预拱度控制中的应用情形。结合该桥的施工控制过程,介绍了灰色预测控制系统的基本原理、具体实践步骤以及其应用的有效性,这个结论可推广到采用悬臂法施工的连续梁桥、拱桥、斜拉桥等的施工。

**关键词**:灰色系统理论 连续刚构 施工控制 预测控制

## 1 引言

对大跨径预应力混凝土连续刚构桥来说,自架设体系施工方法的采用,必然给桥梁结构带来较为复杂的内力和位移变化,一些新的问题也随之而来(主梁截面的应力控制、合龙前悬臂端高程的偏差、梁轴线的横向偏移以及合龙后的桥面线形等)。为了解决好这些问题,保证桥梁施工质量和桥梁施工安全,施工中对其进行工程控制是其必然要开展的工作,具有重要的意义。

## 2 施工控制理论与方法比较

结构倒装分析计算可以确定桥梁结构各施工阶段的中间理想状态,这种理想状态是我们期望在施工中实现的目标。但在实际施工中,桥梁结构的实际状态与理想状态总是存在着一定的误差,所以必须采取一定的理论和方法来分析和调整这些误差。为了尽量减小这些误差,桥梁施工控制通常采用的理论和方法主要有:设计参数识别修正法、影响矩阵法、曲线修正法、卡尔曼滤波法和灰色预测法。

(1)设计参数识别修正法是一种比较完善和实用的桥梁施工控制方法,但在实际控制中,由于这种方法可以尽可能减少、修正环境因素,可以使桥线形曲线的光滑性、和顺性,来控制状态与变量、目标函数、约束条件,以及具体施工方法等。

(2)影响矩阵法是通过广义影响矩阵的概念,导出了在大跨径桥梁结构的设计和施工控制中,计算被调整的某些截面的位移或内力的影响矩阵。这种方法既可用于成桥态的最优控制,也可用于施工阶段的最优控制,此种方法对实现程序化计算十分方便。

(3)曲线修正法是结合工程控制论的思想,将成桥线形和施工期间结构变位状态,作为离散、线性、确定性动态结构系统最优控制的对象,并根据悬臂施工的特点,尽量减小因线形曲线纠偏而在未建节段部分成桥线形曲线中引起突然大幅度返折波动。

(4)卡尔曼滤波法在20世纪60年代由卡尔曼教授提出,80年代初,我国在上海泖港斜拉桥的施工控制中首次采用了这种方法,随后,卡尔曼滤波法多次在梁桥施工控制中应用。卡尔曼滤波法在悬索桥、斜拉桥和连续刚构桥的施工控制中已得到了成功的运用,它不仅可以对现有数据进行滤波,消除随机误差的影响,还可以进行后期预测。

(5)灰色预测法以灰色理论为基础,是一个关于系统控制的新理论。20世纪90年代初期,灰色系统理论开始应用在大跨度连续刚构桥的施工控制中,在斜拉桥的施工控制中也有报道,并取得了初步的理论研究和实际应用成果。在实际的施工过程中,将各控制点的高程理论计算值减去实测值得到误差序列。

通过比较这些施工控制理论与方法可知,它们各自具有优缺点:设计参数识别修正法受限于环境影响,影响矩阵法及曲线修正法对初始数据量要求严格,卡尔曼滤波法要求系统状态方程已知,并要求计算误差与测量误差的统计特性已知,而灰色理论预测法虽然在桥梁施工控制中运用较少,但其可以弥补上述几种方法的缺陷,在桥梁的施工控制中具有一定的研究意义。所以本文结合白果渡嘉陵江大桥施工控制的具体实施,来介绍灰色系统理论在白果渡嘉陵江大桥施工控制中的应用方法及成果。

## 3 灰色预测系统基本原理

灰色系统理论就是以灰关联空间为基础的分析体系,它以现有信息或原始数列为基础,通过灰过程及灰生成对原始数列进行数据加工与处理,建立灰微分方程即灰模型(GM模型)为主体的模型体系,来预测系统未来发展变化的一种预测控制方法。这种预测控制法是将灰色理论引入桥梁施工控制技术中,以灰色动态模型GM(1,1)作为预测模型,并及时对模型进行滚动优化和反馈校正。在使用过程中,将所有桥梁施工状态影响因素实行灰化处理,将各影响因素集中反映在目标矢量中,从而通过目标矢量来完成预测过程。

而预测控制法是指在全面考虑影响桥梁结构状态的各种因素和施工所要达到的目标后,对结构的每一个施工阶段(节段)形成前后的状态进行预测,使施工沿着预定状态进行。由于预测状态与实际状态间免不了有误差存在,某种误差对施工目标的影响则在后续施工状态的预测中予以考虑,以此循环,直到施工完成和获得与设计相符合的结构状态。这种方法适用于所有桥梁,而对于类似连续刚构桥这种已成结构的状态具有无可调整性的桥梁施工控制必须采用此法。

基于灰色系统理论与灰色模型的控制,称为灰色控制。以系统行为数据为采集信息,按新陈代谢原理,建立GM(1,1)模型,用所建的模型预测系统行为的发展,即预测未来的行为数据,然后将行为预测值与行为给定值进行比较,以确定系统的超前控制值,这种控制行为称为灰色预测控制。大跨桥梁的施工过程是一个多变量、高阶、时变的复杂过程。要对这种复杂过程建立精确模型极其困难,而预测控制是解决这类建模困难、受控对象复杂系统控制的有效控制方案。本文采用灰色系统理论对白果渡嘉陵江大桥的施工过程进行预测分析。

## 4 灰色系统预测模型

灰色系统理论通过对一般微分方差的深刻剖析定义了序列的灰导数,从而使我们能够利用离散数据序列建立近似的微分方程模型,该模型简称为GM模型。GM模型包含以下几种:GM(1,1)、GM(1,$h$)、GM(0,$h$)以及Verhulst模型,这几种模型有一定的区别和使用条件。

在这几种模型中,有预测意义的模型是对样本数目要求较低的GM(1,1)模型,所以选取GM(1,1)模型作为施工控制预测系统的数学模型,其预测模型推导如下。

(1)GM(1,1)灰色微分方程为:

$$X^{(0)}(k)+aX^{(1)}(k)=b \tag{1}$$

式中,括号中第一个参数表示模型的阶次,第二个表示变量的个数。参数$a$为发展系数,反映$X^{(1)}$及$X^{(0)}$发展的态势,$b$为灰作用量,反映数据变化的关系。

(2)灰色微分方程的白化方程为:

$$\frac{\mathrm{d}X^{(1)}}{\mathrm{d}t}+aX^{(1)}=b \tag{2}$$

式中,$a$、$b$为待辨识的参数;$X^{(1)}$为原始数据$X^{(0)}$的累加生成数据系列。

(3)白化方程的解也称时间响应函数,为:

$$X^{(1)}(t)=\left[X^{(1)}(0)-\frac{b}{a}\right]\mathrm{e}^{-a(t-1)}+\frac{b}{a} \tag{3}$$

(4)GM(1,1)灰色微分方程的时间响应序列为:

$$\hat{X}^{(1)}(k+1)=\left[X^{(1)}(0)-\frac{b}{a}\right]\mathrm{e}^{-ak}+\frac{b}{a}$$

$$k=1,2,\cdots,n \tag{4}$$

(5)取$X^{(1)}(0)=X^{(0)}(1)$,则:

$$\hat{X}^{(1)}(k+1)=\left[X^{(0)}(1)-\frac{b}{a}\right]\mathrm{e}^{-ak}+\frac{b}{a}$$

$$k=1,2,\cdots,n \tag{5}$$

(6)还原值：

$$\hat{X}^{(0)}(k+1)=a^{(1)}\hat{X}^{(1)}(k+1)=\hat{X}^{(1)}(k+1)-\hat{X}^{(1)}(k)\qquad k=1,2,\cdots,n \tag{6}$$

## 5　连续刚构桥灰色预测控制系统

### 5.1　桥梁结构施工过程模拟分析计算

大跨预应力混凝土连续刚构桥一般采用悬臂现浇逐段施工，结构的某些荷载如结构自重、施工荷载、预应力等是在施工中逐段施加的，每一施工阶段又都伴随着徐变发生、边界约束增减、预应力张拉和体系转换等，后期结构的力学性能与前期结构的施工情况有着密切的联系。连续刚构桥悬臂梁现浇施工是从0号块分段逐步向前推进的。施工控制的目的就是在各节段施工过程中，通过调整立模高程使各节段在各施工阶段的高程尽可能地接近期望预测值，最终使成桥线形尽可能符合设计高程。本文采用正装计算法模拟分析这座桥梁施工过程。

### 5.2　每节段最优施工预拱度的确定

对于悬臂浇筑施工的连续刚构桥而言，每一阶段施工都包括浇筑混凝土、张拉预应力，挂篮前移等工况，针对每一个工况，梁段的竖向位移均存在一个理论值和实测值。理论计算状态值序列表示为：

$$X=[X(1),X(2),\cdots,X(n)]$$

对应 $X$ 有实测值序列：

$$Y=[Y(1),Y(2),\cdots,Y(n)]$$

根据 $X$、$Y$ 建立误差序列，误差序列的建立有两种方式：差值法和比值法。

差值法以下式表示：

$$\delta=[\delta(1),\delta(2),\cdots,\delta(n)]$$

其元素：

$\delta(k)=X(k)-Y(k)\qquad k=1,2,\cdots,n$

如果存在 $\delta(k)$ 小于零的情况，要做非负处理，以 $\delta$ 作为数据生成序列 $X^{(0)}$，对 $X^{(0)}$ 作一次累加生成 $X^{(1)}$ 及生成 $Z^{(1)}$，由式(1)$GM(1,1)$模型，由 $\hat{a}=(B^TB)^{-1}B^TT_N$ 确定出参数 $a$、$b$，由式(5)得到响应值 $\hat{X}^{(1)}$，再由式(6)获得还原值 $\hat{X}^{(0)}$。

$$\hat{\delta}=[\hat{\delta}(1),\hat{\delta}(2),\cdots,\hat{\delta}(n),\cdots,\hat{\delta}(m)]\qquad(m>n)$$

$\hat{\delta}(n+1),\cdots,\hat{\delta}(m)$ 为误差预测结果。若 $\hat{\delta}$ 带有明显的方向性，则存在系统误差，且其分布即为 $\hat{\delta}$。

考虑到挂篮前移的变形很小，这里只考虑浇筑前后和张拉前后变形差值的预测。以 $\delta^{jz}(k+1)$ 表示为第 $k+1$ 段浇筑前后的预测差值，以 $\delta^{jz}(k+1)$ 表示为第 $k+1$ 段张拉前后的预测差值，那么，下一阶段立模时的预留拱度值为：

$$\hat{U}(k+1)=U(k+1)-\delta^{jz}(k+1)+\delta^{zl}(k+1) \tag{7}$$

原始数据列用比值法的形式来表达时，仍以 $X$、$Y$ 建立误差序列，则有：

$$Z=[Z(1),Z(2),\cdots,Z(n)]$$

其元素：

$$Z(k)=X(k)/Y(k)\qquad k=1,2,\cdots,n \tag{8}$$

以 $Z$ 作为原始数据序列，经过一系列的运算后可以得到还原值 $Z^{(0)}(k+1)$，从而也可以得到下一阶段的模型预测值。

### 5.3　灰色模型的精度检验

模型预测值选定后，一定要经过检验才能判定其是否合理，只有经过检验的模型才能用来应用。灰色模型的精度检验一般有三种方法：残差检验法、关联度检验法与后验差检验法。这里只介绍常用的后验差检验法。

(1)$C=S_2/S_1$称为均方差比值,对于给定的 $C_0>0$,当 $C>C_0$ 时称模型为均方差合理模型。

(2)$p=P[|\varepsilon(k)-\bar{\varepsilon}|<0.6745S_1]$称为小误差概率,对于给定的 $p_0>0$,当 $p>p_0$ 时称模型为小误差概率合理模型,其中 $\varepsilon(k)$ 为相对误差值(也叫残差值)。

模型的精度有 $C$ 和 $p$ 共同评定。一般地,将模型的精度分为四级,见表 1。

精度检验等级参照表　　表 1

| 预测精度 | 方差比 $C$ | 小误差概率 $p$ | 预测精度 | 方差比 $C$ | 小误差概率 $p$ |
|---|---|---|---|---|---|
| 1 级(好) | $C\leqslant 0.35$ | $0.95\leqslant p$ | 3 级(勉强) | $0.50<C\leqslant 0.65$ | $0.80<p\leqslant 0.70$ |
| 2 级(合格) | $0.35<C\leqslant 0.50$ | $0.95<p\leqslant 0.80$ | 4 级(不合格) | $0.65<C$ | $p<0.70$ |

于是,模型精度级别=Max{$p$ 所在的级别,$C$ 所在的级别}。

## 6 灰色预测控制系统的应用实例

### 6.1 实际工程概述

白果渡嘉陵江大桥是位于国道 212 线武胜(川渝界)至重庆合川高速公路上的一座特大型桥梁,桥梁全长 1 433.78m。主桥为 130m+230m+130m 预应力混凝土连续刚构(图 1),桥面纵坡以主桥,中点为变坡点,前后纵坡分别为 0.3%及-0.3%,在桥面横向设置 2%向外侧的单向横坡,桥总宽 22m,分两幅修建,其间以中央分隔带连接。每幅桥的箱梁设计为单箱单室的三向预应力混凝土结构,箱梁高度按半立方抛物线变化,梁底下缘按半立方抛物线设置。设计荷载为汽—超 20,挂—120。全桥按浇筑基础、墩身→浇筑 0 号块→对称悬臂浇筑→边跨合龙→中跨合龙→安装桥面系的顺序进行施工。

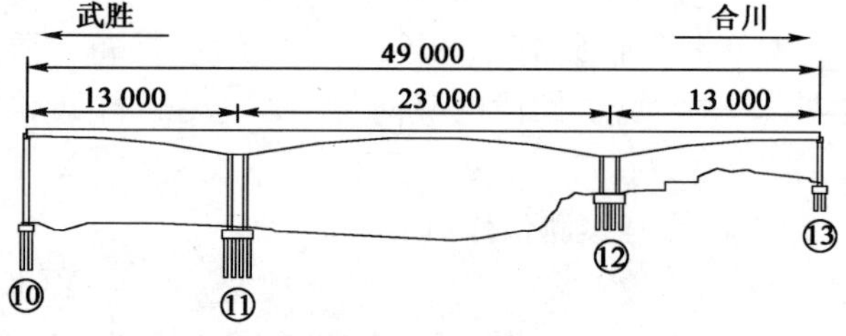

图 1　白果渡嘉陵江大桥总体布置(尺寸单位:cm)

### 6.2 阶段控制实例

以白果渡嘉陵江大桥上游某一具体施工节段为例,说明灰色预测控制系统在预应力混凝土连续刚构桥施工控制中的应用。该施工状态是:12 号墩合川岸侧悬臂箱梁 25 节段已施工完毕并已移出挂篮,现要确定下一节段 26 号块的立模高程。通过施工阶段模拟计算和对前 4 个施工节段的施工监测,其理论及实测数据见表 2。表 3 中分别给出按 6、5、4 个数据来预测的预测结果,并作了 $C$ 及 $p$ 的模型精度检验。

12 号墩 25 节段施工完毕后的理论及实测数据(m)　　表 2

| 梁段号 | 浇筑前后变形值 | | 张拉前后变形值 | |
|---|---|---|---|---|
| | 理论 | 实际 | 理论 | 实际 |
| 20 | 0.026 1 | 0.017 7 | 0.021 2 | 0.0160 |
| 21 | 0.032 1 | 0.022 9 | 0.025 0 | 0.018 3 |
| 22 | 0.035 1 | 0.024 8 | 0.028 0 | 0.019 0 |
| 23 | 0.040 8 | 0.029 8 | 0.031 4 | 0.022 7 |
| 24 | 0.043 9 | 0.031 2 | 0.034 9 | 0.025 3 |
| 25 | 0.048 7 | 0.034 7 | 0.038 7 | 0.028 0 |

12 号墩 26 节段施工前的预测及精度检验值(m)　　表 3

| 项目 | | 6 数据 | 5 数据 | 4 数据 |
|---|---|---|---|---|
| 浇筑前后变形值 | 预测值 | 0.037 6 | 0.037 5 | 0.037 3 |
| | $C$ | 0.076 6 | 0.093 | 0.081 7 |
| | $p$ | 1 | 1 | 1 |
| 张拉前后变形值 | 预测值 | 0.009 6 | 0.009 5 | 0.009 9 |
| | $C$ | 0.072 3 | 0.098 7 | 0.016 2 |
| | $p$ | 1 | 1 | 1 |

比较表 3 中均方差比值 $C$ 和小误差概率 $p$ 这两个指标发现:数据越少,指标越好,这也证明了采用新陈代谢模型的数据处理方式是正确的,故预测依据为预测梁段的前 4 个梁段的数据。在 26 节段施工完成后,根据收集的测量数据,浇筑前后实际变形 0.039 3m,张拉前后实际变形 0.016 3m。比较预测数据可以发现,浇筑前后差值预测结果误差不超过 3mm,张拉前后差值与预测结果误差也仅为 7mm。下面分别给出理论值、实际值、还原预测值的比较图(图 2 和图 3)。

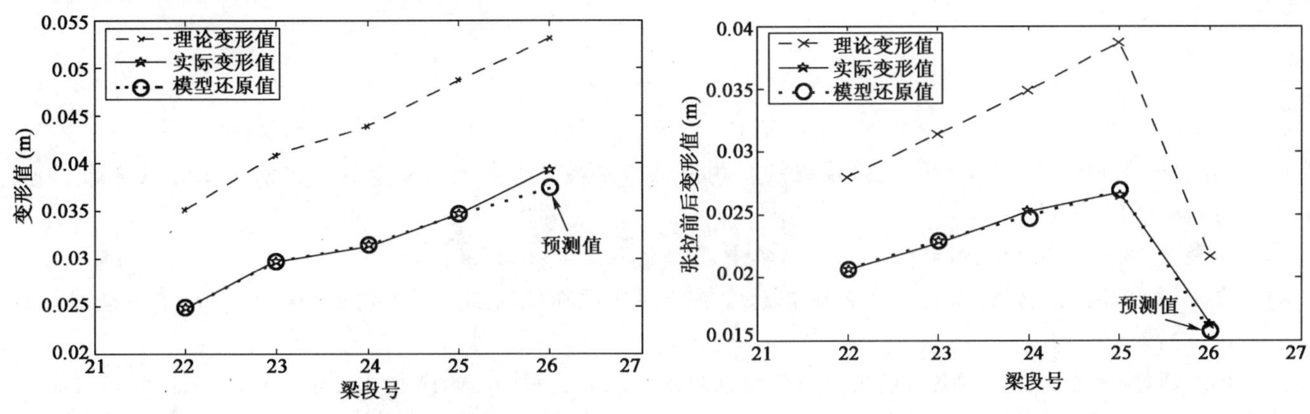


图 2 11 号墩边跨 22～26 段浇筑前后变形比较图

图 3 11 号墩边跨 22～26 段张拉前后变形比较图

## 6.3 成桥控制结果

目前,白果渡大桥已经完成全部悬臂箱梁段的施工,由于篇幅原因,我们仅以 11 号墩箱梁武胜侧悬臂端施工控制结果给予说明,其控制结果见图 4。从图中可以看出,在施工阶段除了 11 号墩箱梁武胜岸侧第 27 节段误差为 24mm 外,其余都没有超过 20mm,该主跨在完成 30 节段施工进行合龙时,两悬臂端高差为 12mm,控制在 15mm 内,完全达到了施工监控的预期目的。

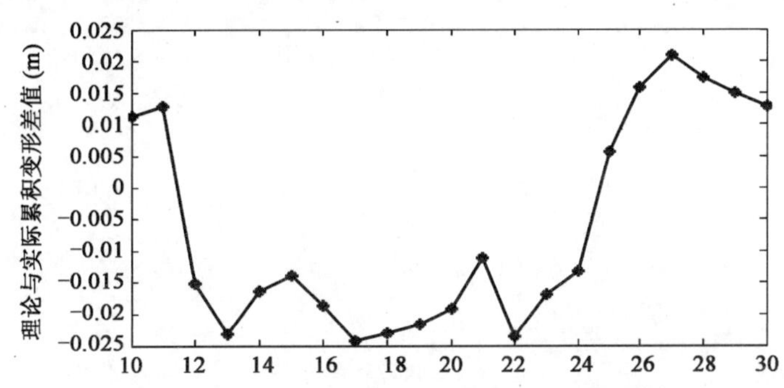


图 4 11 号墩武胜侧悬臂箱梁施工完成后的理论与实际累积变形差值

## 7 结语

本文重点讨论了灰色系统理论的有关内容,针对大跨径混凝土梁桥施工过程中挠度变形的复杂性,提出了将灰色系统理论和现代预测控制理论有机结合而开发出来的一种施工控制系统,并以白果渡嘉陵江大桥施工过程中的挠度变形监测为例,表明了本系统的有效性,其特点如下。

(1)灰色系统通过对数据的生成,来弱化数据的随机性,凸现其规律性,在数据少时有优势,当人工采集变形数据或数据采集受客观限制时,可采用灰色系统理论模型,以减轻外业观测的工作量,并得到较好的预测效果。

(2)混凝土梁桥施工过程中,系统行为不断变化,环境和噪声不断干扰。灰色预测控制系统采用新陈代谢 GM(1,1)模型,通过现场施工监测不断更新模型数据,因此本系统的控制是适时的,具有较强的适应性和鲁棒性,且具有较高的准确度。

(3)同一施工阶段、不同箱梁段的挠度数值,随悬臂的增长而增大,其一次累加生成序列具有简单的指数规律,从而可以建立灰色系统理论 GM(1,1)模型进行挠度数值的拟和与预测。从实际计算结果来看,效果较好,这个结论可推广到采用悬臂施工法的连续梁桥、拱桥、斜拉桥等的施工。

灰色系统理论在非单调发展序列数据的处理方面存在较大的不足,Verhust 模型、波形预测以及灰色马尔可夫预测等虽然可以处理一部分非单调发展序列,但都不易使用且精度较差,而时间序列对于描述系统的随机波动具有独特的功能,将二者结合起来是一种较好的选择,目前这方面在变形分析上的应用还有待完善。

## 参考文献


[1] 黄建跃,王树林,刘成龙,等.大跨度连续刚构桥施工主梁变形监测的必要性与方法[J].桥梁建设,2003(1):48-51.

[2] 邓聚龙.灰色系统理论教程[M].武汉:华中理工大学出版社,1990.

[3] 徐岳,鲜正洪,张劲泉.灰色控制系统在悬索桥主缆架设阶段的应用[J].西安公路交通大学学报,1998,18(3):21-24.

[4] 毕效辉,张海东.基于 GM(1,1)模型的趋势预测方法及其应用[J].西南科技大学学报,2003,18(4):1-4.

[5] 郭洪生,腾金龙,马晓光.GM(1,1)模型在建筑物变形预测中的应用[J].东北测绘,2000,23(1):9-11,27.

[6] 张永水.大跨度预应力混凝土连续刚构桥施工误差调整 Kalman 滤波法[J].重庆交通学院学报,2000,19(3):13-15,21.

[7] 方志,周光伟,佘小年,等.祁阳白水湘江大桥施工控制[J].湖南交通科技,2003,29(4).

# 桥梁墩柱混凝土夏季施工质量控制措施

汪　伟

（高速集团东渝分公司梁万中心养护站　重庆　400000）

**摘　要**：本文结合重庆巫奉高速公路大宁河特大桥引桥墩柱混凝土夏季施工工艺，浅谈桥梁墩柱混凝土夏季施工注意事项及质量控制措施。

**关键词**：墩柱混凝土　夏季施工　质量控制

## 1　工程概况

重庆巫山至奉节高速公路（简称“巫奉高速公路”）是国家重点建设的“五纵七横”中杭州至兰州的一横，也是重庆市“四环八射”骨架公路的组成部分，其中大宁河特大桥是巫奉高速公路关键性工程之一。大宁河特大桥主桥为净跨 $L=400$m 的钢箱桁架上承式拱桥，宜昌岸引桥为 5×30m T 梁，万州岸引桥为 3×30m T 梁，桥面净宽 24.5m，设计荷载为汽—超 20 级，挂—120，双向四车道，设计行车速度为 80km/h。大桥横跨大宁河，桥面距离水面约 180m，万州岸岸坡为悬崖陡壁，宜昌岸山高谷深，施工现场极为狭小、大桥两岸引桥的施工组织和施工难度极大。

大桥引桥采用左右分离的薄壁式钢筋混凝土墩柱，混凝土强度等级均为 C40。其中 1 号墩、2 号墩、8 号墩为等截面实心墩。1 号墩断面尺寸为 5m×1.2m，墩高左幅 7m，右幅 10.5m。2 号墩、8 号墩断面尺寸为 5m×1.5m，墩高分别为 2 号左幅 21m，右幅 23m，8 号墩左幅 19m，右幅 13m。3 号墩、4 号墩、7 号墩采用变截面空心墩，3 号墩断面尺寸为 5m×2.2m，墩高为左幅 37m，右副 40.5m；4 号墩、7 号断面尺寸为 5m×2.5m，4 号墩左幅 55m，右幅 58m，7 号墩左幅 45m，右幅 42m。交界墩（为 5 号、6 号墩）采用三柱式等截面空心墩，墩柱断面尺寸均为 7.5m×3.0m，墩高为：5 号墩 78m，6 号墩 85m。

大宁河特大桥为巫奉高速公路中的重点控制工程，施工工期紧，技术含量高，大桥东西两岸的引桥墩施工正处在炎热夏季，对大落差、长距离泵送混凝土施工质量控制难度较大。施工单位根据混凝土夏季施工技术规范，结合现场实际情况，严密编制墩柱夏季施工组织设计，经监理工程师反复审查后实施，通过实际施工情况证明，施工措施可行、可靠。

## 2　墩柱混凝土夏季施工特点

混凝土夏季施工最显著的特点是环境温度高，相对湿度小，以及可能遇到干热风、暴晒等不良气候因素。由于夏季施工阶段高温和干热风等不利因素的综合作用，易对混凝土产生不利影响。

（1）在高温下拌和浇筑混凝土，水分蒸发快，混凝土在输送过程中坍落度损失大，混凝土入仓后易发生假凝现象，难以保证设计配合比要求的和易性和流动性，因混凝土布料不均匀及振捣不密实易导致混凝土的强度、抗渗和耐久性降低。同时，刚浇筑的混凝土，由于本身温度高，在加上外界高温及干热风的影响，表面水分迅速蒸发，容易早凝而失去流动性，由于脱水收缩而造成裂缝。

（2）由于夏季温度高，混凝土原材料受太阳暴晒，混凝土出机温度高，再加上水泥水化热造成的温升，混凝土入模温度提高导致水泥水化反应加快，混凝土初凝时间缩短，施工操作时间减少，容易因振捣不及时造成混凝土蜂窝、麻面等质量问题，严重时易出现冷缝。

（3）混凝土养生非常重要，如脱模后不能及时浇水养护，混凝土脱水将影响水化反应的正常进行，不仅降低强度，而且加大混凝土收缩，易出现干缩裂缝。

为此，针对混凝土夏季施工特点和诸多不利因素，应采取必要的防护措施，以保证混凝土的浇筑质量。

## 3 混凝土夏季施工控制措施

(1)首先认真做好夏季混凝土施工组织,合理安排混凝土浇筑时机,应避免在日最高气温时浇筑混凝土。高温干燥季节晚间浇筑混凝土受风和温度的影响相对较小,并且可以在接近日出时终凝,而此时的相对湿度较高,混凝土早期干缩开裂的可能性最小,因此,混凝土浇筑应尽可能选在晚间相对低温时段进行。

(2)严格控制混凝土配合比,根据现场粗细集料的实际含水率合理调整施工配合比,同时掺加外加剂,改善混凝土的和易性和抗裂性能。

(3)降低混凝土入仓温度,特别是降低粗细集料的温度能有效地降低混凝土的出机温度。施工现场所采取的措施是:规定混凝土浇筑前进行淘砂,冲水冷却石子,以利降低骨料温度;同时混凝土搅拌用水采用温度较低的大宁河深层水,达到有效降低拌和料温度的目的。

(4)炎热夏季浇筑混凝土,在混凝土拌制、运送、浇捣等施工过程中均采取遮盖等有效控制措施,保证混凝土入仓温度不得大于 30℃,以降低混凝土绝热温升和内表温差,减小混凝土表面开裂。

(5)夏季施工混凝土坍落度控制。在夏季高温条件下,混凝土的坍落度损失是比较明显的。而引起坍落度损失的原因虽多,但水分蒸发与长距离运输造成坍落度损失是主要因素。因为桥墩离拌和楼上下高差最大达到 80m,如采取一次拌和后利用输送管泵送至模内会产生严重的离析现象,所以采用二次拌和的方法,确保了混凝土的保水性、黏聚性。有效降低混凝土坍落度损失的主要措施如下:

①现场监理做到加强旁站,对现场混凝土配制、拌和过程、集料计量等增加检测力度,根据砂、石实际含水率及时调整施工配合比。

②缩短浇筑时间,首先配备足够的人力、设备和机具以便及时应付预料不到的不利情况(如设备故障、堵管、劳动力不足等),并在施工过程中严格控制坍落度损失,混凝土入仓坍落度不低于出机坍落度的 90%,同时加快混凝土浇筑速度,使每次混凝土浇筑完成时间由 5~6h 缩短到 3~4h。

(6)防止混凝土裂缝产生。夏季施工的混凝土易出现开裂,常见的有温度裂缝、塑性收缩裂缝和干缩裂缝。大宁河特大桥防止裂缝的措施如下。

①从提高混凝土内在质量着手,择优定点采购混凝土集料。粗集料选用巫山骡坪 5~31.5mm 机制碎石(母材为石灰岩,抗压强度为 112.9MPa,满足规范要求);水泥选用高品质华新 P. O. 42.5R 普通硅酸盐水泥;细集料采用级配良好、质地坚硬、颗粒洁净、细度模数为 2.5~3.0 之间的洞庭湖中砂。同时严格控制砂石含泥量,改善砂石级配,施工现场严格控制混凝土坍落度、单位用水量、水灰比。

②提高混凝土的密实度。严格按设计配合比要求的砂、石级配进行投料生产,做到振捣工艺技术合理。采用插入式振捣器严格按照规定振捣时间和插入深度及范围进行振捣,保证混凝土质地密实,提高混凝土的极限抗拉强度,增强对裂缝开展的抵抗能力。适当延长拆模时间,拆模时不得用力撬动与敲打而损伤墩柱的外观质量。

③从温度条件入手。尽量采用低水化热的水泥,采取向集料堆洒水,进行蒸发冷却集料,以降低混凝土搅拌温度,同时控制每层混凝土浇筑高度不超过 30cm,既利于振捣密实,又加快热量散发,避免产生温度裂缝。

(7)加强混凝土养护工作。混凝土浇筑完毕立即用无纺布覆盖适时洒水养护,避免暴晒。大宁河特大桥监理对引桥墩柱养生控制方法进行了严格控制。做到前 7d 坚持洒水保持湿润,连续养护;8~14d 坚持按时段经常养护;后 14d 内做到间断养生的三段养护法,延长养护时间,使混凝土表面蓄存一定深度的水分,防止因混凝土表面失水过快而出现干缩裂纹。

## 4 结语

大宁河特大桥监理工程师根据《公路桥涵施工技术规范》(JTJ 041—2000)以及巫奉高速公路《技术规范》,结合夏季混凝土施工特点和要求,加强了对引桥墩柱施工质量的监控力度,从材料关、工序关、检测关、中间交验关把好工程质量,致使墩柱混凝土夏季施工技术措施的应用取得了较理想的效果。引桥墩柱施工质量均符合规范要求、混凝土强度满足规范和设计规定，外观平整、密实光洁，无砂眼气泡裂纹。

由于混凝土夏季施工影响因素复杂，在类似桥梁墩柱混凝土夏季施工过程中，还应根据现场实际情况和工程所在地夏季高温施工具体特点，进行具体分析，列出主要因素，针对性地实施控制，以保证混凝土的施工质量。

## 参 考 文 献

[1] 中华人民共和国行业标准. JTJ 041—2000 公路工程施工监理规范[S]. 北京：人民交通出版社，2000.

[2] 交通部公路科学研究院. 公路工程水泥混凝土外加剂与掺和料应用技术指南. [M]. 北京：人民交通出版社，2006.

[3] 王文涛. 桥梁监理工程师指南[M]. 北京：人民交通出版社，2000.

# 高速公路立交工程竣工质量评价研究

王卫星　陈　锋　郑　群

(重庆交通大学管理学院　重庆　400074)

**摘　要**:通过分析现有高速公路立交工程竣工验收方法的不足,根据立交工程施工质量评定的特点,在分析组成立交工程主体的各分部分项工程的内在联系及隶属关系的前提下,建立了基于模糊数学理论的新建高速公路立交工程施工质量的评定方法。本文以重庆市某高速公路立交为例,从下部结构、上部结构、桥面系、附属结构等方面,对新建高速公路立交进行全面综合并且量化的分析,能较真实、准确地反映高速公路立交工程施工质量的状况。

**关键词**:高速公路　立交工程　模糊综合评判　权重　质量评价

## 1　引言

近年来,中国的高速公路建设正以惊人的速度发展,高速公路建设体制也越来越完善,工程建设质量也日益得到重视。高速公路立交作为公路建设的重要构造物,其工程质量的好坏直接关系到立交的使用效果,影响到整条公路的顺利通车和使用效果,是保证整个公路工程建设项目质量的关键。但是随着国家对公路建设投资增多,公路建设速度的加快,公路建设市场的放开,公路工程质量出现了严重的质量隐患,特别是对于结构复杂,施工难度大的高速公路立交工程,质量问题尤其严峻,这些重大工程质量事故,不仅给国家造成巨大的经济损失,而且造成严重的人员伤亡,造成不良的社会影响。这些重大质量事故的发生,一方面是设计、施工、监理等方面存在不足引起的,但是不能否认这与当初立交在建设过程中和建成以后的工程质量检验评定的不准确,没有及时排除立交存在的质量隐患有很大关系。因此,对高速公路立交工程建设项目工程质量进行客观、严格、公正的检验评定是必不可少的。

就目前情况,我国工程竣工验收方法有着很多缺点和不足:验收过程中只通过建筑物的观感质量来评定结构的质量,而对结构质量的一些本质特征,只能通过试验报告或质量记录对其进行认定,得出验收意见,这样得出的结论存在较多主观因素,没有考虑工程质量的模糊性和质量评定的模糊性,因而不能客观、全面地反映工程质量。本文运用模糊综合评判正是克服这种模糊性的一种行之有效的数学方法。同时,交通部颁布的工程质量检验评定标准——《公路工程质量检验评定标准》(JTGF 80/2—2004),为我国公路工程质量的检验评定提供了新的准则,使得工程质量检验评定能更好地为我国的公路建设服务。

## 2　高速公路立交工程施工质量模糊综合评判简介

综合评判是指对多种因素所影响的事物或现象进行总的评价,若在评价过程中涉及模糊因素,便称作模糊综合评判。模糊综合评判的数学模型主要包括以下步骤。

### 2.1　确定评价因素、评价等级

模糊数学综合评判称检验评定标准中规定的检评项目为“因素”,被检验项目评定标准要求的文字语言用“隶属度”数字语言进行定量评定,并由此确定其质量等级。设$U=\{u_1,u_2,\cdots,u_m\}$为刻画高速公路立交工程的$m$种因素(即评价指标),$V=\{v_1,v_2,\cdots,v_n\}$为刻画每一因素所处的状态$n$种决断(即评价等级)。按《公路工程质量检验评定标准》(JTG F80/2—2004)中有关规定对各实测项目进行检查,并获得验收得分$x$。

### 2.2　构造评判矩阵和权重

#### 2.2.1　构造评判矩阵

$$R=(r_{ij})_{m\times n}=\begin{bmatrix} r_{11} & r_{12} & \cdots & r_{1n} \\ r_{21} & r_{22} & \cdots & r_{2n} \\ \cdots & \cdots & \cdots & \cdots \\ r_{m1} & r_{m2} & \cdots & r_{mn} \end{bmatrix}$$

上式为$U^{T}$OV 上的模糊隶属关系矩阵，$R$ 中的元素 $r_{ij}$ 表示 $U^{T}$ 中第 $i$ 个因素相对于第 $j$ 个评价的隶属度（或隶属函数）。令 $A=[a_1,a_2,a_3,a_4,\cdots,a_m]$为 $U^{T}$ 集合上的权分配模糊向量。其中 $a_i$ 表示 $U^{T}$ 中 $u_i$ 因素的权重，且有 $a_i\geqslant 0$，$\sum_{i=1}^{m}a_i=1$。

2.2.2　隶属度（或隶属函数）的确定

一种方法是确定隶属度，成立质量检测小组，每一参评人员对每一因素作出评价，汇总全部人员的评价意见，计算隶属度。另一种方法是确定隶属函数，此方法有很多，如降半梯形法，此法设 $V_j$ 和 $V_{j+1}$ 为相邻两级的分级标准，且 $V_j>V_{j+1}$，则：

$V_j$ 级的隶属函数为：$r(x)=\begin{cases} \dfrac{x-v_{j+1}}{v_j-v_{j+1}} & v_{j+1}\leqslant x\leqslant v_j \\ 0 & \text{其他} \end{cases}$

$V_{j+1}$ 级的隶属函数为：$r(x)=\begin{cases} \dfrac{v_j-x}{v_j-v_{j+1}} & v_{j+1}\leqslant x\leqslant v_j \\ 0 & \text{其他} \end{cases}$

2.2.3　确定评价因素的权重

评价因素权重的正确分配是比较困难的。它的实质是各因素影响评价对象程度的数量表示。一般可采用两种方法，一种方法是经验确定法，由专家根据实践经验来确定；另一种方法是采用资金比较法，假设各评价因素的预算金额为 $F_1,F_2,\cdots,F_i,\cdots,F_m$，则权重 $A_i=\dfrac{F_i}{\sum_{i=1}^{m}F_i}$。

2.3　进行模糊合成和做出决策

引入 $V$ 上的一个模糊子集 $B$，称模糊评价，又称决策集，$B=[b_1,b_2,b_3,b_4,\cdots,b_n]$，令 $B=A^{*}R=[b_1,b_2,b_3]$（* 为算子符号），称为模糊变化。若$\sum b_j\neq 1$，应将它归一化，$B^{*}=\left\{\dfrac{b_1}{b^{*}},\dfrac{b_2}{b^{*}},\dfrac{b_3}{b^{*}}\right\}$，其中 $b^{*}=b_1+b_2+b_3$。所以，总体得分为 $P=VB^{*T}$。

高速公路立交建设项目，一般都是由若干个分部工程组成的，而每个分部工程又由若干个分项工程组成，因而立交工程质量的综合评判是一个多级综合评判的问题。若要进行 II 级评价，则：

$$R=[B_1^{*},B_2^{*},\cdots,B_K^{*}]$$

$$A=[B_1,B_2,\cdots,B_K]$$

则：

$$B=AR^{T}=[B_1,B_2,\cdots,B_K]\begin{bmatrix} B_1^{*} \\ B_2^{*} \\ \cdots \\ B_K^{*} \end{bmatrix}$$

最终综合评价总分为：$P=VB^{T}$。

## 3　综合评判实例

为了能更清楚地说明模糊数学评判法，现以重庆市某高速公路立交工程为例说明。A 匝道桥上跨高速公路部分为 4m＋2×30m＋4m＝68m 的钢筋混凝土预应力连续箱梁桥，桥面宽度为 9m，跨径 30m，箱梁混凝土等级 C50，基础采用直径 2.2m 的 C30 钢筋混凝土桩基础，墩柱直径 1.5m，桥台为重力式桥台。按《公路工程质量验收评定标准》(JTG F80/2—2004)对立交主体工程的各分顶工程的实测项目验收得分如表1。

**立交工程施工质量模糊综合评判影响因素及质量评分表** 表1

| 检查项目 | 外观要求 | 验收得分 $x$ | 权重 $A$ | |
|---|---|---|---|---|
| 下部结构 | 1. 桥台、桥墩混凝土无缺边、掉角、裂缝、露筋、蜂窝麻面、线角挺拔，线形顺直，无凹凸，美观 | 88 | 0.14 | 0.2 |
| | 2. 台帽、位置准确，混凝土无蜂窝麻面、露筋、掉角、缺边、裂缝、无凹凸，美观 | 92 | 0.03 | |
| | 3. 支座位置准确、平稳，接触严密 | 76 | 0.03 | |
| 上部结构 | 1. 箱梁曲线圆顺，混凝土施工缝平顺，无蜂麻、露筋、缺边、掉角，允许范围外的裂缝、接缝平顺 | 88 | 0.14 | 0.2 |
| | 2. 各部位平行，对称关系准确无异常 | 90 | 0.03 | |
| | 3. 安装准确，箱梁、翼缘板高程准确，宽度一致 | 82 | 0.03 | |
| 桥面系 | 1. 铺装结实、平整、无裂缝、离析，有足够粗糙度，沥青混凝土不应有松散、油包现象 | 91 | 0.18 | 0.30 |
| | 2. 伸缩缝安装牢固、顺直、不扭曲，缝宽符合要求，与保护带接顺，伸缩有效 | 82 | 0.12 | |
| 防撞栏杆挂板人行道 | 1. 安装牢固，线条圆顺，无歪斜扭曲 | 85 | 0.08 | 0.20 |
| | 2. 各部位接缝平顺，无错台，灌缝砂浆饱满，伸缩缝处断开 | 77 | 0.06 | |
| | 3. 构件无破损、蜂窝麻面，颜色一致，安装直顺，钢构件防腐无遗漏，美观 | 84 | 0.06 | |
| 匝道挡墙 | 1. 线形圆顺、平整，外形正确 | 90 | 0.05 | 0.10 |
| | 2. 砌筑表面平顺，无凹凸、下沉、缝均匀饱满、美观 | 77 | 0.05 | |

各项工程和分部工程的权重分配按工程预算资金比较法确定，如表1中所列。对于匝道桥下部结构工程，设 $V=(100\ 85\ 70)$，用降半梯形法，计算隶属关系矩阵：

$$R_1=\begin{bmatrix}0.20 & 0.80 & 0\\ 0.47 & 0.53 & 0\\ 0 & 0.40 & 0.60\end{bmatrix}$$

由表1知，$A_1=[0.14\quad 0.03\quad 0.03]$。

下部结构工程的综合评价结果为：

$$B_1=A_1R_1=[0.14\quad 0.03\quad 0.03]\begin{bmatrix}0.20 & 0.80 & 0\\ 0.47 & 0.53 & 0\\ 0 & 0.40 & 0.60\end{bmatrix}$$

$$=[0.0421\quad 0.1399\quad 0.018]$$

$$b_1^*=0.0421+0.1399+0.018=0.200$$

$$B_1^*=\left[\frac{0.0421}{0.2000}\quad \frac{0.1399}{0.2000}\quad \frac{0.018}{0.2000}\right]$$

$$=[0.2105\quad 0.6995\quad 0.0900]$$

同理可得其他分项工程的综合评价结果分别为：

$$B_2^*=[0.1895\quad 0.7805\quad 0.0300]$$

$$B_3^*=[0.2400\quad 0.6800\quad 0.0800]$$

$$B_4^*=[0\quad 0.8200\quad 0.1800]$$

$$B_5^*=[0.1650\quad 0.5700\quad 0.2650]$$

II 级综合评价：

$$R=[B_1^* \quad B_2^* \quad B_3^* \quad B_4^* \quad B_5^*]^T$$

$$A=[0.20 \quad 0.20 \quad 0.30 \quad 0.20 \quad 0.10]$$

$$B=AR=[0.1685 \quad 0.7210 \quad 0.1105]$$

最终得分：

$$P=VB^T=[100 \quad 85 \quad 70]\begin{bmatrix}0.1685\\0.7210\\0.1105\end{bmatrix}=85.87$$

从而根据表 2 得出该高速公路立交主体工程外观质量的模糊数学评判结果为优良。

质量等级评定表 表 2

| 质量等级 | 优良 | 合格 | 不合格 |
|---|---|---|---|
| 评定分数 $D$ | $85\leqslant D\leqslant 100$ | $70\leqslant D<85$ | $D<70$ |

## 4 结语

本文初步建立了新建高速公路立交工程施工质量模糊综合评判的因素集，对新高速公路立交工程施工质量采用此方法评定不仅考虑了所有因素对最终评定结果的影响，而且在评定过程中根据各影响因素的重要程度分别采用降半梯形法和工程预算资金比较法赋予其不同的权重，这样在考虑所有影响因素的同时，更有效地突出了重要因素对评定结果的贡献，其量化结果较客观、真实。

从上述分析可以看出，用模糊综合评判法进行施工验收，需要遵循的评判程序较复杂，且有大量重复性的计算工作，因此，有必要开发与之配套的高速公路立交工程施工验收综合质量评定软件系统，对立交工程施工质量的等级进行高效的、准确的评价。

## 参考文献

[1] 黄绳武. 桥梁施工及组织管理(上册)[M]. 北京：人民交通出版社，2006.

[2] 苏寅申. 桥梁施工及组织管理(下册)[M]. 北京：人民交通出版社，2006.

[3] 李士勇. 工程模糊数学及应用[M]. 哈尔滨：哈尔滨工业大学出版社，2004.

[4] Noland JL. James TPYao. On applications of decision logic tables and fuzzy sets, 2005.

[5] R. Robinson. etc, A new framework for road management, Municipal Engineer, No. 3, 2000.

[6] 梁爽，毕继红，刘津明. 建筑工程质量等级的模糊综合评判法[J]. 天津大学学报，2001(9)：186-228.

[7] 刘军，等. 高速公路桥梁构造物的施工质量监理[J]. 中南公路工程，2004，1.

[8] 中华人民共和国行业标准. JTG F80/2—2004 公路工程质量检验评定标准(机电工程)[S]. 北京：人民交通出版社，2004.

[9] 袁铜森，张敏. 模糊综合评判在公路工程质量检验评定中的应用[J]. 湖南交通科技，2001，9.

# 高墩身连续刚构箱梁0号块支架设计与施工

赵志峰

(重庆高速公路集团有限公司垫利分公司　重庆　400060)

**摘　要**:高墩大跨径桥梁越来越多,0号块混凝土浇筑在高墩施工中采取落地式支架费工费时,本文结合忠县长江大桥0号块支架设计及实际施工情况,提出相关措施,为同行借鉴。

**关键词**:牛腿　承重架　高强螺栓　锥形套筒　卸落块

## 1　工程概况

连续刚构起点桩号为K75+531.000,终点桩号为K75+955.000,桥梁总长424.000m。桥型布置为112m+200m+112m。连续刚构桥位于直线上,全桥桥面纵坡为0.3%的单向纵坡,桥面为2.0%的双向横坡。

全桥采用分离式单箱单室截面,箱梁为三向预应力混凝土结构。0号块箱梁全长14.00m,箱梁顶宽度为11.8m,底板宽6.6m,箱梁悬臂长2.6m。0号梁段高为13.0m,箱梁腹板宽1.2m,底板厚2.3m,并设有两道1.5m厚横隔板。0号块箱梁两边各悬挑出2m梁段,此梁段腹板厚度变为80cm,梁高度及厚度从墩身根部分别由13.0m、2.3m变为12.717m、1.806m。

0号块箱梁纵向设有4束$\phi^s$15.2-25预应力束,顶板横向设有19束$\phi^s$15.2-3预应力束,单端张拉。腹板竖向设置有80束3$\phi^s$15.2预应力束。另外,在横隔板处设置有28束$\phi^s$ 15.2－5横向预应力束。

## 2　支架形式选择

墩身高度为120m。墩身高度高,采用落地式支架耗材费工,支架变形大;支架高,稳定性差。采用牛腿型钢支架施工,轻便,施工耗材少,省工,支架刚度大,变形小,但施工安全风险大。通过两种方案的比较,最后采取牛腿型钢支架施工,0号块13m高,混凝土方量大,支架设计及计算是施工中最大的难题。

0号块箱梁与墩身固结。施工采用墩身预埋预埋件然后焊接用型钢做的牛腿做承重支架,在承重支架上进行钢筋、模板施工,最后进行两边对称现浇施工。0号块箱梁混凝土浇筑分两次施工完毕,第一次浇筑7.5m,第二次浇筑完剩余的5.5m。图1为0号块支架施工图。

## 3　0号块支架设计

0号块支架有墩身预埋件、钢牛腿、型钢三角托架、分配梁槽[16组成。

墩身施工是预埋预埋件。墩身预埋件由锥形套筒与长90cm的$\phi$25mm圆钢组成,墩身模板拆除后用高强螺栓将$\delta$20mm厚钢板与预埋件锚固连接。再用$\delta$12mm钢板焊接加工钢牛腿与型钢三角支架连接共同受力,见图2和图3。

图1　0号块支架施工图

### 3.1　牛腿及锚筋计算

牛腿结构按最不利荷载计算(在腹板底部的牛腿受力计算):

牛腿钢板连接处全部采用坡口焊,焊缝要饱满,焊缝厚度不得小于最小钢板的厚度。锚筋的螺栓采用M30×60的高强螺栓,在锚固钢板时要带垫片。图4为牛腿及锚筋构造图。

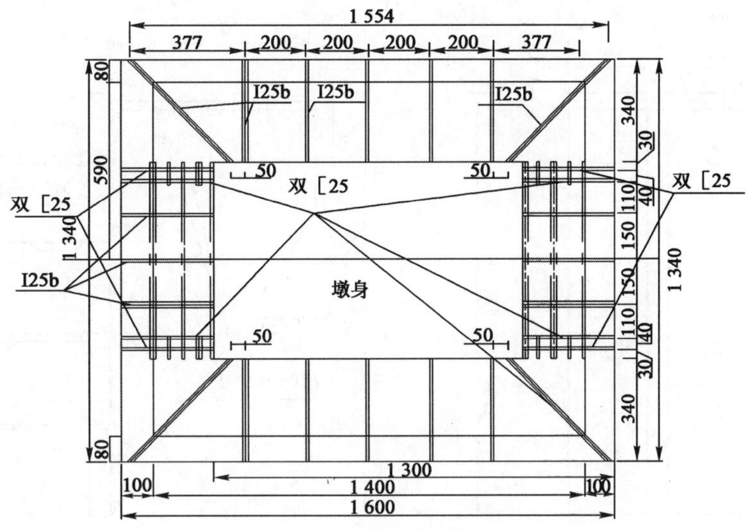


图 2　0 号块支架平面图(尺寸单位:cm)

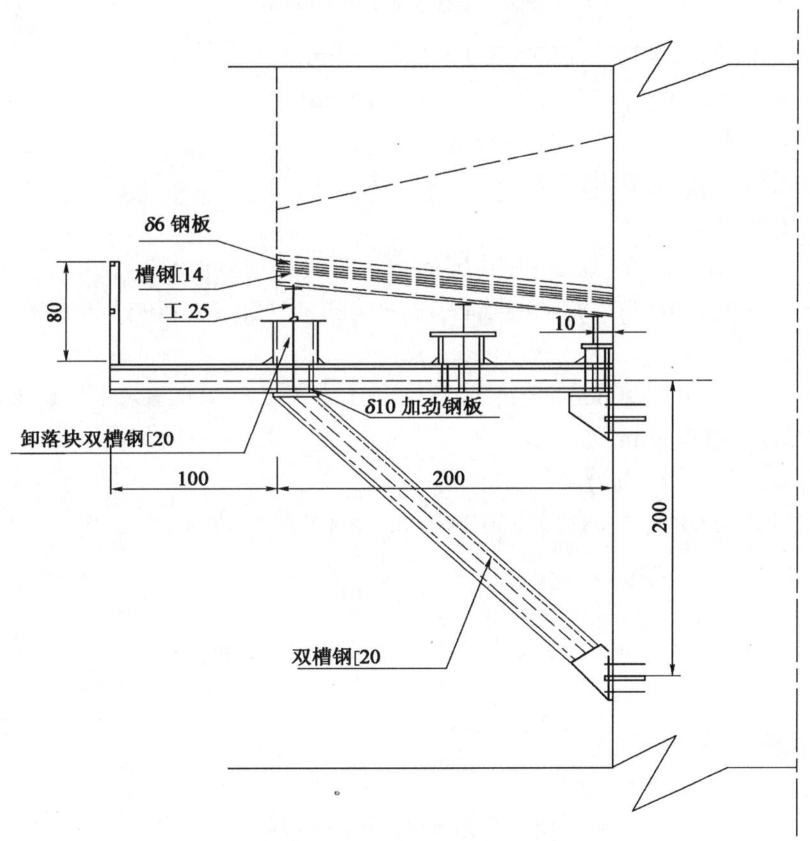


图 3　0 号块支架侧面图(尺寸单位:cm)

钢牛腿剪力 $V$=203.8kN,拉力 $N$=203.8kN,荷载作用点到预埋件锚板边的距离为 $a$=250mm,锚板采用 $Q$235 钢板,钢板厚度 $t$=20mm,锚筋采用Ⅱ级钢筋,$d$=25mm,锚筋采用四层,锚筋间距 $b_1$=120mm,$f_y$=300MPa。

每个锚筋锚固长度 $L_a$=900mm(35$d$),直径 $D$=25mm,有效面积 $A_e$=490.6mm$^2$。

按规范,锚筋总截面面积满足以下两式:

$$A_S \geqslant V/(a_r a_v f_y)+M/(1.3 a_b a_r f_y z)+N/(0.8 a_b f_y)$$

$$A_S \geqslant N/(0.8 a_b f_y)+M/(0.4 a_b a_v f_y z)$$

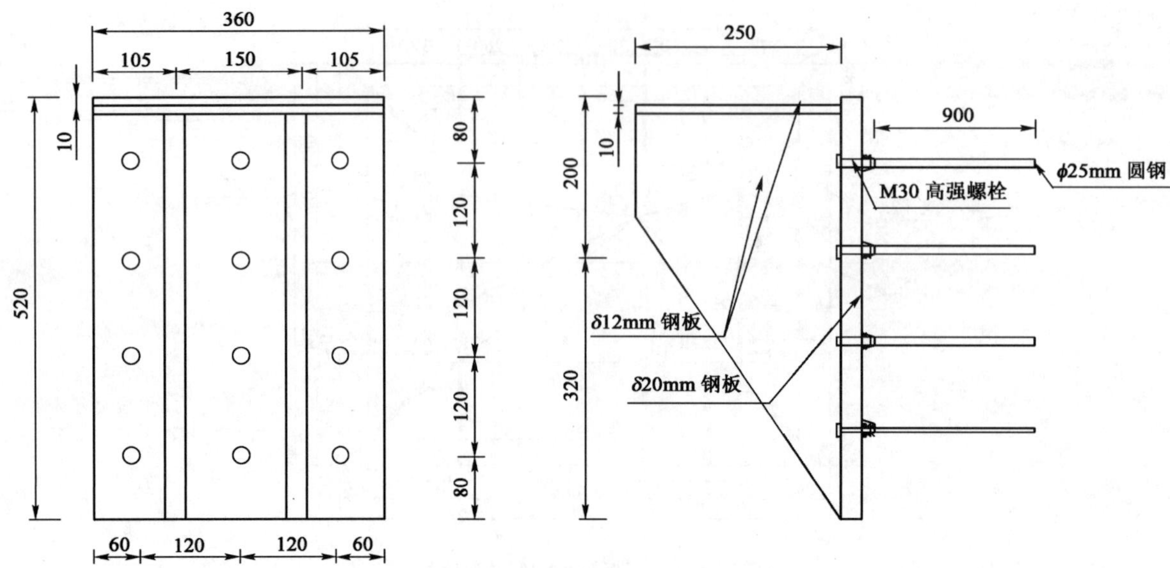


图 4 牛腿及锚筋构造图(尺寸单位:cm)

其中:弯矩值 $M_1=V_a=203.8\times10^3\times250=5.1\times10^7\text{N}\cdot\text{mm}$

$$M_2=N_a=203.8\times10^3\times260=5.3\times10^7\text{N}\cdot\text{mm}$$

$$M=M_1+M_2=10.4\times10^7\text{N}\cdot\text{mm}$$

$a_r$ 为锚筋层数影响系数,四层为 0.85;

$a_b$ 为锚板弯曲变形的折减系数。

$$a_b=0.6+0.25t/d=0.6+0.25\times(20/25)=0.8$$

$$a_v=(4-0.08d)(f_c/f_y)^{1/2}=(4-0.08\times25)\times(23.5/300)^{1/2}=0.55$$

$$A_S\geqslant V/(a_r a_v f_y)+M/(1.3a_b a_r f_y z)+N/(0.8a_b f_y)$$

$$=203.8\times10^3/(0.85\times0.55\times300)+10.4\times10^7/(1.3\times0.85\times0.8\times300\times360)+203.8\times10^3/(0.8\times0.8\times300)=3\,603\text{mm}^2$$

$$A_S\geqslant M/(0.4a_b a_v f_y z)+N/(0.8a_b f_y)$$

$$=10.4\times10^7/(0.4\times0.8\times0.9\times300\times360)+203.8\times10^3/(0.8\times0.8\times300)$$

$$=4\,601\text{mm}^2$$

实际值

$$A_s=490.6\times12=5\,887.2\text{mm}^2>4\,601\text{mm}^2$$

满足要求。

## 3.2 型钢三角托架计算

荷载:

$$P_1=13\times2.6\text{t/m}^3=30.82\text{t/m}^2$$

$$P_2=(1.806+1)\times2.6\text{t/m}^3=6.76\text{t/m}^2$$

$$P_{恒}=人群荷载+机械荷载+模板荷载=1\text{t/m}^2$$

分段按简支考虑:见受力分析示意图 (图 5)。

(1)腹板底端三角托架受力计算

三角托架水平型钢考虑用双[25b,腹板位置牛腿间距为 40cm,三角托架受力荷载长度为 2m ,见图 6。

最大弯应力为 170.69MPa$<[\sigma]=190$ MPa

故最大弯应力是满足要求的。

三角托架斜撑型钢考虑用双槽钢[20b,槽钢只受轴力,在这里只进行轴心受压计算。

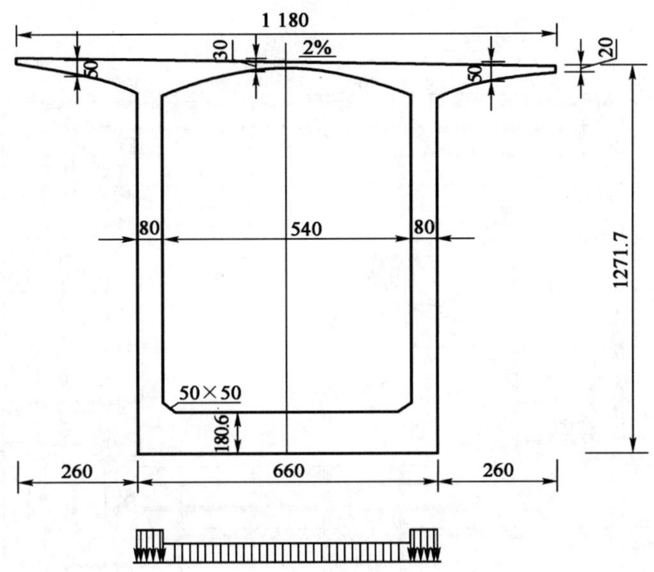


图5 受力分析示意图(尺寸单位:cm)

$$P_{斜}=28.4\text{t}\quad A=65.6\text{cm}^2$$

$$\sigma=Q/A=28.4\times10^4/(65.6\times10^{-4})=43.3\text{MPa}<[\sigma]=190\times10^6\ \text{MPa}$$

满足要求。

(2)底板下部的三角托架计算

三角托架考虑用工 25b ,腹板位置三角托架间距最大为 150cm, 三角托架受力荷载长度为 2m,见图 7。

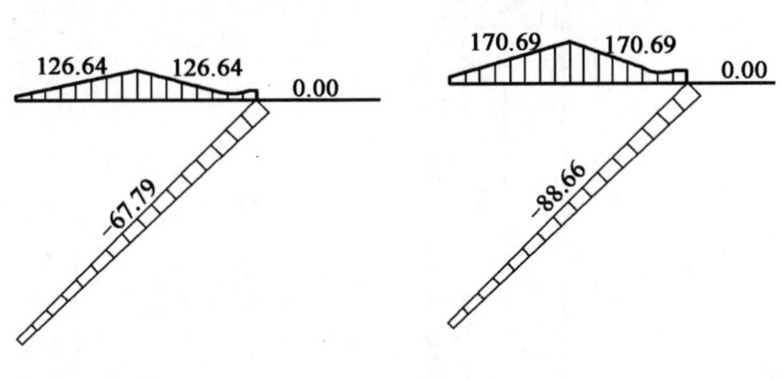


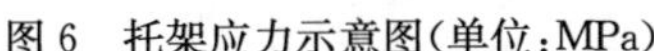

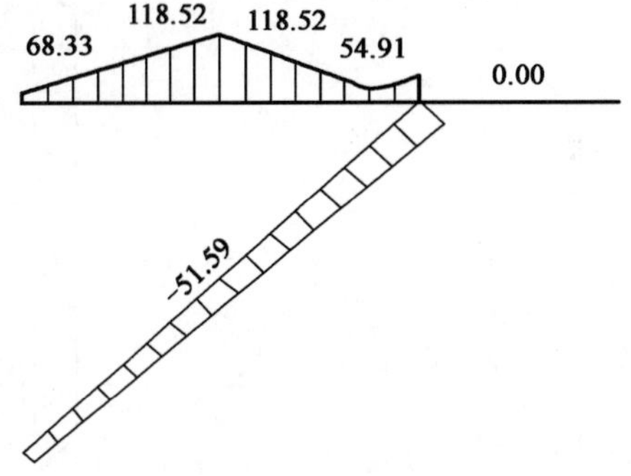


图6 托架应力示意图(单位:MPa)

图7 底板位置托架应力示意图(单位:MPa)

最大弯应力:

$$\sigma=118.52\text{MPa}<[\sigma]=190\text{MPa}$$

故最大弯应力是满足要求的。

### 3.3 分配梁计算

(1)箱梁横断面分配梁计算

支架分配梁设计布置见图 8、图 9。

在箱梁横断面方向根据受力要求,在三角托架上按放卸落块,然后横向铺设三根工 25mm 分配梁,间距按 0.9cm、1m 布置,最后将底模直接铺设在上面。

①腹板位置最大受力计算:

$$q=2.6\times13=33.8\text{t/m}$$

$$q_3=(q_3+q_{恒})\times1=34.8\text{t/m}$$

$$W_X=402\text{cm}^3\quad A=48.5\ \text{cm}^2$$

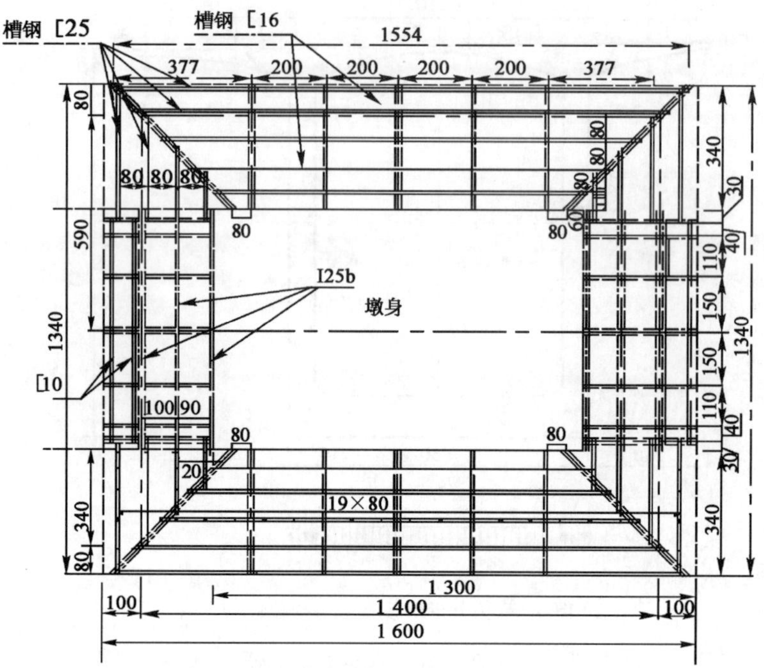


图 8　支架分配梁平面布置图(尺寸单位:cm)

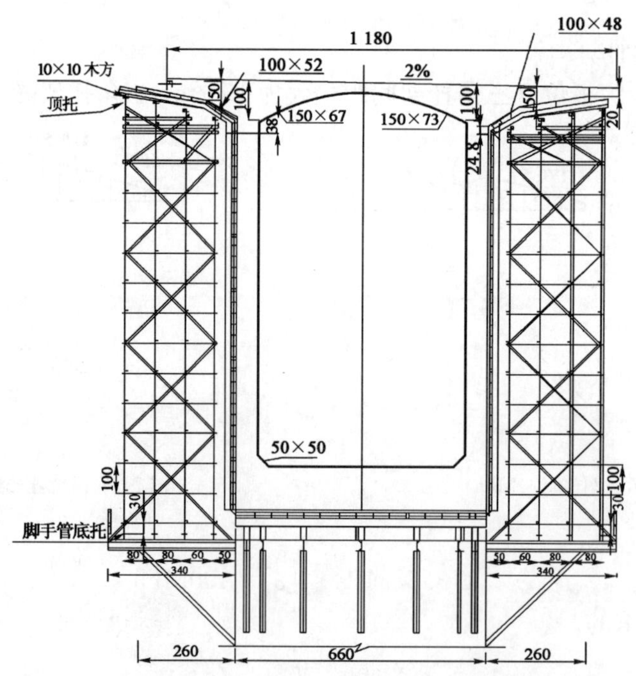


图 9　支架分配梁立面布置图(尺寸单位:cm)

最大弯矩：

$$M=1/8\times q_3L^2=34.8\times10^4\times0.4^2/8=0.7\times10^4\text{N}\cdot\text{m}$$

最大弯应力：

$$\sigma=M/W=0.7\times10^4/402\times10^{-6}=17.3\times10^6\ \text{N/ m}^2<[\sigma]=215\times10^6$$

满足要求。

②底板位置最大受力计算：

$$q=2.6\times(1.8+0.3)=5.46\text{t/m}$$

$$q_6 = (q + q_{恒}) \times 1 = 6.46\mathrm{t/m}$$

$$W_X = 402\mathrm{cm}^3 \quad A = 48.5\ \mathrm{cm}^2$$

最大弯矩：

$$M = 1/8 \times q_3 L^2 = 6.46 \times 10^4 \times 1.5^2/8 = 1.82 \times 10^4 \mathrm{N \cdot m}$$

最大弯应力：

$$\sigma = M/W = 1.82 \times 10^4/402 \times 10^{-6} = 45.2 \times 10^6\ \mathrm{N/m^2} < [\sigma] = 215 \times 10^6$$

满足要求。

(2)箱梁侧面分配梁计算

箱梁侧面在三角托架上按60cm、80cm等间距铺设槽[16作为分配梁，为方便外侧模板施工，第一道分配梁在离箱梁侧面50cm位置开始布置。

翼缘根部位置为最不利位置：

$$q = 2.6 \times 0.75 \times 0.6 = 1.17\mathrm{t/m}$$

$$q_4 = q_3 + q_{恒} = 2.17\mathrm{t/m}$$

$$W_X = 108\mathrm{cm}^3 \quad A = 21.9\mathrm{cm}^2$$

最大弯矩：

$$M = 1/8 \times q_4 L^2 = 2.17 \times 10^4 \times 2^2/8 = 1.09 \times 10^4 \mathrm{N \cdot m}$$

最大弯应力：

$$\sigma = M/W = 1.09 \times 10^4/108 \times 10^{-6} = 100.9 \times 10^6\ \mathrm{N/m^2} < [\sigma] = 215 \times 10^6$$

满足要求。

## 4 支架施工

### 4.1 预埋件施工

墩身施工时要对锥型套筒与长90cm的$\phi$25mm圆钢提前进行安装定位，锥型套筒与圆钢准确的定位是关系到以后牛腿施工安装的关键工序。

(1)锥型套筒与圆钢要用定位钢筋进行定位，定位要牢固，防止在混凝土浇筑时跑位；

(2)锥型套筒要用黏胶带裹紧并且紧贴模板，防止浆液漏进；

(3)预埋件高程及平面位置要符合要求，确保牛腿及型钢三角托架的安装位置满足设计要求。

### 4.2 支架加工及安装施工

整个牛腿、型钢三角托架在后场加工成型，在前场直接进行安装。支架加工严格按照设计要求尺寸进行，确保在安装过程中不出现偏差，保证安装的质量及速度。焊缝质量满足设计及规范要求。

安装平台利用爬架的承重平台，确保施工安全。施工时注意在牛腿安放时，高强螺栓要拧紧，加弹簧垫片，确保牛腿与混凝土面贴紧，无松动。

在箱梁横断面方向方便拆除底模，在三角托架上安装用槽钢[20合成的卸落块(图10)，卸落块高度分别为11.0cm、22.3cm、38.3cm，每种高度的卸落块各加工28个。

(1)卸落块与工字钢接触位置要进行焊接；

(2)卸落块位置处工字钢工25mm翼缘处要加加劲板，加劲板用$\delta$10钢板；

横向三根工25mm分配梁与底模板先连接在一起，然后整体吊装在卸落块上，由测量组校核高程，调整好坡度，然后在连接位置进行焊接。

在箱梁侧面方向首先在三角托架上按60cm、80cm间距铺设槽[16的型钢做分配梁，在分配梁上搭设脚手架。

①方便箱梁钢筋施工，做主筋的定位架；

②作为翼缘底板的支撑架。

脚手架高度 13m,在施工中要加斜撑、平撑,增加支架稳定型。在四周挂安全网,防止物体等坠落。

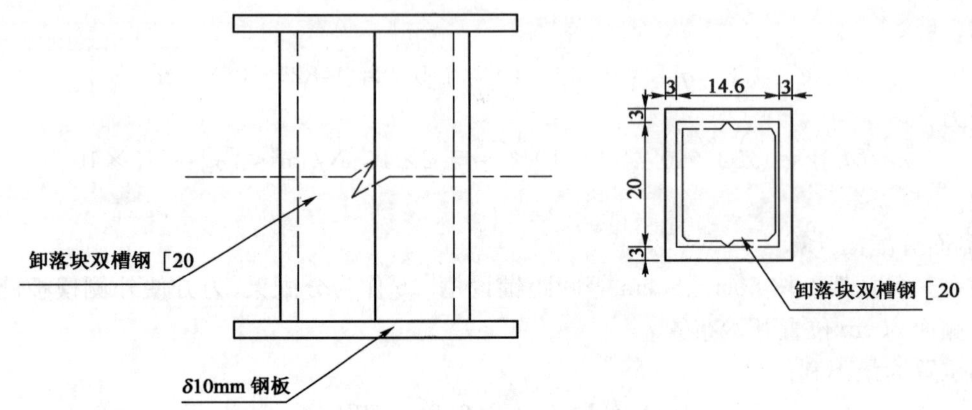


图 10 卸落块加工图(尺寸单位:cm)

## 5 结语

(1)利用牛腿型钢支架施工,整个设计计算及施工是成功的,没有在 0 号块箱梁混凝土面发现裂缝。

(2)在 0 号块施工过程中,用两副牛腿型钢支架完成了四个 0 号块施工,节约了大量型钢。

# 江津观音岩长江大桥
# 主梁边跨G梁段施工方案比选及实施

韩 均[1] 何爱军[2] 符礼斌[1]

(1.重庆高速公路集团有限公司北方建设分公司 重庆 401147;
2.贵州省桥梁工程总公司 贵阳 550000)

**摘 要**:江津观音岩长江大桥10号墩位于长江中心水域中,G梁段主梁为全桥主梁中最重梁段,G梁段主梁的施工受水上运输及吊装设备的限制,且具有吊装重量大、转运困难等特点,故成为全桥合龙的控制节点,施工中考虑了三种施工方案,并对初步方案进行了技术经济比较,最终确定采用架桥机双导梁配合桥面吊机起吊的方法,并在施工中取得圆满成功。

**关键词**:江津观音岩长江大桥 G梁段主梁 施工方案比选及方案设计

## 1 工程概况

江津观音岩长江大桥是重庆绕城公路南段跨越长江的重要工程,该桥在江津市观音岩附近跨越长江,江津观音岩长江大桥是重庆绕城公路南段中规模最大的特大桥,也是交通部第一座跨度最大、桥面最宽的结合梁斜拉桥。

桥梁全长1.19km,主桥主跨为436m的双塔双索面斜拉桥,桥面宽度36.2m。主桥共长879m,索塔采用菱形塔,塔高172.8m。两岸引桥采用主跨为30m的简支变连续的T梁。

主梁的截面形式为双工字形结合梁,纵向半飘浮体系,在索塔下横梁与梁体间设置油压阻尼器,横向采用限位支座。斜拉索全桥共136对,按双索面扇形布置,标准节段索距在主梁上为12m。主梁截面见图1。

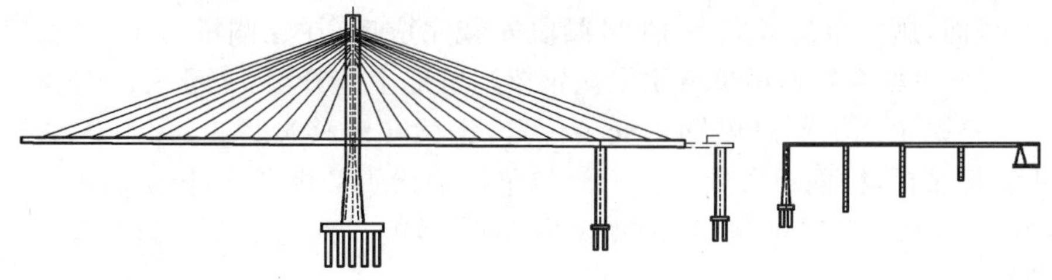

图1 主梁截面图

G梁段主梁长24.5m,顶板宽1.0m,底板宽1.0m,质量73.4t,且前后质量不均匀,存在头轻尾重的特点,见图2。

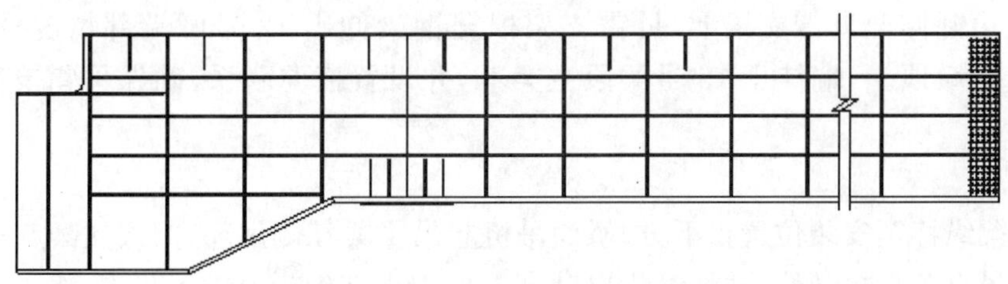

图2 G梁段示意图

## 2 初步方案介绍

### 2.1 临时钢支撑的设置

12 号墩墩顶支座及垫石须在钢梁安装匹配后方可进行安装,所以 G 梁段的安装不能直接安装在支座上,支座的安装与江侧 14 号梁段同时进行,故在进行主梁吊装之前,还须在 12 号墩墩顶增设临时钢支撑(图 3)。临时钢支撑主要起着临时支座的作用,在支座安装完成、支座垫石达到设计要求的强度即行拆除,进行支座转换。

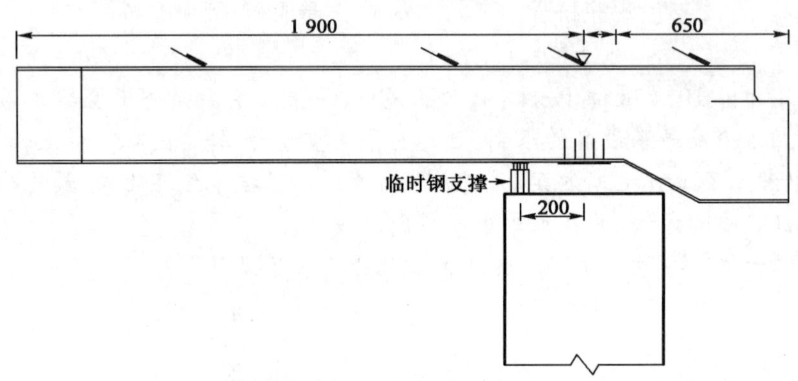


图 3 临时钢支撑位置示意图(尺寸单位:cm)

#### 2.1.1 方案一:龙门吊配合竖放支架起吊方案

(1)施工难点分析

根据现场施工情况,岸侧桥面吊机最大起重量为 45t,而 G 梁段主梁质量为 73.4t,桥面吊机无法直接起吊 G 梁段主梁,而江侧桥面吊机吊重也仅为 45t,无法将主梁吊运至桥面上。

(2)解决方案

①主梁提升至桥面、纵移至岸侧安装位置

时值 5 月,江水正处于上涨期,水流速度 7.6m/s,施工时,在江侧对应钢梁起吊位置须设置定位船,定位船采用 400t 平驳,并通过抛锚定位,钢梁运输船停靠在定位船侧。江侧桥面吊机最大起重量为 45t,不能直接起吊钢梁至桥面,施工单位考虑在 13 号梁段安装完成后,在江侧桥面 13 号梁段处纵向安装一台 120t 龙门吊机,龙门吊机配合桥面吊机将主梁从钢梁运输船上起升至 12 号～13 号梁段之间钢梁纵移平台上,并由牵引设备将钢梁运输至岸侧钢梁安装位置,钢梁在纵移过程中,须考虑平衡对称纵移的特点,即在岸侧配重 4 块桥面板,桥面板质量约为 70t,与单根主梁质量相当,四块桥面板同样置于纵移轨道上,与钢梁作同步相向位移,此举可保证主梁线形不受影响。通过纵移轨道,钢梁暂纵移至岸侧 12 号～13 号梁段位置。

②贝雷支架的设置

在 12 号墩上、下游墩顶各设置一门式支架,门式支架高于主梁安装后位置 4m,以便捆绑钢梁时方便,门式支架设置起吊装置,最大起重量按 80t 计算。在 13 号梁段端部与 12 号墩之间架空位置设置贝雷支架,将钢梁纵移轨道延伸至贝雷支架上,贝雷支架根据钢梁伸出 12 号墩端部情况作适当加长,贝雷支架一端支承于 12 号墩墩顶,一端挂于 13 号梁段主梁上,并设置横向联系,确保贝雷支架在钢梁纵移过程中的稳定。

③主梁安装就位

钢梁安装时,钢梁纵移至安装位置正下方,桥面吊机起吊主梁江侧吊环,门式支架起吊岸侧支点,岸侧吊点采用捆绑方式,两吊点各自提升住,并将钢梁提升高于贝雷支架轨道 0.5m 左右,将贝雷支架下施低于 12 号墩墩顶,桥面吊机和门式支架同时下放钢梁,直放至钢梁安装位置,岸侧支承于 12 号墩顶设置的临时钢支撑上，并匹配上游钢梁，直至完成上游主梁的安装。

进行下游主梁的安装，方法同上游主梁，仅需将上游主梁纵移轨道接顺至下游贝雷梁上。

2.1.2 方案二：龙门吊双导梁配合桥面吊机起吊方案

(1)施工难点分析

12号墩墩顶截面为5m×4m矩形截面，主梁居中安装，内、外侧的余宽仅为2m左右，须在这宽度范围内布置钢管立柱作为龙门吊导梁支腿，两支腿距离为39m，跨径较大，横向钢管间距为2.5m，横向稳定性较差。单导梁长48m，重为33t，必须由桥面吊机进行安装。主梁必须先由停靠在岸边的桅杆吊机将其提放至导梁下方，而导梁顶平移小车可横向移动，故主梁位置可较为自由。

(2)解决方案

①龙门吊钢管立柱的安装

12号墩墩顶无钢管立柱预埋件，须在墩顶凿除孔洞，预埋精轧螺纹钢筋及钢板。

钢管立柱的安装须抢在13号梁段之前安装完成，单根钢管长8m，重为2t，为加快施工进度，不致使钢管立柱的安装时间影响到后期钢梁安装时间，须在13号墩处立一台5512型塔机，用于安装钢管立柱，且钢管立柱的安装须分两截吊装，在安装位置拼接而成整体。

②导梁的安装就位

单根导梁长为48m，重33t，必须由桥面吊机将其安装就位。桥面吊机的吊臂长为28m，而吊机安装位置至导梁安装位置距离为30m，为了确保导梁的顺利安装就位，须将桥面吊机的吊臂加长10m，吊臂由吊机生产厂家提供，并须12号梁段安装完成后进行加长。

③主梁的安装

为使桥面吊机和架桥机导梁能够一次性将G梁段主梁起吊安装，在架设之前，还须通过设置于12号墩处的桅杆吊机将主梁移至对应位置，再由桥面吊机提升江侧吊环，架桥机导梁提升岸侧位置(即12号墩支座位置，采用捆绑方式起吊)，两端提升住后，桅杆吊机松钢，进行受力转换，桥面吊机和导梁吊点同时提升主梁，直至将主梁提至高于设置于12号墩墩顶的临时钢支撑0.3m，然后桥面吊机作旋转，导梁吊点作平移，将主梁移至安装位置，同时下放，进行主梁匹配。

2.1.3 贝雷龙门吊配合桥面吊机起吊方案

此方案仅将方案二的双导梁替换为6排单层贝雷梁，经计算结果显示，贝雷梁抗弯、抗剪、横向稳定均能满足要求，但贝雷梁跨径为39m，挠度较大，影响钢管立柱的受力特性。

## 3 方案技术经济比较

方案一所需机械设备为：120t龙门吊1台、400t驳船1艘、贝雷梁40片、桥面吊机1台、其他钢结构15t、纵梁平移轨道500m、8t卷扬机3台。

方案二所需机械设备为：架桥机导梁66t、$\phi$1m钢管8t、桥面吊机1台、其他钢结构10t、8t卷扬机1台、5 512塔机1台。

方案三所需机械设备为：贝雷梁90片、$\phi$1m钢管8t、桥面吊机1台、其他钢结构15t、8t卷扬机1台、5 512塔机1台。

从技术难度上来说，方案一工序较多，无形中增加了施工难度，且在江侧起吊主梁时，岸侧须配重160t左右，钢梁在从江侧向岸侧移动过程中，还须进行对称平衡配重，以确保主梁线形不受影响，对施工要求提出更高要求。而在主梁安装过程中，门架与桥面吊机须将主梁提升住，然后移除主梁下的贝雷支架，增加了主梁安装时间，且方案一投入设备较多，转运较为困难；方案二在结构上比方案一更为优化，难点在于须加长桥面吊机吊臂才能起吊主梁，也增加了吊臂的生产费用，但后期主梁吊装安全性较高，操作也较为简单；方案三结构上与方案二极为类似，也比方案二略为经济，但贝雷梁拼接接缝较多，在起吊主梁时下挠度较难控制，起吊安全得不到很好保证。

经各方专家进行论证，同意采取方案二作为最终方案并付诸实施。

## 4　双导梁龙门吊结构

在12号墩墩顶处，预埋地脚螺栓及焊接钢板，设置四根 $\phi$1 000mm×10mm钢管，在钢管桩顶部焊接3I400b型工字钢箱作分配梁，分配梁顶部设置一道双导梁对G梁段主梁进行起吊，双导梁结构如图4所示。

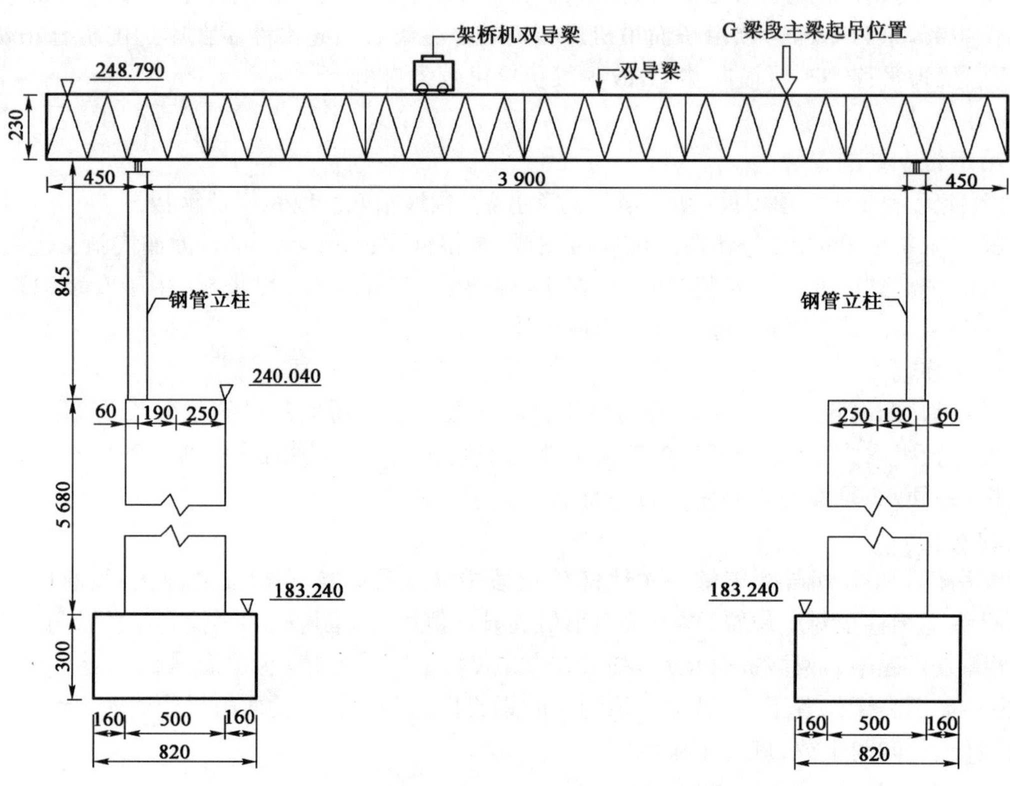


图4　双导梁龙门吊结构示意图(尺寸单位：cm；高程单位：m)

## 5　荷载分析

计算荷载如下：

(1)G梁段主梁吊装重量(包括锚拉板重量) $g_1=734$kN；兜吊支架重量 $g_2=7.4$kN；

(2)导梁自重：根据SDLB40m/120双导梁架桥机的技术性能参数，每节导梁重为5.5t，则单导梁的自重为 $q_1=\frac{6\times5.5\times10}{48}=6.9$kN/m；

(3)运梁平车自重：每台平车按6t考虑，则 $Q_c=60$kN。

## 6　结构分析

吊装G梁段主梁采用桥面吊机与双导梁架桥机联合起吊，G梁段主梁吊装时双导梁架桥机需要临时架设钢管支架支撑，以提高工作高度。

(1)钢管支架竖向力分析

计算得到单根钢管最大轴向压力 $N_{max}=581.5$kN，最小轴向压力 $N_{min}=186.3$kN。

(2)钢管支架水平力分析

为了考虑G梁段平移时运梁平车制动产生的制动力和吊重摆动引起的水平力，取吊重与运梁平车总重的0.1作为水平荷载。则单根钢管支架顶端水平荷载为 $F=0.1\times(734+7.4+60)/4=20.0$kN。有水平力产生的支架底端弯矩为：$M$=169kN·m。

(3)锚栓验算

锚栓的作用是将支架固定于墩顶之上，如果钢管支架承受弯矩较大，则锚栓要承受相应的拉力。计算锚栓时，应采用较小轴向力和较大弯矩组合，因此，采用如下组合：$N$=186.3kN，$M$=169kN·m。

由于锚栓拉力无法采用公式进行计算，故利用有限元软件进行计算。通过建立支架、垫板等三维有限元模型，分析锚栓所承受拉力。垫板与墩顶之间连接方式采用只承压力，不承拉力模拟。垫板上锚栓处固结处理。图5为钢管支架有限元模型，图6为钢管支架轴向应力云图，图7为垫板竖向变形云图。

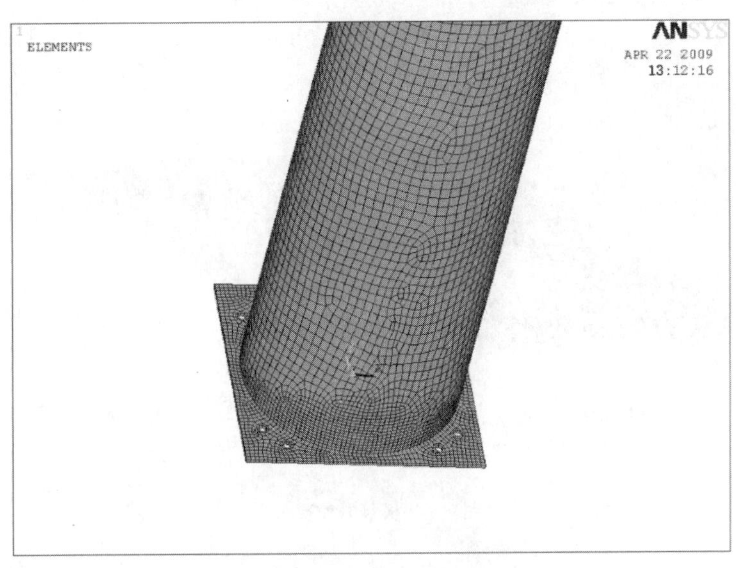


图5 钢管支架有限元模型

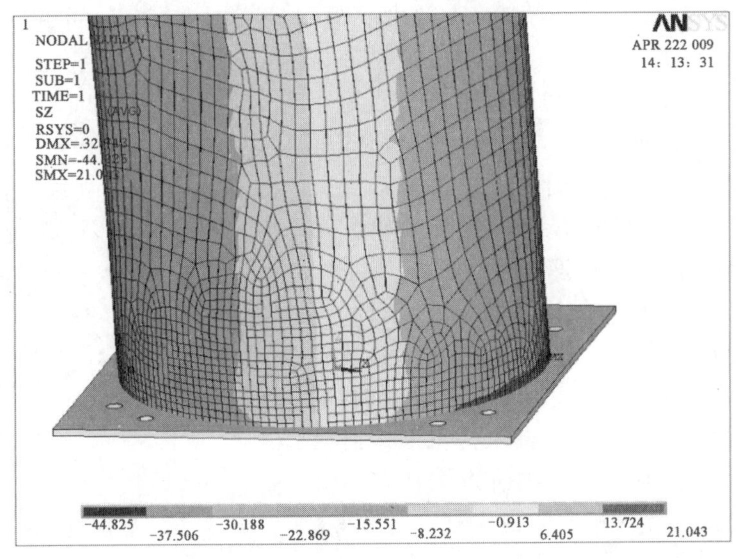


图6 钢管支架轴向应力云图

计算参数如下：

钢管几何特性：$\phi$1 000mm×10mm

垫板：1 100mm×1 100mm

钢结构弹性模量：$2\times10^5$MPa

钢结构泊松比：0.3

轴向力：$N=186.3\text{kN}$

钢管顶端水平力：$F=20\text{kN}$

经提取锚栓处反力得到最大锚栓拉力为31kN。锚栓直径为28mm，则其强度验算如下：$\sigma=\dfrac{31\,000}{\pi\times14^2}=50\text{MPa}<[\sigma]=110\text{MPa}$，满足要求。

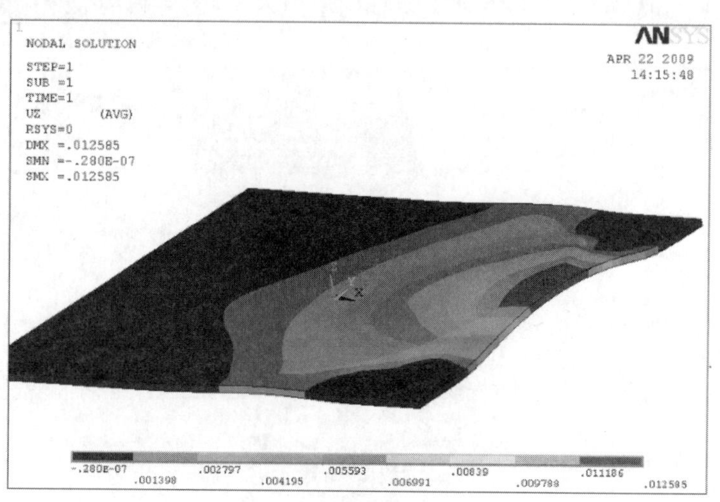


图7　垫板竖向变形云图

## 7　方案实施

桅杆吊机将主梁提至相应位置，以使桥面吊机和架桥机导梁顺利提升主梁，如图8所示。

主梁通过桅杆吊机起吊至图8指示位置(主梁中心距12号墩中心13m)后，桅杆吊机不松钩，将主梁起吊脱离地面0.5m左右，桥面吊机起吊主梁的江侧吊环位置，架桥机双导梁通过兜绳起吊岸侧吊点位置(起吊点距岸侧端6.5m)。桥面吊机和双导梁吊机同时受力，保持同样的提升速度起吊主梁，待全部重量交由桥面吊机和双导梁后，桥面吊机和双导梁吊机停止不动，拆除桅杆吊机起吊绳。桥面吊机缓慢地作顺时针旋转，双导梁上的行走平车缓慢向上游平移，期间，须保证桥面吊机起吊绳的竖直和行走平车的四轮受力平衡，以免发生受力不均的情况，直至将主梁移至距12号墩边缘1m处，停止平移。桥面吊机和双导梁吊机再同时匀速提升G梁段主梁，直至将主梁提升高过12号墩墩顶0.5m，停止提升。桥面吊机再次作顺时针缓慢旋转，双导梁上的行走平车缓慢向上游平移，直至将主梁移至安装位置，迅速安装连接板，并打上冲钉，之后高强螺栓的操作同标准梁段相同。

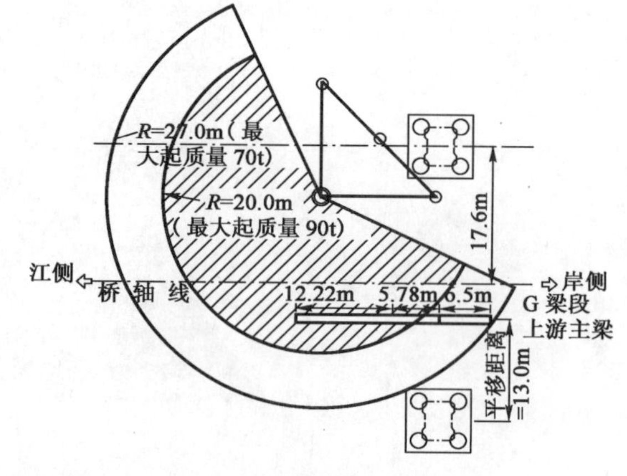


图8　主梁提至相应位置图

在安装下游主梁时，由于受桅杆吊机位置限制，无法将主梁过多靠近12号墩下游位置，如图9所示。

与上游主梁不同的是，主梁的平移必须在其高过桅杆吊机吊臂以后，否则将与桅杆吊机位置相冲突，平移距离与上游主梁相同。

利用桥面吊机和架桥机导梁，起吊G梁段主梁，如图10所示。

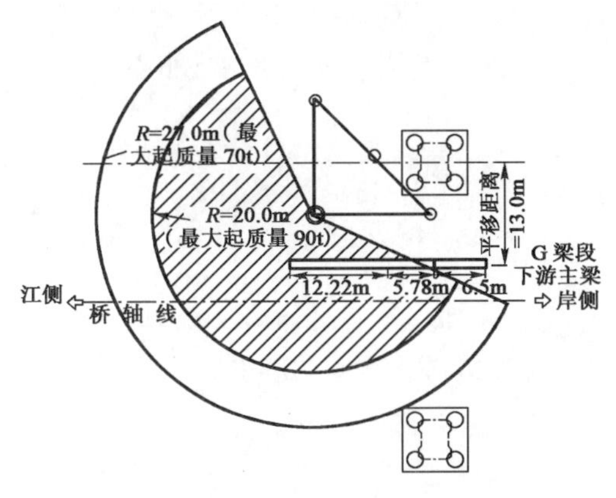

图 9 安装下游主梁位置图

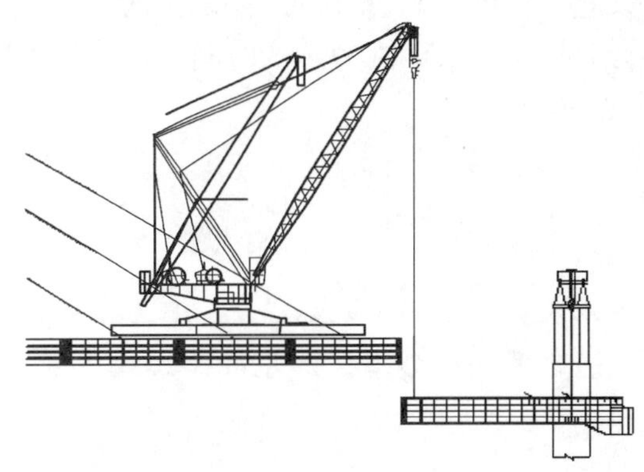
图 10 G 梁段吊装示意图

2009 年 5 月 31 日，施工单位进行了 G 梁段主梁的试吊（图 11 和图 12），试吊重量为 65t，导梁跨中下挠度为 46mm，满足临时吊装结构 $L/400$ 的要求。

图 11 G 梁段主梁吊装前的试吊

图 12 上游主梁在提升过程中

2009 年 6 月 1 日上午，开始吊装 G 梁段主梁，吊装结果显示，桥面吊机受力 $22\times9.8\times10^3$N，架桥机导受力 $52\times9.8\times10^3$N，与计算结果（桥面吊机受力 $16\times9.8\times10^3$N，架桥机导梁受力 $58\times9.8\times10^3$N）差别不大，G 梁上游主梁于 6 月 5 日安装完成（图 13），并开始安装下游主梁（图 14），下游主梁 6 月 7 日完成安装，至此 G 梁段主梁的安装取得了圆满成功。

图 13 上游主梁匹配安装

图 14 下游主梁在提升过程中

## 8 结语

江津观音岩长江大桥 G 梁段主梁的安装在业主、监理、施工等各参建单位的大力支持下，克服了施工场地狭窄、起吊高度较高、吊机吊重不足、钢梁转运困难等不利因素，原定安装工期为 45d，实际安装工期仅为 14d，节约了 31d 工期，在短短的时间内便取得了圆满成功，为后期合龙赢得了宝贵时间，在此感谢各参建单位的大力配合。

## 参 考 文 献

[1] 中华人民共和国国家标准. GB 50017—2003 钢结构设计规范[S]. 北京：中国计划出版社，2003.
[2] 交通部第一公路工程公司. 公路施工手册—桥涵[M]. 北京：人民交通出版社，2006.

# 水土嘉陵江特大桥0号块施工技术

陈 慧
（重庆外环高速公路N12合同段 重庆 400074）

**摘 要**:介绍水土嘉陵江特大桥0号块施工思路,为类似工程的施工提供一定的参考。

**关键词**:0号块 牛腿 桥梁施工

## 1 工程概况

水土嘉陵江特大桥分为左线桥和右线桥,左右设计线间距8m。主桥跨径组合为138.5m＋245m＋138.5m,主桥长度为522m。连续刚构上部采用三向预应力混凝土箱梁,主梁采用单箱单室截面,箱梁顶板宽16.75m,箱底宽8.5m,单侧悬臂宽度4.125m,底板为水平,桥面横坡2%。

按照设计文件要求,本桥T构箱梁0号块(14m长)和两个1号段(2m长)同时施工,施工总长度为18m,0号块高度为15.3m,总的施工混凝土体积为1 387m$^3$。施工时0号块和1号段在竖向分两次浇筑,第一次浇筑高度为8.5m,第二次浇筑高度为6.8m。

第一次浇筑混凝土体积714m$^3$,第二次浇筑混凝土体积673m$^3$。图1为水土嘉陵江特大桥平面图。

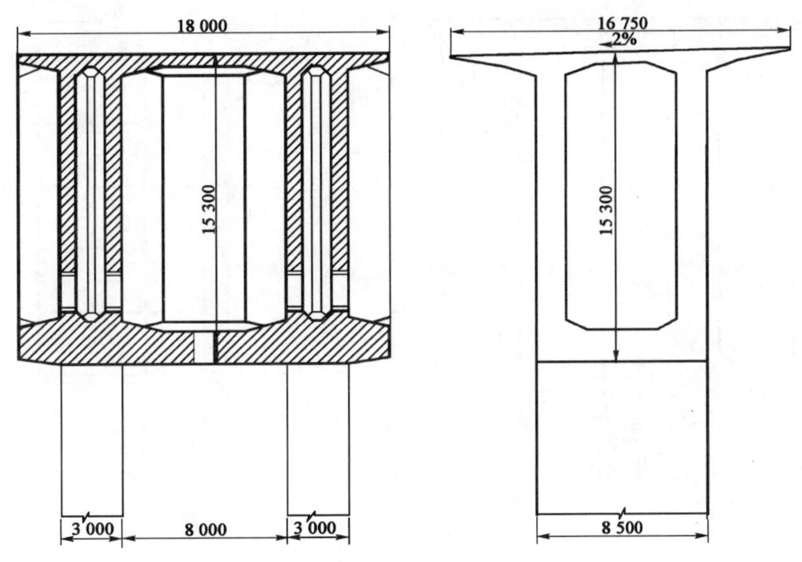


图1 水土嘉陵江特大桥平面图(尺寸单位:mm)

## 2 方案简介

0号块腹板厚1.5m,底板厚1.6m,两侧1号端在2m长度上腹板厚由1.3m变化到0.8m,底板厚由2.3m变化到1.556m。

施工时,0号块在底板下放置6组贝雷梁,在两侧腹板下各放置7组贝雷梁;1号段底部采种碗扣支架承载,1号段底板下碗扣支架布置为60cm×60cm,腹板下碗扣支架布置为30cm×30cm。0号块牛腿及贝雷梁纵向、横向布置见图2和图3。

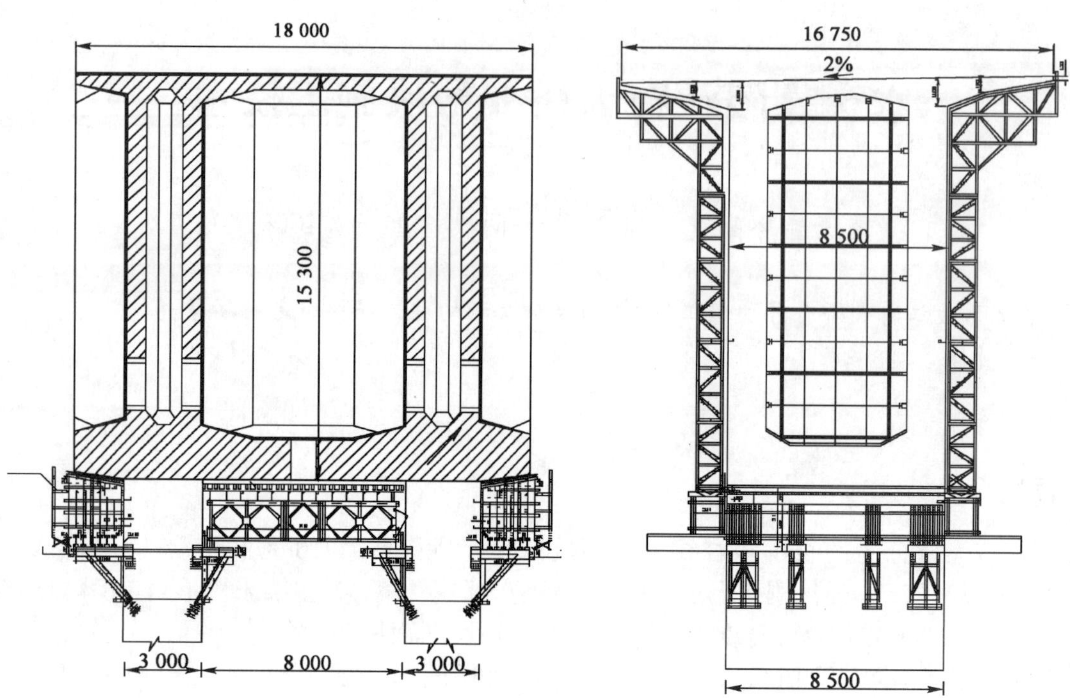


图 2　0 号块牛腿及贝雷梁纵向布置(尺寸单位:mm)

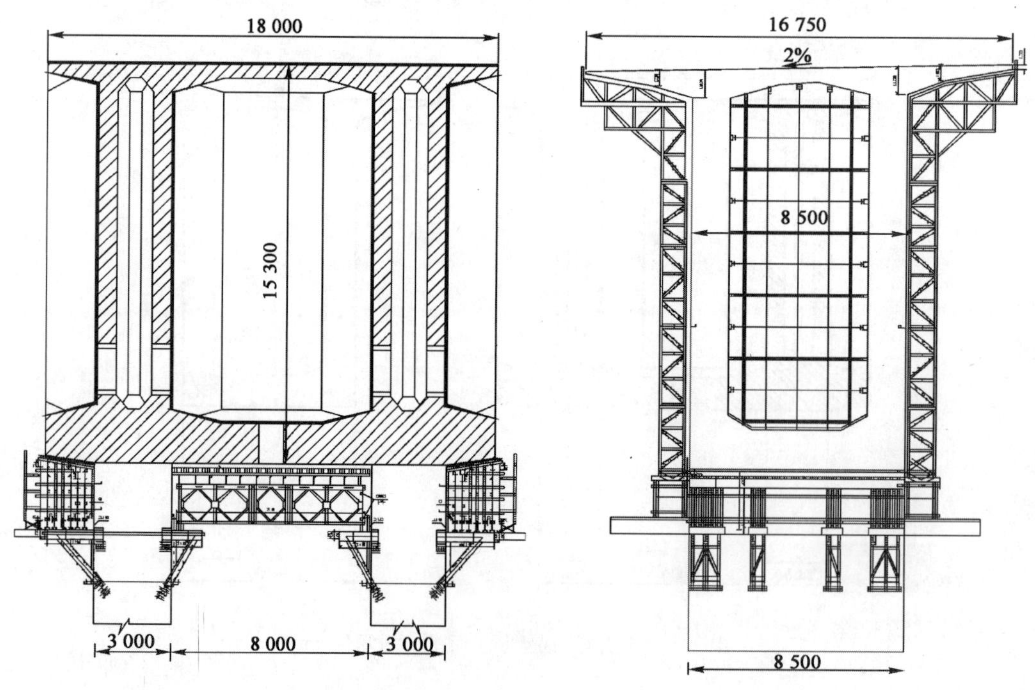


图 3　0 号块牛腿及贝雷梁横向布置

## 3　牛腿施工预埋

牛腿键盒底设置 6 排钢筋网片,层间距 100mm,采用 $\phi12$ 螺纹钢,钢筋网片尺寸 350mm×550mm,网格 70 mm×70mm;斜撑键盒底斜向设置 6 排钢筋网片,层间距 100mm,采用 $\phi12$ 螺纹钢,钢筋网片尺寸 350mm×550mm,网格间距 70mm×70mm;

牛腿采用I320a工钢，斜撑采用I220a工钢，底板下设置4组牛腿，每侧腹板下设置3组牛腿；牛腿对拉筋选用$\phi$32四级精轧螺纹钢，每组牛腿设置2根对拉筋。图4为0号块牛腿及平面布置。

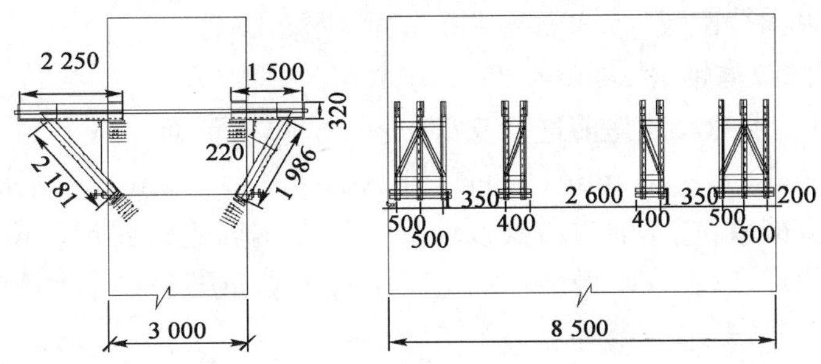


图4 0号块牛腿及平面布置

## 4 平台搭设及铺底

### 4.1 两墩柱之间的平台架设及铺底(图5)

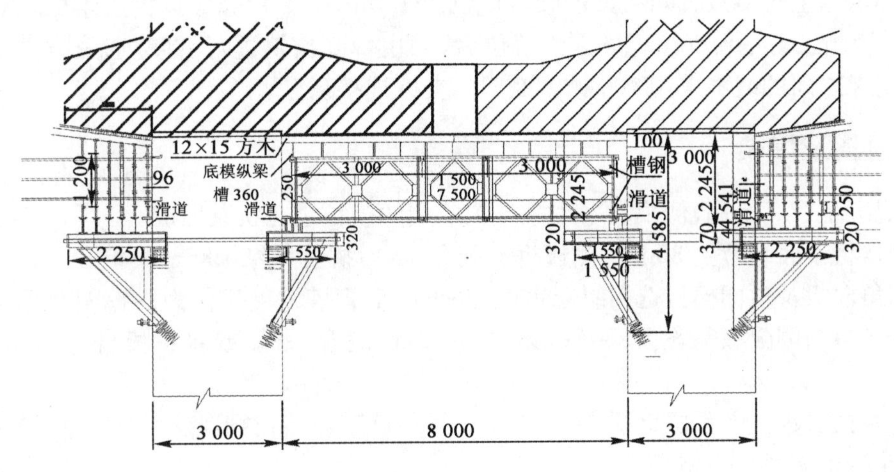


图5 两墩柱之间的平台架设及铺底(尺寸单位:mm)

(1)首先，须紧贴墩柱每侧对称放入一根滑道(14.5m长，36cm高)，作为侧模及侧模桁架下贝雷梁的受力支撑点；然后，放入短纵梁(22cm高，并每片在对应放置贝雷梁正下方垂向加焊12mm厚钢板一块)，作为底板、腹板下贝雷梁的分配梁，并起到卸架落梁的作用(落架时将该短纵梁的腹板割开取出)；铺设贝雷梁，每组贝雷梁应按先中间后两边的顺序摆放，单组摆放，调整到位后，采用100槽钢将两端在上下各进行一道平联，上下贴焊。四组贝雷梁都就位后，采用100槽钢将平联串通连接，形成整体。贝雷梁3.0m标准片需68片，1.5m长贝雷梁片需20片。

(2)贝雷梁架设定位完成，在上面铺放纵向分配梁，分配梁采用挂篮施工用的底模纵梁，共需26根；纵梁放置要求端部一侧须与两个墩柱外边对齐。这样在腹板下外侧1.1m长的距离范围内，底模纵梁中心距为60cm。

(3)底模纵梁上横纵向铺设两层12cm×15cm方木(材质东北松)竖向放置作为受力分配；第一层在腹板底下，方木作满铺处理，底板及高度变化段下，方木间隔(12cm)布置；第二层按照每20cm铺设一道，墩柱间铺底共需12cm×15cm方木(4.0m长)13.6m$^3$。

(4)方木上钉设1.5cm厚的竹胶板，板缝挤加1.5cm宽，2mm厚的双面胶，板缝连接处必须落在下面方木的中间(可对方木适当调整)，竹胶板外侧与两墩柱外边缘应成一条线；竹胶板与墩柱相接处须放置双面胶，并且顶紧，以防不密实而产生漏浆。

### 4.2 1号段下的平台架设及铺底

(1)首先,须紧贴墩柱每侧对称放入一根滑道(14.5m长,36cm高),作为侧模及侧模桁架下贝雷梁的受力支撑点;然后,铺放其他纵向分配梁,每30cm一道,共需纵梁16根。

(2)在外侧1.1m范围内纵向铺设20cm×20cm方木作为分配梁。

(3)在地面上按照图中要求的尺寸提前进行支架的搭设,腹板下面立杆按照30cm×30cm进行布置,底板下面及外侧临时平台按照60cm×60cm进行布置,外侧临时平台8.5m长度范围内分两节搭设支架,然后整体提起平台就位。钢管支架就位后,通过墩身预埋套筒连接钢筋进行固定。顶托及底托丝杆埋入立杆内不少于25cm,确保支架的稳定性;在支架最前端的支架平杆上满布脚手板作为施工的平台,并在外侧挂设安全网进行防护。

(4)按照技术要求将顶托安装并调好高程,在顶托槽口内竖向放入12cm×15cm方木,按纵桥向铺放,然后上面竖向铺设8cm×5cm条木,横桥向摆放,两根方木中心距10cm,然后钉设1.5cm厚的竹胶板,板缝挤加1.5cm宽,2mm厚的双面胶,板缝连接处必须落在下面方木的中间(可对方木适当调整),竹胶板外侧与两墩柱外边缘应成一条线;竹胶板与墩柱相接处须放置双面胶,并且顶紧,以防不密实而产生漏浆。

### 4.3 翼缘板下的平台架设及铺底

在已放置好的滑道上每侧放置两组贝雷梁,每组长21.0m,由7片标准贝雷梁组成,纵向每端长出1号块端1.5m作为外模施工的平台支撑。贝雷梁就位后,采用100槽钢进行平联,通长方向共设置4道平联。贝雷梁与侧模外桁架之间的缝隙采用100槽钢制成的支架连接。

## 5 侧模及内模及撑架

第一次浇筑混凝土(8.5m高)侧模均采用墩柱施工用的模板进行拼装而成。

第二次浇筑时,将下面一节4.35m高侧模拆除翻上,然后拼装翼缘缘配节模板。

箱梁内模、倒角模板及顶面模板选用组合钢模,并采用钢管搭设支架作为内撑架及顶板传力支架,为了保证施工时的稳定性,两侧腹板需设置穿通拉条,每1.2m$^2$设置一道,或将腹板自身的拉条采用钢筋连为一体。

封端模板采用竹胶板,板上预留钢筋、钢束等与2号段施工连接;竹胶板外侧采用100cm×10cm角钢作为肋与内外侧模连为整体,每40cm一道。

## 6 结语

水土嘉陵江特大桥0号块施工平台采用对拉式牛腿,受力明确,螺纹钢能有效平衡牛腿水平方向的拉力;在施工过程中,牛腿和斜撑可以分开安装,方便施工。目前,水土嘉陵江特大桥已成功浇筑完四个0号块,整套施工技术实施效果良好,可为同类工程参考借鉴。

# 多跨移动模架施工在高墩现浇箱梁上的应用

赵红来

（重庆外环高速公路 N12 合同段　重庆　400000）

**摘　要**：重庆外环高速公路 N12 合同段施家梁互通立交桥梁为 50m 高的现浇箱梁，位于 $R=1\ 000$m 的曲线上，横坡 5%，有 4 条匝道引入或分出，桥面宽度变化大，桥位所处地形复杂，上跨三岔河，且有多处陡坎，桥跨度变化大，施工困难。施工方案的选择将直接对施工质量、安全、进度产生直接影响。

**关键词**：多跨移动模架　高墩现浇箱梁施工

## 1　工程概况

重庆外环高速公路 N12 合同段施家梁互通立交桥上部结构主体均为现浇箱梁施工，其中主线共计 15 联，65 跨，分左右幅布置，跨径组合为三跨一联、四跨一联、五跨一联。其中，单跨跨度最大为 34.45m，最小为 20.92m；箱梁顶板宽度最小为 16.75m，最大为 28m；除最后两联悬空高度稍低外，其余平均高度均在 40m 以上；施家梁互通立交主线桥位于 $R=1\ 000$m 的平曲线上。

## 2　方案比选

施家梁互通立交主线现浇箱梁悬空高度大、地质条件差、跨度种类多、桥宽变化频繁，且位于曲线上，横坡大，并存在 4 个匝道接口。属于典型的高墩现浇箱梁施工。满堂支架法施工对地基处理要求高，且搭架过高（平均高度在 40m 以上），施工进度缓慢、不经济；梁柱式悬空支架法在纵梁架立时需要借助大的起重设备（起吊高度在 50m 以上），跨中还需设置临时支墩，在卸落支架时则异常困难，安全性能差，施工速度慢，逐联施工无法保证总工期要求。

经过比选，最终选择移动模架施工方案。移动模架法是一种较为先进的新技术、新工艺，主要适用于复杂地形的高墩现浇箱梁的施工，在重庆地区有相当的推广价值。移动模架法施工方案是采用带有承重杆系的拼装桁架结构作为施工的平台，主桁梁以贝雷梁为主要杆件进行拼装，另外加工相应的附件。纵桁梁的承重杆系按照倒三角形结构进行拼装，当跨度较大时，承重杆系按照倒梯形结构进行拼装，承重杆系在平台转跨推进行走前可向上收折以满足平台转跨推进行走需要。相对于梁柱式支架及满堂支架，移动模架法具有施工周期短，且更有利于保证施工的质量与安全等许多优点。

根据项目进展情况，若采用单跨移动模架施工，施工时间太长，无法满足工期要求。因此采用一次施工三跨的多跨移动模架施工，这样，将原设计三跨一联的箱梁一次施工完成，原设计四跨一联及五跨一联的箱梁分两次进行施工，第一次施工 2.2 跨，第二次施工 1.8 或 2.8 跨，施工断缝设在该垮弯矩最小处，并在断缝处设计增加连接器，将纵向预应力束连为整体。

## 3　多跨移动模架的构成（图 1）

移动模架整体分为如下几部分：支承体系、收折式桁梁平台、平台转跨推进行走系统、碗扣支架平台。

### 3.1　支撑体系

支承体系用来支承桁梁平台（图 2），此体系的构造与墩柱情况密切相关，施家梁互通立交主线桥均为双墩和三墩圆形墩柱，支承体系由横梁、斜撑杆、抱箍、支承键四部分组成，斜撑由抱箍与支承键共同支承固定，抱箍与支承键为斜撑提供反力支承，减小横梁的弯矩。上支承键直接支承牛腿的横梁，下支承键则支承抱箍并通过抱箍和斜撑最终与上支承键共同支承牛腿横梁。

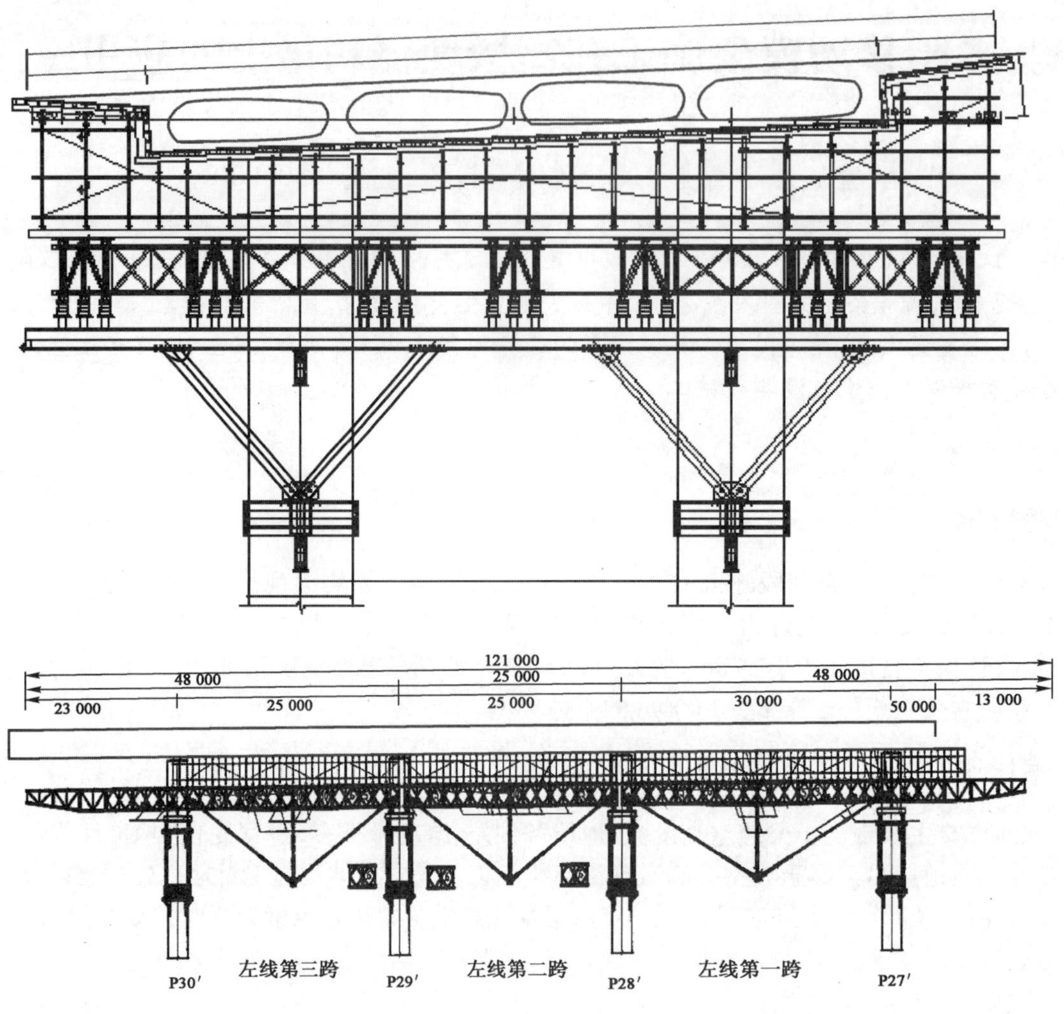


图 1　多跨移动模架的构成(尺寸单位:mm)

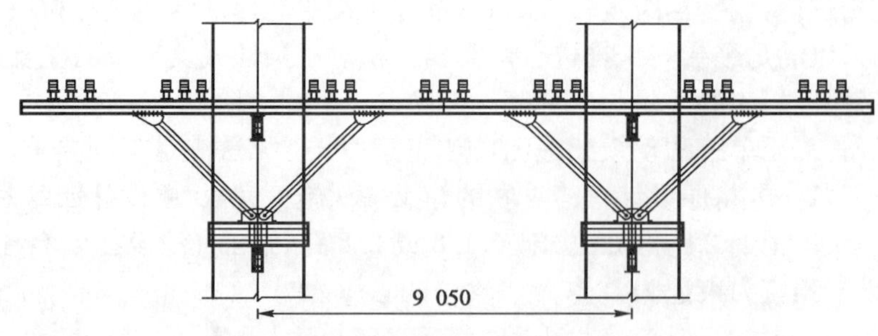


图 2　支撑体系(尺寸单位:cm)

## 3.2　收折式桁梁平台

收折式桁梁平台(图 3)由收折式纵桁梁、横向联系组成。收折式纵桁梁由水平桁梁及承重杆系组成。水平桁梁为拼装桁架结构,由长 3m 的贝雷桁片拼装而成矩形桁架;平台承重杆系因跨径而异,31.5m 及其以下跨径为倒三角形,31.5m 以上跨径为倒梯形。承重杆系为平台桁梁提供足够的抗弯能力及刚度,当平台行走时，承重杆系可向上收折，以满足平台向前推进转跨行走。标准桥宽有6组收折式纵桁梁，纵桁梁间由横向桁片联成整体平台。纵桁梁支承于前后两个墩柱的支承体系上，纵桁梁前后设有导梁以满足平台转跨行走。横向联系桁片的作用是将纵桁梁联系成整体平台，每组纵桁梁均由3片纵向桁片组成一组，在纵桁片的每节贝雷桁片的端部由横向支撑立桁片将每组纵桁片联系起来，每组纵桁片的承重杆系的竖杆亦用横向联系桁片联系起来。各组纵桁片由支撑立桁片和可水平转向收折的转动立桁片联成整体桁架，承重杆的各组立杆间亦用横向联系桁片联成整体。在各组桁梁顶部设有水平桁片约束纵桁梁的横向变位。

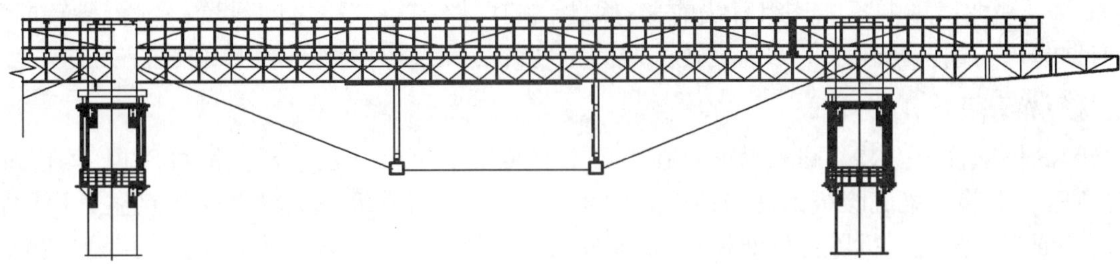

图3 收折式平台

### 3.3 平台转跨推进行走系统

平台转跨推进行走系统由行走车与牵引装置两部分组成。行走车置于墩柱横梁顶部，其纵向滚轮支承纵桁梁，使纵桁梁可纵向行走，行走车自身可横向行走，从而实现平台双向行走，满足平台曲线行走需要。牵引装置采用慢速卷扬机，平台行走前先将墩柱两侧桁梁间的横向联系桁片(亦称“转动桁片”)水平转动收折，此时平台分开，再将各组纵桁梁的承重杆系向上收折，三跨桁梁连成整体，平台即可行走。

### 3.4 碗扣支架平台

主线桥处于平曲线半径$R=1\ 000$m的弯道内以及竖曲线半径33 000m的凹形竖曲线内，竖曲线两端纵坡1.75%，箱梁平曲线超高5%，两线桥箱梁均有匝道分出与汇入，为不等跨弯坡斜异形桥。采用一定高度的碗扣支架对于调整纵横坡、竖曲线及预拱度的设置变得极为便利，同时也方便了支架卸落。为了保证桁梁中的贝雷梁受力的安全，沿纵桥向每0.75m布置一排碗扣支架，支点正位于贝雷梁的竖杆或斜弦杆接头上。横桥向碗扣支架按腹板下间距0.6m、底板及翼缘板下间距0.9m布置。

## 4 移动模架施工说明

### 4.1 移动模架的拼装

移动模架的拼装一般是在桥后的路基上进行拼装，并逐步向桥梁施工方向前移到位。本桥左右幅最后一联地势较低，采用满堂支架法施工，影响了移动模架的前移，因此以施工的满堂选支架作为拼装的平台，采用吊车辅助进行拼装。拼装前对支架进行加固，尤其是安放临时支点轨道的位置，对碗口支架进行加密。将支架临时支点高度调至与支撑系统等高，以便于纵桁梁的平稳前移；拼装从前导梁开始，整个收折式平台逐步拼装，长度达到一定值，可以采用牵引的方法向前滑移，拼装过程中，始终保持平台上构件重量不小于前端悬臂的重量的1.5倍，确保施工安全。

### 4.2 移动模架的预压

移动模架平台拼装完成并经验收合格后，搭设上面满堂支架，并根据理论计算的跨中挠度及设计图纸要求按照抛物线进行预拱度的设置，底腹板铺设完成后，进行预压。预压采用堆码沙袋法分级加载，分别按照计算重量的30%、60%、90%、120%实施，并在跨中、四分之一跨、梁端设置观测点进行观测，获取有效数据，指导后续施工。

### 4.3 移动模架平台就位

移动模架平台在施工时将承重系统放下,在前移时将承重系统收折起来;平台在移动到位后,须在每个墩顶处将纵桁梁断开,箱梁施工时,在每一跨均为简支梁构造;为了解决跨度不等、曲线内外侧弧长不等的问题,对端头所使用的贝雷梁进行了加强改造,使得支点位置的设置更加随意,以便于施工。

### 4.4 移动模架平台的前移

收折式平台前移采用卷扬机拖拉的方式施工。为使平台前移不受纵坡、竖曲线、平曲线的影响,在每一个横梁支点处,设置一台双向摇滚小车,摇滚小车可以根据需要调整倾斜角度及水平移动;整组桁梁全长约120m,前移时,受平曲线影响不能整组直线前移,因此在前两跨与第三跨之间设置一组桁梁转向装置,使得第三跨在前移时可与前两跨在水平方向旋转一定的角度,保证曲线时整组桁梁顺利通行。

### 4.5 移动模架施工流程

在起始跨的桥墩柱上安装牛腿和横梁→在横梁上安装架空平台→在平台上铺设底模、侧模及翼缘部分模板系统,预压→安装主梁底腹板钢筋与预应力钢束、安装内模侧模板→用输送泵浇筑主梁底腹板混凝土,养生并对接缝混凝土凿毛→拆除内模侧模板,搭架安装内模顶面模板,安装顶板钢筋→用输送泵浇筑主梁顶板混凝土,养生并对顶板拉毛→张拉预应力钢束→落架(砂筒卸落)、拆除模板及碗扣支架平台→预应力管道压浆→平台推进行走(施工下一次)。

## 5 结语

对于墩高30m以上的现浇箱梁来说,多跨移动模架施工相比于满堂支架及梁柱式支架法现浇箱梁施工,成本小、施工周期短、环保效果好、安全质量易保证,且墩柱越高,成本优势越明显。

Shanqu Gaosu Gonglu Jianshe Jishu Lunwenji

# 山区高速公路建设技术论文集

## （下）

重庆高速公路集团有限公司　主编

人民交通出版社

## 内 容 提 要

本书以重庆"二环八射"高速路网建设和运营成果为依托,从技术创新、人文景观和自然环境等多角度,详细阐述了公路工程技术、桥梁工程技术、隧道工程技术、交通工程及环保景观技术和工程建设管理技术等内容。

本书可供高速公路规划、设计、科研管理人员借鉴参考。


**图书在版编目(CIP)数据**

山区高速公路建设技术论文集. 下/重庆高速公路集团有限公司主编. —北京: 人民交通出版社, 2010.9
ISBN 978-7-114-08615-1

Ⅰ.①山… Ⅱ.①重… Ⅲ.①山区－高速公路－道路工程－文集 Ⅳ.①U412.36－53

中国版本图书馆 CIP 数据核字 (2010) 第 167059 号

书　　名: 山区高速公路建设技术论文集(下)
著 作 者: 重庆高速公路集团有限公司
责任编辑: 沈鸿雁　丁润铎
出版发行: 人民交通出版社
地　　址: (100011) 北京市朝阳区安定门外外馆斜街 3 号
网　　址: http://www.ccpress.com.cn
销售电话: (010) 59757969, 59757973
总 经 销: 人民交通出版社发行部
经　　销: 各地新华书店
印　　刷: 北京鑫正大印刷有限公司
开　　本: 880×1230　1/16
印　　张: 16
字　　数: 472 千
版　　次: 2011 年 7 月　第 1 版
印　　次: 2011 年 7 月　第 1 次印刷
书　　号: ISBN 978-7-114-08615-1
总 定 价: 90.00 元

# 目　录

## 三、隧道工程

## 四、交通工程及环保景观



## 五、工程建设管理及其他

# 三、隧 道 工 程

# 长大隧道沥青路面用阻燃剂种类及阻燃机理研究现状

彭建康[1] 董瑞琨[2] 苏胜斌[2]

(1.北京工业大学建工学院 北京 100022;2.重庆大学土木工程学院 重庆 400045)

**摘 要**:概述了沥青阻燃剂的几种典型阻燃原理:吸热、覆盖、抑制链反应及不燃气体窒息作用等;分析了常用沥青阻燃剂的特点及其每种阻燃剂的阻燃机理;介绍了新型的阻燃技术和阻燃思路;展望了长大隧道阻燃沥青混凝土路面的研究方向:低温施工的阻燃沥青混凝土因排放小、热辐射低、有利于施工操作而具有很好的发展前景。

**关键词**:阻燃机理 沥青阻燃剂 新型阻燃技术 隧道 沥青路面

## 1 引言

随着我国公路建设的不断发展,公路隧道里程呈逐年增长趋势。目前对道路的安全性和舒适性提出了更高的要求,大量的(特)长隧道已要求铺筑沥青混凝土路面。然而,沥青在空气中是一种易燃材料,在高温下会燃烧,放出大量的烟雾和有毒气体;加之(特)长隧道空间相对封闭,沥青路面燃烧产生的毒气、烟雾和热量很难散失,导致火灾事故发生后人员逃生困难,往往造成灾难性事故,损失惨重。因此,(特)长隧道沥青混凝土路面的阻燃研究对于保证运营安全具有重要的现实意义。

## 2 阻燃沥青的阻燃原理

沥青的组成极其复杂,一般认为是由沥青质、胶质、芳香分和饱和分四种组分组成。沥青的燃烧是一个放热、分解的物理化学过程,首先熔融、滴落、流淌,接着是熔珠燃烧,再由燃烧的熔珠洒落、流淌,造成火势蔓延扩大,酿成火灾。沥青在燃烧中分解出氢、甲烷及烷烃类等易燃气体。这些气体的燃烧又进一步加快了沥青的热分解。所以沥青火灾的特点是来势猛、扩展快、范围广、损失大。因此,要实现对沥青的阻燃,首先要保证沥青在受热时不熔滴、不流淌,提高沥青熔点和分解温度;或增加分解气体中的不燃成分或增加燃烧膜中的抑制成分。根据沥青的燃烧过程,沥青阻燃剂的阻燃原理主要有吸热、覆盖、抑制链反应及不燃气体窒息作用等。

### 2.1 吸热作用

在高温条件下,阻燃剂发生强烈的吸热反应,吸收燃烧放出的部分热量,降低可燃物表面的温度,有效地抑制可燃性气体的生成,阻止燃烧的蔓延。

### 2.2 覆盖作用

阻燃剂在高温下能形成玻璃状或稳定泡沫覆盖层,隔绝氧气,具有隔热、隔氧、阻止可燃气体向外逸出的作用,从而达到阻燃目的。

### 2.3 抑制链反应

根据燃烧的链反应理论,维持燃烧的是自由基。含卤阻燃剂可作用于气相燃烧区,捕捉燃烧反应中的自由基,从而阻止火焰的传播,使燃烧区的火焰密度下降,最终使燃烧反应速度下降直至终止。

### 2.4 不燃气体窒息作用

阻燃剂受热时分解出不燃气体,如 $CO_2$、$NH_3$、HCl、HBr 等将可燃物分解出来的可燃气体的浓度冲淡到燃烧下限以下。同时,上述不燃气体对燃烧区内的氧浓度具有稀释作用,阻止燃烧的继续进行,达到阻燃的作用。

## 3 常用沥青阻燃剂种类及其阻燃机理

清华大学的龚景松、傅维镳对90号、110号、140号道路沥青进行了热重分析,发现沥青受热时的质量损失主要发生在250～530℃温度区间,而且不同沥青热解的失重曲线形状基本相似,质量变化的峰值温度也基本一致,沥青热解的温度具有相似性。因此,可以利用对沥青的热分析(热重分析、示差扫描量热等)来确定沥青裂解的大致起始温度及成炭温度,为阻燃方案的选择提供参考。参照上面对沥青的热解分析,可以将分解温度在250～400℃的材料作为候选阻燃剂。目前,沥青的阻燃方式主要是围绕着在沥青中添加阻燃剂、抑烟剂来实现的。常见的阻燃剂有有机卤素化合物、锑系阻燃剂、含氮阻燃剂、磷系阻燃剂等,常见的阻燃抑烟剂有氢氧化铝、氢氧化镁、硼酸锌等。

### 3.1 有机卤素阻燃剂

其在高温下发生分解,释放出HX(X表示卤素),HX能与沥青燃烧时产生的HO、O、H等作用,使这些自由基浓度降低,减缓或终止燃烧的链式反应,从而达到阻燃的目的。HX是难燃性气体,可以稀释空气中的氧,因其相对密度大于空气,会在沥青表面形成保护层,使燃烧速度减缓或熄灭;但HX也会增加隧道内烟雾的浓度,增加烟窒息的几率。这就决定了卤素阻燃剂不宜单独使用,比较成熟的做法是和抑烟剂一起使用。由于它具有很好的阻燃性,目前在防火工程中大量使用。其中DBDPO在燃烧时会产生多溴联苯类及多溴联苯醚类,这两种化合物由于其化学结构与二噁英相似,被怀疑燃烧后会产生二噁英类物质,具有强致癌性。美国雅宝公司率先开发了在相对分子质量、热稳定性和溴含量方面与DBDPO相当的十溴二苯乙烷(DBDPE)。DBDPE不属于多溴二苯醚,燃烧时不产生多溴联苯及多溴联苯醚,可代替DBDPO作为阻燃剂。

### 3.2 含氮阻燃剂

主要是指无机氨盐,如$(NH_4)_2HPO_4$、$(NH_4)_3PO_4$、$(NH_4)_2SO_4$、$NH_4Br$等,它们在受热时分解出难燃性气体$NH_3$,$NH_3$稀释了空气中的氧浓度,而且$NH_3$在火焰中可发生反应:$NH_3+O_2 \longrightarrow N_2+H_2O$。但这些材料可溶或易溶于水,不能作为主要成分使用,除非做表面防水处理,如美国在1989年公布了一种使用硅树脂聚合体对阻燃剂进行处理的技术。

### 3.3 有机磷系阻燃剂

在热解形成的气态产物中含有PO,可以有效地抑制H及HO的链传递。红磷对含氧高聚物阻燃效率高,在沥青阻燃中较少有应用。聚磷酸铵(APP)在受热时会脱水生成聚磷酸,聚磷酸由于具有强烈的脱水性能可以使沥青表面炭化,加上隔绝热量和氧气,从而有效地抑制明火的发生;受热时分解生成的氨气和水蒸气可稀释热分解形成的可燃性气体和氧气,对燃烧具有良好的阻燃作用,而且低毒,热稳定性好。

### 3.4 氢氧化铝和氢氧化镁

受热时放出结合水,会吸收大量的热,使材料难以达到热分解温度和燃烧温度,通过抑制燃烧进一步达到了抑制发烟的目的;并且水在高温下变成水蒸气时体积急剧增加,稀释了可燃性物质热分解后形成的可燃性气体和烟雾。同时,水蒸气可在高温下与炭粒发生进一步氧化反应,使发烟量降低。碳酸钙对受热分解产生HCl的气体有很好的抑烟作用。

### 3.5 三氧化二锑

与卤系联用具有好的阻燃性,能终止燃烧,产生自熄现象;它本身基本没有阻燃作用,只是与卤系联用有很好的协同效应。但它本身存在潜在的毒性,而且卤—锑阻燃体系的发烟量高(较单独用卤系阻燃剂时还要高),且锑资源有限;它的使用还会使材料燃烧时产生阴燃,对材料的理化性能有不利影响。可以用硼酸锌、氧化锌、氧化锡及其混合物代替三氧化二锑使用。

### 3.6 硼酸锌

具有阻燃、抑烟、成炭、抑制阴燃和防止熔滴等多种功能，可同时在气相和凝聚相发生作用。这是因为硼酸锌与卤系阻燃剂 HX 混合使用时，受热生成的 ZnX、BX，具有捕捉 HO、H 等自由基的功能，使燃烧链式反应难以进行，增加成炭量，促进固相形成坚硬致密的炭层。另一方面，硼酸锌会在高温熔化，覆盖在沥青表面；高温反应形成的硼酸也可覆盖在沥青表面，形成玻璃态的包覆层以隔绝空气和热量。在受热分解过程中，硼酸锌还将释放出大量的结晶水，可有效地降低燃烧体系的温度，并起到稀释氧气的作用，从而抑制了燃烧的继续进行。硼酸锌与卤系阻燃剂及锑化物协同使用时，阻燃效果更加明显。

大量研究表明，单一阻燃剂对沥青的阻燃效果不是很理想，而复合阻燃剂由于具有协同阻燃作用，可以显著提高沥青的阻燃性能。因此，目前对沥青的阻燃大都使用复合阻燃剂。卤系和无机阻燃剂一起使用是目前使用最多的，阻燃效果也比较好，但是存在环保及成本方面的问题，避免使用卤系阻燃剂已成为一种趋势。目前主要是用磷系和氮系阻燃剂来替换卤系阻燃剂。

## 4 新型阻燃剂和阻燃技术

随着聚合物阻燃技术的发展，沥青阻燃技术也得到了很快的提高。有研究发现，阻燃剂的粒度对阻燃效果也会有影响，氢氧化铝在高压聚乙烯、碳酸钙在聚氯乙烯中粒径越小，阻燃、抑烟效果越好。将纳米化的绿色阻燃剂，氢氧化铝、氢氧化镁、碳酸钙等以一定的方式加入沥青中，相信也会有很好的效果。纳米插层材料已广泛应用于塑料、树脂等材料的阻燃，并且效果很好，相信沥青/层状硅酸盐纳米复合材料也会具备一定的阻燃性能。主要基于以下推理：层状硅酸盐的片层可以在沥青内部起到阻隔作用，减缓和阻碍在燃烧过程中沥青分子链降解所产生的可燃性小分子向燃烧界面迁移，同时也减缓外界的氧气向沥青内部渗透，使得在燃烧界面上的氧化反应难以充分进行，从而起到阻止燃烧的作用。这一作用的结果使沥青的燃烧无法充分完成，最大放热速率也会随之下降。纳米插层阻燃材料是以廉价的层状的硅酸盐材料作为基体，因此有可能大幅度降低阻燃剂的制作、使用成本，并且由于层状硅酸盐不但可以在二维方向上起到增强作用，还可以起到改善沥青混合料物理力学性能的目的。

目前的研究主要是针对沥青的阻燃，而对沥青混合料阻燃的却很少。纤维在沥青混合料中主要起加筋的作用。我国产有一种碱性矿物纤维，价格便宜，类似于石棉纤维但不具有石棉纤维的人体危害性：人体呼吸系统属于酸性环境，石棉纤维的化学组成是硅酸盐，不溶解于酸性环境故对人体有危害。而这种碱性纤维溶解于呼吸系统的酸性环境而消失或圆化，即使深入到肺部也不会长期停留，对人体不会构成致癌的威胁。动物试验和人群流行病学调查表明这种碱性纤维是安全的。这种碱性矿物纤维矿在全世界罕见，在我国分布少储量多，探明储量高达 780 万 t，现在只是作为石棉的安全替代品开采，国内已有人拟开发成沥青混合料的纤维稳定产品和阻燃产品。它可以作为沥青路面的增强纤维和阻燃纤维，特别适用于隧道内的阻燃沥青面层。

有研究发现一种矿粉，可以取代常规的石灰石矿粉，且具有阻燃作用。矿粉的阻燃机理：碱性矿粉在室温至沥青混合料施工温度 200℃以内保持稳定，不发生任何化学和物理反应；在沥青的燃点 300℃左右发生阻燃反应，一是脱水吸热阻燃，即碱性(羟基)矿粉失去高比例的结构水，吸收大量的热量，起到阻燃的作用；二是成炭阻燃，即碱性矿粉高活性的分解产物能促进沥青成炭，形成保护层，起到阻燃作用。经过试验表明，碱性矿粉取代石灰石矿粉对沥青和沥青混合料性能没有任何影响。另外，碱性矿粉还具有环保和性价比高的优点。

胡红雨等人采用了一种对沥青混合料进行阻燃改性的颗粒状阻燃改性剂——FRMAX™环保型阻燃改性剂。这种改性剂使用方便，无需改变原有生产工序，无需增加任何设备，无需增加任何能源消耗，在保证原沥青混合料路用性能的基础上显著提高了沥青混凝土路面的阻燃性。添加量为沥青混合料的 0.5%，但其没有对阻燃机理进行说明。

## 5 问题与展望

沥青混凝土路面的阻燃研究目前主要集中在沥青结合料的阻燃研究和评价上,而对沥青混合料的阻燃研究和评价工作开展得较少。实际上,在某些情况下,沥青的阻燃性能和相应的沥青混合料的阻燃性能有着较大的差异。尤其是某些针对沥青混合料而不是针对沥青结合料的改性剂的加入,往往会改变沥青混合料的阻燃性能。因此,很有必要对沥青混合料展开阻燃性能的评价和研究。

(特)长隧道沥青混凝土路面铺筑施工目前使用的还是温度较高的热拌沥青混凝土技术。(特)长公路隧道中摊铺常规热拌沥青路面对现场施工设备、人员以及沥青路面质量都提出了严峻的挑战。高温沥青混合料短时间内在长大隧道相对封闭的空间内必然释放和聚集大量的热量和有害气体。高温容易导致摊铺设备和碾压设备无法正常工作,而沥青高温状态下所释放出的有害气体和辐射热又严重威胁着现场施工人员的身体健康。

开发、研制热辐射低、有害气体排放量小的沥青混凝土,更有利于(特)长公路隧道路面的铺筑施工,同时不损害沥青混凝土路面的路用性能,并且能保证沥青路面的安全运营。因此,低温阻燃沥青混凝土的研究将是阻燃沥青混凝土研究的一个新方向。

### 参 考 文 献

[1] 沈金安.改性沥青与SMA路面[M].北京:人民交通出版社,1999.
[2] 欧育湘.实用阻燃技术[M].北京:化学工业出版社,2002.
[3] 王永强.阻燃材料及应用技术[M].北京:化学工业出版社,2004.

# 隧道钢纤维喷射混凝土性能试验及其工程应用

杜国平[1,2] 刘新荣[2] 祝云华[2] 李 丹[1,2] 邢心魁[3]

(1.重庆高速公路集团有限公司 重庆 400042;2.重庆大学土木工程学院 重庆 400045;
3.西安建筑科技大学土木工程学院 陕西 710055)

**摘 要:** 为研究钢纤维混凝土喷层在隧道单层永久衬砌支护中的适用性,根据钢纤维喷射混凝土结构力学原理,分析了钢纤维在混凝土中的增强力学作用机制,完成钢纤维喷射混凝土合理配比、抗拉、抗压、抗折及抗折初裂强度和弯曲性能等指标的室内试验,并结合具体的隧道现场喷射试验,以及围岩应力、钢纤维混凝土喷层应力及洞周附加水平收敛等监测数据进行分析。研究结果表明,钢纤维喷混凝土抗拉、抗折强度高,韧性好,喷层中的应力分布较均匀,具有较好的让压能力,喷射作业回弹损失量减少,说明钢纤维喷射混凝土是一种理想的单层衬砌支护材料,具有较好的推广应用价值。

**关键词:** 隧道工程 钢纤维喷射混凝土 试验 力学性能 单层衬砌

## 1 引言

钢纤维混凝土作为一种新型建筑材料,近年来在国内外得到了迅速发展。与普通混凝土相比,钢纤维混凝土不仅能明显改善抗拉、抗剪、抗折以及抗渗能力,而且能大大增强断裂韧性和抗冲击等多项性能,所以在道路路面、桥梁结构、隧道衬砌支护等工程中广泛应用。钢纤维喷射混凝土是由均匀散布有钢纤维的混凝土拌和料,借助压缩空气高速喷射成型的新型复合材料,随着其在隧道和地下工程新奥法施工中的推广使用,已越来越引起学术及工程界的重视,并在实际工程中取得了良好的应用效果。

高尔新等[1]通过钢纤维在喷射混凝土中的受力特性,研究了钢纤维在混凝土中的分布规律;严少华和钱七虎等[2]采用刚性压力试验机,对不同钢纤维掺量的混凝土进行了单轴压缩荷载作用下的应力—应变全过程试验;范新等[3]运用拉应力累积损伤破坏准则,通过对钢纤维喷射混凝土支护坑道与其他支护类型的对比,研究了钢纤维喷射混凝土支护抗爆炸震塌能力;丁琳[4]基于湿喷钢纤维混凝土的力学性质,分析了湿喷混凝土的特点及其在公路隧道中临时与永久支护中的应用。

随着纤维喷射混凝土在地下及隧道工程中的应用日愈增多,对其喷射技术,如材料、增强机制、力学试验、早期强度、应用与设计等方面的研究显得愈加重要。本文采用理论研究、室内试验和现场应用相结合的方法,研究钢纤维喷射混凝土的室内力学性能试验,并通过渝宜高速公路摩天岭隧道通风斜井现场喷射试验及其监控量测结果分析,为钢纤维喷射混凝土在隧道单层永久衬砌中的推广应用提供参考依据。

## 2 钢纤维混凝土的增强作用机制

普通混凝土基体本身就是一种多相、多组分、非匀质的颗粒型脆性复合材料,其拉压比低(8%～13%)、极限延伸率小(0.01%～0.02%),故在动载和静载作用下,往往过早引起破坏,并全面影响其他性能。在混凝土结构形成过程中,因失水等原因引起收缩,只要收缩应力达到混凝土的抗拉强度,在其内部即出现不同尺度的微细裂纹,加之施工期间带来的毛细孔、气孔等缺陷,气孔直径为0.01～1mm,毛细孔尺度约为气孔的1/1 000。其中大于50～100mm的孔,尤其是连通孔,对混凝土的物理力学、化学性能产生很不利的影响。在受力过程中,这些孔缝和缺陷都是裂缝源,在裂缝尖端出现应力集中[图1a)]。

从图1可以看出,只要裂缝尖端有应力集中,裂缝则急剧扩展,降低了混凝土的承载能力,导致其突然的脆性破坏,从而使得混凝土的固有理论抗拉强度远远不能发挥,普通混凝土的理论抗压强度可达103MPa数量级，而实际抗压强度仅有101MPa数量级。但是，如果在混凝土基体中掺入不同数量的钢纤维，因钢纤维的阻裂效应，则产生如图1b)、c)所示的情况。跨越裂缝和靠近裂缝尖端的纤维，使得混凝土的断裂能量提高50～200倍，应力传递给裂缝的上、下表面，随着纤维体积掺率的增大，裂缝尖端应力集中程度不仅能缓和，且有消失的可能。在混凝土结构形成过程中，钢纤维阻止裂缝引发，减小与缩小裂缝源尺度和数量；在受力过程中，又抑制了裂缝引伸和扩展，缓和了裂缝尖端应力集中程度。这意味着采用钢纤维混凝土可能引起开裂和变形，但仍保持有很强的承载能力，能在相当长的时间内维持围岩的稳定性。这对在岩石支护过程中必须考虑的连续变形问题具有重要意义。

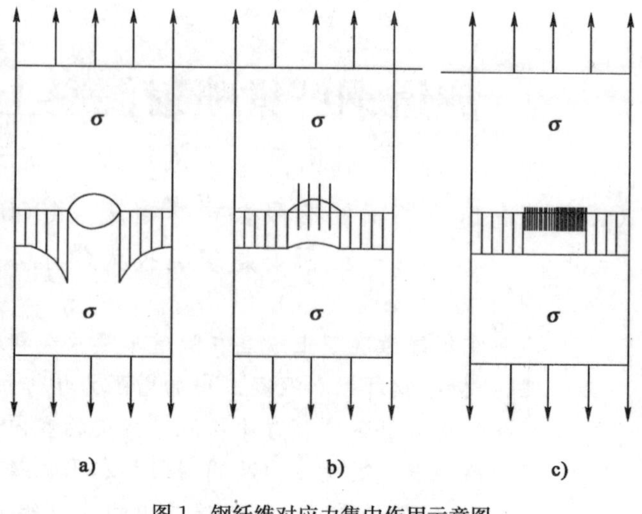

图1　钢纤维对应力集中作用示意图

## 3　钢纤维混凝土力学性能室内试验

### 3.1　试验材料

试验采用的钢纤维为重庆宜筑商贸有限公司生产的剪切波浪型钢纤维，当量直径0.5mm，长径比60，抗拉强度大于500MPa；水泥采用华新牌325级普通硅酸盐水泥；粗集料为隧道现场机制碎石，粒径为6.0～10.8mm连续级配；细集料采用摩天岭机制砂和宜昌细河砂的复合细集料，其中机制砂占细集料的70%，宜昌细河砂占30%，复合细集料细度模数为2.7；外加剂选用德国巴斯夫公司生产的高效无碱液态速凝剂；硅粉掺量为水泥用量1.80%。

### 3.2　试验配比

钢纤维喷射混凝土配合比的选定，除了考虑其抗压强度的要求外，还必须考虑其抗弯强度、弯曲韧度系数和抗折性能的要求。试验时钢纤维的几何参数保持不变，着重研究其体积掺率的变化($V_f$=0.0%、0.4%、0.6%、0.8%)对钢纤维喷射混凝土力学性能的影响。经多次室内试验，确定钢纤维喷射混凝土配合比为：水：水泥：石：砂=1.0：2.0：2.5：2.0，速凝剂掺量占总质量的7%，采用先干拌后湿拌的方法拌和。其配合比见表1。

**钢纤维喷混凝土试件材料组成**

表1

| 试验编号 | 纤维长径比 | 水灰比 | 水泥质量(kg/m³) | 水质量(kg/m³) | 砂的质量(kg/m³) | 石子质量(kg/m³) | 硅粉掺量(kg/m³) | 减水剂掺量(%) |
|---|---|---|---|---|---|---|---|---|
| S-1 | 60 | 0.46 | 441 | 226 | 1 180 | 598 | 36.8 | 0.8 |
| S-2 | 60 | 0.48 | 441 | 226 | 1 180 | 598 | 36.8 | 0.7 |
| S-3 | 60 | 0.48 | 441 | 226 | 1 180 | 598 | 36.8 | 0.8 |
| S-4 | 60 | 0.48 | 441 | 226 | 1 180 | 598 | 36.8 | 0.9 |
| S-5 | 60 | 0.47 | 441 | 226 | 1 180 | 598 | 36.8 | 0.8 |

### 3.3　试件制作

喷射混凝土与模筑混凝土在施工工艺、混凝土的成型以及力学性能方面有所不同，为了使室内试验能反映喷射混凝土的实际情况，试件采用现场喷射制作，隧道内养护2d后脱模运至试验室标准养护，在试验室养护7d后进行切割、打磨，成型试块，在标准养护室内养护至28d龄期后进行试验。本试验混凝土基体设计强度等级为C30。

### 3.4 试验结果及分析

所有试验按照《钢纤维混凝土试验方法》(CECS 13:89)进行制作与养护，试验采用WAW—2000型微机控制电液伺服万能试验机，试验采用应变率控制的加载方式，应变率为$10^{-4}$/s，试件选用100mm×100mm×100mm立方体及100mm×100mm×400mm小梁试件，分别进行抗压强度、劈裂抗拉以及抗折强度等相应试验。

(1)钢纤维喷射混凝土抗压强度

同级别配比条件下，钢纤维混凝土与普通混凝土应力—应变曲线如图2所示。从图中可以看出，钢纤维喷射混凝土的弹性模量略小于普通混凝土的，并且抗压强度提高幅度不大，在同样大小的峰值应力作用下，钢纤维的掺入可以提高混凝土的峰值应变；普通混凝土应力—应变曲线下降段更陡，而钢纤维喷射混凝土的曲线更为平滑，荷载达到峰值后，并非突然下降，提高了韧性，表明普通喷射混凝土呈脆性破坏特征，而钢纤维增强混凝土却表现出明显塑性变形破坏特征。这主要是由于钢纤维的抗拉强度远大于普通混凝土，在基体开裂后由于纤维的黏结作用，使得复合体有明显的残余变形阶段，且韧性明显提高，表现出很大的峰值后变形能力；另外，从钢纤维混凝土抗压试验破坏形式可以看出，其无碎块、无崩裂，基本上保持原来的外形，仅出现了裂缝和小量的表面剥落，进一步说明由于钢纤维的掺入，使得混凝土由脆性破坏变为延性破坏。

(2)钢纤维喷混凝土抗拉强度

试验结果表明，钢纤维混凝土比同样配比的普通混凝土的抗拉强度提高了58.63%。分析其原因，当掺入钢纤维后，由于纤维与基体黏结作用，当复合体中的混凝土材料达到极限抗拉强度后，纤维与水泥胶浆硬化体的界面黏结力阻止裂缝的进一步扩展，因钢纤维的抗拉强度很高，将拉应力传至未开裂的混凝土硬化体上，直至邻近硬化体的应力达到极限抗拉强度时又产生新的微裂缝。如此进行下去，产生多缝断裂，同时将过高的拉应力集中向远处转移，使结构内的拉应力逐渐趋于均匀分布，并最终主要由钢纤维承担，因此钢纤维混凝土的抗拉强度大大提高。

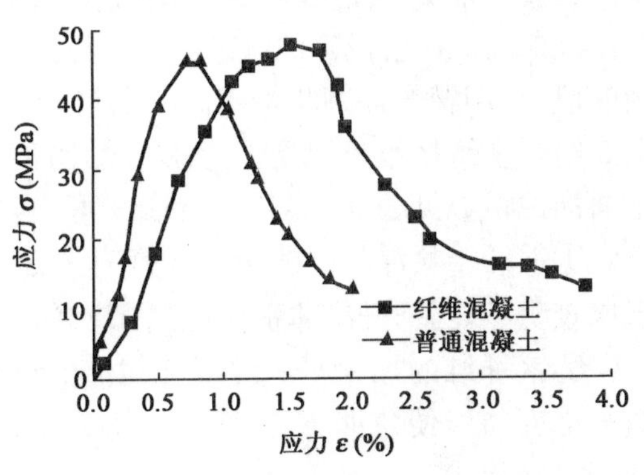


图2 钢纤维混凝土与普通混凝土应力—应变曲线

(3)纤维掺率对钢纤维混凝土抗压、抗拉强度的影响

钢纤维体积掺率$V_f$与抗压、抗拉强度关系曲线分别如图3、图4所示。从图中可以看出，7d和28d时可看出钢纤维喷混凝土的抗压、拉强度随着$V_f$的增加而提高。28d时，$V_f$从0.0%增加到0.8%，抗压强度只提高了21.7%，而抗拉强度则提高了96.5%，抗拉强度的提高更为明显；当$V_f$从0.0%分别增加到0.4%、0.6%和0.8%时，抗拉强度分别提高了55.4%、89.2%和96.5%。由此可见，$V_f$为0.6%时，钢纤维对混凝土抗拉强度的增强效果已经很好，当$V_f$继续增大时，对抗拉强度的提高效果不再显著；至于$V_f$为0.4%时出现较低的抗压强度，是因为振捣不均使得钢纤维喷混凝土试件出现过多的蜂窝，造成其内部不密实。

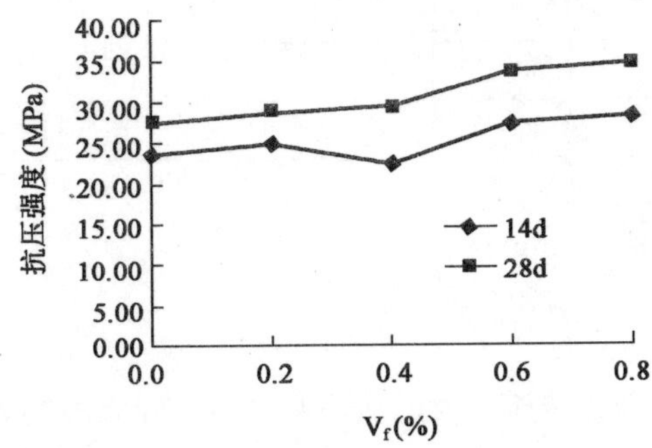


图3 钢纤维体积掺率与抗压强度关系曲线

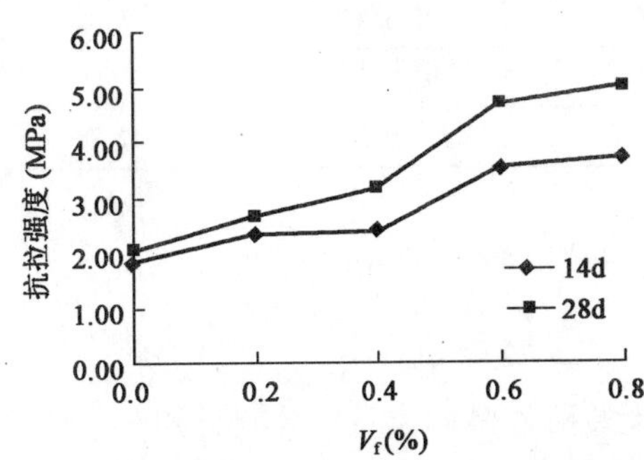


图4 钢纤维体积掺率与抗拉强度关系曲线

(4)抗折强度和抗折初裂强度

试验测得不同 $V_f$ 情况下钢纤维喷射混凝土的抗折强度 $f_r$ 和抗折初裂强度 $f_{cr}$ 的值如表 2 所示。初裂点按照《钢纤维混凝土试验方法》(CECS 13:89)中的规定确定。

抗折强度和抗折初裂强度　　表 2

| $V_f$(%) | $f_r$(MPa) | $f_{cr}$(MPa) | $f_r/f_{cr}$ | $V_f$(%) | $f_r$(MPa) | $f_{cr}$(MPa) | $f_r/f_{cr}$ |
|---|---|---|---|---|---|---|---|
| 0.0 | 4.68 | 3.75 | 0.81 | 0.6 | 8.27 | 6.09 | 0.73 |
| 0.4 | 6.93 | 5.16 | 0.75 | 0.8 | 8.61 | 6.36 | 0.74 |

从表 2 可以看出，当 $V_f$ 从 0.0%分别增加到 0.4%、0.6%、0.8%时，钢纤维喷混凝土的抗折强度 $f_r$ 分别提高了 48.1%、76.7%、84.0%；抗折初裂强度分别提高了 37.6%、62.4%、69.6%；而比值 $f_r/f_{cr}$从 0.81 减小到 0.74。由此可见，掺入钢纤维对喷射混凝土抗折强度的提高要优于对抗折初裂强度的提高效果，钢纤维的掺入对混凝土的抗折强度有明显的提高，但当 $V_f$ 从 0.6%增大到 0.8%时，对抗折强度的提高变得不明显。

(5)钢纤维喷混凝土的弯曲性能

在实际隧道锚喷支护工程中，喷射混凝土层会承受弯矩作用。试验弯曲韧性指数测试方法采用 ASTMC1018 韧性指数 $I_5$、$I_{10}$和 $I_{30}$，分别计算 3.0 倍、5.5 倍和 15.5 倍初裂点挠度处的韧度值，采用综合评判指标 $R_{10,30}$来确定钢纤维混凝土的韧性。图 5 给出了钢纤维喷混凝土荷载—挠度曲线。钢纤维喷混凝土弯曲韧性指数见表 3。从图 5 及表 3 可以看出：

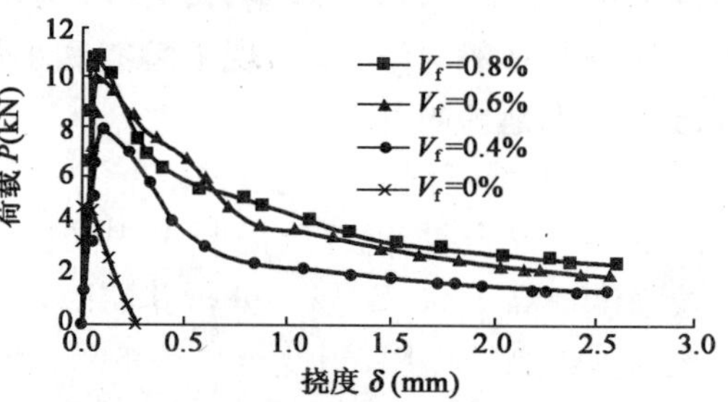

图 5　荷载—挠度关系曲线

①钢纤维喷混凝土的初裂强度有一定提高，其峰值荷载提高比较明显，当钢纤维体积率达到 0.8%时，峰值荷载比同样配比的素混凝土提高了 1.3 倍。

②钢纤维的加入对于混凝土韧性的增强效果十分显著，未加钢纤维的混凝土刚达到破坏荷载时其荷载—挠度曲线便急速下降，而加入钢纤维以后，荷载—挠度曲线即使在混凝土已开裂、挠度非常大的情况下仍很平缓。

③$V_f$ 从 0.4%增加到 0.8%时，钢纤维增强作用基本上随纤维掺量的增加而增大。其峰值荷载、韧性指数 $I_5$、$I_{10}$和 $I_{30}$都在增大，说明 $V_f$ 越大，钢纤维喷混凝土的韧性也越高。试验中，素混凝土在达到极限抗弯强度后，试件立即折断，呈脆性破坏；而钢纤维喷混凝土观察最终破坏时的断面，可以看到钢纤维仅有少量被拉断，其大部分被拔出。

钢纤维喷混凝土弯曲韧性指数　　表 3

| 试件组号 | 初裂荷载(kN) | 峰值荷载(kN) | ASTMC1018 | | | |
|---|---|---|---|---|---|---|
| | | | $I_5$ | $I_{10}$ | $I_{30}$ | $R_{10,30}$ |
| 1 | 4.21 | 4.76 | | | | |
| 2 | 6.67 | 7.82 | 4.33 | 8.27 | 22.58 | 71.55 |
| 3 | 7.69 | 9.75 | 4.64 | 9.03 | 26.13 | 85.50 |
| 4 | 9.28 | 10.93 | 4.94 | 9.86 | 27.79 | 89.65 |

## 4　工程应用分析

### 4.1　工程概况

摩天岭隧道是国家重点公路杭州—兰州高速公路巫奉段关键性控制工程，为一座上、下行分离的四车道特长隧道，隧道左线长 7 280m，右线长 7 353m。根据隧道需风量及地形地质条件等因素综合考虑，在左右线各设置斜井 1 座，分别对左右线进行送排风，其中隧道 1 号斜井长 1 367.31m，倾角 24°21′48″，最大埋深

822m。隧址区穿过的地层由新到老有下统嘉陵江组($T_{1j}$)和大冶组($T_{1d}$),岩层主要为薄～中厚层弱风化隐晶质灰岩、白云质灰岩及泥灰岩。隧道斜井洞身段原设计采用复合衬砌,II～III 初期支护由径向锚杆,钢筋网及喷射混凝土组成,二次衬砌采用 35cm 模筑素混凝土。该隧道围岩较完整、稳定性良好,施工开挖洞段岩面干燥,按原设计施作二次衬砌施工难度和危险性都很大。因此,对采用钢纤维喷射混凝土作为隧道单层永久衬砌进行研究是十分必要的。

根据设计要求,在隧道 II、III 级围岩地段选取 100m 采用钢纤维网喷射混凝土作为单层永久衬砌试验。表 4 给出了湿式喷射钢纤维混凝土现场试验段(XJ1K0＋702～＋802,共 5 段,每段 20m)强度值。现场试验表明,钢纤维湿式喷射混凝土,其拌和料的和易性良好,强度达到了设计要求,早期强度高,强度离散性小,实测的喷射回弹损失率拱部为 14.7%,边墙部位 7.5%,作业粉尘浓度 1.56mg/m$^3$。

**钢纤维湿式喷射混凝土现场试验强度**(XJ1K0＋702～＋802)(MPa) 表 4

| 组号 | 抗压强度 | | | 抗拉强度 | | | 平均抗压强度 | | | 平均抗拉强度 | | |
|---|---|---|---|---|---|---|---|---|---|---|---|---|
| | 7d | 14d | 28d | 7d | 14d | 28d | 7d | 14d | 28d | 7d | 14d | 28d |
| S-1 | 25.81 | 42.35 | 46.33 | 1.85 | 2.94 | 3.51 | 27.59 | 36.11 | 43.52 | 2.08 | 2.64 | 3.03 |
| S-2 | 27.43 | 33.21 | 38.75 | 2.06 | 2.46 | 2.87 | | | | | | |
| S-3 | 28.55 | 31.06 | 43.26 | 2.38 | 2.82 | 3.25 | | | | | | |
| S-4 | 26.84 | 36.32 | 42.49 | 2.13 | 2.65 | 3.07 | | | | | | |
| S-5 | 29.31 | 37.62 | 46.78 | 2.02 | 3.21 | 4.43 | | | | | | |

## 4.2 现场监测与分析

为了研究钢纤维混凝土喷层的实际力学性能和隧道围岩的稳定情况,对钢纤维喷射混凝土试验段进行了现场监测。监测时选择钢纤维混凝土喷层试验断面 3(XJ1K0＋752)进行现场监控量测。监测主要内容包括周边收敛、混凝土喷层应力及围岩应力。

(1)隧道周边收敛

隧道周边收敛量测是量测隧道表面两点间的距离变化,量测仪器采用 SWJ—IV 型收敛计。隧道收敛时态曲线如图 6 所示。从图 6 可以看出,试验断面 3 净空日收敛速率最大值为 0.551mm/d,平均收敛速率为 0.263mm/d,虽然收敛速率曲线前期有一定的波动,但波动范围较小,实测收敛曲线在 15d 内即趋于平稳,说明喷射钢纤维混凝土单层衬砌与围岩共同变形体系稳定性良好,表明钢纤维喷射混凝土具有较好让压支护的特点。

(2)混凝土喷层应力

混凝土喷层应力采用振弦式混凝土应变计进行量测。在试验断面 3 的左边墙、左拱腰、拱顶、右边墙、右拱腰对称点各埋设一组混凝土应变计。应变计处于混凝土喷层中间,测试方向为隧道径向应力。钢纤维混凝土喷层应力变化曲线如图 7 所示。

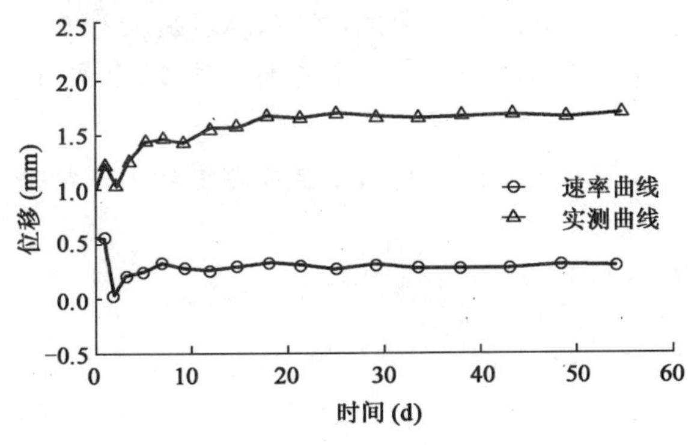


图 6 隧道收敛时态曲线

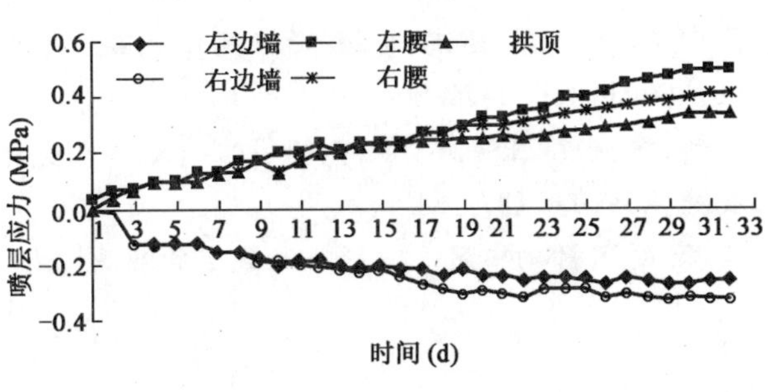


图 7 钢纤维混凝土喷层应力变化曲线

从图7可以看出，监测点所测的混凝土喷层应力较小，左腰处压应力最大，最大压应力为0.51MPa。从喷层应力变化趋势来看，各测点出的应力变化随时间的增加而增加，测试初期混凝土应力有一个快速增长阶段，而后趋于平稳，钢纤维混凝土喷层应力的增长率逐渐减小并趋于0，说明衬砌受力较小且很快趋于稳定，这与收敛监测结果是一致的。

(3)围岩压力

围岩压力采用JXY—3型双膜压力盒与钢弦频率测定仪进行配套量测，在拱顶、拱腰和边墙腰各对称点埋设压力盒。钢纤维混凝土段围岩应力变化曲线见图8所示。

从图8可以看出，测试初期围岩应力随着时间而增长，但趋于平稳，测试钢纤维混凝土喷层支护各测点围岩压力值较小，围岩最大应力出现在右腰处，为0.27MPa。监测结果表明，钢纤维喷射混凝土的延性和韧性不仅使得衬砌与围岩紧密接触，填塞、封闭围岩裂隙，而且在同隧道围岩共同变形过程中持续有效地提供支护抗力，有助于围岩通过应力调整，形成足够大的塑性区，充分发挥隧道塑性区岩体的卸载作用，使传到支护体上的压力大为减小。

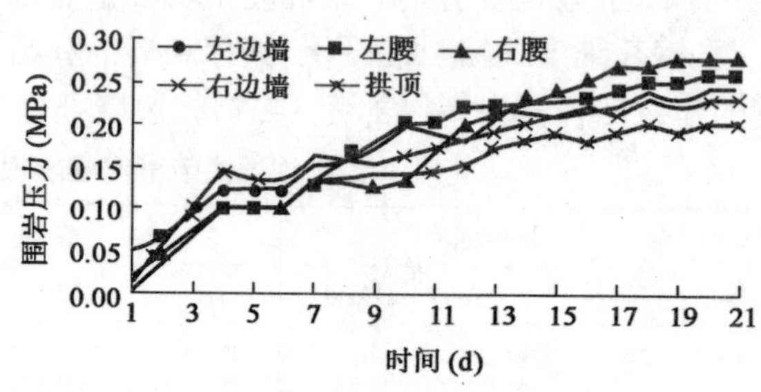

图8 钢纤维喷射混凝土段围岩应力变化曲线

## 5 结论

本文通过对钢纤维喷射混凝土的室内力学性能试验及其增强机制研究，并结合实际工程的应用可以得出如下结论：

(1)喷射混凝土由于钢纤维的掺入，从根本上改变了普通混凝土材料的性质，使之由脆性材料变成柔性材料，当钢纤维混凝土喷层受压开裂时，仍具有一定的承载能力，适宜用于隧道的柔性支护。

(2)钢纤维体积掺率$V_f$从0.0%增加到0.8%时，喷射混凝土的立方体抗压强度提高21.7%，抗拉强度提高96.5%，抗折强度提高84.0%，说明钢纤维的掺入能够在一定程度上提高混凝土的抗压强度，而对抗拉、抗折强度和弯曲韧性的提高则非常明显。

(3)现场喷射试验结果表明，钢纤维喷射混凝土用作隧道单层衬砌支护，其早期强度高，回弹率少，施工工艺简单，在适宜的地质条件下，钢纤维混喷凝土可作为隧道单层永久衬砌支护结构。

(4)隧道及地下工程中，喷射混凝土材料的腐蚀对其支护结构耐久性具有很大影响。由于汽车尾气有可能造成混凝土炭化，导致开裂，影响支护耐久性，因此，对隧道钢纤维喷混凝土单层永久衬砌的耐久性能试验需要开展进一步的研究。

## 参考文献

[1] 高尔新，李元生，薛玉，等.喷射混凝土钢纤维分布特性分析[J].岩土工程学报，2002，24(2)：202-203.

[2] 严少华，钱七虎，孙伟，等.钢纤维高强混凝土单轴压缩下应力—应变关系[J].东南大学学报(自然科学版)，2001，31(2)：77-80.

[3] 范新，章克凌，王明洋，等.钢纤维喷射混凝土支护抗常规爆炸震塌能力研究[J].岩石力学与工程学报，2006，25(7)：1437-1442.

[4] 丁琳.隧洞衬砌中湿喷钢纤维混凝土的应用[J].岩土力学，1996，17(1)：36-40.

# 谈重庆山区高速公路隧道群洞口设计

邓承波　廖　炜　陈志学

(四川省交通运输厅公路规划勘察设计研究院　成都　610041)

**摘　要：**近年来，重庆的高速公路建设快速向区县级地区拓展，公路隧道群的数量和规模也越来越大。本文以重庆渝沙路五隆至水江段高速公路隧道群洞口的设计优化为例，阐述了目前在山岭区隧道群洞口设计和施工中存在的问题，提出了"大绿化、小洞门"、"零开挖、原生态"等洞口设计施工理念，可为山岭区隧道群洞口设计参考借鉴。

**关键词：**山岭区　公路隧道群　洞口设计　环保　自然　和谐

## 1　引言

重庆是著名的山城，其全境位于大巴山南麓，川东重丘和湘西、鄂西山区与云贵高原之间，地势险要，沟谷纵横，崇山峻岭，高速公路修建极为困难和艰险，桥隧比例一般都占50%以上，道路状况素有"蜀道难，难于蜀道"之称(图1、图2)。

图1　重庆地貌特征(一)

图2　重庆地貌特征(二)

西部开发省际公路通道重庆至长沙公路武隆至水江段位于重庆市东南部的武隆县、南川市境内，属于武陵山区，总体呈东西走向。路线全长54.9km，隧道7座，总长28.6km，桥隧比例高达69%。

由于项目所处山区沟谷深切，多呈"V"字形或"U"字形，地形起伏大，横坡陡峻，隧道多为越岭隧道，洞口处桥隧相连、隧隧紧邻现象较多。

隧道洞口区大多人烟稀少，原始生态保存良好，洞口或者植被茂盛，古木成林；或者悬崖绝壁，岩石裸露，挂口进洞异常困难(图3、图4)。

图3　隧道洞口桥隧相连

图4　洞口绝壁

## 2 山岭区隧道群洞口设计存在的主要问题

### 2.1 洞门设计理念陈旧

由于山区高速公路隧道设计起步较晚，且受到铁路隧道洞口设计理念的影响，在洞门选型时常常过多采用大体量的墙式洞门，片面追求隧道洞门的宏伟和突出，导致洞门的设计复杂，工作量大，投资增加，且洞口整体效果和周边自然环境极不协调。

### 2.2 洞门挂口设计不合理

在洞口设计时过多片面追求缩短隧道、节省投资等因素，暗洞挂口常常定在弱风化基岩处，表面覆盖层常常采用简单的清方处理，导致洞口边仰坡开挖过高，且经常导致仰坡失稳现象，严重破坏了洞口的原始生态。另外，边仰坡开挖过高，显著增加了坡体稳定防护费用，变相增大了投资(图5)。

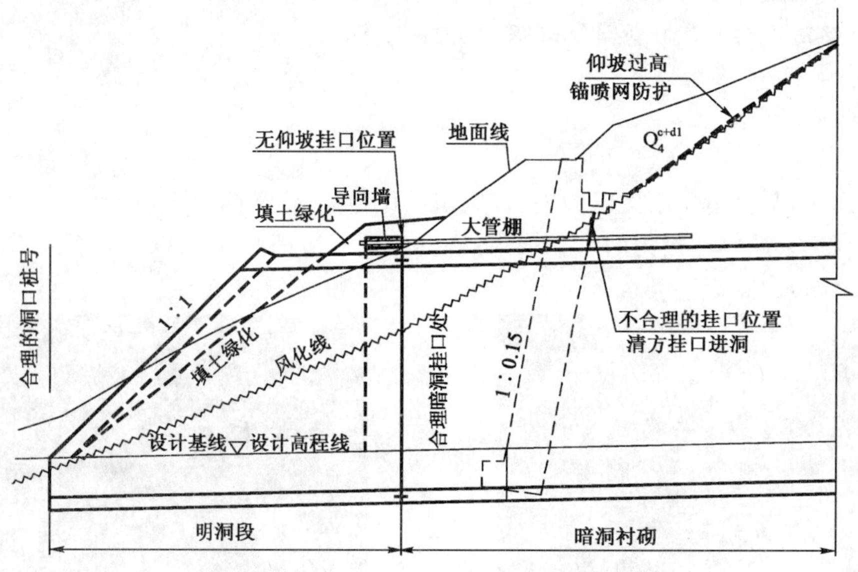


图5 “无仰坡”挂口示意图

洞口高边仰坡在大量的锚喷网防护后，形成一张大大的白色“狗皮膏药”，严重破坏了洞口的整体美观性，使整个洞口显得极不协调，多年后也难以恢复融洽的自然状态(图6、图7)。

图6 洞口边仰坡开挖过高(一)

图7 洞口边仰坡开挖过高(二)

### 2.3 洞口区排水系统布置不合理

在洞口布置截排水沟时，设计人员常常考虑欠妥，未充分考虑洞口的地形情况和汇水量大小，盲目照搬其他洞口的排水沟断面尺寸，导致部分隧道洞口截排水沟断面过大，造成大量浪费不说，对洞口原生植被的大面积破坏更是洞口永远的“伤痕”(图 8)。

另外，有的洞口截排水沟断面形式选择不合理，过多选用平坦的梯形水沟，致使水沟开挖痕迹太大，无法遮掩，远远的一看就像一条“洁白的哈达”永远戴在洞口的上方(图 9)。

图 8　洞口永远的“伤痕”

图 9　洞口上方的“哈达”

## 3　山岭区隧道群洞口设计要点

### 3.1　牢固树立环保生态设计理念

随着高速公路建设的不断发展，人们要求建设生态路、环保路的意识不断增强，隧道洞口大挖大刷、肆意破坏洞口生态植被的行为越来越受到批判和责罚。因此，隧道洞口的设计也要与时俱进，摒弃那些的设计习惯和思维，如晚近早出缩短隧道以节约投资、大量选择笨重的大端墙洞门以体现宏伟、洞口先破坏后恢复落后的指导思路等，逐步树立环保自然和谐的先进设计理念(图 10)。

### 3.2　尽量选择无墙式洞门

在重庆山区建设高速公路，隧道群规模庞大，少则七八座、多则数十座，众多的隧道洞口设计任务也极为繁重。这就要求设计者首先在生态环保理念指导下高度重视隧道群的总体设计。隧道群洞门的选型是重要一环，洞口和洞门设计必须坚持结构安全、简洁、环保、适用的总体原则，并树立“小洞门、大绿化”的生态理念，在洞口设计时尽量保持洞口的原始生态。

图 10　环保生态的隧道洞口

在隧道洞口无偏压时，洞门选型应优先选择无墙式洞门，主要包括削竹式洞门、环框式洞门和倒削式洞门等。

(1)当洞口地形较平缓时，选择削竹式洞门最能体现地形和洞口的自然融洽。根据地形的平均坡度 $\theta$ 的不同，削竹坡度可在 1∶1～1∶2 之间取值(图 10、图 11)。

(2)当洞口地形无偏压，且地形较陡时，若无法接长削竹式洞门时，可优先选择环框式洞门，突出一定长度的衬砌，既可防护洞顶小的落石，也不必再修建笨重的洞门墙(图 12、图 13)。

(3)当隧道洞口位于近于垂直或倒悬的陡崖下时，为避免落石等影响，洞口段衬砌上部宜向外挑出，形成倒削形式，以便更好地保护洞口安全。削竹段和洞口衬砌应一次性整体浇筑(图 14、图 15)。

### 3.3　墙式洞门应慎重选择并隐蔽处理

当洞口受地形限制，偏压严重，且一侧无法填土，必须接长单压明洞以降低洞外路基开挖边坡高度时，可采用单压墙式洞门；但在满足结构要求的前提下，洞门墙的体量应尽量减小。

为避免端墙式洞门体量大，不能融入周围自然环境，应在洞门墙周边栽种爬墙虎等藤蔓植物或垂吊植物，隐蔽遮掩洞门墙体，使洞口整体自然和谐(图 16)。

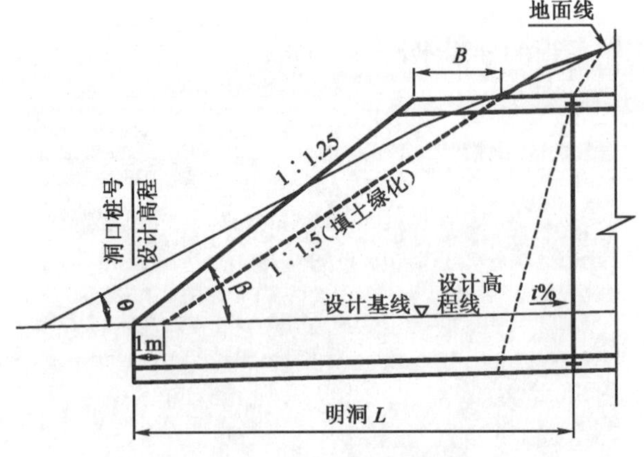


图 11 削竹式洞门示意图

图 12 合理的环框式洞门

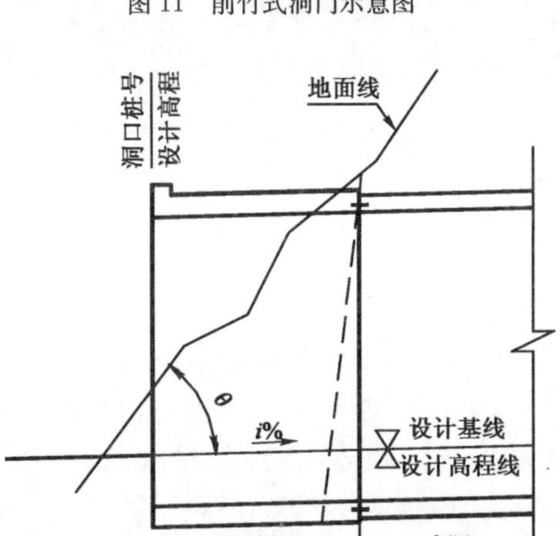


图 13 环框式洞门示意图

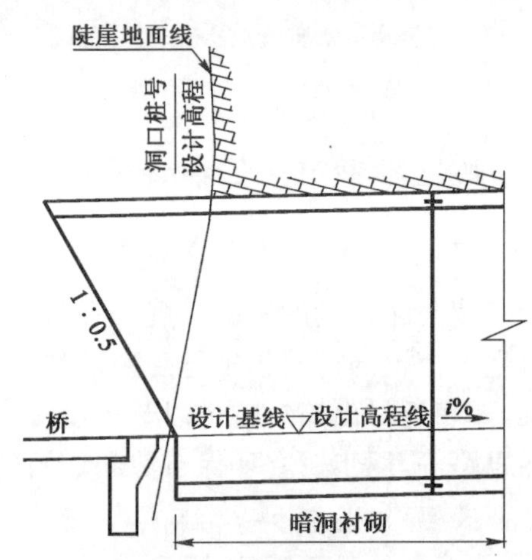


图 14 倒削式洞门示意图

图 15 倒削式洞门

图 16 隐蔽的墙式洞门

## 3.4 严格执行"早进洞晚出洞"和"无仰坡开挖"的进洞原则

为了贯彻生态洞口的设计理念,设计者应树立"不破坏就是最好的保护"的指导思想,无论洞口覆盖层的厚薄或洞口的风化强弱,均应采用"无仰坡开挖"技术挂口进洞。进洞前,应加强洞口的超前支护措施,当覆盖层较厚时,可先施作导向墙后施作 20～30m 的大管棚超前支护;当洞口风化层较薄时,可在双层小导管的超前保护下开挖进洞(图 5、图 17);应尽量避免大规模的洞口清方后再进洞(图 18)。

## 3.5 因地制宜选择洞口截排水系统

洞口的整体美观性对产生良好的行车视觉十分重要,而洞顶的截排水沟处理不当,常常成为破坏洞口植被和美观的"罪魁祸首"。

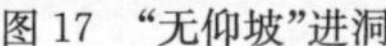

图 17 “无仰坡”进洞

图 18 进洞太晚 仰坡过高

(1)在满足洞口排水能力的前提下,应尽量减小截排水沟的宽度和水沟的开挖面积。在地形陡的洞口,截水沟沟身不必全部置于挖方以内,而是在保证水沟稳定和排水畅通的前提下,采用“半挖半填”的形式砌筑水沟,以免水沟开挖痕迹过大(图 19)。

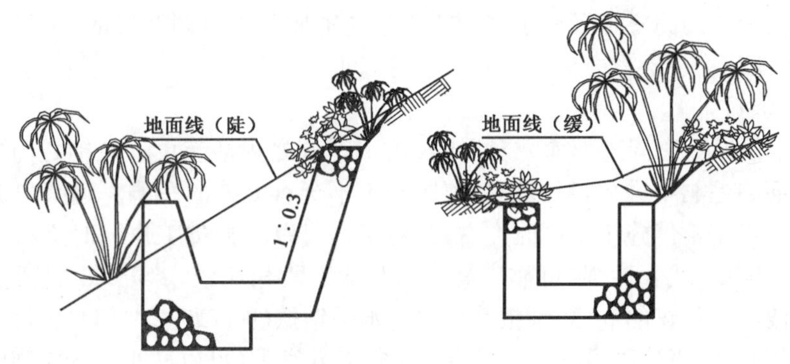


图 19 截水沟遮掩隐蔽

(2)在地面横坡较缓时,洞口截排水沟的断面形式不宜采用浅坦的梯形断面,而应采用矩形断面,以减小水沟的开挖痕迹(图 19)。

(3)应尽力避免洞顶截排水沟从洞口旁边正面下引排泄,以免影响和“污染”行车视觉。

(4)在突出的山脊下出洞的隧道,洞口区汇水量很小,应减小截水沟断面尺寸,必要时可取消截水沟。

(5)在截排水沟施作完毕后,应在其两侧栽种矮灌木和植草等生态防护,并融入周边自然环境,弱化水沟的视觉影响(图 19)。

另外,为了节约水资源,方便隧道的养护管理,在洞口附近地形允许的情况下,宜在排水沟端头修建小型蓄水池,以用作洞口绿化用水和隧道清洁等用水。

## 4 结语

洞门是公路隧道两端唯一的外露部分,也是隧道的“脸面”,从洞门景观可领略到建设者的理念和思想。简洁、和谐、自然的隧道洞门景观能给受众带来愉悦的视觉效果;相反,笨重、宏大、突出、刺眼的洞门会逐渐被淘汰。重庆地区在今后的公路建设中仍会有大量的隧道群,隧道设计者应与时俱进,在设计中贯彻落实生态、环保、自然、和谐的洞门设计理念。

## 参 考 文 献

[1] 中华人民共和国行业标准. JTG D70—2004 公路隧道设计规范. 北京:人民交通出版社,2004.

# TSP203 在重庆铁峰山隧道涌水段超前地质预报中的应用

李 丹[1] 杜国平[1] 刘 涛[2] 袁 勇[2] 俞其能[2]

(1.重庆高速公路公司渝东分公司 重庆 400042;2.同济大学土木工程学院 上海 200092)

**摘 要**:介绍了 TSP203 隧道超前地质预报系统的基本原理、技术状况和在隧道涌水段超前预报中的应用效果和达到的技术指标,并应用 TSP203 对重庆铁峰山公路隧道涌水坍塌段进行了综合分析,其预报结果经验证与实际围岩开挖情况基本吻合,对类似工程有一定的指导意义。

**关键词**:TSP203 超前地质预报 涌水 铁峰山隧道

## 1 引言

TSP203 超前地质系统(TSP,即 Tunnel Seismic Prediction ahead 的英文缩写,以下简称 TSP203)是由瑞士安伯格测量技术公司专门为隧道及地下工程施工超前地质预报研制开发的,是目前国内外在该领域最先进的科技成果,属于地球物理探查方法的一种。它可以十分有效地为工程人员制订各种施工方案、相应措施,并提供可靠的地质资料。

采用 TSP203 可以预报隧道掘进面前方及周围 100m 范围之内甚至更远范围之内的地层状况。它的一切工作都在掌子面后面的毛洞中进行,对隧道的连续施工不会有太大的影响。除采集数据时为降低环境噪声对成果分析的不良干扰需暂停施工半小时左右,其他工作可以和掘进工作同时进行,花费较少,并可获得地层变化的二维和三维图像,代表性强,可靠度高。与其他手段相比较,TSP203 的预报距离为地质雷达的 4~12倍,预报精度为浅层地震仪的 5 倍,预报费用仅为水平钻探的 1/10~1/20。通过在瑞士新建铁路隧道施工中实际应用的分析对比,当这种方法应用于 TBM 施工方案中,可以减少 20%以上的工程费用,而且缩短工期 30%左右。当其应用于常规的隧道施工中,也可以明显地降低工程费用和缩短工期,并大大提高施工的安全性。它具有预报距离远,分辨率高等优点,最适合长期(长距离)超前地质预报。

## 2 TSP203 超前地质预报的基本原理和方法

### 2.1 预报原理

TSP203 根据地震波的回波原理制成。人工制造一系列有规则排列的轻微震源,形成一个地震源断面,同时,三维地震波接收器在计算机的监控下采集这些震源所发出地震波沿隧道前方及四周区域传播而遇不良地质体(如地层层面、节理面,特别是断层破碎带界面和溶洞、暗河等)被反射返回的地震波数据。这些回波信号的传播速度、延迟时间、波形、强度和方向是与相应的不良地质体的性质和分布状况紧密相关的。在一定间隔距离内连续多次采用上述方法,可以得到前方地层的地质力学参数,如杨氏模量和横向变形系数等。现场工程技术人员结合相关的地质资料可以准确地预知前方及周围地质变化状况。TSP203 测量原理见图 1。

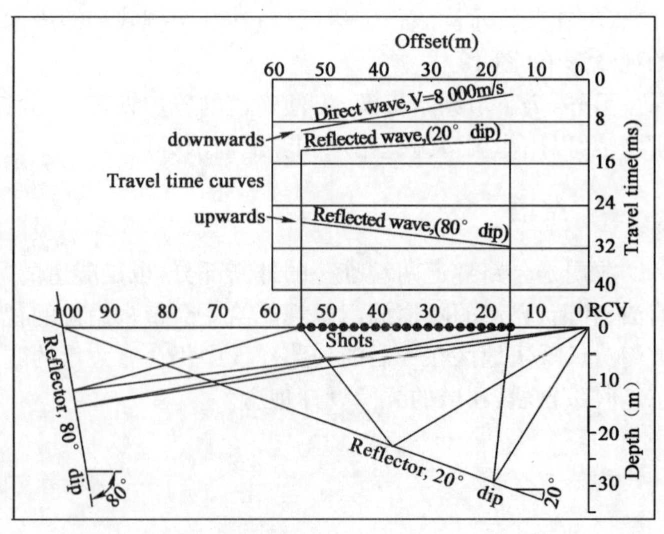


图 1 TSP203 隧道超前地质预报原理图

### 2.2 TSP203 测量方法的原理基础

由微弱爆破引发的地震波信号分别沿不同的路径以直达波和反射波的形式到达传感器，与直达波相比反射波需要的传播时间较长。TSP203 地震波数据处理的第一步是由测得的从震源直接到达传感器的纵波传播时间换算地震波的传播速度 $V_P$。

$$V_P = \frac{X_1}{T_1} \tag{1}$$

式中：$X_1$——爆破孔与传感器的距离(m)；

$T_1$——直达纵波的传播时间(s)。

已知地震波的传播速度就可以通过测的反射波传播时间推导出发射事件与接收传感器的距离以及与隧道端面的距离。整个推导过程可由式(2)导出。

$$T_2 = \frac{X_2 + X_3}{V_P} = \frac{2X_2 + X_1}{V_P} \tag{2}$$

式中：$X_2$——爆破孔与反射事件的距离(m)；

$X_3$——传感器与反射事件的距离(m)；

$T_2$——反射波的传播时间(s)。

对于振动测量来说最大的困难不是上述的数学运算，而是在准确判定反射事件的基础上给出反射波的传播时间。而准确判定反射事件的前提是通过某种方式将反射波从含有直达波和其他干扰信号的混合信号中清楚地分离出来。与直达波相比反射波的振幅非常小，它一方面取决于反射事件与传感器的距离，另一方面取决于地震波在反射面的反射系数。反射系数的定义如下：

$$R = \frac{\rho_2 V_{\rho 2} - \rho_1 V_{\rho 1}}{\rho_2 V_{\rho 2} + \rho_1 V_{\rho 1}} \tag{3}$$

式中：$\rho_1$、$\rho_2$——反射界面内外侧的岩石密度；

$V_{\rho 1}$、$V_{\rho 2}$——反射界面内外侧的地震波的传播速度(m/s)。

由式(3)可以容易看出，反射系数的大小直接与界面两侧的对比度有关，即地震波传播速度差别越大，则反射系数也就越大。

对于球面波而言，地震波振幅还随传播距离的增加而呈反比衰减。综合上述，有关反射波振幅 $A_r$ 与直达波的振幅 $A_d$ 比值可以用式(4)表示。

$$\frac{A_r}{A_d} = R\frac{X_1}{X_2 + X_3} \tag{4}$$

为了便于了解 $A_r$ 与 $A_d$ 比值的大致范围，特举例说明。假设条件为 $\rho_1 \approx \rho_2$，$V_{\rho 1} = 5\,000\text{m/s}$，$V_{\rho 2} = 4\,000\text{m/s}$，$X_1 = 50\text{m}$，$X_2 = 100\text{m}$，$X_3 = 150\text{m}$。由式(3)得出反射系数 $R = -11\%$。也就是说 89%的入射波经过界面后继续向前传播，只有 11%的入射波被射回来。反射系数前面的负号，表示入射波与反射波之间存在 1 800 的相应差，产生相位变化的条件是地震波在传播过程中遇到一由硬变软的岩石界面。将 $R = -11\%$ 和其他相关假设值代入式(4)得到反射波与入射波振幅的比值为 0.022。也就是说，反射波的振幅只有入射波振幅的 2%。在 TSP203 系统中，通过使用高敏的具有良好动态响应特征的传感器和一对 24 位的模数转换器，保证该测量系统具有很宽的地震波记录范围。这也是 TSP203 测量系统能预测很大范围内地质条件变化的根本原因。

### 2.3 TSP203 系统组成

TSP203 超前地质预报系统包括硬件部分和软件部分。硬件部分主要由三维地震波接收器、数据记录存储单元以及起爆设备三大部分组成。接收器主要用来接收地震波信号；数据记录存储单元将接收器采集到信号放大，模数转换并进行预报过程控制，数据信号记录存储；起爆设备主要用来引爆电雷管和炸药。软件部分用来做信号计算、分析、处理并打印最终预报结果。

2.4　测线测点的布置

在隧道右边墙(面向掌子面)的同一水平线上从外向里布置一个传感器钻孔和20个炮孔,传感器钻孔距第一个炮孔20m,炮孔间距1.5m左右,炮孔高度1m,如图2所示。

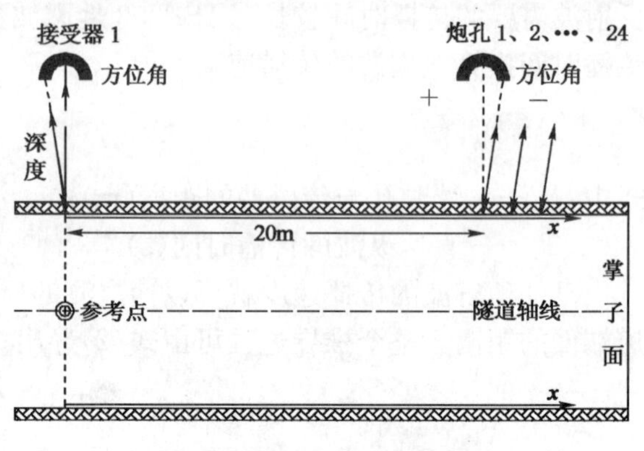

图2　TSP203测线布置示意图

2.5　成果判释

采集的TSP数据,通过TSPwin软件处理,获得P波、SH波、SV波的时间剖面、深度偏移剖面和反射层提取以及岩石物性参数等一系列成果。在成果解释中,以P波剖面资料为主对岩层进行划分,结合横波资料对地质现象进行解释,并遵循以下准则:(1)正反射振幅表明硬岩层,负反射振幅表明软岩层;(2)若S波反射较P波强,则表明岩层饱含水;(3)若$V_P/V_s$增加或$\delta$突然增大,常常由于流体的存在而引起;(4)若$V_P$下降,则表明裂隙或孔隙度增加。

2.5.1　岩体波速判释含水岩层

利用岩体波速来判释含水岩层主要是依据纵横波对流体介质的不同反应而确定的。纵波对含水介质反应明显,在其中传播速度将发生明显变化,一般表现为有所提高,而横波几乎不受含水介质的影响。主要通过三个途径来确定含水岩层的存在:①利用$V_P/V_s$值,该值突然增加,表明存在含水岩层;②利用基于纵、横波计算得出的泊松比,其值增大,表明可能有水;③利用纵、横波分布图,若图中呈现纵、横波变化走势不同步,表现为纵波增加而横波几乎不变,则表明在该岩层可能有水。这三种途径相互印证,可较准确地判断含水岩层的存在,但无法确定含水岩层中含水体的形状及水量的多少。

2.5.2　含水率对波速的影响

根据资料,水的纵波速度为1 485m/s,空气的纵波速度为331m/s,水的波速约为空气的5倍,因此,岩石中的孔隙被水充填时,将引起岩石纵波速度的增加。有研究表明,当岩石的饱和含水率为4%时,水对岩石波速影响最大;当含水率小于4%时,岩体结构对波速的影响大于水对波速的影响;当岩石完整或风化程度很深时,水对波速的影响减弱。

2.5.3　存在的问题

对于含水岩层,不同的赋存环境、不同的渗流特征、不同的地下水类型以及水量的大小都对岩体波速产生复杂的影响,而其相互之间是怎样的一个影响机理,一时无法得以明确,因而使基于岩体波速的解译结果存在不确定性和多解性。

## 3　TSP203在铁峰山2号公路隧道中的应用

重庆铁峰山2号隧道工程是重庆万(州)—开(县)高速公路控制性工程之一,隧道左线长6 029.8m(ZK22+044～ZK28+073.80),右线长6 024.8m(YK22+060～YK28+084.80),是我国西南地区已建或在建隧道中洞身最长、埋深最深(最深处达760m)的公路隧道之一。

3.1　隧址区地质条件(图3、表1)

隧道穿越的铁峰山山脉呈东西向,属山高谷深、切割较大的构造剥蚀褶皱山的中低山地貌。山脉走向与区内铁峰山背斜走向基本一致,地形陡峻,多陡坎,悬崖分布。山脊两侧横向冲沟发育,呈现与铁峰山山脉走向近垂直的山脊与沟谷相间分布的地貌特征。隧址区最高点为铁峰山,隧道轴线穿过地带最高点为凉风垭口高程为1 199.79m,相对高差达809.00m。隧道最大埋深大于760m,隧道所处地区主要为林区,人口、房屋较少。

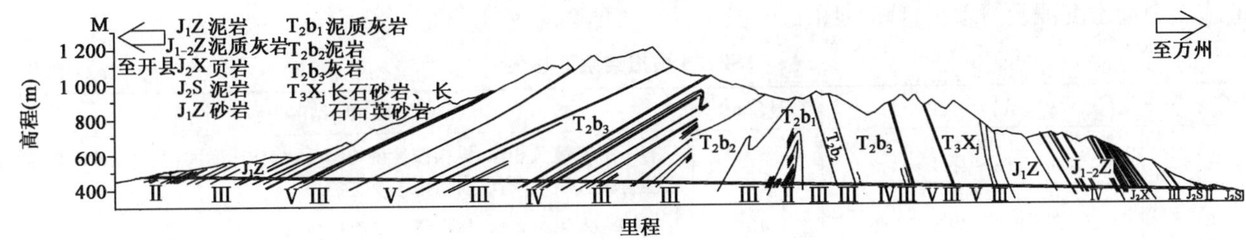


图 3 铁峰山 2 号隧道地质剖面图

**铁峰山 2 号隧道主要地层参数表** 表 1

| 岩组 | 名称 | $R_b$ | 完整系数 | 组成及描述 |
|---|---|---|---|---|
| $J_1Z$ | 泥岩 | 21.7 | 0.87 | 黄灰色泥岩及黄灰褐色中～厚层状泥质粉砂岩、砂岩互层 |
| $J_{1\text{-}2}Z$ | 泥质灰岩 | 22.0 | 0.5 | 黄灰褐色泥质灰岩夹黄灰色、深灰色泥岩组成。裂隙较发育，碎石状镶嵌状结构 |
| $J_2X$ | 页岩 | 22.1 | 0.85～0.95 | 黄灰色、深灰色页岩夹黄色砂岩组成。岩体裂隙较发育，呈块状结构 |
| $J_2S$ | 泥岩 | 12.5 | 0.55～0.75 | 紫红色、暗紫色泥岩夹中厚层状浅黄色、浅灰色砂岩组成。岩体裂隙较发育，呈块石状结构 |
| $T_2b_1$ | 泥质灰岩 | | 0.54～0.72 | 灰色黄灰色薄层含泥质灰岩、白云岩及硬石膏、石膏互层。受地质构造影响严重，为铁峰山背斜轴部地层，岩层挤压破碎强烈 |
| $T_2b_2$ | 泥岩 | 18.6 | 0.48～0.73 | 紫红色、黄灰色泥岩，呈块碎石状镶嵌状结构。受地质构造影响较重，地表岩层局部扭曲 |
| $T_2b_3$ | 灰岩 | 20.51 | 0.73～0.81 | 灰色黄灰色薄层灰岩及含泥质灰岩夹少量泥质白云岩。局部发育岩溶小孔穴，灰岩呈块石状镶嵌状结构 |
| $T_3X_j$ | 长石英砂岩 | 55.9 | 0.75 | 长石砂岩、长石石英砂岩夹薄层炭质泥岩及煤线。岩体裂隙较发育，受地质构造影响较重，地表局部倒转，块碎石状镶嵌状结构 |

### 3.2 隧址区水文条件

隧址区穿越铁峰山背斜中段，为中低山地貌。K24＋890 凉风垭口近东西向山脊为场区分水岭最高点，将拟建隧道分为南东、北西两个相对独立的地表水水文地质单元。北西侧主要受大气降水补给，同时受砂岩的地下水补给，顺坡沿山间沟谷向大河沟排泄；南东侧主要为大气降水补给，同时受砂岩孔隙裂隙水及 $T_2b$ 组岩溶水补给，顺坡沿山间沟谷向无名河流排泄。区内地表水系统属长江水系。

根据水文地质条件的差异性，将地下水分为三个水文地质单元。即铁峰山背斜轴部 $T_2b$ 组岩溶水岩组及构造裂隙含水层组，两翼的珍珠冲组、须家河组基岩孔隙裂隙含水岩组。岩溶含水层，差异性较大。泥质岩类属相对隔水层，碳酸盐岩喜水性较好。背斜核部两翼的基岩挤压破碎，裂隙较发育，地下水量丰富，富水性强。背斜两翼的基岩裂隙水，其中须家河二、四、六层为厚层砂岩，富水性较强，其地层主要为砂、泥岩，富水性弱。第四系孔隙水呈不连续零星状分布，水量小。

### 3.3 预报成果

根据 TSPwin 软件处理成果，通过对探测成果图像的分析，并结合地质勘察设计资料以及地质素描资料，判释结果见表 2。

### 3.4 超前地质预报段实际开挖情况

在隧道施工中，2004 年 9 月 24 日晚，隧道右线出口段施工开挖至 K26＋170 处(跟混凝土衬砌 150m)，开挖掌子面出现突水和坍塌现象，掌子面中部向前垮塌 17m，瞬时涌水量 600L/s，施工被迫停止；10 月 23 日清理坍塌并支护到 YK26＋150 处，10 月 30 日，掌子面又发生涌水突石，掌子面形成 16～17m 长的导洞状坍腔。坍腔范围在隧道拱顶以上 8m，宽度为 6m，沿开挖方向长度约 17m，掌子面坍腔右侧(沿路线方向)有一集中涌水口，水量较大，水质清澈，左侧也有股状涌水，稳定后掌子面涌水量约 400L/s。在隧道左线施工中也在同样的位置出现了相应的强突水与坍塌现象，左线的峰值涌水量为 600L/s，稳定后的涌水量为 200L/s。

隧道施工中涌水突泥及坍塌示意图见图4。

**TSP203 预报结果汇总表** 表2

| 序号 | 里　程 | 长度(m) | 推 断 结 果 |
|---|---|---|---|
| 1 | ZK26+163～ZK25+142 | 21 | 有一组P波负相位,纵横波速度均降低,泊松比变大,表面岩体破碎含水,可能有较大涌水,建议加强排水及支护 |
| 2 | ZK25+923～ZK25+886 | 46 | 范围内岩体较完整,与当前掌子面相似,地下水不发育 |
| 3 | ZK25+886～ZK25+860 | 26 | 有一组P波反射界面,纵横波速度均降低,纵横波速度比变大,泊松比也变大,表明岩体破碎,局部可能滴水或渗水,建议加强排水与支护 |
| 4 | ZK25+860～ZK25+821 | 39 | 范围内岩体较完整,地下水不发育 |
| 5 | ZK25+821～ZK25+800 | 21 | 纵横波速度均降低,纵横波速度比变大,泊松比也变大,表明岩体破碎,局部可能滴水或渗水,建议加强排水与支护 |
| 6 | ZK24+367～ZK24+348 | 19 | 范围内岩体较完整,地下水不发育 |
| 7 | ZK24+348～ZK24+339 | 9 | 有一组P波负相位,纵横波速度均降低,泊松比变大,表面岩体破碎含水,建议加强排水及支护 |
| 8 | YK26+190～YK26+150 | 40 | 有一组P波反射界面,纵横波速度均降低,推断岩体破碎,可能滴水或渗水,建议加强支护 |
| 9 | YK25+823～YK25+770 | 53 | 范围内岩体完整,地下水不发育 |
| 10 | YK25+770～YK25+760 | 10 | 有一组P波反射界面,纵横波速度均降低,推断岩体破碎,可能滴水或渗水,建议加强支护 |
| 11 | YK25+760～YK25+735 | 25 | 范围内岩体完整,地下水不发育 |
| 12 | YK25+735～YK25+727 | 8 | 有多组P波反射界面,纵横波速度均降低,推断节理裂隙较发育,岩体破碎,可能滴水或渗水,建议加强支护 |
| 13 | YK25+727～YK25+703 | 24 | 范围内岩体完整,地下水不发育 |

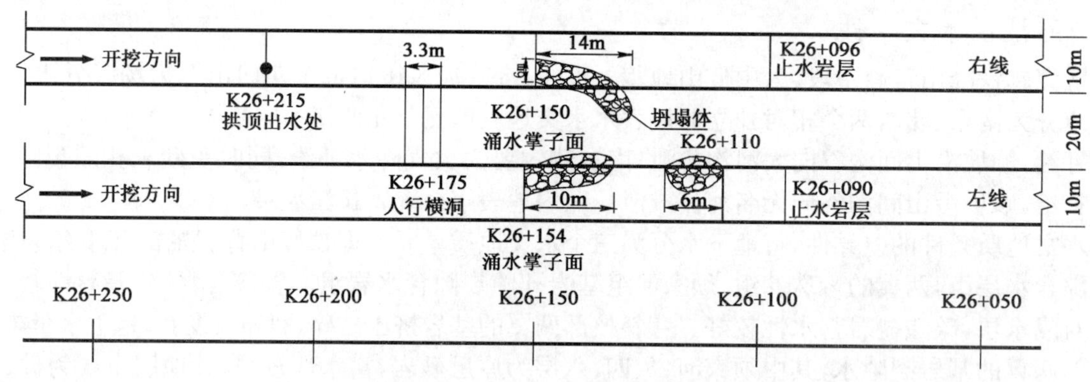


图4　隧道施工时涌水突泥及坍塌平面示意图

## 3.5　TSP203对涌水坍塌段的综合分析

TSP203结合综合地质调查分析,判断左线出水点有一层间滑动逆断层,地下水从左侧拱顶断层面溶层以瀑布形式向下倾泻。在隧道断面的左侧水幕后面,岩层受到斜冲断层的挤压,岩层产状已明显发生改变,属断层下盘的牵引现象,影响宽度不大,因此可以断定左线出水是由局部滑动断面层不均匀溶蚀引起的,其水源来自地面的无名河沟。前方出水点60m范围内均未发现其他溶洞。右线出水点断层面不明显,但上下左右溶蚀层均很发育,存在层间溶蚀溶洞,且发育的深度较大,出水点大量水住上翻,不仅有动储量水,而且有足够大的净储量水。右洞开挖方向右侧拱腰处溶隙的最大深度27.66m,左侧拱腰的溶隙最大深度29.2m。在左边墙和底板交接处,距掌子面2m位置为主要出水点,涌水具有承压性。

从左右线的突水特点来看,左线出水点表现形式从上方高处来,向低处或右洞方向排泄,在左线左侧发育着层间滑动的逆冲断层,不仅存在挤压,还有向北西方向的扭力,岩层破碎,透水性极强,受暗河、溶洞等含水构造影响较为明显，水源补给丰富，极易发生大规模的涌水。右线涌水是从下往上的翻涌，可判断水源主要来自地面小河，通过层间滑动的断层相联通，地下有较复杂的岩溶通道，不仅有大量的动态水，还存有大量的静态水。

## 4 结论与建议

由于涌水坍塌是公路隧道建设中较为常见的地质灾害，且其后果一般较为严重，因此较为准确地预测涌水坍塌是保证工程的顺利进行和施工建设人员生命安全的重要保障。本文通过对TSP203超前地质预报在重庆铁峰山隧道的特大涌水坍塌段的成功应用的介绍，得出了以下几点结论和建议：

(1)通过TSP203对隧道的涌水进行预测是可行的、可靠的。

(2)在隧道不良地质的超前预报中，应尽量保证多种预报方法相结合的方法，以保证预报的准确性。

(3)由于含水岩层对岩体波速会产生复杂的影响，而其相互之间的影响机理，一时无法得以明确，因而TSP203基于岩体波速的解译结果存在不确定性和多解性。

## 参 考 文 献

[1] 刘志刚，刘秀峰. TSP(隧道地震勘探)在隧道隧洞超前预报中的应用与发展[J]. 岩石力学与工程学报. 2003(8)：1399-1402.

[2] 周运祥. TSP203超前预报系统在乌鞘岭特长隧道不良地质中的应用[J]. 铁道建筑技术. 2004(1).

[3] 史柏生. TSP203地质超前预报系统简介及其应用[J]. 铁道工程学报. NO. 4(Ser. 84). 2004.

[4] 雷启云，谌文武，张景科. 岩体波速在TSP203解释中的应用[J]. 西部探矿工程. 2005.

[5] 袁勇，杜国平，杜小平，等. 特长公路隧道建设工程技术研究(研究报告)[R]. 上海：同济大学土木工程学院，2005.

# 羊角隧道交叉段围岩变形破坏机理探讨

董永康[1] 靳晓光[2] 王心飞[3]

(1.重庆高速公路集团有限公司东南建设分公司 重庆 401121;
2.重庆大学土木工程学院 重庆 400045;
3.重庆高速公路集团有限公司南方建设分公司 重庆 401121)

**摘 要**:在分析羊角隧道交叉段围岩变形破坏现象的基础上,通过理论分析和数值模拟,对羊角隧道交叉段围岩变形破坏机理进行了探讨。研究表明,交叉段围岩的破坏主要是由于横洞的开挖致使主隧道围岩和支护结构的应力释放和重分布,引起岩体与支护结构力学行为发生复杂的变化,使得岩体在新的应力场中不断松散、裂隙不断张开,导致岩体强度恶化,从而出现塑性破坏。

**关键词**:羊角隧道 交叉段 围岩 变形破坏机理

## 1 引言

洞室围岩应力调整和围岩变形的最终结果是洞室的收敛,当收敛量超过围岩本身所能承受的范围,或者围岩的应力强度比大于围岩的极限值时,隧洞将发生失稳破坏。自洞室开挖开始,围岩应力以及洞室围岩本身就将发生一系列的变化,收敛变形及破坏仅是这一系列变化的必然和最终结果。因此,对围岩变形破坏机制的研究,有助于全面了解围岩的动态变化规律,并在掌握规律的基础上,采取适当的手段改善围岩的应力状态并控制围岩变形。围岩的变形破坏机制,受控于天然应力场、围岩应力状态、岩体的特性、地下洞室的工程特征(布局、形态、大小等)等因素[1]。到目前为止,国内外研究者所总结出的围岩变形破坏机制主要包括:应力释放与围岩回弹、完全塑性区破坏、塑性楔体、围岩膨胀、扩容和挠曲、劈裂破坏、层状块体向洞室内的移动以及流动变形等。

羊角隧道工程区内褶皱和断裂构造发育。围岩主要由泥岩、砂岩、页岩夹薄煤层、灰岩、白云岩等互层组成。隧洞最大埋深400m,使得整个隧道工程区初始地应力量值较大;而且,初始应力场的分布极不均匀。因此,交叉段隧道的变形破坏机制具有多样性。

## 2 羊角隧道变形破坏现象

隧洞破坏是隧洞变形发展到一定程度的必然产物。对于变形量大、破坏严重的地下工程,要准确界定变形或者破坏,往往是困难的。如对于喷锚支护的隧洞,当隧洞收敛量达10cm时,喷层即开始出现开裂,似乎仅为变形阶段;当收敛位移达15cm时,喷层开裂达2～3cm,局部出现离层现象;当收敛变形更大时,发生混凝土衬砌开裂及其中的钢筋扭曲、片帮、钢架扭曲或折断,即被认为发生了破坏。隧道变形破坏的类型主要有以下两种。

### 2.1 侧墙内挤变形破坏

侧墙向净空内的鼓出是羊角隧道变形的主要形式之一。在软弱围岩交叉段,表现得最为突出。ZK22+260断面处于人行横道和主隧道的交叉位置,Ⅳ级围岩,由于没有立拱,初期支护质量不好,加之当时正是雨季,断面所处位置地下水丰富,隧道内漏水严重,各方面的因素导致侧墙向净空中的位移超过15cm,致使钢筋强烈扭曲,锚杆被拉脱,混凝土严重开裂(图1～图3)。

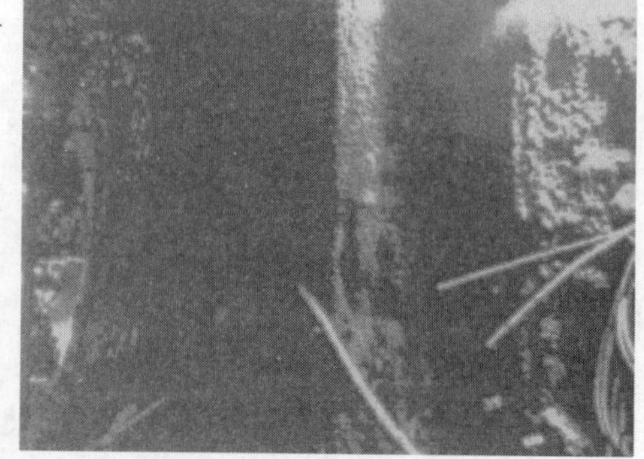

图1 边墙向净空中的鼓出

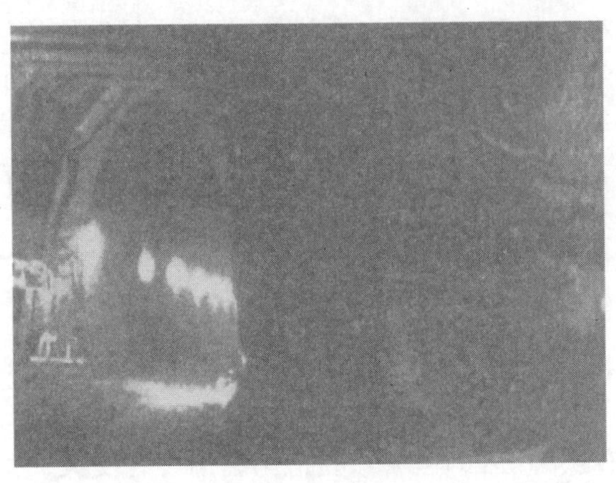

图 2 混凝土开裂剥落

图 3 主洞初期支护拱顶破坏严重

### 2.2 拱顶冒落

隧道拱顶在工程开挖后,发生较大下沉,从而使得工程支护措施(如锚杆、混凝土喷层、混凝土衬砌及钢拱架)部分或完全失效而破坏。隧道开挖后,拱顶部位的竖直向应力陡降为零,随着变形的发展,洞径变小,使得拱顶部位切向应力远大于径向应力,表现出较强的侧向挤压作用,从而导致拱顶发生剪切破坏,隧道顶部支护结构产生破坏。在破坏部位,除了可见混凝土开裂现象外,甚至可见衬砌中的钢筋强烈扭曲、喷锚挂网扭曲或被拉裂、钢拱架弯曲或折断等现象,围岩外露并悬挂于钢筋网上。

## 3 羊角隧道交叉段围岩变形破坏机理

### 3.1 理论探讨

羊角隧道主洞与横洞的交叉处在横洞开挖后主要表现为三个层次的变形破坏。

(1)在扰动应力的作用下,洞室的开挖使得洞室围岩由原来的三向受力状态变为两向受力状态。在横通道开挖初期,张开滑移的裂隙和层面已经逐渐趋于闭合;横通道的开挖再次改变了围岩的应力场,交叉段处围岩受力复杂,围岩由三向应力状态变为两向应力状态。在洞壁横截面上尤其是交叉口两侧面,还表现为单向应力状态,使岩体围压降低、应力差增大,甚至在交叉口左右两侧拱腰和拱脚部位产生强烈的应力集中现象,导致结构面张开,挤压紧密的岩体变得松散破碎,裂隙张开,而后导致岩体扩容。裂隙的张开,岩体的松散,反过来又导致围岩应力状态的改变,使得岩体又在新的应力状态下,继续调整,岩体不断松散,裂隙不断张开,甚至于发生松散岩块沿结构面的刚体流动。这种结构的调整与时间高度相关,在洞室收敛变形上就表现为初期围岩收敛量值大而速度快。

(2)由于洞室围岩在构造应力作用下,岩体松散破碎,完整性差,当受到开挖扰动后,岩体一方面沿结构面剪切滑移,另一方面,岩体内部晶格错动滑移,而使得围岩表现为持续的蠕变变形。

(3)一些岩性为碎裂岩主体的交叉口,本身的流变压力不高,而使得岩体持续流变变形。横通道开挖后,交叉口侧主洞侧壁的约束作用消失,造成靠近交叉段处的围岩的偏压,且由于主洞和横通道开挖形成的应力场的相互影响、交叠,使得围岩受力复杂,并随着变形的进一步发展,使围岩的某些部位出现拉裂缝,导致岩体强度恶化。

总之,在横通道开挖初期,以上几种变形破坏机制在隧道交叉段围岩中同时存在。主洞开挖后的围岩中趋于闭合的裂隙和平行于洞壁的层面,在新的应力场中张开;岩体在二次扰动应力场中变得更松散;岩块沿结构面剪切滑移和松胀变形;软弱围岩本身的流变性等使得围岩表现出明显的流变属性,并呈加速蠕变状态。至于后期,随着岩体逐渐达到新的平衡状态,岩体状态趋于稳定,蠕变速率也逐步趋于稳定。该期稳态蠕变,主要是由于软弱围岩在交叉段处形成的复杂应力作用下,岩体本身的流变属性所决定,掘进面作用消失,岩体结构面的作用也逐渐淡化。

因此,可以认为,在交叉段处,无论是扩容、层状块体向净空移动或扰动应力的作用,占主导地位的仍是围岩结构的调整。这种调整反过来又影响工程应力场的分布,两者相互影响、相互适应,最终达到岩体的稳定。结构的调整具有时效性,但由于岩体较破碎,使得初始结构在空间分布上差别不大,因而调整的方式及程度主要受横通道开挖后形成的应力场所控制,从而使围岩对支护体系作用更多表现为偏压特征;但围岩压力在同一断面上分布相对均匀和对称,最大围压在交叉口的两侧面和拱顶及拱底。

在相对完整的硬岩段,岩石较为坚硬且完整性较好,此段交叉口的变形较软弱围岩段要小得多,对隧道的正常施工和安全并未构成威胁,因此本文不再对相对完整的硬岩段处交叉口的变形进行讨论。

### 3.2 数值模拟分析

#### 3.2.1 应力分析

根据数值模拟分析结果,最大压应力出现在交叉口左右拱脚,达 170MPa;拉应力区出现在交叉口两侧拱腰、底部和拱顶,最大拉应力出现在交叉口底部,拉应力最大值为 8.4MPa;最大剪应力在交叉口右侧拱腰和拱脚,最大值为 44.5MPa,但是这两处剪应力方向相反,交叉口右侧(小角度相交侧)拱肩的剪应力在数值上大于交叉口左侧拱肩的剪应力,且分布范围要深得多,如图 4~图 9 所示。

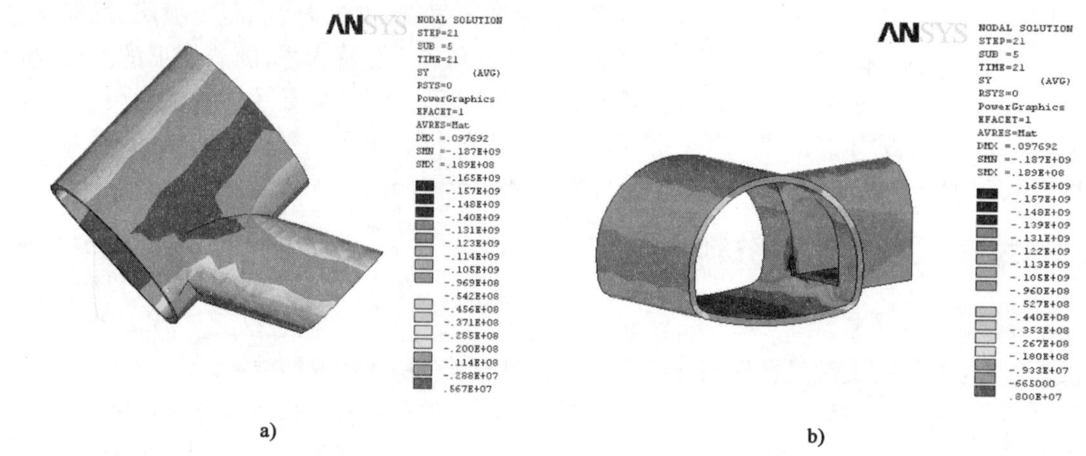


图 4 交叉口 Y 方向主应力图

a)拉应力区;b)压应力区

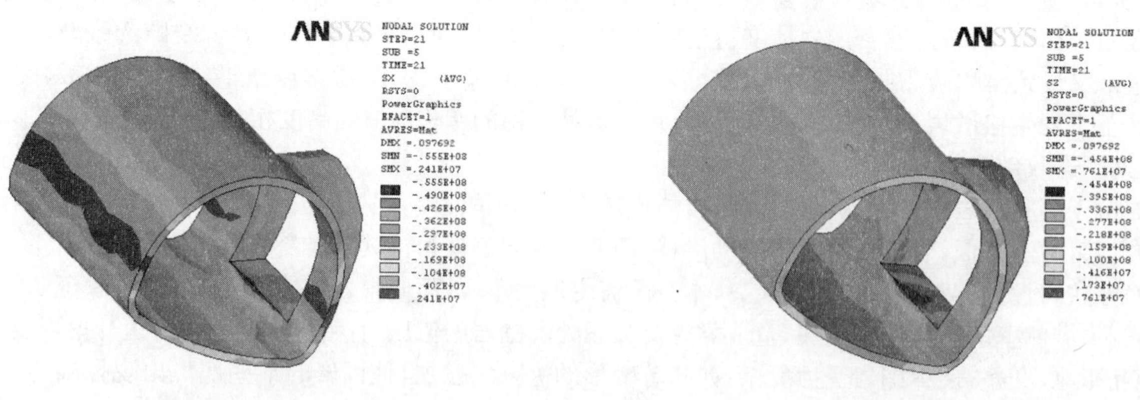


图 5 交叉口 X 方向主应力图

图 6 交叉口 Z 方向主应力图

#### 3.2.2 塑性区分析

横通道开挖后,主隧道和车行横洞的塑性区如图 10、图 11 所示。从塑性区分布图可以看出,横通道开挖后,主隧道的塑性区主要出现在交叉口侧的右拱腰,交叉口右侧的塑性区范围较大,而交叉口左侧的塑性区范围较小;横洞交叉段的塑性区主要出现在横洞右侧拱脚到拱顶的位置,其次在横洞左侧拱腰也出现塑性区,但是范围要小得多。

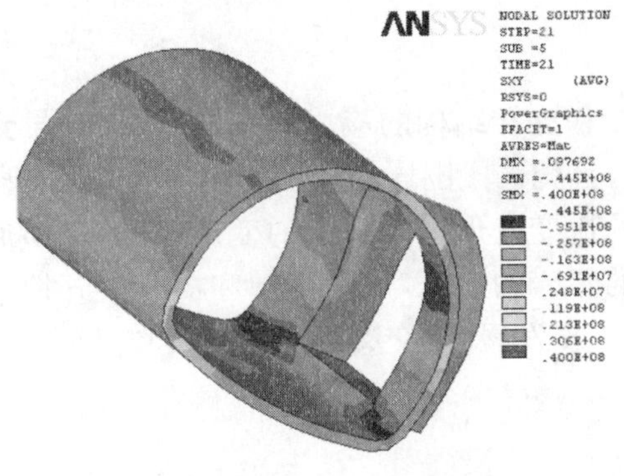

图 7　交叉口 *XY* 平面剪应力

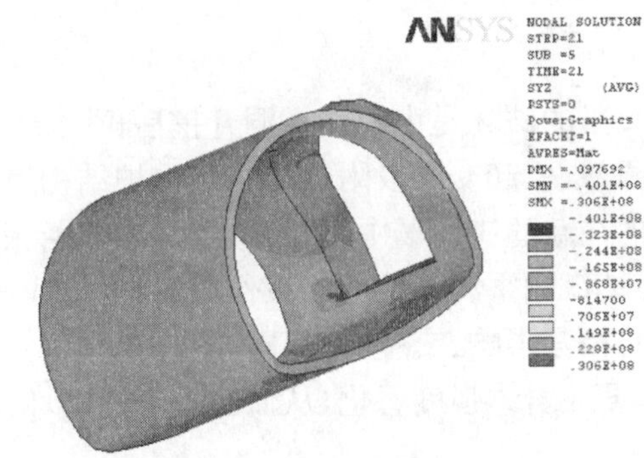

图 8　交叉口 *YZ* 平面剪应力

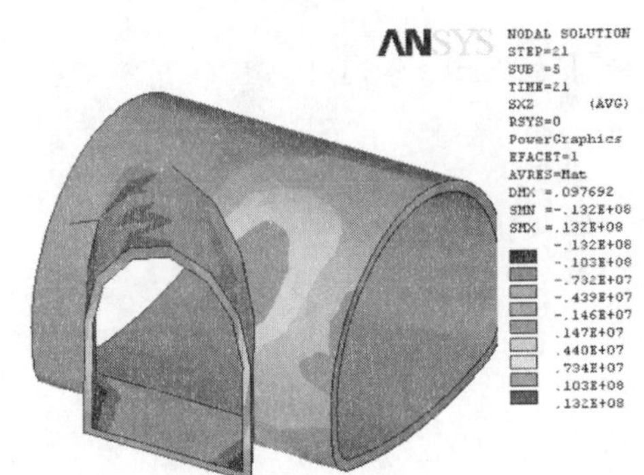

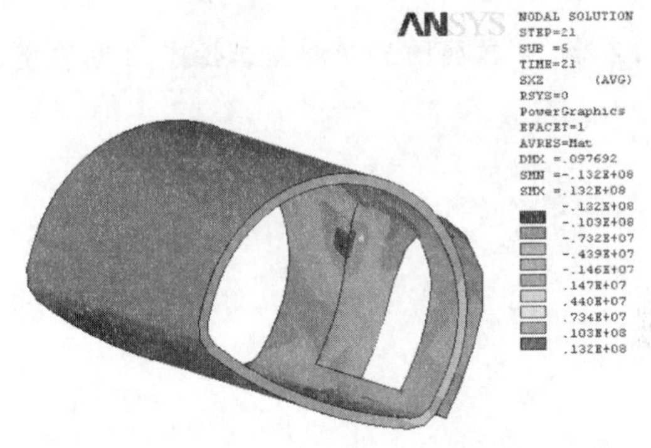

图 9　交叉口 *XZ* 平面剪应力

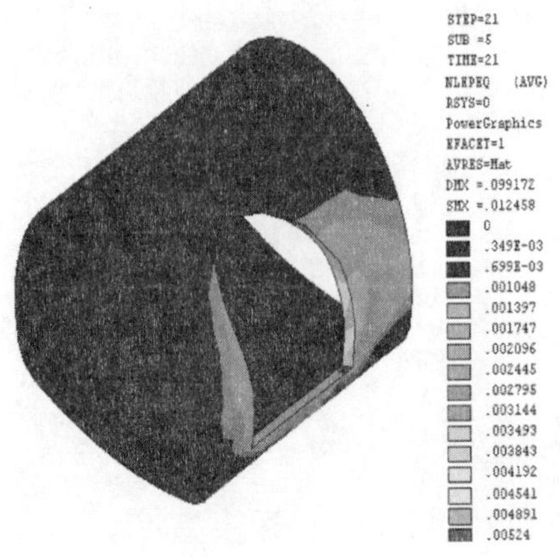

图 10　主洞交叉口塑性区

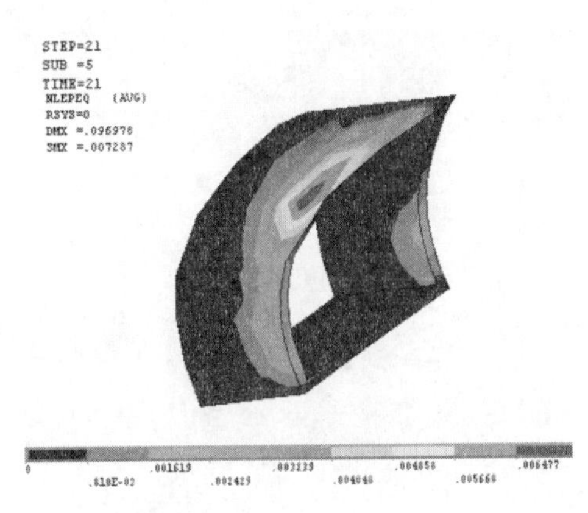

图 11　横洞交叉口塑性区

通过对羊角隧道主洞交叉段变形破坏数值模拟分析可知，在交叉口的小角度相交侧从拱脚到拱顶都有应力集中的现象，在交叉口大角度相交侧的拱腰和拱脚也存在应力集中的现象；并且在这些部位，无论是主应力值还是剪应力值都很大。塑性区产生的原因主要如下：

(1)交叉段在横洞开挖后，由原来的三轴受力状态变成单轴受力，围压的卸荷使得交叉口的左右侧和下边缘产生拉应力集中，加之这些部位剪应力值很大，可能使之产生塑性破坏。

(2)交叉口右侧是横洞和主洞小角度相交侧，交叉口左侧是横洞与主洞大角度相交侧。横洞开挖后，再一次引起主隧道围岩和支护结构的应力释放与重分配，在小角度相交侧，很容易引起应力集中；而在大角度相交侧，由于角度较大，应力的重分布将更容易消除应力集中带来的不利。因此，在主洞与横洞小角度相交侧出现了较大的塑性区。

## 4 结论

交叉段的破坏是由于在横洞开挖后再一次引起主隧道围岩和支护结构的应力释放与重分布,导致围岩结构的调整,引起交叉段附近岩体与支护结构力学行为复杂化,且交叉段围岩的岩性比较破碎,横洞开挖后,使得岩体在新的应力场中不断松散、裂隙不断张开,岩体持续的流变变形产生较大的变形;又由于横通道开挖后,交叉口侧主洞侧壁的约束作用消失,造成靠近交叉段处的围岩的偏压,加之主洞和横通道开挖形成的应力场的相互影响、交叠,使得围岩受力复杂,并随着变形的进一步发展,在交叉段两侧拱腰和拱顶部位出现拉裂缝,导致岩体强度恶化,从而出现塑性破坏。

## 参考文献

[1] 孙钧,朱合华.软弱围岩隧洞施工性态的力学模拟与分析[J].岩土力学,1994,15(4):21-32.

# 棚洞在渝湘高速公路洪西段中的应用

包 飞 胡旭辉

（重庆高速公路集团有限公司北方建设分公司 重庆 401121）

**摘 要**：渝湘高速公路洪西段穿越武陵山区，高边坡纵多，对沿线生态破坏较大，通过设置棚洞，减少了边坡高度，最大限度地保护了沿线生态环境。本文介绍了棚洞的构造特点、施工工艺以及在洪西高速路中的应用情况，可为建设山区环保高速公路提供参考。

**关键词**：高速公路 棚洞 环保 施工工艺

## 1 引言

西部山区地形地貌复杂，以往修建公路总是伴随着高边坡、隧道洞口高仰坡、大挖方等，对公路沿线的植被和生态环境造成了极大的破坏。随着我国公路建设事业的快速发展，人们不但重视公路隧道技术水平的提高，还追求它的艺术性和美学效应，环保理念也提升到新的高度。在路线走廊困难地段、沿河岸沟谷地、路线傍山布置地段，本着"旁山穿行，顺其自然，保护边坡"的原则，提倡设置棚洞、半隧道，达到保护边坡和自然环境以及后期营运安全的目的。

棚洞结构在国外发展已较为成熟，但国内高速公路项目中应用还较少。目前最有影响的是宁淮高速公路老山Ⅱ号隧道棚洞，如图1所示。该棚洞全长376m，采用平顶斜腿支承棚洞结构。

图1 南京老山Ⅱ号隧道棚洞

## 2 棚洞的构造形式及优点

图2为典型棚洞的横断面图。支撑体系棚洞靠山侧结构内轮廓与暗洞隧道完全相同，主要承载结构为钢筋混凝土棚作拱形结构，该侧下部采用扩大基础形式；结构与边坡间采用钢筋混凝土暗拱和浆砌片石回填，下部基础设锁脚锚杆。左侧采用平板、托梁、斜柱支撑体系，基础采用桩基础，并在斜柱对应位置设横向地基梁，连接左右侧基础。棚洞底部不设仰拱。

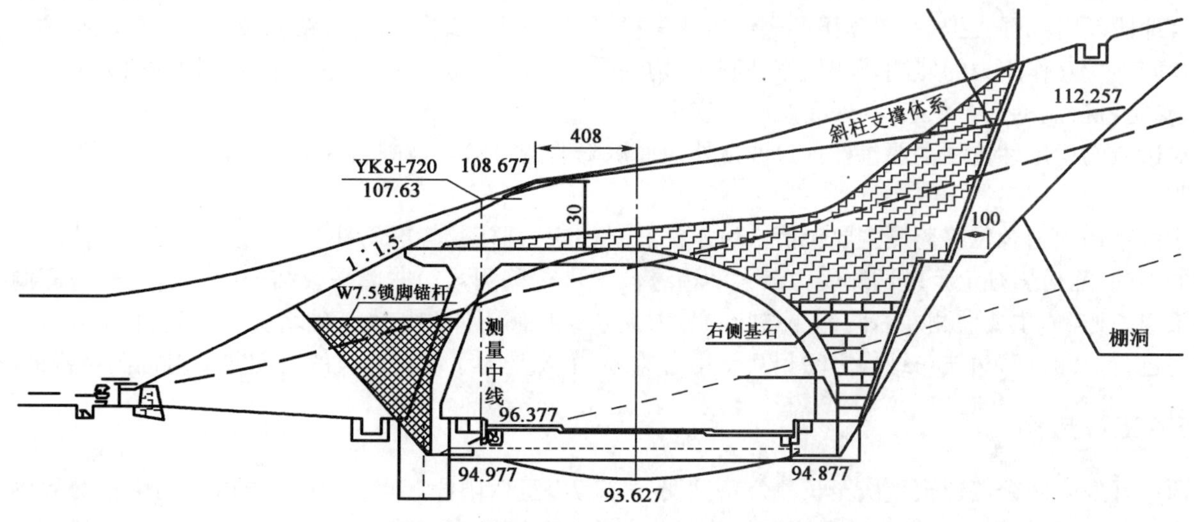


图2 棚洞典型横断面示意图（尺寸单位：cm；高程单位：m）

采用棚洞结构形式后,可明显减少对山体的破坏,从而保护了这些土体上的植被。这样就对山体的原生环境破坏相对减小很多,几乎达到了这种地形条件下明挖对山体的最小影响,从近期看,也减少了土石方量和边坡支护量;从长远来看,不仅对生态环境破坏较小,保护了珍稀的植被,而且由于棚洞半开敞式结构特点,相对于明洞方案缩短了隧道密闭段的长度,从而减少了照明和通风运营费用,降低了远期运营成本。所以从综合经济效益来看,棚洞比明洞形式更具有优越性,特别在穿越浅埋、偏压、沟谷地段时,其是一种前景较好的新型结构。

与一般隧道相比,棚洞具有以下优点:

(1)降低边坡高度、避免高边坡长期运营隐患;

(2)少刷坡,保护路侧原生植被;

(3)本身与环境协调性较好,自身为一景观;

(4)丰富高速公路结构形式。

## 3 棚洞基本施工工艺

棚洞作为一种在高速公路上应用的新型结构,工程经验并不丰富,为确保工程质量和实施效果,其施工工序需特别重视。棚洞的基本施工工序如下:

(1)根据实际情况,施作洞顶截水沟。

(2)进行棚洞山体内侧边坡开挖及防护,开挖自上而下,边开挖边防护,加肋锚杆喷射混凝,土护面墙可采用逆作法。

(3)施作棚洞边墙下部条形基础部开挖和基础施工、桩基础开挖及浇筑,基础与桩间系梁浇筑。基底承载力要求达到1MPa以上。局部段落地质条件较差段,可先施工边墙部浆砌片石回填。

(4)施作棚洞钢筋混凝土立(斜)柱,立(斜)柱采用C35钢筋混凝土。

(5)施作棚洞柱间钢筋混凝土托梁。

(6)浇筑棚洞曲墙和顶板。

(7)棚洞防水层施工,含沉降缝和施工缝背贴式止水带。

(8)棚洞边墙浆砌片石回填。

(9)顶部土石回填及植草绿化。

(10)路面施工。

## 4 棚洞工程施工和运营监测

在施工过程中对棚洞的临时边坡进行检测,随时掌握边坡围岩的动态,了解边坡支护体系的受力状态,对危险地段及时加强支护,有效预防和避免边坡失稳;通过对棚洞结构内力和结构位移以及棚洞结构与相邻边坡之间的相互作用力的监测,及时了解棚洞结构的受力状态,了解各道工序下棚洞结构的内力分布状态和大小,确定就棚洞的安全状态,确保棚洞施工安全。

对边坡的稳定性监测主要包括:(1)坡顶外地面沉降监测;(2)边坡围岩内部位移监测;(3)边坡支护锚杆轴力监测。

棚洞结构内力及位移监测主要包括:(1)立柱及斜柱应力监测,考虑斜柱在施工过程以及运营阶段受力体系的不同,需对斜柱上下端两侧受力最大的边缘位置进行监测;(2)曲墙平板结构内力监测;(3)棚洞结构基础梁内力监测,主要监测左右两侧测点间的传力关系;(4)靠山体侧扩大基础基底应力监测,主要对基底的承载力进行监测;(5)边坡与结构之间相互作用力监测,主要是为了掌握边坡的后期移动对棚洞结构的影响。

## 5 工程应用

西部开发省际公路通道重庆至长沙公路洪安(湘渝界)至酉阳段起点,位于重庆市与湖南省交界的秀山县洪安镇花垣河,接湖南省境内的重庆至长沙公路吉首至茶洞段,路线经秀山县和酉阳县,至于酉阳县钟多镇，与重庆至长沙公路黔江至酉阳段相接，路线全长78km，桥隧比例达51%。

本项目位于土家族、苗族聚居的武陵山区，高速公路大部分在山谷中穿行，高速公路的建设对自然生态环境的影响非常敏感，为建设工程对环境的破坏，全线采用了6处棚洞结构，基本上消除了40m以上的高边坡，共计少开挖20 000m$^2$左右的边坡。

以下以其中的3号棚洞为例(图3)，阐述棚洞的工程应用。

图3　3号棚洞效果图

### 5.1　棚洞构造特点

3号棚洞处路线按整体式路基断面考虑，两幅路基间预留有2m宽的中央分隔带。从结构受力、便于回填和建筑美观等角度出发，该棚洞内侧轮廓与相邻的纱帽坡隧道内轮廓一致，左侧采用曲边墙和条形扩大基础结构，拱顶至右侧棚洞外边采用平板结构；右幅右边部位采用斜柱支撑和桩基础；两幅路基中间采用采用直立柱支撑，立柱顶端与平板结构固结，底端与桩基础连接，与右侧斜柱一起抵抗水平推力。中间立柱采用110cm×120cm的截面尺寸，侧边斜柱采用120cm×120cm的截面尺寸，纵向相邻两柱中心投影至测设线上的间距均为9.5cm，曲墙、平板及柱结构均采用C35钢筋混凝土结构。

### 5.2　棚洞受力计算分析

为了了解该棚洞结构的受力情况，下面采用大型通用有限元分析软件对该棚洞结构进行二维分析，计算该段棚洞在冲击荷载下的结构杆件内力。

(1)计算模型

计算采用平面二维模型进行模拟分析。为了计算在冲击荷载下棚洞结构杆件的内力，对棚洞结构采用梁单元模拟计算。锚杆、喷射混凝土分别采用杆单元和梁单元进行模拟，围岩、填土、浆砌毛片石均采用实体单元模拟。根据计算可知，作用在该棚洞结构的冲击荷载均为29kN/m。因此，根据以上建模方法和力学参数可建立该棚洞的计算模型，见图4。

(2)计算结果

本次计算围岩采用弹塑性分析，采用D-P模型，屈服面采用摩尔-库仑外接圆；棚洞结构采用弹性梁单元进行分析。根据该棚洞结构的地质勘察报告可知，该棚洞结构拟建区的围岩为VI级围岩。采用相关参数后，计算的轴力、剪力和弯矩图分别如图5～图7所示。

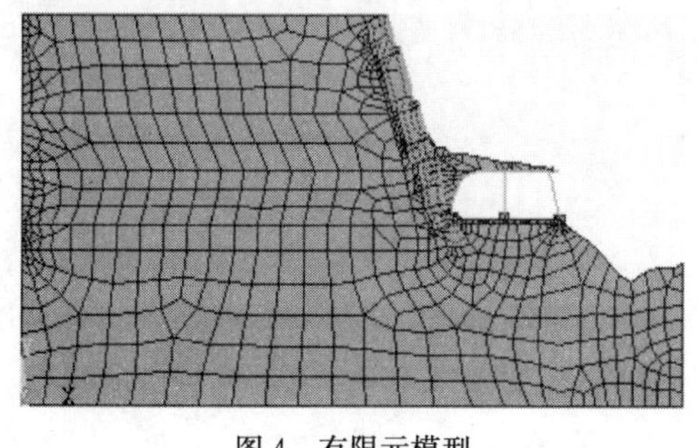

图4　有限元模型

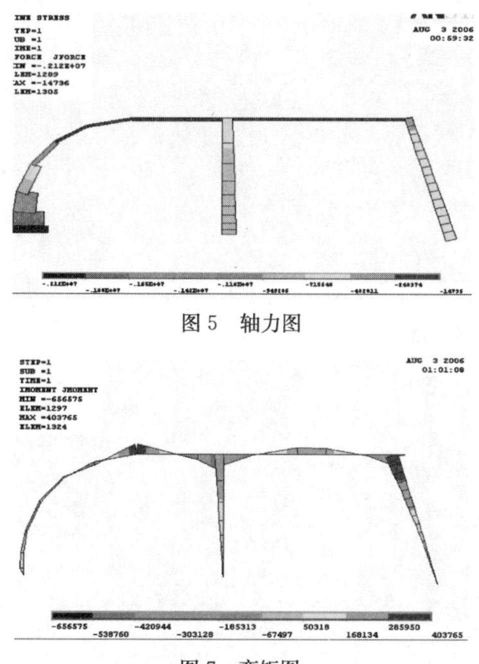

图5　轴力图

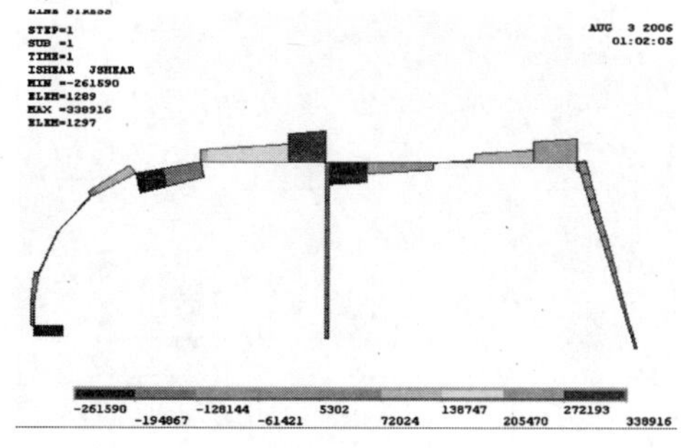


图6　剪力图

图7　弯矩图

经计算,3 号棚洞的各截面轴力、剪力和弯矩均满足规范要求。

## 6 结语

棚洞结构是高速公路隧道环保型设计、施工的一种有效的结构措施,通过对明洞结构与边坡防护的组合,使传统设计中“大填大挖”的工法成为过去,不仅确保了公路运营阶段行车的安全,而且大量减少了原生植被的破坏,维护了完整的生态空间。渝湘高速公路洪酉段以 3 号棚洞为代表的全线 6 处棚洞的成功设置,积极践行了“秀山、酉水、新高速”的建设理念,在秀美山川间增添了一道亮丽的风景线,为山区环保高速公路的建设提供了一种新思路。

## 参考文献

[1] 刘元雪,蒋树屏,谢锋.基于环境保护的大跨棚洞结构形式优化研究[J].公路隧道,2007(4):1-5.

[2] 胡壮志.高速公路环保型棚洞结构形式的研究[D].重庆:重庆交通大学,2005.

[3] 陈红,梁立杰,杨彩霞.可持续发展的公路建设生态观[J].长安大学学报,2004,24(1):69-71.

# 公路隧道支护及衬砌结构无损检测技术及应用

王连成[1]　胡　浩[2]

（1. 招商局重庆交通科研设计院有限公司　重庆　400067；
2. 重庆交通委员会基本建设工程质量监督站　重庆　400000）

**摘　要**：阐述地质雷达的探测原理、工作方法、检测内容及目标识别技术。

**关键词**：地质雷达　检测　支护及衬砌结构

## 1　引言

对公路隧道支护及衬砌进行结构检查的最直接方法是破坏性检测，包括打孔、开孔，但这样不便于大面积实施，且难以达到覆盖式连续扫描检测的技术效果和工作效率。

隧道无损检测的范围包括初期支护、二次衬砌、围岩状况、隧道净空断面尺寸、混凝土强度以及表面观测等。使用的仪器设备包括地质雷达仪、声波仪、隧道激光断面仪、回弹仪、表面观测工具、高空作业车等。其中地质雷达或声波仪用于检测隧道支护及衬砌结构、围岩状况等。地质雷达法与声波法相比，由于其工作效率高、探测内容广、显示直观、分辨率高、多解性更小、能够进行高速连续扫描探测并实时显示，已得到更加广泛的应用。

## 2　地质雷达主要检测内容与技术要求

### 2.1　主要检测内容

(1)二次衬砌或初期支护：

①厚度；

②衬砌混凝土的均匀性、连续性与密实情况或脱空情况；

③衬砌内裂缝发生情况，尤其是有无隐蔽裂缝及其位置。

(2)拱背(指二次衬砌与初期支护之间以及围岩中)空洞或欠密实区、位置和大小。

(3)钢支撑、钢筋网或配筋的位置、深度及分布情况。

(4)围岩含水情况。

### 2.2　技术要求

(1)通常，衬砌混凝土厚度对拱顶、左右拱腰、左右两侧边墙对 5～7 条纵向测线间隔 10m 按里程桩号列表；

(2)对其他情况予以定量或定性描述，给出其起止桩号、起止深度；

(3)检测深度一般在 3.0m 之内；

(4)打印典型断面雷达回波彩图；

(5)按纵向测线绘制衬砌厚度图；

(6)绘制有关缺陷的隧道展开平面图，并进行有关缺陷的对应描述。

## 3　检测设备与仪器构成

从 1910 年 Letmbach 等人，用埋设在一组钻孔中的偶极天线探测地下相对高导电性质的区域，正式提出探地雷达概念起，到 20 世纪 60 年代随着航天事业的迅速发展，逐渐将其技术移植于探地领域，仪器及处理技术日臻完善。1970 年 Harison 在南极冰层上，取得了 800～1 200m 的穿透深度资料；1974 年 Unterberger R. R. 探测了盐矿中的夹层。随着电子技术以及现代数据处理技术的发展与应用，20 世纪 70 年代后探地雷达的应用从探测冰川、盐矿层等弱损耗介质扩展到煤层、岩层、土层等有耗介质；80 年代后期，国际国内相继研发了各种型号、制式、用于不同目的的地质雷达；90 年代，我国也开始大量引进先进的地质雷达。

地质雷达按制式可分为单脉冲和脉冲调制式，按功能可分为检测雷达和地质超前预报雷达。探测深度与分辨率主要受工作频率的影响，工作频率越高，分辨率越高，探测距离越短，反之亦然。由于雷达波所穿过的地下介质对电磁波的衰减差异较大，即使是使用同一型号、同一工作频率的仪器，探测深度也不是固定不变的，所以应根据探测对象和探测目的选择不同的工作频率。迄今，由美国 GSSI 公司研发的 SIR 系列地质雷达，以其仪器性能稳定可靠、耐用性好、自成系列、能进行高速连续扫描探测等特点独树一帜。继 SIR—2 型之后，该公司又相继推出 SIR—10H 型、SIR—2000 型、SIR—3000 型、SIR—20 型，其配有 50MHz、100MHz、270MHz、400MHz、900MHz 和 1.5GHz 几种天线和工作频率，适合于隧道、路面等竣工检测和隧道病害诊断。其较低频段适合于超前地质预报。由于大地对电磁波的低频窗口作用(低通)，对应不同频率的探测深度为 0.2～40m 不等。

针对隧道检测的工程特点，一般采用工作频率为 400MHz 的天线，既可满足一般检测内容的分辨率要求，又可达到一定深度，通用性较好。

最新的 SIR—20 型地质雷达由主机(包括 pananonic 工程笔记本微机)、收发器、收发天线、电瓶(专用电源)、信号线、电源线、打标器连接线及系统软件、后处理软件等组成。该型仪器的信噪比较高，穿透力较强，对于相同工作频率而言其探测深度适当加深了，且更易于分辨。

## 4　探测原理

地质雷达法通常是一种地下广谱甚高频至微波段电磁波反射探测法。其工作原理是：发射器通过发射天线向隧道衬砌与围岩中定向发射电磁波，工作时天线密贴在衬砌表面或路面，仪器与工作人员均在高空作业车上或汽车内，共同随汽车的匀速行驶向前移动。在地下定向传播的电磁波，当遇到有电性(介电常数和电导率)差异的界面时即发生反射。反射波由处于接收状态的接收天线和接收器所接收。最先收到由发射天线经天线所在衬砌表面到达接收天线的直达波作为系统时间的零点。通过对反射波信号进行一系列的后处理(输入有关参数、滤波、放大、改变显示方式和编辑等)后，取反射波往返时间之半，乘以相应介质的雷达波速度即为反射目标深度。根据反射波的强度、形状及其在纵向和竖(环)向上的变化情况来判别反射目标的性质(目标识别)，如衬砌厚度、围岩空洞及裂缝等(图 1)。

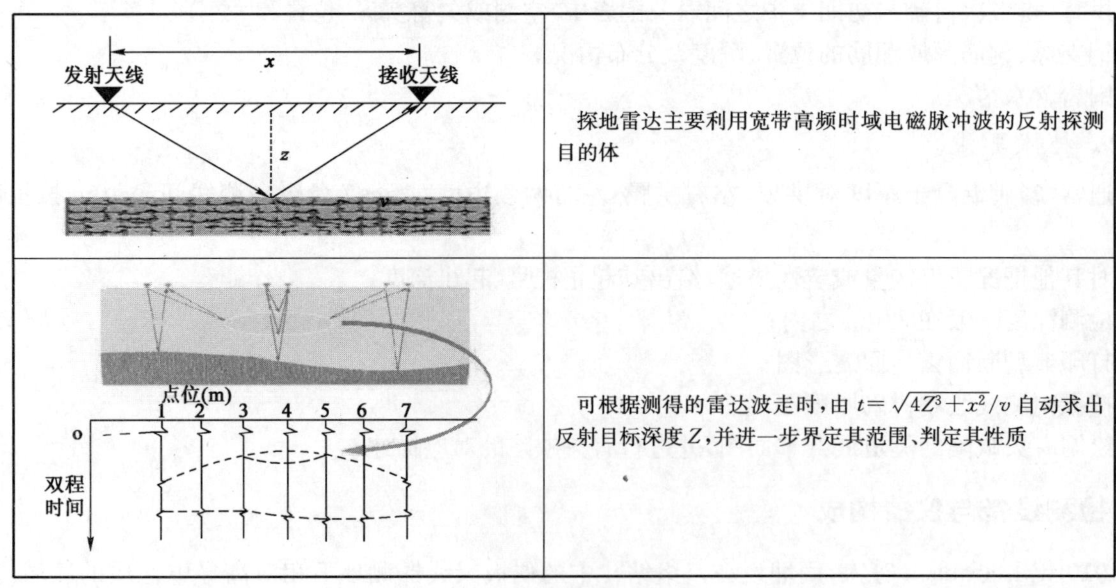


图 1　地质雷达探测原理图

为进一步了解地质雷达的探测过程，可导出地质雷达方程为：

$$P_r = \frac{P_t G^2 Q \eta \nu^2}{64\pi^3 R^4 f^2} e^{-4A_r} \tag{1}$$

式中：$P_r$——接收机接收到的功率(W)；

$P_t$——发射机发射功率(W)；

$R$——天线到目标的距离(m)；

$A_r$——天线有效面积($m^2$)；

$G$——天线增益(dB)；

$Q$——目标截面积($m^2$)；

$\lambda$——空气中的雷达波波长(m)；

$f$——雷达中心工作频率(Hz)；

$c$——空气中的雷达波速度(光速)，取 $3\times10^8$ m/s；

$v$——电磁波速度(m/s)。

地下介质一般为非强磁性非导体介质，即满足条件：$\mu=\mu_0=12.57\times10^{-7}$ H/m，位移电流比传导电流更加占优势[即 $\sigma/(\omega\varepsilon)\ll1$]，所以电磁波速度为 $v=\frac{\omega}{\alpha}=\frac{1}{\sqrt{\mu\varepsilon}}$，可简化为：

$$v = \frac{c}{\sqrt{\varepsilon_r}} \tag{2}$$

其中 $\omega$、$\sigma$、$\varepsilon$、$\varepsilon_r$、$\mu$、$v$ 分别为角频率、电导率、介电常数、相对介电常数、磁导率、介质的雷达波传播速度。从而看出，由于 $\varepsilon_r$ 一般大于 1，雷达波进入地下介质后，速度变小，波长缩短，因此分辨率有较大提高。根据试验室试验和实际探测修正，常见地下介质在甚高频至超高频段的相对介电常数如表 1。

**常用地下介质的雷达波段相对介电常数** 表 1

| 介　质 | 相对介电常数($\varepsilon_r$) | 介　质 | 相对介电常数($\varepsilon_r$) |
|---|---|---|---|
| C25 混凝土 | 7～8 | 煤层 | 3.2 |
| C20 混凝土 | 8～9 | 潮湿的风化砂砾土 | 11～14 |
| 花岗岩 | 5.3 | 钢铁等金属 | 1(导体) |
| 石灰岩、熔结凝灰岩 | 6.3 | 空气 | 1(无损耗介质) |
| 砂岩 | 6.3～7 | 水 | 81 |
| 泥岩、页岩 | 7.5 | | |

从式(1)中还看出，工作频率越低，波长越大，能量衰减越慢，探测深度越大，同时分辨率越低。此外探测深度还取决于介质的衰减系数、接收器的信噪比和灵敏度、发射器发射功率、系统总增益、目标的反射系数、几何形状及其产状等。

隧道检测线位置及数量，按照合同要求并参照隧道地质雷达检测范例，一般均沿隧道走向分别在拱顶、左右拱腰、左右两侧边墙布置 5 条纵向测线进行连续检测，从而可获取对应测线上的衬砌混凝土厚度数据及其他相关资料(图 2)。针对铁路隧道检测有专门的规范，检测时需借助于高空作业车。

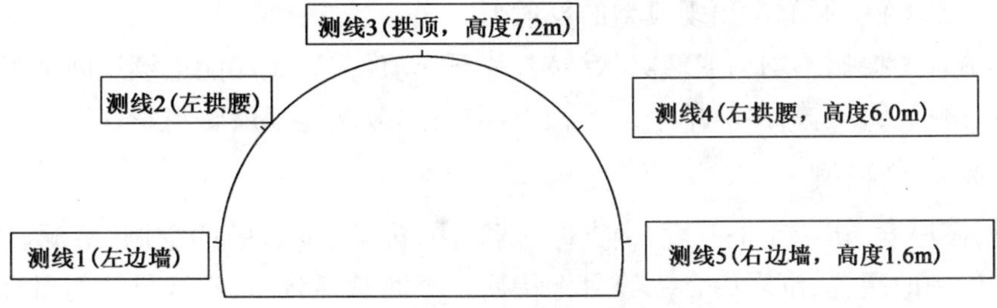


图 2　地质雷达测线布置图

## 5 目标识别技术

### 5.1 关于垂直分辨率

根据 Widess(1973 年)编制的一个模型和试验可以得出以下重要结论:

(1)当地层厚度超过 $\lambda/4$ 时,复合反射波形的第一个波谷与最后一个谷的时间差正比于地层厚度。在这种情况下,地层厚度可以通过测量顶界反射波的初至 $R_1$ 和底界反射波的初至 $R_2$ 之间的时间差确定出来。

(2)当地层厚度小于 $\lambda/4$ 主波长时,反射波形的变化很小。在这种情况下,地层厚度正比于反射振幅。

(3)当地层厚度等于 $\lambda/4$ 时,来自顶底界面的反射波发生相长性干扰,其复合波形的振幅达到最大值。

(4)该模型试验代表了一种探测低速薄层的典型组合,其速度比周围介质(上覆和下伏地层)低 1 倍,不能代表全部的实际情况。在某些情况下,实际可分辨出信号变化的能够定性分辨目标体的分辨率,比该模型试验还要高,即优于 $\lambda/8$。

(5)要满足隧道工程检测所需要的分辨率和探测深度要求,即要恰当选择仪器的工作频率。

### 5.2 关于水平分辨率

(1)单个异常体的水平分辨尺度要远小于 Fresnel 带(在水槽中水平尺寸为 $\frac{1}{10}d_F$ 的物体仍能分辨,$d_F=\sqrt{\lambda H/2}$,为非涅尔带直径)。

(2)两个水平相邻异常体要区分开的最小水平距离要大于第一 Fresnel 带直径。

### 5.3 实际应用中的有关情况

(1)实际应用中,对于孤立的空洞目标,当使用的雷达频率很低时,即其波长相对于拟探测对象尺寸很大时,雷达灰度图上基本无反映或至多是一个强反射点(白点),不易于分辨解释。如使用 100MHz 工作频率探测隧道仰拱中直径为 30cm 的中心排水管,这时雷达在空气中的波长为 300cm,若仰拱混凝土的相对介电常数按 9 计算,而在仰拱中的波长则为 100cm。由于波长较长和发射角的影响,这时对浅埋的中心排水管反映不明显,有时会出现强反射点。

(2)当使用的雷达频率较低时,即其波长相对于拟探测对象尺寸较大时,雷达灰度图上是一个强反射点(白点)。如使用 400MHz 工作频率探测隧道衬砌混凝土中直径为 30cm 的空洞,这时雷达在空气中的波长为 75cm,C20 混凝土的相对介电常数按 8 计算,则在混凝土中的波长为 26cm(小于空洞尺寸)。这时在一般的操作方式下,雷达图像中在空洞部位出现显著的强反射点(带)。

(3)当使用的雷达频率较高时,即其在相应介质中的波长显著小于拟探测对象尺寸时,雷达灰度图上出现典型的反射弧。如使用 400MHz 工作频率探测隧道衬砌混凝土中直径为 60cm 的空洞,这时雷达在空气中的波长为 75cm,C20 混凝土的相对介电常数按 8 计算,则波长为 26cm,显著低于空洞直径。这时在一般的操作方式下雷达图像中在空洞部位出现典型的反射弧。

(4)但对于连续成片的振捣不均匀或蜂窝状结构、片石充填,雷达波却能连续反映清晰。

(5)对于钢筋网、配筋、钢支撑,虽然单个个体较小,但雷达波能连续反映清楚。

### 5.4 实际目标波形实例

图 3 包括二次衬砌厚度、初期支护厚度、钢支撑、钢筋网、配筋、围岩中的空洞、溶洞、二次衬砌与初期支护间的脱空缝隙、衬砌中的裂缝、围岩中含水等目标特征。不同赋存状态、不同尺寸的目标特征有明显差异,需认真鉴别。

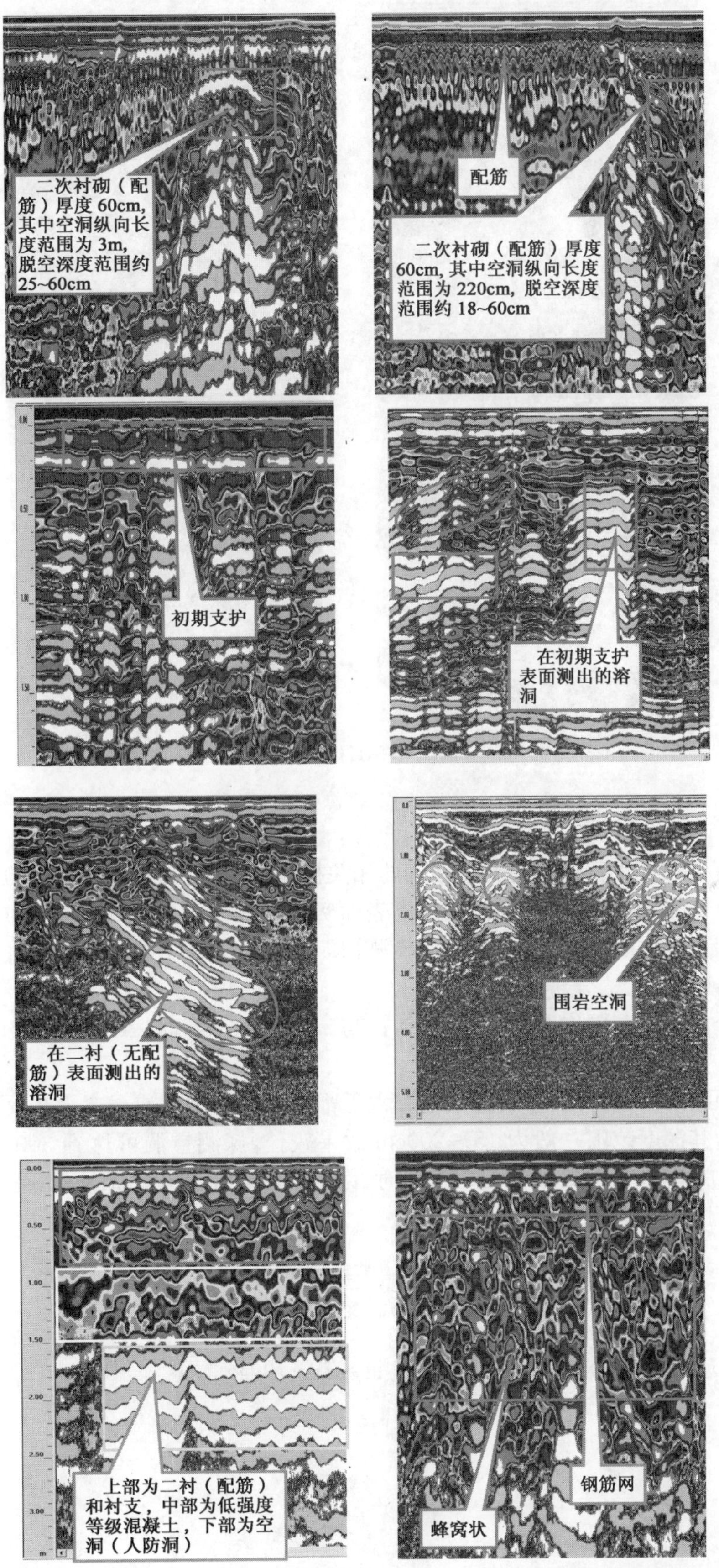
二次衬砌（配筋）厚度 60cm,其中空洞纵向长度范围为 3m,脱空深度范围约 25~60cm
配筋
二次衬砌（配筋）厚度 60cm, 其中空洞纵向长度范围为 220cm, 脱空深度范围约 18~60cm
初期支护
在初期支护表面测出的溶洞
在二衬（无配筋）表面测出的溶洞
围岩空洞
上部为二衬（配筋）和衬支，中部为低强度等级混凝土，下部为空洞（人防洞）
蜂窝状
钢筋网

图 3

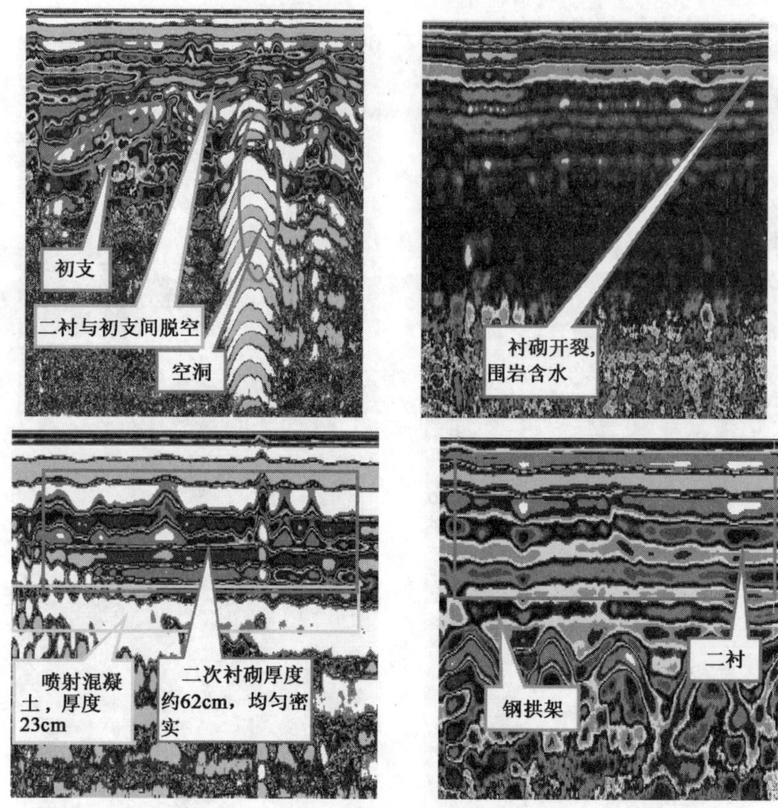


图3 实际目标波形图

## 6 结语

(1)地质雷达能有条件地进行衬砌与支护结构的相关检测,二次衬砌与初期支护检测应分别在各自对应施工阶段进行效果最佳。虽然天线密贴在二次衬砌表面实施的检测可分辨出初期支护中的有关内容,但不是也不可能是全部内容。如在配筋后的二衬表面检测初期支护中的钢支撑时,由于受配筋的屏蔽影响,雷达回波图中反映不清楚或根本无法分辨清楚。

(2)当衬砌混凝土的波速与围岩波速接近,且初衬与二衬密贴很好时,二者界面有时基本无明显不同的反射。

(3)雷达与人的眼睛一样有盲区,即目标太远和太近都不能分辨清楚或根本无法反映。对于通常的隧道衬砌与支护结构检测,其深度范围一般为15～200cm效果较佳,探测空洞可达到300～500cm;对于在初期支护表面探测初期支护厚度(含钢支撑)小于10cm时,由于盲区的原因几乎不能准确探测,但探测二次衬砌中深度10cm附近的配筋却能反映清楚。

## 参考文献

[1] 李大心.探地雷达方法与应用[M].北京:地质出版社.1994.

# 西部地区高速公路隧道工程动态设计管理

钟 宁

（重庆高速公路集团有限公司 重庆 401121）

**摘 要**：单一的设计标准、僵硬的管理模式，面临复杂多变的隧道施工时，总是束手无策。针对这一现象，本文总结了西部地区隧道工程地质特性，并提出隧道工程的动态设计理念；同时将该理念与实际工程结合，提出细化隧道围岩支护类型、设计代表进驻现场、建立“专家网络工程会诊”平台等具体可行的建议。

**关键词**：隧道 施工 动态 设计 管理

## 1 引言

俗话说：“蜀道难，难于上青天”。西部地区的地形地貌和地质条件十分复杂。以地质特性影响最为突出的隧道工程而言，许多工程地质难题受过去的技术水平限制，止步于“长大隧道”，止步于“无法逾越的不良地质病害”，严重影响到川渝地区道路建设的进程。

随着科技的进步，隧道施工技术领域取得了重大突破；然而，由于国情所限，单一的设计标准、缺乏灵活的管理模式与复杂多变的隧道施工之间的矛盾日趋突出。所以不妨尝试一下：“打破原有的单一设计方式，以动态的设计理念和灵活的管理模式，及时准确地处理隧道围岩变化，为隧道的安全、高效施工保驾护航”。

## 2 西部地区隧道工程地质特性

准确地揭示地质状况，客观地了解围岩特性，是保证隧道工程施工安全、高效的关键。岩溶、断层、煤层、地下暗河等不良地质在我国西部的隧道施工中屡见不鲜。

下面以川渝地区为例，介绍几种具有代表性的隧道工程不良地质类型及其产状。

### 2.1 隧道洞口段滑坡体地质

如图1、图2所示隧道洞口，崩坡积、坡残积含块石粉质黏土，厚3.0～8.0m不等，土体结构松散，下伏基岩为砂质泥岩、介壳灰岩夹粉砂岩，岩石强度低，裂隙发育，岩体呈角碎状松散结构。该种洞口地貌易出现仰坡开挖后坍塌或洞口偏载、滑坡等现象。为了保证安全进洞，可以从以下三个方面考虑安全进洞的方案：

图1 洞口原地貌

图2 隧道进洞后边仰坡

(1)大管棚进洞方案,增加进洞前的支护参数,保证围岩稳定性;

(2)“以退为进”的施工理念,提前进洞;

(3)选择进洞的时期,避开雨季进洞。

## 2.2 隧道构造断层和褶皱地质(图 3~图 5)

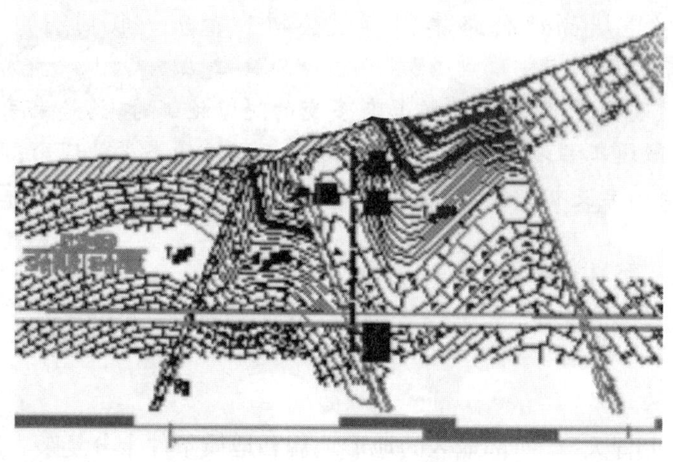

图 3 断层牵引褶曲发育带

图 4 小断层地段岩层

图 5 局部褶皱岩层

岩体中溶缝、溶隙、溶孔发育并有水浊现象,泥质岩层间强烈挤压搓揉和断层牵引褶皱发育带、构造剧烈变形带,地质构造复杂、岩体破碎及岩溶发育,岩溶水丰富。开挖后易出现掉顶、拱部坍塌的现象。在施工中从以下几个方面来控制:

(1)加强地质超前预报,合理调整支护参数;

(2)严格控制循环开挖的进尺深度;

(3)掌子面预留核心土,防止岩体顺层滑移;

(4)增加超前支护,同时开挖完毕后对掌子面的拱部及时进行素喷混凝土临时支护。

## 2.3 隧道煤层(瓦斯)地质(图 6、图 7)

炭质泥岩、粉砂岩夹 3~5 层煤线或透镜状薄煤层,岩体抗压强度低,属软质岩,节理裂隙发育,岩体呈角砾状松散结构。该类型的围岩重点是防止瓦斯浓度超标、瓦斯突出、瓦斯燃烧或爆炸。施工中从以下几个方面来控制:

(1)加强超前地质预报工作;

(2)加强洞内通风和瓦斯动态检测工作,特别是坍塌腔内、拱部瓦斯的浓度检测;

(3)做好瓦斯燃烧、爆炸的预案准备,有条件的可以进行演习操作。

图 6　炭质泥岩

图 7　爆破后的洞渣

## 2.4　岩溶地区隧道溶洞与岩溶涌水地质(图 8～图 11)

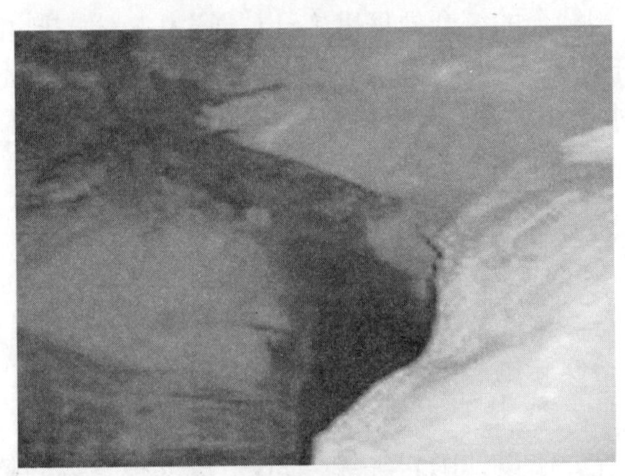
图 8　小型溶洞(一)

图 9　小型溶洞(二)

图 10　大型溶洞

图 11　隧道内涌水

溶洞在隧道施工中经常存在，也是隧道施工中处置费用较高的项目，如何确定岩溶区域围岩级别及隧道衬砌结构设计、岩溶处置措施等问题意义重大。如何处理好溶洞不给施工和后期的隧道营运带来的隐患，首先要知道溶洞形成的条件和成因。

(1)岩溶的形成必须具备四个基本条件：

①可溶性岩石；

②可溶岩能提供水渗透和运移空间；

③具有溶蚀能力的水流；

④水流必须具有流动性。

(2)岩溶的发育演化一般可划分为如下三个阶段。

①形成阶段:只要满足前述洞穴发育的四个基本条件,即可开始形成洞穴。在这个洞穴形成的初期阶段,洞穴空间规模一般较小,多呈孔隙状,人员无法进入,主要表现为溶蚀现象。

②发展阶段:随着参与洞穴发育的水流流量流速的增加,洞穴空间逐渐扩大,发展成为人能进入具有一定规模的通道系统,主要表现为溶洞和地下暗河。

③衰亡阶段:由于地壳抬升,洞穴逐渐脱离地下水位进入包气带,失去了进一步发展的动力条件,主要表现为崩塌现象显著,钟乳石类次生化学沉积大量发育,洞穴空间逐步壅塞减小。

(3)溶洞可能出现涌水、突泥、坍塌等现象,施工中提高警惕,稳扎稳打,逐步推进。

(4)隧道遭遇到发展和衰亡阶段的岩溶中的大型溶洞、暗河时,应逐个溶洞逐个处理,不必要寻找标准的设计。设计中的通用原则为,确保隧道的衬砌结构有足够的安全保证,在可预见期内洞穴的稳定性有保证,原有水流通道不会被阻断,方案比较经济适用。

(5)岩溶水的处理原则

对岩溶水的处理通常原则是以“排”为主,截、堵、排、防相结合的综合处理措施;以“通”为主,截、排、堵相结合的综合处理措施。“通”是指尽量保持原有过水通道,不能因为隧道的修建发生大的变化;“截”是指截断原有地下水通道,改走其他通道;“堵”是封死相交的地下水通道;“排”是特指引入隧洞,通过排水沟排走;“防”是指防止地下水进入隧道。

## 3 动态设计理念在公路隧道工程建设管理中的具体应用

### 3.1 细化隧道围岩支护的设计参数

由于地质状况复杂多变造成地勘数据不能完全反映隧道实际围岩的状况,给隧道工程的设计和施工增加了很大难度。具体反映在施工现场的情况主要有:

(1)设计围岩级别与实际不符。隧道开挖后,围岩的状况介于设计围岩等级之间,造成支护参数调整没有依据。

(2)设计的围岩变化分界里程不准。当围岩状况好于设计时,施工单位按图施工,造成浪费;当围岩状况劣于设计时,又必须进行变更设计,无形中加大了建设投资。

(3)缺乏不良地质预测性的设计方案,延误最佳时机,造成地质病害影响升级。

(4)设计阶段过于仓促,设计中欠缺实际可操作方面的考虑。有些设计方案过于理论化,在施工时因操作难度过大或施工人员安全无法得到保障等因素,造成施工单位施工成本加大、工程质量无法得到保障等隐患。

鉴于目前隧道设计方面存在的问题,我们应当理性地参照我国隧道的设计惯例和设计标准进行设计,绝不能“生搬硬套”,让规范束缚了手脚;要根据实际需要,对隧道围岩支护参数进行细化。

### 3.2 及时掌握围岩变化,调整设计参数

目前,对待隧道围岩变化的处理过程普遍情况是:隧道开挖后,发现掌子面围岩与设计不符,施工单位将情况上报监理;现场监理人员确认后通知业主和设计单位相关人员到场;各方代表到场后共同分析判定围岩情况后制订变更方案;施工单位再根据变更方案恢复施工。

这种处理程序在实际施工中存在如下弊端:

(1)处理问题时间过长,不利于控制地质病害造成的影响。按新奥法施工原理,隧道开挖后,围岩稳定性遭到破坏,尽早完成初期支护,及时约束围岩的变形发展,使围岩和初期支护共同受力,形成新的稳定状态是施工成败的关键;而设计代表往往不能常驻施工现场,其接到通知后赶赴现场的时间至少需要几个小时,延误了施工的最佳时机,导致围岩逐层剥落,甚至造成掉顶、塌方等事故的发生。

(2)无论是业主、设计、监理人员还是施工方管理人员,都会为此投入大量的精力,无形中增加了许多不必要的工作负担;另外,也不利于施工组织,造成不必要的窝工浪费。

为了改变不利现状，要求设计代表进驻现场是有必要的。首先，设计代表常驻施工现场后，可以随时掌握隧道围岩的变化，并根据围岩的实际情况，动态的调整设计参数，使工程投入趋于合理；其次，能够第一时间处理现场的地质病害，为工程抢险和控制病害影响扩大争取到宝贵的时间。

设计代表常驻施工现场，有利于处理一般事件，但也并非是万能的；当隧道施工遇到特殊、复杂的地质病害时，除了处理及时外，还要有行之有效的处理方案才行。那么，在工程上是否也能建立一个像“临床医学上实施的专家会诊”机制呢？

### 3.3 建立“专家网络工程会诊”平台，及时、准确地制订隧道不良地质病害的有效处置方案

在川渝地区道路建设领域，我们不乏工程地质研究、隧道地质病害处理和隧道施工等方面的专家；而问题的关键是如何将现场的实际情况在短时间内传递给每个专家、如何将专家商定的最终意见及时的反馈给施工现场。显然，将各位专家都请到施工现场进行会诊的做法是不够合理的。所以，我们要解决的就是搭建一个不受时间和空间限制的互动平台。随着网络的普及，借助这个虚拟平台，建立“专家工程会诊”机制，来解决隧道工程施工中遇到的难题，应该是最为合理的。

## 4 结论

综上所述，隧道工程动态设计与管理理念是以施工管理需要为前提，针对西部地区地质特性复杂多变的特殊情况和设计、施工单位部分单一的管理惯例不能适应隧道施工这一问题，提出以下几点建议，努力为工程建设营造和谐的施工环境。

(1)了解西部地区隧道工程地质特性，分析隧道围岩分类方法变化后的地区差异。

(2)细化隧道围岩支护类型的设计参数，为隧道施工支护参数的动态调整提供合理依据。

(3)设计代表进驻现场，及时掌握围岩变化，第一时间做出设计参数调整意见。

(4)建立“专家网络工程会诊”平台，及时、准确地制订隧道不良地质病害下的有效处置方案。

# 公路隧道分类管理技术研究

陈晓利[1] 李家龙[2] 王小军[1] 郭兴隆[1]

(1. 招商局重庆交通科研设计院有限公司 重庆 400067;
2. 重庆高速公路集团有限公司 重庆 401121)

**摘 要**:本文论述了公路隧道管理的现状,分析了影响隧道分类的主要影响因素,提出了基于安全度与危险度的隧道分类方法,建议根据不同地区的经济条件、隧道特征、交通特征、运营特征与环境特征进行分类;阐述了公路隧道分类管理的内涵和公路隧道重要度的定义,探讨用公路隧道重要度对公路隧道分类管理进行提升的思路。通过隧道分类管理在危险品运输管理中的应用研究,提出了基于隧道分类与危险品分组的管理规定,归纳了15种提高公路隧道危险品运输安全性的措施。

**关键词**:公路隧道 分类管理 安全度 危险度 危险品运输

## 1 引言

分类管理是一种严格逻辑和整体平衡的哲学思想的应用,是一种寻求“简单”的科学。关于这一点,美国新兴管理学的创始人莫里斯·库特说过:“只有当我们学会了分类和编码,做好简化和标准化工作,才会出现真正意义上的科学管理”。[1]

目前公路隧道采用企业化运作,虽然取得了一定的成效,但是受到“重建设、轻管理”传统思想的影响和资金等因素的制约,还存在着诸如运营管理费用高、养护管理不便、智能化水平不高、易发生事故、追究责任难等问题。缺乏分类管理是其最根本的原因。目前,我国对公路隧道基本上沿用同一种管理政策,不同的公路隧道之间的差异没有真正体现在管理政策上。

## 2 隧道分类影响因素分析及分类指标选取

目前,针对公路隧道分类现有两种分类方法:一是公路隧道土建设计,依据隧道长度划分;二是公路隧道机电设计,依据隧道长度和交通量两个参数划分。本文所探讨的从管理上对隧道分类需要考虑的因素,而非仅仅这两个因素,但可以归纳为以下几个方面。

(1)经济条件

隧道所在区域的经济条件决定了公路隧道运营单位对安全投入的程度,一般情况下,安全投入与经济水平成正相关关系。一般情形下,经济发达的地区,人均收入高,人们对于安全的要求也高,对安全设施的投入也高,吸引的高素质管理人才也多,公路隧道的期望安全度也相对较高。分类指标中选择人均收入这一反映经济水平的参数。

(2)隧道特征

隧道特征包括隧道的土建特征和机电设施特征。隧道土建影响因素主要有洞口衔接方式、洞门形式、隧道长度、车行及人行横通道、隧道线形等内容;隧道机电设施影响因素主要有机电设施的种类、机电设施的可靠度、机电设施的检测频率、机电设施的完好率。无论是隧道土建特征还是机电特征,都与隧道长度息息相关。分类指标中选取隧道长度反映隧道特征指标。

(3)交通特征

隧道交通特征主要包括通行的交通量、车速、车型组成、车速方差等交通流参数,这些参数与交通事故的发生息息相关。分类指标中取交通量和重车比例两个参数。

(4)运营特征

运营特征主要是指运营管理体制,主要包括机构及岗位设置、队伍建设、规章制度、宣传教育等。其中影响最大的是超限运输和危险品运输的监管情况。分类指标中选取管理水平来反映运营特征。

(5)环境特征

自然灾害对公路隧道土建和机电设施影响和破坏程度比较大,公路隧道周围地质情况对公路隧道管理影响也比较大;再加上公路隧道内光线差、空气质量低、环境噪声大等因素,造成公路隧道交通运行环境质量恶劣,事故几率比较高;另外,公路隧道空间狭窄,使隧道事故和异常事件的处理较一般路段困难。分类指标中也借助于管理水平来反映环境特征。

## 3 隧道分类综合分类方法

### 3.1 期望安全度评估

期望安全度是衡量安全性的指标。本文所探讨的期望安全度指的是公路隧道运营安全度,而非土建结构安全度。

期望安全度是衡量隧道运营单位及其上级交通管理部门通过加大安全投入和提高管理水平希望达到的隧道运营安全程度的量化指数。

公路隧道的安全度主要受安全投入和管理水平的影响;安全投入和管理水平又都受公路隧道所在区域的经济水平影响,一般来说,经济水平高,安全投入多些,高素质管理人员也相对多,其安全度相对高(图1)。

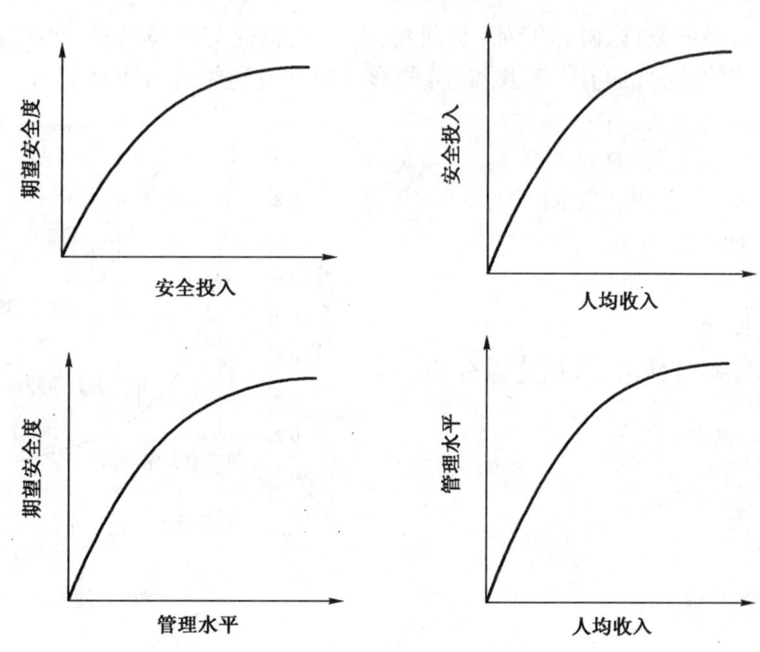


图1 期望安全度、安全投入、管理水平、人均收入关系图

$$S_P = \partial \times \frac{S_T}{S_T^*} \times M \times E \quad (1)$$

式中:$S_P$——安全度指数(当 $S_P$ 的计算值>1时,取值1);

$\partial$——综合影响系数,建议取值为0.5;

$S_T$——隧道现有安全投入(万元);

$S_T^*$——隧道远期实施后的安全投入(万元);

$M$——管理水平;

$E$——人均收入水平,用隧道所在地区人均收入/全国平均收入表示。

其中,管理水平通过专家打分法予以确定。评价的指标主要有:管理机构设置、管理人员素质、日常管理措施、应急预案、超限和危险品运输车辆管理、信息发布、救援演练、已发生事故处置情况(对已运营隧道有此项,未运营隧道可不评价此项)。

### 3.2 危险度评估

危险度是衡量危险性的指标。通过国内外隧道事故情况分析可以得到以下结论:隧道内重大灾害事故的危险性与隧道的长度、交通量成正比。由于行车密度增大,使得重车通过隧道的数量和频率都有所增加。

危险度可按式(2)计算:

$$P = 365 \times 10^{-9} \times \alpha \times L \times Q \times H_p \tag{2}$$

式中:$P$——隧道危险度(当 $P$ 的计算值>1 时,取值 1);

$L$——隧道长度(m);

$Q$——隧道单洞年平均日交通量(pcu/d);

$\alpha$——事故率(事故数/百万车公里);

$H_p$——重型车通行比例。

隧道百万车公里事故率 $\alpha$ 的取值:所查阅的有关资料表明,日本隧道百万车公里事故率取值为 0.045;而欧美国家多以火灾事故率为主,取值 0.10、0.02、0.05、0.09、0.014、0.059 不等。我国部分高速公路近期统计的百万车公里事故率为 3.5、2.1、3.85、2.47、2.58、2.89、1.85、2.21、2.97、2.17、4.64 等;火灾事故率 0.04。参考国外标准[2]和我国的国情,本文建议取值为 $\alpha$=0.1。

### 3.3 综合分类方法

综合考虑不同地区的经济条件、隧道特征、交通特征、运营特征与环境特征,建立隧道分类的判别函数,通过隧道分类判别函数的数值分区与图表(图 2)两种形式建立隧道综合分类体系。

隧道综合分类判别函数定义为:

$$F = a \times S_p \times P \tag{3}$$

式中:$a$——分类调节常数,本文建议取 3;

$F$——隧道分类判别函数;

$S_P$——安全度指数;

$P$——隧道危险度指数。

从管理的方便性和可操作性考虑,把隧道分为三大类:

第一类隧道:$F \geqslant 0.6$;

第二类隧道:$0.2 \leqslant F \leqslant 0.6$;

第三类隧道:$F \leqslant 0.2$。

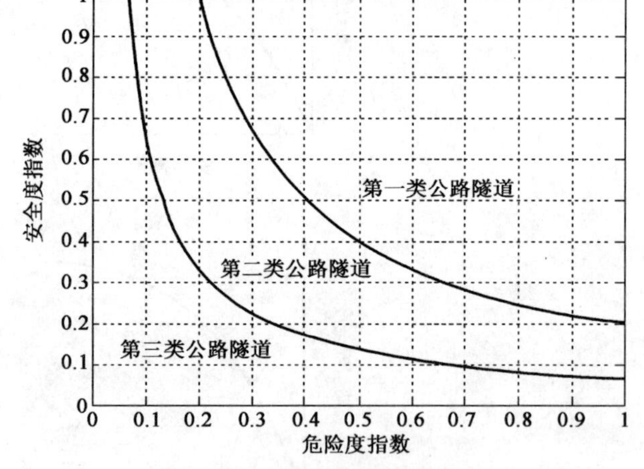


图 2 隧道分类图表法

## 4 隧道分类管理内涵

隧道分类是指根据一定的判别指标对隧道进行类别划分。对隧道划分了类别,并不等于隧道分类管理,只有不同的公路隧道之间的差异真正体现在管理政策上,使隧道的管理工作有所侧重,有所不同,才真正实现了分类管理的目的。

隧道分类管理可定义为:根据某一准则判定公路隧道分类后,按照隧道的类别差异,制定差异性管理政策及措施的工作。

前面介绍的隧道分类考虑经济条件、隧道特征、交通特征、运营特征与环境特征的分类指标选取,在隧道分类管理中还要考虑隧道重要度这一影响因素。公路隧道的重要度是指根据隧道的用途(军用或民用)、在区域交通网中的重要性(国家主干线或者地方干线)、地形条件对隧道事故的影响程度(山岭隧道或者水下隧道),按照一定的评价方法对隧道的重要性的量化指标。隧道重要度的确定对公路隧道机电设施的配置和防灾救援预案的研究都有决定性作用,属于基础研究工作。在隧道进行分类管理时,可依据隧道的重要度进行管理等级提升。例如，某一水下公路隧道，按照上面分类方法，等级处于第二级；考虑到水下公路隧道救援的困难和复杂性，在救援设置和危险品检查方面可考虑把其分类等级提升到第一类公路隧道。利用隧道重要度对公路隧道分类进行提升，是为了体现管理的针对性。对于某一特定隧道、某一特定管理工作，除了要考虑管理的普遍性因素外，还要考虑具体隧道的特殊性，因“隧”制宜，更好地做好公路隧道管理工作。

## 5 隧道分类管理在危险品运输管理中的应用

隧道的危险品运输若发生严重事故可能造成不能挽回的后果——失去宝贵的生命，破坏隧道环境以及中断相关交通。在另一方面，没有必要的禁止危险品运输也可能造成不合理的经济代价。隧道运营管理部门应在秉承合理、合情、合法的原则下，着手管理载运危险品车辆。

### 5.1 危险品编组的原理及目的

由隧道内的三大重大危险源的假设建立了编组系统，这三大危险源是爆炸、释放有毒气体或者挥发性的有毒液体、火灾[3]。

编组系统的原理是将所有隧道内危险货载根据定义的要求分成不同的小组，在相同隧道内运输货载要根据分组原则来制订。分组数目要保持实践合理化原则来分危险货载组数。

编组系统的目的不仅是区分隧道种类，而且能提供出关于所有隧道内运输的危险货载分类名单(简称“分组制度”)。分组制度还要考虑到隧道管理者的意见。

根据我国《危险货物分类标准》(GB 6944—2005)和《危险货物品名表》(GB 12268—2005)的危险品分类而建立的危险品分组制度，分为A、B、C三个分组。

A组：除第一类、第二类、第三类、第四类危险品之外的危险货物；

B组：第一类第一项、第二类第一项、第二类第三项、第四类第一项、第四类第二项危险品之外的危险货物；

C组：第一类第二项、第一类第三项危险品之外的危险货物。

### 5.2 基于隧道分类与危险品分组的管理规定

根据上述隧道分类方法和危险品分组方法制定的规定为：

第一类公路隧道可通过A组危险品，需限时引导车护送通行；

第二类公路隧道可通过不属于A组而属于B组的危险品需限时引导车护送通行，对于A组危险品可自由通行；

第三类公路隧道可通过不属于B组而属于C组的危险品需限时引导车护送通行，对于B组危险品可自由通行。

其中限制通行时段的确定方法为：需要隧道运营管理者对具体隧道交通量变规律进行调查；结合危险品上报情况，根据交通量低的时段分布情况和危险品编组中各类危险品的规模，具体确定通行时段。

### 5.3 提高危险品运输安全性的措施

(1)提供高质量的照明

在隧道的入口尤其是从一个很亮的区域进入到一个很暗的隧道环境，由于视觉的因素事故的发生率要远高于普通状况。因此为了限制事故发生率，即使是白天我们也需要为隧道的入口段提供足够的照明。国内外业界均认为要保持适度的照明水平，并不是越高就越安全。标志信号灯一般安装在离地1m高左右，有利于在烟雾弥漫的环境下进行人员疏散。

(2)加强维护作业

保养不善(例如在路面上凹陷)，设备和照明不足，清洁不够这些都会导致隧道安全保障性能的降低。因此，一个高质量的保养管理措施是提高安全性的至关重要的因素之一。

(3)增大路面摩擦系数

路面的摩擦系数和隧道的等级要一致。危险品通过时要避免多孔的路面，那样很容易造成危险品的泄漏随后导致火灾。

(4)速度限制

无论是在入口还是隧道内进行低速限制都会有一些缺点,例如当交通量很大时会产生交通拥挤。如果只针对运载危险品的车辆和载重车辆进行限速,那么又会增加车辆之间的速度差,导致碰撞事故的增加。另一个困难是执行这个措施的程度,世界各国现在普遍使用限速来控制事故发生率,而且我们如果可以解决上述问题,那么限速就是最为经济的措施。

(5)禁止超载

对于隧道的每个洞、每个方向、每个车道,禁止危险品运输车超载是提高安全性的至关重要的因素之一。

(6)护送

在运输危险品的车辆进入隧道前,停车检查,然后组织一个包括消防车和其他安全设备车辆的小车队(前后车间距足够大)伴随危险品车辆一起通过隧道。护送车辆可以跟在被护送车辆后面,也可以前后都有护送车辆。此时,其他车辆是不允许进入隧道的。采用护送的措施是非常昂贵的。但是对于减少风险也是非常有效的,因为火灾会被很快发现并且扑灭,在燃烧的车辆附近的人员也非常的少。另一个稍微经济的措施是,在危险品车辆进入隧道前停车检查,并通知隧道管理人员,打开所有的防护措施。

(7)车辆检查

相对于护送来说,检查车辆是个比较经济的措施。它只是需要运输危险品的车辆在进入隧道前停车进行检查,可以发现过高和放置不稳的物品。现在针对过高物品的自动检测设备已广泛运用。

(8)完善闭路电视系统

现在一般主要隧道配备了闭路电视(闭路电视),涵盖整个隧道部分和周围地区。其有双重目的:

①当运载危险品的车辆正在陪同下通过,监测交通流量。

②检测或确定任何事件、意外的发生,并取得必要的资料,以便采取适当的行动。一般来说,运营商不会长期监控整个隧道,但任何报警(自动交通事件检测,报警电话)将把运营商的注意吸引到该隧道报警来自的地方,并自动反映在屏幕上。

(9)健全交通事故自动监测系统

交通事故自动监测系统能够检测出交通情况的变化,例如车辆的停止或者明显的减速。与闭路电视联合使用,工作人员在交通情况发生变化时能够立即接收到信息。这样可以促成有效的措施,来减少在汽车长队的末端发生交通事故的可能性(较少事故频率),或者是在事故中帮助道路使用者撤离以及向突发事件处理小组报警(减少事故可能带来的不良影响)。这个系统是对闭路电视和其他报警系统的补充,例如对于紧急事件电话是一个很好的补充部分。

(10)健全火灾自动报警系统

使用火灾自动检测器可以减少检测时间,还可以帮助定位火灾发生的地点。但是,间接的火灾探测结果需要借助于闭路电视系统进行确认。

(11)推广汽车自动鉴定器

汽车自动鉴定器能够为工作人员提供那些装载危险货物进入隧道的车辆的相关信息。在事故中,如果能够知道危险货物的性质,将有利于采取合理的应对措施。如果在隧道前的某个地方探测自动完成,这将有利限制措施的执行。这样一个系统在技术上是可行的,但需要标准化的机载设备,以及强制执行的规例。

(12)耐火设备的采用

并不是所有的设备都需要耐火功能,例如,不管怎么样,顶部的视频照相机在火灾区的时候总是被烟雾所掩蔽。这就意味着供能系统和电信网络必须要被保护起来。为了确保高温下烟雾可得到合理的控制,通风设备必须满足耐火的要求。

(13)建立失效管理系统

在事故中,由于高温或者其他的原因,一些结构部分和设备可能失效。因此,各种系统必须依照限制失效所产生的效应的思路来设计。以下的失效管理方法十分必要。

①设置过量的设备:例如,当一个正常的供能系统失效时,一个紧急供能系统能够代替它的功能。

②失效—安全系统：例如，供能系统失效将会打开紧急出口门。

③分隔：主要用于例如或者泄漏馈电线或者紧急照明灯，一旦其中的一个部分失效了，其他部分还可以继续工作。

(14)提高排水系统效率

排水系统通常是建于隧道内用于排放道路上的污水和地面上的清水。这个系统对偶然泄漏的危险液体的排放也是非常有帮助的。为了提高排水系统在突发事件及重大排放时的效率，可以适当缩小两进水口之间的距离或使用排水沟。在有易燃液体泄漏时，地下排水系统中的虹吸管则可以避免火势的蔓延和爆炸的发生。

(15)完善应急预案及加强演练

应急预案准备工作必须涉及所有各方面并应以一些事故的发生情况为基础。应急预案必须定期予以改进，以适应由隧道、交通及环境所可能引起的变化。定期的训练，对突发事件时采取紧急方案的高效性是有必要的。

## 6 结语

公路隧道的分类管理是一项全局性、基础性工作，对提高公路隧道的管理效能、推进公路隧道营运安全与节能综合管理体系建设具有重要意义。同时，这也是一项长远的、系统性的而非短期的、运动性的工作。一种新的管理模式和管理机制的形成需要经过一个不断磨合、不断优化的过程。目前，公路隧道分类管理还是个新鲜事物，需要边实践、边总结、边完善，把“分类管理”的理念运用和延伸到公路隧道管理的各项工作中去。

## 参考文献

[1] 张创新.现代管理学概论[M].北京：清华大学出版社，2005.

[2] 中华人民共和国行业标准.JTG/T D71—2004 公路隧道交通工程设计规范[S].北京：人民交通出版社，2004.

[3] OECD Studies in Risk Management Norway TUNNEL SAFETY[R]. ORGANISATION FOR ECONOMIC COOPERATION AND DEVELOPMENT，http://www.oecd.org，2003.

# 重庆铁峰山特长隧道不良地质路段评价与施工处理

杜小平[1] 刘 涛[2] 李 丹[1] 袁 勇[2] 周玉石[2]

(1. 重庆高速公路公司渝东分公司 重庆 400042;

2. 同济大学土木工程学院 上海 200092)

**摘 要:** 铁峰山2号隧道是重庆万(州)—开(县)高速公路控制性工程之一,隧道左右线长度均超过6 000m。隧道穿越的地层复杂,存在着突水、煤层瓦斯、煤巷采空区、石膏岩地层、软岩变形、岩爆等不良地质现象,工程地质条件极为复杂,施工难度大,施工防护要求高。本文就此隧道施工中顺利通过以上复杂路段的工程措施进行了研究,所得结论不仅为特殊地质病害提供治理依据,也为复杂地质条件下长大隧道建设提供有价值的参考。

**关键词:** 特长隧道 涌水 瓦斯 膏岩

## 1 工程概况

铁峰山2号隧道工程是重庆万(州)—开(县)高速公路控制性工程之一,隧道左线长6 029.8m(ZK22+044~ZK28+073.80),右线长6 024.8m(YK22+060~YK28+084.80),是我国西部地区已建或在建隧道中洞身最长、埋深最大(最深处达760m)的公路隧道之一。隧道设计行车速度60km/h,设计为双洞单向行车,单洞净宽9.25m,净高5.0m。采取单洞双向对挖接头方式进行隧道开挖衬砌施工。

隧道穿越的铁峰山山脉呈东西向,属山高谷深、切割较大、构造剥蚀褶皱山的中低山地貌。山脉走向与区内铁峰山背斜走向基本一致,地形陡峻,多陡坎,悬崖分布。山脊两侧横向冲沟发育,呈现与铁峰山山脉走向近垂直的山脊与沟谷相间分布的地貌特征。隧道轴线穿过地带最高点为凉风垭口,其高程为1 199.79m,相对高差达809.00m。隧道所处地区主要为林区,人口、房屋较少。其地质剖面图如图1所示。

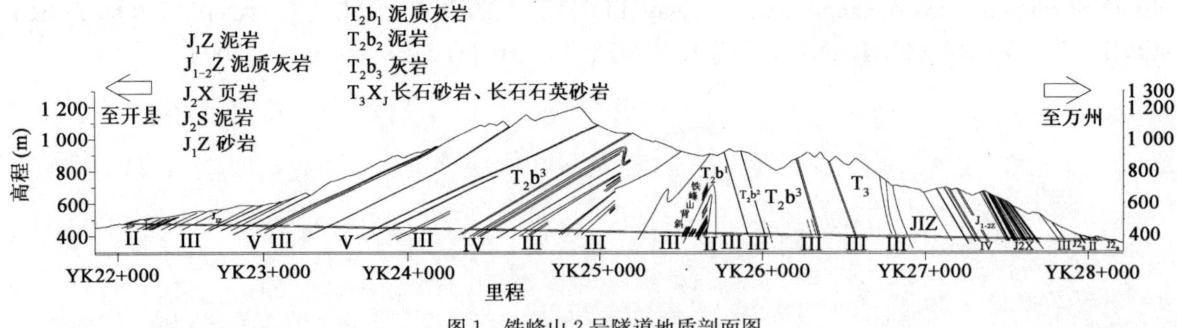


图1 铁峰山2号隧道地质剖面图

隧道穿过的地层由新至老为:侏罗系中统下沙溪庙组、新田沟组、中下统自流井组、下统珍珠冲组及三叠系上统须家河组和中统巴东组等地层。本地区出露均为沉积岩,主要有灰岩、泥质灰岩、白云岩、砂岩、泥岩、页岩、炭质页岩、石膏等。考虑围岩特征、环境、地下水等因素,隧道围岩以II、III、IV三类为主。

隧道穿越地层的主要地质构造和不良地质现象有:洞口浅埋段、隧道突水、煤层瓦斯、煤巷采空区、石膏岩地层、软岩变形和岩爆等。其地质参数见表1。

铁峰山2号隧道主要地层参数表 表1

| 岩组 | 名 称 | $R_b$ | 完整系数 | 组成及描述 |
|---|---|---|---|---|
| $J_1Z$ | 泥岩 | 21.7 | 0.87 | 黄灰色泥岩及黄灰褐色中~厚层状泥质粉砂岩、砂岩互层 |
| $J_{1-2}Z$ | 泥质灰岩 | 22.0 | 0.5 | 黄灰褐色泥质灰岩夹黄灰色、深灰色泥岩组成。裂隙较发育,碎石状镶嵌状结构 |

续上表

| 岩组 | 名　称 | $R_b$ | 完 整 系 数 | 组成及描述 |
|---|---|---|---|---|
| $J_2X$ | 页岩 | 22.1 | 0.85～0.95 | 黄灰色、深灰色页岩夹黄色砂岩组成。岩体裂隙较发育，呈块状结构 |
| $J_2S$ | 泥岩 | 12.5 | 0.55～0.75 | 紫红色、暗紫色泥岩夹中厚层状浅黄色、浅灰色砂岩组成。岩体裂隙较发育，呈块石状结构 |
| $T_2b_1$ | 泥质灰岩 |  | 0.54～0.72 | 灰色黄灰色薄层含泥质灰岩、白云岩及硬石膏、石膏互层。受地质构造影响严重，为铁峰山背斜轴部地层，岩层挤压破碎强烈 |
| $T_2b_2$ | 泥岩 | 18.6 | 0.48～0.73 | 紫红色、黄灰色泥岩，呈块碎石状镶嵌状结构。受地质构造影响较重，地表岩层局部扭曲 |
| $T_2b_3$ | 灰岩 | 20.51 | 0.73～0.81 | 灰色黄灰色薄层灰岩及含泥质灰岩夹少量泥质白云岩。局部发育岩溶小孔穴，灰岩呈块石状镶嵌状结构 |
| $T_3X_J$ | 长石英砂岩 | 55.9 | 0.75 | 长石砂岩、长石石英砂岩夹薄层炭质泥岩及煤线。岩体裂隙较发育，受地质构造影响较重，地表局部倒转，块碎石状镶嵌状结构 |

## 2 煤层与瓦斯的施工处理

铁峰山2号隧道右线出口在K26+930处进入煤层施工段，在K26+330处终止，隧道穿越长度600m，围岩类别为Ⅲ类和Ⅴ类。其中有四段共计158m，设计为Ⅲ类全封闭瓦斯设防区。岩性为泥岩、灰岩、页岩、石英砂岩、煤及煤层。在穿越含煤段时主要任务是防止煤层、瓦斯突出及煤层的尘爆。

### 2.1 煤层地段的设计

本隧道为低瓦斯隧道，含瓦斯地段衬砌按以下措施进行瓦斯设防设计。

(1)隧道结构防水层全封闭作为瓦斯隔离层。

(2)二次衬砌模筑混凝土采用气密混凝土，其透气性系数不应大于10～11cm/s。

(3)施工缝进行气密性处理，其透气性系数不应大于10～11cm/s。同时，在施工中加强通风及管理。

(4)在进出口洞外设置监测中心，在洞内布置远距离瓦斯探头，连续监测洞内瓦斯浓度以确保施工安全。

(5)施工通风风量、风压应保证隧道内任一处瓦斯浓度不大于0.5%，一般情况应小于0.3%，当达到0.4%应予以报警。

(6)施工开挖中，在揭煤地段应测定隧道瓦斯涌出量和瓦斯压力，如发现瓦斯压力和涌出量增大，应及时报告相关单位进行处理。

### 2.2 煤层地段的施工处理

隧道穿过的煤层处于瓦斯风化带的深度范围，不会产生瓦斯突出。但隧道内积聚瓦斯造成瓦斯事故的危险性仍存在。在穿过煤层时宜采用超前钻探，保证足够的通风量，加强监测，同时要进行洒水降尘工作。在煤层地段按照瓦斯隧道的要求进行施工。

(1)瓦斯溢出地段，应预先确定瓦斯探测方法，制订瓦斯稀释、防爆、紧急救援等措施。

(2)瓦斯地层宜采用超前导坑法开挖，探查瓦斯种类和含量，并稀释瓦斯浓度，同时加强通风。

(3)钻爆作业必须遵守下列规定。

①在煤层或有瓦斯岩层中，不允许打40cm以下的浅眼，任何炮眼最大抵抗线不得小于30cm。

②打眼时应采取湿式凿岩，严禁干式凿岩。

③使用毫秒电雷管和安全炸药，并采取电力起爆。

④爆破电闸应安装在新鲜风流中，并与开挖面保持200m左右距离。

⑤采用连续装药方式，雷管安放在最外一节炸药中，不得使用裸露药包。

⑥工作面风流中瓦斯含量达到1%时，必须停止用电钻打眼；放炮地点附近20m以内风流中瓦斯含量达到1%，禁止放炮。

⑦开挖工作面风流中瓦斯含量达到1.5%时，必须停止工作，撤出人员，切断电源，进行处理；电动机或

其他开关地点附近 20m 以内风流中瓦斯含量达到 1.5%时,必须停止运转,撤出人员,切断电源,进行处理。

(4)加强瓦斯检查制度,在钻眼、装药、放炮前及放炮后四个环节上搞好瓦斯巡回检测工作。瓦斯检查应按下列规定执行。

①导坑内瓦斯含量在 0.5%以下时,每隔 0.5～1h 检查一次;0.5%以上时,应随时检查,不得离开开挖面,发现异常应及时报告。

②当发现瓦斯含量在 2%时,应加强通风稀释,在瓦斯含量降到允许值后,才可进入检查。

③瓦斯检查人员工作时应有安全防护装备。

④瓦斯检测手段可采用瓦斯遥测装置、定点报警仪和手持式光波干涉仪。

## 3　膏岩段的施工处理

本隧道膏岩地段Ⅱ类围岩 195m,Ⅲ类围岩 94m,石膏地段的地下水对混凝土具有腐蚀作用,初期支护与二次模筑混凝土均采用防腐蚀混凝土。由于硬石膏($CaSO_4$)转化为石膏($CaSO_4 \cdot 2H_2O$)时体积膨胀,产生膨胀压力,二次衬砌采用 50cm 厚的钢筋混凝土,能较好地承受膨胀压力,同时在初期支护与二次衬砌之间设一层 20cm 厚的泡沫混凝土,围岩膨胀时能吸收一定的变形。本隧道穿过膏岩地层时采用以下处理措施。

(1)加强初期支护,使初期支护有一定的强度,能对围岩施加径向约束。

(2)二次衬砌采用 50cm 厚钢筋混凝土,能较好地承受膨胀压力,同时在二次衬砌与初期支护之间设置一层泡沫混凝土,围岩膨胀时能吸收一定程度的变形。泡沫混凝土具有一定的强度(抗压强度 0.4～0.7MPa),能适当地约束围岩的变形,使围岩不至于过于松弛,从而使衬砌减少所承受的围岩膨胀压力。泡沫混凝土性能指标:孔隙率 68%,堆密度 800kg/$m^3$。

(3)增大仰拱矢跨比,仰拱增设长锚杆和格栅钢架支护,增大仰拱抗力。

(4)加强排水,适当加密弹簧排水管或橡塑排水板,纵向排水管移至仰拱以下,同时加密横向盲沟,使地下水位下降,控制石膏吸水膨胀。施工中应控制施工中的用水,加强施工排水。

(5)初期支护和二次衬砌采用防腐蚀混凝土,同时防水层全断面封闭。

(6)每隔 10m 设一道沉降缝,以适应不均匀变形。

(7)尽量减少开挖对围岩的扰动,采用光面爆破、弱爆破;开挖后,尽快喷混凝土封闭围岩。

## 4　软岩变形地段的施工处理

隧道穿越段的软岩主要是页岩、泥岩及膏岩。岩石的饱和抗压强度低,易软化,具有饱水及失水易崩解的特性。在背斜轴部巴东组一段、三段地层中的石膏、硬石膏抗压强度低,且硬石膏转变为石膏时体积膨胀,产生膨胀力,在开挖这些地层段临空后易出现塑性变形,由侧壁向洞内挤入或在洞底出现底鼓现象。隧道在穿越上述地段时,应注意局部发生掉块及坍塌、滑移、剥落现象。此外,施工中还应注意产生挤压变形的情况,并注意隔水。

(1)施工时,对围岩的压力和流变情况进行调查、量测,掌握围岩变形及压力的增长特性。

(2)开挖采用短台阶法,开挖不宜过多,分部工序距离应尽量缩短,尽可能减少围岩暴露时间。

(3)加强支护,开挖后尽快对围岩施加约束,可用锚喷及钢架或格栅联合支护;喷射混凝土层采用钢纤维混凝土,提高喷层的抗拉和抗剪能力。

(4)钢架支撑采用可缩性结构。衬砌的拱部与侧部宜同时施工,仰拱应尽早完成。仰拱和侧墙连接处尽可能做成圆弧状,衬砌与围岩应密贴,捣固密实。

(5)做好排水工作,避免水漫流,拱脚及墙脚处应采取措施,不使积水;不能向开挖面洒水,以保持围岩干燥,加强通风,以降低洞内湿度和温度。

## 5　岩爆地段的施工处理

岩爆是指围岩中积累弹性能量突然释放,形成岩石薄片或岩块沿一定方向弹射,在埋深大、地应力高且围岩整体性好、强度高的场合容易发生。岩爆的等级与岩石的强度和岩体的完整性和地应力密切相关。隧址区须家河组砂岩岩石饱和抗压强度多在45～64MPa，岩体完整系数多在0.65～0.85之间，在埋深大于300m时可能产生弱岩爆。本隧道穿过岩爆地段时采用以下处理措施。

(1)开挖采用光面爆破，并严格控制用药量，尽可能减少爆破时对围岩的影响。将深孔爆破改为浅孔爆破，缩短循环进尺，减少一次用药量。拱部采用小药卷光面爆破措施，减少对围岩的爆破破坏，控制爆破裂隙的生成。

(2)爆破后立即向工作面及其以后约15m范围内隧道周边进行喷洒高压水，以适当改变岩石物理力学性质，降低岩石脆性，达到减弱岩爆烈度的目的。

(3)选用松动爆破法、超前钻孔预爆法等，预先释放部分岩层中的原始应力，以减少岩爆的发生。同时预先在工作面有可能发生岩爆的部位有规则地打一些空眼，不设锚杆，以便适当释放应力，阻止围岩极限应力的产生。

(4)加强支护工作，岩爆发生后立即向拱部及侧壁喷射混凝土，再加设锚杆及钢丝网。衬砌应紧跟开挖工序进行，以尽可能减少岩层暴露时间。

(5)在掌子面及附近洞壁上打深孔(也可利用炮眼孔和锚杆孔)，向岩体深部注高压水，使水渗透到岩石内部的裂隙，使岩石强度和弹性模量降低，提高其塑性变形能力，减缓岩爆。

(6)加强现场岩爆监测、警戒及巡回找顶，必要时及时躲避。组织专门人员全天巡视警戒及监测。岩爆一般在爆破后1h左右比较激烈，以后则趋于缓和。多数发生在1～2倍洞室直径的范围和掌子面处。从地质方面来看，岩爆发生地段有极其相似的地层条件和岩性条件，使得短距离的预报成为可能。听到围岩内部有闷雷似的响声时，应尽快撤离人员。

针对岩爆地段的实际情况选用各种方法，采取综合防治是十分必要的。如加强对作业人员安全纪律教育以及岩爆常识、防护知识学习；严格执行有关技术和安全操作规程；危险地段增设照明并设置醒目警示标志；施工人员戴好钢盔，架设设备防护棚、网；加强监测，反复找顶；采纳现场施工人员的防治经验等。

## 6 隧道涌水施工治理

### 6.1 涌水概况

隧道施工时的大量涌水是隧道工程建设中的重大灾害之一。重庆铁峰山2号隧道在施工中的突发涌水量达80 000m³/d，稳定后涌水量仍有35 000m³/d。造成了隧道建设停工8个月，对本线高速公路建设的整体进度造成严重的影响。从左右线的突水特点来看，左线出水点表现为从上方高处来，向低处或右洞方向排泄，在左线左侧发育着层间滑动的逆冲断层，不仅有挤压性，还有向北西方向的扭力，岩层破碎，透水性极强，受暗河、溶洞等含水构造影响较为明显，水源补给丰富，极易发生大规模的涌水。右线涌水从下往上的翻涌，可判断水源主要来自地面小河，通过层间滑动的断层相连通，地下有较复杂的岩溶通道，不仅有大量的动态水，还存有大量的静态水。右洞开挖方向右侧拱腰处溶隙的最大深度27.66m，左侧拱腰的溶隙最大深度29.2m。

同时大量的地下水从隧道中流失，会恶化隧道的施工环境，破坏地下水平衡状态，亦会导致区域的生态环境失衡；更严重的可能导致地层连通性增大，进而造成水或岩溶物质充填入隧道，导致地表沉降或塌陷。隧道施工中涌水突泥及坍塌示意图见图2。

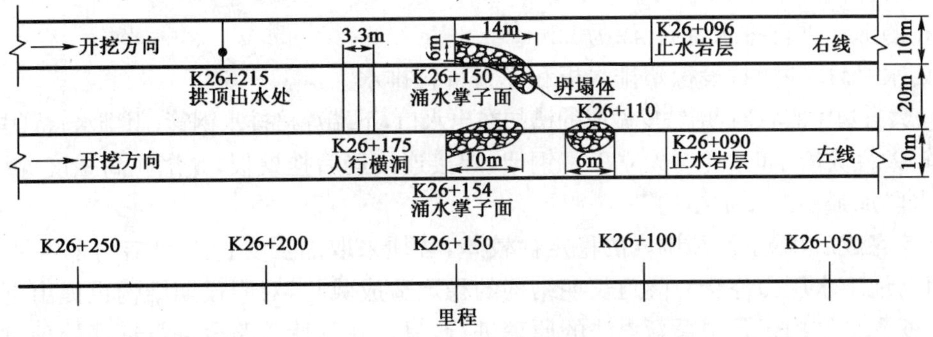


图2 隧道施工时涌水突泥及坍塌平面示意图

### 6.2 涌水段工程治理

根据本隧道的涌水地质特点、施工技术实力、工程进度及区域生态要求,提出本涌水段的治水原则及工程处理方案。治水遵循原则为:堵排结合,以堵为主,限量排放,保护环境。工程处治采用超前小导管加固周边围岩,钻孔引流地下水通过,再针对本段进行专门的围岩加固、止水、衬砌结构加强、隧道排、堵水,保证隧道开挖及支护顺利通过。

#### 6.2.1 超前小导管注浆

隧道拱部120°范围内采取$\phi$42mm超前小导管加固后再进行开挖,加固桩号为K26+096～K26+150;小导管分两层,上层($L$=5m)外插角45°,环向间距50cm,下层($L$=3m)外插角为5°,环向间距30cm。具体布置见图3。注浆方式采取全孔一次注浆方式进行,注浆材料采用单液注浆,如果注浆孔水较大,且围岩裂隙发育,需要采取双液注浆时,采取水泥水玻璃浆液。浆液参数及特性见表2。

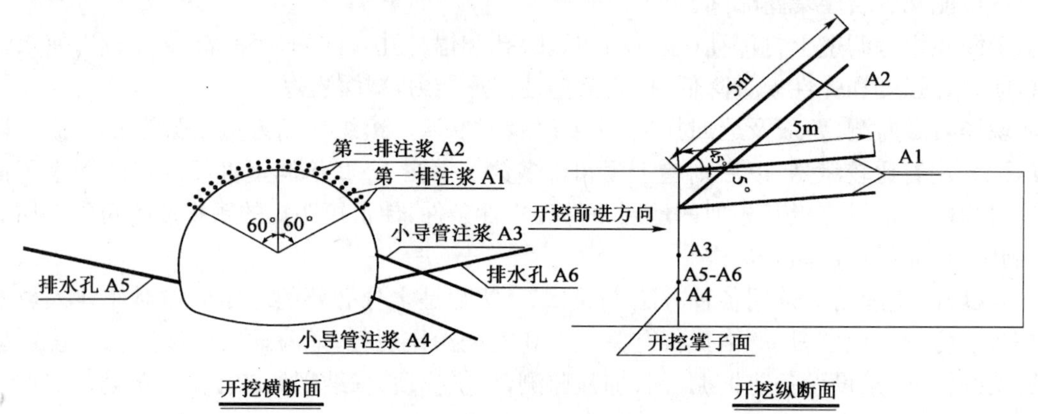


图3 开挖面钻孔和注浆图

注浆参数特性表 表2

| 材料名称 | 配比参数 | | | 注浆压力(MPa) | 性能特点 |
|---|---|---|---|---|---|
| | 水灰比 W:C | 体积比 C:S | 水玻璃浓度 | | |
| 普通水泥单液浆 | (0.6～0.8):1 | | | | 凝胶时间长,具有较长的可注期,固结体强度高;易被地下水稀释,影响其凝胶化性能和强度,易干缩引起渗水 |
| 水泥-水玻璃双液浆 | (0.8～1):1 | 1:(1～0.3) | 35Be′ | 2～4 | 凝胶时间可控,可达到控域注浆目的,可注性好,早期强度高,耐久性较差,利于注浆后进行开挖施工 |
| HSC或TGRM浆 | (0.8～1):1 | | | | 具有较好的抗分散性,凝胶时间可控,强度高耐久性好,固结后有微膨胀性,可以有效抵制水泥单浆液干缩引起的渗水,但价格较贵 |

#### 6.2.2 涌水段开挖排水

(1)采取钻孔的形式进行排水,钻孔深为22m。

(2)当开挖后水量较小时,挂设橡塑排水板和弹簧盲管排水。

(3)当水量较大且集中股状时,用铁皮做成的槽扣在出水口,下端焊接排水钢管,用排水软管引至临时排水沟。

(4)当水量较大且为散水时,此时先立工字钢架,焊接连接筋后挂模板,并浇注高强度等级吊板混凝土。

#### 6.2.3 涌水段加强初期支护结构

本段隧道开挖完成后,掌子面和围岩的稳定性较差,必须采取加强支护工程结构来保证开挖后的稳定;较高的围岩压力与地下水压力亦会对隧道长期结构的稳定造成威胁,对服役期结构也提出更高的要求。

涌水段的初期支护结构仍是遵循新奥法的原理进行,只是在此特殊路段进行特殊处理,保证围岩及施工的稳定与安全。

(1)开挖完成后,先对开挖的围岩初喷一层3cm厚的C20混凝土,以封闭围岩。

(2)初喷混凝土后,采用20b工字钢环向支撑,间距60cm/榀,钢支撑用$\phi$22mm钢筋纵向连接,环向间距为1m。

(3)在拱架拱腰接头处和墙脚处打设锁脚锚杆($\phi$22mm药卷锚杆$L=3.5$m),每处打设2根,并与拱架焊接牢固。

(4)安装径向$\phi$42mm注浆小导管代替径向锚杆,长5.0m,纵向间距60cm,环向间距100cm,拱墙全断面布置,方向垂直于混凝土表面。

(5)钢筋网采用$\phi$6.5mm的光圆钢筋全断面布置,网格间距为20cm×20cm。

(6)钢筋网片安装完成后,立即进行喷射C20混凝土施工,厚度为25cm。

6.2.4 涌水段加强衬砌结构

右线涌水段长约120m,由于不同涌水特点、水压力大小区别及围岩地质情况,对衬砌结构的设置要求也相应不同。

(1)对围岩条件极差、涌水量最大路段K26+096~K26+150,设置80cm厚的钢筋混凝土衬砌,全环封闭(包括仰拱)以形成整体受力。

(2)对K26+209~K26+221临时出水点路段,设置50cm厚钢筋混凝土衬砌,不包括仰拱部分。

(3)对围岩条件较好的路段,设置35cm厚钢筋混凝土衬砌,提高衬砌的抵抗能力。

6.2.5 涌水段注浆加强围岩与止水

针对本段涌水特点,为了保障隧道结构的稳定性,必须进行围岩止水工作以降低作用在隧道结构上的水压力,主要是采用注浆加固的方法。其主要作用机理是通过水泥浆液的连接作用,使松散、破碎的围岩体能形成一相对的整体,以提高围岩体的力学能力和抗渗透能力。为进行有效压注,要采用与围岩性质相适应的药液和方法。

(1)涌水段的总体处置原则是先底部注浆加固,再对涌水集中整治,最后对周边实施径向注浆补强。

(2)底部注浆加固。在K26+200~K26+150路段,加固范围为开挖轮廓线外8m,角度为240°,开孔间距为环向2m,纵向2m;在K26+096~K26+150路段进行拱顶120°注浆,注浆长度8m,开孔间距为环向3m,纵向3m。

(3)顶水注浆。对集中出水点K26+150~K26+120段进行顶水加固,同时开设集中排水孔进行排水;顶水注浆在隧道围岩稳定后进行,注浆从出水量小的排水管开始,若其他排水管发生串浆可关闭该排水管,等其他注浆结束后再对串浆排水管进行补充注浆。

(4)径向注浆。在顶水注浆完成后,对破碎围岩带,水力联系明显的部位,为了提高围岩的整体承载力和抗渗性能,保证注浆效果,对未实施径向注浆段进行注浆加固。

## 7 结论与建议

铁峰山2号公路隧道的施工工程中出现了涌水、煤层瓦斯、膏岩、岩爆等地质灾害,已经对施工的顺利进行造成了很大的影响,不但延误了工期,而且增加了工程投资。如何防患于未然,首要就是对复杂的地质条件有充分的心理以及施工手段的准备。其次,应该严格按照隧道施工规范以及规程进行施作并及时总结经验和教训,以确保隧道施工安全、顺利进行,并可对其他类似的特长公路隧道的施工和建设起到有益的指导作用。

## 参考文献

[1] 于宁,朱和华,苏生瑞.公路隧道施工中的地质灾害及对策[J].施工技术,2003(9).

[2] 钱让清,杨晓勇,王兴华.华蓥山公路隧道地质灾害防治措施[J].煤田地质与勘探,2003,Vol.31 No.2.

[3] 徐得玺.华蓥山隧道主要工程地质问题及对策措施[J].世界隧道,2000,增刊.

[4] 袁勇,杜国平,杜小平,等.特长公路隧道建设工程技术研究(研究报告)[R].上海:同济大学土木工程学院,2005.

# 涌水区隧道地下水处治与水压监测

刘 亮[1] 翁其能[2] 姚旭朋[3] 段永胜[1]
(1. 重庆高速公路发展有限公司渝东分公司 重庆 400042;
2. 重庆交通大学 重庆 400074;
3. 同济大学土木工程学院 上海 200092)

**摘 要**:地下水的赋存与涌入是影响隧道建设和正常运营的最为显著的灾害因素,施工期隧道涌水给隧道的施工带来了附加的风险;运营期隧道结构不但承受着附加水压力作用,还会受到水裂、渗流等劣化作用。据调查,在众多的影响隧道结构服役安全的隧道病害中,水害的发生占隧道病害总量的75%以上,具有普遍性特征,同时水害还具有隐蔽性和突发性的特征。因此,无论是在施工建设期还是在运营期,隧道水害的预测和防治都是隧道安全工作的重点。本文依托隧道工程实例,对涌水段隧道施工地下水处治方法进行了阐述;同时对运营期衬砌台背后水压力变化监测方案的设计与实施进行研究,并通过监控水压力变化分析判断衬砌结构的附加水压力分布,最终为提取隧道服役性态和预测隧道水害的发生提供支持。

**关键词**:隧道 承水压 处治 水压监测 维护

## 1 引言

水害是影响隧道施工和正常运营最为显著和严重的环境灾害因素。我国西部山区隧道处于高海拔、水系丰富的环境中,隧道结构埋置深度大、水文地质条件复杂,地下水质及其动态变化可能侵蚀隧道内部结构及附属设施,降低隧道结构的服役性能和使用寿命,严重时会危害到隧道的运营安全。在众多的影响隧道结构服役安全的病害中,水害的发生几率要远远高于其他。从统计的结果来看,目前发生的隧道病害,约75%是由于地下水作用引起的,而且,隧道水害还具有隐蔽性和突发性,一旦成灾造成的财产损失和社会影响难以估量。

隧道涌水、水害方面的研究从20世纪50年代开始起步。当时的工作主要集中于分析隧道开挖的水文地质及工程地质条件,用常规的勘查方法查明隧道含水层围岩中地下水的赋存与分布规律,确定地下水的富集带以及潜在的隧道涌水通道,如断裂带、岩溶管道等。50年代中后期多国学者对此问题做了大量的有益的探索工作。如日本学者高桥彦治在修建北陆隧道中,首次提出了简便的涌水量计算方法。1962年,日本正式开展了隧道涌水问题的研究,这一阶段的进展主要以施工期的涌水预测与防治为主要目标。1998年在巴西召开的国际隧道协会(ITA)会议上,以隧道维修、维护和翻新为主题的讨论中,提交的论文50%都是与水害有关的,其均认为水是隧道维护的主要危害,在隧道的使用年限内对隧道衬砌结构和隧道内部附属设施都带来诸多问题。2003年,美国高速公路管理局和轨道交通管理局联合推出了《高速公路和轨道交通隧道检测手册》和《高速公路和轨道交通隧道维护和修复手册》。前者中认为渗漏水是隧道维护过程中的主要检测项目之一;后者认为水是引起隧道劣化的主要原因,并且较为全面地分析和阐述了水渗漏的原因和引起的后果,提出了针对水渗漏导致的劣化结构的修复技术。在德国,规范DIN1076中规定在隧道维护过程中管涌属于特别检修项目之一;而且规定,隧道一旦发生管涌事故,必须及时抢修。这些研究表明隧道营运期的水害已经得到广泛重视。

我国隧道涌水问题研究起步较晚,但是经过广大隧道工程和水文地质工作者的努力,近20年取得了长足的进步。总的来说,目前主要处于设定隧道防水标准和隧道防水设计构造阶段,在隧道水害处理方面,一直沿用“宁疏勿堵”的理念,经常采用“排堵结合、以排为主”的方式;对施工期地下水的处治问题有一定的经验，对于堵水的措施(如注浆堵水)有一定的研究和实践，但对运营期隧道水害问题则鲜有涉及。因此，越来越多的隧道投入运营后因为水害的影响加速老化，快速进入“老年期”，需要提前采取修理等维护措施。值得指出的是，一些施工期间没有经历水患的隧道工程，在运营期可能由于施工干扰地下水径流途径，后期会因降雨导致隧道衬砌承受陡增的动态水压。统计表明，我国建成运营的 5 000 余座隧道中 2/3 曾经或者正在发生水害。因此，有必要开展对隧道水害的预测研究，提高隧道运营管理水平和灾害预测预防能力。

## 2　实例隧道工程概况

某隧道左线长 6 029.8m(ZK22＋048～ZK27＋992)，右线长 6 024.8m(K22＋060～K28＋004)，隧道轴线穿过地带最高点高程为 1 199.79m，相对高差达 809.00m，隧道最大埋深大于 760m，是我国西部地区已建或在建隧道中洞身最长、埋深最深的公路隧道之一。

在隧道施工中，隧道右线出口段施工开挖至 K26＋170 处，开挖掌子面出现突水和坍塌现象。掌子面中部向前垮塌 17m，瞬时涌水量 600L/s，施工被迫停止；清理坍塌并支护到 YK26＋150 处，掌子面又发生涌水突石，掌子面形成 16～17m 长的导洞状坍腔。坍腔范围在隧道拱顶以上 8m，宽度为 6m，沿开挖方向长度约 17m。掌子面坍腔右侧(沿隧道走向方向)有一集中涌水口，水量较大，水质清澈，左侧也有股状涌水，稳定后掌子面涌水量约 400L/s。在隧道左线施工中也在同样的位置出现了相应的强突水与坍塌现象，左线的峰值涌水量为 600L/s，稳定后的涌水量为 200 L/s。隧道现场的涌水、排水如图 1 所示。隧道施工中涌水及坍塌示意图见图 2。

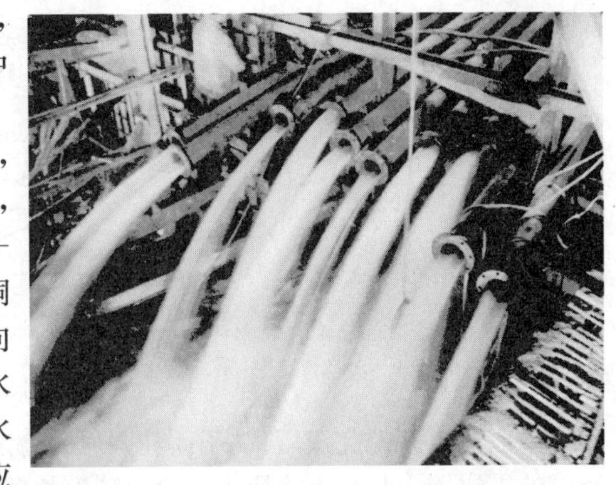

图 1　隧道高压涌水及排水

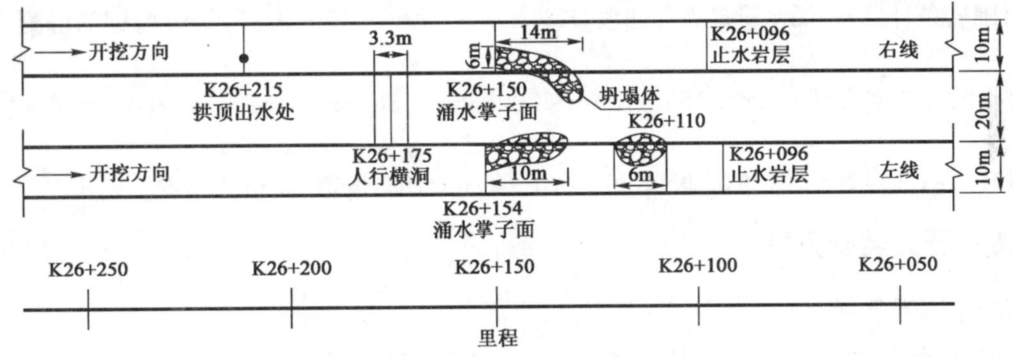


图 2　隧道涌水及坍塌平面示意图

隧道的涌水造成了出口段隧道建设停工 8 个月，对本线高速公路建设的整体进度产生严重的影响。大量的地下水从隧道中流失，会恶化隧道的施工环境，破坏地下水平衡状态，亦会导致区域的生态环境失衡；更严重的可能导致地层连通性增大，进而造成水或岩溶物质充填入隧道，导致地表沉降或塌陷。根据本隧道的涌水地质特点、施工技术实力、工程进度及区域生态要求，提出本涌水段的治水原则及工程处理方案。治水遵循堵排结合，以堵为主，限量排放，保护环境的原则。工程处治采用超前小导管加固周边围岩，钻孔引流地下水通过，再针对本段进行专门的围岩加固、止水、衬砌结构加强、隧道排、堵水，保证隧道开挖及支护顺利通过。同时，鉴于隧道涌水对周边水文环境和隧道结构的长期危害性，各方认为有必要加强对隧道周围水文的监测，实现对隧道周围环境和隧道结构服役性能的监控。

## 3　隧道涌水治理

工程处治针对隧道不同时期分别进行，对于施工期采用超前小导管加固周边围岩，钻孔引流地下水通过，再针对本段进行专门的围岩加固、止水；同时为保障隧道的长期运营，采取加强衬砌结构、长期监测隧道水压等技术手段来实现。

隧道拱部120°范围内采取$\Phi$42mm超前小导管加固后再进行开挖,加固桩号为K26+096～K26+150;小导管分两层,上层($L$=5m)外插角45°,环向间距50cm,下层($L$=3m)外插角为5°,环向间距30cm。具体布置见图3。注浆方式采取全孔一次注浆方式进行,注浆材料采用单液注浆,如果注浆孔水较大,且围岩裂隙发育,需要采取双液注浆时,采取水泥-水玻璃浆液。

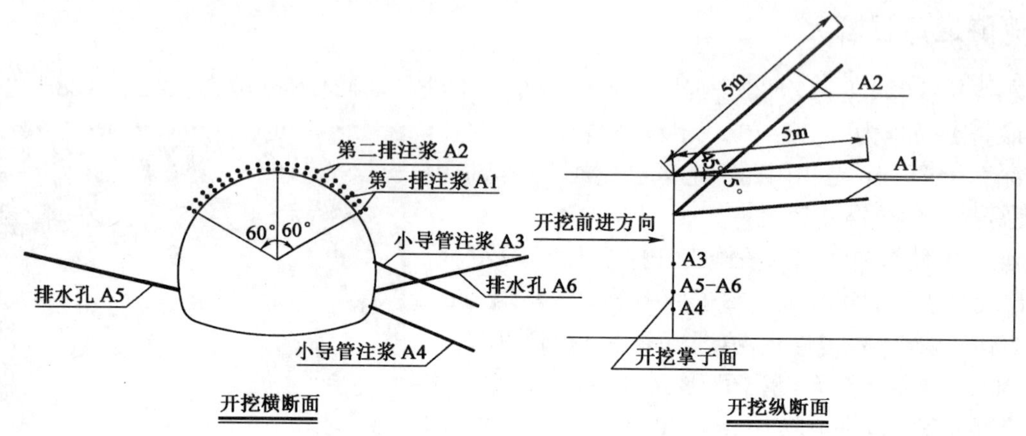


图3 开挖面钻孔和注浆图

本段隧道开挖完成后,掌子面和围岩的稳定性较差,必须采取加强支护工程结构来保证开挖后的稳定;较高的围岩压力与地下水压力亦会对隧道长期结构的稳定造成威胁,对服役期结构造成过量的损伤。

右线涌水段由于其不同的涌水特点、水压力大小区别及围岩地质情况,对衬砌结构的设置要求也相应不同。右线隧道在涌水段的二次衬砌结构形式如下。

A型:对围岩条件极差、涌水量最大的路段(K26+096～K26+150)设置80cm厚钢筋混凝土拱圈,全拱成环。

B型:对临时出水点路段(K26+150～K26+170,K26+188～K26+223)设置50cm厚钢筋混凝土拱圈,全拱成环。

C型:对其余的围岩条件较好的路段(K26+170～K26+188)设置35cm素混凝土衬砌。

## 4 隧道水压力监测方案

### 4.1 监测断面选择

根据不同断面的围岩特点和衬砌结构类型,选择典型的断面进行隧道周边注浆区内和注浆区以外围岩区的水压力监测。选择水压力监测断面时,通过现场调查、数值分析、理论计算等多种手段,对隧道衬砌台背地下水的赋存通道、作用位置、隧道结构受水压敏感点进行了分析,确保断面选择的准确性和合理性,安装设备监测值有代表性。在隧道水压力监测断面选择的过程中,由于现场涌水发生面积较大,出水点比较分散,给断面选择造成了不小的困难。在K26+215断面处,隧道顶部有大量的出水(图2),但是出水时间持续较短。隧道坍塌集中在K26+154断面和K26+110断面之间。同时,在K26+100断面和K26+110断面之间,有大面的渗漏水现象。经过对数值模拟、理论计算和现场情况综合分析,水压力监测断面选择结果见表1。

隧道水压力监测断面选择表

表1

| 监测断面 | 1 | 2 | 3 | 4 | 5 |
|---|---|---|---|---|---|
| 断面桩号 | K26+100 | K26+110 | K26+115 | K26+130 | K26+135 |
| 振弦式水压计 | 6 | 6 | 4 | 6 | 6 |

### 4.2 水压计布设与连接

隧道水压力监测采用振弦式水压计。图4中为钻头型水压计。水压计埋设位置及数量直接影响着所采集数据的有用性和准确性。水压计布置在选定的断面上,并根据隧道现场出水点的位置和隧道施工过程中的突水量和突水压力决定水压计在断面上位置。该方法兼顾了断面选择过程中的水压力对隧道衬砌结构影响程度的计算结果和现场量测得到的隧道突水量和突水压力,能够全面地考虑各种可能对水压力监测产生影响的因素。水压计在断面中的安装位置如图5所示。为了能更好地监测隧道周边的水压力情况,水压计的安装点分为两种,第一种是水压计安装在注浆区内,第二种水压计安装在注浆区外的围岩中。同一个钻孔中安装两个水压计时,水压计之间用黏土封堵,保证了两个水压计测量的是所在区域的水压力。

图4 钻头型水压计

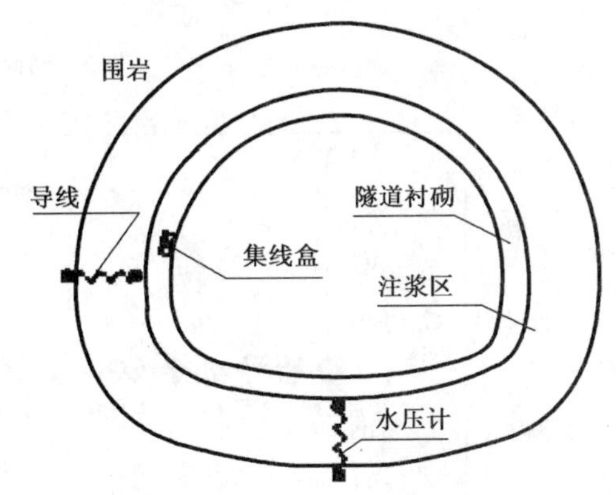


图5 水压计安装位置示意图

隧道二次衬砌施工完成后隧道内部构成统一的结构体,隧道结构以及周边的围岩和水体开始形成完整的系统,水压计开始进入正常工作状态。

包括水压计在内的水压力监测设备经过组网形成水压力监测网络,并最终作为隧道服役性能监测系统的重要组成部分。隧道周边水压力的数据采集主要是通过隧道服役性能监测系统中的上位机软件自动完成。所采集的数据经过处理提供在线分析决策依据和其他软件进一步分析处理的基础,为水压力监测提供早期安全预警报告。隧道服役性能监测系统人机交互界面如图6所示。

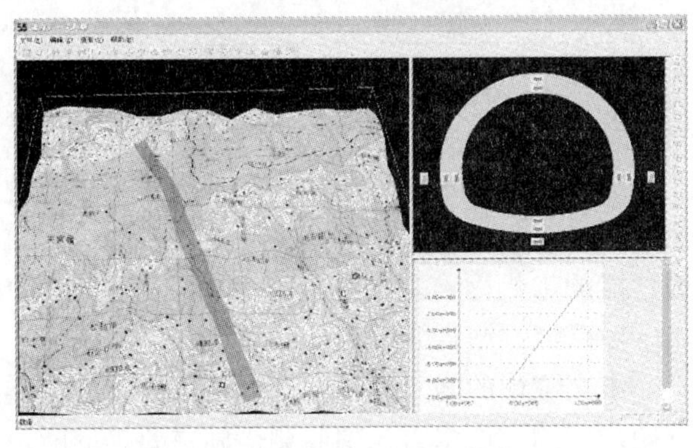

图6 隧道服役性能监测系统人机交互界面

## 5 水压力监测数据初步分析

水压力监测元件与系统安装完成后,进行水压力数据的采集,数据采集包括隧道结构应力以及周边的围岩和水体压力;数据采集的频率一般为7d/次。

根据选择的能代表隧道现场塌方和渗漏水基本特征的典型断面,收集水压力分布数据。收集到的数据通过频率变换后,进行简单的图表转换得图7、图8所示的水压力监测图。其能直观反映隧道围岩中水压的基本状态,并以此为依据初步判断隧道衬砌结构上受到水压力。

如图7、图8曲线所示的趋势能够很容易得出隧道围岩中水压力发展变化情况。具体来讲,就是在这两个断面附近的隧道围岩中,水压力的离散程度很小。这说明在这段时间内,隧道周边围岩中的水压力基本上都没有发生大的波动。根据水压力监测的结果推断可知,隧道施工过程中初期支护的防排水工程达到了预计的效果,能够在一定程度上维持隧道周边的水压力,避免了隧道二次衬砌结构上承受过大的压力。隧道施工过程中所采用的防排水措施的预期效果和理论计算的隧道周边水压力开外释放诱变结果基本一致。

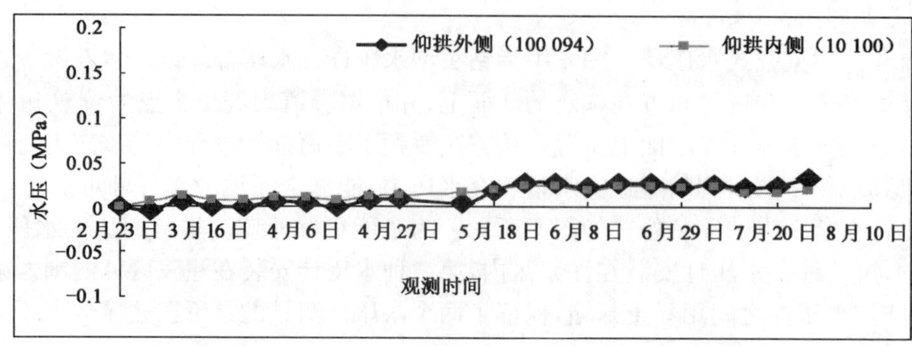


图7 断面K26+110仰拱水压变化图

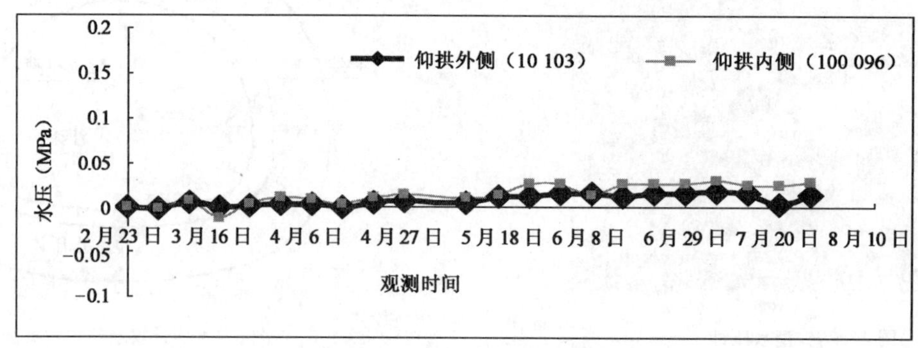


图8 断面K26+130仰拱水压变化图

## 6 结语

隧址区地下水是隧道建设和营运中不可忽视的问题。水体的存在会导致施工期的隧道涌水灾害，一旦发生造成工程工期拖延甚至是人员伤亡等工程事故；运营期的隧道水害则表现为水体对隧道结构长期的服役性能的劣化影响。在隧道水害的预测、施工期预防与处治、运营期的水体运动和水压监测等方面，各种技术手段已经逐渐得到普遍的认可。

本文叙述的施工期地下水处治方案帮助该隧道施工正常通过，保障工程质量、安全和工期；针对隧道运营期采用的隧道水害长期监测措施主要提取隧道运营期周边水体基本现状和变化特征。通过自隧道施工完成后一段时间内对隧道周边水体的观察和基本数据的分析，初步得出了隧道周边水压力的大小和变化特征。验证了隧道所采用的防排水措施的效果和理论计算的开挖诱变压力释放结果。隧道监测措施的结果表明，水害影响下的隧道结构长期服役性能监测措施实施的可行性。

## 参考文献

[1] A. J. Howard, Mott MacDonald, St. Anne House. Report on the Damaging Effects of Water on Tunnels During Their Working Life[J]. Tunnelling and Underground SpaceTechnology, 1991, Vol. 6, No. 1:11-76.

[2] 刘丹. 铁路隧道涌水研究趋势[J]. 铁道工程学报学报, 1998, 33(6):105-108.

[3] J. A. Richards. Inspection, Maintenance and Repair of tunnels: International Lessons and Practice [J]. Tunnelling and Underground Space Technology, 1998, Vol. 13, No. 4:369-375.

[4] 徐则民, 黄润秋. 深埋特长隧道及其施工地质灾害[M]. 西南交通大学出版社, 2005.

[5] Highway and Rail Transit Tunnel Inspection Manual. Federal Highway Administration and Federal

Transit Administration, 2003.

[6] Highway and Rail Transit Tunnel maintenance and Rehabilitation Manual. Federal Highway Administration Federal Transit Administration. March 2003.

[7] 何发亮,李苍松,陈成宗.岩溶地区长大隧道涌水灾害预测预报技术[J].水文地质工程地质,2001,5.

[8] 韩忠存,隧道及地下工程结构防排水技术的发展和应用[J].隧道建设,2001,21(2).

[9] Y. Yuan, X. Jiang and C. F. LEE. Tunnel Waterproofing Practices in China[J]. Tunnelling and Underground Space Technology,2000,Vol. 15,No. 2:227-233.

[10] A. Haack,J. Schreyer and G. Jackel. State-of-the-art of Non-destructive Testing Methods for Determining the State of a Tunnel Lining[J]. Tunnelling and Underground Space Technology,1995,Vol. 10. No. 4:413-431.

[11] A. Ackermann, C. B. Hunt. The role of digital monitoring technologies in the development of comprehensive tunnel maintenance strategies[J]. Tunnelling and Underground Space Technology, 2004,19.

[12] 袁勇,周欣.我国隧道防水技术的现状[J].世界隧道,1999,4:40-44.

[13] 文先锋.隧道衬砌裂纹、渗水的原因分析及处理措施[J].铁道建设,2002,3.

[14] In-Mo Lee, Seok-Woo Nam. The study od seepage forces acting on the tunnel lining and tunnel face in shallow tunnels[J]. Tunnelling and Underground Space Technology,2001,16:31-40.

[15] G. Anagnostou. The influence of tunnel excavation on the hydraulic head[J]. International Journal for Nunerical and Analytical Methods in Geomechanics,1995,19(10):725-746.

# 马垭口隧道塌方事故发生机理分析

吴 强[1,2] 刘新荣[1] 杜小平[3] 舒志乐[1] 段永胜[3]

(1.重庆大学土木工程学院 重庆 400045;2.铁道第三勘察设计院 天津 300251;
3.重庆高速公路集团公司渝东建设分公司 重庆 400042)

**摘 要**:马垭口隧道是国家重点公路杭州至兰州线重庆奉节至巫山段的一个重点和难点项目,隧址区地质条件较差,隧段YK34+645.5~YK34+670.5在施工中发生了塌方事故。本文从塌方事故的具体情况出发,通过分析现场监控量测数据,研究塌方形成过程中围岩的变形特征及初期支护的受力情况,采用有限差分软件FLAC分别对典型断面和塌方段进行数值模拟计算,探讨导致此次塌方事故的关键原因。通过以上的分析,得出此类地质条件下影响隧道结构安全性的关键因素,为今后类似工程提供参考。

**关键词**:隧道塌方 塌方机理 监控量测 FLAC

## 1 引言

公路隧道修建过程中,塌方是最为常见的安全事故之一,塌方已成为造成工期延误、生命财产损失和隧道运营的一个重要安全隐患。因此,对塌方的发生机理和影响因素进行研究是有必要的,对今后隧道的设计和施工均具有重要的指导意义[1,2]。

本文结合马垭口隧道施工中发生的塌方事故,着重从工程地质条件、支护条件、施工工序等方面研究探讨塌方发生的原因。通过分析现场监控量测数据,研究分析塌方形成过程中围岩的位移变化特征及初期支护的内力变化规律,采用FLAC数值软件分别对典型塌方断面YK34+643和塌方段YK34+645.5~YK34+670.5进行数值模拟计算,从不同角度全面探讨塌方事故的发生机理,进而归纳出影响隧道塌方的关键因素,为以后隧道施工中塌方事故的防治提供参考。

## 2 塌方过程及监测数据分析

马垭口隧道是国家重点公路杭州至兰州线重庆奉节至巫山段的一个重点工程。该隧道为一座上、下行分离的四车道高速公路长隧道。隧道位于重庆市巫山县龙井乡白水村至金鸡村之间,呈近东西向展布,巫山端洞口位于龙井乡白水村,奉节端洞口位于龙井乡金鸡村。隧道最大埋深约305m。隧道起讫桩号左线ZK33+959~ZK36+423,长2 464m;右线YK33+990~YK36+555,长2 565m。

隧道塌方段围岩以泥岩为主,岩体节理、裂隙发育,地下水丰富,施工中常有淋、滴水现象。塌方段原设计为Ⅳ级围岩,施工时进行了设计变更,按Ⅴ级围岩S5b型衬砌断面进行施工,其支护参数为:$\phi$25mm注浆锚杆,$L=3.0$m@75cm(纵向)×100cm(环向),梅花形布置;单层$\phi$8mm钢筋网20cm×20cm;C20喷射混凝土,厚26cm;18工字钢,间距75cm。

2007年8月1日该隧道YK34+640~YK34+660段初喷C20混凝土表面严重开裂,伴有初喷混凝土剥落、掉块现象发生;YK34+647~YK34+651段右侧拱腰位置钢支撑弯曲变形,尤其YK34+645处拱墙钢支撑发生断裂。8月3日8:08,YK34+645~YK34+655段拱顶初喷混凝土大块剥落,拱顶开始塌陷,塌方持续约13min,塌方体处伴有突泥涌水出现。塌方前夕初期支护破坏形式如图1所示。

图1 初期支护破坏示意图

本文选取隧道塌方段的一个典型断面 YK34＋640，对其现场监测数据进行分析研究，得到了该断面的沉降速率、平均变形速率、变形累计值与时间的关系曲线，如图 2、图 3 所示。

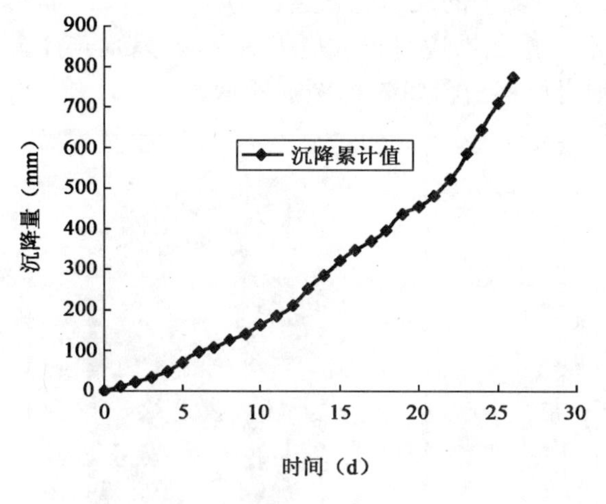


图 2　沉降累计值时程曲线图

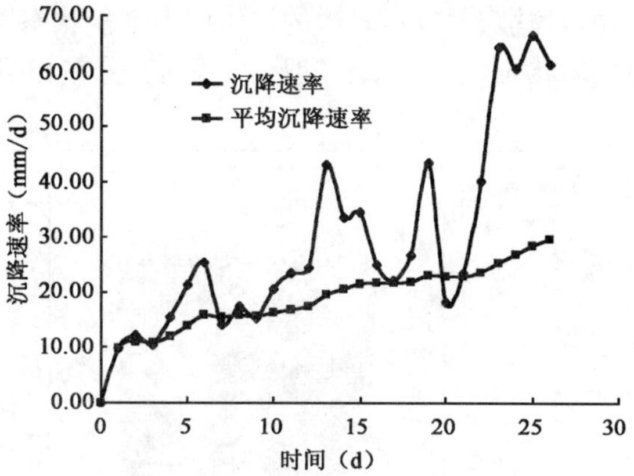

图 3　沉降速率和平均沉降速率时程曲线图

从图中可以看出。

(1)该断面从开始监测起，拱顶沉降的平均收敛速率保持在 20mm/d 左右，早已超过安全警戒值，在监测的 28d 内变形速率从未减小过，持续增长的趋势非常明显，围岩异常变形呈加速增长趋势，只是在初支仰拱成环和径向注浆后变形速率有小幅的波动下降，整体上升趋势并没有得到抑制，说明初期支护及加固措施已经不能阻止围岩的异常变形，险情发生不可避免。

(2)累积变形量几乎呈线性增长趋势，没有出现任何转折，未见稳定减小的趋势，从监测之日起约 28d 后，累积沉降变形量达到了 772.96mm，考虑到监测的误差及其他影响因素，累积变形量可能会更大，初期支护已经不同程度的侵入了隧道净空。

## 3　塌方事故数值模拟分析

采用 FLAC 数值软件分别对典型塌方断面 YK34＋643 和塌方段 YK34＋645.5～YK34＋670.5 进行数值模拟计算，全面探讨塌方事故的发生原因。

### 3.1　典型塌方断面模拟分析

#### 3.1.1　模型建立及参数选取

根据马垭口隧道工程地质勘察报告以及隧道的断面设计图，建立平面应变模型，左右洞间距约 40m，忽略左洞对右洞的影响，建立单洞模型。模型中隧道上部地表按照实际地形尺寸取值，隧道拱顶埋深为 94m，模型左右侧和下方边界都取距隧道边界约 4 倍洞径[3～5]。隧道位于模型中央，模型左右边界设为 $X$ 方向位移约束，下边界设为 $Y$ 方向位移约束，上边界自由。计算时采用的初始应力场为：垂直向按自重应力场施加，水平向应力取侧压系数 $K_x$＝0.64。建立计算模型如图 4 所示。材料破坏准则采用摩尔—库仑模型。数值计算参数见表 1。

**材 料 参 数 表**　　表 1

| 材料名称 | 弹性模量(GPa) | 泊松比 | 重度(kN/m³) | 黏聚力(KPa) | 内摩擦角(°) |
|---|---|---|---|---|---|
| 围岩 | 0.8 | 0.38 | 25 | 100 | 23.0 |
| 初期支护 | 24 | 0.25 | 24 | — | — |

3.1.2 计算结果分析

该断面在塌方前施工中采用的是微台阶法施工,上台阶高度4.5m,下台阶高度4m。模拟分析中根据该断面的实际施工工序分步进行,以模拟隧道分步开挖和分步进行支护的动态施工过程。

在岩体被开挖后,岩体的初始应力平衡状态即被破坏,沿开挖面周边将形成应力重分布,从而产生新的应力平衡状态,如图5、图6所示,塑性区分布如图7所示,围岩位移云图如图8、图9所示。

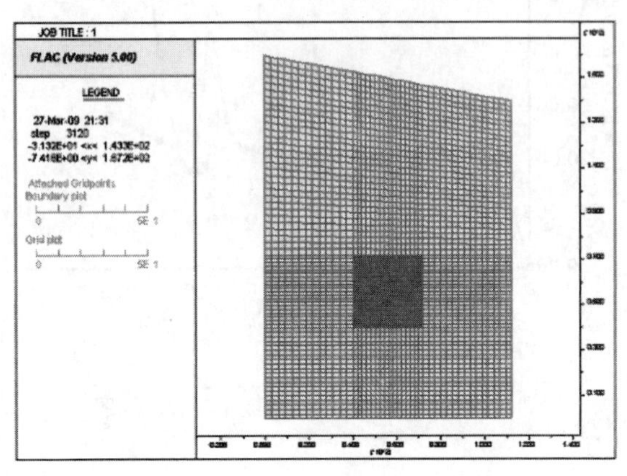


图4 计算模型及网格划分

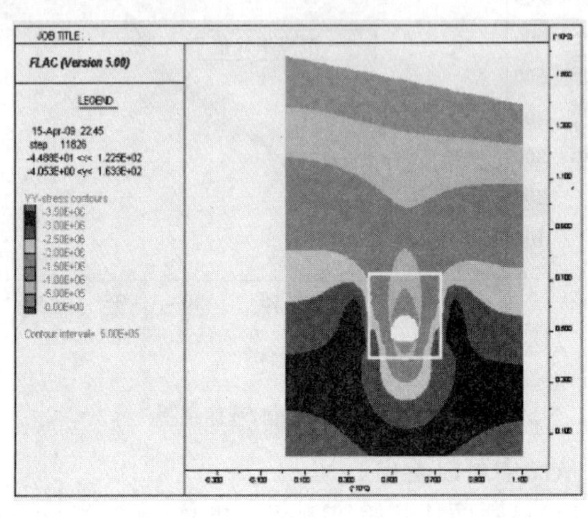


图5 Y方向应力云图

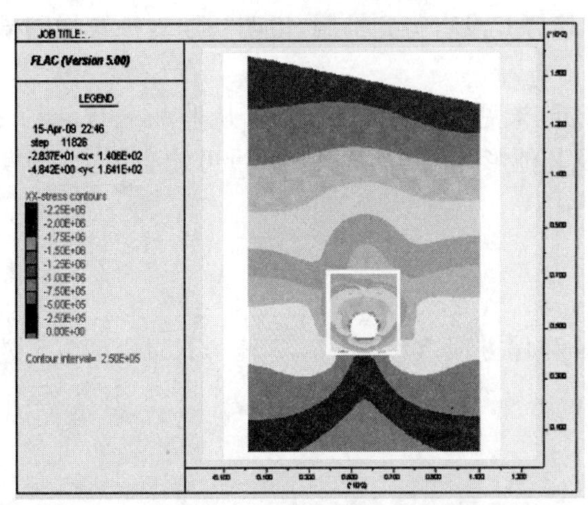


图6 X方向应力云图

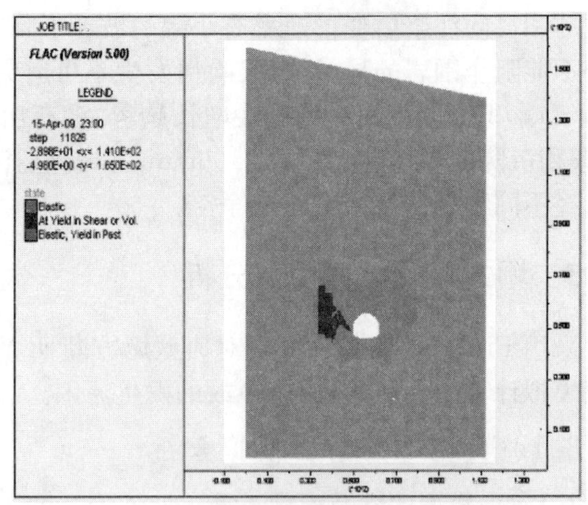


图7 模型塑性区

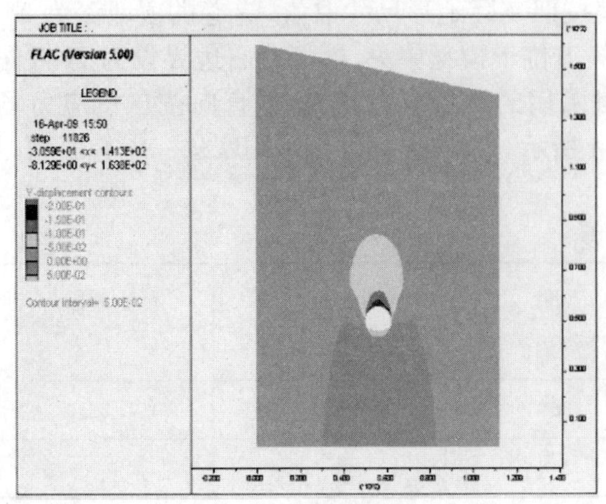


图8 Y方向的位移

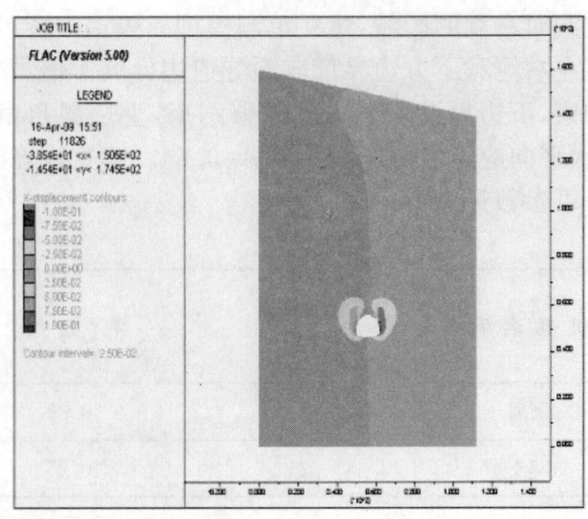


图9 X方向的位移

从图5～图7可以看出，隧道开挖支护后，在隧道洞周一定范围内发生了明显的围岩应力松弛和集中现象，尤其拱顶和仰拱附近最为显著。从Y方向应力来看，在隧道拱顶以上30m范围内应力均出现了松弛降低，尤其拱顶上方1倍洞径范围最为显著，从－3MPa降低到－0.2MPa，局部部位降低为零，且呈现出较为明显的塌落拱现象。该塌落拱范围较大，在经历了明显卸载后易发生塑性破坏。而在洞底以下10m范围内应力释放现象也极为明显，局部应力释放至零甚至出现了拉应力。在沿拱肩斜上方45°方向的区段内产生了条形应力突变区，同时该区域出现了明显的塑性区，基本形成了一定范围的剪切破坏带，可以认为此区域为导致隧道塌方的潜在关键部位。

从图8、图9中可以看出，该断面的最大竖向位移为224.67mm，最大竖向位移发生在隧道两侧拱肩部，且从肩部至拱顶很大范围内竖向位移量均很大，塌落拱形状呈现明显。仰拱处由于仰拱的加固作用竖向位移小于拱顶，但变形量也有70mm，该断面的最大水平位移发生在两侧曲墙处，位移值达到123.42mm。从竖向相对变形量角度考虑，该断面的竖向和水平相对变形已经达到规范的警戒值。由于在本次模拟分析中未能实现实际施工中岩体软弱结构面等不确定因素的影响，模拟出的位移量都较实际监测数据偏小，但异常变形已经很明显。此次模拟结果和现场情况基本相吻合，由于围岩地质条件较差及初期支护强度不足，开挖支护后异常变形持续增大，初期支护发生开裂掉块等破坏。塌方段围岩属于软弱围岩，在支护条件不变的情况下蠕变将不断发展，塑性区也会进一步发展扩大，塌方事故随之将会发生。

### 3.2 塌方段数值模拟

三维数值分析可以从空间角度较为真实地模拟开挖过程，更能够体现隧道的开挖对掌子面及掌子面附近岩体稳定性的影响。为了能较真实地反映出隧道塌方段在开挖与支护全过程中围岩的应力、位移变化规律，探讨施工工序对本次塌方灾害的影响作用，本节采用FLAC3D软件对塌方段YK34＋645.5～YK34＋670.5进行仿真模拟分析。

#### 3.2.1 模型建立及参数选取

模型的几何边界仍按3.1节中所述取得，沿隧道轴向方向取60m长度建立计算模型。模型左右边界设为X方向位移约束，前后边界设为Y方向位移约束，下边界设为Z方向位移约束，上边界自由。计算参数取值仍按表1，但未对隧道周边围岩进行参数降低。建立计算模型如图10所示。

模拟分析时隧道开挖支护仍按微台阶法，上台阶开挖长度为4m，上、下断面错开平行作业。计算中只对塌方影响的30m范围的开挖支护过程进行动态模拟，上下台阶每次开挖进尺为3m，后30m未开挖，以保证模拟能较真实反映实际开挖情况。

#### 3.2.2 计算结果分析

经过模拟计算得到围岩的应力分布云图如图11～图13所示。

从图11～图13中可知，隧道开挖支护后，在隧道开挖断面周围一定范围内存在明显的应力释放区域，其分布范围和规律与3.1节平面分析的结果基本相似，即拱顶和洞底附近应力释放最为显著；且对比水平方

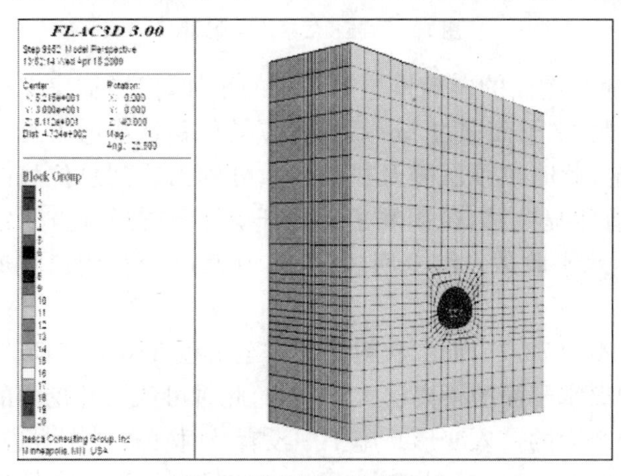


图10 计算模型及网格划分

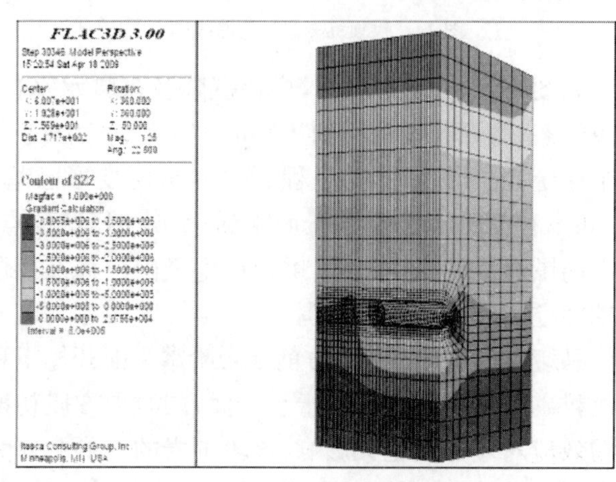


图11 Z方向应力云图

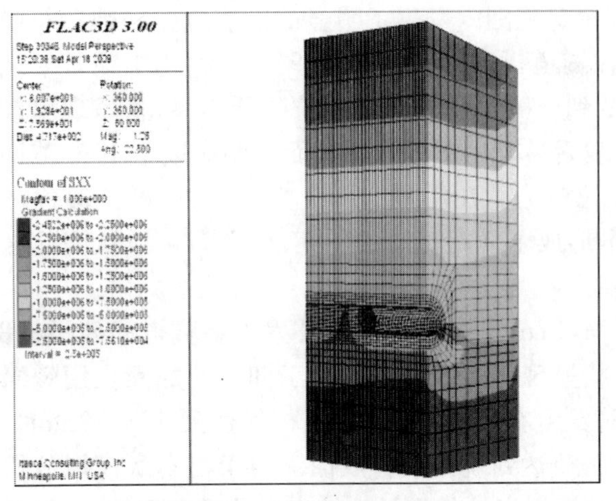


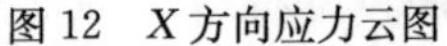
图 12 X 方向应力云图

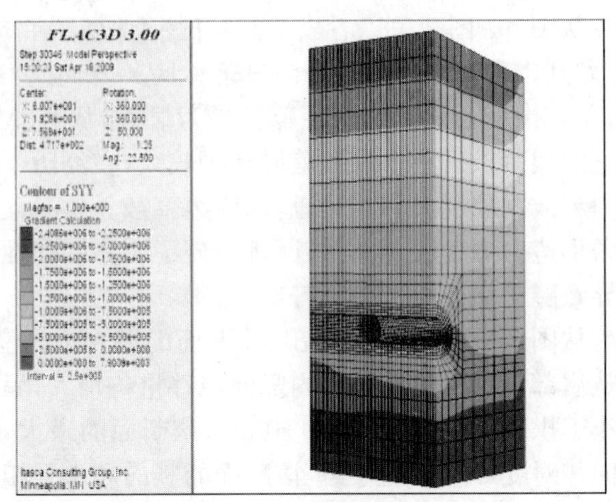


图 13 Y 方向应力云图

向应力和竖直方向应力，可以发现在隧道拱腰至拱底间区域水平应力要大于竖向应力，最大主应力方向向水平向发生偏转，这也与平面应力分析的结果相一致，隧道的破坏也总是发生在该区域；开挖施工中在掌子面前方约 8m 的范围内围岩的应力松弛现象比较明显，即在该种围岩条件和施工扰动下，掌子面的开挖会引起其前方一定范围内围岩应力的明显降低。该隧道在实际施工中没能及时做好超前支护工作也就成为塌方灾害发生的一个原因。

通过分析围岩位移的计算结果可知，隧道开挖造成了掌子面原有纵向约束的解除，导致掌子面处产生了较大的向临空面方向的纵向位移。该隧道掌子面处围岩强度低、结构松散破碎，而施工中没及时对其采取有效加固措施就成为该隧道发生的掌子面塌方事故的原因。选取开挖进尺为 6m 的断面上拱顶和拱腰两点作为特征点，跟踪记录拱顶沉降与拱腰收敛随开挖进尺的变化趋势，得到其时程曲线如图 14、图 15 所示。

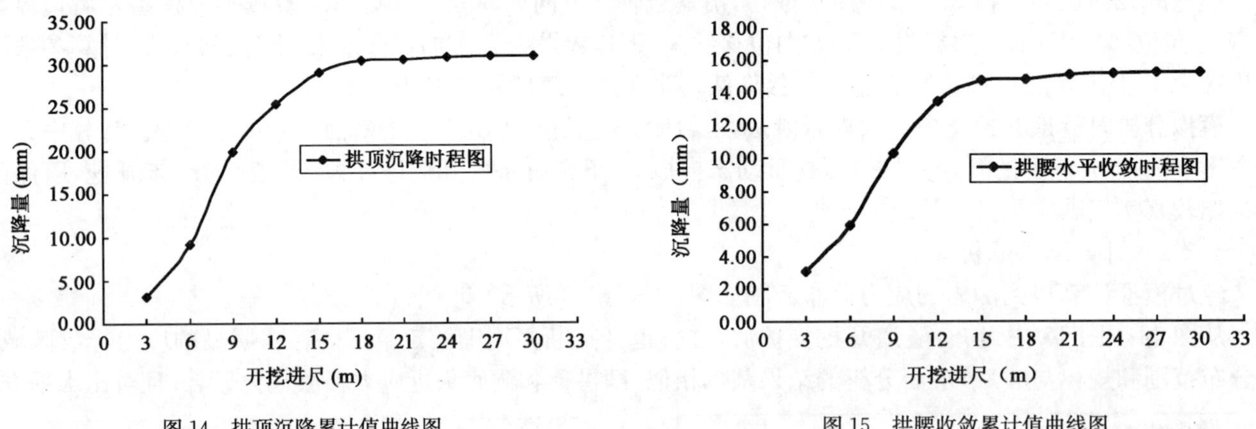


图 14 拱顶沉降累计值曲线图　　图 15 拱腰收敛累计值曲线图

如图 14、图 15 中可知，拱顶沉降及拱腰水平位移均随开挖面的向前推进有较大的增加，但增加率保持递减状态；当开挖面里程到达 6m 时特征点位移变化率最大，掌子面通过 6m 后特征点的位移逐步增大直至趋于稳定；当开挖掌子面里程到达 15m 时变形已基本稳定，此时拱顶沉降及拱腰收敛分别已达到总位移的 94.06%和 96.94%；在掌子面未到达 9m 时，特征点已经有明显位移，说明掌子面的开挖导致隧道前方一定范围内围岩受到扰动，使其拱顶产生竖向位移及拱腰发生水平收敛。综上所述，可认为 15m 为马垭口隧道开挖面空间效应的影响范围。

马垭口隧道在发生塌方前上台阶掌子面开挖里程 YK34+672.25，而二次衬砌施作至里程 YK34+585.2，二次衬砌与仰拱远远滞后于掌子面，同时塌方段初期支护离掌子面的距离已大于 15m，此时可认为开挖面的空间效应对塌方段也无影响，该段围岩的变形主要为流变产生的挤入变形。施工中没有及时二次衬砌跟进，每次循环开挖进尺较大，掌子面推进速度较快，使开挖面的空间效应过早消失，塌方段变形过早受流变性控制，软岩挤入大变形过早开始并迅速发展。这种施工工序失衡也是导致此次塌方事故发生的重要原因。

## 4 结语

结合监测数据和对模拟结果的分析，得出导致此次塌方事故主要原因如下。

(1)围岩地质条件及支护条件

塌方段正处在背斜与向斜的转换交界地段，岩体挤压严重，节理裂隙发育，岩体切割破碎，结构松散，层间结合力较低；隧道围岩为软弱泥岩，钙质胶结，遇水软化膨胀，自承能力差，自稳时间短；而该段的初期支护强度又偏小，不能有效阻止围岩的塑性变形，加之岩体蠕变现象突出，围岩松动圈不断扩大，以致初期支护无法承受扩大后松动圈范围内松散岩体自身的压力，隧道结构失稳而塌方。

(2)地下水

隧道塌方段围岩基本为钙质泥岩，遇水后发生软化和泥化现象，岩体强度和自稳能力大大降低；强大的地下水静水压力和动水压力，又大大增大了隧道初期支护负荷，使隧道施工存在较大的安全隐患。因此，水对此次塌方事故的发生起到了“催化剂”作用，甚至可以说是主要诱因之一。

(3)施工措施

结合数值模拟结果分析与现场地质素描可得，该隧道在地质条件较差地段施工中没能及时做好超前地质预报和超前支护工作；开挖进尺较大，掌子面推进速度较快，而由于建筑材料紧缺，二次衬砌没能及时跟进滞后掌子面较多，造成施工工序严重失衡。这些都是导致此次隧道塌方事故发生的施工措施方面的原因。

根据分析的结果，对于今后类似的软弱围岩隧道的施工提出以下建议，加强超前地质预报工作并根据现场监测情况及时调整支护参数；重视水的影响作用，做好对地下水、地表水的处理，尽早采取有效措施来排除水对施工的干扰；在地质条件较差地段要严格做好超前支护工作，对于节理发育岩体要采取有效加固措施来提高围岩的整体性；尽早施作支护，缩短开挖进尺，以改善承载环范围内围岩受力，减少扰动，提高围岩的自承能力；由于软岩流变效应显著，必须适时施作二次衬砌以承受来自围岩的后期流变压力，阻止围岩大变形的发生。

## 参考文献

[1] 马长青.地下工程塌方影响因素分析[J].路基工程，2007，1:40-41.

[2] 窦万和.围岩坍方机理分析与塌方预测方法探讨[J].岩石力学与工程学报，1988，3:45-48.

[3] 何满潮.软岩巷道工程概论[M].北京：中国矿业大学出版社，1993.

# 桃树垭隧道初期支护大变形分析与工程处理

刘新荣[1] 钟祖良[1] 黄林伟[1] 杜国平[2] 刘 亮[2]

(1.重庆大学土木工程学院 重庆 400045;

2.重庆高速公路集团有限公司渝东分公司 重庆 400045)

**摘 要**:桃树垭隧道位于重庆奉节至巫山段,隧址区地质条件较差,主要为Ⅴ和Ⅵ级围岩。隧道在建设过程中,产生强烈变形和严重破坏。围岩初期,变形速率大,变形持续时间长,隧道破坏严重,主要表现为拱顶下沉、边墙内挤、喷混凝土剥落、钢拱架扭曲、衬砌开裂等;变形破坏具有重复性和相似性。通过某一段初期支护大变形事故处理为背景,从围岩的岩性条件、地下水条件、地应力条件以及隧道设计参数等方面,探讨了该隧道大变形的原因和机制,认为它是围岩塑性流动与围岩膨胀变形综合作用的结果。基于对围岩动态演化机制的正确认识,从围岩控制角度,修正并制订新的返修方案,对大变形段实施返修并取得了成功,同时将研究成果用于指导相同地质条件的后洞段施工,确保隧道安全顺利贯通。

**关键词**:大变形 隧道工程 初期支护 整治措施

## 1 研究区概述

桃树垭隧道位于重庆市巫山县境内,为双线分离式公路隧道。左右洞均长约1.2km,洞口处属浅埋地段。在连续下几天雨之后,桃树垭隧道右线出口段掌子面处YK38+398~YK38+460发生初期支护大变形,共62m。大变形段围岩级别为Ⅳ级,主要以弱风化粉砂质泥岩夹泥质粉砂岩:紫红色、粉砂质、泥质结构,中厚层状,岩层产状为160°<66°。节理裂隙稍发育,多张开,部分裂隙充填方解石脉。洞身开挖拱部无支护易产生坍塌或掉块,有滴水渗水现象,地震波速为2 600~2 700m/s。施工按照"断层破碎带隧道衬砌断面"进行。YK38+398~YK38+410采用S3复合衬砌,见图1。其支护参数为:20MnSi$\phi$22mm药卷锚杆$L$=250cm@120cm(纵)×120cm(环),梅花形布置;$\phi$6mm钢筋网20cm×20cm,预留下沉量为5cm,初期喷射混凝土强度

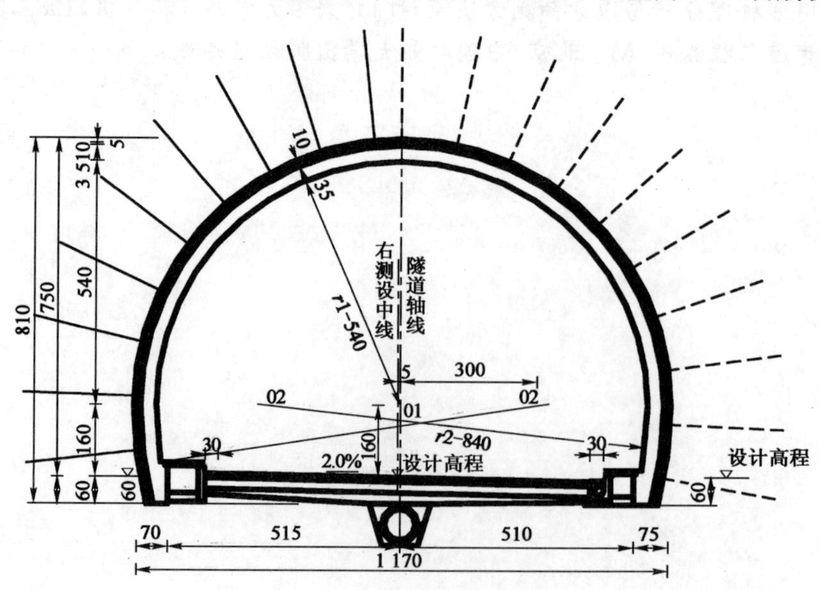


图1 S3复合衬砌示意图(尺寸单位:cm)

等级为 C20,厚度为 10cm,二次衬砌混凝土强度等级为 C25,拱墙厚度为 30cm。YK38+410～YK38+460 采用 S4b 复合衬砌,见图 2。其支护参数为:20MnSi$\phi$22mm 药卷锚杆 $L$=300cm@120cm(纵)×100cm(环),梅花形布置;$\phi$8mm 钢筋网 20cm×20cm,预留下沉量为 7cm,采用超前锚杆 $\phi$25mm,$L$=350cm,环距 40cm;并辅以 $\phi$22mm 格栅钢架@120cm 作为初期支护的加劲措施;初期喷射混凝土强度等级为 C20,厚度为 22cm,二次衬砌混凝土强度等级为 C25,拱墙厚度为 40cm。

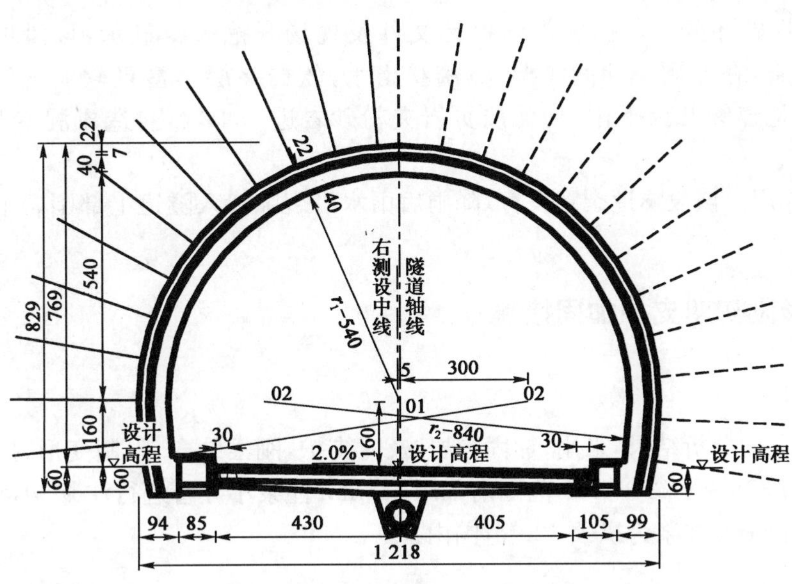


图 2 S4b 复合衬砌示意图(尺寸单位:cm)

## 2 围岩大变形机制分析

### 2.1 发展过程分析

施工单位于 2006 年 8 月 24 日开始开挖 YK38+460 断面,并于 2006 年 9 月 24 日开挖至 YK38+398 断面(掌子面),隧道开挖后按设计要求及时的施作初期支护。隧道监测数据表明,至 9 月 15 日为止,水平收敛最大值为 10mm,拱顶最大位移为 16mm,此后几天水平收敛值和拱顶沉降继续增加。2006 年 9 月 19 日 YK38+420 附近初期支护有开裂现象,在 2006 年 9 月 20 日和 21 日急剧发展,到 9 月 22 日已经发展至 YK38+400～YK38+440,开裂基本上沿纵向方向,并有喷射混凝土局部掉块、部分格栅钢架严重变形和喷射混凝土表面渗水加重且部分有滴水现象。在连续下几天雨后,该段隧道变形进一步加剧,监测结果表明从 9 月 19 日至 9 月 30 日,该段隧道 YK38+430 处拱顶下沉最大值达到 63.41mm,沉降时程曲线图见图 3。

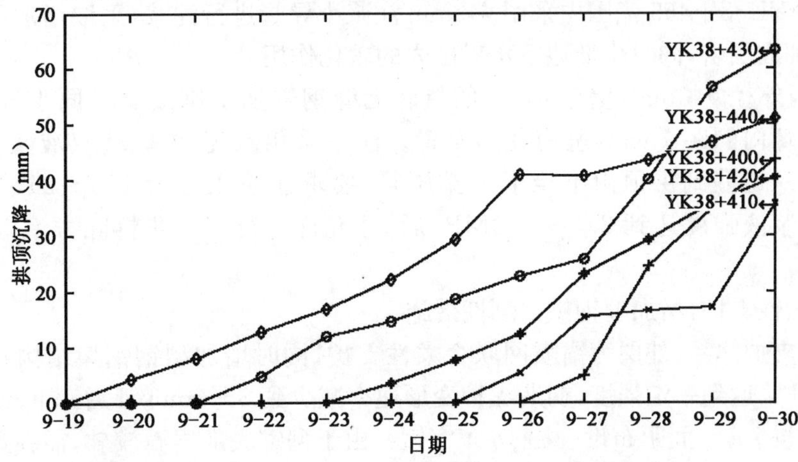


图 3 YK38+400～YK38+440 各断面拱顶累计沉降时程曲线图

### 2.2 围岩大变形产生的原因

(1)破碎带松弛变形。该段隧道围岩结构面共有3组节理面且有1个宽度约35cm的破碎带。破碎带走向基本与路线走向一致,倾角约80°,主要含碎石块夹黏土充填。结构面的结合程度差,多张开(张开程度2~15mm),表面平直光滑、无胶结、由含碎石块夹黏土充填或由方解石脉充填。岩体结构总体呈碎裂块状结构,其中左侧呈薄~中层状结构。

(2)周边出现塑性破坏区。根据施工图设计文件及现场开挖揭露显示,该段地质为弱风化泥质粉砂岩,但节理裂隙发育,在非雨季期间潮湿、点滴状出水,软弱夹层丰富且软弱夹层遇水软化严重。在裂缝出现前几天,工地连续几天下雨,使泥质页岩夹粉砂岩进一步软化,造成洞室开挖后高应力低围岩强度。

(3)膨胀性围岩作用。该段隧道裂隙发育,降雨后雨水沿裂隙渗入隧道上部围岩中,绿泥石等黏土矿物产生体积膨胀。

## 3 围岩大变形段初期支护加固措施

### 3.1 整治原则

根据围岩变形机制的分析结果,采用“加固围岩,及时支护,刚柔结合,限制变形,提高初期支护刚度”的整治原则。在YK38+398~YK38+460范围内采用$\phi$42mm注浆小导管进行注浆,小导管纵向间距100cm、环向间距75cm、单根长4m、注浆为拱顶120°范围内。

### 3.2 实施方案

(1)对开裂段初期支护进行加强,在已施工的初期支护下方,直接布置18工字钢,纵向间距75cm,并重新喷射C20混凝土包裹18工字钢。

(2)开裂段拱部120°范围内采用$\phi$42mm注浆小导管进行注浆加固,以使拱圈上方围岩形成自稳能力。

(3)在加固完成后进行仰拱和二次复合衬砌施作。

### 3.3 初期支护加固措施

(1)矿山法临时支护措施

在隧道出现大变形时采用材料简易、效果较好的矿山法临时支护。在YK38+398~YK38+460范围内,在隧道轴线方向每隔1.5m架设方木墩,方木墩顶用楔形木块顶在工字钢下。方木墩是由横断面为20cm×20cm,长1m的木块按“#”形堆垒而成。隧道拱肩和拱腰采用18工字钢作临时支撑。

(2)径向小导管注浆加固围岩

在YK38+398~YK38+465范围内采用$\phi$42mm注浆小导管进行注浆,采取增加径向小导管向初期支护背后岩体注浆,以加固围岩,同时降低地下水对围岩的软化作用。

径向小导管采用外径$\phi$42mm,壁厚4mm的热轧无缝钢管加工制成。径向小导管单根长4m,小导管纵向间距120cm、环向间距75cm,呈梅花形布置。注浆采用水泥-水玻璃双液浆,水灰比1:1,并加入防水剂;注浆顺序从边墙到拱顶由下至上逐排压浆,要求注浆压力为115~210MPa,每孔注浆量大于0.45$m^3$。待注浆浆液强度达到2.5~5.0MPa后,才允许进行下一步拆除方木墩临时支护和钢拱架施工。

(3)采用锚喷网柔性支护,增加型钢拱架刚性措施

采用刚柔结合的支护体系,外层为锚喷网联合柔性支护,同时增加型钢钢架结构作为初期支护加劲措施;待初期支护背后注浆达到一定强度,初期支护变形速率减少到3~5mm/d后,YK38+398~YK38+465范围内在初期支护下按75cm间距布设一榀18工字钢。由于型钢底部岩石较软,需在型钢拱架各段连接处设置4根6.0m长的锁脚注浆小导管,并增加型钢支撑垫板的宽度和厚度,然后喷射C20混凝土包裹。内层

二次衬砌混凝土为钢筋混凝土，限制隧道大变形的发展。

### 3.4 效果分析及存在的问题

通过对 YK38＋398～YK38＋465 段初期支护进行加固，隧道洞周变形速率得到控制，洞周围岩逐渐稳定。

但是由于 YK38＋398～YK38＋465 范围内进行隧道加固是在原有的初期支护下再施作第二次初期支护，通过对施工单位提供的加固段断面与设计断面对比结果的分析，YK38＋398～YK38＋426 段，拱顶部分约 120°范围内沉降较大，再加上加固的 18 工字钢，基本已完全侵占二衬空间，甚至局部侵入净空；拱腰、边墙收敛较小，主要是加固 18 工字钢侵占二衬空间。YK38＋426～YK38＋460 段沉降及收敛均较小，主要是加固的 18 工字钢侵占二衬空间。因此必须对该段进行重新设计，以保证二衬厚度和隧道支护强度。

## 4 加固段仰拱、二次复合衬砌及保护段的整治

### 4.1 整治方案

考虑如果单纯拆除初期支护达到二衬厚度，YK38＋398～YK38＋426 段必须拆除加固工字钢和原来已施作的初期支护，并重新开挖才能达到二衬厚度要求，而此段是险情最严重地段，施工风险较大。通过对施工图设计文件分析，桃树垭隧道右线为 2.333％的单上坡，可以考虑调整一段纵坡，不拆除拱部 18 工字钢。具体方案如下。

(1)纵坡调整：由于洞口段仰拱已施工至 YK38＋490 处，因此考虑从 YK38＋490 处开始调整纵坡，在 YK38＋090～YK38＋490 段通过两段调坡与原设计纵坡顺接，YK38＋090～YK38＋290 段调整后纵坡为 1.6455％，YK38＋290～YK38＋490 段调整后纵坡为 3.0205％。YK38＋490～YK38＋530 段仰拱 C15 片石混凝土回填进行局部凿除已达到设计高程，调整见图 4。

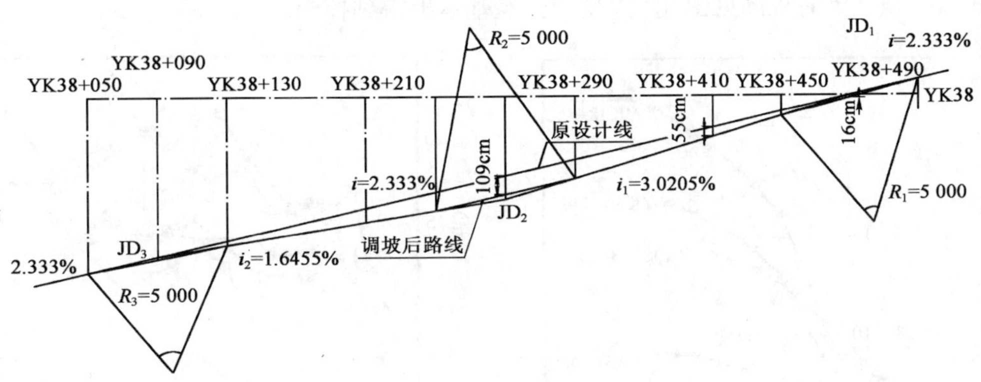


图 4 桃树垭隧道出口调坡平面图

通过纵坡调整后加固段拱部约 120°范围内二衬厚度可满足设计要求，不需进行任何拆除，但边墙和局部拱腰必须拆除加固的 18 工字钢。

(2)二衬加强：加固段 YK38＋398～YK38＋410 原设计二次衬砌为 S3 衬砌类型，YK38＋410～YK38＋460 原设计二次衬砌为 S4b 衬砌类型，现统一变更为 40cm 厚钢筋混凝土衬砌类型。

(3)保护段：在加固段两端各设置一定长度的保护段，进一步加强加固段的稳定，保证工程安全。YK38＋383～YK38＋398 段 15m 长度范围原设计为 S3 衬砌类型，建议增加超前支护和加强初期支护，超前支护和初期支护按 S5b 类型施作；YK38＋460～YK38＋490 段原设计为 S4b 类型，现初期支护已施作完毕，建议此段二次衬砌增加仰拱，即按 S4a 类型施作二次衬砌。

### 4.2 施工工序

现加固段已完成下台阶开挖和初支落底至 YK38+415 附近,掌子面桩号为 YK38+398,为保证施工安全下阶段开挖方式仍采用上下台阶法开挖,所以加固段下台阶开挖和初支落底已停止。具体施工工序如下。

(1)开挖 YK38+415~YK38+460 段仰拱,并进行该段仰拱施作和仰拱回填。

(2)完成第一步施工后,掌子面恢复施工。

(3)掌子面恢复施工的同时,开挖 YK38+460~YK38+490 段仰拱,并进行该段仰拱施作和仰拱回填。

(4)YK38+460~YK38+490 段仰拱施作完成后,YK38+460~YK38+478 段施作两模二次衬砌混凝土。

(5)YK38+460~YK38+478 段二次衬砌混凝土达到设计强度后,开始拆除加固段墙部和局部拱腰部分 18 工字钢。拆除前首先对拱部工字钢进行锁脚锚管加固,并对不需要拆除部分喷射 C20 混凝土摸平。拆除长度每次暂定为半模长度,即 4.5m,根据现场实际施工情况再调整每次拆除长度。锁脚锚管为 Φ42mm 注浆小导管,长度 3.5m,每榀工字钢暂定为 4 根,左右各 2 根。拆除顺序为从 YK38+460 开始,从大里程逐步向小里程方向进行;拆除范围应按现场实际断面进行,拆除数量设计文件中按拱部 120°以下部分考虑。

(6)拆除一段,马上紧跟进行该段二次衬砌施作。

(7)二次衬砌达到设计强度后,进行下一个循环。

## 5 大变形整治措施实施效果分析

经过 2006 年 9 月~11 月对 YK38+460~YK38+490 保护段增加仰拱施作和施作 S4a 型二次衬砌。对 YK38+398~YK38+460 加固段进行初期支护加固后,监测数据表明,桃树垭隧道右洞 YK38+398~YK38+465 加固后的初期支护变形速率逐步趋于稳定,至 2006 年 11 月 6 日,该段隧道水平收敛最大值为 18.12mm,收敛速率小于 0.2mm/d,拱顶最大位移为 19.02mm,沉降速率小于 0.1mm/d。隧道围岩水平收敛时程图见图 5,拱顶下沉时程图见图 6。大变形已经基本上得到控制。

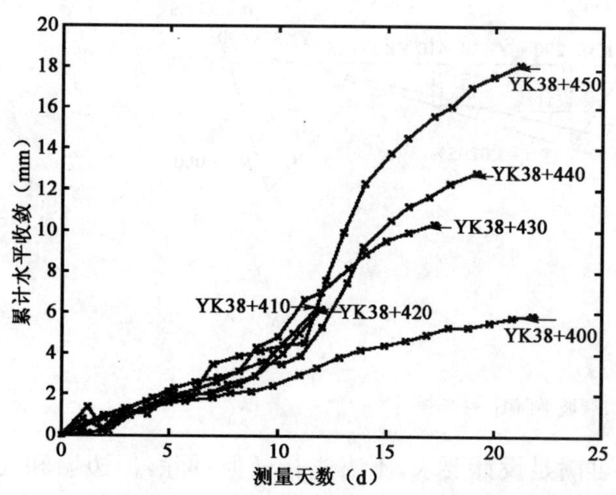


图 5 YK38+400~YK38+460 各断面处理后累计水平收敛时程图

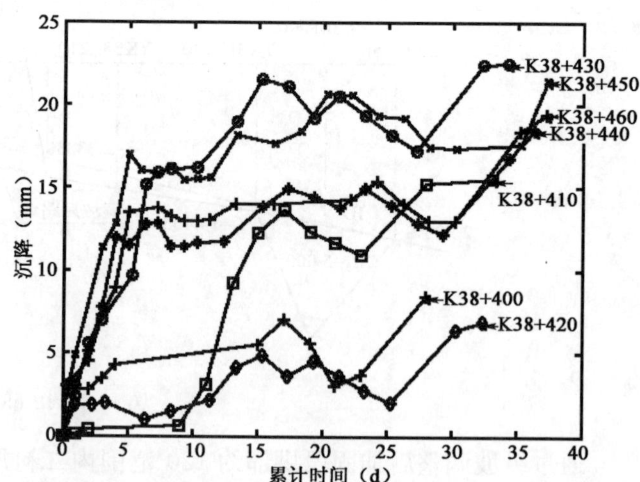


图 6 YK38+400~YK38+460 各断面处理后累计拱顶沉降时程图

## 6 结论

(1)施工过程中,可通过设置临时仰拱或横撑,及时将初期支护封闭成环,以减少初期支护的变形值。

(2)对于裂隙发育或断层破碎带围岩,应选用径向小导管超前注浆,并打锚杆进行支护,加固围岩,防止隧道发生大变形。

(3)加强监控量测和超前地质预报的准确性,及时进行支护参数调整。二次拆换型钢和安装内层钢拱架，必须待初期支护变形速率小于一定数值，才能施作。

(4)软弱围岩类等隧道开挖时，如果大变形一旦发生，松动圈会很快扩展，有时会产生坍塌等地质灾害，从而使得支护工作量或工程整治费用急剧增大。因此，在隧道开挖前要对围岩大变形进行判断和预测预报，在大变形发生之前采取相应的支护措施，保证施工的安全和降低造价。

## 参 考 文 献

[1] 刘新荣，李通林，王艳辉，等.裂隙岩体的渗流特性研究[J].江西有色金属，2000，14(2)：1-4.

[2] 焦苍，祝江林，范鹏，等.浅埋软岩隧道开挖围岩变形非线性模拟分析[J].地下空间与工程学报，2005，1(5)：703-706.

[3] 王红伟，王希良，彭苏萍，等.软岩巷道围岩流变特性试验研究[J].地下空间，2001，21(5)：361-374.

# 内置管棚在隧道塌方处治中的应用研究

张行鹏　陈　斌

(重庆高速公路集团有限公司垫利分公司　重庆　400060)

**摘　要**:本文以石忠高速公路B2合同段某隧道为背景,介绍了以内置管棚技术处治隧道塌方的施工工艺,为隧道塌方处置提供了经验。

**关键词**:内置管棚　隧道塌方处治　应用研究

## 1　工程概况

重庆石忠高速公路B2合同段隧道所在地海拔1 400m左右,围岩为泥岩、泥质灰岩,解理裂隙发育,呈薄层状分布。泥岩和泥质灰岩遇水容易软化、泥化,失水容易风化、崩解。2006年重庆地区发生百年一遇的大旱,地下水失水严重,接着又发生连续数天的强降雨,使得地下水得到较好、较快的补充。在失水和富水的反复作用下,该隧道左洞突然发生塌方,初期支护垮塌,造成塌方总长46m,使塌方段整个隧道被掩埋。

该隧道工期特别紧张,使该隧道塌方处治成为整条线的咽喉工程。同时由于该隧道被松散泥岩所掩埋,采用先进合理科学的施工处治手段成为工程的关键。鉴于该隧道被特别松散破碎的泥岩所掩埋,采用大管棚施工工艺成为该隧道塌方处治的唯一选择。

## 2　管棚选择

大管棚一般为隧道洞内处治塌方的最有效手段。隧道塌方后塌方堆积体一般都是破碎岩石或者夹有较大孤石,相对而言都是松散体。公路隧道跨径一般较大,受隧道开挖影响,容易形成塌方。若在塌方体下直接开挖,容易诱发更大的塌方。为减小开挖对塌方的影响,在开挖轮廓外预先打入深孔大管棚。由于管棚分布较密,相应减小了松散体的跨径,使得开挖线外的松散体保留在管棚之上,减小了再次发生塌方的可能,提高了开挖的安全系数,是处理隧道塌方的一种行之有效的手段。

由于该隧道地处高海拔,雨量充沛,地下水易得到地表水补充而极其丰富,泥岩容易泥化,使得管棚施工难度极大,即无法成孔,管棚安装困难。同时由于泥岩泥化软化后和管棚紧贴,管棚安装时摩擦力极大,使得管棚安装极其困难且不易按设计安装到位。鉴于这种特殊的围岩地质条件,项目部决定采用型号为xy—2pc的水平地质钻机进行施工,采用跟管施工工艺。该钻机主要由液压系统和转动系统组成,采用$\phi$50mm钻杆带动偏心钻头进行钻孔,钻杆和钻头之间由冲击器相连。管棚地质钢管端部由管靴作引导头,管靴外径和管棚钢管相同,内径小于管棚钢管,冲击器推动管靴带动管棚钢管前进。

## 3　管棚分布概况

该段塌方处治采用大管棚施工工艺,共设置三环大管棚。第一环大管棚进尺25m,第二环和第三环大管棚进尺各为30m。第一环管棚起点桩号为ZK7+010.3,第二环管棚起点桩号为ZK7+025.5,第三环管棚起点桩号为ZK7+045.5,套拱宽250cm。拱内各设5榀20b型工字钢拱架,拱架间距为50cm,与套拱内布设的$\phi$150mm孔口管焊接为整体,采用$\phi$16mm固定钢筋与孔口管和工字钢拱架进行双面焊接,焊缝长度大于5倍钢筋直径。套拱采用C25混凝土浇注,添加适量早强剂。在施工过程中,必须保证套拱稳定、不偏移、不沉降,必要时增加临时支撑。

## 4 管棚施工工艺

### 4.1 套拱

开挖(或换拱)至套拱设计里程时,按试验确定的管棚外插角计算套拱内架设的4榀工字钢拱架的高程,安装钢拱架并调整其高程,使之符合外插角要求的高度,用连接钢筋把4榀钢拱架连接牢固。然后按设计间距35cm调整$\phi$150mm孔口管的位置,并修正其外插角,使之与试验确定的外插角度相符,然后和拱架焊接牢固。安装模板,浇注套拱混凝土。

### 4.2 钻孔

(1)使用水平地质钻机施钻深孔,每节钻杆长2.0m。钻孔时随着孔深的增加,需要对回转扭矩、冲击力及推力进行控制和协调,尤其是推力要严格控制,不能过大。

(2)为了确保钻杆接头有足够的强度、刚度和韧性,钻杆连接套应与钻杆同材质,两端加工成内丝扣(钻杆首尾端加工成外丝扣),连接套最小壁厚≥10mm。为防止钻杆在推力和振动力的双重作用下上下颤动,导致钻孔不直,钻孔时应把扶直器套在钻杆上,随钻杆钻进向前平移。

(3)水平地质钻机就位固定后,由测量人员站在工作平台上准确定出钻孔位置。

(4)钻孔时,水平地质钻机必须紧贴在掌子面上,以防止产生过大颤动,提高施工精度。

(5)钻机开孔时钻速宜低,钻深20cm后转入正常钻速。

### 4.3 顶管

采用大孔引导和管棚钻进相结合的顶管工艺(跟管工艺),即先钻大于管棚直径的引导孔,然后利用冲击器的冲击力和推力(顶进管棚时钻机不使用回转压力,不产生扭矩)将安有管靴的棚管沿引导孔钻进,接长管棚,直至孔底。

钢管顶进的作用要点如下。

(1)管件制作:管棚采用$\phi$127mm×6mm的地质钢管,钢管上间隔25cm按梅花形分布钻设直径8mm的注浆小孔,钢管每节长2m。管棚接长时随钻孔的加深逐渐分节加长,管棚随钻孔前进,即跟管施工工艺。

(2)接长管件应满足管棚受力要求,相邻管的接头应前后错开,避免接头在同一断面受力。同一断面接头数不得超过管棚数的50%。

(3)接管:当第一根钢管推进孔内,孔外剩余长度为30~40cm时,开动钻机反转,使顶进连接套与钢管脱离;钻机退回原位,人工装上第二节钢管,钻机重新对正,缓慢、低速前进对准第一节钢管端部(严格控制角度),人工持链钳进行钢管连接,使两节钢管在连接套处连成一体,钻机再以冲击压力和推进压力低速顶进钢管。根据管棚设计长度,按同样方法继续接长钢管。

(4)扫孔:管棚跟管达到设计长度后,进行扫孔。管棚钢管钻进达到设计长度后,停止钻机液压推进系统,继续开动钻机转动系统,利用螺旋钻杆转动将管棚钢管内岩屑带出,从而起到清除管棚钢管内岩屑的作用。

### 4.4 安装加强钢筋

管棚钢管内岩屑清扫干净之后,进行加强钢筋安装。管棚加强钢筋由4根$\phi$20mm钢筋组成。4根加强钢筋均布焊接在$\phi$50mm×4.5mm的无缝钢管周围,钢管每节长度为4cm,间距为150cm。

### 4.5 注浆

采用注浆压力和注浆量双指标控制,以压力控制为主,注浆压力不小于2.0MPa。考虑扩散半径为60cm,围岩孔隙率为10%,则25m大管棚单根注浆量为2.83m$^3$,39m大管棚单根注浆量为

3.93$m^3$。达到注浆压力或实际注浆量远远超过设计量之后，停止注浆并用水泥砂浆充填管棚钢管，以加强管棚刚度。

## 5 结语

采用地质钢管大管棚后，由于管棚的刚度得到了有效保证，使得管棚端部下垂有限，同时该管棚没有断管，完全达到设计要求，也使该隧道掘进安全通过塌方段，保证了工期目标，为隧道塌方处置提供了经验。

# 隧道拱部预裂爆破与光面爆破施工技术

巴福隆

(重庆高速公路集团有限公司垫利分公司　重庆　401121)

摘　要：石忠高速公路吕家梁隧道为薄层状镶嵌结构、岩层水平层理、宽大断面隧道，采用预裂爆破及光面爆破的施工技术。本文在成缝机理、质量控制、爆破参数设计、装药结构与起爆等四个方面作了具体阐述，详细介绍了隧道爆破施工技术。

关键词：预裂爆破　光面爆破　施工技术

## 1　工程概况

吕家梁隧道单洞全长为左线 6.66km，右线 6.67km，本项目部施工的部分单洞长度为左线 3 349m，右线 3 332m，与 B6 合同段中铁隧道股份有限公司对打。该段隧道地质结构一般，洞身部分段落存在煤层，未有大的断层、破碎带等不良地质现象，亦无岩溶、矿坑、有毒、有害气体存在。岩体主要存在三组发育节理，岩层倾角一般为 6°～10°。隧道进出口处岩体呈块碎状镶嵌结构，洞身岩体为水平层理，呈薄层状镶嵌结构夹杂大块状砌体结构。

## 2　施工技术

为保证保留岩体按设计轮廓面成型并防止围岩破坏，须采用轮廓控制爆破技术。常用的轮廓控制爆破技术包括预裂爆破和光面爆破。所谓预裂爆破，就是首先在设计轮廓线上布置预裂爆破孔药包，形成一条沿设计轮廓线贯穿的裂缝，再在该人工裂缝的屏蔽下进行主体开挖部位的爆破，保证保留岩体免遭破坏；光面爆破是先爆除主体开挖部位的岩体，然后再在设计轮廓线上的周边布置孔药包，将光爆层炸除，形成一个平整的开挖面。预裂爆破和光面爆破在该项目上经过多次试验及总结经验，在石忠项目上得到了广泛推广。

### 2.1　成缝机理

预裂爆破和光面爆破都要求沿设计轮廓产生规整的爆生裂缝面，两者成缝机理基本一致。现以预裂缝为例论述它们的成缝机理。

预裂爆破采用不耦合装药结构，其特征是药包和孔壁间有环状空气间隔层，该空气间隔层的存在削减了作用在孔壁上的爆炸压力峰值。因为岩石抗压强度远大于抗拉强度，因此可以控制削减后的爆压不致使孔壁产生明显的压缩破坏，但切向拉应力能使炮孔四周产生径向裂纹。加之孔与孔间彼此的聚能作用，使孔间连线产生应力集中。孔壁连线上的初始裂纹进一步发展，而滞后的高压气体的准静态作用，使沿缝产生气刃劈裂作用，使周边孔间连线上的裂纹全部贯通成缝。

### 2.2　质量控制标准

(1)开挖壁面岩石的完整性用岩壁上炮孔痕迹率来衡量。炮孔痕迹率也称半孔率，为开挖壁面上的炮孔痕迹总长与炮孔总长的百分比率。一般，对节理裂隙极发育的岩体，一般应使炮孔痕迹率达到 10%～50%；节理裂隙中等发育岩体应达 50%～80%；节理裂隙不发育岩体应达 80%以上。围岩壁面不应有明显的爆生裂隙。

(2)围岩壁面不平整度(又称起伏差)的允许值为±15cm。

(3)在临空面上，预裂缝宽度一般不宜小于 1cm。实践中表明，对软岩(如洞口处的泥质粉砂岩)，预裂缝宽度可达 2cm 以上,而且只有达到 2cm 以上时,才能起到有效的隔震作用;但对坚硬岩石,预裂缝宽度难以达到 1cm。经多次检测,在Ⅳ类围岩段落的砂岩预裂缝宽仅为 3～5mm,仍可起到有效隔震作用。地下工程预裂缝宽度比露天工程小得多,一般仅达 0.3～0.5cm。因此,预裂缝的宽度标准与岩性及工程部位有关,应通过现场试验最终确定。

(4)影响轮廓爆破质量的因素,除爆破参数外,主要依赖于地质条件和钻孔精度。这是因为爆生裂缝极易沿岩体原生裂隙、节理发展,而钻孔精度则是保证周边控爆质量的先决条件。

### 2.3 参数设计

预裂爆破和光面爆破的参数设计一般采用工程类比法,并通过现场试验最终确定。

#### 2.3.1 预裂爆破参数

(1)孔径:隧洞开挖为 40～80mm。

(2)孔距:与岩石特性、炸药性质、装药情况、开挖壁面平整度要求和孔径大小有关。孔距一般为孔径的 7～12 倍。爆破质量要求高、岩质软弱、裂隙发育者取小值。

(3)装药不偶合系数:不偶合系数指炮孔半径与药卷半径的比值,为防止炮孔壁的破坏,该值一般取2～5。

(4)线装药密度:线装药密度是单位长度炮孔的平均装药量。影响预裂爆破参数的因素复杂,很难从理论上推导出严格的计算公式,以经验公式为主。目前,国内较常用公式的基本形式为:

$$Q_X = K[\sigma_c]\alpha[a]\beta[d]\gamma \tag{1}$$

式中: $Q_X$——预裂爆破的线装药密度(kg/m);

$\sigma_c$——岩石的极限抗压强度(MPa);

$a$——炮孔间距(m);

$d$——钻孔直径(mm);

$K$、$\alpha$、$\beta$和$\gamma$——经验系数。

随岩性不同,预裂爆破的线装药密度一般为 200～500g/m。为克服岩石对孔底的夹制作用,孔底段应加大线装药密度到 2～5 倍。

#### 2.3.2 光面爆破参数

(1)光面爆破层厚度:即最小抵抗线的大小,一般为炮孔直径的 10～20 倍,岩质软弱、裂隙发育者取小值。

(2)孔距:一般为光面爆破层厚度的 0.75～0.90,岩质软弱、裂隙发育者取小值。

(3)钻孔直径及装药不偶合系数:不偶合系数指炮孔半径与药卷半径的比值,为防止炮孔壁的破坏,该值一般取 2～5。

(4)线装药密度 $Q_X$:一般按照松动爆破药量计算公式确定。

$$Q_X = qaW \tag{2}$$

式中:$q$——松动爆破单耗(kg/m$^3$);

$a$——光面爆破孔间距(m);

$W$——光面爆破层厚度(m)。

### 2.4 装药结构与起爆

装药结构包括堵塞段、孔底加强段、均匀装药段。

(1)堵塞段

堵塞段的作用是延长爆生气体的作用时间,且保证孔口段只产生裂缝而不出现爆破漏斗,对深孔爆破该段长一般取 0.5～1.5m。

(2)孔底加强段

段长大体等于堵塞段。由于孔底受岩石夹持作用,故需用较大的线装药密度。

(3)均匀装药段

该段一般为轴向间隔不耦合装药,并要求沿孔轴线方向均匀分布。轴向间隔装药须用导爆索串联各药卷起爆。为保证孔壁不被粉碎,药卷应尽量置于孔的中心。国外一般用炮孔中心定位器定位,国内一般是将药卷及导爆索绑于竹片进行药卷定位。

为保证同时起爆,预裂爆破和光面爆破一般都用导爆索起爆,并通常采用分段并联法。由于光面爆破孔是最后起爆,导爆索有可能遭受超前破坏。为保证周边孔准爆,对光面爆破孔可采用高段延期雷管与导爆索的双重起爆法。预裂孔若与主爆区炮孔组成同一网路起爆,则预裂孔应超前第一排主爆孔 75～100ms 起爆。

## 3 结语

(1)对于隧道洞口的软弱破碎围岩地段,采用预裂爆破施工工艺,增加了施工安全度,提高隧道洞口围岩的长期稳定性,具有显著的经济效益和社会效益。

(2)洞内预裂爆破、光面爆破相结合,减小了对围岩的扰动,并加强了超欠挖控制,为节约工程施工成本起到了决定性的作用。

(3)预裂爆破、光面爆破施工工艺的推广,有效地提高了隧道施工技术水平,为今后隧道施工积累了丰富的经验。

### 参考文献

[1] 中华人民共和国行业标准.JTJ 042—94 公路隧道施工技术规范[S].北京:人民交通出版社,1994.

# 高速公路毗邻隧道及隧道群火灾模式下控制预案研究

郭　春[1]　施洪乾[1]　王明年[1]　何　川[1]　陈　平[2]　濮家利[2]

(1.西南交通大学　成都　610031；

2.重庆高速公路集团有限公司　重庆　400045)

**摘　要**：高速公路毗邻隧道及隧道群发生事故后，特别在火灾情况下，必须对交通进行管制。根据火灾控制预案总原则，将有交通工程的隧道和没有交通工程的隧道，沿行车方向是间隔交替出现的隧道群进行分类，并给出两类隧道群火灾交通控制原则，进一步说明高速公路火灾联动控制原理及基准，以渝沙通道界水高速为例，列举出毗邻隧道及隧道群火灾模式下的控制预案模式，建议在以后的隧道建设中，无论隧道的规模大小都应该建设交通工程。

**关键词**：高速公路　毗邻隧道　隧道群　火灾　控制预案

## 1　概述

在我国高速公路建设中，尤其在山区众多的西部地区，特长隧道、隧道群及毗邻隧道在整个线路中所占比例极大。

隧道群及毗邻隧道在防灾控制方案上与单个隧道有着明显的不同，隧道群及毗邻隧道的联动控制在防灾控制中，必须考虑隧道之间的相互影响。因为与单体隧道相比，其运营控制更加复杂，在事故情况下，特别在火灾情况下，必须对交通进行管制[1~2]。隧道群必须采用联动技术才能防止事故规模的扩大和次生灾害的发生。由于每个隧道都有各自独立的控制系统，当一个隧道发生事故后，事故隧道和非事故隧道的联动控制是当今研究的盲区。因此，对隧道群及毗邻隧道的火灾模式下控制预案进行研究具有重要意义。

## 2　火灾控制预案总原则

根据国家各项法律法规及灾害应急预案的内容[3]，我们对于毗邻隧道及隧道群火灾时的防灾救援预案，贯彻以下总原则。

(1)以人为本，预防为主，防消结合。

(2)监控有效，联动控制，措施有力，疏散有序，助救与自救相结合。

(3)早期发现，及时灭火。

## 3　毗邻隧道及隧道群火灾情况交通控制原则

### 3.1　有交通工程的中、长隧道

(1)隧道群下游发生火灾。当隧道群的下游发生事故，封闭隧道群的第一个隧道和隧道群下游的第一个隧道，隧道群中的其他隧道按正常运营模式控制。隧道封闭状态见图1。

(2)隧道群中发生火灾。对于隧道群中发生火灾的情况，封闭事故隧道及隧道群中事故隧道上游的隧道。对于各封闭隧道，若其相对剩余长度 A>0 则车辆停止在下游隧道入口处；若 A<0 且与下游隧道之间有回车道的，车辆从回车道导出；若 A<0 且与下游隧道之间没有回车道的，车辆通过隧道内的横通道，进入旁边的并行隧道，由旁边的并行隧道导出。

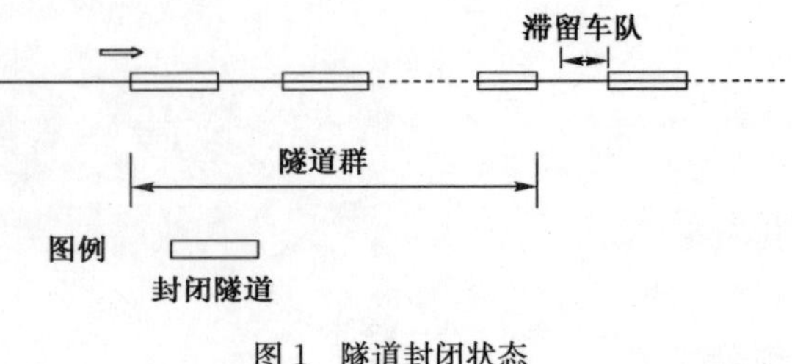


图1　隧道封闭状态

### 3.2 没有交通工程和有交通工程的混合隧道群

在线路的一系列隧道中，可以将其分成有交通工程的隧道和没有交通工程的隧道两个部分。有交通工程的隧道和没有交通工程的隧道沿行车方向是间隔交替出现的。其分布形式有两种。

(1)“有交通工程隧道—没有交通工程隧道”间隔交替分布。将此种分布形式称为“I型分布”，隧道群分布见图2。

对于“I型分布”的隧道群，进行防灾交通联动控制，主要是对上游的有交通工程的隧道进行控制，保证上游没有车辆进入下游的没有交通工程的隧道。下游没有交通工程隧道内的车辆沿行车方向驶出隧道。对于上游的有交通工程的隧道群，两端的隧道封闭。

(2)“没有交通工程隧道—有交通工程隧道”间隔交替分布。将此种分布形式称为“II型分布”，隧道群分布见图3。

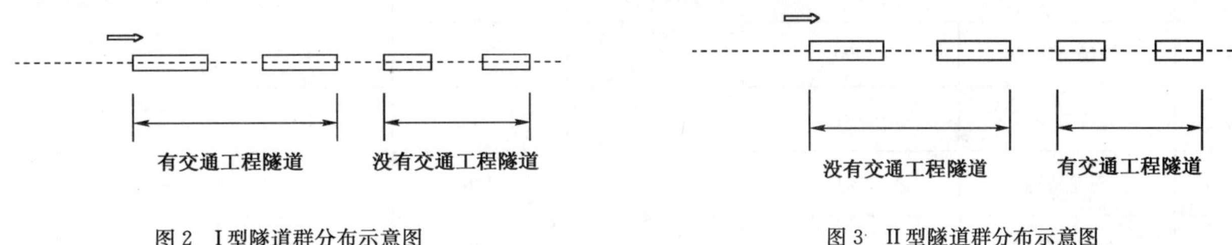


图2 I型隧道群分布示意图

图3 II型隧道群分布示意图

对于“II型分布”的隧道群，进行防灾交通联动控制，主要是对下游的有交通工程的隧道进行控制，保证上游没有交通工程隧道驶出的车辆进入下游的有交通工程的隧道，通过有交通工程的隧道对所有车辆进行控制。

## 4 火灾联动控制原理及基准

### 4.1 火灾联动控制原理

隧道内发生火灾时，关闭控制区内火灾上游隧道及路段，左右线下游车辆直接开走，控制区和影响区的交通管制信号和相关设备要联动控制；火灾后，除火灾隧道外，在隧道间距允许的情况下，车辆尽量停在路段上，不停在隧道内；若隧道间距不允许，车辆停在隧道内，并开启该隧道内的风机。

### 4.2 控制基准

(1)开启火灾隧道上游所有的车行横通道门(人行横通道门为平开门，逃生人员可自行推开)，以利于人员利用非火灾隧道疏散。

(2)阻止烟雾逆流，考虑火灾下游温度扩散速度，保持火灾点附近风速2.5～3m/s[4]。

(3)根据火灾时期的参数，应用网络通风理论确定风机开启的台数，及风机正、反转(风机所形成的风流方向与车行方向一致时为正转，否则为反转)。

(4)开启所有照明灯具，以便进行疏散救援。

(5)根据火灾点位置开启相应的控制区和影响区的交通管制信号和相关设备。

## 5 毗邻隧道群火灾控制预案举例

### 5.1 隧道群基本情况

以渝沙通道界水高速为例。全线采用高速公路标准建设，路线全长84.291km，设计时速100km/h。共有7座隧道：龙凤山隧道、炉场坡隧道、斑竹林隧道、石龙隧道、槐子树隧道、太平隧道、南湖隧道，其中有交通监控系统的隧道4座，分别为龙凤山隧道、石龙隧道、太平隧道、南湖隧道。隧道所在路段交通量预测见表1。

**隧道所在路段交通量预测表** 表1

| 设计目标年份 | | 近　期 | 中　期 | 远　期 |
|---|---|---|---|---|
| 高峰小时交通量 | 当量小客车 | 1 048 | 1 579 | 3 163 |
| | 绝对数 | 700 | 1 049 | 2 058 |

根据表1中期和远期的交通量、隧道长度和车辆数,以及隧道间距,计算出隧道间路段上可停车辆情况,见表2。

**界水路隧道群基本情况表** 表2

| 序　号 | 隧道名称 | 隧道长度(m) | 间距(m) | 隧道内最大车辆数(辆) | | 两隧道间可停车辆数(辆) |
|---|---|---|---|---|---|---|
| | | | | 中期 | 远期 | |
| 1 | 龙凤山隧道 | 2 880 | 16 278 | 114 | 228 | 5 426 |
| 2 | 炉场坡隧道 | 590 | 1 969 | 24 | 47 | 656 |
| 3 | 斑竹林隧道 | 121 | 563 | 5 | 10 | 187 |
| 4 | 石龙隧道 | 3 435 | 7 254 | 136 | 272 | 2 418 |
| 5 | 槐子树隧道 | 790 | 3 343 | 32 | 63 | 1 114 |
| 6 | 太平隧道 | 1 986 | 5 620 | 79 | 157 | 1 873 |
| 7 | 南湖隧道 | 1 208 | | 48 | 96 | |

根据表2可以看出,界水路除炉场坡隧道、斑竹林隧道和石龙隧道相距较近外,其余4条隧道相距较远,炉场坡隧道、斑竹林隧道和石龙隧道形成了连续毗邻隧道群。

### 5.2 隧道群火灾预案卡片

预案类别:火灾。

预案名称:石龙隧道1区段火灾控制预案。

执行条件:右线入口至CX02之间发生火灾。

其他说明:左、右线隧道均关闭。

执行步骤:如表3。

**执行步骤** 表3

| 序　号 | 设备类别 | 设备名称 | 执行操作 |
|---|---|---|---|
| 1 | 摄像机 | 1区段内 | 录像 |
| 2 | 四显信号灯 | 长沙端,重庆端 | 红灯 |
| 3 | 可变情报板 | 长沙端,重庆端 | 警告:隧道火灾禁止通行 |
| 4 | 可变速度牌 | 长沙端,重庆端 | 0 |
| 5 | 射流风机 | 右线重庆端:Y5F,Y6F,Y7F,Y8F | 正吹 |
| | | 右线长沙端:Y1F | |
| 6 | 照明灯 | 左,右线照明灯 | 开启 |
| 7 | 信号灯 | LS1,LS2,LS3,LS4,LS5,LS6,LS7,LS8,LS9,LS10,LS11,LS12,LS13,LS14,LS15,LS16 | 反面红灯 |
| | | LS1,LS2,LS5,LS6,LS7,LS8,LS9,LS10,LS11,LS12,LS13,LS14,LS15,LS16 | 正面绿灯 |
| | | LS3,LS4,LS25,LS26 | 正面绿灯开红灯 |

续上表

| 序号 | 设备类别 | 设备名称 | 执行操作 |
|---|---|---|---|
| 8 | 广播 | 全开 | 隧道发生火灾<br>请尽快撤离 |
| 9 | 单柱式小型情报板 | CSLS5 | 前方火灾<br>禁止通行 |
| 10 | 悬臂式可变情报板 | NFCMS2,NFCMS4 | 石龙隧道火灾<br>减速行驶 |
| 11 | 单柱式小型情报板 | CSLS6 | 前方火灾<br>减速行驶 |
| 12 | 可变情报板 | 龙凤山隧道长沙端,太平隧道和南湖隧道重庆端 | 石龙隧道火灾<br>减速行驶 |

## 6 结论及建议

本文对同一条线路上多个隧道在火灾情况下的交通联动控制进行了研究,对没有交通工程和有交通工程的混合隧道给出相应的交通控制方法。

能够对沿线每条隧道进行控制,是在对单体隧道和隧道群做出定义和相应的交通控制方法的基础,而交通工程特别是交通控制信号灯是对隧道进行交通控制的关键。目前,中、长隧道都有交通工程,但是对于较短的隧道则没有交通工程。这对隧道的控制造成了很大困难。因此,建议在以后的隧道建设中,无论隧道的规模大小都应该建设交通工程。

## 参考文献

[1] 何家祥,马璐,邓卫东.高速公路隧道交通安全问题及对策分析[J].公路交通技术,2006,3:130-132.

[2] 倪照鹏,陈海云.国内外隧道防火技术现状及发展趋势[J].交通世界,2003,2:28-31.

[3] 国家突发公共事件总体应急预案.中华人民共和国国务院.2006.

[4] 中华人民共和国行业标准 JTJ 026.1—1999 公路隧道通风照明设计规范[S].北京:人民交通出版社,2000.

# 马垭口隧道变形换拱施工方案

杨　维

(重庆高速公路集团有限公司北方建设分公司　重庆　401121)

**摘　要**:马垭口隧道施工中,经过增设回填混凝土施工,打设注浆小导管进行注浆等手段,变形段已趋于稳定,但由于变形沉降较大,初支混凝土已整体侵限达30～40cm,需要进行换拱作业。换拱遵循"加固先导、先撑后破、重在开口、严禁放炮"的十六字方针进行施工,在确保安全及质量的前提下必须对该段隧道初期支护进行换拱处理。

**关键词**:隧道　换拱　变形　施工方案

## 1　概述

我国西南部多为山岭重丘地区,高速公路隧道所处自然环境与地质环境较为复杂,在隧道修建过程中,不可避免会遇到许多隧道病害[1～3]。就公路隧道而言,占相当比例的隧道在施工期间就产生裂缝、变形等现象。裂缝、变形出现后如果不及时进行治理,经过扩展后会造成初支侵占二衬空间,无法保证二衬厚度,严重者还会导致掉块和坍塌,影响隧道本身的承载力,危及结构的安全。因此,对隧道变形段换拱是保证二衬设计厚度及隧道运营期间安全的重要保障,对其研究就显得十分重要了[4～5]。

马垭口隧道变形换拱段长度达到40m。此段原设计为S4b衬砌支护形式,支护参数为:$\phi$22mm格栅钢拱架纵向间距120cm,$\phi$8mm单层钢筋网,22cm厚C20喷射混凝土,$L=300$cm$\phi$22mm系统锚杆支护。按照设计,施工完毕后此段沉降变形较大,及时采取措施进行加固,加固措施有:变更增设回填混凝土施工;打设注浆小导管进行注浆;安装$\phi$22mm格栅钢拱架作为套拱进行支护;安装I18工钢套拱;使用$\phi$159mm钢管进行竖向支撑加固。经过加固施工,变形段趋于稳定,但由于变形沉降较大,初支混凝土已整体侵限达30～40cm,无法正常进行二次衬砌施工,需要进行换拱作业。变形段原始变形数据如图1、图2所示。

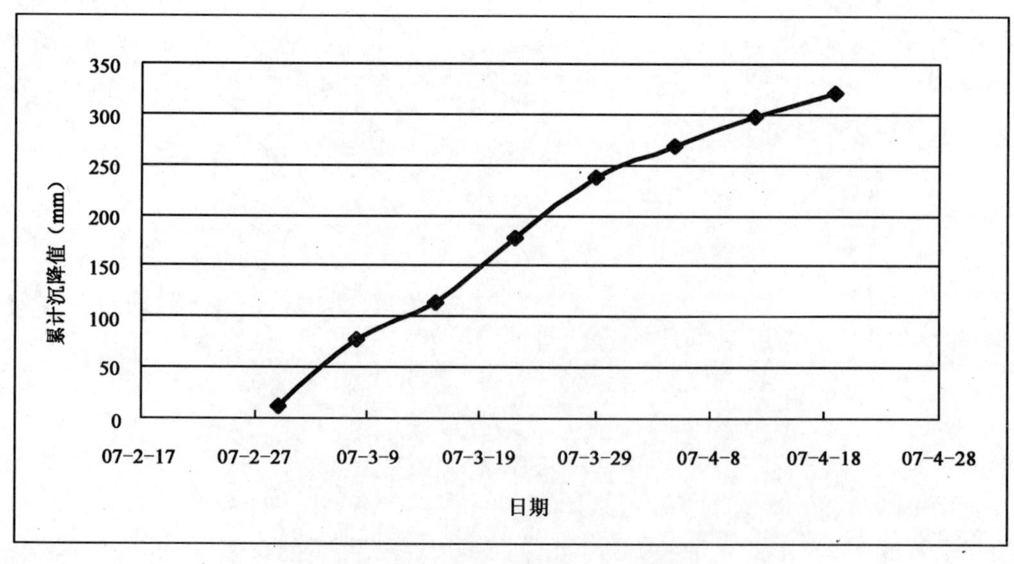


图1　某断面拱顶沉降位移变化时态曲线

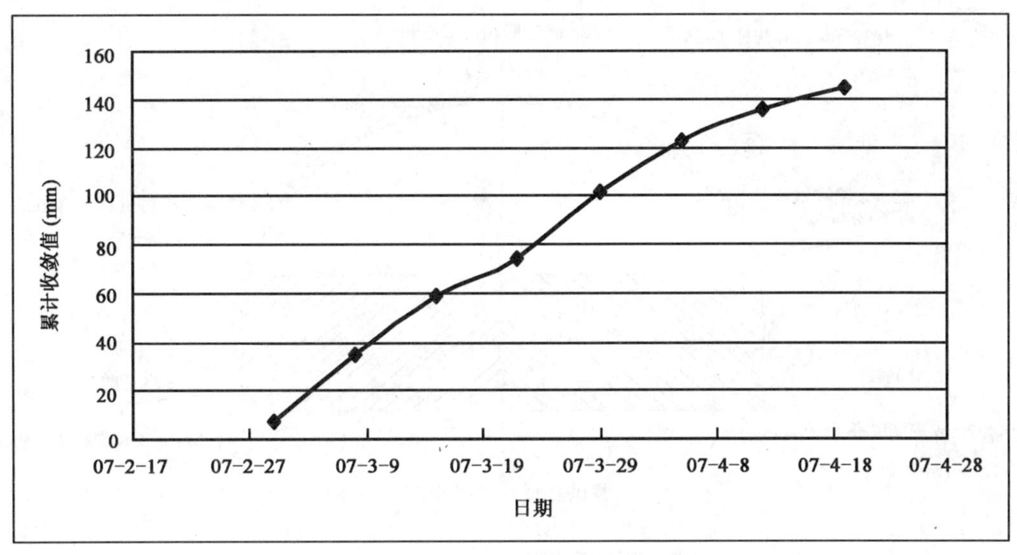


图 2　某断面收敛位移变化时态曲线

## 2　隧道变形原因分析

(1)围岩结构不利于稳定:主要体现在其节理陡,基本上是 80°～85°,节理裂隙发育、破碎,且局部呈不规则状的斜向构造面切割洞身,节理裂隙对隧道围岩稳定产生不利影响。

(2)围岩本身特性:隧道内主要围岩为强～中风化泥灰岩、泥岩、含膏质泥岩,薄～中厚层状,且膏类介质具有一定的膨胀性。

(3)设计支护形式与实际围岩不符:隧道围岩破碎、渗水,而设计支护形式仅为格栅拱架支护,且间距较大,该支护无法抵抗软弱围岩所产生的荷载,这是隧道变形产生的根本原因。

(4)地下水及地表水影响:隧道在洞身开挖过程中局部裂隙水发育,无水地段雨后渗漏水严重,受水影响,围岩自身稳定性降低,大量的应力向隧道内释放,导致变形过大。

## 3　施工过程与控制方法

换拱遵循“加固先导、先撑后破、重在开口、严禁放炮”的十六字方针进行施工[6]。变形换拱段由于变形沉降较为严重,出现拱架弯曲下沉,初支混凝土严重开裂,地表水下渗等现象。为防止坍塌事故发生,在变形初期即使用套拱及 $\phi$159mm 钢管进行支护,对其进行了有效加固,阻止了变形的进一步发展。在此基础上进行了换拱施工,变形段换拱施工步骤如下。

(1)渣堆松散体反压回填

换拱前先对变形段进行反压回填,并碾压密实。渣堆反压回填是顺利进行换拱施工的关键步骤之一。回填土不仅为换拱创造了施工平台,而且其产生的反压力能够有效防止拱脚收敛,及拱腰变形。

(2)加固支撑

在进行开槽前为防止震动造成新的沉降变形,应再次进行加固施工。虽然变形前期已经进行了加固支护,且变形已趋于稳定,但此时其处于应力平衡状态,贸然开槽换拱必将破坏其稳定状态,造成新的变形。再次加固主要使用 I18 钢支撑及 $\phi$159mm 钢管进行竖向支护。要求在未反压回填段,架设新的套拱及钢管支撑,新的套拱拱脚安装在两侧已浇注边墙之上,并与边墙预埋钢筋焊接在一起。由于拱顶沉降造成初支混凝土形状不规则,套拱不能与初支混凝土完全接触,两者之间的空隙应采用方木进行塞垫或喷射混凝土。套拱安装完毕后,使用 $\phi$22mm 钢筋作为纵向连接筋将相临套拱连接在一起,使拱架形成整体。在已进行反压回填段准备开槽处,位于开槽之前的几榀拱架使用 $\phi$159mm 钢管进行支撑,钢管与原有套拱焊接在一起,如图 3、图 4 所示。

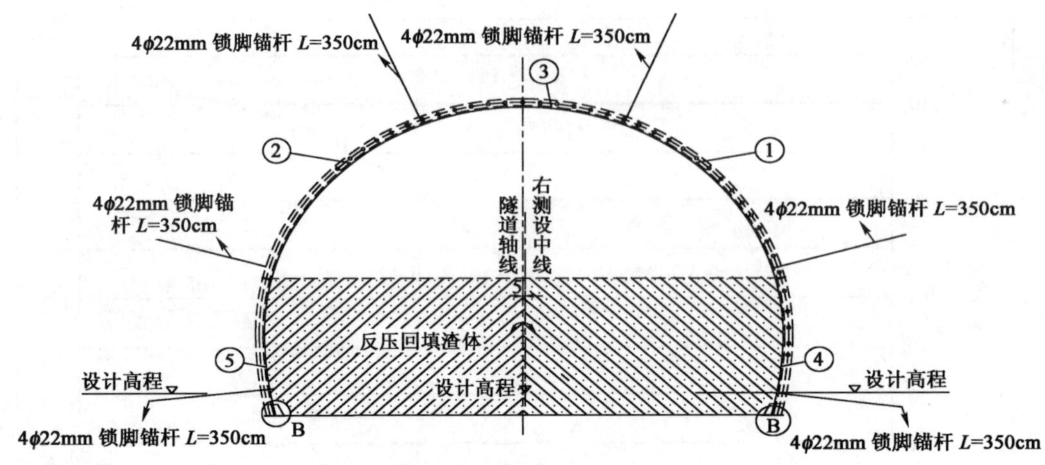


图 3 换拱立面图(尺寸单位:cm)

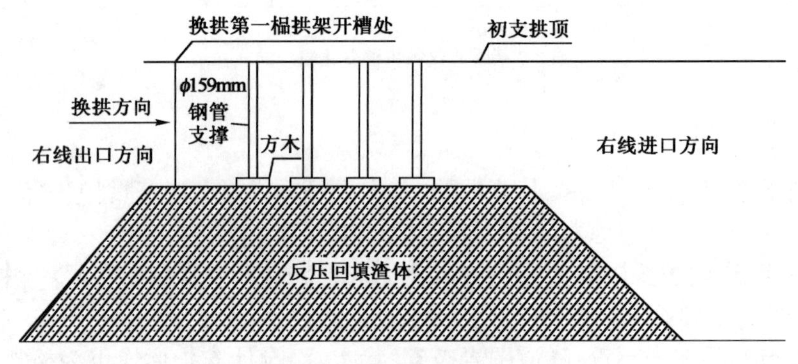


图 4 换拱纵断面图

(3)换拱施工

换拱施工从洞外向洞内进行。换拱施工利用反压回填渣体作为工作平台,先进行上台阶换拱作业。第一榀采用风镐凿除的宽度应略比钢支撑宽,凿除一节,安装一节钢支撑;换第二榀时,凿除宽度为第一榀与第二榀之间的设计宽度,严禁放炮或剧烈震动造成宽度过大。拱架安装完毕后及时打设锁脚锚杆进行固定,并与钢支撑焊接牢固,锁脚锚杆长度 $L$=3.5m,焊接好单层 $\phi$8mm 钢筋网后,喷射 26cm 厚 C20 的混凝土。施工第三榀及第四榀方法同第二榀。

超前支护:换好第一榀钢支撑后立即施工 $\phi$42mm 超前小导管进行超前支护,每环 37 根,$L$=3m,环向间距 40cm,仰角 10°~15°,小导管注浆采用 1∶1 的水泥浆注浆,注浆压力 0.5~1.0MPa。由于换拱段渗水较为严重,注浆液中加入一定量的水玻璃,可加快浆液凝结速度。上台阶施工一段距离后进行出渣,进行下台阶换拱作业。在下台阶进行换拱施工时注意左右错开,防止两侧同步进行。换拱过程中由于围岩过于破碎,开凿后容易产生垮塌,因此应及时进行初喷混凝土,封闭开挖面。对于拱顶因为垮塌产生的空洞,需用喷射混凝土进行回填,或在拱架安装时预留输送泵管道,以后浇注混凝土回填。由于换拱段情况复杂,必须对其加强量测。量测分为对未换段沉降量测和对已换段沉降收敛量测。如果数据异常,应及时采用支撑加固措施或加强换拱支护参数。

## 4 换拱施工参数

(1)钢支撑:I18 钢支撑,钢支撑纵向间距 75cm。

(2)纵向连接筋:采用 $\phi$22mm 钢筋对钢支撑进行纵向连接,全拱范围内连接筋环向间隔 1m 设置。连接筋长度 $L$=85cm,连接筋与钢支撑重叠部分满焊连接。

(3)锁脚锚杆:采用 $\phi$32mm 钢筋对钢支撑进行锁脚,锁脚锚杆每处钢支撑拱脚设置 4 根,单根长 $L$=

3.5m。锁脚锚杆应现场做好锚固作业，锚杆端部应弯成90°与钢支撑焊接牢固。

(4)钢筋网：$\phi$8mm钢筋网，网格尺寸20cm×20cm，搭接应不低于一个网格尺寸，钢筋网与初喷面应密贴。

(5)辅助措施超前小导管：$\phi$42mm注浆导管，单根长3.5m，环向间距40cm，每环37根。

(6)预留沉降量：按30cm设置。

(7)衬砌：C25防水混凝土，厚度55cm。

## 5 换拱施工安全

换拱施工可能发生坍塌事故，较为危险，在施工过程中必须严格遵守安全守则，按照施工方案规范施工。

(1)安装套拱时，作业人员佩带好安全帽、安全带、绝缘鞋等防护用品。

(2)换拱作业台架应做好安全防护工作，用电采用安全电压、人员上下采用跑梯、周边设置安全防护栏、台架上作业工具应集中放置箱中、作业人员临边作业应挂安全绳、穿防滑鞋等。

(3)换拱作业严禁爆破施工。

(4)采用机械破除初支混凝土时做好机械指挥，避免出现大的超挖，控制开挖长度，每次开挖一榀，避免破除第一榀拱架时带动第二榀拱架大幅度变形、位移。

(5)换拱施工时经常观察作业面围岩、初支混凝土、初支钢支撑情况，观察交叉作业情况，人、机流动情况，材料、机械现场使用情况，发现不正常施工现象应及时制止，有危险预兆应及时停止作业，疏导作业人员撤离工作现场并及时向上级汇报现场情况。

(6)初支混凝土凿除后应及时初喷混凝土封闭开挖面。

(7)破除侵限初支混凝土开槽后应人工找顶，将危石及悬块凿除防止掉落伤人。

(8)换拱时应按照测量组所测数据进行开挖换拱，不宜超挖，严禁欠挖。

(9)操作司机、喷射手、电焊和气割作业人员必须经过培训和国家劳动部门考核发证后，持证上岗。

(10)换拱施工段应加强照明。

(11)换拱各工序应连续进行，如换拱施工未完成一个工作循环而被迫中断时应视现场情况做好各项安全防护工作。如喷射混凝土封闭工作面、打设锁脚、加设支撑、安全看守等措施。

## 6 结语

对于隧道施工，开挖时应根据围岩实际情况确定支护参数，并制订切实可行的施工方案，防止沉降、收敛等变形的产生。隧道变形一旦产生，需要进行换拱施工时，应先进行支撑加固防止坍塌事故的发生，确保施工安全及质量。

## 参考文献

[1] 朱义嘉.浅析隧道变形的处治和预防措施[J].西部探矿工程，2008.11.

[2] 张维明.马家沟隧道施工技术[J].山西建筑，2008，34(35)：315-316.

[3] 重庆交通科研设计院.公路隧道设计规范[M].北京：人民交通出版社，2004.

[4] 唐颖，陈晓钜.浅谈连拱隧道的设计[C]//国际隧道研讨会暨公路建设技术交流大会论文集.北京：人民交通出版社，2002.

[5] 周玉宏，赵燕明，程崇国.连拱隧道施工方案的应力分析[J].公路交通技术，2003，6(3).

[6] 陈少华，李勇.连拱隧道的结构分析[J].中国公路学报，2000，13(1).

[7] 王伟，黄娟，彭立敏，胡自林.不同施工顺序对偏压连拱隧道结构稳定性的影响分析[J].西部探矿工程，2004.10.

# 边坡与隧道锚杆(锚索)无损检测技术

刘世红[1] 唐树名[2]

(1. 重庆高速公路集团有限公司 重庆 401121;

2. 招商局重庆交通科研设计院有限公司 重庆 400067)

**摘 要**:锚杆(索)广泛用于公路边坡加固。迄今为止,锚杆(索)锚固质量还没有有效的检测手段加以检测。本文采用应力波反射法,建立锚杆(索)无损检测的理论基础,介绍 AD—10 锚杆(索)无损检测仪的硬件组成和工作性能,总结提出现场检测流程。以巫奉高速公路、渝湘高速公路为例,采用锚杆(索)无损检测技术,成功用于锚杆(索)锚固质量检测与控制。

**关键词**:锚杆 锚索 无损检测 质量控制

## 1 引言

锚杆(索)在公路、铁路、矿山、水电、市政等工程中大量使用。20 世纪 90 年代中期以后,公路行业成为锚杆(索)的使用大户,主要用于边坡加固和隧道支护。特别是预应力锚索,作为主动加固结构,工程的安全稳定在很大程度上依赖于其加固作用。

目前,锚杆(索)锚固质量检测评价主要有 4 种手段:破坏性试验、拉拔试验、长期监控、无损检测。其中,无损检测能够对正在或已经施工的工作锚杆(索)进行检测,且成本低,方便快捷,对结构不产生破坏,具有明显的优势。

## 2 锚杆(索)无损检测的理论基础

缺陷锚固结构低应变纵向动力响应问题的数学力学模型见图 1。锚固结构同时承受着锚固介质和围岩的多重影响,锚固结构系统共同工作时,锚筋的纵向动力响应是复杂的。锚固系统的缺陷主要体现在锚筋胶结体和围岩对锚筋作用的等效特征参数的变化。

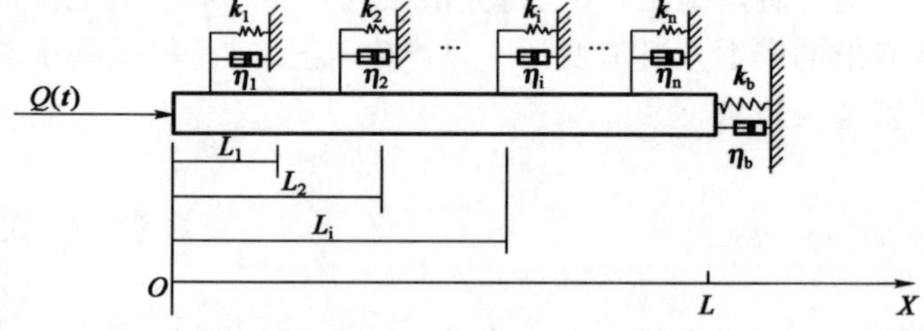


图 1 缺陷锚固结构低应变动力响应问题数学力学模型

设锚筋长为 $L$,截面积为 $S$,截面周长为 $C_a$,锚筋的材料密度 $\rho$,杨氏模量为 $E$。把筋材分为 $n$ 段,其等效弹性系数和阻尼系数分别为 $k_i$、$\eta_i$,等效特征参数变化处离锚头的长度为 $L_i$,其中 $L_0=0$,$L_n=L$,底部等效弹性系数为 $k_b$,底部等效阻尼系数 $\eta_b$,令:

$$C=\sqrt{E/\rho},T_c=L/C,\bar{t}=t/T_c,\bar{x}=x/L,m_i=L_i/L,\alpha_i=T_c\frac{\eta_i C_a}{\rho S},\beta_i=T_c^2\frac{k_i C_a}{\rho S},\alpha_b=\frac{\eta_b}{E}C,\beta_b=\frac{k_b}{E}L$$

式中:$\alpha_i$——杆侧阻尼因子;

$\beta_i$——杆侧刚度因子;

$\alpha_b$——杆端阻尼因子;

$\beta_b$——杆端刚度因子,对支配方程及初边值条件统一量纲化。

令 $U_i(\bar{x},s)$、$Q_L(s)$分别为 $u_i(\bar{x},\bar{t})$、$Q(\bar{t})$的拉普拉斯变换,即:

$$U_i(\widetilde{x},s)=L[u_i(\widetilde{x},\bar{t})]=\int_0^\infty u_i(\widetilde{x},\bar{t})e^{-s\bar{t}}d\bar{t},$$

$$Q_L(s)=L[Q(\bar{t})]=\int_0^\infty Q(\bar{t})e^{-s\bar{t}}d\bar{t} \tag{1}$$

经变换,得到如下定解问题。

支配方程变为:

$$\frac{d^2U_i(\widetilde{x},s)}{d\widetilde{x}^2}-\lambda_i^2U_i(\widetilde{x},s)=0 \tag{2}$$

其中,$\lambda_i^2=s^2+\alpha_i s+\beta_i, i=1,2,3,\cdots,n$。

边界条件变为:

$$\frac{dU_1(0,s)}{d\widetilde{x}}=-\frac{Q_L(s)L}{ES} \tag{3}$$

$$\frac{dU_n(1,s)}{d\widetilde{x}}+(\alpha_b s+\beta_b)U_n(1,s)=0 \tag{4}$$

位移应力连续条件为:

$$U_i(m_i,s)=U_{i+1}(m_i,s),\frac{\partial U_i(m_i,s)}{\partial\widetilde{x}}=\frac{\partial U_{i+1}(m_i,s)}{\partial\widetilde{x}} \tag{5}$$

## 3 检测仪器设备

目前,公路工程中锚杆(索)无损检测主要采用 AD—10 锚杆(索)无损检测仪,该仪器由发射震源、接收器、采集仪和分析处理软件组成。采用应力波反射法,发射震源产生弹性波,弹性波沿着锚杆(索)传播并向周围辐射能量,接收器接收到反射回波,并由采集仪对信号进行分析与存储。通过对信号进行处理和分析,可以确定锚杆(索)的锚固状态,如长度、灌浆缺陷、灌浆饱满度等。

该仪器采用多项专利技术,突破了技术上的瓶颈,实现了锚杆(索)的无损与快速检测,可以检测锚杆(索)的长度、灌浆饱满度等。根据不同锚杆(索)结构和检测条件,可测锚杆长度 2～15m,可测锚索长度 6～60m。仪器全智能化,仪器数字采样 AD 精度为 24 位,采样重复性好,大屏幕显示,同时显示 3 条波形,可存储 2.4 万条锚杆(索)测试数据。检测误差小于 10%,如果在锚杆(索)底部安装孔底监测器,可以大大提高检测的准确性。

## 4 现场检测方案

锚杆(索)检测前,收集与锚杆(索)无损检测有关的岩土条件、设计资料、施工记录等基础资料,了解检测作业条件,制订检测方案。

锚杆(索)端头应外露,外露段宜不少于 10cm。修整锚杆(索)外露端头,使之平整。检测前,测量记录被测试锚杆(索)的外露长度。锚杆可选择不同的激发和接受方进行对比检测,锚索可选择单丝测、束测两种方式进行对比检测。无论采用何种检测方式,每孔锚杆(索)的检测波形不应少于 3 个,若 3 次信号基本一致,则进行下一孔锚杆(索)的检测。

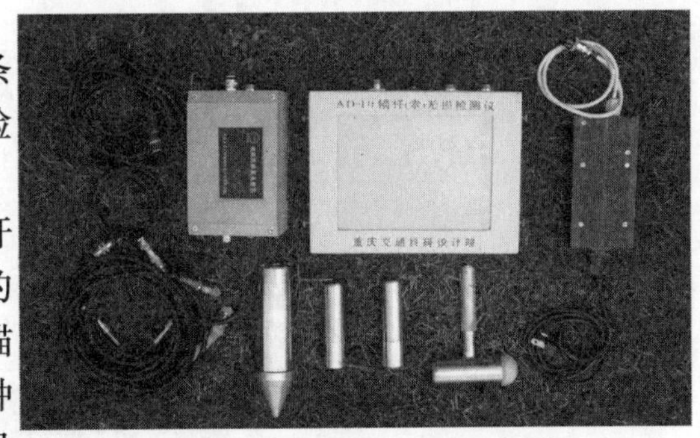

图 1 AD—10 锚杆(索)无损检测仪

## 5 应用实例

重庆交通科研设计院(重庆公路工程检测中心)共对数千孔锚杆、锚索的施工质量进行了无损检测与质量评定,为指导、控制、评定锚固隐蔽工程的施工质量发挥了重要作用。图 1 为 AD—10 锚杆(索)无损检测仪;图 2、图 3 分别为锚杆、锚索现场检测;图 4、图 5 分别为锚杆、锚索典型检测波形。

图 2 锚杆现场检测

图 3 锚索现场检测

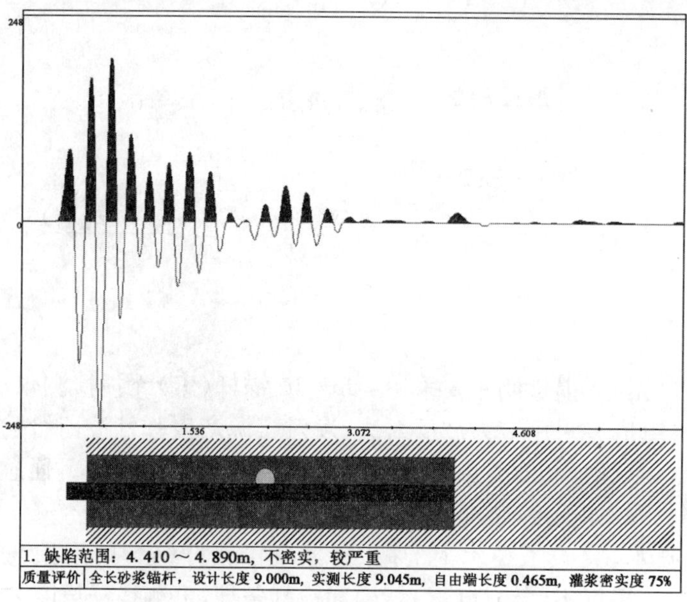


图 4 锚杆典型检测波形

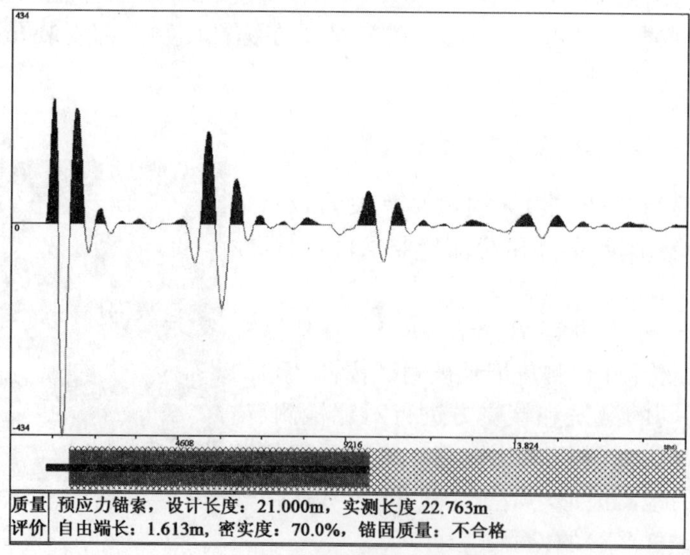


图 5 锚索典型检测波形

## 6 结论

(1)锚杆(索)无损检测技术已经实现,能够满足生产检测要求,可以广泛推广使用。

(2)AD—10 锚杆(索)无损检测仪可以对锚杆(索)长度和灌浆饱满度进行检测与质量评定,实际检测效果较好,性能稳定,适应性较好,软件分析处理功能强大,是目前公路工程检测中使用最多的锚杆(索)无损检测仪器。

(3)锚杆(索)无损检测的基础理论尚未成熟,作为一项基础性的工作,建立实测特征信息库可提供生产检测需要的关键参数和基本经验,对推动锚杆(索)无损检测具有重要意义。

(4)应力波反射法虽然简单、快速、成本低,但由于锚固系统是一个复杂的动力学系统,该检测方法在使用中存在一定局限性,如锚杆(索)顶部缺陷识别困难等。

## 参 考 文 献


[1] 程良奎. 岩土锚固. 北京:中国建筑工业出版社,2003.

[2] 罗斌,唐树名,刘涌江. 边坡锚索(杆)无损检测技术现状与仪器开发对策[C]//公路边坡及其环境工程技术交流会论文集. 北京:人民交通出版社,2005.

[3] 重庆交通科研设计院. 锚索、锚杆锚固质量检测用的声波激发及检测装置:中国专利,200720188482.3[P]. 2008-10-08.

[4] Vrkljan I, Szavits A, Kovacevic M S. Non-destructive procedure for testing grouting quality of rock anchors[J]. Proceedings of the Congress of the International Society for Rock Mechanics, 1999, 9(2):1475-1478.

[5] Beard M D, Lowe M J S. Non-destructive testing of rock bolts using guided ultrasonic waves[J]. Intl Journal of Rock Mechanics & Mining Science, 2003(40):527-536.

# 隧道围岩与支护体系稳定性数值模拟分析

柴柏龙[1] 周东平[1] 陶宜满[2] 陈凌云[1] 冯卫强[1] 葛兆龙[1]

(1. 重庆大学资源及环境科学学院 重庆 400030;2. 重庆市市政设施管理局 重庆 400015)

**摘 要**:随着复杂地质条件下大跨度地下空间修建的日趋增多,以工程类比法为主体的静态设计与施工已无法满足地下工程建设的需求。文中以西部开发省级公路通道重庆至长沙公路武隆至水江段羊角隧道为例,用数值模拟为手段对隧道开挖后的位移进行了计算,并与现场监控量测结果进行对比,分析围岩稳定性,为隧道动态设计和施工提供了可靠的技术支持。

**关键词**:隧道施工监测 数值模拟计算 位移 稳定性

## 1 引言

为满足典型地区交通量日益增长的需求,修建多车道的公路设施已成为必然趋势,长大公路隧洞的修建日趋增多。在深埋长大隧道修建中,围岩与支护体系的稳定性判断是一个非常复杂的问题[1~5]。通过对隧道开挖动态过程的数值模拟,可以比较准确地分析隧道开挖中的围岩稳定性状态,为施工提供技术指导。

本文通过对羊角隧道进行二维非线性黏弹性有限元数值模拟,研究破碎围岩段开挖以及在联合支护作用下围岩水平收敛及拱顶下沉,结合现场施工监控量测结果,进而判断围岩和支护体系的稳定性[6~9],得出具有指导意义的结论。

## 2 工程概况

羊角隧道为上下行分离设置,隧道全长 6 676m,设计净宽 10.79m,拱顶净高 7m,净空断面 64.25m$^2$,是典型的深埋长大公路隧道。

隧道位于羊角背斜西翼,隧道穿越地层为单斜岩层,受地质构造影响较大。隧道区围岩以灰岩、泥灰岩、白云岩、水云母页岩、炭质页岩、石英粉砂岩为主,岩性比较好。

隧道按新奥法原理设计和施工,采用柔性支护体系结构的复合式衬砌,即以锚杆、喷射混凝土、钢拱架等为初期支护,二次衬砌采用添加抗裂防水膨胀剂的模筑混凝土或钢筋混凝土,并在两次衬砌之间敷设土工布及防水板。

## 3 隧道施工的数值模拟

### 3.1 模拟对象

本文将对羊角隧道出口段 K27+486～K27+544 的施工过程进行数值模拟,并对该段的围岩及支护体系的水平收敛和拱顶下沉进行分析,进而判断隧道开挖后的围岩稳定性。该段隧道洞身穿越三叠系下统飞仙关组一段,围岩以黄灰或灰色灰岩、泥灰岩为主,属较软岩,岩石比较破碎,属 IV 级围岩。

### 3.2 模型的建立

结合上述破碎围岩段隧道断面形状及地质特点,本文采用大型非线性有限元 ADINA 软件,对本隧道开挖过程进行模拟分析,鉴于每个循环的重复性,简化为 2D 平面模型。分析域的范围在水平向为 160m,竖向为 100m,并使洞室中心和模型中心相重合,这样模型边界均满足大于 3 倍的洞室尺度的要求[10]。模型边界条件为底部竖向和水平向固定，左、右侧边界水平向固定，竖向自由。建立的模型如图1所示。

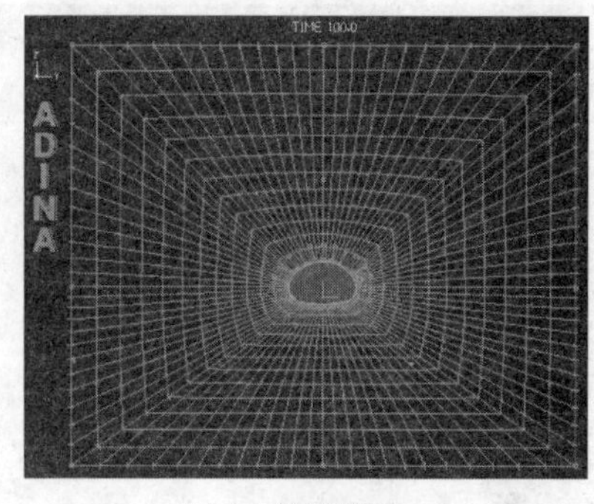

图1 计算模型

鉴于该破碎带岩体破碎，且塑性变形比较明显，本次数值计算假定围岩为各向同性的理想弹塑性材料[11]，采用Mohr-Coulomb准则，并考虑锚杆和支护材料与围岩间的相互作用，进行分析。

根据该段地质特点，参照《公路隧道设计规范》(JTG D70—2004)附录A中提供的Ⅳ级围岩物理力学指标标准值和施工资料及监控量测资料，确定本次数值计算中围岩及支护材料的力学参数，如表1所示。

**围岩及支护材料力学参数表[12,13]** 表1

| 介质 | $\gamma$(kN/m³) | $E$(GPa) | 泊松比$\mu$ | 黏聚力$c$(MPa) | 内摩擦角$\varphi$(°) | 初始屈服应力(MPa) | 应变硬化(MPa) |
|---|---|---|---|---|---|---|---|
| 围岩 | 23 | 6 | 0.3 | 0.70 | 37 | | |
| 锚杆[1] | 78 | 205 | 0.3 | | | 415 | 180 |
| 初支层 | 22 | 22.0 | 0.23 | | | | |
| 二次衬砌 | 25 | 28 | 0.20 | | | | |

## 3.3 计算结果分析

为了模拟由于隧道开挖、支护等引起的隧道围岩的位移情况，判断围岩的稳定性，最终按施工工序的先后顺序来确定模拟施工步。图2～图4为模拟计算的最终结果图。

由图2可以看出，隧道开挖后，最大水平收敛值为10.7mm，两边墙最大位移值分别为5.3mm和5.4mm；最大下沉发生在拱顶处，下沉量为9.0 mm，仰拱最大隆起值为10.6 mm。由图3、图4可知，隧道开挖后，在拱肩和拱角处产生了很大的塑性区，且拱角处发生的塑性变形更大。但从周边位移量来看，洞周相对收敛量最大值仅为0.28%，远小于隧道容许相对收敛量。所以，隧道开挖并支护后围岩比较稳定，所采取的支护方式和选取的支护参数比较合理。

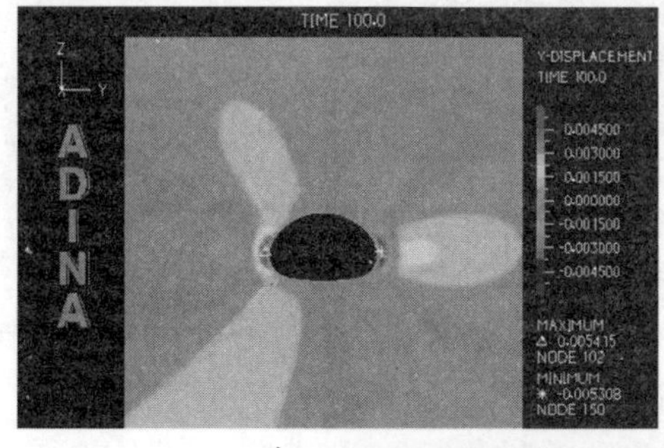

a)

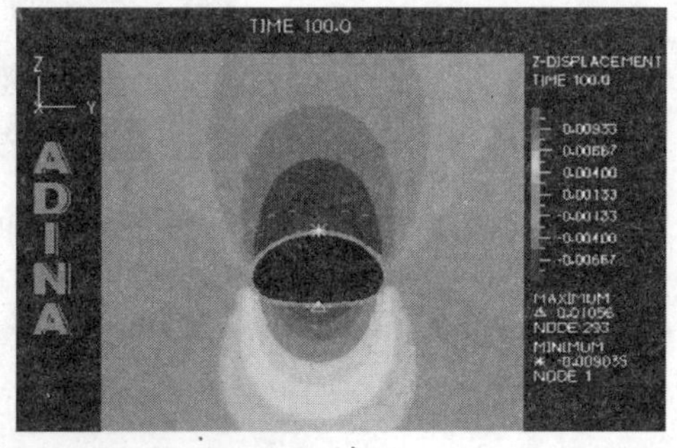

b)

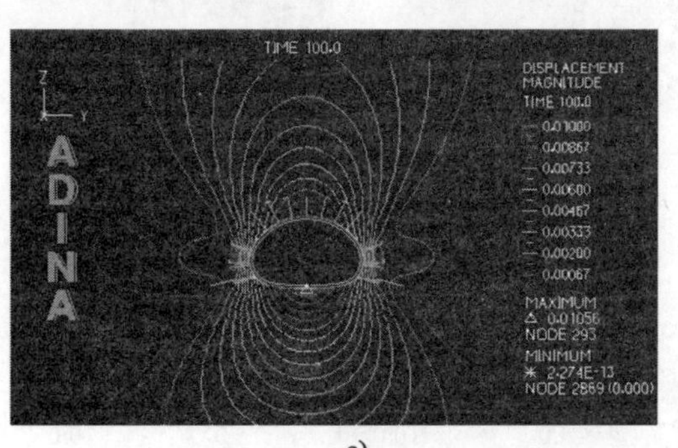

c)

图2 隧道最终位移云图

a)水平方向；b)竖直方向；c)等位移线图

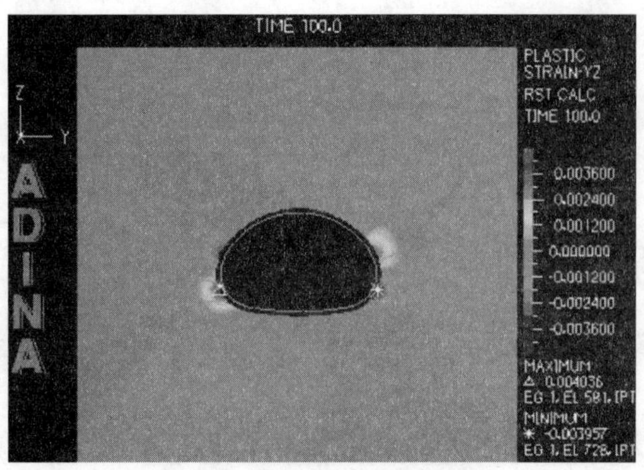


图3　隧道塑形区范围图

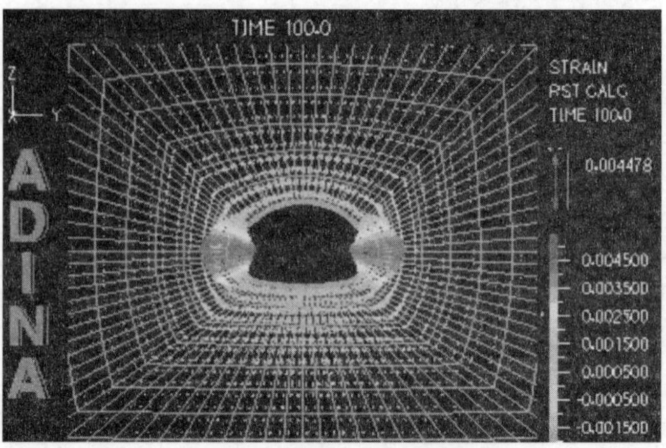


图4　隧道塑形区矢量图

## 4　模拟计算结果与监测结果对比分析

图5为模拟计算中在拱顶和左右侧墙各选取的节点的位移随施工时间步的变化曲线图。

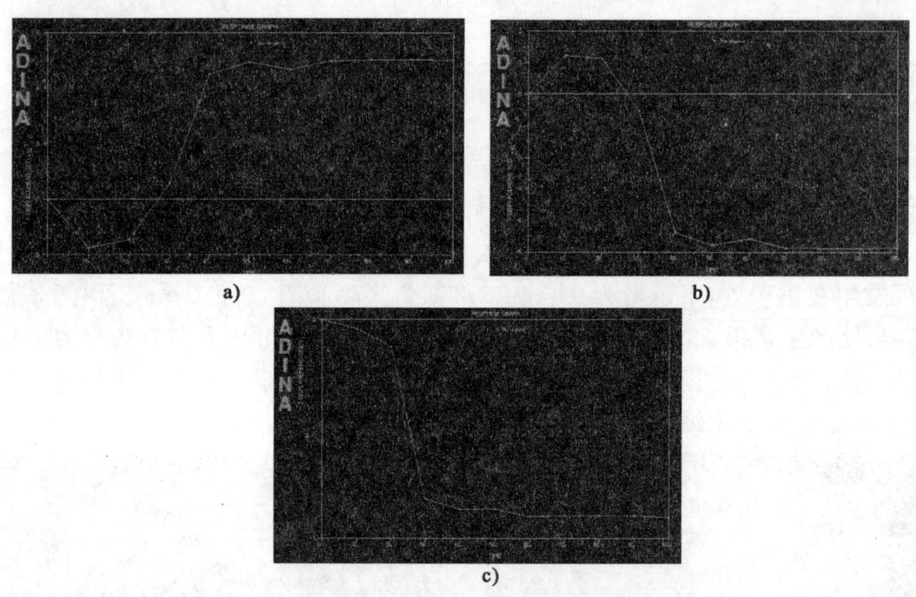


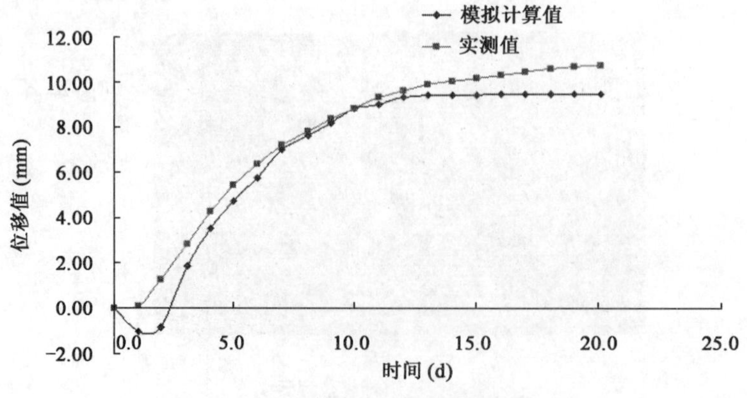


图5　拱周节点随施工步位移曲线图

a)左侧墙节点;b)右侧墙节点;c)拱顶节点

将数值模拟计算所得数据与现场监控量测所得数据放在同一坐标中,得到如图6所示的位移值随时间变化对比图。可以看出,数值模拟计算结果与现场监控量测结果基本吻合。



图6　围岩位移模拟结果与实测结果对比图

另外，本计算中开挖和支护均属理想状态，而由于爆破震动效应等施工因素的影响，再加上监控量测布点稍微延后，数值模拟计算结果与现场监控量测结果有些小的差别，尤其是在刚开挖后的前几天差别更是明显，但都在合理范围内。

## 6 结论

(1)与一般隧道相比较，深埋长隧道施工过程中围岩位移变化较大。在进行现场监控量测工作时，应密切注意各种监控信息的变化，及时进行分析研究，找出其内在原因，并反馈给施工与监理单位，以便于尽早发现问题和解决问题，以免造成重大安全事故。

(2)采用大型非线性有限元 ADINA 软件对施工全过程进行仿真模拟，可以预先掌握隧道开挖过程中围岩的位移变化规律，以便于在监控量测工作中有针对性地制订相应的监测方案，对可能发生的不良现象做到心中有数。

(3)将现场实际监测结果与数据模拟分析结果对比分析可知，两者基本吻合，从而验证了利用数值模拟来分析隧道开挖后围岩变形的合理性与可行性。

计算中隧道开挖和支护均属理想状态，数值模型为理想的连续介质模型。由于施工中各种因素影响和计算本身一些假设条件的限制，计算结果可能有些保守，但仍可指导具体施工。

## 参考文献

[1] 张素敏，朱永全，景诗庭. 收敛约束原理在隧道位移稳定性判据中的应用[J]. 地下工程与隧道，2004(8):38-40.

[2] Karmen Fifer Bizjak, Borut Petkovsek. Displacement analysis of tunnel support in soft rock around a shallow highway tunnel at Golovec[J]. Engineering Geology 75(2004)89-106.

[3] Shu-cai Li, Ming-bin Wang. Elastic analysis of stress-displacement field for a lined circular at great depth due to ground loads and internal pressure. [J]. Tunnelling and Underground Space Technology (2008).

[4] C. Gonzalez-Nicieza, A. E. Alvarez-Vigil, A. Menendez-Diaz, C. Gonzalez-Palacio. Influence of the depth and shape of a tunnel in the applicationof the convergence-confinement method. [J]. Tunnelling and Underground Space Technology 23(2008)25-37.

[5] Yeon-Jun Park, Kwang-Ho You, Ki-Sun Kim, Dae-Hyuck Lee, Han-Chan Song. Prediction of the change in ground condition ahead of tunnel faceusing 3-dimensional displacement monitoring. [J]. Tunnelling and Underground Space Technology 21(2006)230.

[6] 王建宇. 隧道工程监测和信息化设计原理[M]. 北京：中国铁道出版社，1990.

[7] 李晓红. 隧道新奥法及其量测技术[M]. 北京：科学出版社，2002.

[8] 夏才初，李永盛. 地下工程测试理论与监测技术[M]. 上海：同济大学出版社，1999.

[9] 王祥秋，杨林德，高文华. 高速公路隧道施工安全信息化监控技术[J]. 中国安全科学学报，2004，14(8)：109-112.

[10] 潘昌实. 隧道力学数值方法[M]. 北京：中国铁道出版社，1995.

[11] 何满潮，景海河，孙晓明. 软岩工程力学[M]. 北京：科学出版社，2002.

[12] 冯紫良，冯时恩. 桩锚实验的数值模拟. 同济大学学报(自然科学版)，2006，34(2).

[13] 中华人民共和国行业标准. JTG D70—2004 公路隧道设计规范[S]. 北京：人民交通出版社，2004.

# 虚拟现实技术在毗邻型公路隧道照明控制中的应用初探

马　非[1]　何　川[1]　方　勇[1]　王文广[2]　孙立东[2]　何　兵[2]

(1.西南交通大学　成都　610031;2.重庆高速公路集团有限公司　重庆　400042)

**摘　要:** 由于受地形限制,我国西部多山地区不可避免地出现大量的毗邻隧道。在毗邻隧道的照明控制中,国内外的研究很少,仅日本有关研究人员对此进行了初步研究。我国隧道照明规范借鉴了其研究成果来指导毗邻隧道的照明设计,即采用行车时间这一单一因素来决定后续隧道入口段照明强度的折减,往往忽略了行车速度、毗邻隧道环境特性等因素对毗邻隧道照明的影响,而简单地采用单隧道照明设计及控制。文中基于虚拟现实技术,构建了一个毗邻隧道的模拟平台,并针对不同的隧道间隔、行车速度、天气情况、洞口建筑、周围环境植被情况等因素,对前隧道出口和后续隧道入口段的照明进行了深入的研究。

**关键词:** 虚拟现实　毗邻隧道　照明控制

## 1　引言

虚拟现实(Virtual Reality)是近年来出现的一项综合性非常强的高新集成技术,它涉及计算机图形图像学、人机交互技术、传感技术、人工智能等多个领域。虚拟现实技术用计算机生成逼真的三维视、听、嗅觉等模型,使人作为参与者通过适当装置,自然地对虚拟世界进行体验和交互作用。虚拟现实的优越性已被许多部门所认可,像医学、机械设计和军事工业等,这项技术可用来调查设计阶段的产品性能。而在交通领域,可以通过虚拟现实技术模拟各种路况和天气条件下的行车性能。

由于对毗邻隧道照明控制的研究涉及的学科领域多,再加上现场研究由于受客观因素影响很难进行,国内外在该领域的研究还没有展开[1]。把虚拟现实技术引入到毗邻隧道的照明控制上来则大大简化了问题,使对该领域的研究变得切实可行。本文详细地介绍了虚拟平台的原理、构建过程和模拟控制流程。

## 2　虚拟现实平台的构建

在 Micsoft Visual C++ 6.0 编译平台上,利用 OpenGL 强大的图形图像函数库进行虚拟系统的开发。在 3DS MAX 中建立初步的模型,导出成 3DS 文件格式以备开发程序读取,实现了数据和程序的分离,从而增加了其通用性,使得根据不同的情况进行模拟变为可能。在交通流量大的时候,隧道内及出入口附近的噪声对驾乘人员的心理和身体产生很大的负面作用,使其产生焦躁感。在虚拟平台中考虑了噪声的影响,根据不同的行车速度,平台自动调整噪声的大小,用户可以选择不同的噪声和调整音量大小。

平台特点如下:

(1)基于 Micsoft MFC 框架编写的面向对象的 Win32 程序,友好的人机交互界面和参数提示输入功能,可方便地对虚拟现实系统完成设置。采用的图形图像库为 OpenGL,具有丰富的材质纹理处理功能,虚拟效果逼真。

(2)实现了隧道模型与主程序分离,可以根据不同的隧道环境建立模型,大大增加了程序应用的灵活性。模型的格式为 3DS 文件格式,任何一种可导出此种文件格式的建模工具都可以建立模型,如 3Dmax、AutoCAD 等大型通用程序。

(3)可随时变更模型中对象的材质、纹理、亮度等信息,而不需要重新启动程序,如改变隧道内墙壁的亮度,可方便地调出材质对话框进行修改。

(4)可实时修改行车隧道、车辆类型、可视角度等驾驶条件信息。

(5)在平台上,可以根据行车速度的大小加入噪声,并可以调节噪声的大小。

(6)毗邻隧道的数量和间距不限,可以在一个场景中考察多个毗邻隧道。

## 3　隧道照明的实现

### 3.1　毗邻隧道照明系统的实现

鉴于计算机显示器显示性能的局限性,不能将自然界所有的亮度范围表现出来,所以本文采用通用的计算机图形图像处理标准,将亮度范围分为255个等级,0值代表纯黑色,即没有任何亮度,255值代表最亮值,中间亮度值通过线性内插而得到。图1为计算机亮度范围示意图。灯光由红、绿、蓝(Red、Green、Blue)三分色光线组成,可根据不同的隧道照明布置方案调整灯光的亮度和颜色。

最暗　中间值　最亮

图1　亮度范围示意图

在虚拟现实技术中,物体的颜色和亮度取决于灯光的强度和物体本身的属性,如灯光的颜色值为(R1,G1,B1),物体本身的材质为(R2,G2,B2),则虚拟后的物体颜色为(R1×R2,G1×G2,B1×B2),因此可以通过两种途径来调整隧道内的照明质量,即通过改变灯具的参数和改变建筑物的参数。

然而在OpenGL函数库中可以调用的光源不能超过八个,八个以上的灯源需要设计专门的算法重复利用这八个光源。为了模拟现实中真实的照明效果,在两隧道之间布置三个灯具,灯一用来模拟自然光线,即现实中两隧道之间的环境光;灯二放置在入洞口,用来加强入洞口的照明和调节地面植被、山体、洞口建筑的亮度;灯三放置在出洞口,用来加强出洞口的照明和调节地面植被、山体、洞口建筑的亮度,如图2所示。这三个照明灯具的位置、亮度、光色、照射角度可通过键盘或者对话框进行调整。

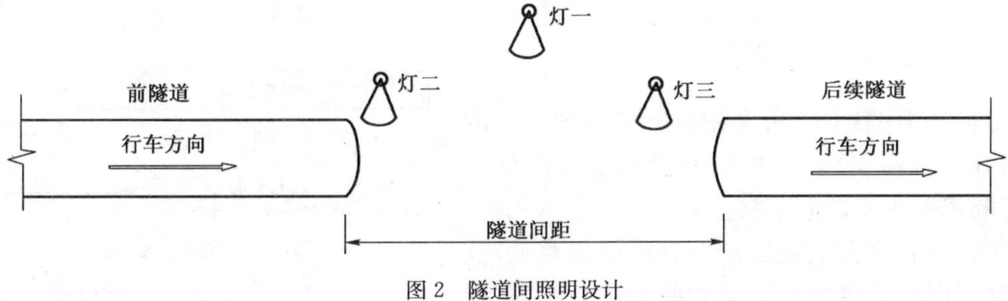


图2　隧道间照明设计

其余的五个灯根据行车位置进行重复利用,即随着行车位置的不同实时地改变灯的位置和亮度大小,达到现实与虚拟世界的完美统一。

### 3.2　毗邻隧道“暗适应”和“亮适应”

驾驶人员在通过一般的单体隧道时需经历一个“暗适应”和“亮适应”的过程,而经过毗邻隧道时要重复经历“暗适应”、“亮适应”、“暗适应”、“亮适应”的过程,当隧道长度不是很长时,行车时间很短,在如此短的时间内经历四个明暗适应过程,使驾驶人员的视觉能力大大折减,甚至出现间断性的短暂失明。如果前隧道的出口段和后续隧道的入口段照明控制不良,或后续隧道的平面线形为曲线时,驾驶人员对车辆的驾驭能力急剧下降,极易诱发追尾、侧滑、侧翻等交通事故。据资料统计,发生在高速公路隧道内的交通事故形态大多为追尾、侧翻,发生位置一般在隧道的出入口附近,发生区段一般在入口处居多。因此,毗邻隧道的照明控制对行车的安全性有着至关重要的作用。

在本虚拟平台上,针对毗邻隧道中行车的特点,通过算法实现了驾乘人员通过隧道时所经历的“暗适应”和“亮适应”过程。图3为毗邻隧道的“亮适应”与“暗适应”过程效果图。参与者在虚拟平台上操作时,系统根据操作者的位置和速度判断“暗适应”和“亮适应”是否产生以及影响程度。两种视觉适应对人的视觉能力的影响可通过一系列的标准来考核,包括在模型内设置蓝道环和心理描述。

毗邻隧道前后洞口的亮度适应与行车速度、视野范围、车辆类型有着密切的关系,在虚拟现实平台中可以实时改变行车速度、视野范围等参数。图4为改变行车参数对话框。

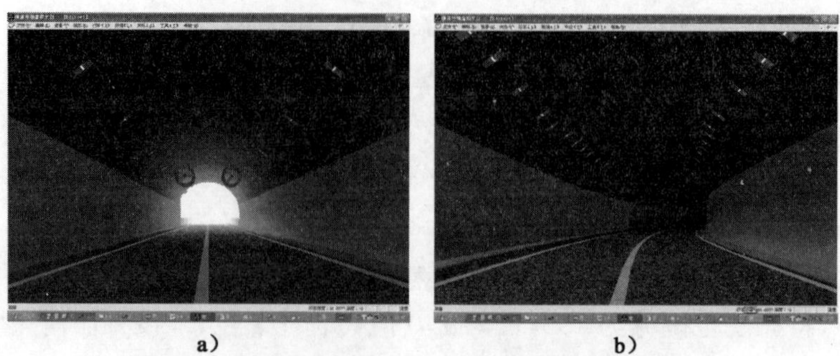
a) b)

图 3 毗邻隧道的“亮适应”和“暗适应”过程效果图

a)亮适应;b)暗适应

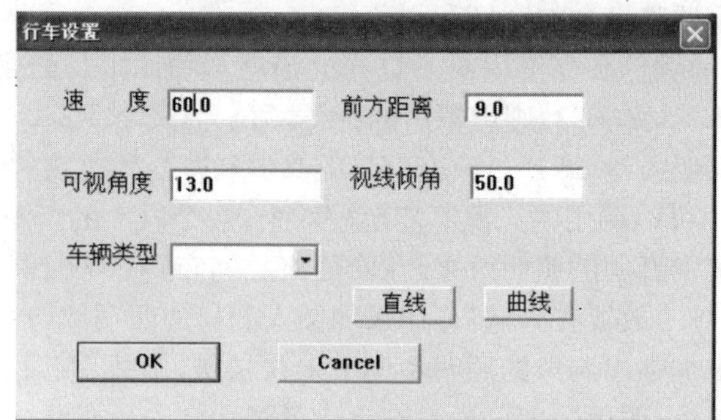


图 4 改变行车参数对话框

## 4 毗邻隧道照明控制的研究

由于受隧道内车流的影响,现实中对毗邻隧道照明的研究很难进行,在本虚拟平台上,可以通过改变不同的参数,实现对毗邻隧道照明特性的考察。

参与者对虚拟平台中前后隧道照明亮度提出意见,这些意见再被反馈到虚拟平台中对隧道的照明进行调整,如此反复,最后确定毗邻隧道最佳照明方案。这些照明方案将用于指导毗邻隧道的照明设计和控制。图 5 为虚拟平台中对毗邻隧道照明控制流程图。

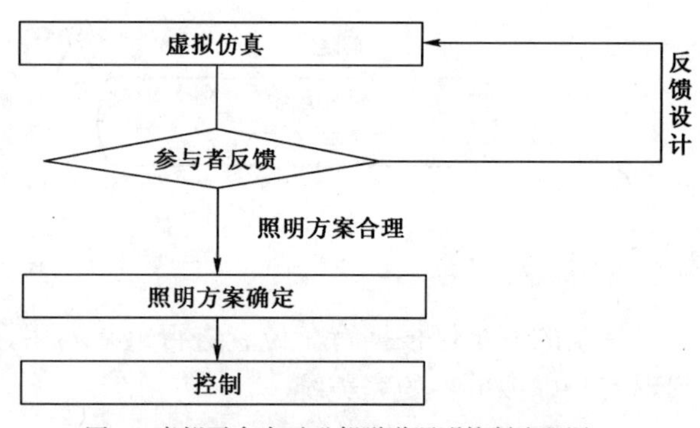


图 5 虚拟平台中对毗邻隧道照明控制流程图

## 5 结语

虚拟现实技术在交通领域的应用有着广阔的前景,目前在隧道照明控制中的应用还处于起步阶段。由于在现场对毗邻隧道照明的研究很难进行,耗资巨大,能改变的参数非常有限,研究效果不明显,因此,虚拟现实技术的引入,将难以考察研究的现实问题转移到计算机世界里,大大提高了研究方法的灵活性。

在编制的虚拟平台上,可以对影响毗邻隧道照明质量的多种因素进行考察,通过调整行车参数,获得最佳照明控制方案用来指导实践。

## 参 考 文 献

[1] 中华人民共和国行业标准. JTJ 026. 1—1999 公路隧道通风照明设计规范[S]. 北京:人民交通出版社,2000.

[2] 叶培群. 汕梅高速公路隧道群节能型智能照明控制系统研究[J]. 公路交通技术,2005,(4).

# 高速公路隧道监控模式和新技术的应用

杨小柏

（重庆高速公路集团发展有限公司　重庆　400042）

**摘　要**：通过分析高速公路机电监控系统的组成、特点及隧道监控模式、特点，对不同监控模式及其相关应用技术进行详细的技术和经济分析。对比新技术的应用情况，提出隧道集群监控的新技术和管理特点，以及隧道紧急事故下快速反应和组织救援的解决方案。

**关键词**：高速公路　隧道监控　监控模式　新技术　应用研究

## 1　引言

随着我国西部高速公路的快速发展，长隧道和特长隧道越来越多地出现在山区高速公路建设中。有的山区路段，在二三十公里的路段中，隧道桥梁相连，一个接一个，形成一个隧道群。在湘粤交界的山区，以及云、贵、川、渝的大山区和秦岭地区，超过 6km 的特长隧道也不鲜见。

隧道是高速公路上的特殊路段，空间环境狭窄，驾驶员进洞前会有一种莫名的紧张心态，进洞后会有一种压抑感。车辆在隧道中行进，由于受洞内照明和汽车排放的烟气等多重影响，行车视线不佳，往往导致驾驶员对前方情况判断不明。特别是前方发生交通事故或火灾等紧急事件时，交通疏导和救援任务与普通路段大不相同，如果疏导处理不当，极易发生二次事故，其后果将可能比原发生事故严重得多。因此，高速公路长隧道安全保障系统的设计和建设一直为世界各国高速公路建设部门所重视。

高速公路是以线形平、直为主要特征，需要逢山开洞，遇水架桥。在山区建高速公路，修建隧道是不可避免的。在重庆至长沙高速公路，仅重庆段的 420km 中，大小隧道就有 75 座，其中 2km 以上的长隧道有 20 多座，4km 以上的特长隧道有 5 座，隧道总里程达到 120km。

隧道监控系统是隧道安全的保障，是保证隧道交通顺畅与舒适必需的工程设施。在高速公路交通工程项目中，隧道监控设施的建设投资在工程中占有很大的比重，在建成以后的运营管理中，其管理费用也比一般道路的管理费用高得多。因此，充分考虑建设和管理的投入，利用先进的机电建设模式和新技术，对西部山区高速公路的设计和建设尤为重要。

笔者根据多年来建设、管理高速公路机电工程的体会，对在高速公路隧道监控模式中，如何利用新模式、新技术，提高监控水平和可靠性，降低建设费用，优化建设成本和以后的运营成本等问题，与同行们进行探讨，以起到抛砖引玉的作用。

## 2　隧道机电监控系统的组成及特点

高速公路隧道监控系统的基本功能是保证隧道及其通过车辆的安全，使通过隧道的驾乘人员感到舒适。要达到这个目标，隧道监控系统必须由以下 9 个子系统组成。

（1）隧道变电站及其监控子系统：为了保证隧道的安全用电，长隧道一般不采用就近搭接农电的方案，而采用架设 10kV 专线供电，在隧道口和洞内建立单独的变电站。中长隧道采用 1 条 10kV 专线加配柴油发电机，特长隧道采用 2 条 10kV 专线（即双回路电源）来保证供电。要保证照明、通风和消防系统的正常用电需要，必须对变电站的运行状况进行监控。目前在变电站的设备前端一般采用微机保护装置进行采样上传，监控包括高压进线、变压器、重要的低压进出线开关的运行情况和故障检测。

（2）隧道照明及其控制子系统：目前隧道内一般采用寿命长、亮度高的高压钠灯，洞口高杆引导灯也多采用高压钠灯。控制灯光照明一般采用在洞外设置光检测器，检测光照度指数，结合交通流量、洞内交通事故和火灾情况进行照明控制,达到既可保证洞内行车安全,又可最大限度地节能的目的。该子系统目前有比较成熟的软件和控制硬件。

(3)火灾报警子系统:当隧道内因车辆自燃或其他事故引起火灾时,能自动检测到并发出报警信号,迅速通知监控室,以便及时组织灭火和救援。在隧道监控系统中火灾报警系统是最重要的子系统。目前火灾检测器的种类较多,以分布式光纤温度检测器和双波长火焰探测器最为常用。为了减少漏报,也有同时采用2种检测器报警的情况。

(4)通风控制子系统:为保证隧道内有良好的空气和能见度,长隧道内的通风机是必不可少的。监控系统根据隧道内CO浓度和能见度参数、交通流量、是否发生火灾等情况,经监控计算机分析后开启风机。由于目前西部地区车流量较小,在一般情况下,为了节约运营成本,一般正常情况下都未开启通风机,只是在前述的特殊情况下或洞内车流量大时才控制启动通风机。

(5)交通监控及疏导子系统:当隧道内出现事故、火灾等紧急情况时,自动开启双洞之间的横向疏导通道(设有横通道电动门)、通道照明灯、指示灯,通过广播组织人员和车辆疏散,保证交通安全畅通。该交通监控及疏导子系统包括交通流量检测、统计、分析,事故报警及火灾报警,广播,照明控制,通道门开启等工作。

(6)视频监视子系统:为远程监控室的监控人员提供隧道内通行情况和事故现场情况的影像,便于及时通知和组织抢险人员赶到事故现场。目前视频产品种类较多,技术也比较成熟。

(7)紧急电话子系统:洞内由于屏蔽和干扰严重,需有专门的紧急电话向高速公路管理和救援单位及时报警。该系统通过光纤建立专用通信线路,洞内一般每隔200m设1台紧急电话。该技术目前已经很成熟。

(8)有线广播子系统:在隧道发生紧急情况时,现场比较混乱,一般的喊话难以达到效果,需要通过广播通知值班人员紧急赶赴现场,同时向洞内的驾乘人员通告事故情况,组织和疏导交通,疏散人员,组织抢险和故障排除,尽快恢复正常交通。

(9)消防及控制子系统:在山区,长隧道一般建有专用的消防系统,该系统包括:自然水引入,沉砂,低位水池,水泵房及抽水泵,上水管道,高位水池,下水管道,洞内消火栓及水枪。这里,需要监测的是高位水池和低位水池的水位。在水池上部装有水位检测器,通过检测水位判断是否需要自动(或人工)启动水泵。未设置24h职守的水泵房,通常设计有水泵自动启动的控制装置和配套的电动阀门,水泵房内安有摄像机,便于远距离遥控。在发达国家,长隧道内设有自动控制喷淋装置,当监测系统检测到某处发生火灾时,系统将自动在发生火灾的位置打开喷淋装置进行灭火及防灾,这样就能在事故发生的第一时间做出灭火反应。而国内目前主要还是人工使用消防水枪和灭火器灭火。

上述9个子系统是互相关联的一个整体,不可或缺。在隧道内所有防灾中,重点是防止火灾和爆炸引发的连环事故。目前,在火灾和CO检测中,有多种产品可选;在监视产品中,也有多种产品可选。选型中特别要注意选用灵敏度高、耐腐蚀、抗污染能力强的产品。

## 3 隧道的监控模式及特点

隧道监控模式的选用,直接关系到隧道的建设成本和今后的运行成本。目前可采用的隧道监控模式有以下几种,它们的功能和优缺点分别如下所述。

(1)传统常规监控模式:是在每座长隧道洞口处设置监控站,对隧道进行监控,监控站将监测数据上传到路段监控分中心或公司监控中心。这种模式的监控系统采用的是就地监控,数据上传。每个监控站设有监控计算机、监视墙、地图板、投影仪、广播、电话总机、通信机等。早期建成的高速公路基本采用此种监控模式。

(2)分中心集群监控模式:对分散在一条路段的多个隧道采用集中监控,这是目前国内外对隧道较集中地段常采用的一种隧道监控模式。这种模式不再为每座隧道设置专门的隧道监控站和专业技术人员,隧道外场设备采集的环境数据、交通数据、火灾自动检测、监控摄像机的视频信号等数据通过本地控制器全部上传至隧道监控分中心,由监控分中心对辖区内的隧道实行统一监控,对事故发生后的疏导和救援实行统一指挥、统一调度。监控分中心设有监视墙、地图板、大屏幕投影仪、监控计算机、广播、电话总机、通信机等。

渝湛高速公路重庆段隧道群和京珠高速公路粤北段隧道群，就是采用分中心集群监控的模式，在隧道群的中间建监控分中心。

(3)与道路及收费监控合建的监控模式：即在选择监控中心时综合考虑道路监控和隧道监控的特殊性，比选监控中心周围的地理位置。该监控模式与分中心集群监控模式类似，只是隧道监控的内容显示与道路和收费监控的地图板和监视墙合建在一个大厅内(或一栋大楼内)，监视墙同时显示图像的数量限制，采用轮巡显示、报警回答显示相结合的显示模式。监控中心道路监控和隧道监控各自安排专人负责。监控中心配备事故应急救援专业队伍，并且制订一套完整可行的救援方案。

在渝湘高速公路重庆境内的界石—水江—白马段，就是将隧道监控与道路及收费监控合建在一个监控中心。

表1为几种监控模式的比较。表中第2种、第3种模式，管理更科学，投资更节省，同等投资下可集中选择更好、更先进的设备，是目前推行的方式；但必须在救援上加强组织和管理，可将养护工程和救援相结合，配置专业人员和车辆，以便发生事故时能快速反应，及时救援。

**几种监控模式比较** 表1

| 监控模式 | 优点 | 缺点及解决方案 |
|---|---|---|
| 传统常规监控模式 | 当隧道内发生交通事故或火灾时，能快速反应，较快进行事故处理 | 每座长隧道设置监控站，需专业人员多，且全天候值班；各隧道需单独配备全套监控设备和建较大的监控站房，一次建设投资大，运营中人员开支大，设备利用率低，设备维修费用高 |
| 分中心集群监控模式 | 监控站在所辖区内只设1套监视墙、地图板、投影仪、监控计算机、广播、电话总机、通信机，只设1组监控值班人员，一次建设投资减少，运行费用也有较大程度的减少 | 事故发生后的疏导和救援反应速度稍慢，如果辖区范围长，等救援车赶到现场时，事故态势已经扩大。分中心应选在隧道群中间就近的收费站，或在辖区内最长的隧道且靠近隧道群中间的地方，配备专业队伍和车辆，以便事故时能快速反应，及时救援 |
| 与道路及收费监控合建的监控模式 | 取消了长隧道口的监控站，在一条高速公路或一个高速公路管理公司，将隧道监控、道路监控、收费监控集中在一起，只设置1套监控管理系统，1组值班人员。比前2种方式更节约投资和运行费用，同等投资下可集中选择更好更先进的设备 | 事故发生后的疏导和救援反应速度稍慢，特别是当一条路或公司辖区长时，等救援车赶到现场时，事故态势已经扩大。需要在救援管理上加强，在隧道集中的地段设置养护工程和救援相结合工区，配置专业队伍和车辆，以便发生事故时能快速反应，及时救援 |

## 4 统一规划、优化管理、应用新技术

高速公路的建设管理，是一个大有拓展方向、大有潜力可挖的新兴行业，又是一个综合应用现代新技术的朝阳行业。高速公路建设周期长、投资大，例如在西部山区，高速公路在隧道较集中的地段，造价高达(8 000～9 000)万元/km，每座长隧道的机电和监控投资也高达(4 000～5 000)万元。因此，必须统一规划，优化管理，应用新技术，在满足规范要求和保证安全的情况下尽量节约建设成本。

渝湘高速公路界石—水江—白马段，是渝湘高速的第1段，是连接内环高速公路、外环高速公路、三环高速公路的重要路段，沿途有9座隧道，其中1 200m以上的长大隧道有6座，在设计阶段就统一规划设计了隧道供配电、消防、监控设施。监控方案采用隧道监控与道路及收费监控合建在监控中心的模式，便于集中力量统一调度，在同等投资情况下可以选择更好的技术和设备。监控系统主要采用了以下新技术和方法：

(1)组网上，所有设备统一采用重庆高发司IP地址规划，监控视频、数据、收费3个网络通过VLAN方式互通。

(2)除了以太网传输数据，还增加了RS232数据通道。当数据量大、端口堵塞时，利用RS232的通道，同样可以把数据传到监控中心。

(3)为了保证隧道安全，保证在火灾发生时能及时自救，隧道的水源除了利用隧道附近的地表水，还增加了钻深井取水。在隧道口附近建有大容量的低位水池和高位水池。监控系统通过深水井、低位水池、高位水池的压力式水位计传过来的信号，自动控制深水井和低位水池的水泵启停，监控中心的人员在控制计算机上可以清楚看到各个隧道深水井、低位水池、高位水池模拟的水位高程图。

(4)每个烟感器和手报器都由控制中心分配给了一个 IP 地址,使得火灾报警正确不漏,位置准确。

(5)采取本地自动控制与远程遥控相结合的模式。区域控制器 PLC 控制系统根据隧道内检测点的 CO/VI 值及各类报警信号,进行综合计算、处理,确定风机动作方案,自动对风机进行控制。为了隧道的安全,同时设置了远程遥控,与本地自动控制模式相结合,提高了控制的灵活性和可靠性。

(6)根据各隧道的具体情况,对各种情况下的灾害和突发事件,由软件编制相应的监控策略和处理预案。通车前,模拟各种灾害进行预演及验证各个应对策略。

(7)各隧道均采用无人值守的设计,供配电系统和消防系统均能实现远程遥信、遥测、遥控,保证在隧道发生灾害时能及时报警,自动或远程进行监控和处理。

## 5 结语

高速公路隧道监控,在我国还是一个新课题、新领域。应用先进的管理模式和新技术,使隧道监控能真正起到保障隧道和车辆安全,使通过隧道的驾乘人员感到放心、舒适的作用。如何应用新思想、新技术、新设备搞好高速公路隧道监控工作,是高速公路建设者和运营管理者需要认真研究的课题。

# 基于自助式智能控制的隧道紧急停车带照明控制设计

陈 平 张特森

（重庆高速公路集团有限公司 重庆 401121）

**摘 要**：本文对隧道紧急停车带照明控制方案进行了探讨，在此基础上，以G65高速公路洪酉段为例，对隧道紧急停车带照明控制方案进行评估，最后阐述了隧道紧急停车带照明控制方案的意义。

**关键词**：隧道 照明控制

## 1 引言

根据目前的大多数隧道机电工程设计，在1 000m以上的双车道高速公路隧道，都会设计“紧急停车带”，每处紧急停车带间隔500～800m，供车辆紧急情况下停车使用。每个隧道紧急停车带长约40m，布设了11盏2×58W(116W)荧光灯，用于停靠“隧道紧急停车带”的车辆照明使用。

隧道紧急停车带的设计目的：在只有行车和超车两个车道的高速公路隧道内，距离超过800m后，车辆出现故障时，“紧急停车带”供车辆紧急停靠使用。

从一般规律来看，车辆在隧道内出现故障的概率是很低的，尤其是重庆高速公路地处山岭重丘地带，地广人稀，短期内高速公路的车流量是非常小的，因此，使用紧急停车带的机会很少。根据这个实际情况，结合节能减排和运营管理节约成本角度，依据“自取所需”的理念，研究隧道紧急停车带照明控制——自助式智能控制，有着现实、明显的经济效益。

## 2 隧道紧急停车带照明控制的方案探讨

### 2.1 “自助式控制”理念

在现实生活中有一个很明显例子，就是在行人过马路较少的情况下，设置自助式人行通过的交通信号灯，在一般情况下，优先保证车辆顺畅通行，有行人需要通过时，自助式开启交通信号灯，让行人通过，这比定时循环的交通信号灯系统更人性化，更科学。

隧道紧急停车带是供车辆紧急停靠使用的，而这种使用情况很少，因此，设计自助式的紧急停车带照明控制更人性化，也适合节能减排的环保理念。

### 2.2 自助式智能照明控制方案

原隧道紧急停车带照明控制设计方案，是将隧道紧急停车带处设置的灯具11盏116W的荧光灯，直接接入EPS不间断电源的供电系统中，而且没有任何控制，全天24h开启。

隧道紧急停车带自助式智能照明控制方案，简称新方案，是将原设计的灯具分成两组：一组为“常开灯”，配置3盏荧光灯，一直处于开启状态，这组“常开灯”与隧道内行车基本照明灯一起为进入紧急停车带的车辆提供照明。另一组为“应急灯”，是除“常开灯”外，配置在紧急停车带的剩余8盏荧光灯，在紧急停车带处明显位置，设置一个自助式“应急灯”开关控制器，并设置明显标识或灯箱指示，由车辆驾乘人员根据自己需要和设置提示，自助开启“应急灯”开关，打开所有的紧急停车带照明。

智能控制是指在自助开启“应急灯”后，自助式“应急灯”开关控制器可以根据设定的开启时长(例如可以把时长设定为1h)，自动关闭“应急灯”。如果驾乘人员需要，可以再次自助开启。

智能控制的另一个方面，是将应急灯开关控制器接入就近的PLC控制器，这个PLC控制是隧道监控系统配置，不需要另外增加。这样，可以很容易地实现监控系统远程开、关和状态检测。如果没有监控系统，这个功能可以不配置。

控制方案灯具布置与原设计是一样的,只是增加控制,即可实现自助式智能控制。隧道紧急停车带灯具布置图如图 1 所示,其中填色的灯具是正常状态下"常开灯"部分,没有填色的为"应急灯"部分。

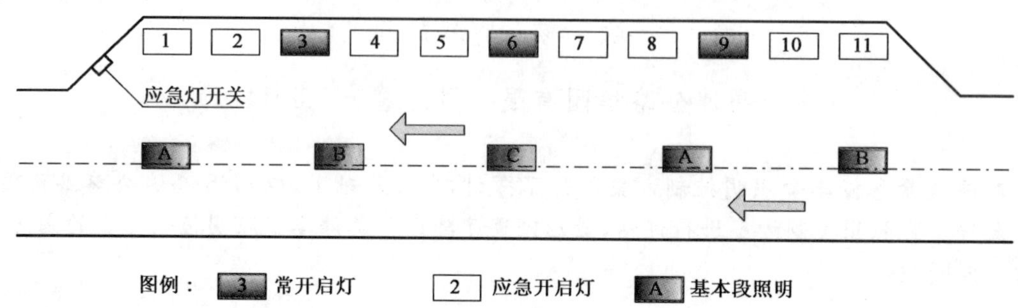


图 1 隧道紧急停车带灯具布置图

### 2.3 紧急停车带照明的控制方式

(1)一般状况:在一般系统正常情况下,只开启 3 盏"常开灯"。

(2)应急状况:在有车辆进入紧急停车带后,驾乘人员自行根据"应急灯"开关提示,打开此处紧急停车带的全部"应急灯"。

(3)控制方案:在"应急灯"开启超过设定时长后,开关控制器会自动关闭"应急灯"。

(4)监控状况:有监控系统条件的,监控管理人员可以根据视频和系统监控情况,在远程开启或关闭"应急灯"。

## 3 隧道紧急停车带照明控制方案的应用评估

根据目前已运行的隧道实际情况观察,原方案是一直开启全部紧急停车带灯具的,在车辆正常通过隧道时,紧急停车带处照度过亮,反而对正常的行驶造成明、暗交替的光线干扰。新的自助式智能控制方案可以适度地降低隧道紧急停车带的照度,更有利于正常行车照明,符合正常通行车辆的行驶需求。

正常行驶车辆的照明是由隧道基本段照明提供的。当隧道内行驶的车辆需要停靠进入紧急停车带时,首先由紧急停车带的"常开灯"和隧道基本段照明提供照明,是能够满足使用要求的。车辆停靠后,驾乘人员可以自助开启紧急停车带的全部照明,而且定时自动关闭后,仍然可以自助开启。

(1)增加的建设成本

以 G65 高速公路洪西段(约 78km)为例,全线共有 32 处紧急停车带。每处紧急停车系统造价:控制箱一个 500 元,标识牌一块 200 元,安装费用 300 元,增加远程控制 500 元,合计每处投入建设费用约 1 500 元。洪西段约需要投入建设费用 1 500 元×32 处=4.8 万元。

(2)节约的营运成本

以 G65 高速公路洪西段为例,每年可以节约电费如下:

116W×1.2 功率系数×8 盏×32 处×24h×365d÷1 000kW·h×1 元/(kW·h)= 31.2 万元。

从测试费用的经济效益方面比较,可较大幅度地降低运营成本,而且仅 2 个月的运营成本就可以收回所有建设成本的投入。

(3)推广后节约的运营成本

如果按重庆高速公路"二环八射"2 000km 公路总体核算,以 G65 高速公路洪西段(洪西段的隧道总长占全线里程的比例为 20%)的设置情况,重庆每年节约的运营成本为:2 000km×31.2 万/78km= 800 万元/年。

## 4 结语

通过经济效益比较,隧道紧急停车带照明的自助式智能控制,可以在重庆甚至全国推广,建设成本少,节约的运营成本远远大于增加的建设成本。这也是我国首次在高速公路紧急停车带实施的以人为本、节能减排的自助式智能照明控制方案。

对于在建和投入使用的隧道,按照紧急停车带自助式智能照明控制方案实施或者改造,可以为重庆高速公路每年节约电费高达800万元,经济效益十分明显;自助式智能照明控制方案是符合国家低碳经济和节能减排的能源方针政策,节能效果显著;尤其是在重庆这样的重丘区,隧道众多,有极高的推广价值,对我国其他高速公路类似的隧道情况,同样具有推广意义。

# 基于数字电台的无线遥测系统在棚洞工程监测中的运用

孙建国

(重庆交通科研设计院隧道建设与养护交通行业重点实验室 重庆 400067)

**摘　要**:棚洞结构在国内基本无工程经验可借鉴,进行棚洞施工过程的监控量测具有重要的现实意义。传统的量测数据采集不仅成本高、效率低,且实时性差。本文介绍一种基于数字电台的无线遥测系统,可以实现对众多振弦式传感器数据的实时自动采集。

**关键词**:棚洞　无线遥测系统　监测

## 1　引言

随着公路建设向山区延伸,受山区地形限制,路线常常在崇山峻岭中穿行,不可避免地碰到V形沟谷,出现沿河、傍山路段。对于傍山路段,为了切实贯彻“保护环境、保护生态”的建设理念,尽可能减少边仰坡的大挖、大刷,设计中采用异型棚洞结构形式。

异型棚洞结构为国内首创,在国内基本无工程经验可借鉴,因此给棚洞设计施工带来了相当大的难度。为了保证棚洞工程质量,确保施工安全,指导施工,提供设计反馈信息,积累经验,在棚洞工程施工过程中,使用各种类型的仪器设备、量测元件,对临时边坡和棚洞结构的力学行为以及它们之间的力学关系进行量测和观察,据此来判断棚洞工程施工对地表环境的影响范围和程度,评价棚洞工程本身的稳定性及其工作状态,具有重要的现实意义。

传统的量测是通过埋设各种传感器,然后通过技术人员对传感器的逐个测试、采集数据,获取相关信息。这种数据采集方式不但成本高、效率低,且实时性差。本文介绍一种基于数字电台的无线遥测系统,可以实现对众多振弦式传感器数据的实时自动采集。

## 2　基于数字电台的无线遥测系统组成

振弦传感器以其卓越的性能在工程施工控制、检测中得到广泛的应用。依据钢弦振动原理制作的传感器有应变计、应力计、压力计等。传统的有线传输方式已远远不能满足工程检测的要求,我院推出了振弦传感器DST1—16B遥测系统。该系统使用数字电台进行近距离数据的无线传输,信号传输距离在3km,不产生通信费用,特别适合施工控制、试验检测等在现场进行的测试项目。

本系统是由一个主站和多个分站组成的分布式全自动静态近程遥测数据采集系统,主站由PC机和数据通信模块组成,分站由振弦传感器数据采集模块和数字电台组成,主站与分站之间利用数字电台网络实现数据通信。可适应国内外各种振弦类传感器,数据传输距离为3km左右。系统采用防水、防雷设计,适用于各种场合的自动化工程检测,可广泛应用于工程领域野外环境下定期或长期的自动化测量。系统组成如图1～图3所示。

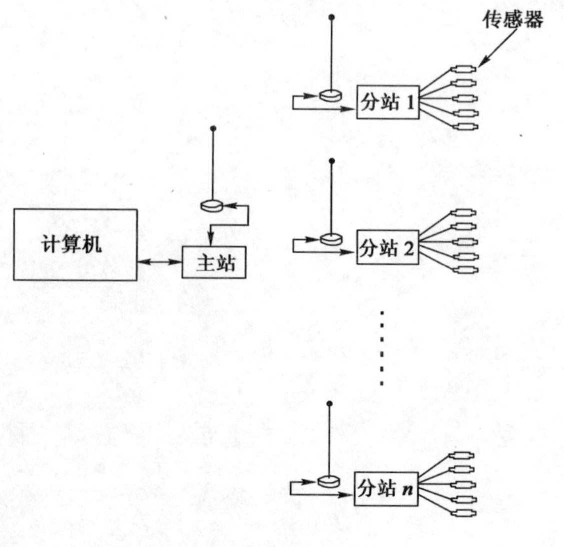


图1　系统硬件组成示意图

图 2 主站

图 3 分站

## 3 遥测系统的应用

### 3.1 棚洞监测方案

棚洞工程监控量测的主要内容包括边坡锚杆轴力监测和棚洞结构内力监测。

边坡锚杆轴力监测:每只锚杆上连接 4 个钢筋应力计,组成钢弦式测力锚杆。

棚洞结构内力监测:①立柱及斜柱应力监测;②曲墙平板结构内力监测;③棚洞结构基础梁内力监测;④靠山体侧扩大基础基底应力监测;⑤边坡与结构之间相互作用力监测。

在洪西路棚洞施工监控中,采用基于数字电台的无线遥测系统进行监控数据采集。棚洞典型监测断面布置如图 4 所示。

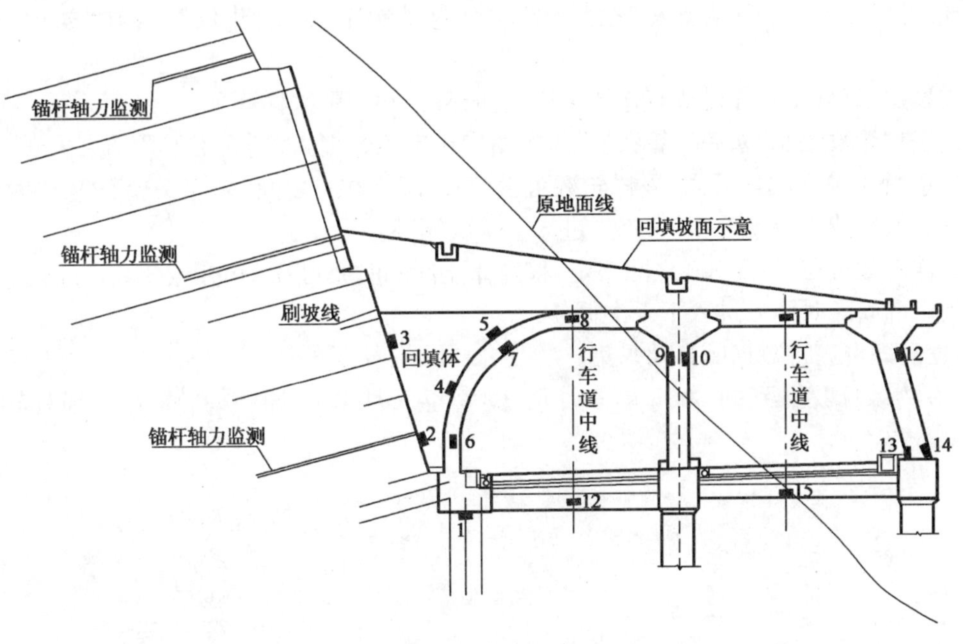


图 4 典型监测断面布置图

注:图中 1～5 处埋置振弦式压力盒,6～8、11、12、15 处埋设振弦式应变计,9、10、13、14 处埋设振弦式应变计或钢筋计,锚杆轴力量测采用振弦式钢筋应力计。

### 3.2 遥测系统连接

#### 3.2.1 分站硬件准备

在电源关闭的状态下,将传感器接入分站各通道,插上分站天线,最后打开分站电源,即完成分站硬件连接。要注意插上天线后打开电源,天线应放在尽可能高的地方。传感器与分站的连接如图 5 所示。

关于连接传感器的特别说明:每个 4 芯插座对应 1 个通道,插座上方对应有通道号,其中 4 芯插座的左边两个插孔接振弦应变传感器,右边两个插孔接热敏电阻温度传感器。需要特别注意的是:应变传感器的屏蔽线在和传感器的信号地线接在一起后,必须接入最左边传感器与分站连接的插孔。

图5 传感器与分站的连接

本系统根据用户需要可配置16通道应变。

3.2.2 主站硬件准备

在电源关闭状态下,将串口线连接好主站和PC机上空闲的串口,台式机上通常配有1~2个串口,对应为串口1(COM1)和串口2(COM2)。连接好主站与PC机后,插上主站天线,最后打开主站电源,并将天线放在尽可能高的地方,即完成主站硬件准备工作。

3.2.3 安装运行系统软件并进行相关设置

运行系统软件安装后,进行以下设置。

(1)选择串口号:选择波特率9 600,打开串口(默认)。

(2)分站设置:在"分站站点数目"下拉框中选择要用到的分站数,再点击"分站设置",进入"分站站点设置"窗口,要注意左上角被激活的站点号(按钮弹起)要与"站点编号"下拉框中的编号一致,在"站点编号"下拉框中可修改左上角被激活的站点号,被激活的站点号不能有重复。系统默认所有通道(每分站16个)处于"关闭"状态,点击"关闭"可打开相应通道,此时显示"打开",点击"打开"则关闭相应通道。也可以点击"打开/关闭",选择16个通道全部打开或全部关闭,要注意不用的通道要关闭。

(3)分站通道设置:在打开接好传感器的通道后,必须输入应变传感器灵敏度系数(标定表中的$K$值)、"测点号"、"应力系数"、"内力系数"、"传感器型号"、"报警上下限",要注意"初值"为加载前传感器的初始频率值,可手工输入,但系统在"初始化"时会自动提取,强烈建议系统在"初始化"时由系统自动提取。

(4)采样模式设定:每分站采样模式有连续采样、定时采样和间歇采样3种。

连续采样:无采样轮数限制,采完一轮数据,向主站发送一轮数据,直到人工干预结束采样。

定时采样:设定每天采样起始时间,采样轮数可设定在1~1 000之间,采完一轮数据,向主站发送一轮数据,采完当天预定的轮数后自动停止,第二天进入下一次循环。

间歇采样:采样轮数可在1~1 000之间设定,采样休止间隔时间可在1min至30d之间设定。采完预定的轮数后,休止预定的间隔时间后进入下一次循环。

完成以上设置后即可进行数据的自动采集。

图6为使用遥测系统获取到的2007年9月至2008年5月K26+000断面$A$点锚杆轴力—时间曲线图。

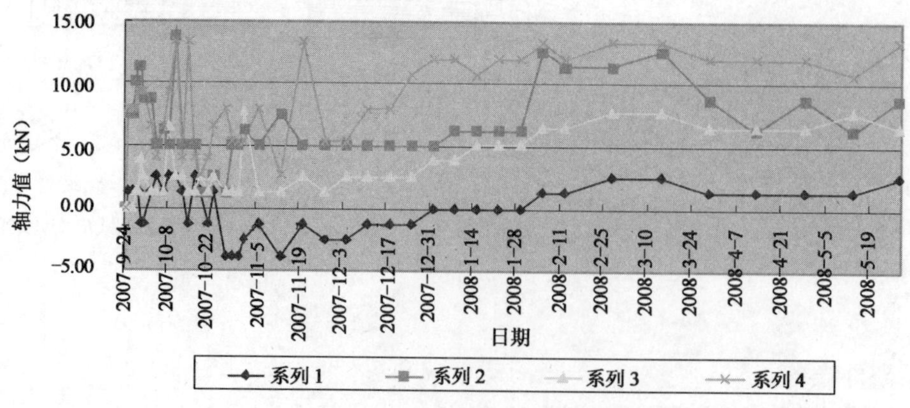


图6 K26+000断面$A$点锚杆轴力—时间曲线图

注:系列1~4分别为4m、3m、2m、1m深处锚杆轴力。

## 4 结论

(1)通过棚洞监测工作的实际应用,基于数字电台的无线遥测系统能实时有效地实现振弦式传感器数据的无线遥测,大大减少了现场工作量,提高了工作效率,随着该系统的广泛运用,必将大大提高工作效率和施工控制水平。

(2)由于每个分站仅有16个通道,因此只能实现16只传感器的数据采集。

(3)系统软件目前只能实现数据采集,还需要进行数据后处理模块的开发。

## 参考文献

[1] 中国公路学会隧道工程分会.2008年全国隧道监控量测与反分析专题研讨会论文集[C].重庆:重庆大学出版社,2008.

# 光纤 Bragg 光栅应变传感器在隧道中的应用研究

向昌阳[1,2] 李 川[1] 谭 华[2]

(1. 云南航天质量无损检测站有限公司 昆明 650217;
2. 重庆高速公路集团有限公司南方建设分公司 重庆 400045)

**摘 要**:作为一种绝对测量单元,光纤 Bragg 光栅避免了永久性测量,而代之以根据需要的周期性测量。针对隧道二次衬砌的应变检测,本文介绍了一种基于位移伸缩计的光纤 Bragg 光栅应变传感器,以及其在大湾隧道中的实际应用。

**关键词**:光纤 Bragg 光栅传感器 隧道 二次衬砌 压应变

## 1 引言

在目前的隧道建设中,现浇混凝土或钢筋混凝土是经常采用的二次衬砌的支护结构,其作用包括[1~3]:①防护加固围岩,提高围岩强度;②改善围岩和支护的受力状态。因此,隧道二次衬砌的质量对隧道的长期稳定和使用功能的正常发挥均有很大影响。由于光纤传感器具有抵抗电磁干扰强,抗腐蚀,使用寿命长,可实现远距离的监测与传输,信号损失极小,在检测中具有优异的变形匹配特性,动态范围大等特点,被视为一种理想的传感器[4~6]。

本文采用一种基于位移伸缩计的光纤 Bragg 光栅传感器对隧道二次衬砌的应变进行测量,并应用于测试隧道的应变监测。

## 2 光纤 Bragg 光栅应变传感器的工作原理

在光纤 Bragg 光栅中,应变的影响与光纤中光栅间距的改变和折射率的光弹效应有关。光纤 Bragg 光栅中心波长的移动量 $\Delta\lambda_B$[7~10]随应变的变化量 $\varepsilon$ 可表示为

$$\Delta\lambda_B = \lambda_B(1 - p_e)\varepsilon \tag{1}$$

式中:$B$——Bragg 波长;

$p_e$——光纤的有效光弹常数。

为了有效获取隧道二次衬砌结构表面的应变,我们采用了一种表面安装式光纤 Bragg 光栅传感器,参见图 1a)。Bragg 波长为 $B$ 的光纤 Bragg 光栅被粘贴于长度为 100mm 的圆管之内。为了获取结构应变,基于位移伸缩计的 FBG 应变传感器的两端各有一根长为 50mm 的安装柱固定于混凝土内部。

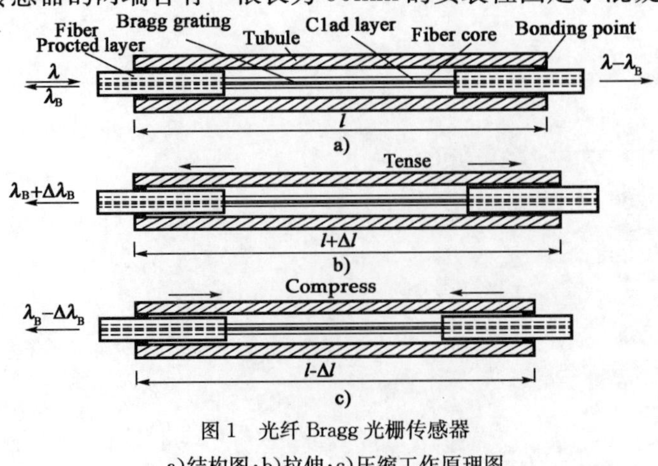


图 1 光纤 Bragg 光栅传感器

a)结构图;b)拉伸;c)压缩工作原理图

当光纤 Bragg 光栅传感器受拉时，参见图 1b)，用 $\varepsilon=\Delta l/l$ 代入公式(1)，Bragg 波长移动量可表示为：

$$\Delta\lambda_{B} = \lambda_{B}(1-p_{e})\Delta l/l \tag{2}$$

式中：$l$——传感器的长度；

$\Delta l$——传感器的拉伸量。

可调 F-P 滤波器被用于检测光纤 Bragg 光栅传感器的峰值波长[10]，参见图 2。

为了防止弯曲，光纤光栅受到了预加拉应变。在图 1c)中，当光纤 Bragg 光栅传感器受压缩时，用 $\varepsilon=-\Delta l/l$ 代入公式(1)，光栅 Bragg 波长移动量可表示为

$$\Delta\lambda_{B} = -\lambda_{B}(1-p_{e})\Delta l/l \tag{3}$$

在图 2 中，宽谱光源通过可调谐高精度的 F-P 滤波器，经 1×2 耦合器和 1×N 耦合器分别注入各光纤光栅传感头，然后，从各光栅传感头返回的反射光经环路器分别送入光电探测器阵列。采用峰值探测以确定光电探测器接收到的来自光纤 Bragg 光栅的最大反射光，被可调谐 Fabry-Perot 滤波器调制的入射光实现了对多个串联 FBG 传感器的探测。

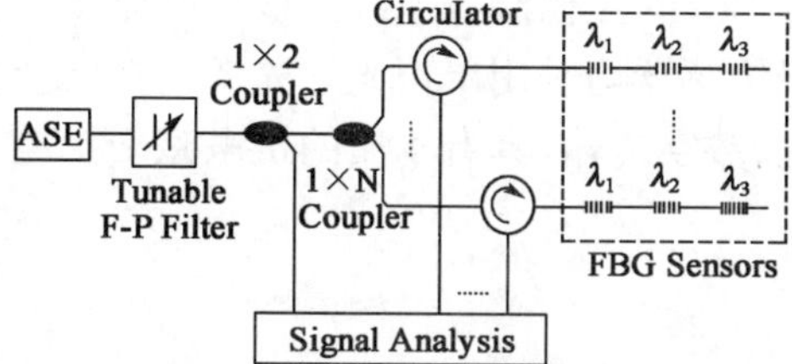

图 2 调谐光纤 Fabry-Perot 滤波器解调原理图

## 3 传感光栅在试验隧道中的布测

为了进一步加强对隧道的监控量测工作，本次在大湾隧道左幅 K20＋200～K20＋300 段设置混凝土表面应变传感器，右幅 10 个断面，左幅 10 个断面，均匀布设，参见图 3。

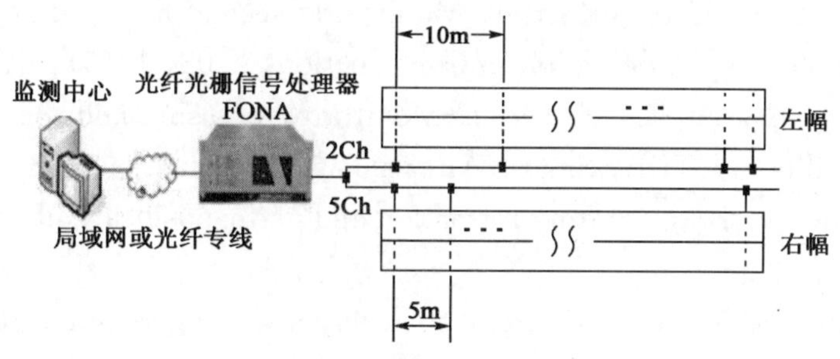

图 3 FBG 传感器监测大湾隧道的原理图

在 90 天的监测期内，对测试隧道光纤光栅监测系统进行了 18 次测量，监测断面的应变—时空图见图 4。最大的应变变化为 231$\mu\varepsilon$，出现在左幅隧道 K20＋261 点位；其余应变大于 200$\mu\varepsilon$ 的点位左幅隧道内还有 1 处，点位为 K20＋271。右幅隧道在监测过程中，点位 K20＋271 处应变大于 200$\mu\varepsilon$。左幅隧道的监测表明，K20＋261 处应变量较大，隧道衬砌受到岩体的作用力较大，并且进一步变大的趋势较明显。

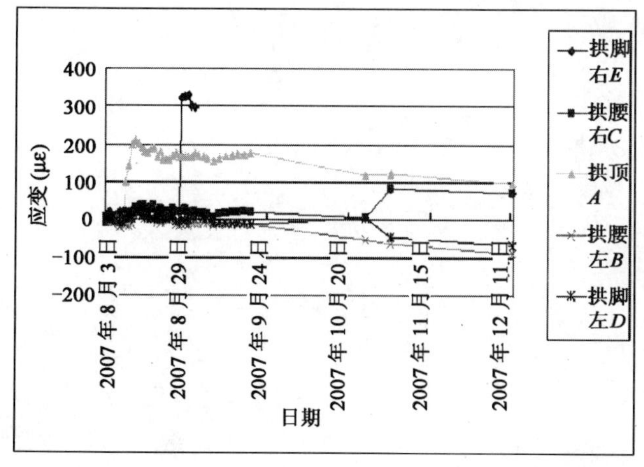


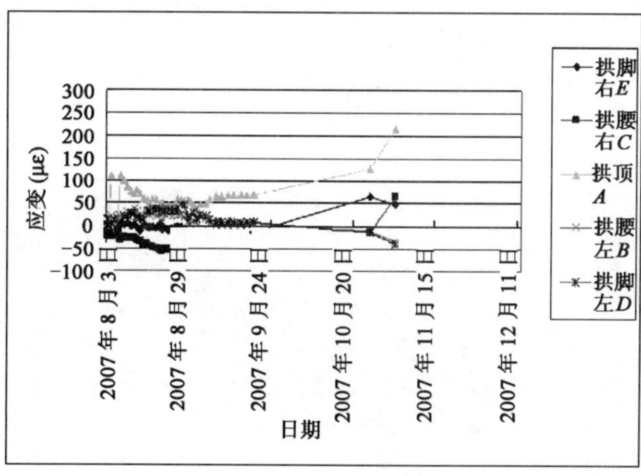


图 4 监测断面的应变—时空图

从应变的位置分布来看,以上3处应变大于200$\mu\varepsilon$的点位,其中左幅隧道为K20+261处和K20+271处,右幅隧道为K20+271处,均集中出现在地质条件较差的部位。

## 4 结论

本文主要介绍了一种安装式光纤Bragg光栅应变传感器,以及它的实际应用——用于检测水武路大湾隧道二次衬砌的应变。在90天的监测期内,对测试隧道光纤光栅监测系统进行了18次测量,实践证明,光纤Bragg光栅测量系统可以同时监测多个传感器,实现了对一个断面的多点分布测量。所有光纤Bragg光栅传感器均采用单根光纤光缆连接,受空间结构的限制小,适用于现场施工。并且,光纤Bragg光栅波长调制、数字传输,具有本质的抗电磁干扰能力,有效地解决了校准和长期时效性的问题,适合长期在线监测。

## 参考文献

[1] 中华人民共和国国家标准. GB 50086—2001 锚杆喷射混凝土支护技术规范[S]. 北京:中国计划出版社,2001.

[2] 吕康成. 隧道工程试验检测技术[M]. 北京:人民交通出版社,2001.

[3] 中华人民共和国行业标准. JTG D70—2004 公路隧道设计规范[S]. 北京:人民交通出版社,2004.

[4] Chuan Li, Yi-Mo Zhang, Hui Liu, et al. Distributed fiber-optic bi-directional strain-displacement sensor modulated by fiber bending loss. Sensors and actuators A: physical, 2004, 111: 236-239.

[5] Chuan Li, Yong-Gui Zhao, Hao Liu, et al. Monitoring second lining of tunnel with mounted fiber Bragg grating strain sensors, Automation in Construction, 2008, 17(5): 641-644.

[6] Chuan LI, Yu SUN, Yong-gui ZHAO, et al. Monitoring pressure and thermal strain in second lining of tunnel with Brillouin OTDR, Smart Materials and Structures, 2006 (15): N107-N110.

[7] G. Meltz, W. W. Morey. Bragg grating formation and germanosilicate fiber photosensitivity, 1991, SPIE, 1516: 185-199.

[8] A. D. Kersey, M. A. Davis, H. J. Patrick, et al. Fiber grating sensors. Journal of lightwave technology, 1997, 15(8): 1442-1463.

[9] M. M. Raymond. Structural monitoring with fiber optic technology. Academic Press, 2001.

[10] 李川,张以谟,赵永贵,等. 光纤光栅:原理、技术与传感应用[R]. 北京:科学出版社,2005.

# 公路隧道中控制火灾烟流的计算模型

陈建忠[1] 李家龙[2] 吴 欢[2]
(1.招商局重庆交通科研设计院有限公司 重庆 400067;
2.重庆高速公路集团有限公司 重庆 401121)

**摘 要**:本模型揭示了公路隧道火灾时期发生逆流时火源区域烟流流动规律,得出公式可用于估算阻止火灾时期发生逆流时所需的"临界风速"。从本模型得知临界风速取决于隧道高度和火源热释放率的大小。通过与原型试验隧道火灾试验数据进行比较,本模型可以为防灾通风设计提供依据。

**关键词**:隧道火灾 临界速度 烟流控制 浮羽流

## 1 引言

近年来,随着交通运输量的快速增加,经由隧道的车辆增多,行驶缓慢,势必造成隧道内有害气体含量增加、能见度下降,长大公路隧道火灾事故时有发生。作为隧道总体规划、设计的一个重要组成部分,运营通风和防灾技术已经成为影响特长隧道建设的一个重要因素,并开始成为通风设计中的决定性因素之一[1]。隧道防灾设计最重要的指标是公路隧道发生火灾时烟流的流动形态,因此,研究发生逆行滚退烟流流动规律显得尤其重要。

对公路隧道发生火灾时的安全研究,是隧道设计和运营必需的环节。采用纵向通风的隧道,其内部的新鲜气流通常由汽车活塞风和风机产生。然而在发生火灾时,新鲜气流既为火源提供了氧气(起到了助燃的作用),又为烟雾产生浮羽流(这部分烟流贴着顶板流动,方向与新鲜气流方向相反,如图1所示)提供了条件。

图1 隧道内火灾烟流示意图

## 2 临界风速

所谓临界风速,就是隧道内发生火灾时能阻止烟雾发生逆流所需的最小风速。本文根据流体流动的基本理论和火灾烟流滚退逆流层的特点,用公式推导、分析临界风速。

一座水平、笔直的隧道在发生火灾时,如果没有机械通风和交通风(烟流不受外部风流的作用),烟流会垂直上升。在上升过程中会卷吸周围的冷空气共同上升,形成气体流动。当气体运动到隧道拱顶时,会分成两部分,分别向相反的方向流动。此时,开启风机进行强迫通风,火源附近近似对称的气体就会改变运动方向,并使火源处上升烟流的轴线向下游倾斜,如图1所示。

试验发现随着强迫通风风速增大,逆流的烟流长度会减小,并且在风速达到一定值时,隧道火灾烟流存在滚退分层现象。即新鲜气流与烟流分层流动,在隧道同一断面上,形成下部为新鲜气流向火源方向流动,上部为烟流逆风流方向流动的现象,即火灾烟流滚退逆流层现象。此风速值被定义为"临界风速"[2,3]。隧道发生火灾时,虽然火灾烟流滚退逆流层在断面的上部,但在救灾过程中却不能将已经发生了逆流层现象的隧道段认为是未污染区段,如果不带防护设备便进入该区域,是十分危险的。

## 3 物理模型

### 3.1 上升羽流

在火灾过程中,由于燃烧产物和邻近火源的气体受热而体积膨胀、密度减小,相对于周围气体来说出现局部的密度差,从而产生重力差,即产生浮力作用和压强梯度,促使受热气体和燃烧产物上升,且在上升过程中卷吸周围气体共同前进,形成气体流动。这种气体流动常呈现为羽状,称为火烟浮羽流。

隧道内火灾火源区域风流和烟流的流动状态见图 2。假设燃烧物体为一个点源 $F$。在无风的静止环境中,火烟浮羽流通常垂直向上运动,呈现轴对称的几何形态,并且火烟浮羽流的横断面呈现为圆形羽流。但当公路隧道发生火灾时,由于受到风流的横向推力作用,以及在上升过程中受到燃烧热动力和烟流热浮力作用,从火源升起的火烟浮羽流发生了弯曲,不再具有垂向轴对称的性质,因而应视为横流中的浮羽流[4]。而且,发生烟流逆流的速度比静止环境时较低,当隧道中风速较低,即 $v_a<2$m/s 时,受隧道拱顶的限制,则火烟浮羽流区的烟流轴线弯曲较小,羽流运动方向接近垂直。因此,可忽略新鲜气流对火烟浮羽流的影响,火烟浮羽流区的烟流轴线没有发生弯曲,羽流运动方向与顶板垂直。

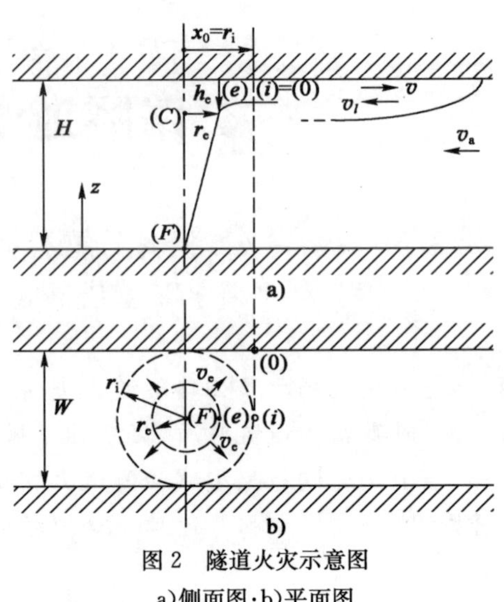


图 2 隧道火灾示意图

a)侧面图;b)平面图

在顶板附近的 $C$ 点处,羽流最大温度可以用下式表示[5,7]:

$$\frac{\Delta T_{\max}}{T_a}=\frac{\Delta T_{\max}-T_a}{T_a}=\Delta\overline{T}_0\overline{Q}_0^{2/3} \tag{1}$$

其中,$\overline{Q}_0=\dfrac{Q}{\rho_a T_a c_p\sqrt{gH^5}}$

假设在浮羽流上升过程中气流的静压没有发生变化,密度随温度变化而变化,由理想气体式可得:

$$\frac{\Delta\rho_{\max}}{\rho_a}=\frac{\Delta T_{\max}}{T_a}\left(1+\frac{\Delta T_{\max}}{T_a}\right)^{-1} \tag{2}$$

式中:$\overline{Q}_0$——无纲量热释放率;

$\Delta\overline{T}_0$——无纲量系数,值为 6.13;

$Q$——热释放率(W);

$p$——大气压力(Pa);

$g$——重力加速度(m/s$^2$);

$H$——隧道的高度(m);

$c_p$——火烟的比容;

$\rho_a$——气流密度(kg/m$^3$);

$T$——烟流温度(℃)。

火烟羽流在上升过程中,受到隧道拱顶的限制,与隧道拱顶发生冲击,形成烟流冲击射流区。烟流冲击射流是一种半受限的重力分层流,当在隧道拱顶下积累到一定的厚度时(时间较短),便发生水平流动。烟流冲击射流区内,由于隧道拱顶的特殊拱形状,烟流与隧道拱顶发生冲击,烟流不仅同时要向火烟的逆风侧和顺风侧流动,羽流曲线分别向两个方向弯曲,并且还要向隧道横断面方向扩散,形成滚退烟流下降;同时又在上升浮羽流的作用下被卷吸到上升羽流中,最终形成主流烟流和滚退烟流。因此,将烟流冲击射流区作为一个整体来考虑。假设在烟流撞击区的密度均匀且保持进入冲击区的火烟浮羽流的密度,进入冲击射流区的浮羽流断面平均速度为 $v_e$,中部距拱顶的高度为 $h_e$,如图 2 所示。由 Alpert 的顶板射流模型公式可得到 0 点处的参数[6],即:

$$u_0=0.493\left(g\frac{\Delta\rho_{\max}}{\rho_a}H\right)^{0.5} \tag{3}$$

$$h_0=0.0493\left(\frac{W}{H}\right)H \tag{4}$$

$$g'_0 = 0.574g\frac{\Delta\rho_{max}}{\rho_a} \tag{5}$$

其中，$g'_0 = g(\rho_a - \rho)/\rho_a$(式▽)。

由式▽可以得出(0)点处的烟流密度与气流密度的关系，即：

$$\frac{\rho_0}{\rho_a} = 1 - 0.574\frac{\Delta\rho_{max}}{\rho_a} \tag{6}$$

## 3.2 滚退烟流逆流区

当火源的燃烧强度一定时，烟流微团在上升的浮羽流轴线与隧道拱顶的交接处附近所获得的沿隧道拱顶且与风流流动方向相反的动能为定值，在逆行烟流的前沿断面到达 $S$ 点时，烟流受到的隧道送风静压力与烟流获得的逆行动力正好处于平衡状态(图 3)。此时逆行烟流与风流混合，并再一次转向，随风流一起流动。在 $S$ 点的附近取 $A$、$B$ 两点，$A$ 点在隧道送风风流一侧，$B$ 点在逆行烟流区，可得：

$$p_B + \frac{1}{2}\rho v^2 = p_A + \frac{1}{2}\rho_a v_a^2$$

连续性方程：

$$(\text{烟流})v_l h_l = vh \tag{7}$$

$$(\text{气流})v_a H = w(H - h - h_l) \tag{8}$$

动量方程：

$$\begin{aligned}&-\rho v^2 h - \rho v_l^2 h_l - \rho_a w^2 (H - h - h_l) + \rho_a v_a^2 H \\ &= \frac{1}{2}(\rho_a v_a^2 - \rho v^2)H - \frac{1}{2}(\rho_a - \rho)g(h + h_l)(2H - h - h_l)\end{aligned} \tag{9}$$

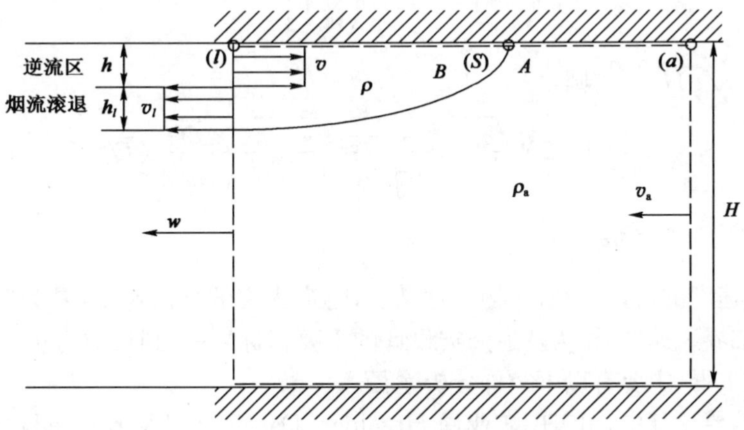


图 3 逆行烟流滞止点示意图

为简化模型，假设烟流滚退层与新鲜气流层之间不存在剪切力，忽略两层流体之间的相互影响，令 $v_l = w$。逆流层的厚度 $h$ 与烟流滚退层 $h_l$ 存在如下关系：

$$\frac{h}{h_l} = \frac{v_a/v + h/H}{1 - h/H}$$

令 $\phi = h/h_l$，将公式(7)和(8)带入公式(9)中，可得：

$$\begin{aligned}v_a^2 = v^2\left\{2\frac{\rho}{\rho_a}\cdot\frac{h}{H}(1+\phi) + 2\phi^2\cdot\frac{h}{H}\cdot\left(\frac{H}{h} - 1 - \frac{1}{\phi}\right) - \frac{\rho}{\rho_a}\right\} - \\ \left(1 - \frac{\rho}{\rho_a}\right)\cdot gh\cdot\frac{h}{H}\cdot(1+\phi)\cdot\left(2\frac{H}{h} - 1 - \frac{1}{\phi}\right)\end{aligned} \tag{10}$$

临界风速是隧道发生火灾时阻止烟流发生逆流所需的最小风速值。当新鲜气流风速值大于或等于临界风速 $v_r$时，新鲜气流能够把逆流烟流控制在 0 点处(图 2)。此时，烟流紧贴隧道顶板向下流动。将公式(3)～(5)代入到公式(11)中，可以得到 0 点处的临界风速公式。临界风速 $v_r$与热释放率 $Q$ 的关系曲线见图 4。

$$v_{\mathrm{r}}=1.22\cdot\sqrt{gH}\cdot\frac{\sqrt{\alpha_1+(\alpha_1+\alpha_2)\cdot 6.13\times\overline{Q}_0^{2/3}}}{1+6.13\times\overline{Q}_0^{2/3}}\cdot\overline{Q}_0^{1/3}\tag{11}$$

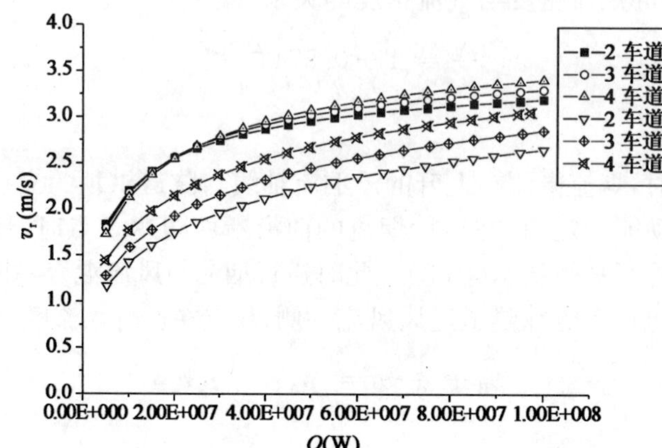


图 4 临界风速 $v_r$ 与热释放率 $Q$ 的关系曲线图

注:1. 本模型曲线:■、○、△;2. Heselden 模型:▽※

假设 $\phi=h/h_l=0.81$,则公式(11)中:

$$\alpha_1=0.312+0.0185\left(\frac{H}{W}\right)^2-0.002\left(\frac{H}{W}\right)$$

$$\alpha_2=0.574\left[1-0.178\left(\frac{H}{W}\right)\right]$$

令无纲量速度 $\bar{v}=v/\sqrt{gH}$[7][8],则:

$$\bar{v}_{\mathrm{r}}=1.22\cdot\frac{\sqrt{\alpha_1+(\alpha_1+\alpha_2)\cdot 6.13\times\overline{Q}_0^{2/3}}}{1+6.13\times\overline{Q}_0^{2/3}}\cdot\overline{Q}_0^{1/3}\tag{12}$$

## 4 与现有模型的对比分析

由上述对隧道烟流速度的讨论得知,在物理意义上,隧道火灾的烟流速度,是为防止“烟气回流”发生由隧道通风系统提供的“临界风速”。作为隧道防灾设计的重要指标之一,到目前为止,隧道“临界风速”主要是通过经验或半经验公式求得,主要有以下 2 种分析途径。

(1)基于弗鲁德的推导。其中,由美国矿业局 Heselden、Danziger 以及 Kennedy 等人通过对矿井火灾试验和模型试验进行研究、分析而提出的模型(简称 Heselden 模型)用得最为普遍。模型可用下列方程组描述:

$$v_{\mathrm{r}}=K_{\mathrm{g}}\cdot K\cdot\left[\frac{g\cdot H\cdot Q_{\mathrm{f}}}{\rho_{\mathrm{a}}\cdot C_{\mathrm{P}}\cdot A\cdot T_{\mathrm{f}}}\right]^{1/3}$$

$$T_{\mathrm{f}}=\frac{Q_{\mathrm{f}}}{\rho_{\mathrm{a}}\cdot C_{\mathrm{P}}\cdot A\cdot v_{\mathrm{c}}}+T_{\mathrm{a}}$$

式中:$A$——隧道横断面面积($\mathrm{m}^3$);

$T_{\mathrm{f}}$——火源处气体的温度(K);

$K_{\mathrm{g}}$——坡度修正系数,$K_{\mathrm{g}}=1+0.0374\cdot i^{0.8}$;

$i$——隧道纵坡(%);

$K$——临界理查德森数(Richardson Number)的 1/3 次方,取临界理查德森数 $R_{\mathrm{i}}=0.22$,则 $K=0.61$。

(2)基于无纲量的推导分析。其中 Oka Y 和 Atkinson GT 结合小比例尺寸试验推导出的模型如下[8]:

$$\bar{v}_r = K_v\left(\frac{\bar{Q}_0}{0.12}\right)^{1/3} \qquad \bar{Q}_0 \leqslant 0.12,$$

$$\bar{v}_r = K_v \qquad \bar{Q}_0 > 0.12$$

其中，$\bar{v}_r$、$\bar{Q}_0$ 同前；$K_v$参数取值为 0.22～0.38。

## 5 与现有大比例火灾试验的对比分析

目前，国外在废弃隧道做的火灾试验，主要有美国的 Memorial 隧道火灾试验和欧洲的 EUREKA 火灾试验。1993～1995 年，美国在 Memorial 隧道做了一系列火灾试验。Memorial 隧道具体参数为：两车道，长 800m，坡度 3.5%。欧洲的 EUREKA 火灾试验是在挪威 Reparfjord 隧道中进行的。Reparfjord 隧道具体参数为：高 6m，宽 6～7m，长 2.3km，坡度为 0。本文模型计算得到的临界风速与 Memorial 隧道火灾试验、EUREKA 火灾试验数据对比如表 1 所示。

**临界风速 $v_r$ 的计算值** 表 1

| 项目 | 隧道几何尺寸 | | | $Q$ (MW) | $v_r$ (m/s) | $\bar{Q}_0$ (—) | $\bar{v}_r$ (—) |
|---|---|---|---|---|---|---|---|
| | 高 $H$(m) | 宽 $W$(m) | 高宽比 | | | | |
| 本文模型 | 7.05 | 10.5 | $H/W=0.67$ | 10 | 1.836 | 0.033 6 | 0.221 |
| | | | | 50 | 2.955 | 0.336 5 | 0.356 |
| | | | | 100 | 3.189 | 0.505 5 | 0.673 |
| | 7.83 | 14.5 | $H/W=0.54$ | 10 | 2.179 | 0.051 4 | 0.249 |
| | | | | 50 | 3.020 | 0.257 5 | 0.344 6 |
| | | | | 100 | 3.295 | 0.514 9 | 0.376 |
| | 9.024 | 18.8 | $H/W=0.48$ | 10 | 2.129 | 0.036 1 | 0.226 |
| | | | | 50 | 3.017 | 0.180 6 | 0.320 |
| | | | | 100 | 3.404 | 0.525 0 | 0.362 |
| Memorial | 7.86 | 7.6 | $\bar{H}=7.75$m | 10 | 2.5 | 0.051 | 0.287 |
| | | | | 100 | 3.0 | 0.513 | 0.344 |
| EUREKA | 5.0 | 6.6 | $\bar{H}=5.68$m | 100 | 2.8 | 1.067 | 0.357 |

注：$H/W=0.67$，$H/W=0.54$，$H/W=0.48$ 分别为标准两车道、三车道、四车道隧道的高宽比。

## 6 结论

(1)本模型是由长方形断面的隧道推导而来，可以近似地用于估算马蹄形断面隧道的临界风速。隧道内发生火灾时，烟气流态的影响因素是多方面的，与火灾的规模 $Q$、隧道的断面形状(隧道断面高宽比 $H/W$)等有关。无纲量临界风速 $\bar{v}_r$ 与无纲量热释放率 $\bar{Q}_0$ 的 1/3 次方成正比。隧道断面形状高宽比 $H/W$ 对临界风速产生非常重要的影响。

(2)通过和国外现有模型进行比较分析，可以看出，本模型是可行的。本模型计算得出的临界速度略大于现有模型计算临界速度，因此，本模型计算得出的临界速度用于设计隧道发生火灾时的临界风速更趋于安全。

(3)通过与国外学者在实体隧道中的火灾试验数据进行对比分析，本文所提出的计算模型是可行的。但为验证其正确性，仍需进行大量的模型试验和现场火灾试验。

(4)本模型简单、清晰地描述了临界风速与隧道火灾热释放率、高宽比的函数关系，适用于各种火灾当量的隧道火灾工况。

## 参考文献

[1] 蒋树屏.我国公路隧道建设技术的现状及展望.国际隧道研讨会暨公路建设技术交流大会论文集[C].北京:人民交通出版社,2002.

[2] Massachusetts Highway Department. Boston, MA: Memorial tunnel fire ventilation test program, Test Report, 1995.

[3] Hwang CC, Wargo JD. Experimental study of thermally generated reverse stratified layers in a fire tunnel[J]. Combust Flame,1986(66):171-80.

[4] 周延,王省身.水平巷道烟流滚退发生条件的研究[J].煤炭学报,1998,23 (4).

[5] Heskestad G, Delichatsios MA. The initial convective flow in fire[C]. Proceedings of the 17thInternational Symposium on Combustion. Pittsburgh: Combustion Institute, 1978.

[6] Alpert RL. Turbulent ceiling-jet induced by large-scale fires[J]. Combust Sci Technol, 1975(11): 197-213.

[7] Wu Y, Bakar MZA. Control of smoke flow in tunnel fires using longitudinal ventilation systems—a study of the critical velocity[J]. Fire Safety J ,2000(35):363-90.

[8] Oka Y, Atkinson GT. Control of smoke flow in tunnel fires[J]. Fire Safety, 1996(25):305-22.

# 隧道智能区域控制器在万开隧道监控系统中的应用

金朝辉[1] 王 茜[1] 何 川[1] 杜国平[2] 杜小平[2] 曾德云[2] 李 丹[2] 刘 亮[2]

(1.西南交通大学 成都 610031;
2.重庆高速公路集团有限公司 重庆 400042)

**摘 要**:本文介绍了应用隧道智能区域控制器的重庆万开隧道监控系统的分层分布式系统结构,系统由隧道监控中心层、通信网络层、智能区域控制器层和现场设备层组成;阐述了智能区域控制器在隧道监控系统中的重要作用;介绍了智能区域控制器的硬件性能优势,以及采用完全兼容 Redhat Linux7.2 的嵌入式 Linux 操作系统与使用国际标准 Modbus TCP 协议,使得智能区域控制器软件更加稳定、可靠及具可扩展性。根据智能区域控制器在万开隧道监控中的应用效果,证明了其满足网络化、标准化、可扩展性和可靠性等要求,提高了公路隧道监控系统的科技水平和管理水平,确保了隧道交通的安全、畅通及隧道设备的科学运转。

**关键词**:隧道监控系统 智能控制 嵌入式 Linux Modbus TCP

## 1 引言

随着科学技术的发展和高速城际公路网络的快速建设,使用计算机进行远程自动化控制的公路系统也在逐步向前发展,达到了对机电设备、安全指标、交通管理、环境参数等进行有效的监察、控制、智能化管理,并提供事故预处理方案,提高了管理效率,确保行车安全,为积极预防、处理事故提供了可靠的保障。重庆万州至开县高速公路隧道智能监控系统(以下简称重庆万开隧道监控系统)实现了系统分层分布式设计、隧道监控计算机管理网络化等新的设计思想,给用户提供较高的综合管理水平和科学决策能力,及时准确地为决策人员和管理人员提供隧道运营状况信息,从而确保隧道交通的安全、畅通及隧道设备的科学运转。

## 2 重庆万开隧道监控系统结构[1~5]

重庆万开隧道监控系统包括交通监控子系统、照明控制子系统、通风控制子系统、火灾报警子系统、环境监测子系统、紧急电话系统、有线广播系统、CCTV 系统等。隧道监控系统能够对各个子系统进行 24h 不间断可靠监控,根据采集到的各子系统工作情况控制各子系统联合运作,对各种情况提供有效监控,收集各子系统数据信息进行统一有效管理。监控的现场设备包括通风、照明、交通、CCTV、广播、紧急电话、火灾等安全监控子系统,而且还整合电力子系统,并需要提供对可变情报板、可变限速标志、车辆检测器等串口设备的统一控制。隧道监控系统中各个子系统和各子系统内部没有形成统一的数字通信接口和标准的通信规约,不同的现场设备一般来自不同的生产厂家,采用不同的数字通信接口和通信规约,甚至同一种类型的现场设备由于公开招标等缘故也可能来自于不同的生产厂家,也会造成采用不同的数字通信接口和通信规约。传统的隧道监控系统大多采用各种现场设备与监控中心直接通信的分散分布式结构,这样,隧道监控中心需要处理各种不同的通信规约和数字接口,使得整个监控系统层次化不清,监控中心任务加重,监控系统内部故障时不能很快地排除故障等弊端。

随着现代网络技术和数字通信技术的高速发展和用户对隧道监控系统的高度集成化、层次化等要求,尤其是为了克服上述现场设备不同的通信接口和通信协议等造成的弊端,引入了智能区域控制器,通过智能区域控制器,使得监控中心只与使用统一数字接口和通信规约的智能区域控制器通信,大大提高了整个隧道监控系统的效率和可靠性。使用智能区域控制器后隧道监控系统的系统结构如图 1 所示。

隧道监控中心层主要包括了万开路南山隧道、铁峰山 1 号隧道、铁峰山 2 号隧道三条隧道的隧道监控工作站、路段管理计算机、数据库服务器、视频服务器、紧急电话及广播工作站、电力监控工作站、火灾报警工作站、大屏幕显示等中心监视系统及设备。

通信网络层提供了隧道监控中心层和智能区域控制器层之间的通信链路。

现场设备层包括现场通风等机电设备、照明设备、可变情报板、可变限速标志、车辆检测器等。

智能区域控制器层是基于现场总线技术和现代网络技术的多功能智能化的控制单元,采用开放系统、分层控制等先进设计思想将状态监视、数据采集、智能控制和数字化通信技术融为一体。由图1可知,智能区域控制器首先通过RS485、RS232、RS422和CAN等现场总线和现场各种类型的设备通信,再通过网络或者RS232(为兼容老系统改造而设计)与隧道监控中心主系统交互信息,这样,智能区域控制器屏蔽了隧道监控中心与现场设备之间的通信细节,而将现场设备的通信负荷分布到多个智能区域控制器上,从而使整个隧道监控系统层次化非常清楚,易于排查故障,提高系统的可靠性和可扩展能力。

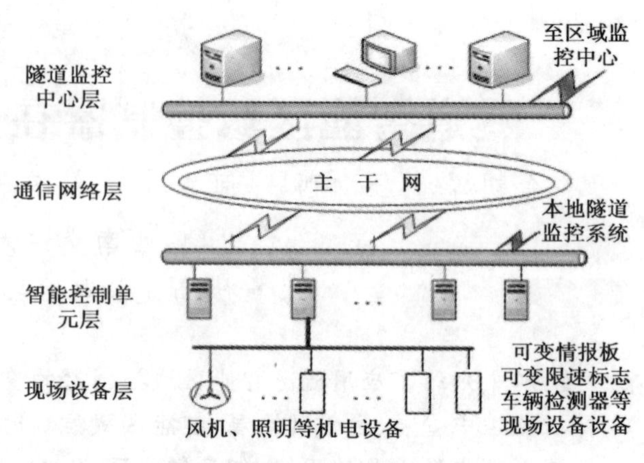

图1 隧道监控系统的系统结构

## 3 智能区域控制器层应用效果分析

智能区域控制器是一个区段的所有现场设备与隧道监控系统中心交互信息的枢纽,其性能和软件处理能力至关重要。如果智能区域控制器不能及时有效地将现场设备信息传送给隧道监控中心,或者不能将隧道监控中心的命令实时发送到现场设备,那么,就会影响整个隧道监控系统的性能,从而影响到高速公路的运营安全。所以,控制单元的中枢CPU模块智能区域控制器设计时,选用了深圳盛博科技(SBS)、型号为ysCentreModuleTM-6453模块作为主处理器,满足了系统对串口、网络、I/O总线等资源的需求。

深圳盛博科技(SBS)是国内首家国际化嵌入式计算机专业公司,不断推出高品质的嵌入式PC模块,超小尺寸、超低功耗、宽温特性、推荐的单+5V供电,以及一系列针对嵌入式应用的功能扩展,并为应用系统的设计引入"面向对象"的方法,被广泛用于各种高可靠的智能设备中。PC/104是嵌入式PC的机械电气标准,是嵌入式应用的一个标准系统平台,它秉承了IBM-PC开放式总线结构的优点,与IBM-PC 100%兼容,提供了标准的、可靠的、功能强大的、方便使用的系统组件,从而将人力从繁琐的基于芯片的设计中解放出来。智能区域控制器应用体现了如下特点:

(1)采用嵌入式PC的机械电气标准。它的制定为嵌入式应用提供了标准的系统平台,继承IBM-PC开放式总线结构的优点,为工程师提供了适应复杂环境的标准、高可靠、功能强大、使用方便的高度集成便携式系统组件。

(2)结构尺寸小,适应嵌入式系统应用环境。

(3)低功耗。总线驱动电流小,低功耗有利于减少元件数量。

(4)开放的高可靠性工业规范。产品在电气特性和机械特性上可靠性极高,板卡与板卡之间通过自堆栈进行可靠的连接。

(5)模块可自由扩展,模块具有灵活的可扩展性。允许工程师互换及匹配各种功能卡,可随系统的要求而升级板卡的性能,增加系统的功能和性能,只需通过改变相应的模块即可实现。

(6)可以将所有的模块板利用板上的叠装总线插座连接起来,有效减小整个系统所占的空间,同时极大增强振动冲击等恶劣应用环境下的可靠性,成功地将数字技术小型化。

(7)强大的软件支持能力。系统兼容操作系统有DOS、VxWorks、Linux、WinCE等,且用户可以随时利用PC系统丰富的软件资源,从而降低软件购买、学习、培训等方面的成本。

(8)系统设计的复杂性以及模块之间的接口简单。

特定 OEM 客制化设计——为满足不同场合需求而进行的 OEM 产品设计，能够通过特别的模块选取、电路设计快速生产出满足客户特别要求的控制功能产品。

总之，区域控制器凭借紧凑的外形、成熟的标准体系结构、专业设计、专业生产带来的高可靠性，将隧道监控系统引入了一个更高的层次。模块化、通用化的系统更易于维护、扩展、系列化和升级，极大地减少了设计周期和重复开发成本，多角度提高了国产隧道监控系统的市场生存发展能力。

## 4 智能区域控制器软件

### 4.1 稳定可靠的嵌入式 Linux 操作系统

智能区域控制器以 RedHat Linux 7.2 操作系统为基础，通过对系统的裁减和压缩，摒弃原操作系统的桌面系统以及其他一些监控系统中不使用的设备驱动等，最终将基于 PC 机的 RedHat Linux 7.2 操作系统裁剪到基于嵌入式微处理器上来，使得系统满足占用空间小、执行效率高、方便进行个性化定制和软件要求固化存储等等特点，实现一个最小化、多任务的准实时系统。并且，可以根据用户要求，通过增加 Linux RT-Core 实时内核，实现嵌入式实时 Linux 系统，以满足用户更高级别的要求。智能区域控制器通过采用嵌入式 Linux 操作系统来负责包括对智能区域控制器硬件的直接监管、对各种资源（如内存、处理器时间等）的管理以及提供诸如作业管理之类的面向应用程序的服务等等。基本功能包括任务管理、定时器管理、存储器管理、资源管理、事件管理、系统管理、消息管理、队列管理、旗语管理等，这些管理功能是通过内核服务函数形式交给用户调用的。完成简单功能的嵌入式系统一般不需要操作系统，如许多 MCS51 系列单片机组成的小系统就只是简单的前后台系统。

智能区域控制器通过使用 FTP 和 Telnet 网络服务功能，维护工程师不需要到隧道中实际使用智能区域控制器的节点处，只需要在隧道监控系统调度中心通过 FTP 工具，就可以完成诸如控制器 IP 地址更改、遥信、遥控和串口参数更改、更新主程序等操作，也可以使用 Telnet 工具来监视区域控制器软件运行情况，控制主程序的运行或调试等。智能区域控制器现场维护操作简单有效，完全达到了网络化远程操作，节省了大量的人力物力，提高了系统维护和安装的效率。图 2 为智能区域控制器远程操作示意图。

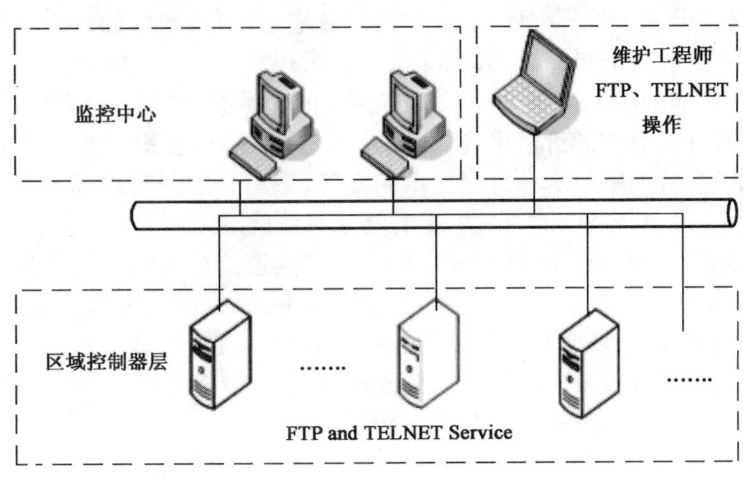


图 2 智能区域控制器远程操作示意图

### 4.2 标准 Modbus-TCP 协议

智能通信接口单元根据现场实际情况，提供了串行接口或以太网接口与隧道监控中心通信，在通信协议上可以动态选择 Modbus 协议或者 Modbus TCP 协议，大大提高了整个系统的兼容性，得到了用户的肯定。通过使用标准 Modbus 协议，实现了分层分布式的现代隧道监控系统，从而屏蔽现场多种设备，使得现场设备对隧道监控中心透明化。使用标准的通信协议来与隧道监控中心通信，使监控中心只与智能区域控制器通信，减轻了隧道监控系统的负担，提高了整个隧道监控系统的可靠性、可扩展性和透明化。

Modbus 通信协议是一个事实上的工业标准，具有开放性、易实现、扩展性好、用户范围广等优点[9]。基于 Modbus TCP 的自动化监控系统平台是基于目前发展迅猛、广泛应用于几乎所有领域且开放的 TCP/IP 技术，应用层采用工业控制领域标准的、开放的 Modbus 协议，使用户彻底摆脱了非标准的、封闭的专用工业控制网络和现场总线技术的束缚。它利用 TCP/IP 协议将 Modbus 消息封装成 IP 包，使它能在 Intranet/Internet 上传输。Modbus/TCP 组件体系结构模型在通信应用层提供 Client/Server Modbus 接口，Modbus/TCP 设备将 TCP502 端口预留为 Modbus 通信所默认的监听端口。

区域智能控制器通过采用标准的通信协议，提高了它的系统兼容性与可扩展性，大大提高了区域控制器的应用范围。

### 4.3 实时性分析

隧道监控系统对实时性要求非常高，系统通信方案能否满足实时性要求决定了该方案能否得到应用。隧道监控系统信息延时包括信息产生、信息处理、信息传输和信息显示等，其中信息处理和信息传输时间占70%。例如，当开关柜上的一个断路器产生变位，其在区域控制器上 I/O 滤波消耗时间为 3ms，内部总线运行需要 1ms，程序循环时间 20ms，监控中心程序处理(接收和显示)时间 300ms，加上信息在网络上传输时间 500ms，一个变位信号从产生到传输至监控中心的时间小于 1s。如果是对断路器或者隔离开关的遥控输出，还应加上遥控执行回路校验时间 60～100ms 和机构动作时间，最大遥控输出并执行成功(无故障情况)时间小于 2s，符合监控系统国家标准对实时性的要求。

从以上分析得出，隧道监控系统中采用区域控制器能对现场设备信息作出实时响应，也能对断路器或者隔离开关进行实时遥控，智能区域控制器方案能够满足用户对系统实时性的要求。

## 5 结论

由于智能区域控制器在设计时综合应用了现代计算机技术、通信技术、控制技术，充分采用了以太网技术和总线技术，使得系统突破了原有的技术瓶颈，使隧道的监视与控制系统高速信息共享成为可能。智能区域控制器有如下创新点和独特优点：

(1)采用 PC104 嵌入式处理器，提高了系统的处理能力，缩短了信息交换时间。引入多任务、高可靠性的嵌入式 Linux 操作系统来开发主处理程序，进一步提高效率，并具有很好的可移植性，大大提高了软件对并行任务的处理能力，提高了软件的可靠性，大大降低了系统开发和维护费用。

(2)采用国际标准的 Modbus、Modbus TCP 通信规约，有利于系统的扩展和多厂家系统之间的互联，使得系统向标准化方向发展，并具有性能价格比高、运行可靠、扩展性好、使用方便的特点。

(3)系统设计充分利于现代网络技术和总线技术的发展，采用分层分布式系统设计思想，使系统各个部分负荷分配合理，提高了系统的稳定性和可靠性，更有利于系统的维护和故障排除。

隧道智能区域控制器已于 2006 年 12 月 6 号在重庆万开隧道监控系统中投入运行。运行效果表明，隧道智能区域控制器满足网络化、标准化、可扩展性和可靠性等要求，提高了公路隧道监控系统的科技水平和管理水平，确保了隧道交通的安全、畅通及隧道设备的科学运转。系统能够满足用户对可靠性、实时性和可扩展性等的要求，有很高的推广价值及应用前景。系统运行至今，稳定可靠，得到了用户的一致好评。

# 公路隧道照明节能技术探讨

赵舶汛[1] 卿 伟[2]

(1. 重庆高速公路集团有限公司 重庆 401121；
2. 重庆交通大学土木建筑学院 重庆 400074)

**摘 要:**在公路隧道运营过程中,公路隧道照明用电是隧道运营的主要支出成本,采取节能措施,可以提高公路隧道的经济效益和社会效益。本文从影响公路隧道照明质量的几个主要参数入手,来探讨隧道照明设计达到高效节能的途径和方法。

**关键词:**高速公路 公路隧道 隧道照明 节能措施 经济效应

## 1 引言

由于公路隧道具有缩短公路里程、提高运输效益、利用地下空间、节省用地和保持生态环境等优越性,在高等级公路建设中受到越来越多的重视,公路隧道方案被广泛采用。我国是一个多山的国家,当前公路建设的特点是高等级公路掀起了一轮高潮,公路隧道项目日益增多。为了节约能源、保护环境,提高公路隧道照明质量,同时也是为了适应公路隧道运营管理的可持续发展,因此结合隧道特殊的照明环境和视觉现象,寻找合理新型的照明理论和技能光源就显得十分必要。

## 2 "绿色照明"简介

随着全球能源危机及全球环境保护浪潮的兴起,保护环境、节约能源成为全人类的共识。"绿色照明"是20世纪90年代初国际上根据节约电能、保护环境、提高照明质量的要求,对照明系统的形象化说法。

1991年,美国环保署为提倡环境保护首先提出了绿色照明工程(Green Lighting Program)的概念,同时开始推广绿色照明计划,它的目标是提高照明效率,减少照明用电量。我国在1996年10月,也启动了"中国绿色照明工程"。所谓"绿色照明",是指通过科学的照明设计,采用效率高、寿命长、安全和性能稳定的照明电器产品(包括光源、电器附件、灯具、配线器材及调光控制设备等),最终达到建成环保、高效、舒适、安全、经济,有益于环境和提高人们学习和生活质量的照明系统。

绿色照明产品应符合以下条件:

(1)光效高,节省电能;

(2)寿命长,节约资金;

(3)照明质量高,舒适性好,提高工作效率;

(4)减少使用含有有害物质的照明产品。

实施公路隧道绿色照明应采取以下措施:①建立健全隧道绿色照明标准;②进行科学的隧道照明设计;③选择开发高效节能的光源和电器;④采用优质高效照明灯具;⑤优化照明控制[1]。

## 3 隧道照明设计标准

### 3.1 隧道照明照度计算

由于隧道的特殊交通环境,使得隧道内平均照度的计算与一般道路有所区别。隧道内部平均照度可按下式计算[2]:

$$E=\frac{Nu\phi KK_1}{BS} \tag{1}$$

式中:$E$——隧道内平均照度;

$N$——按排列方式确定系数,相对排列时,$N=2$,交错和中间排列时,$N=1$;

$u$——车道上直射光照明利用系数;

$K$——减光系数,$K$ 的取值见表1;

$K_1$——因被照物体表面相互反光作用使照度提高的系数;

$\phi$——照明器总光通量,1m;

$B$——车道宽度(m);

$S$——照明器设置间距(m)。

**减光系数表** 表1

| 交通量(辆/h) | 隧道长度 | >200 | <200 | >200 | <200 |
|---|---|---|---|---|---|
| | 坡度 | >2% | >2% | >2% | >2% |
| 15 000 | | 0.4 | 0.45 | 0.45 | 0.45 |
| 7 000~15 000 | | 0.45 | 0.5 | 0.5 | 0.6 |
| <7 000 | | 0.5 | 0.6 | 0.6 | 0.7 |

### 3.2 隧道内的应急照明

由于隧道对交通流的特殊作用,供电故障对正常行驶于隧道内的驾驶员来说是非常危险的,因此在长度超过200m的隧道中,应建立紧急照明系统,可采用双路供电电源或设置备用发电机作为备用电源。由于应急供电系统的容量一般较小,因此,应急照明的照度为正常照明的1/5以上[3]。

## 4 高速公路隧道照明的节电途径

隧道的照明设备由基本照明灯具和加强照明灯具组成(图1)。通过对影响隧道照明质量因素的分析,亮度、均匀度和频闪分别涉及到设计参数的合理选择、灯具及其布置方式等方面,节能途径必须从这几个方面入手。当然由于科学技术的进步,作为隧道照明的主体光源也发生了巨大的变化,可供选择的节能光源有了显著的进步,这也是最有效的节能途径之一。

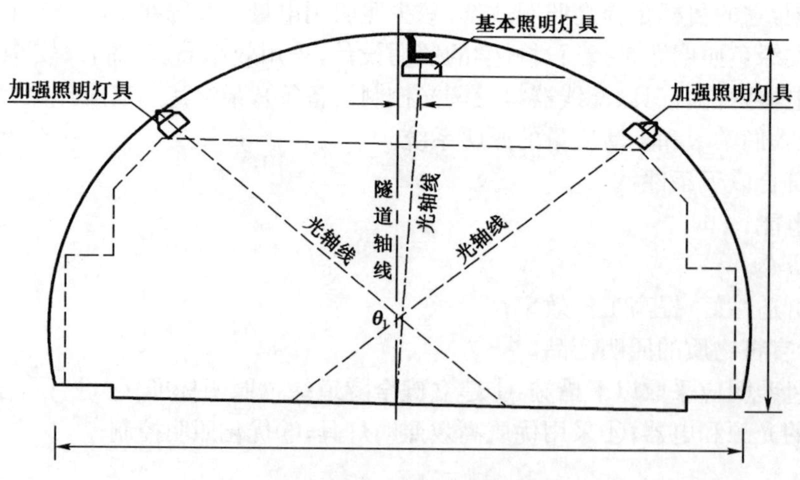


图1 隧道主洞照明灯具安装图

### 4.1 设计参数

现阶段大多的照明设计受技术条件的限制都很大,设计出的隧道照明系统设计值偏保守。许多设计单位由于缺乏照明灯具的光强表等具体的灯具配光参数,不得已采用利用系数曲线图计算方法,不管什么样的照明灯具,统统采用同样的设计参数,造成有些隧道照明系统浪费。为了使隧道照明系统节能,设计人员必须做到照明系统的精细化设计,必须尽量收集照明灯具的配光参数,采用先进的数值计算方法进行设计。

洞外亮度L20 (s)是照明系统的设计基准之一，洞外亮度L20 (s)的正确设定，对工程投资和运营电费都有极大的影响，不容忽视。日本东京湾海底隧道曾于设计中做过详细比较：在其他条件(包括车速)相同的情况下，如L20(s)分别设定为4 000cd/m$^2$与6 000cd/m$^2$，则设备费相差34%，年耗电量相差达30%。在隧道照明设计阶段，隧道洞外亮度L20(s)在多数情况下无法实测得到，一般按查表法获取洞外亮度L20(s)值。查表获取的洞外亮度L20(s)值与实际值存在一定的误差。国内目前已研究出比较成熟的手段可对隧道洞外亮度值进行快速准确的测试和估算，这种测试方法的进步使得准确得到洞外亮度值成为可能，它的推广应用可为新建隧道设计提供较为准确的隧道洞外亮度L20(s)值，有较好的经济效益。

### 4.2 内装饰与路面

驾驶员观察障碍物的背景，在道路照明中主要是路面，在隧道照明中墙面也作为背景，但路面仍然是主要的。只有当路面亮度达到一定值以后，驾驶员才能获得立体感，由此可知，亮度对比越大，越容易察觉障碍物。路面(背景)亮度越高，眼睛的对比灵敏度越好。根据这一原则，在隧道上建设计时尽可能地采用水泥混凝土路面，同时在路面左、右两侧墙面2m高范围内铺设反射率不小于0.7的墙面材料，以此提高灯光的反射率，加大周围环境亮度，从而间接达到降低照明能耗的目的[4]。

### 4.3 高效节能的照明系统

隧道的照明方式直接影响配光特性、照明效果和运行的经济性。一个高效节能的照明系统，必须选用和隧道照明方式相匹配的照明灯具。公路隧道照明质量是通过隧道照明灯具以合理的布置方式，不同的亮度组合达到舒适和经济配光实现的。一个好的照明系统和一个好的照明灯具及其布置方式息息相关，公路隧道照明质量的好坏与灯具的配光特性直接相关，灯具的布置方式对灯具配光效益有较大影响，采用高效节能灯具和高效率的布灯方式是解决运营高电费最有效的方法，具有较大的经济效益和社会效益。研究表明：

(1)不同照明布置方式应选用不同配光形式的灯具以提高照明系统的配光效率，达到省电目的。照明系统采用两侧布置灯具时，宜采用宽光带点光源配光式灯具，若采用中线布置灯具时，宜采用宽光带线光源配光式灯具或逆光照明灯具。逆光照明灯具比常规照明灯具更能充分利用光效来提高路面亮度，降低目标照度，以达到省电目的。

(2)照明装置的照明效率很大程度取决于灯具本身的配光形式及其布置方式，中线布置比侧面布置效率高。

(3)把布灯方式定在中排偏置60cm处和侧布在一侧、布灯高度为6.3m处的布灯方案，将有效地解决公路隧道双侧布置能耗较高、中央布灯不便维护的矛盾，是较高效率的布灯方式[5]。

### 4.4 隧道照明灯具的节能

#### 4.4.1 安装节能型电感镇流器的高压钠灯

目前大多数高压钠灯采用的电感镇流器都是耗能型镇流器，自身功耗约占额定功率的15%左右，效能因数不符合国家颁布的节能要求。近两年来，国内部分企业开发研制出了一系列专用于隧道照明高压钠灯的节能型电感镇流器。节能型电感镇流器主要有E形镇流器、环形镇流器和C形镇流器等。相对于普通电感镇流器，节能型电感镇流器具有如下优势：工作温度低，寿命长，比普通电感镇流器延长了2倍以上；节能效果好，与普通电感镇流器相比，节能40%～50%，接近电子镇流器的水平。

#### 4.4.2 LED灯

LED(发光二极管)：LED作为新型光源，具有寿命长、发光效率高、功耗低、启动时间短、显色指数高、工作温度低、结构牢固、不怕震动、方向性好、工作电压低、无紫外辐射、环保、重量轻等众多优点。在不久的未来，LED光源的应用也将不断发展，在隧道照明建设中发挥巨大的作用。

(1)LED灯的节能原理

公路隧道光源可分为定向光与散射光两种类型。除LED灯外，其他光源都是散射光。光源效率是光源选择时最关心的指标之一，其可以用发光效率和显色性两个参数来描述。影响发光效率的因素主要有每瓦的流明数、灯具的养护系数、灯具的利用系数和光效的叠加性。LED光源光效与高压钠灯相当，但是LED

隧道灯是定向光,其灯具利用系数为 0.8～0.9,而其他光源的灯具利用系数只有 0.4～0.5,换句话说,即是光源的每瓦流明数相同,光源采用 LED 比采用其他光源会节能 1 倍[6]。

(2)LED 灯特点

①寿命长:LED 的使用寿命可以长达 100 000h,传统光源在这方面无法与之相比。目前市场上的隧道 LED 灯大多数以衰减到 25%为寿命标准,时间为 50 000h。

②启动时间短:气体放电光源从启动到光辐射稳定输出,需要几十秒至几十分钟的时间,这是由气体放电光源本身的特性决定的,因为多数气体放电灯的工作物质在常温下是液体或固体,启动后需要一个加热气化的过程,才能达到稳定的工作状态。

③结构牢固:LED 是用环氧树脂或硅胶封装的半导体发光的固体光源,其结构不包含玻璃、灯丝等易损部件,是一种实心的全固体结构。

④功耗低:LED 的能耗较小,是一种节能光源。目前白光 LED 的光效已经达到 100lm/W 以上,大大超过了现在绝大多数照明光源的光效。

4.4.3 电磁感应灯

电磁感应灯是近几年国内外电光源界新研发的高新技术产品。电磁感应灯由高频发生器、功率耦合线圈、无极荧光灯管组合而成。电磁感应灯内设电极,通过高频电磁感应耦合方式激励发光,独特的发光原理使其具有多项优越特性。

(1)超长寿命,无极灯内没有灯丝和电极,工作寿命长达 $6\times10^4$h 以上。

(2)高效节能,系统发光效率为 65lm/W,且功率因数高达 99%以上,减少了无功消耗。

(3)高显色性,显色指数大于 80,光色柔和,呈现物体的自然颜色。

(4)无频闪,2.65MHz 的高频工作,不再产生频闪效应危害,可保护行车安全。

(5)光衰小,2 000h 光通维持率为 95%,20 000h 光通维持率为 80% ,60 000h 光通维持率为 75%。

(6)瞬时启动和再启动即开即亮,开关次数可达 20 万次以上。

(7)工作温度范围大,采用汞齐技术,无需预热,在－40～55℃范围内,均可正常启动和工作。

(8)防震、防爆性能好,因为灯泡内没有灯丝和电极,适合防爆场所[7,8]。

4.4.4 节能型照明控制系统

设计自动照明控制系统,使隧道的入口段、过渡段等区域的照明能自动调光,以实现根据隧道接近段的亮度变化来控制照明系统。该控制系统将照明系统分为 3 个部分:增强照明、基本(中间段)照明和应急照明。

目前国内也研发了不少隧道照明控制系统,例如《基于 CDMA/GPRS 等移动通信网络技术的城市照明集中监控管理系统》,对隧道照明系统进行光亮对比值控制和管理。该系统已应用在江鹤高速公路莲花山隧道(K400＋318)中,并取得了较好的节能效果。

选择合适的照明监控软件对隧道照明进行全天候的自动监控,对各种工况作出合理的决策,既可实现无人值守的目标,又可节约大量的电能,这也是以后隧道照明的发展方向。

## 5 灯具节电效应对比分析

目前国内外隧道照明大都均采用高压钠灯,高压钠灯使用时要配用镇流器,但 LED 灯是未来不断发展的隧道照明光源产品,现将二者在造价、寿命和节能方面进行比较。

以一条长 3km 隧道为例,每隔 30m 装设一盏灯,双列排列的 250W 高压钠灯与 100W LED 灯就几个主要经济指标进行比较(表 2)。

从中可以得出以下结论:

(1)采用 250W 高压钠灯比用大功率 LED 灯的灯具初期投资要低。

(2)采用大功率 LED 灯比用 250W 高压钠灯更加节能。

(3)大功率 LED 灯的寿命大大高于 250W 高压钠灯,因此采用大功率 LED 灯在年灯具更换费上要少得多。

**灯具节电效应对比表** 表2

| | 灯具类型 | 250W 高压钠灯 | 大功率 LED 灯 |
|---|---|---|---|
| 灯具初期投资费用 | 单灯功率(W) | 250 | 100 |
| | 单价(元/套) | 1 000 | 2 000 |
| | 总数量(盏) | 100×2=200 | 200 |
| | 总投资(万元) | 20 | 40 |
| | 总额(万元) | | −20 |
| 电力设施投资比较（未计变电设施的投资费用） | 总功率(kW) | 50 | 20 |
| | 载流量(A) | $U$=50 000/220=227 | 20 000/220=91 |
| | 敷设电缆截面(mm) | 60 | 25 |
| | 电缆单价(元/m) | 120 | 50 |
| | 总价(万元) | 3 000×120=360 000 | 3 000×50=150 000 |
| | 差额(万元) | | 21 |
| 年耗电量(按每天 24h 运行计) | 年耗电量(kW·h) | 365×24×50=438 000 | 365×24×20=17 520 |
| | 年电费(万元)按1元/kW·h | 43.8 | 17.5 |
| | 差额(万元) | | 26.3 |
| 光源寿命 | 国产纳灯管(h) | 3 000 | 30 000(理论值 10 万) |
| | 年更换灯具次数 | 3 | 0.3(平均 3.5 年一次) |
| | 每只平均年更换费(元) | 350×3=1 050 | 1 000×0.3=300 |
| | 年灯具更换费(元) | 200×1 050=210 000 | 200×300=60 000 |
| | 年差额(万元) | | 15 |

## 6 结语

高速公路隧道照明具有其独特性与复杂性，在保证行车安全的基础上，正确处理好照明与节电的关系是每个隧道照明设计者需深入研究的课题。本文主要讨论了内装饰与路面、合理设计参数确定、高效节能灯具、高效布灯方式、照明控制节能等问题。但随着科技的发展，以后还会有新的途径，对隧道照明系统作进一步完善。因此，我们应该通过充分运用现代科学技术来提高隧道照明的设计水平和质量。

## 参考文献

[1] 陈彦华，谭光友. 公路隧道照明光源的选择[J]. 灯与照明，2006，(9).
[2] 刘衍. 高速公路隧道照明及节电措施[J]. 现代隧道技术，2003，(10).
[3] 陈彦华. 公路隧道照明灯具的现状与发展趋势[J]. 照明工程学报，2002，(10).
[4] 逄亮，孙伟光，王铁军. 浅谈高速公路节能照明[J]. 黑龙江交通科技，2009，(3).
[5] 涂耘. 公路隧道节能照明设计探讨[J]. 公路技术报，2008，(12).
[6] 袁郑棋，朱力，伏慎敏. 公路隧道照明节能技术[J]. 公路工程与运输，2009，(9).
[7] 陈文成. 电磁感应灯应用于雁列山隧道照明的探讨与实践[J]. 公路工程报，2005，(6).
[8] 邱淮. 电磁感应无极灯在高速公路隧道照明中的应用[J]. 中国交通信息产业，2009，(1).

# 山区高速公路隧道节能型供配电系统的研究及应用

赵清碧[1]　任建卫[2]　张　琦[1]

(1. 招商局重庆交通科研设计院有限公司　重庆　400067;
2. 重庆高速公路集团有限公司　重庆　400045)

**摘　要**:随着高速公路从城区不断向山区延伸,高速公路桥隧所占比例不断增大,相应的隧道机电工程建设成本大大增加,而隧道供配电系统在隧道机电工程中占有相当重的比例,因此,在保证系统安全和可靠的同时,如何降低系统初期投资和运营费用是本文研究的重点。本文根据现场调查、试验、理论分析等科学手段,从系统方案和设备节能两大方面进行了全方面的论述,并得出结论,可作为山区高速公路隧道供配电系统节能设计的重要理论支撑。

**关键词**:节能　调研　电能损耗　节能设备　供电方案

## 1　引言

当前党中央、国务院作出建设节约型社会的决策,如何建设"节约型高速公路"的问题已经提到了重庆高速公路建设者的面前。重庆市目前正在积极、全面地推进全市高速公路的建设,现在路网建设剩下的1 200km高速公路、157座隧道已全部开工,工程规模、进度可以说是空前的。我市高速公路的建设不断向边远、经济相对落后地区延伸,但由于地方经济相对落后,建成后的高速公路在相当长时期内交通量较少,大量隧道机电系统运行成本高,因此,管理单位和运营单位对高速公路隧道供配电系统的节能需求非常强烈。由于隧道供配电系统工程造价在隧道机电工程中的比例达到40%,其供电方案合理性与否,与机电工程建设期间的初期投资和运营成本甚至包括运营期间电能损耗息息相关,因此,对各公路隧道供配电系统方案的节能和可靠性进行分析是非常有必要的。

同时,随着科学技术的发展,各种节能电气设备应运而生,从厂家提供的产品资料来看,节能效果明显。节能设备节能效果如何且能否运用到隧道中是需要进行充分论证的,本文将在后面的章节中重点论述其节能效果和适用性。

## 2　公路隧道机电工程现状

(1)隧道供电系统方案差异大

由于各设计院技术人员对隧道用电负荷的重要程度理解不同,同时国内相关设计手册也无相应的参考资料,因此,各设计院设计的隧道供电系统方案差异很大,可能存在浪费能源或系统可靠性低的状况,且不便于隧道运营管理和维护。

(2)"大马拉小车"现象突出

由于部分设计院技术人员并未对隧道的用电负荷运行情况进行分析,同时国内相关设计手册也无相应的参考资料,因此,大多数投入运营的隧道变压器负载率都在10%~30%左右,造成极大的资源浪费,也造成隧道运营期间费用偏高。

(3)隧道运营照明电费高

通过大量的调研发现,目前隧道照明灯具运营电费较高,导致一些营运部门未根据洞外环境亮度需要开启隧道内的照明灯具,导致隧道内白天照明质量差的情况。

## 3　依托工程概况

研究课题的依托工程为西部开发省际公路通道重庆至长沙公路彭水至武隆段多座隧道和水江至武隆段

隧道群。

羊角隧道群位于西部省际通道渝沙高速公路 K8+070.3～K30+895 段，该路段全长 22.8km，隧道长度占 90.57%，共有 5 座隧道，其中 4 座为 3km 以上的特长隧道，最短的隧道长 2 815m，最长的隧道长 6 686m，隧道间最短间距近 76m。

彭武高速公路起于彭水县保家楼镇的宝光寺，止于武隆巷口镇的苏家湾(武隆互通起点)，中间控制点为彭水、高谷、黄草，全长 65.4km。路线设计为 4 车道高速公路，设计时速 80km/h，设置特大桥 3 座，大桥 34 座，中桥 9 座，涵洞 78 座，特长隧道 3 座，其余隧道 13 座。

如前面所述，降低系统初期投资和运营费用是本文论述的重点，而要实现这个目标，主要从系统方案和设备节能两大方面进行。研究方法采用理论分析、现场调研、数值计算与试验。

## 4 隧道供配电方案

安全、环保、高效、节能作为公路工程建设追求的目标，在公路隧道运营管理中尤显突出。同时，目前隧道的运营安全也提上了重要日程。在长、特长隧道中，供配电系统的供电可靠性关系着隧道其他机电设施的正常运行，一旦其中部分环节出现问题，就可能引发危害公共安全的重大事故。因此，如何评估和提高隧道供电系统的可靠性已成为当前规划、建设大型隧道和隧道群必须解决的问题。

### 4.1 系统可靠性评估基本原理

连续马尔可夫模型，串、并联模型以及复杂系统分析方法是适用于所有工程系统可靠性评估的一般方法，现行大多数配电网可靠性评估算法都应用了这些方法。灵活运用串、并联模型和复杂系统分析方法可有效降低计算复杂性。

### 4.2 配电网可靠性分值的确定

根据国内外配电网实际可靠性统计数据，并结合我国实际：我国在制定“电力系统可靠性准则(建议稿)”时曾提出大城市中心区基本达到 0.999 9 左右、一般城市中心区或大城市非中心区达到 0.999 左右的要求，为便于阅读和理解，将各可靠性指标用 10 分制进行表示(用户平均停电时间考虑 0～1 000h)，选择如下对数模型表示系统可靠性得分：

$$S = 10 - \log_2[(1 - \mathrm{ASAI}) \times 8\,760 + 1] \tag{1}$$

式中：$S$——系统供电可靠性对应得分值(0～10 之间)；

ASAI——系统供电可用率，其取值范围为(0～1)。

当用户平均停电时间大于 1 000h 时，该系统可靠性得分为 0。

$$\mathrm{ASAI} = \frac{\sum\limits_{i \in R} 8\,760 N_i - \sum\limits_{i \in R} U_i N_i}{\sum\limits_{i \in R} 8\,760 N_i} = \frac{8\,760 - \mathrm{SAIDI}}{8\,760} \tag{2}$$

根据上述理论研究，系统可靠性得分具体数据见表 1。

**系统可靠性分值与可靠性水平的对应关系** 表 1

| 系统可靠性分值 | 系统可靠性水平 | 系统可靠性分值 | 系统可靠性水平 |
|---|---|---|---|
| 9.8～10 | 非常非常好 | 6～6.99 | 一般 |
| 9.0～9.79 | 非常好 | 4～5.99 | 较差 |
| 7～8.99 | 较好 | 4 以下 | 非常差 |

### 4.3 隧道供配电系统经济性理论计算法

供配电系统经济性理论计算在相关电气设计手册中均有体现，这里不作过多描述。建议重点应放在隧道低压配电电缆截面和电力变压器的容量选择，以及电缆、变压器自身的无功、有功损耗理论研究方面。

### 4.4　不同长度隧道供配电方式

(1)特长隧道中压供电方案的照明变压器合理位置

隧道供电方案之一是确定隧道变电点的合理位置。研究人员在对依托工程隧道供配电方式的理论论证之前,首先对特长隧道中压供电方案的照明变压器合理位置进行了研究,本文主要对变压器1 000m间距、1 250m间距以及1 500m间距三种设置方式,分别进行初期投资和运营电能损耗的综合费用的计算和最终比较,以寻找最佳方案。根据理论研究,得出表2。

**隧道单洞供配电工程综合费用比较表**　　表2

| 序　号 | 材料名称 | 地埋变间隔1 000m设置 | 地埋变间隔1 250m设置 | 地埋变间隔1 500m设置 |
|---|---|---|---|---|
| 1 | 初期投资(元) | 2 472 052 | 2 289 018 | 2 105 153 |
| 2 | 变压器、线路电能损耗(元) | 307 431 | 321 085 | 354 856 |
| 合计(元) | | 2 779 483 | 2 610 102 | 2 460 009 |

从表2中可以看出,从综合费用比较出发,埋地变间隔1 500m的设置是最合理的。

(2)不同长度隧道供配电方式

现对长度8 000m以下隧道的变电所设置位置和供电方案进行研究,研究重点主要对整个供电系统的初期投资以及运营电能损耗费用两者综合费用进行比较。具体的方案设置和综合经济技术比较见表3、表4。

**不同长度隧道的变电所位置设置表**　　表3

| 隧道长度 | 方　案 | 经济性 | | | 技术性(可靠性分值指标) | 建议方案 |
|---|---|---|---|---|---|---|
| | | 初期投资(万) | 运营电能损耗(万) | 综合费用(万) | | |
| $L$<1 000m | 一个变电所 | 152.11 | 49.95 | 202.06 | 变配电设施维护工作量小 | 一个变电所 |
| | 一个变电所+箱变 | 150.42 | 48.40 | 198.82 | 变配电设施维护工作量大 | |
| 1 000m<$L$<1 500m | 一个变电所 | 661.02 | 72.19 | 733.21 | 低压配电电缆施工难度大 | 一个变电所+箱变 |
| | 一个变电所+箱变 | 491.58 | 61.62 | 553.20 | 低压配电电缆施工难度小 | |
| 1 500m<$L$<3 500m | 两个变电所 | 770～891 | 82.7～97.7 | 853～989 | 8.704 2 | 两个变电所 |
| | 两个变电所+洞内设地埋变 | 758～819 | 81.0～95.5 | 839～915 | 7.690 0 | |
| $L$>3 500m | 两个变电所+洞内变电所(含地埋变) | | | | 7.670 0 | 两个变电所+洞内变电所(含地埋变) |

**特长隧道中压供电方案参考表**　　表4

| 隧道长度 | 方　案 | 经济性 | | | 技术性(可靠性分值指标) | 建议方案 |
|---|---|---|---|---|---|---|
| | | 初期投资(万) | 运营电能损耗(万) | 综合费用(万) | | |
| 3 500m<$L$<4 500m | 常规中压方案 | 1 218.55 | 130.33 | 1 348.88 | 8.263 6 | 常规中压方案 |
| | 常规中压+地埋变中压 | 1 385.94 | 143.16 | 1 529.10 | 7.785 8 | |
| | 全地埋变的中压 | 1 333.74 | 215.97 | 1 549.71 | 6.545 2 | |
| $L$>4 500m | 常规中压方案 | 1 804.25 | 219.79 | 2 024.04 | 8.262 6 | 常规中压+地埋变中压 |
| | 常规中压+地埋变中压 | 1 783.09 | 208.60 | 1 991.69 | 7.784 8 | |
| | 全地埋变的中压 | 1 622.69 | 348.63 | 1 971.32 | 6.544 2 | |

(3)连续隧道的供配电方式

由于隧道施工电源只负责独立隧道的施工用电,因此隧道施工电源线路负载能力只能承受独立隧道的施工用电负荷,在机电工程实施期间,由于隧道运营用电低于施工用电负荷,隧道施工电源线路负载能力能承受相邻两座隧道的运营用电负荷。而对于羊角隧道群这种由三座特长隧道组成的隧道群,不能单纯按一套中压供电系统全范围地考虑，经调查核算，单路施工电源也不能承受如此大的用电量。

因此，羊角隧道群供电可参考按上述的供电方式进行设计，根据工程实际情况，相邻两座隧道的两洞口可共用一座变电所，且可充分利用原施工电源，在供电网络上形成环网达到双电源要求。

## 5　节能型电气设备的工作原理和运用

### 5.1　EPS 和 UPS 应急电源设备可靠性与能效初步试验

EPS 和 UPS 应急电源设备可靠性与能效初步试验重点在失电切换速度和自身能耗损失分析。

通过原理分析得知 EPS 和 UPS 应急电源设备一个为后备式，一个为在线式，主要能耗在其硅整流装置。通过试验证明，UPS 应急电源设备自身能耗要大于 EPS 应急电源设备。

(1)系统构成

EPS 应急电源设备放置于 1∶1 的试验隧道配电室内，通过 3×25＋2×16 电缆将 EPS 应急电源设备串入供电系统照明回路中。

(2)试验内容

①EPS 与 UPS 的对比节能试验。根据实体试验隧道现有供电系统，在整个照明回路中串入 EPS 和 UPS 应急电源设备，同时安装电能计量设备。通过等时间范围内两种设备的投入，经过实际运营，记录电能消耗，判断 EPS 和 UPS 应急电源设备的节能效果。

②EPS 切换速度试验。根据实体试验隧道现有供电系统，将 EPS 应急电源设备串入供电系统照明回路中。经过对进线回路电源的单次开断和频繁开断，通过观察照度变化和灯具灯光闪烁以及采集转换前后的波形来判定 EPS 应急电源设备是否适用于隧道机电系统的特殊要求。

通过数字储存示波器抓取并储存 EPS 应急电源设备高速静态开关切换瞬间的电压波形来显示其切换速度。通过图 1、图 2 分析，在 EPS 应急电源设备高速静态开关切换瞬间电压的正弦波波形完整，没有出现断点。电压波形展开后，在 5ms 范围内，波形比较完整，没有出现明显断点，因此可以说明高速静态开关切换小于 2ms。

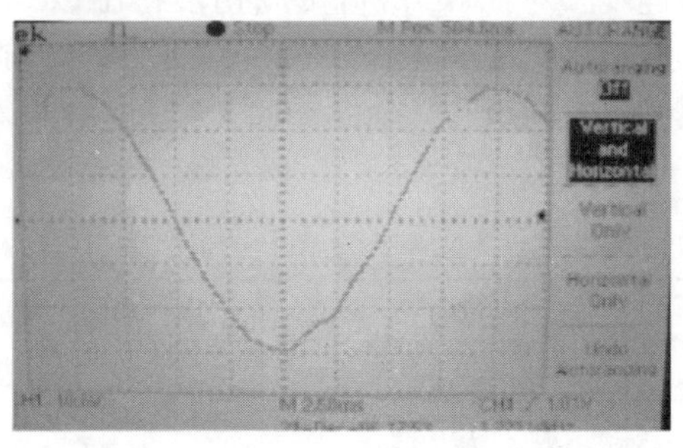

图 1　切换瞬间电压波

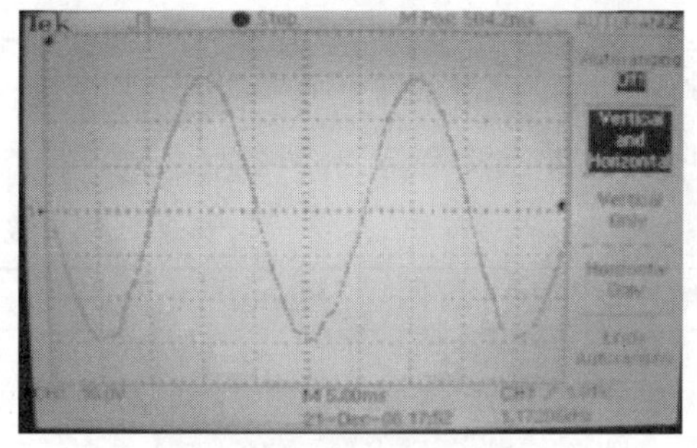

图 2　切换瞬间电压波形展开

EPS 应急电源设备切换前后的实体试验隧道照明系统照度变化经过多人次肉眼目测，在 EPS 应急电源设备切换时实体试验隧道照明系统工作正常，所有灯具没有熄灭现象，只有在切换瞬间照明灯具有人不易察觉的轻微闪动，对隧道运营安全没有影响。表 5 是实体试验隧道照明系统照度变化表。

**实体试验隧道照明系统照度变化表**　　表 5

| 试验序号 | 市电电压(V)(切换前) | EPS 输出电压(V)(切换后) | 照度(Lux) | | 备　注 |
|---|---|---|---|---|---|
| | | | (切换前) | (切换后) | |
| 1 | A∶221;B∶226;C∶227 | A∶218;B∶218;C∶219 | 456 | 445 | |
| 2 | A∶221;B∶223;C∶229 | A∶218;B∶219;C∶219 | 457 | 446 | |

(3)试验数据

通过对记录数据的整理、对比和分析,由表6可以初步得出EPS比UPS节能11.9%,也就是说EPS一天能比UPS节约59.7kW·h电。同时,由于EPS机内的逆变器一般处于备用状态,而UPS的逆变器要连续不断地工作,使用寿命相对较短,尤其是电池的更换较为频繁。

**同负载条件下EPS与UPS能耗表** 表6

| 设备名称 | 试验时间 | 用电量(kW·h) | 备注 |
|---|---|---|---|
| UPS | 4h | 83.5 | |
| EPS | 4h | 73.55 | |

## 5.2 调压调流设备节能效果试验

通过我们大量的调研发现,隧道照明灯具所承受的电压普遍高于正常供电电压,特别是在日间和午夜后用电低峰时,电网电压更高。多余的电压不仅使用户电费大量增加,同时导致灯具发热,降低了灯具的使用寿命。当午夜后人、车稀少,对照度要求并不高时,即可进行节电运行。

(1)系统构成

调压调流节能设备放置于实体试验隧道配电室内,通过3×25+2×16电缆将节能设备串入供电系统照明回路中。调压调流节能设备通过自身的多抽头变压器和静态开关,对电网电压进行多挡位的节能调节,通过适当降低照明灯具的输入电压来达到节能目的,同时其补偿变压器、中央处理器等设备能进行快速自动补偿,为负载提供稳定的、完美的正弦波电压。

(2)试验内容

根据实体试验隧道现有供电系统,在整个照明回路中串入调压调流节能设备,同时安装电能计量设备。通过接触式调压器调节照明回路的输入电压,使其稳定在380V、390V、400V、410V的电压范围内。在等时间范围内节能设备的投入与不投入,经过实际运营,记录电能消耗,判断节能效果。

(3)试验数据

同负载条件下节能设备能耗表见表7。通过对记录数据的整理、对比和分析,可以初步得出以356V电压为基准,当采用调压器将调压调流节能设备输入端的电压分别调至380V、390V、400V、410V时,调压调流节能设备投入后可分别节能约17.5%、20.2%、25.3%、30.9%。在电压为356V时,其照明效果在人的理论视觉中只感到降低了2.2%左右。

**同负载条件下节能设备能耗表** 表7

| 试验用调压器设备运行状态 | 运行电压(V) | 试验时间 | 用电量(kW·h) | 备注 |
|---|---|---|---|---|
| 投入 | 356V | 8h | 113.8 | |
| 不投入 | 380V | 8h | 137.9 | |
| 不投入 | 390V | 8h | 140 | 485 |
| 不投入 | 400V | 8h | 150 | 527 |

# 6 结语

通过对国内部分运营隧道供电技术调研,以及对隧道供配电系统关键技术研究,笔者深刻体会到山区高速公路隧道节能型供配电系统研究非常值得认真思考和积极参与。通过这些研究,可以解开设计人员心中长久以来的困惑,大大节约国家的能源。

通过对不同长度隧道的供配电方式的研究,可规范隧道供配电系统设置方式,便于建设管理和运营管理,提高整个隧道机电系统运营可靠性和节约能源。通过对节能设备的研究,在保证供电安全的情况下,EPS应急电源和调压调流设备节能效果是比较明显的,同时,对供电系统中增加的调压调流设备,其在5年内就可收回成本。基于上述理由,建议选用节能型设备——EPS应急电源和调压调流设备。

## 参 考 文 献

[1] 王大刚，刘凇伯，王力强. 电力电缆截面选择方法的发展与应用[J]. 电力设备，2004，9(8)：27-32.

[2] 高远望，冯杰. 隧道供配电及照明系统中节能技术综合应用探索[J]. 公路交通科技，2006，10(10)：40-43.

[3] 黄利华. 论变压器电能损耗及节能措施[J]. 铜业工程，2002，3(12)：47-49.

[4] 谭迪. 中压电能传输系统用于高速公路供配电工程[J]. 电气时代，2004，11(15)：53-56.

# 路段集合式多隧道整体联动控制流程及控制方案研究

方 勇[1] 何 川[1] 李海鹰[2] 张太雄[3] 彭建康[3] 韩 均[2] 敬世红[2]

(1.西南交通大学 成都 610031;
2.重庆高速公路集团有限公司 重庆 400042;
3.重庆市交通委员会 重庆 401147)

**摘 要**:随着高速公路监控网络的完善,使得监控系统对隧道及高速公路全路段的监控成为可能。针对这种情况,本文对集合高速公路路段的多隧道整体联动控制的流程及方案开展了研究,介绍了路段集合式多隧道整体联动控制在区段划分、交通事件影响范围、交通事件下的执行策略等方面的实施原则,在此基础之上以界水高速公路为实际工程背景,给出了交通事件在隧道内及隧道外普通路段发生时隧道整体联动控制流程及方案。论文研究发展和丰富了我国高速公路多隧道整体联动控制技术。

**关键词**:路段集合 多隧道 联动控制 流程

## 1 引言

近年来,我国在单体公路隧道的通风、照明及防灾救援的控制方法上取得了长足的进步,一些已运营的单体公路隧道不仅采用了智能通风、照明控制等先进的控制方法,而且实现了运营期间尤其是灾害情况下隧道内各子系统之间的联动控制。但这些联动控制没有考虑到与其他隧道的相互影响,以及隧道间各子系统的联动。在西部山区省市,高速公路上隧道数量巨大,大都以隧道群及其特殊形式毗邻隧道的方式出现,隧道群和毗邻隧道的特点是隧道间相距较近,隧道间通风、照明及灾害救援相互影响,故隧道群及毗邻隧道应考虑通风、照明及防灾救援上的联动控制。国内西南交通大学目前已针对隧道群和毗邻隧道智能通风、照明控制方法以及联动控制流程、方案等开展研究,并取得了一定成果[1]。

随着高速公路监控网络的完善,使得高速公路监控系统对隧道、隧道间路段乃至高速公路全路段的监控成为可能。在这种情况下,集合了高速公路路段的多隧道整体联动控制技术与单体隧道、隧道群及毗邻隧道有很大差别。目前国内外尚未针对路段集合式高速公路多隧道整体联动控制技术开展研究,本文在公路隧道群和毗邻隧道联动控制流程及方案研究的基础上,首先针对路段集合式多隧道整体联动控制技术的实施原则进行介绍,包括控制区段及控制单元的划分原则、交通事件影响范围的确定和划分、交通事件情况下监控系统的控制执行策略等,然后以界水高速公路为实际工程背景,在划分控制区段和控制单元的基础上,提出了交通事件在隧道内和隧道外普通路段发生时的防灾救援控制流程及方案。

## 2 路段集合式多隧道整体联动控制原则

### 2.1 高速公路控制区段及单元的划分

从隧道运营控制的角度,可以认为高速公路由隧道及隧道外路段构成,在隧道外路段,为了便于行驶车辆的分流,还根据需要设置了互通。在集合了隧道外路段的高速公路多隧道联动控制体系中,为了便于控制方案的实施,一般而言需将高速公路划分为若干,控制区段,并在一个控制区段内划分一个或若干个控制单元,如图1所示。

(1)控制区段划分

控制区段的划分原则是便于灾害发生时高速公路交通流的疏散,以及在救援时隧道消防的组织。在高速公路相邻互通之间，车辆行驶是完全封闭的，故在联动控制体系中以互通立交为界划分高速公路控制区段，每相邻互通立交之间的路段作为一个控制区段。

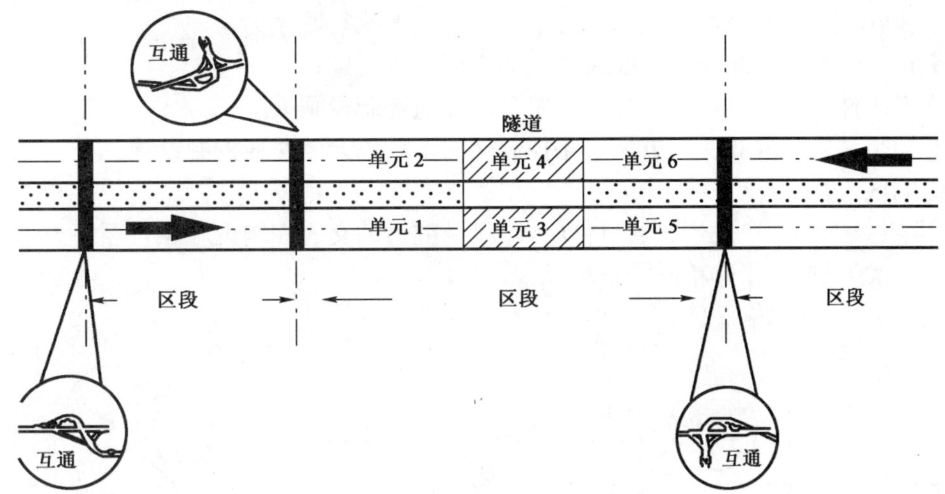


图1　高速公路区段及单元划分

(2)控制单元划分

每一个区段以隧道为界，按左右线划分控制区段内的控制单元。控制单元分为路段单元和隧道单元。其中划分控制单元的隧道必须为设有监控设施的隧道，如区段内没有设有监控设施的隧道(一般为短隧道)，则该区段内划分为一个路段单元。

## 2.2　高速公路交通事件影响范围划分

根据高速公路交通事件的发生位置，对沿线区段划分三种执行类型：控制区、影响区和无影响区，如图2所示。对这三个区段分别采取不同的控制措施及策略。

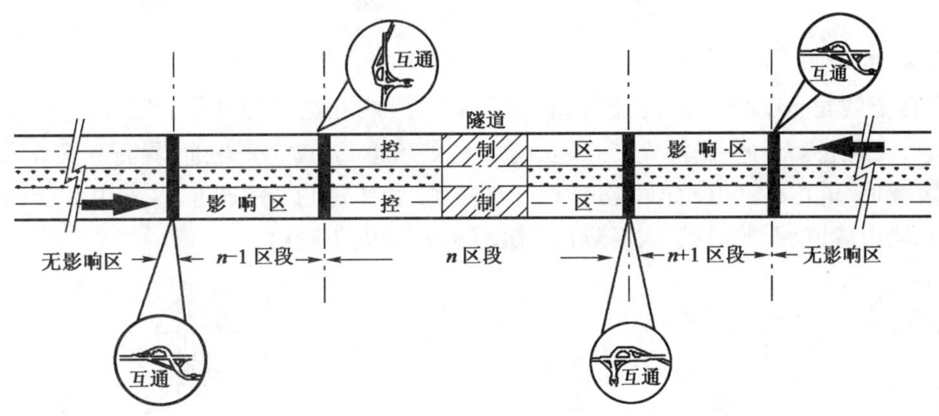


图2　交通事件影响范围划分

(1)控制区

控制区为交通事件的发生区段，该区段内按照交通事件发生的不同类型对区段内不同单元(路段单元和隧道单元)进行相应的交通控制。

(2)影响区

影响区为控制区相邻区段内的驶向控制区的路段，该区域不进行交通控制，但进行相应前方区段发生交通事件的安全提醒。

(3)无影响区

无影响区为控制区和影响区之外的区域，该区域内交通监控设施按正常运营，无交通事件影响控制。

### 2.3 高速公路交通事件执行策略

一旦发生交通事件,应首先对控制区内的监控设施进行控制,然后进行影响区内的安全交通提醒。其中控制区和影响区有若干个单元(路段单元和隧道单元),单元的执行顺序为:

首先,执行交通事件发生单元及对面线路单元的交通控制设施;

其次,执行交通事件发生地点控制区内上游单元的交通控制设施;

再次,执行交通事件发生地非交通事件线路控制区内上游单元的交通控制设施。

最后,执行影响区。

根据图3,当隧道内(单元3)发生交通事件时,路段及隧道的交通控制设施执行顺序为:

(1)控制区:单元③→单元④→单元①→单元⑥;

(2)影响区:影响1区→影响2区。

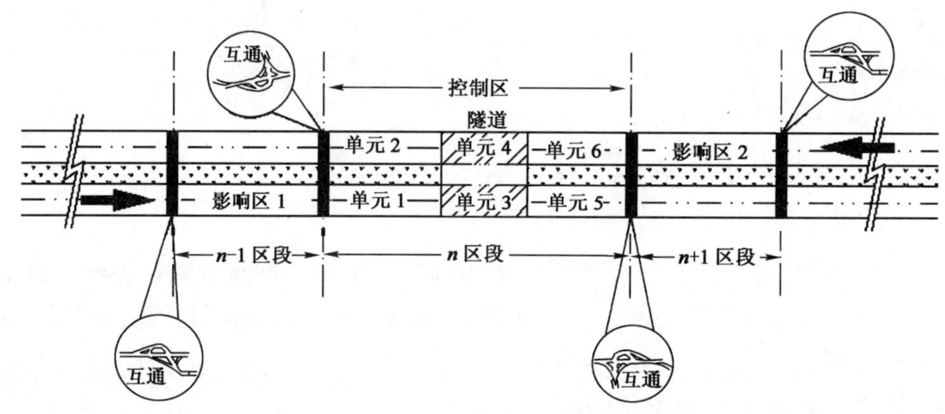


图3 控制单元执行顺序图

## 3 路段集合式多隧道联动控制流程及方案

### 3.1 界水高速公路基本情况

界水高速公路全线长84.291km,设计时速100km/h,沿线互通立交8个:水江立交互通、东胜立交互通、南川立交互通、大观立交互通、高洞立交互通、南彭立交互通、绕城立交互通、界石立交互通;隧道7座:龙凤山隧道、炉场坡隧道、斑竹林隧道、石龙隧道、槐子树隧道、太平隧道、南湖隧道,其中有交通监控系统的隧道4座,分别为龙凤山隧道、石龙隧道、太平隧道、南湖隧道,如图4所示。

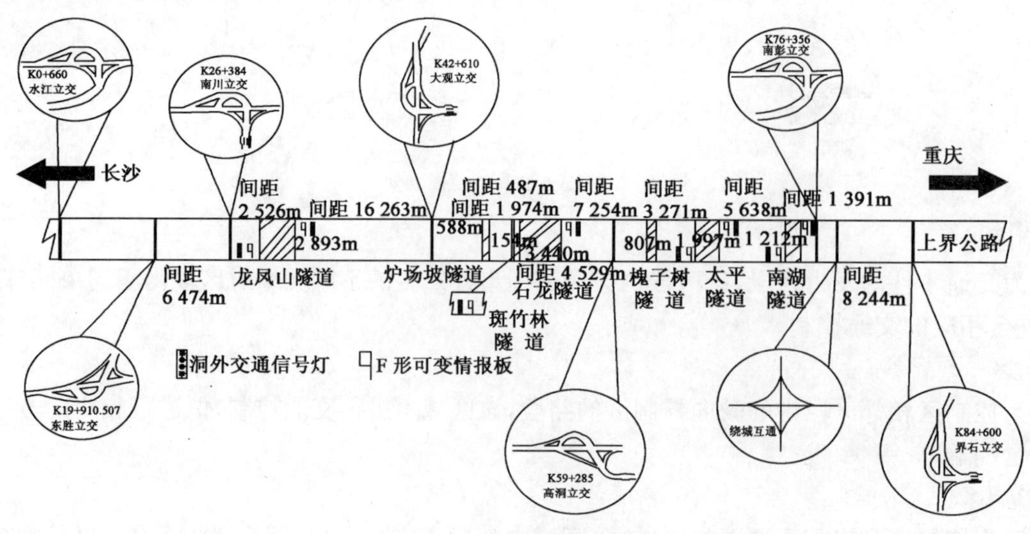


图4 界水路沿线基本情况

## 3.2 控制区段及单元划分

按照区段划分原则，本项目以水江作为起点，路段共设 7 个预案区段，30 个预案单元，具体预案区段及单元划分如图 5 和表 1 所示。

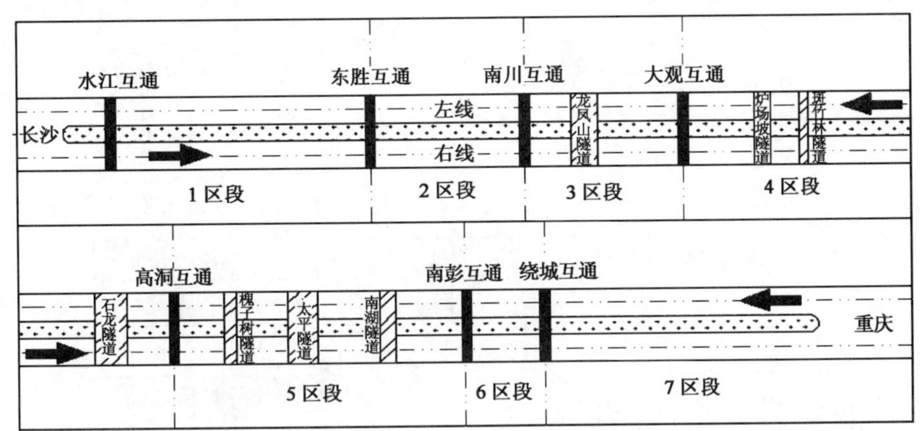


图 5　界水高速公路预案区段划分

界水高速公路预案区段及单元划分　　表 1

| 序　号 | 互通立交名称 | 区段(左线) | 单元(左线) | 单元(右线) |
|---|---|---|---|---|
| 1 | 水江立交互通 | 1 区段 | 水江—东胜路段单元 1 | 水江—东胜路段单元 2 |
| 2 | 东胜立交互通 | 2 区段 | 东胜—南川路段单元 3 | 东胜—南川路段单元 4 |
| 3 | 南川立交互通 | 3 区段 | 南川—龙凤山路段单元 5 | 南川—龙凤山路段单元 6 |
| 4 | 大观立交互通 | | 龙凤山隧道单元 7 | 龙凤山隧道单元 8 |
| | | | 龙凤山—大观路段单元 9 | 龙凤山—大观路段单元 10 |
| | | 4 区段 | 大观—石龙路段单元 11 | 大观—石龙路段单元 12 |
| 5 | 高洞立交互通 | | 石龙隧道单元 13 | 石龙隧道单元 14 |
| | | | 石龙—高洞路段单元 15 | 石龙—高洞路段单元 16 |
| | | 5 区段 | 高洞—太平路段单元 17 | 高洞—太平路段单元 18 |
| 6 | 南彭立交互通 | | 太平隧道单元 19 | 太平隧道单元 20 |
| | | | 太平—南湖路段单元 21 | 太平—南湖路段单元 22 |
| | | | 南湖隧道单元 23 | 南湖隧道单元 24 |
| | | | 南湖—南彭路段单元 25 | 南湖—南彭路段单元 26 |
| | | 6 区段 | 南彭—绕城路段单元 27 | 南彭—绕城路段单元 28 |
| 7 | 绕城立交互通 | 7 区段 | 绕城—界石路段单元 29 | 绕城—界石路段单元 30 |
| 8 | 界石立交互通 | | | |

## 3.3 路段防灾救援控制流程

路段的防灾救援流程图见图 6，当发生火灾或事故时，路段的救援组织形式如下。

(1)通过事故现场人工报警、个别路段闭路电视系统等形式发现并确认火灾或事故。

(2)监控中心通知执法大队和消防大队，启动火灾或事故应急预案。

(3)执法大队通过监控中心实施交通管制，并尽快到达现场。

(4)执法大队到达现场，进行现场交通组织，执法大队与高速公路运营管理人员进入现场引导避难。

(5)执法大队引导消防大队到达火灾现场，消防大队进入现场救援灭火。

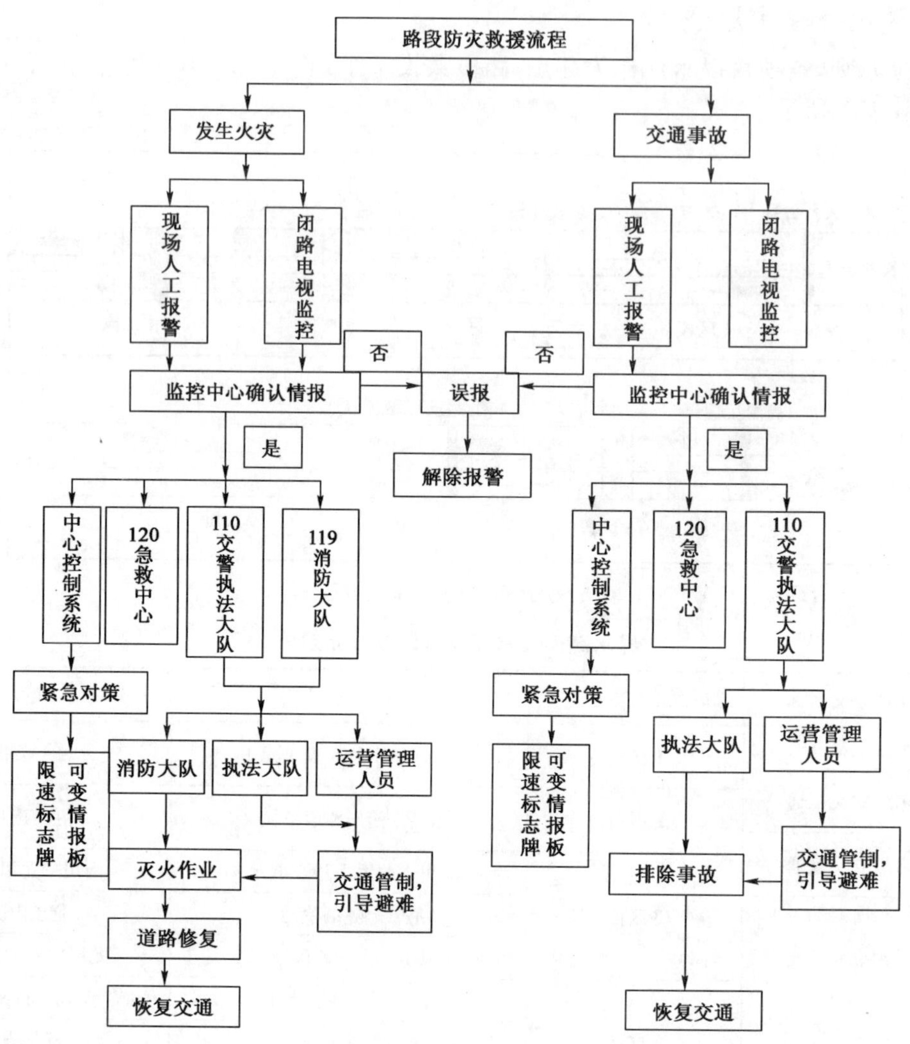


图6 路段防灾救援流程图

### 3.4 隧道防灾救援控制流程

界水高速公路隧道的防灾救援流程图见图7,当发生火灾或事故时,隧道的救援组织形式如下。

(1)通过火灾自动报警、火灾手动报警、紧急电话报警、闭路电视系统发现并确认火灾或事故。

(2)监控中心通知执法大队和消防大队,启动火灾或事故应急预案。

(3)执法大队通过监控中心实施交通管制,并尽快到达现场。

(4)执法大队到达现场,进行现场交通组织,执法大队与隧道运营管理人员进入现场引导避难。

(5)执法大队引导消防大队到达火灾现场,消防大队进入现场救援灭火。

## 4 结语

本文结合在单体公路隧道联动控制技术上的前期研究基础,针对路段集合式高速公路多隧道整体联动控制的流程及方案开展了研究。结果表明,以互通立交为界将高速公路划分为若干控制区段,并在一个控制区段内以隧道为界将高速公路划分一个或若干个隧道控制及路段控制单元,以及根据高速公路交通事件的发生位置,将沿线区段划分为控制区、影响区、无影响区三种执行类型的方法,有利于路段集合式多隧道联动控制技术的实施。根据研究成果制订了交通事件在隧道内和隧道外路段发生时的整体控制流程和方案,并应用于界水高速公路的隧道监控系统中。

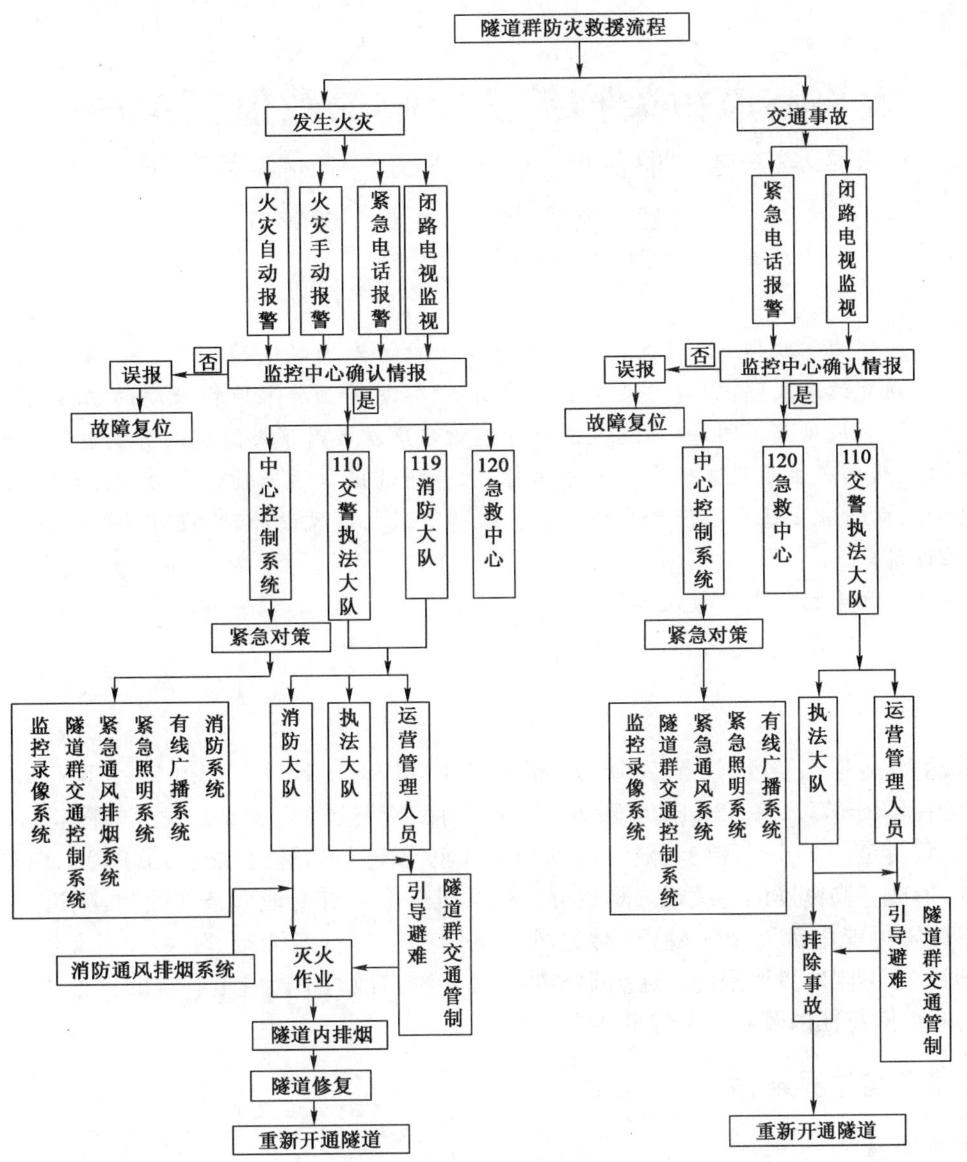


图7 隧道防灾救援流程图

## 参考文献


[1] 李祖伟,何川,李海鹰,等.公路隧道群及毗邻隧道的智能联动控制方案研究[C]//交通资源节约和环境保护新技术研讨会论文集.北京:人民交通出版社,2007:227-233.

[2] 王卫平,任建卫,李祖伟,等.重庆高速公路集约化区域监控管理中心研究[C]//交通资源节约和环境保护新技术研讨会论文集.北京:人民交通出版社,2007.

[3] 郭春,王明年,高旭,等.渝合高速公路北碚隧道防灾救援控制预案研究[C]//交通资源节约和环境保护新技术研讨会论文集.北京:人民交通出版社,2007:285-289.

[4] 张太雄,曾艳华,何川.铁峰山2号隧道防灾救援通风模拟研究[C]//2006年公路隧道运营管理与安全国际学术会议论文集.重庆:重庆大学出版社,2006.

[5] 赵海东,王明年,郭春.长大公路隧道防灾救援研究[C]//2007年全国公路隧道学术会议论文集.重庆:重庆大学出版社,2008.

# 毗邻隧道污染物扩散影响的数值模拟研究

曾艳华[1]　何　川[1]　钟　宁[2]　王文广[2]　何　兵[2]　孙立东[2]

(1. 西南交通大学　成都　610031；
2. 重庆高速公路集团有限公司　重庆　400042)

**摘　要**：运用计算流体力学软件 FLUENT，对毗邻隧道出口污染物浓度的扩散对下游隧道通风的影响进行了研究。研究结果表明，出口污染物浓度越高，毗邻隧道上游污染物浓度的扩散对下游隧道的影响越严重。外界风风向不同，毗邻隧道出口污染物浓度扩散对下游隧道的影响也不同。不同外界风方向中，仅无风和风流顺隧道轴线车流方向时，上游隧道出口污染物的扩散对下游隧道通风会产生影响；其余风向情况下基本不产生影响。进行毗邻隧道的通风设计时，应对外界风进行详细调查，进行针对性设计。

**关键词**：毗邻隧道　污染物扩散　数值模拟

## 1　前言

省际通道渝沙高速公路水江至武隆段，路线起讫里程为 K6＋175.179～K61＋027.749，全长 54.981km。其中 K8＋071.3～K30＋895 段，依次分布有武隆隧道(4 884m)、黄草岭隧道(3 219m)、大湾隧道(2 820m)、羊角隧道(6 676m)和白马隧道(3 056m)五座特长隧道，隧道比例占 90.5%，白马隧道至羊角隧道间距仅 77m，形成了高密度的连续毗邻隧道群。连续毗邻隧道群受地理条件限制，隧道进出口间距过短，上游隧道出口污风可能串流到下游隧道，对通风产生影响。针对连续毗邻隧道，本文运用计算流体力学(CFD)软件，进行了不同外界风条件下连续毗邻隧道污染物扩散对下游隧道影响的三维数值模拟，得出了隧道出口污染物的扩散特征以及对下游隧道的影响。

## 2　计算模型与边界条件

### 2.1　模型的建立

羊角隧道与白马隧道之间为开阔地形，计算模型取羊角隧道出口段长 200m，白马隧道进口段长 200m，中间开阔地形长 277m(含两隧道间开阔地形 77m，羊角隧道自出口端逆车流方向长 100m 的隧道外部和白马隧道自进口端顺车流方向长 100m 的隧道外部)、宽 160m、高 121.5m 的模型。以白马隧道(下游隧道)进口处的横截面为 $Z$ 轴原点，建立坐标系，其中隧道轴线顺车流方向为长度 $Z$ 正方向，总长度范围为－277～200m，划分六面体单元 63 430 个，如图 1 所示。

### 2.2　边界条件的设置

模拟中以 CO 作为观测因子，在上游 $Z=-277$m 的羊角隧道处设风流入口，速度大小为隧道内设计风速 $v=3.26$m/s；入口设 CO 污染源项。在 $Z=200$m 的白马隧道处设风流出口，速度大小为白马隧道的设计风速 $v=3.0$m/s。中间开阔地形设为远场外界风速。模拟中不考虑交通车辆对污染物扩散的影响。

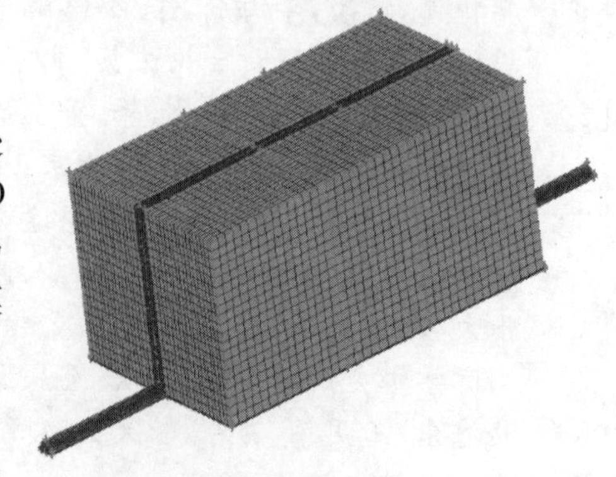

图 1　数值模拟模型

### 2.3　模拟工况

(1)上游隧道出口污染物 CO 浓度模拟了两种工况，分别为 100ppm 和 250ppm。

(2)外界风大小模拟了 3 种情况，分别为无风、1m/s 和 3m/s。

(3)对外界风方向模拟了 6 种工况，分别为外界无风、外界风向顺隧道车流轴线方向、外界风向逆隧道车流轴线方向、外界风垂直于隧道车流轴线方向、外界风与隧道车流轴线方向成 45°、外界风与隧道车流轴线方向成 135°。

## 3 污染物浓度大小对隧道间污染物扩散的影响

以无外界风情况，分别模拟了上游隧道出口污染物浓度为 100ppm 和 250ppm 时，上游隧道出口污染物扩散对下游白马隧道的影响。模拟结果分别如图 2、图 3 所示。

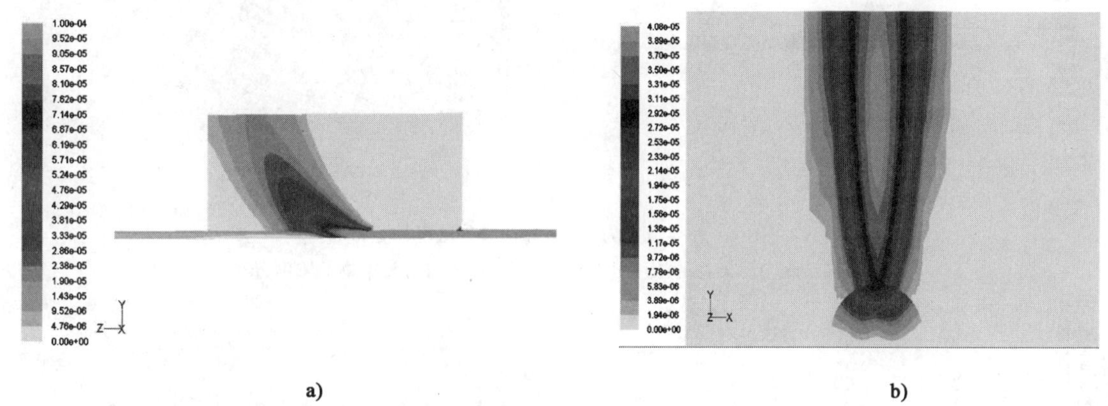


图 2 出口污染物浓度为 100ppm 时，污染物浓度的分布

a)两隧道纵向污染物的浓度分布；b)下游隧道入口处污染物的浓度分布

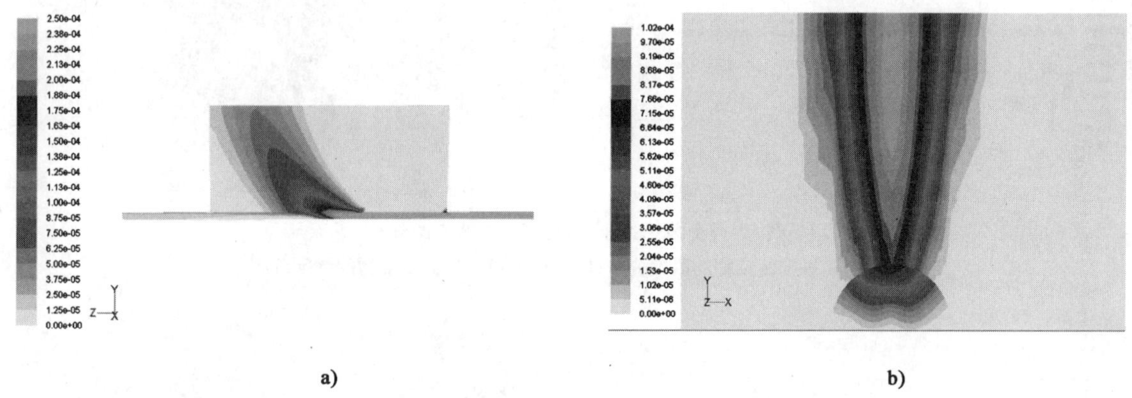


图 3 出口污染物浓度为 250ppm 时，污染物浓度的分布

a)两隧道纵向污染物的浓度分布；b)下游隧道入口处污染物的浓度分布

由图可以看出，当上游隧道出口污染物 CO 浓度为 100ppm 时，进入隧道污染物的浓度为 9.5ppm；当上游隧道出口污染物 CO 浓度为 250ppm 时，进入隧道污染物的浓度为 23.6ppm。说明随着上游隧道出口污染物浓度的增加，其上游隧道出口污染物浓度的扩散对下游隧道的影响越严重。

## 4 外界风速风向对隧道间污染物扩散的影响

羊角隧道出口污染物浓度为 250ppm，当外界风向顺隧道车流轴线方向，风速大小分别为 1m/s 和 3m/s 时，污染物浓度扩散情况分别如图 4 和图 5 所示。

图 4 及图 5 表明，在外界风向顺隧道车流轴线方向时，随着外界风速的增加，进入下游隧道的污染物浓度越大。当外界风速为 1m/s 时，进入下游隧道污染物浓度为 37.9ppm。当外界风速为 3m/s 时，进入下游隧道污染物浓度为 100.6ppm。

当外界风向逆隧道车流轴线方向，风速大小为 1m/s 时，污染物浓度扩散情况如图 6 所示，进入下游隧道污染物浓度仅为3.3ppm;与无自然风情况相比,进入下游隧道的污染物明显减小。说明当外界风逆隧道车流轴线方向时,由于自然风方向阻碍上游隧道向下游隧道的污染物扩散,随着外界风速度的增加,下游隧道受到的影响明显减弱,当达到一定的程度后,上游隧道出口的污染物浓度扩散将不对下游隧道产生影响。

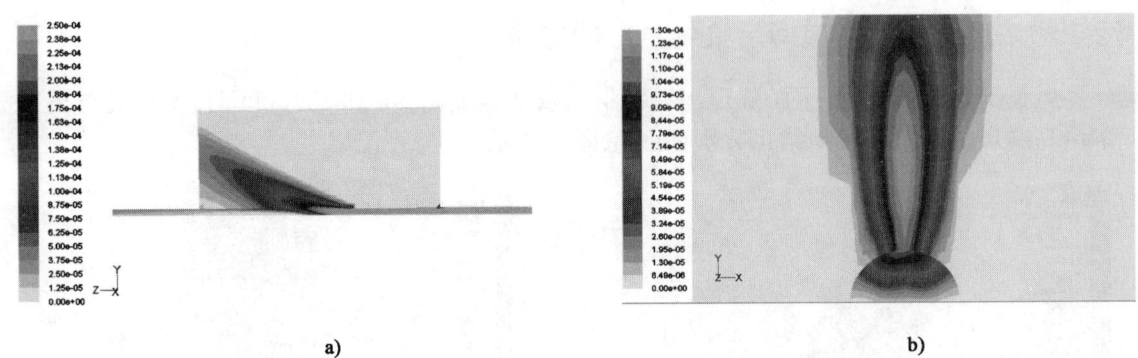

图4　外界风速为1m/s时污染物浓度的分布

a)两隧道纵向污染物的浓度分布;b)下游隧道入口处污染物的浓度分布

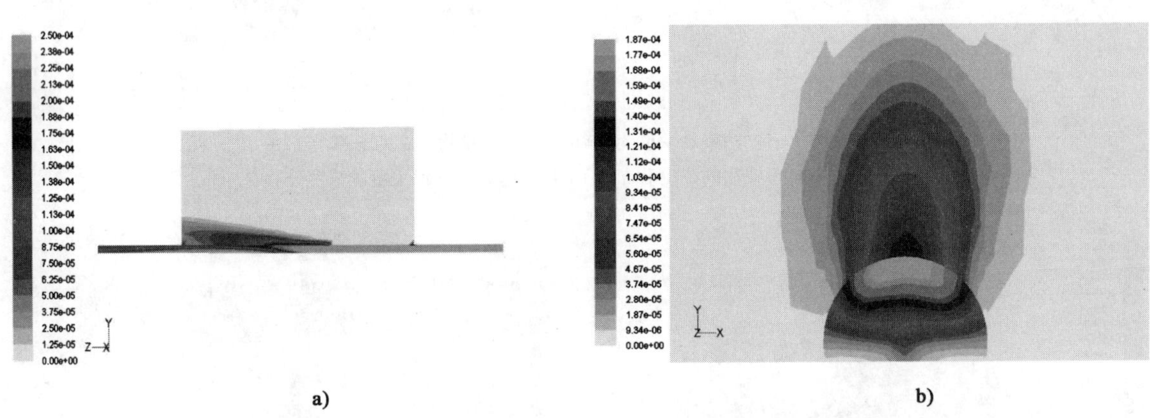

图5　外界风速为3m/s时污染物浓度的分布

a)两隧道纵向污染物的浓度分布;b)下游隧道入口处污染物的浓度分布

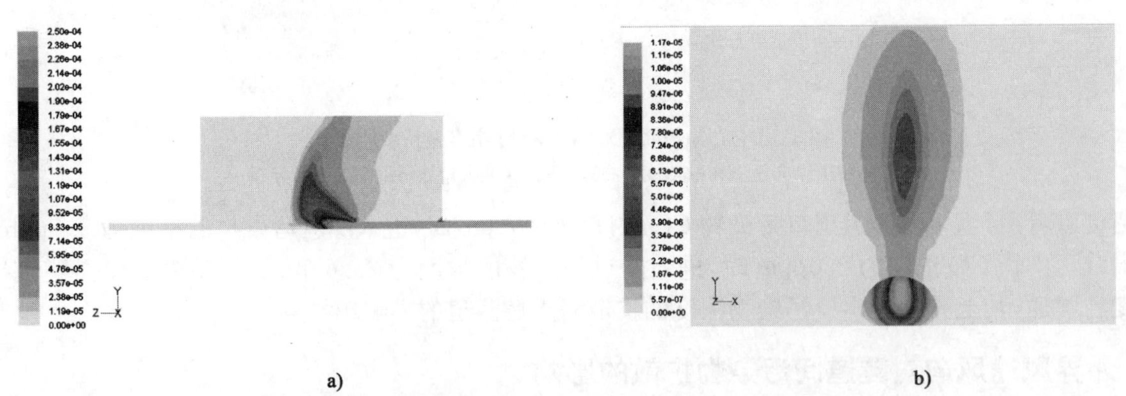

图6　外界风速为1m/s且为逆风时污染物浓度分布

a)两隧道纵向污染物的浓度分布;b)下游隧道入口处污染物的浓度分布

比较图4和图6可以得出,在外界风速大小相同的情况下,方向不同,对下游隧道产生的影响也不同。顺风会加大上游隧道出口污染物浓度扩散对下游隧道的影响,而逆风则会削弱这种影响。图7表示出了外界风与隧道车流轴线方向成45°或135°时,风速为1m/s时外界污染物浓度的扩散情况。结果表明,两种风向情况下,上游隧道出口污染物浓度扩散基本不对下游隧道产生影响。

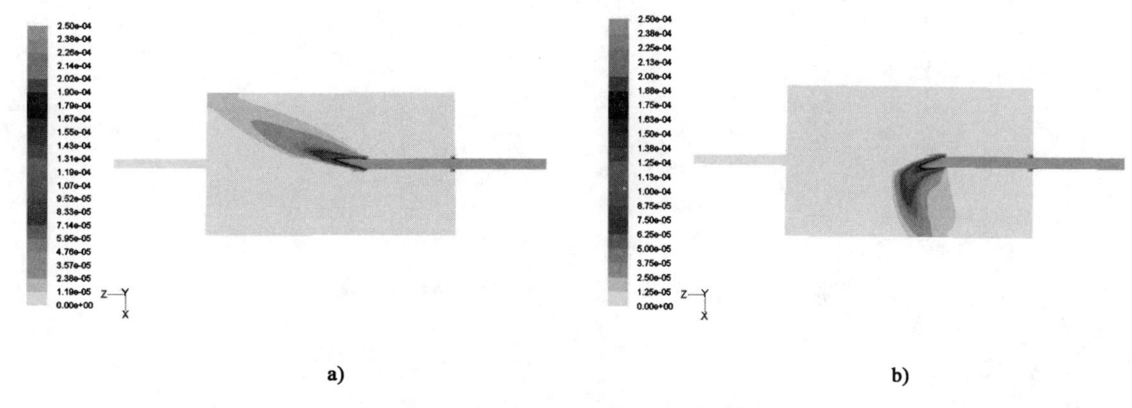

a) b)

图7 不同风向时隧道间污染物浓度分布

a)夹角为45°(顺风);b)夹角为135°(逆风)

## 5 结论

根据模拟,得到了不同出口污染物浓度、不同外界风方向和大小情况下,上游隧道出口污染物浓度扩散对下游隧道的影响,如表1所示。

从表1可得出如下研究结论:

(1)出口污染物浓度越高,毗邻隧道上游污染物浓度的扩散对下游隧道的影响越严重。当外界风为顺隧道轴线车流方向时,随着风流速度的增加,上游污染物浓度的扩散对下游隧道的影响也越严重。

(2)外界风风向不同,毗邻隧道出口污染物浓度扩散对下游隧道的影响也不同。顺隧道轴线车流方向将会增加这种影响,逆隧道轴线车流方向将会削弱这种影响。

**毗邻隧道下游隧道入口断面污染物(CO)的平均浓度** 表1

| 上游隧道出口风速 | 上游隧道出口浓度(ppm) | 下游隧道入口处断面污染物平均浓度值(ppm) | | | | | | | | | | |
|---|---|---|---|---|---|---|---|---|---|---|---|---|
| | | 无外界风 | 顺轴向风 | | 垂直轴向风 | | 逆轴向风 | | 顺轴向45°风 | | 顺轴向135°风 | |
| | | | 1m/s | 3m/s | 1m/s | 3m/s | 1m/s | 3m/s | 1m/s | 3m/s | 1m/s | 3m/s |
| 3.26m/s | 100 | 9.5 | 14.9 | 39.9 | 0 | 0 | 1.51 | — | 0.51 | 0 | 0 | 0 |
| | 250 | 23.6 | 37.9 | 100.6 | 0 | 0 | 3.3 | — | 1.51 | 0 | 0 | 0 |

(3)根据模拟6种自然风情况,仅无风和风流顺隧道轴线车流方向时,上游隧道出口污染物的扩散对下游隧道通风会产生影响;其余风向情况下基本不产生影响。进行毗邻隧道的通风设计时,应对外界风进行详细调查,进行针对性设计。

## 参考文献

[1] 日本建设部土木研究所.道路隧道洞口附近污染物扩散风洞实验报告.1983.

[2] 日本建设部土木研究所.道路隧道洞口附近污染物扩散测试报告.1985.

[3] 杨庆娣,匡江红.隧道出口污染物排放及控制的研究[J].环境保护科学,2004,30(125).

[4] 陶文铨.数值传热学(2版).西安:西安交通大学出版社,2001.

[5] 王福军.计算流体动力学分析——CFD软件原理与应用[M].北京:清华大学出版社,2004.

# 四、交通工程及环保景观

# 重庆高速公路区域监控及综合管理系统开发设计

李祖伟[1] 金朝辉[2] 何 川[2] 李海鹰[1] 任建卫[1] 王卫平[1] 陈 平[1]

(1. 重庆高速公路集团有限公司 重庆 400042;
2. 西南交通大学 成都 610031)

**摘 要:** 随着计算机和通信技术的高速发展,传统的高速公路监控管理方法已经很难适应目前庞大高速公路路网监控管理的需求。本文根据重庆高速公路路网建设现状,设计开发了一套可靠、先进的高速公路区域监控及综合管理系统,分析了系统的设计理念,着重研究了系统开发的重点及关键技术的应用,最后总结了系统的技术特点。

**关键词:** 高速公路 区域监控 管理系统

## 1 引言

随着高速公路建设的快速发展,目前重庆已建成了多个高速公路路段和隧道监控中心、监控站。如何对这些已建成的或在建的路段和隧道监控中心进行统一的规范和管理,达到高效管理、减少维护费用的目的,已成为当前亟待解决的主要问题。

结合重庆高速公路发展现状,以"精简、统一、集中、高效"为基准,遵循"统一管理、分级控制"的原则,《重庆市高速公路交通工程总体方案设计》提出了区域监控的整体思路,即分三级规划,第一级为重庆市监控总中心兼任的中西部区域监控中心,第二级为各路公司和区域监控中心,第三级为各路段监控站和各隧道监控站及外场设备。本文着重研究重庆高速公路区域监控及综合管理系统的开发设计,以适应重庆高速公路快速发展的现实需要,更好地促进重庆建设高可靠、可管理、节能型高速公路机电运行体系的进程,提高重庆高速公路监控管理的技术水平。

## 2 重庆高速公路区域监控及综合管理系统设计理念

(1)创建集约化区域监控管理模式

根据《重庆市高速公路网规划(2003～2020年)》的要求,重庆高速公路将建成三个监控区域,分别为中西部、东北部和东南部区域,进行集中化的统一监控管理,建成一个"一带九"的监控中心,使整个重庆高速公路的运营管理模式变得简单高效。

(2)构筑一体化综合业务通信平台

为通信、联网收费、交通监控、桥梁安全监测、隧道安全监测、视讯会议、电力监测、各部门信息系统(如养护部、工程部、资金管理、OA、机电管理等)、呼叫服务系统,提供安全、可靠、不间断的一体化工作通信平台。基于该综合业务通信平台,结合新的高速公路运营管理体制,实现对各路段进行可靠、统一、集中、高效的运营管理。

(3)建立安全型的路网预测、预告、预警系统

建立交通预测模型,监控总中心及时掌握道路状况、交通流状况、气象状况、主要设备运行状况以及事故告警等信息,对各路段的信息进行全面、准确的分析和预告,通过科学安全的计算方法,对未来的路网营运情况进行预测、预告,并发布预警信息。

(4)搭建综合业务网数据平台

采用最新的数字化网络和计算机技术,如RPR、运动检测、智能组态、以太网交换、IBM的SOA等新技术,组建一个强大的智能化的综合业务网数据平台。利用先进的数字图像视频技术,搭建数字化的监控图像系统。

(5)建设节能型高速公路交通运行管理体系

区域监控及综合管理系统的建立以及各种新技术的应用,可以对整个路网进行整体和区域的高效监控,达到对所有信息系统进行集中、规范管理的目的;可以避免不必要的人力、物力的浪费,提高运营管理服务水平,降低运营管理维护成本。

## 3　系统开发重点及关键技术应用

(1)开发一套大型的综合区域监控及综合管理系统

开发一套统一有效的区域监控及综合管理系统软件,适应重庆整个高速公路的长期发展和集中监控的要求。针对该系统数据来源广,数据类型复杂,流量巨大,涉及系统多的特点,相应采用可靠的服务器操作系统(UNIX)、大型的数据库系统(ORACLE),兼顾用户界面的友好性(前台操作系统采用 WINDOWS XP),将以上系统集成到统一的应用平台中,以适应用户和系统的复杂性,形成一套性能可靠、界面友好、满足用户复杂多样需求的监控系统。

(2)可靠性、安全性开发

区域监控及综合管理系统软件可靠性和安全性的开发拥有多级可靠性及安全处理机制,主要包括:软件系统的可靠性、安全性的开发;数据管理和灾难恢复开发;中心数据库服务器冗余互备开发以及数据传输安全技术开发等。根据可靠性、安全性的开发需求,提出合适有效的解决方案,并应用于区域监控及综合管理系统软件的开发中,形成一套坚固可靠的路网区域监控管理系统。

(3)系统智能组态开发

开发一套智能性组态区域监控软件系统,在不修改系统源码的前提下,通过对系统的组态配置,可以方便地对系统进行扩充和裁剪,可以方便地增加各子系统的数量和类型或改变其控制特性,以适应用户多变的需求,并适应管理体制的调整,以保护用户对开发系统的投资,并保持系统管理的稳定性。

(4)系统集成性开发

对系统各个复杂的子系统进行集成开发,并应用各子系统本身所包容的选进技术,规范其数据接口,形成稳定的数据信息交换平台及集成的先进的功能系统,并为将来有可能运用的新技术提供预留的数据接口和应用接口,使系统具有良好的扩展性和弹性。

系统结合许多先进技术,反映各技术特点,整合先进设计理念,对这些新技术的接口、复杂性、适用性进行开发,主要包括:隧道前馈式通风模型、RPR 弹性分组环网技术、数字图像监控技术、事件自动检测技术以及 SOA 技术等。

(5)数字化的图像监控系统开发

开发一套统一有效的区域数字图像监控软件,适应重庆整个高速公路的长期发展和集中监控的要求,包括:不同厂商图像设备的互编、互联、互解、互控的开发;图像流数据库存储;海量数据的存储格式以及图像管理规范等。

(6)建立交通预测模型

建立安全型的路网预测、预告、预警系统模型,进行初步开发,并在应用过程中逐步完善和规范。

(7)硬件配置开发

通过对用户需求的分析,结合软件实现的可能性,提供一套可靠、性价比高、先进、满足用户要求的硬件优化配置方案,以适应大型的网络系统和区域监控软件系统的需要。

重庆高速公路区域监控及综合管理系统是一个庞大的综合性系统,其研发的周期长、任务重。主要的开发设计流程如图 1 所示。

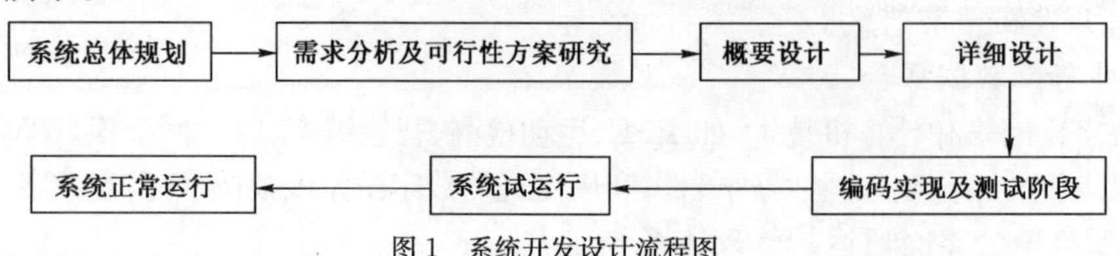


图 1　系统开发设计流程图

## 4 系统的技术特点

重庆高速公路区域监控及综合管理系统通过对计算机通讯技术、计算机网络技术、信号处理技术、控制技术等现代信息技术与交通工程的综合应用，最大限度地发挥了交通基础设施的潜力，并引导合理的交通行为，提高运营管理效率，提升交通运营管理水平。系统的主要技术特点体现在以下几个方面。

(1)安全性、可靠性：在方案中，选择成熟可靠的技术并合理利用，确保系统的安全性、可靠性。

(2)先进性、实用性：综合考虑了国内外交通监控技术和信息整合技术的发展趋势，结合重庆市高速公路路网交通特点，使系统的监控策略和整体方案具有较高起点，同时适应各条路分期建设的实际情况。

(3)系统性：结合了整个重庆市路网交通运行特点、交通工程建设现状和规划、信息化的开发应用情况，全面考虑了区域监控及综合管理系统的设计，使系统构成合理、协调、统一，在布设上避免重复、矛盾，最大限度地发挥系统的功能和整体效益。

(4)可管理、可扩充性：注重系统的开放性和兼容性，使系统易于管理，方便扩充修改。

(5)协调性：与其他系统进行配合、协调，最大限度地发挥交通工程设施的整体作用；通过与各级管理机构的协调，保证整个路网的安全畅通。

## 5 结语

重庆高速公路区域监控及综合管理系统是一套可靠、有效、先进的路网区域监控智能综合管理系统，系统的开发设计实现了高速公路监控管理的标准化、规范化，能够长期适应重庆高速公路机电设备管理监控的需要，有效地提高了重庆市高速公路监控运营管理的现代化水平。

### 参 考 文 献

[1] 郭留红. 高速公路路网监控中心与路段监控中心关系的研究[J]. 交通标准化. 2005(8):133-135.

[2] 任建卫. 重庆高速公路交通工程设计、建设、运行管理的新思路[J]. 中国交通产业信息，2006(5):98-10.

# 武隆至水江高速公路建设管理

孙立东 王心飞 谭 华

(重庆高速公路集团有限公司南方建设分公司 重庆 401121)

**摘 要**:西部开发大通道重庆至长沙公路武隆至水江高速公路,是国家"7918高速公路网"中包头至茂名公路的一段,是连接我国西南、中南的重要干线。项目位于武陵山区,沿线山势陡峻、地理条件复杂。项目桥梁、隧道比例高,武隆至白马段基本为桥隧直接相连,施工场地狭窄。在困难重重的前提下,业主引进先进的管理理念,使得项目顺利、安全地推进,取得了宝贵的经验。

**关键词**:武隆 水江 高速公路 建设管理

## 1 工程概况

西部开发大通道重庆至长沙公路武隆至水江高速公路,是国家"7918高速公路网"中包头至茂名公路的一段,是连接我国西南、中南的重要干线。路线起于武隆县城,经巷口、羊角、白马、长坝、双溪,止于南川区水江镇,全长54.981km,其中有特大桥、大桥28座(9 236m),中小桥7座(413m),隧道7座(28 479m),在武隆县城和白马镇设2处互通式立交。

全线按四车道高速公路标准设计,其中武隆至双溪段计算行车速度80km/h,路基宽24.5m;双溪至水江段计算行车速度100km/h,路基宽26m;桥涵设计荷载采用公路Ⅰ级,其余指标按《公路工程技术标准》(JTG B01—2003)执行。项目批准概算502 314万元,其中交通运输部补助9.153亿元,财政拨款2 000万元,银行贷款41.5亿元。项目于2005年12月26日开工,计划总工期4年。

## 2 工程特点和难点

### 2.1 地形地物条件十分复杂,桥隧比例高,施工条件恶劣

项目位于武陵山区,沿乌江及其支流而建,山势陡峻、峡谷众多,地理条件复杂,有利走廊带及地形多被渝怀铁路、G319和地方公路、电力、通信线路等占用。项目桥梁、隧道比例高,施工场地狭窄,部分桥梁梁板需在隧道内预制。武隆隧道、黄草岭隧道需分别通过长500m、405m的横洞方能进入主洞施工,洞口应急转弯多以桥梁渡线实现,施工条件恶劣。路线全长55km,其中桥梁9.6km、隧道28.5km,桥隧比69.35%。最长隧道白云隧道长7 120m,为重庆第三长公路隧道,隧道斜井长1 056m,倾角24°。其中,武隆至双溪段(白云隧道出口)长41.723km,桥隧比例达90.09%,特别是武隆至白马段,长24.77km,桥隧长23.43km,占94.6%,基本为桥隧直接相连,形成了由4座特长隧道、1座长隧道构成的总长度近21km的特长隧道群。武水路隧道概况见表1。

武水路隧道概况 表1

| 序号 | 名 称 | 起止桩号 | 长度(m) | 备 注 |
|---|---|---|---|---|
| 1 | 武隆隧道 | ZK8+091~ZK12+975.14 | 4 884.14 | 进口与苏家河大桥直接相连;出口为分岔式隧道,与土坎乌江大桥直接相连于悬崖上,通过500m长的施工横洞施工。主要地质灾害有涌水、软弱围岩、溶洞 |
| | | K8+070.3~K12+954.4 | 4 884.1 | |
| 2 | 黄草岭隧道 | ZK13+496~ZK16+748.5 | 3 252.5 | 进出口均位于悬崖上,进口为分岔式隧道,与土坎乌江大桥直接,通过405.4m长的施工横洞施工;出口与朱家嘴大桥直接相连。主要不良地质有进口滑坡、涌水、断层、软岩、节理裂隙发育 |
| | | K13+496~K16+715 | 3 219 | |

续上表

| 序号 | 名　称 | 起止桩号 | 长度(m) | 备　注 |
|---|---|---|---|---|
| 3 | 大湾隧道 | ZK18+042.7～ZK20+857.9 | 2 815.21 | 进口与马溪河大桥直接相连,出口与猫儿沟大桥直接相连。主要不良地质有出口滑坡、构造复杂、断层及褶皱带、小型溶洞发育 |
| | | K18+022～K20+842 | 2 820 | |
| 4 | 羊角隧道 | ZK21+068～ZK27+723.5 | 6 655.5 | 进出口均位于悬崖上,进口与猫儿沟大桥直接相连,出口与郭溪沟中桥直接相连,出口与白马隧道进口相距 77m。主要不良地质有低瓦斯、涌水、溶洞 |
| | | K21+063～K27+739 | 6 676 | |
| | | 斜井 | 688 | 涌水、断层、小型溶洞发育 |
| 5 | 白马隧道 | ZK27+800～ZK30+899.38 | 3 099.4 | 进口位于悬崖上,与郭溪沟中桥直接相连,出口明洞与桂龙溪大桥直接相连。主要不良地质有出口滑坡、出口堆积物浅埋段、溶洞较发育、大段落软弱围岩、涌水等 |
| | | K27+845～K30+895 | 3 050 | |
| 6 | 长坝隧道 | ZK39+010～ZK39+643 | 633 | 浅埋隧道,围岩软弱破碎 |
| | | K39+008.26～K39+718 | 709.74 | |
| 7 | 白云隧道 | ZK42+280～ZK49+378 | 7 098 | 该隧道瓦斯、硫化氢、涌水等不良地质现象突出,且出口段约 1 700m 为倒坡段施工,排水困难 |
| | | K42+240～K49+360 | 7 120 | |
| | | 斜井 | 1 056 | 倾角 24°,地质条件复杂,地下水丰富 |
| 合计 | | 左线 | 28 437.73 | 总长不含斜井长度 |
| | | 右线 | 28 478.84 | |

### 2.2 地质条件极差,施工难度大,安全风险高

武隆为国家岩溶地质公园,地质构造十分复杂,地质条件极差。全线主要为侵蚀堆积地貌、构造侵蚀及溶蚀地貌。尽管在工可和勘察设计阶段做了大量工作,避开了羊角古滑坡等特大型不良地质区域,但沿线崩塌、滑坡、岩溶、软弱岩层、瓦斯、突涌水等不良地质现象仍十分突出,如武隆、黄草岭及白马隧道软弱围岩,白云隧道硫化氢、瓦斯等有害气体大面积突出;武隆、羊角、白云隧道岩溶及富水段落;羊角隧道的低瓦斯段落;黄草岭、大湾、白马隧道洞口斜坡不稳定体等。路基段落也出现多处滑坡,如朱家嘴滑坡、桂龙溪滑坡、白马互通滑坡和王家沟滑坡等。复杂的地形地质条件使得项目施工难度极大,安全风险非常高。

### 2.3 运营管理难度大,机电工程十分复杂,技术难度高

全线隧道众多,又以特长隧道为主,分布有位于重庆第三、第四长的白云隧道和羊角隧道,特别是武隆至白马隧道群规模宏大,通风、照明、供配电及节能、运营安全、防灾救灾、综合监控等机电工程十分复杂。

(1)隧道群运营安全及救灾问题。由于隧道之间以桥梁直接相连,最小间距仅 77m,频繁的洞口“白洞”、“黑洞”效应转换,雨、雪天气时洞内外路面抗滑能力差异等因素,处理不好易造成运营安全隐患。同时,由于隧道群规模庞大和救援通道匮乏,紧急状态下的救灾十分困难。

(2)通风问题。白云隧道和羊角隧道的通风均需通过斜井通风,其中白云隧道采取地下风机房方案,建设和运营难度都很大。

(3)隧道群联动控制问题。如对单个隧道建立独立的监控系统,无论从建设和运营的角度都是不经济的,也不利于运营安全,因此,必须实现隧道群的联动控制。

(4)节能问题。庞大的隧道群通风、照明均需消耗大量电力资源,如何优化供配电和通风、照明方案,减少电力负荷,具有十分重要的意义。

### 2.4 环保要求高

武隆县为联合国授予的三个中国南方喀斯特世界自然遗产地区之一。项目穿越乌江画廊,沿线有国家地质公园以及仙女山、金佛山、芙蓉洞等多个 4A 级风景区,同时,项目沿线因地形原因土地资源十分紧张,因此,环保和资源节约要求非常高。

## 3 项目法人组织及管理理念

甲级公路建设项目法人单位重庆高速公路发展有限公司(简称“高发司”)为项目法人,高发司南方建设分公司具体承担武水路建设管理任务。南方建设分公司设立办公室、财务部、总工办、工程部(含征地拆迁)、机电部等部门。南方建设分公司对武水路项目建立了由公司总经理、分管副总经理与总经理助理,工程部、总工办、机电部的三级项目管理体系。

为把武水路建成优质文明高速公路,高发司南方建设分公司在项目开工之初就提出了“优质、文明、和谐、规范”的八字建设理念和方针。“优质”是指建设质量必须达到优良工程标准,是项目建设的核心目标;“文明”代表文明施工、安全施工,是施工过程管理的目标和要求;“和谐”代表与人和谐、与自然和谐,要求参建各方正确处理好与沿线群众的关系,及时支付民工工资和材料款,同时工程建设要求做好环境保护工作,与自然和谐;“规范”则是规范化管理、规范化监理、规范化施工的统一。本项目质量目标为达到优质工程。

## 4 建设项目实施情况

### 4.1 质量管理

(1)建立完善质量保证体系

按照“政府监督、法人管理、社会监理、企业自检”建立完善了四级质量保证体系。结合实际开展了“建设管理年”活动,制定了《重庆至长沙公路武隆至水江段高速公路质量安全违约实施细则》等多项管理制度,落实了质量责任制,综合运用法律、合同和经济等手段加强质量管理。

(2)全面推行首件工程认可制和分部分项工程交工验收办法

本着“预防为主,先导试点”的原则,项目全面实行首件工程认可制度。同时,根据《公路工程竣(交)工验收办法》,项目全面落实分部分项交工验收制度,及时发现、整改质量问题。

(3)引入咨询、检测等机构,开展借脑管理

对隧道衬砌、桥梁上部构造及桩基等委托专业机构进行质量检测,对特大桥进行监控及健康检测。其中桩基按100%频率进行检测,全线已对1 508根桥梁桩基、抗滑桩进行了超声波检测,仅有1根Ⅲ类桩,已及时进行了缺陷处理,达到了设计要求。同时,还在造价咨询评估、拆迁评估、重大变更方案咨询等方面引入了独立专业机构,为项目建设献计献策。

(4)依靠科技创新克服技术难题,确保项目顺利推进

在交通运输部的大力支持下,先后进行了大涌水量与复杂地质条件下特长公路隧道修筑关键技术研究、山区高速公路隧道节能型配电系统研究与应用、高速公路特长隧道群灾害防救与前馈式智能监控运营管理技术研究、高速公路隧道沥青复合式路面结构防排水综合技术研究、高速公路长大坡段沥青路面技术研究等,为项目建设攻克了大量技术难题。

(5)开展季度履约检查评比,建立承包人法人约见机制

对承包人在质量、安全、进度、内业等方面履约情况进行季度检查评比,对履约差的承包人,则约见其公司法人,要求从资金、技术和设备等方面加大投入,并授权一位领导负责项目整改工作。对连续3个季度处于评比后三名的承包人,则上报重庆市交通委员会,纳入不诚信企业名单;对长期处于前三名的承包人,则上报重庆市交通委员会,纳入诚信企业名单。

(6)开展“百日质量行动”,狠抓质量问题整改

2008年4月以来,根据重庆市交委、高发司统一部署,全线深入开展了“百日质量行动”,狠抓质量问题整改和质量通病治理。

截至目前,根据重庆市交通委员会基本建设工程质量监督站等监督检查情况,工程实体质量总体优良,处于可控状态。

### 4.2 安全管理

(1)加强领导,建立安全管理体系,保障安全投入

项目各方均成立安全生产领导小组，加强安全生产组织领导。项目业主配置了专职"安全管理业主代表"，与参建各方签定安全管理合同及责任书，层层分解，落实责任；完善了安全管理制度，并按照交通运输部2007年1号部令，督促各方加强安全管理，确保安全管理人员、设备和费用的投入。

(2)加强安全教育培训

重庆市交委制作了安全施工宣传教育光碟，开展安全培训工作。项目业主也通过邀请专家对参建人员进行安全知识培训、组织安全知识竞赛等方式，努力提高全员安全知识水平和安全意识。

(3)开展危险源分析，实行预案管理

开工以来，全线施工中累计发生超过10次险情，如白云隧道施工中发生硫化氢突出、瓦斯燃烧爆炸等，由于事前有预案，事发时及时启动了预案，杜绝了安全事故的发生。

(4)利用先进技术保安全

运用TSP、地质雷达等进行隧道地质超前预报，开展隧道监控量测，对所有隧道围岩、初期支护进行全方位监测，运用先进检测设备进行瓦斯、硫化氢等有毒有害气体不间断监测，做到不良地质、危险情况早发现、早准备、早消除；白云、羊角等特长隧道施工中采用先进通风技术，有效降低了瓦斯浓度；对斜井施工和乌江特大桥，实行视频监控，确保了安全。

(5)通过定期和不定期等多种方式，加强安全生产监督检查

尽管面临极大的安全压力，也出现了瓦斯燃烧、围岩塌方、突水突泥、硫化氢出露等情况，由于事先有预案，人员、设备和资金投入到位，有先进技术作保障，应对得当，最终都化险为夷，未发生重大安全事故，安全总体处于受控状态。

## 4.3 建设资源节约型、环境友好型高速公路

(1)开展安全性评价，从源头上保障运营安全

项目坚持以人为本、安全至上的建设理念，在初步设计和施工图设计阶段，均开展了安全性评价工作，并进行设计优化，如运用运行车速对弯道超高、横净距等进行检验，将部分弯道横坡加大了1%～2%；白马互通至白云隧道为连续长度约14km的长坡，初步设计阶段平均纵坡超过3%，施工图设计阶段将平均坡度优化为2.6%，并进一步完善了路段监控、交通标志、防撞栏杆等安全设施；树立宽容设计理念，摒弃宽大的梯形边沟，代以矩形暗沟，取消挖方路段防撞护栏等。同时，还针对隧道群运营管理难题，就隧道通风、照明、救援、供配电等开展专题研究和设计。

(2)实行地质、环保选线，注重细节和环保

面对恶劣的地质地形条件，无论方案比选还是工点细部设计，都坚持"不破坏就是最大的保护"的原则。为避免破坏乌江画廊，路线尽量远离乌江，并采用桥隧方案通过；对于坡积物较厚的白马至长坝段，路线尽量靠近后缘，适当抬高路线高程以桥梁通过；摒弃了圬工边坡防护，代以绿化防护；摒弃高大的圬工洞门，因地制宜采用削竹式或仿原地貌洞门。

(3)注重资源节约

武水高速公路采取多种措施节约土地资源：①方案比选时结合用地情况和占用农田情况进行比选论证，推荐占地少特别是占用耕地少的桥梁、隧道方案。②全线弃方数量达900m$^3$，建设中结合武隆县城长头河片区、体育场片区、白马工业园区、白马水泥厂扩建等场平工程和武隆养护工区等对弃方进行综合调配，路面拌和场也综合利用弃土场，全线节约占地超过1 000亩，同时还将大批荒地改造为工业和城市建设用地，产生了巨大的经济和社会效益。③在确保安全的情况下灵活确定边坡坡率，节约占地。项目还开展了隧道供配电和照明节能研究，隧道采用单排光源照明方式，大大降低了电力消耗。

## 4.4 廉政建设工作

项目业主与参建各方签订生产合同的同时签订了廉政合同，落实了廉政责任。通过组织参建各方各级管理人员到监狱接受服刑人员现身说法、到法庭旁听腐败案件审判等方式开展警示教育，坚持警钟长鸣。项目还按照交通运输部统一部署，深入开展了治理商业贿赂活动。重庆交通纪委也通过巡查、暗访等加强廉政检查。

### 4.5 专业人员上岗培训

结合项目实际,组织开展了隧道施工安全、瓦斯隧道技工技术、试验检测培训、质量管理和试验管理软件培训、首件工程制培训、机制砂亚甲蓝试验专项培训、内业资料专项培训、隧道防排水、连续刚构施工要点、先简支后结构连续施工要点及分部分项交工验收等培训工作。各单位积极开展了试验、安全等专业人员上岗培训,并取得了相应资格证书。

## 5 项目招投标

项目招标工作严格遵守《中华人民共和国招标投标法》及国家相关规定,对所有应招标项目均进行了公开招标,包括勘察设计、土建施工和监理、路面、绿化、房建、机电工程等,同时还将对交通安全设施和部分重要材料(沥青、护栏材料等)进行招标。所有招标工作均在国家发改委指定媒体《中国经济导报》上刊登了招标公告。

重庆市交委、重庆高发司制定了一整套较完善的招标制度,资格预审文件、招标文件均按交通运输部2003年范本进行编制,并报高发司审核、市交委备案,确保招标人的资格预审文件、招标文件内容符合国家相关规定。除设计、监理等咨询类合同外,其余合同均采用合理低价法进行评标,以标价作为最重要的评标尺度,同时,招标人的评标办法、废标条款必须在招标文件中载明,投标申请人的业绩、人员、资格预审结果、评标结果均在市交委网站上进行了公示,最大限度地保证了招标工作的公开、公平、公正。

### 5.1 招标过程中的举报及处理

由于评标办法公开、公正、合理,未出现针对招标人和评标工作的举报,仅在路基工程招标中出现2起、路面工程中出现1起针对投标人业绩虚假的举报。

(1)路基工程招标举报处理。路基工程招标完成评标工作后,出现了对B4合同段及B8合同段第一推荐中标人的举报,举报这两家单位在资格预审中提供虚假业绩。经高发司纪检、工程部、南方公司有关人员组成调查组调查,举报不属实,维持专家推荐意见,确定这两家单位为中标单位。

(2)路面工程招标举报处理。路面工程招标完成评标后,出现了对推荐中标人的举报,该举报目前完成初步调查工作,正在处理之中。

### 5.2 招标工作的经验

(1)建立了公示制度,在招标文件中公布了评标办法和废标条件,使招标工作公开、公平、公正。

(2)制作了投标报价软件,将工程量与计算公式锁定,避免了算术性修正带来的问题。

(3)评标基准价在开标现场当场计算,在整个评标过程中保持不变,不因投标人废标产生变化,使评标工作更加公开透明。

(4)以价格作为定标的最主要条件,避免评标中的人为因素。

(5)在重要工程项目中,如路面工程要求投标申请人交验业绩、人员证书原件,很大程度上遏制了投标过程中的虚假材料。

(6)采取在开标前公布业主上限控制价的做法,避免了标底编制过程中可能存在的泄密问题,也避免了高价抬标的情况。

(7)采用合理低价法,降低了过低价中标的可能性,同时通过对计算公式的逐步修正,中标价格越来越趋于合理。

(8)评标基准价计算采用现场抽签随机抽取下浮值的方法,其不确定性增加,能够有效的避免围标、串标现象。

## 6 结语

项目开工以来,克服了安全风险高、施工难度大等重重困难,工程质量、安全总体处于可控状态,未发生重大质量、安全事故。控制性工程进展顺利,全部隧道实现了贯通,石梁河大桥基本完工,土坎乌江大桥即将合龙。

# 公平、公正、公开是联网收费建设的基石

任建卫

（重庆高速公路集团有限公司　重庆　400042）

**摘　要**：本文从联网收费项目的运营机构、技术保障、运营管理制度三个方面的建设，对如何贯彻“公平、公正、公开”的原则进行了论述，强调了“公平、公正、公开”的原则在联网收费项目建设和运营中的重要作用。

**关键词**：联网收费　建设　运营　原则

## 1　引言

联网收费从本质上说是要解决不同投资主体、不同经营公司的高速公路通过建立统一的收费网络，联合收费，按实际交通量发生的过路费分账的收费管理模式，从而避免因分段收费各自建立自己的主线收费站，造成主线收费站过多，违背了建设高速公路实现高速高效的运输体系的自身目标，同时通过实施联网收费减少主线收费站也降低了公路的投资和运行费用。

实行联网收费后，如何使不同投资者在统一收费的条件下保障各自的利益不受到损害，就必须在公平、公正、公开原则的基础上建立一套完善的收费管理体系，使参与联网收费的公司之间、收费公司和结算中心之间建立起一个能够相互信任的机制。如果我们不能建立起这样的收费管理体系和信任机制，那么即靠行政手段实现了联网收费，最后也会因为不能互相信任而将已经联起来的网分开。成渝高速公路全线通车后，在人工收费的条件下，四川和重庆曾经实施了双方共设商家坡收费站的“联网收费”，但是，由于无法建立起一个能够相互信任的技术和管理机制，不久便“夭折”了。

那么，怎样建立起这样的收费管理体系和信任机制呢？这正是本文想阐述的观点和要说明的问题。

## 2　何为联网收费的“公平、公正、公开”的原则

联网收费在很大程度上说应该是一种市场经济行为，市场经济就必须贯彻“公平、公正、公开”的原则。联网收费“公平、公正、公开”原则的主要内涵应该是：

公平就是要保证每一个参与联网收费的公司不管其规模大小，路段长短都是平等的，在决定联网收费重大技术和管理规则时都有相同的权力；在获得本公司每天的交通量和过路费的信息时，获得的信息量和时效上都是平等的；在信息分析、处理和加工的手段、技术上是同等的。

公正就是要保证每一笔过路费的交易和分账都是按实际交通量处理的，也就是说不管是哪个公司，只要有相应的交通量，就有相应的过路费收入（不包括免费车）。

公开就是要保证每一个或每一天的交通量信息及对应的过路费收入的信息对其相应的收费公司都是开放的，包括入口、出口、通过、车道、时间、收费员、收费额、清分结果等。收费公司可以每天查询，也可以随时查询，可以在自己公司的计算机系统上查询，也可以在结算中心的计算机系统上查询，每天的清分结果，收费公司可以自己与结算中心对账，以监督清算工作是否正常。

## 3　联网收费必须建立具有独立地位的结算中心

中国有几千万股民，他们都代表着各自的利益，但他们每天都在进行着同一种经济行为——股票交易。不同的投资者之间进行相同的交易和结算，就需要有交易和中介机构，这就是证券交易所和证券公司。它们提供了交易的平台，包括交易厅、银行、网络、通信、硬件、软件，其法律地位就是独立的公平交易的维护者，绝

不能参与投资和交易。联网收费结算中心与各个参与联网收费的公司之间就存在着类似的关系。

在联网收费实施的过程中,由于在统一的收费网络下收费,按交通量(路段)分账,就需要一个独立的机构承担交通量和过路费数据处理、分账的工作,它应该是与过路费分配本身没有利益关系的,只有这样才能从体制上保证公正性。在参与联网收费的多家公司中,结算中心是唯一一个不参与过路费分配的公司,它只是独立地承担交通量和过路费数据处理、分账的工作,不属于任何收费公司,只有这样才能保持其独立性、公正性,维持好联网收费的正常秩序。

## 4 统一的技术体系是联网收费的技术保障

如前所述,联网收费从本质上说是要解决不同投资主体、不同收费公司的公路通过建立统一的收费网络,统一收费,按路段分账,需要在"公平、公正、公开"的原则下建立独立的结算中心机构,而落实这一原则的保障之一就是建立统一的技术体系。

要保证清分的准确,结算中心就必须实时地采集路网内每一个车道上入口和出口的原始信息。整个路网收费费率表及路径表的建立和维护、全网时钟同步信号、IC 卡运行信息和黑名单等数据和信息的实时传输;当出口时车辆的入口信息发生异议,需要调用入口原始信息时;当 IC 卡存储信息出错需要核对其发行信息时,这一系列信息处理和传输的业务都需要统一高效的计算机和通信网络及应用软件的支撑,否则联网收费的业务是无法开展的;而结算中心也只有依靠这样的技术保障才能实现公平、公正的清分。这也就是为什么必须对联网收费系统中涉及数据处理、传输的计算机网络、通信设备、终端设备、应用软件进行统一选型的原因。

## 5 统一的运行和收费管理制度、执法制度是联网收费的管理保障

相比传统的单条路收费,联网收费在收费的业务流程上没有太大的差异,但由于是多条路联合收费,在收费运行的体制和收费管理制度上必须严格统一,否则由于运行体制和收费管理制度的不同,极容易在收费公司之间、收费公司与驾乘人员之间产生矛盾,从而影响联网收费的实施。仅举一例,在 A 路闯关上路,经过 B 路,到 C 路无卡下路,如何收费、处罚、清分,必须要有统一的规则,否则无法执行。我们以前的路政执法只对一条路,今后的执法可能会发生违章行为产生并损害到两条路的情况,那么由谁处罚、怎么处罚、处罚款物如何处置,同样需要统一的路政执法制度,否则也会影响到联网收费"公平、公正、公开"原则的实现。

综上所述,实现联网收费,必须贯彻"公平、公正、公开"的原则,而建设起来的联网收费系统也必须坚持这一原则,才能维持收费公司之间、收费公司与结算中心之间的合作,联网收费系统才能正常的运行。"公平、公正、公开"的原则是联网收费项目的生命线。

# 浅议“新”高速

濮家利

（重庆高速公路集团有限公司北方建设分公司　重庆　401121）

摘　要：1988年上海至嘉定高速公路建成通车，结束了我国大陆没有高速公路的历史，至今已20多年。在这短暂而又漫长的时间里，我国的高速公路建设已步入一个新的台阶，高速公路在实现以往经济文化大通道功能的同时，承载了更多的内涵——环保、景观、生态、旅游等。

关键词：高速公路　环保　景观　施工工艺

## 1　引言

在我国高速公路建设初期，高速公路建设主要以通达为目标，侧重于公路的技术标准、结构质量和通行能力，而对资源的可持续利用、对生态环境的保护等不够重视。其结果不仅仅是生态环境的破坏，而且引发了自然、地质灾害，甚至直接影响了道路的使用。因此，高速公路建设不仅应着眼于满足交通功能，还应关注其他各个方面，使公路更加人性化，与环境更加和谐。建设生态、环保、景观、旅游公路成为目前高速公路建设的一个新的趋势。

而新高速具体“新”在何处？综合来看，主要是“意识新、品质新和技术措施新”三个方面。

## 2　公路建设意识更“新”

改革开放30多年，一直在强调革新在于观念的转变。同样，高速公路的革新也从思想观念的转变开始。

意识要变，公路的“职能”也在变。在经济高速飞跃发展的今天，公路单单具有连通各地物流、人流的功能，远远跟不上社会发展的需要，这就要求从意识上转变，来提升公路的“职能”。因此，“新”高速被赋予了“生态”、“旅游”、“景观”路等更生态、更人性化、更能满足人的出行需求的职能。路随景出、景由路生，美丽的风景、画廊让人想到的不仅仅是交流沟通的路，还增添了路上行车的舒适性。在建的渝湘高速公路洪酉段，在风光优美段落设置停车港，停车港兼有临时停车及观景的功能，为用路者提供了休憩、观景的平台，同时也展示了途经地区秀美的自然景观。

意识的变化指导设计的更新，公路设计融进生态意识和景观意识。新型高速在线形选择上，首先坚持环保选线，最大限度保护生态环境，尽可能远离环境敏感点，尽量避开生态价值损失比较大的林带及湖泊水域；其次，注重路线流畅舒适，优化路线线性，使线形更好地与地形配合，增强路线动感，提升路线连续性和景观效果。在边坡防护形式上，在保证边坡稳定的前提下，采用生态防护，取缔以往建设和维护成本高、景观效果差并对原有生态系统的破坏也十分严重的工程防护方式，如护面墙、挡土墙等，综合运用生态学、植物学、工程学、风景园林学等诸多学科的知识，以科学性、艺术性、可行性为目标，最大限度地恢复边坡生态绿化；通过大量的试验、计算分析确定公路边坡条件及各种生态防护形式的临界高度，并在路域条件允许的路段，放缓边坡坡率，以提高生态防护的临界高度，减少工程防护的比例；另外，对于沿线各个挖方段的路堑、路堤边坡，结合不同的坡面性质、土质情况，分别采取不同的生态防护技术进行处理，宜喷则喷，宜栽则栽，保证了生态防护的效果。对于互通、房建区的景观绿化，也从原来单一的回填土绿化，逐渐转变为更加符合现场地形，营造出与环境和谐统一的景观，通过利用取土坑和原有的河塘设计营造出山水景观，形成环绕的水系、亲水池塘等，使人造工程返璞归真。

意识变化也引导建设“习惯”的变化。在以往的高速公路建设的准备过程中，对环境的评估大致只是一个形式上的过程，环境的整治措施更是高速公路建设完成之后才考虑的事情，这也就是在高速公路施工中常见的"先破坏、后恢复"的建设习惯。而这样的"习惯"对新型高速的建设来说是不存在的。

渝湘高速公路洪酉段,从建设之初就提出"秀山、酉水、新高速"的建设理念,并且把建设理念宣传贯彻到设计、业主、监理、施工单位等各个环节,在实际中逐一落实。洪酉路的建设者,先行对该项目进行了细致的环境调查,并做出生态环境影响、水土流失影响、噪声环境影响、环境空气质量影响、水环境影响等分析评估报告,并以此为依据,提前对施工中可能会遇到的问题制订了详尽周密的处治措施;其次,确定了公路建设与环境保护同时进行的施工思路,摈弃了以往先施工、后进行绿化恢复的施工顺序,要求道路施工与生态绿化同时进行、同时完工,规避了土建施工与环境保护脱节的情况,从而更有效地保护了生态环境。

## 3 公路建设的品质出"新"

思想意识的改变,必然带来实际效果的不同,就建设的高速公路来说,也就是品质的不同。"新"高速的品质,给我们带来耳目一新的感觉。品质的提升主要是从公路的质量、职能两个方面来体现的。

公路质量要求的提升:严格的工程质量控制,是所有高速公路建设的要求,而新型高速的工程质量控制与现行高速工程相比,要求更高、更加科学。渝湘高速公路洪酉段在建设之初就提出比以往更高的质量要求,下面以其为例来解读新型高速的工程质量标准:(1)确保单位工程和部分工程优良率达到100%,分项工程优良率达到97%以上。(2)确保桥头5年内不出现明显"跳车"现象。(3)力保路面8年内不需大修。(4)确保桥涵构造物混凝土表面平整光洁,色泽一致,轮廓分明。高要求下的高标准消除了质量通病,杜绝了重大质量事故和隐患。实践证明,严格的工程质量标准为新型高速公路更好地发挥职能提供了保障。

公路"职能"的提升:建设"习惯"的变化更带动公路本身的品质出新。路随景出,景由路生,景观、旅游公路的职能,生态公路的职能,文化公路的职能等,更为新高速品质增添了新的内涵。因地造势,顺应自然,融入自然,摈弃无味的景观,将沿线的自然风光不露痕迹地引入驾乘者的视线,有景借景,无景造景,突出"显山露水"的自然主义风格,成为新型高速提升职能建设的主流意识思路。渝湘高速公路洪酉段,全线绿化采用了自然式种植方式和物种多元化种植技术,为改变"一条路、两行树"呆板、乏味的绿化方式,采用了丛林自然式绿化,乔、灌、草组合搭配的不规则的种植方式,高大乔木与低矮灌木相结合,孤植与群植相结合,带状种植与片状种植相结合,落叶树种与常绿树种相结合,规则式配置与自然式配置相结合,既减少了养护成本,又符合植物多样化的自然规律(图1);通过借景、造景相结合的方式,将原有的竹林、桃林、松林引入高速公路景观,使人造景观与自然景观最大限度的融合(图2);在绿化植物的选择上,尽可能地采用乡土树种,采取提早育苗、移栽等多种方式,使本土植物与园林植物水乳交融,成为一体,尽量恢复道路及其周边环境的原生态。

图 1

图 2

## 4 施工技术与工艺革新

新型高速建设的革新,不但依赖全新的思维模式和高新的品质,更依靠先进的施工技术及工艺措施。在建的渝湘高速公路洪酉段,采用了较多朴实的工程方法,简称"工法",效果突出。其中值得称道的有前置式洞口工法、斜坡路段挖孔桩工法、新型棚洞施工技术、服务区污水处理等施工技术措施。科技含量的提高不仅保证了工程进度,提高了建设质量和建设水平,而且加强了环境保护的力度,成为新型高速的有利保证。

### 4.1 前置式洞口"工法"

"前置式洞口"亦称为"绿色洞口"或"假拟洞口",它不是真正意义上的暗挖洞口,而是一种洞口施工方法。"前置式洞口"工法的总体思想是改变传统的洞口施工顺序和施工工艺,结合公路隧道洞口的特点,遵循环保、安全、经济原则,在不开挖明洞段洞内山脚土体的情况下,两侧开槽,在设计明洞外轮廓以外施作工字钢拱架并浇注混凝土作为明洞临时衬砌;在进洞前成洞;然后反压回填,保证洞口边仰坡的稳定后再进行临时衬砌内暗挖施工,并以洞口超前支护措施保证隧道施工安全。

"前置式洞口"采取不切坡(即零开挖)进洞方法,不开挖两洞间土埂,既保护了两洞间土埂上的原生植被,又借助土埂维持两洞口山体的稳定。施工初期,洞内土体也不全开挖,采用两侧开槽逐榀施作工字钢拱架,浇注混凝土形成临时衬砌,进洞前以临时衬砌和回填反压稳定边仰坡,再进行临时衬砌内暗挖,真正地实现"早进晚出"。

隧道假拟洞口工法的特点主要有:施工中尽量不切坡进洞,有效地保护隧道洞口自然生态环境;利用洞外临时衬砌和边仰坡临时防护及临时衬砌外回填反压,保证隧道洞口边仰坡的稳定;保留了左右洞间的原生岩土体,保证仰坡的稳定和保护该部原生植被(图 3)。

### 4.2 斜坡路段挖孔桩"工法"

应用堆码、梭槽、塔吊、栈桥等技术将挖孔出来的废土有效利用而不破坏环境。

### 4.3 新型棚洞施工技术

对于山区高速公路,路线在沿河傍山路段布设时,受 V 字地形和地质条件限制,往往形成高大边坡,刷坡范围大,对生态破坏较大。棚洞结构在高速公路中的应用还不多见,它将"技术先进、生态环保、节省能源、造型新颖、安全适用、经济合理"融为一体,是山区高速公路环保型建设的最新技术。

为减小边坡,保护洪西路沿线的生态,在地形、地质条件适宜路段,设置了多种形式的棚洞结构,践行了"设计中最大限度保护,施工中最小程度破坏,施工后尽最大可能恢复"的理念,实现了建设单位提出的"保卫秀山"的目标。洪西路全线设置棚洞 6 座,其中单幅棚洞 4 座,双幅棚洞 1 座,棚架 1 处。

棚洞一般采用曲墙平板斜(直)柱结构,靠山侧边坡采用临时防护设计,下部采用扩大基础,另侧采用桩基础、不连续斜柱或直柱、托梁支撑体系。棚洞将边坡防护、支档、明洞和景观有机结合(图 4)。

图 3

图 4

### 4.4 服务区污水处理

宁杭高速天目湖服务区污水处理措施值得借鉴。该服务区在国内率先采用中水回用系统,经过处理达到一级排放标准后的污水继续进行过滤和消毒,然后通过恒压供水供到各用水点,用于浇花、洗车、冲厕,成为环境保护的重要举措。

## 5 结语

将高速公路轻轻地放入大自然之中是每位建设者追求的最高境界。高速公路的建设折射出来的不仅仅是一个地区、一个国家的经济、技术发展水平的高低,更是一个国家综合实力的体现。用心做事,经验共享,教训共勉,追求更“新”,把我国高速公路事业的发展推向更高水平。

# 公路隧道安全评价指标体系与方法

韩　直[1]　孙立东[2]　白　云[3]

（1. 招商局重庆交通科研设计院有限公司　重庆　400067；
2. 重庆市高速公路集团有限公司南方建设分公司　重庆　401121；
3. 重庆交通大学　重庆　400074）

**摘　要**：论述了国内外公路隧道安全评价的发展现状，分析了影响隧道运营安全的主要因素及运营灾害的特点，从隧道重要度、运营环境、土建结构、机电设施、运营管理五个方面，提出了隧道安全评价的指标体系与方法。

**关键词**：公路隧道　评价指标　评价方法　隧道灾害

## 1　引言

随着山区公路的发展，隧道安全问题日益引起社会关注。目前，我国尚没有公路隧道运营安全评价办法。鉴此，本文从隧道重要度、运营环境、土建结构、机电系统、运营管理五个方面研究公路隧道安全评价指标体系与方法，以期达到提高隧道安全性的目的。

## 2　发展现状

我国对公路隧道安全评价的研究与实践主要表现在建设期，在施工安全、施工方法、车速一致性等方面做了大量的工作。对于运营安全，主要从通风、照明、消防三个方面分别进行评价。西南交通大学王明年教授、长安大学夏永昶教授、重庆交通科研设计院韩直研究员等在承担的科研项目中对火灾的发展规律、火灾探测方法等曾进行了研究，但都没有系统性提出隧道安全评价的指标体系与方法。

欧洲在公路隧道的安全评价方面走在前列，其研究与应用机构主要有欧洲智能交通委员会和负责对现行欧洲公路隧道风险程度与安全性能进行检查并评价的专门机构 Euro Test 。主要成果表现在 Euro TAP (European Tunnel Assessment Program)子计划提出的隧道内风险与安全分别评估法（图 1）[1]、2003 年 S. N. Jonkman 等的论文中提出的概率分析法（或称定量风险分析法 QRA）和确定性分析法（或场场景分析 SA）以及 2006 年奥地利提出的综合定量风险分析方法（图 2）[2]。这些成果也应用到了相应的规范中。2007

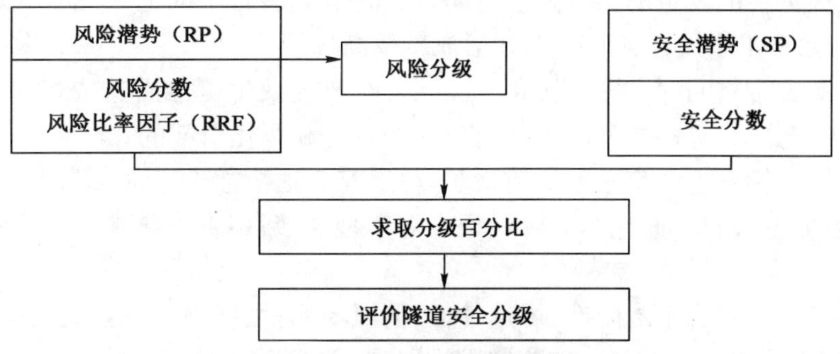


图 1　隧道安全评价方式流程图

年欧盟编写了《隧道安全指南》；2007 年英国《公路隧道安全法规》中对隧道的风险分析做了一系列的规定：(1)应该由隧道管理者以外的人来进行风险分析；(2)进行风险分析时应出示一份报告，报告中应提出降低风险的措施，具体包括下列事项：①从所有影响安全的设计因素和交通条件方面考虑公路隧道使用者的安全风险,包括:交通特征和类型、隧道的长度、几何设计及预测每天通过隧道的重型货车的数量。②评估所建议的改善措施是否能同等程度地或更好地保障公路隧道使用者的安全。③确定因使用提出的减少风险的措施而引发的潜在的危险。④确定可能受到③中所涉及的危害影响的公路隧道使用者。⑤评价④中所涉及的使用者发生伤亡的概率。⑥评价将要被提出的措施取代的安全要求是否足够。(3)安全文件中应该包含风险分析[3]。

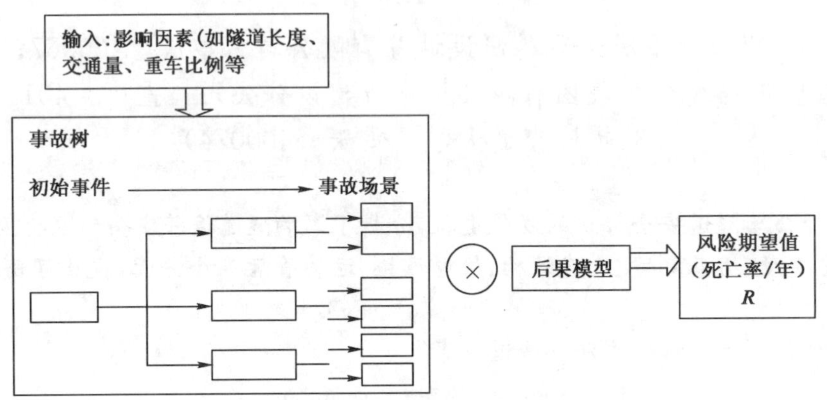


图2 奥地利风险分析流程图

从欧洲的研究来看,其对隧道进出口连接的结构物特征,危险品运输的管理,不同隧道由于在运输网络中所处的位置不同(如军事用途、水下隧道)、重要度不同等方面对安全的影响的研究较少,有待深入。

## 3 隧道运营灾害分类与特点

### 3.1 隧道灾害分类

隧道灾害按照表现形态可分为五大类。

(1)交通事故(占的比重最高)。

(2)火灾或爆炸事故。

(3)毒气泄漏。

(4)自然灾害(涌水、塌方、岩爆等)。

(5)隐患灾害(发动机和轮毂过热、车辆故障、CO超标、VI超标、抛物、阻塞、土建结构出现沉陷或裂缝)。

### 3.2 隧道灾害特点

空间分布特点:隧道灾害既不是均匀分布也非随机分布。交通事故在隧道洞口附近发生的几率较高,主要集中在隧道入口处200～400m路段范围内。出口也是隧道的多发区。

时间分布特点:白天灾害的发生率明显高于夜间;雨雪天,灾害较平时有所增加。刚开始下雨时几乎没有事故发生,1h以后开始发生事故;雨后6～10h形成事故高峰期。

灾害形态特点:各类灾害之间存在相互转化的关系。车辆先发生侧滑后造成追尾、碰撞、刮擦的事故形态占了事故总数的绝大部分;火灾多数是由于交通事故的发生和恶化引起的。

车辆类型特点:小型车辆发生的交通事故数最多,占所有交通事故的绝大部分;且发生交通事故的小型车辆中,又以底盘较轻的国产轿车、面包车以及微型车等车型居多;引发毒气泄漏、火灾、爆炸性灾害的以大型、重型货车为主。

救援特点:由于隧道本身具有半封闭性、可达性低、情况不明性、联络与救援困难等特点,导致发生灾害事故后隧道内烟雾浓度迅速增大,温度升高,疏散避难困难,救灾急迫性强,救援困难,且灾害容易恶化。

## 4 隧道安全性评价指标

公路隧道的安全性评价是为了分析公路隧道存在的问题与不足,进一步提出今后的发展方向与整改措施。分析的结论正确性与评价指标的选取直接相关。评价指标的选择,应遵循目的性原则、系统性原则、可操作性和实用性原则、科学性和可靠性原则、可比性原则、指标之间的独立性原则、相对性原则、导向性原则、直观性原则与可测性原则。按照以上原则，隧道安全评价指标主要包括以下几个方面。

### 4.1 隧道重要度指标

隧道重要度可以从用途(民用隧道、军民两用隧道)、功能(一般道路、国家主干线)和地理特征(山岭隧道、水下隧道)三个方面进行评价。

### 4.2 运营环境指标

反映交通运营环境安全影响水平的指标有动态指标与静态指标。动态指标主要包括交通组织、管制速度、交通量、大型车比例、运行速度、运行速度方差以及气候状况共七个指标；CO浓度、照明亮度、可吸入颗粒物 $PM_{10}$ 浓度、等效声级等对安全影响相对较小且一般容易控制，可不予考虑。静态指标主要包括道路与隧道洞口接线处运行速度差、道路与隧道洞口3s运行速度行程内的线形一致性、道路与隧道洞口接线横断面的过渡、相邻隧道的间距共四个指标。

### 4.3 土建结构指标

其主要有每个方向隧道孔数、隧道线形、坡度、横通道间距、紧急停车带间距、隧道长度、车道宽度、路面横向摩擦力系数以及路面纵向摩擦力系数共九个指标。隧道洞门形式、隧道内壁、防排水系统等指标影响较小且难以量化，可不予考虑。

### 4.4 机电系统指标

机电系统可分为应急救援系统与辅助系统两类，都可用一定MTBF(无故障工作时间)下的可靠度来反映。应急救援系统包括通风及通风控制系统、照明及照明控制系统、供配电系统、消防系统、火灾检测与报警系统以及通信系统共六个指标；辅助系统包括闭路电视监视系统、交通与环境检测系统、交通控制与诱导系统、紧急电话系统、广播系统以及防雷接地系统共六个指标，总共可用十二个指标来评价。

### 4.5 运营管理指标

运营管理可从安全防范措施、应急预案、危险品运输车辆管理、信息发布、救援设施与队伍、隧道管理人员培训、宣传教育七个方面来评价。

## 5 隧道安全性评价方法

隧道安全评价方法按照方法特征可分为：定性方法、定量方法、定性与定量相结合的综合方法。常用的定性方法有安全检查法、安全检查表分析法、专家评议法、专家函询法(即德尔斐法)、预先危险性分析、故障假设分析法等。定量方法主要有模糊数学综合评判法、层次分析法、蒙特卡洛数值模拟法、CIM模型法、神经网络方法。定性与定量相结合的方法有事故树法、事件树法、风险评价指数矩阵法等。此外，还有一些后期发展起来的改进的综合应用方法，如信心指数法、模糊层次综合评价方法、模糊事故树法、事故树与模糊综合评判的组合分析法等。评价方法的选择取决于评价目的和评价指标。

### 5.1 专项评价

#### 5.1.1 隧道重要度评价

任何一条公路隧道的重要度均可从用途、功能、地理特征这三个方面进行考察，用字母代表隧道不同方面的特征，即可通过字母相互组合描述隧道的整体特征。表1中规定了不同字母所代表的隧道特征。例如，字母组合ace表示某隧道为民用山岭隧道，隧道等级属于一般道路。很显然，隧道的整体特征主要有八种：ace、acf、ade、adf、bce、bcf、bde、bdf。

**隧道不同方面的特征表示** 表1

| a | b | c | d | e | f |
|---|---|---|---|---|---|
| 民用隧道 | 军民两用隧道 | 一般道路 | 国家主干线 | 山岭隧道 | 水下隧道 |

采用专家评议法对以上八种隧道的重要度进行评价,由于该评价结果一旦被接受,就可以运用到今后所有隧道重要度的评价中,因此,专家组成员的选取非常重要。建议专家组由国内从事公路隧道、交通工程研究的资深专家组成,成员总数大约在20位左右。要求专家组最终以分值的方式分别给出这八类隧道的重要度。

5.1.2 运营环境评价

运营环境的评价主要分为四个阶段进行,通过对运营环境的十一个评价指标分别打分,并加以计算进而对整个运营环境做出评价。具体过程如下。

(1)风险潜势(RP)评价——包括交通量、大型车比例、运行速度、运行速度方差、气候状况、道路与隧道洞口接线处运行速度差的评价。

(2)安全潜势(SP)评价——包括交通组织、管制速度、道路与隧道洞口3s运行速度行程内的线形一致性、道路与隧道洞口接线横断面的过渡、相邻隧道的间距的评价。

(3)计算分级百分比$\mu$:

$$\mu=\frac{\mathrm{SP}}{\mathrm{RRF}} \tag{1}$$

其中,RRF为风险比率因子,可根据风险分数与风险分级之间的关系换算出来;SP为评价所得的安全总分与最高安全分数值比。

(4)隧道运营环境等级划分。

5.1.3 土建结构评价

采用安全检查表分析法与故障假设分析法相结合。评价过程可以分为以下三步:建立合适的安全检查表;将实际现场测得的评价指标数据值与隧道建设期间的相关设计资料、标准作比较,完成分析;编制分析结果文件。故障假设分析法鼓励思考潜在的事故和可能导致的后果,可以弥补安全检查表编制时经验的不足,而检查表又可以使故障假设分析法更系统化。因此将两种方法相结合可以互相取长补短,最终得到更合理的评价结果。结论文件中要求列出土建结构中的不安全指标及相应的整改建议、隧道土建结构的安全等级等。

5.1.4 机电系统评价

公路隧道机电系统规模大而复杂,该系统的评价是一个典型的多因素、多层次问题。通过层次分析法为机电系统的评价建立评价指标体系并为各指标分配权重,最后结合模糊综合评价方法得出机电系统的安全等级。

5.1.5 运营管理评价

鉴于运营管理的七个评价指标多数属于定性指标,因此采用专家评议法对隧道运营管理中的不安全因素进行分析、评价。专家组评议的结论中要求包括运营管理中的不安全指标及相应的整改建议、隧道运营管理的安全等级。

5.2 综合评价

基于以上对隧道重要度、运营环境、土建结构、机电系统、运营管理五个专项的评价,公路隧道综合安全等级评价可分为以下四个步骤。

(1)运用德尔斐法为上述5个专项确定相对于隧道综合安全性能这一总体目标的权重$\varepsilon_i$。

(2)计算公路隧道综合安全分数$H$:

$$H=\sum_i(h_i\times\varepsilon_i) \tag{2}$$

式中,$\varepsilon_i$为第$i$个专项的权重;$h_i$为第$i$个专项的安全得分,$i$=1、2、3、4、5。

(3)研究、制订公路隧道安全等级评分标准。

(4)将隧道综合安全得分$H$与公路隧道安全等级评分标准对比,得出隧道的综合安全等级。

## 6 结语

近年来公路隧道安全问题日益严峻,而我国在隧道安全评价方面的研究尚处于起步阶段。本文从隧道重要度、运营环境、土建结构、机电设施、运营管理五个方面,提出了隧道安全评价的指标体系与方法。进行隧道的安全性评价，能够较有效地对运营中的隧道进行全方位的评估，找出隧道安全的薄弱环节，进而防范隧道危险及灾害的发生，提高隧道的运营安全性。

## 参 考 文 献

[1] 俞裕中. 公路隧道安全评估方法与应用——以雪山隧道为例[D]. 台湾：中央大学，2007.

[2] Kohl B, Botschek K, Hörhan R. Austrian Risk Analysis for Road Tunnels Development of a new Method for the Risk Assessment of Road Tunnels[A]. Tunnel Safety and Ventilation[C]. Graz: International Conference, 2006: 204-211.

[3] The Secretary of State for Transport. The Road Tunnel Safety Regulations 2007[Z]. 2007-05-22.

[4] 韩直. 公路网评价的指标体系与方法[J]. 公路交通技术，2000(1): 41-47.

[5] 张乃禄，刘灿. 安全评价技术[M]. 西安：西安电子科技大学出版社，2007.

# 高速公路路网应急预案体系的思考

李祖伟 马 非

( 重庆高速公路集团有限公司 重庆市 401120)

**摘 要:**高速公路全封闭、全立体交叉,具有行驶速度高、通行能力大等特点。我国高速公路路网的复杂性以及交通事件在空间上、时间上的随机性需要高速公路管理单位建立完善的、可操作性强的交通事件预案体系,以便快速有效地处置突发的交通事件,减轻交通事件造成的财产损失和人员伤亡,同时减轻交通事件对高速公路路网的影响。现阶段,我国高速公路各级主管部门、营运单位对高速公路应急事件的处理尚没有建立起一整套快速、有效的预案体系,已有的预案体系存在可操作性差,部门间、路段间、路网间信息不畅,应急处置不联动等问题。本文就建立高速公路路网预案体系过程中应注意的问题进行了深入的探讨,并对建立应急预案体系提出了建议。

**关键词:**高速公路 预案体系

## 1 引言

通过 20 多年来开放的市场化建设模式,我国高速公路实现了跨越式发展,取得了巨大的成就,现已建成高速公路 6.5 万 km,在建设取得巨大成就的同时,在管理方面也凸显了很多问题,由于投资主体多元化,运营管理相对独立,造成了监控系统信息标准不统一、信息不互通、应急响应不及时、处置措施不联动、资源利用率低、管理效能低下等一系统问题。虽然大多数路段针对交通应急事件制定了一些应急预案,但是这些预案不是建立在信息化平台的基础上、路段之间预案相互不衔接等原因,没有发挥其应有的作用。

2008 年初百年一遇的特大雪灾,造成京珠高速公路等"五纵七横"干线近 2 万 km 瘫痪,交通运输严重受阻,充分暴露了我国高速公路路网运行不畅、应急处置不联动等弊端,因此,建立一套行之有效的应急事件预案体系十分必要。

## 2 现今我国高速公路预案存在的问题

随着社会各界对高速公路安全运行的关注,大多数高速公路运营主体针对突发应急事件建立了应急预案,但是这些预案存在以下几个问题。

(1)投资主体多,管理相对独立

我国高速公路的建设走的是市场化道路,路网中投资主体众多,在运营管理上各自为政,相互之间信息不互通、资源不共享、措施不联动,存在"各扫门前雪"的现状,仅仅站在本路段的角度上,没有站在整个路网运行的高度上制定应急预案,而高速公路应急事件往往需要路网内各个运营主体共同参与才能有效处置。

(2)没有充分利用信息化平台

预案作用的有效发挥必须建立在信息快速获取、及时传输、高度共享的基础上。传统人工现场确认、电话通知的处理方式已不能适应现代应急事件处置的需要。像隧道火灾的处置,必须在 1min 内发现车辆着火并快速通知相关人员到达现场处置才能抑制火情的发展并控制火灾局势。现今的高速公路信息化平台技术水平参差不齐,应用水平不高,难以发挥其快速发现、及时发布的作用。

(3)应急资源不能发挥其最大作用

各高速公路运营主体都配置了处理应急事件的人员和设备,但这些救援资源仅限于本路段内使用,而不能实现路网内资源共享。要实现救援资源作用的最大化,必须做到应急资源就近调配,无论救援资源属于哪个运营主体。

## 3 制订高速公路预案的几点建议

### 3.1 可操作性

#### 3.1.1 在法律法规的框架内编制

高速公路预案必须在国家法律法规的框架内编制，其内容不能超越法律法规规定的范围，否则，预案可操作性的基础就不存在。

现阶段我国制订的各类应急预案中，与高速公路相关的有如下几个预案:《公路交通突发公共事件应急预案》、《国家自然灾害救助应急预案》、《国家防汛抗旱应急预案》、《国家地震应急预案》《国家突发地质灾害应急预案》、《国家处置电网大面积停电事件应急预案》、《国家突发公共卫生事件应急预案》、《重大气象灾害预警应急预案》以及各级政府机构制定的紧急事件应急法，如国务院 2007 年 8 月 30 公布的《中华人民共和国突发事件应对法》。

在制订高速公路预案时，在上一级预案的基础上进行编制才能做到与上一级预案的无缝连接。原则上，高速公路预案必须以《公路交通突发公共事件应急预案》为基础，路段级、区域级、省级高速编制的预案应该是《公路交通突发公共事件应急预案》的细化和补充。

#### 3.1.2 预案与高速公路的特点相结合

高速公路是线状结构物，全封闭、全立交、无横向干扰。高速公路上一旦发生交通事故，除立交外，没有入口可进，所以救援人员和车辆要想快速到达现场必须预先制订详细的交通组织方案，以免与事故无关的车辆进入出事区域，影响交通事件的处置[1]。

#### 3.1.3 对处置资源做详细的调查

在制订预案前必须对高速公路沿线进行详细的调查，对高速公路沿线的医院、消防、加油站、加气站、道路和其他服务机构、企业做充分的调查，在制订预案的过程中，把这些社会资源纳入救灾救援中去，与这些社会部门签订应急保障协议，高效、稳定地使用这些资源保障整个路网的畅通。

对运营单位内外的资源要做详细的调研，如:人员组成、电工电气装备，移动柴油发电机组、清障车、高空车、吊车、水车、移动视频车等。高速路网管理机构对这些资源进行统一编号、统一管理，在紧急情况下，各级管理机构均有权限调用这些资源。

### 3.2 相关部门之间的信息互动

高速公路交通事件的处理需要属地政府、运营公司各部门、执法机构、消防、医疗、气象、环境等部门的共同参与，救援信息必须在这些参与部门间畅通无阻，否则，将严重影响交通事件处置效率，在特殊情况下，小交通事件可能演变为特大交通事故，形成蝴蝶效应。2008 年初的南方大雪灾造成全区域高速公路路网的瘫痪一定程度上是信息不互动造成的，充分暴露了各处置主体信息不互动的弊端。

要达到相关部门之间的信息互动，还必须建立统一的信息化平台和有效的信息沟通机制。在我国高速公路发展之初，对于一段段分散独立建成的高速公路，各级管理部门实行的是“一路一公司”或说是“一路一管理主体”的管理方式，这在当时符合了高速公路不相连通的现实情况。但随着高速公路的不断建成和相互连通，这种管理方式分割路网、机构重复、低效运行的缺陷暴露出来。统一的高速公路信息化平台应该在国家层面上建立，平台使信息在各省之间、各运营公司之间、运营公司各业务部门之间、政府各职能部门之间畅通传递。

如今，各省基本上都建立了高速公路信息中心，但是建设时间跨度大，技术水平参差不齐，难以连成统一的平台。

### 3.3 管理体制与高速公路信息化的融合

要发挥高速公路预案体系的作用，必须将高速公路管理体制融入到信息化平台中，即信息化平台的建设充分考虑到管理体制的特点，管理体制尽可能地适应信息化平台。

各省基本上都建立了高速公路信息中心，各个路段大都有监控中心，但是建设时间跨度大，技术水平参差不齐，难以与高速公路管理体制相结合，信息中心往往成了摆设，无法成为提高管理水平的有力工具，在紧急情况下也发挥不了信息快速传递、信息资源共享等作用。

要做到信息化与管理体制要融合，以信息化提高交通事件的处理能力，必须在建立信息化平台时充分考虑到管理体制的特点，信息化平台要足够灵活，能最大限度地适应管理体制的变化。因此，信息化平台的建立必须统一规划，永临结合，结合实际，逐步实施，面向未来。

### 3.4 预案体系的分层和应急指挥体系

由于高速公路上交通事件的发生在空间上和时间上具有很强的随机性，所以，预案体系必须既“死板”，又“灵活”，能够根据交通事件发生的时间、地点、对路网交通的影响程度动态调整。

高速公路预案体系包含以下四个层次：现场预案、路段预案、区域预案、路网预案。预案体系中的四个层次为嵌套关系，在发生交通事件后，根据事故的影响程度启动不同层次的预案。其中，现场预案和路段预案为直接处理交通事件的预案，区域预案和路网预案着重点是区域和路网的交通组织和协调预案，最大限度地为处理交通事件创造条件。相应的，指挥体系也应该分四个层次，即路网应急指挥机构、区域应急指挥机构、路段应急指挥机构、现场应急指挥机构(见图1)。

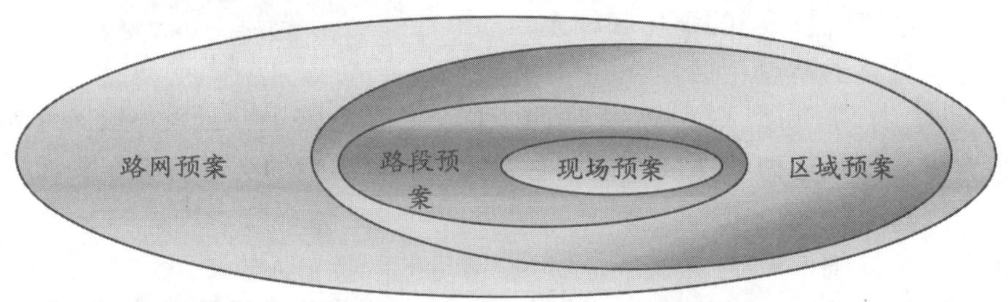


图1 预案体系

在交通事件的处置上，应坚持以现场应急指挥机构、路段应急指挥机构为主体，路网应急指挥机构、区域应急指挥机构起协调指挥作用为原则。在西部山区高速公路上，这个原则尤其重要，因为现场的指挥人员最了解交通事件的情况，区域级应急指挥机构和路网级指挥机构一般获得事件信息的途径不是很畅通，只能起到路段与路段之间、区域与区域之间协调指挥的作用。

## 4 结语

我国高速公路的里程已经居世界第二位，路网越来越复杂，交通事件和极端恶劣天气对路网的正常运行影响程度、范围越来越大。因此，非常有必要建立起针对高速公路路网的应急预案体系，最大限度地减轻交通事件以及极端恶劣天气对路网交通的影响。我国高速公路管理体制多样，信息化水平参差不齐以及以收益为主导的现实阻碍着高速公路预案体系的建立和实效的真正发挥。本文在第二部分给出了建立高速公路预案体系的建议，以期能够对建立操作性强、高效的预案体系有所裨益。

## 参考文献

[1] 张弛. 高速公路交通事故致因及预警[R]. 成都：西南交通大学.

# 浅析渝湘高速公路洪酉段港湾式停车带的设置

张乐华[1] 杨真子[2] 胡晓红[2]
(1. 重庆高速公路集团有限公司北方建设分公司 重庆 401121;
2. 重庆交通科研设计院 重庆 400067)

摘 要:本文以洪酉段为背景,阐述了港湾式紧急停车带设置的必要性,在此基础上,提出了港湾式停车带的绿化设置。

关键词:港湾式 停车带

## 1 工程概况

西部开发省际公路通道洪酉段由洪安(湘渝界)至上官桥段和上官桥至酉阳段组成,为双向四车道高速公路,设计速度80km/h,路基宽度24.5m。洪安(湘渝界)至上官桥段起点位于重庆市与湖南省交界的秀山县洪安镇花垣河,接湖南省境内的重庆至长沙公路吉首至茶洞段,经雅江、官庄、玉屏,止于秀山县溪口乡上官桥,与重庆至长沙公路上官桥至酉阳段相接,路线全长45.436km;上官桥至酉阳段起点位于秀山县溪口乡上官桥,接重庆至长沙公路洪安(湘渝界)至上官桥段,经溪口、江丰、板溪,止于酉阳县钟多镇钟南村,与重庆至长沙公路酉阳至大涵段相接,路线全长31.95km。

## 2 港湾式紧急停车带设置的必要性

随着我国高速公路通车里程的不断增加,高速公路在人们的日常生活中起到越来越重要的作用。由于高速公路上行车速度较快,一旦发生交通安全事故往往伤亡较为严重。统计资料显示,高速公路上大量的重、特大伤亡事故是由行驶中的车辆与发生故障后停放在紧急停车带的车辆追尾所致。究其原因,一方面是驾驶员违章驾驶和发生故障后不按规定停放车辆另一方面就是由于紧急停车带宽度相对过窄。所以在《公路工程技术标准》(JTG B01—2003)中规定:高速公路和一级公路,当右侧硬路肩的宽度小于2.5m时,应设应急停车带。应急停车带宽度应为3.5m,有效长度不应小于30m,间距不宜大于500m。因此,在高速公路设计新理念当中,港湾式紧急停车带被纳入其中。港湾式紧急停车带的设置充分体现了“以人为本”的设计理念。

## 3 洪酉路港湾式紧急停车带设置

洪酉高速公路是典型的山区高速公路,桥隧比例达到40.61%,高边坡多达35处,加之有7处立交,因此港湾式紧急停车带的设置受到较大的限制,全线共设置17处港湾式紧急停车带(其中左侧9处,右侧8处)。洪酉高速公路位于风景优美的秀山和酉阳境内,公路沿线风景优美,在港湾式紧急停车带的设置过程中除了考虑安全因素之外,把沿线风景纳入设计过程中是洪酉路港湾式紧急停车带设置的最大亮点。在洪酉高速公路上行驶,你可以尽情享受洪酉路公路建设者为大家精心挑选的优美风景。

由于港湾式紧急停车带在路线设计规范中没有明确规定,因此在设计过程中主要是参照了《高速公路设计新理念》和已有的成功经验。在设计车速120km/h时,加宽渐变段50m是合适的,而30m时就明显不足,容易发生追尾和其他交通安全事故。由于洪酉路设计车速为80km/h,加宽渐变段采用40m是合适的,但需要设置明显的交通安全标志,以便驾驶员及时辨认。

## 4 洪酉路港湾式紧急停车带的环境绿化

港湾式紧急停车带是公路人性化设计的体现,也是因地制宜,将公路融入环境的体现。结合高速公路周边环境,利用弃土场或路侧宽敞场地设置观景台和停车区,为人们提供停车休憩、观景的场地,从而提高公路的行车舒适性。停车区、观景台的景观设计以场地环境特征为基础,从平面上灵活布置,以满足停车休息和观景的功能要求。

观景台一般由停车区、休憩区、观景区三部分组成,功能分区明确,布局合理,并设置信息牌,为用路者提供一定的有关高速公路、地方文化历史、风景名胜的介绍,使观景台成为传达人文历史的窗口。停车区相对观景台面积较窄,功能更简单,仅作为停车休息用。如洪酉路起点段,作为渝湘路重庆的门户,适当对路侧加宽,设置观景台,其中立有巴渝特色标志的交界碑,起到进入重庆境的标志作用,用路者可以停车小憩、拍照留影、远眺远山和村落;在葡萄隧道进口约 2km 处,地势较高,群山连绵,利用左侧较宽处设置观景台,成为展示酉阳地区自然景观的绝佳之地;在一定段落加宽车道设置停车港,作为驾驶员小憩、减乏的场所,体现公路的人文关怀。

在绿化上,以突出主次、节约造价为原则,采取简洁明快的设计手法和乔灌木搭配的自然式配置方式,力求打造出一个疏密有致、视野开阔的停车观景环境。另外,根据各处停车区及观景台的环境特征,进行主题设计,形成具有特色的节点景观,如选择色彩鲜明的季节性植物,或骨干树种成片、成带种植以形成气势来突出景观主题。

## 5 结语

相信港湾式紧急停车带一定会成为洪酉路上的一个亮点,它不仅供紧急停车之用,还是广大旅行者休息和欣赏大自然美景的绝佳地方。

# 渝湘高速洪酉段路堑边坡绿化防护试验研究

何 群 胡晓红 李福伦

（重庆高速公路集团有限公司北方分公司 重庆 401121）

**摘 要**：随着物质文化生活水平的不断提高，高速公路的环境建设越来越受到重视，更加环保、美观的生态绿化方式逐步代替了工程圬工防护，从而弥补了大量开挖山体，以免造成植被破坏与水土流失。毋庸置疑，边坡防护绿化是改善行车环境，使人与自然和谐共存的重要生态措施。本文结合渝湘高速洪酉段路堑边坡防护工程试验及实例，介绍了乔、灌、草有机结合的生态护坡技术，阐述了该技术的施工方法和质量保证措施，并对其试验效果进行分析，找到了更加切合实际的生态护坡施工方法，使生态防护能够在前期有效起到坡面防护作用，并且逐步形成相对稳定的生态植物群落，恢复生态环境与景观效果，具有现实推广价值。

**关键词**：高速公路 生态防护 景观 路堑边坡

## 1 引言

随着高速公路建设的飞跃发展，为了更好的恢复和美化高速公路路域环境，打造与环境友好的可持续性发展公路，生态绿化方式逐步代替了工程圬工防护处理。生态防护绿化不仅恢复了开挖山体造成的植被破坏，也有效起到防止水土流失的作用。高速公路绿化的目的，除美化环境外，更重要的是创造景观价值，恢复区域生态，防止水土流失，使公路环境达到可持续发展。边坡作为公路开挖留下的产物，其防护绿化越来越受到重视。公路建设势必会对周围环境造成破坏，如山体开挖，植被破坏，水土流失等，但要在科学发展与建设的前提下达到人与自然的统一，更好的让公路与环境协调，就需要运用新的科学发展观研究新技术，让公路与环境和谐发展。

近年来，在恢复路域生态的技术上，特别是在高速路建设中积累了丰富经验，采取了如有机基材喷播绿化、挂CF网喷播基材绿化、框架梁码砌土袋绿化等防护措施，成为目前边坡封闭绿化技术的主流。渝湘高速洪酉段边坡防护根据边坡特征采取了以上几种防护措施，为了达到更好的防护和生态景观效果，在边坡防护工程大规模实施前，通过做少量试验坡的方式，以寻求更切合实际、行之有效的施工方法和工序，以便指导全线边坡防护工程施工。

## 2 试验实施要点

### 2.1 试验边坡情况

试验边坡地处秀山县官庄，属洪安至上官桥段H8标一左侧路堑边坡，桩号为K31＋570～K32＋100，坡面朝东，坡面面积1 500$m^2$，坡比为1∶1，土壤成弱酸性，局部有渗水，该边坡土质上层为黏土层，中间夹杂大量鹅卵石。该边坡防护措施为CF网喷播结合乔、灌木种植绿化。

在开始运用植物品种试验前，先运用目前主流的CF网固坡技术，对坡面进行初步的固定，对坡面渗水以及坡顶来水进行引、排处理，达到一个理想的试验环境。

### 2.2 边坡营养基质量的建立

试验边坡通过土壤，页岩粉与肥料、油饼、有机质、保水剂、粘接剂等按一定比例混合形成植物生长基质。混合时要注意如下原则。

（1）植被生长所需的合理物理结构。

(2)自身具有一定的稳定性,可抵抗雨水侵蚀。

(3)具有很好的保水、吸水能力,提供保障植被生长所需的水分及养分。

(4)基质的强度、内力能够封闭坡面,与植被共同作用,防止坡面的风化剥落。

(5)土壤、页岩粉的颗粒要细,直径小于3mm。

## 3 植物品种选择

植物的选择要根据当地气候环境,结合当地乡土树种,并能适应高速路边坡贫瘠恶劣的自然环境,以及能迅速见效,美化绿化路堑边坡。经实地考察,栾树、苦楝、刺槐、黄花槐、决明适宜在武陵山区边坡岩层生长,所以在试验坡上选择上述植物品种。选择的原则是适地适树、乔灌结合、常绿与落叶、开花结合。由于秀山地处偏远、交通不便,因此,在当地采取租地育苗的方式保证植物来源。

### 3.1 乔木品种选择

根据对当地植被的调查,试验选择的乔木为栾树、刺槐、苦楝,其生态习性如下:

栾树,速生落叶乔木,耐碱耐旱,抗风力强,为温带,亚热带树种;喜温暖湿润气候,喜生长于石灰岩土壤,对风,粉尘污染,二氧化硫,臭氧均有较强的抗性;枝叶有杀菌功能,花为优质的蜜源,并可提取黄色燃料,花期在7~8月,果熟期10月,果实为蒴果,成熟时为橘红色或红褐色,景观效果较好。根据本工程现状,采用播种法繁殖。

刺槐,速生落叶乔木,耐碱耐旱耐瘠薄,耐严寒也耐高温,不耐涝,对土壤适应性强,抗烟尘,防风固沙性强;极喜光,在湿热气候下生长不良;浅根性,侧根发达,多分布在表土层中,旱水湿和风口处易被吹倒和折断。根据本工程现状,采用播种法繁殖,刺槐实生苗3~5年生开始开花结实,花期5月,果熟期11月。果实为荚果,条状,成熟时赤褐色,质硬,宿存枝梢。

苦楝,速生落叶乔木,强阳性树种,耐碱耐旱,耐严寒又耐高温,抗风力强,喜温暖湿润气候,对土壤适应性强,在酸性土、中性土、钙质土、石灰岩山地及含盐量在0.35%以下的盐碱土地方均能生长;耐瘠薄,耐烟尘,生长适温为22~30℃。根据本工程现状,采用播种繁殖方法。苦楝花期4~5月,果熟期10~11月。核果近球形,果熟时呈黄色,宿存枝头,经冬不凋。

### 3.2 灌木品种选择

根据对当地植被的调查,试验选择的灌木为决明、刺槐、苦楝,其生态习性如下:

决明,半常绿灌木,喜高温、湿润气候。阳性树种,喜光,稍能耐阴,生长快,较耐寒,耐瘠薄,耐修剪,抗干旱能力强,花期长;种子播后出苗快,当年播种苗当年开花结果;耐干旱,耐酸碱、贫瘠的土地,土壤pH值在5~9的条件下均能生长良好,对水肥无特殊要求;根系发达,保土蓄水能力强,可防止水土流失,遏止植被破坏;耐寒,-10℃左右无冻害,抗病害能力强,几乎无病虫害;生长量大,生长势强,当年播种苗树干直径可达2~2.5cm,冠幅1~1.5m。根据本工程现状,采用播种法繁殖。种子不必进行砂储即能正常出苗,播前用水浸种一昼夜出苗快;12月份批采收成熟种子,放置于室内通风处干藏;3月上旬播种,播前浸种1天,撒播或条播均可,约1周发芽出苗;当植株高15~30cm时分别打顶,促进侧枝生长。

黄花槐,喜光,稍能耐阴,生长快,宜在疏松、排水良好的土壤中生长,肥沃土壤中开花旺盛;耐修剪,栽培土质以排水良好壤土或砂质壤土为最佳,阳光需充足。

### 3.3 草种的选择

试验坡选择的草种有高羊茅、黑麦草、狗芽根。草种选择的原则是适合当地气候,根系发达、生命力强、能在短期内覆盖坡面,为由草本植物群落(先锋植被)向草灌混生植被(进化植被),再向花、草、灌、乔多样性混生群落(稳定的护坡植物)的合理生态演变打基础。

## 4 试验结果

在喷播前,乔、灌、草种子的比例尤其重要,试验采用每种小乔木和灌木种子按照15cm×15cm的间距按千粒重计算每平方的喷播量为44～50粒。比例分别为：

(1)乔木：栾树1g/$m^2$、刺槐1g/$m^2$、苦楝7g/$m^2$。

(2)灌木：南天竹1～1.2g/$m^2$、紫穗槐1g/$m^2$、决明1g/$m^2$、黄花槐1～1.2g/$m^2$。

(3)草花：虞美人1g/400$m^2$。

(4)先锋草本：高羊茅4～5g/$m^2$、狗牙根4g/$m^2$、黑麦草5g/$m^2$。

在大的比例范围内，还可对植物品种进行局部调整，并指定了7个方案来进行试验观察，找出品种、配比能达到最佳效果的一组，每种方案室外发芽试验以5$m^2$为一组实施。各方案选用植物品种见表1。

各方案选用植物品种　　表1

| 项　目 | 植物名称 | 项　目 | 植物名称 |
|---|---|---|---|
| 方案一 | 刺槐、紫穗槐、决明、狗牙根、苦楝 | 方案五 | 黄花槐、决明、栾树、黑麦草 |
| 方案二 | 刺槐、决明、南天竹、栾树、高羊茅 | 方案六 | 刺槐、决明、高羊茅、南天竹、苦楝 |
| 方案三 | 黄花槐、紫穗槐、黑麦草、栾树 | 方案七 | 刺槐、决明、高羊茅、黄花槐、苦楝 |
| 方案四 | 黄花槐、决明、南天竹、苦楝、狗牙根 | | |

经过几个月的生长，在这7组方案试验中，方案一效果达到最佳，绿化覆盖率最高，在以后的工作中，应该大力推广。

通过本次试验，可以看出将乔、灌、草有机结合的生态护坡技术对坡面的防护效果很好，坡面无垮塌现象，并且该试验坡也形成了较为稳定的多样性混生植物群落(乔木层：苦楝、栾树、刺槐；灌木层：黄花槐、决明；地被层：草本植物)，形成了四季景观，增加了空间层次感。

## 5 结语

试验证明，将乔、灌、草有机结合的生态护坡技术兼顾了坡面防护与生态环境恢复两方面的功效，适应性强。从坡面防护来讲，有效利用植物根系，对边坡表层进行防护、加固，使之满足对边坡表层稳定的要求；从生态恢复来讲，该技术恢复了破坏的自然环境，加快了由草本植物群落(先锋植被)向草灌混生植被(进化植被)，再向花、草、灌、乔多样性混生群落(稳定的护坡植物)的合理生态环境的演变，同时也证明了所选择的乔、灌木品种非常适宜秀山地区边坡栽植，且长势很好。

## 参考文献

[1] 陈俊瑜，程绪珂. 中国花经[M]. 上海：上海文化出版社，1999(1)：33.

[2] 王祥荣. 生态园林与城市环境保护[J]. 中国园林，1998(3)：14-16[3].

[3] 赵世伟. 植物配置与栽培应用大全[M]. 北京：中国农业科技出版社，2000(7)：54.

[4] 陈自新，苏雪痕. 北京城市园林绿化生态效益的研究[J]. 中国园林，1998(5)：46-48.

# 公路安全性评价指南中的运行速度模型问题

马 璐[1,2] 吴万佳[2] 田 登[3]

(1.招商局重庆交通科研设计院有限公司 重庆 400067;
2.重庆高速公路集团有限公司南方建设分公司 重庆 401121;
3.重庆交通大学 重庆 400074)

**摘 要:**目前,我国公路安全性评价的主要依据为2004年发布的《公路项目安全性评价指南》,其中,运行速度是进行公路安全性评价的重要指标。笔者在对武水路和其他的一些高速公路进行安全性评价工作的过程中,发现了《公路项目安全性评价指南》中运行速度模型的一些问题,并针对这些问题提出了初步解决思路。

**关键词:**安全评价 公路 运行速度

## 1 引言

设计车速的概念于20世纪30年代提出。在汽车制造业快速发展的近40年中,随着汽车尺寸的加大、功率的提高,汽车的实际行驶速度与"设计车速"有了很大差别。事故率和破坏严重性的相应增加暴露了"设计车速"的固有缺陷,如:现行标准不一致;设计要素之间不相容;设计车速与运行车速之间存在差别等。因此,越来越多的西方国家考虑并实行运行速度设计法。我国亦在2004年颁布实施的《公路项目安全性评价指南》(以下简称《指南》)中提出运行速度的概念,并给出运行速度的计算方法及运行速度协调性的评价标准。运行速度是指当交通处于自由流状态且天气良好时,在路段特征点上测定的第85个百分位上的车速。运行速度协调性是评价线形设计一致性的指标,采用相邻单元路段间运行速度的变化值进行评价。

在新建公路项目的设计阶段是无法以观测的方法得到运行速度的,而是推算路段运行速度,进而以此为基础,对所设计公路的各项技术指标进行评价。

《指南》中介绍了两种计算运行速度的方法:依据数学模型进行速度预测(简称"模型法");依据图表所示读取路段运行速度(简称"图表法")。具体方法及规定参见《指南》附录B。

"模型法"是交通部公路科学研究所《运行速度设计方法与标准》的研究成果,而"图表法"是按照《指南》研究成果修正后的澳大利亚计算方法,因此,为贴近我国交通现状,安全性评价指南一般采用"模型法"。

## 2 武水路运行速度的计算

根据《指南》中路段的划分方法,武水路全线共被划分为30个分析单元,见表1。

**武水路运行速度计算路段划分一览表** 表1

| 合 同 段 | 路 段 类 型 | 起 点 桩 号 | 终 点 桩 号 |
|---|---|---|---|
| B1 | 直线(桥梁、立交) | K6+175.179 | K7+655.179 |
| B2-1 | 直线(隧道) | K7+655.179 | K10+500 |
| B2-2 | 直线(隧道) | K10+500 | K12+954.4 |
| B3 | 直线(桥梁) | K12+954.4 | K13+496.0 |
| B4 | 直线(隧道) | K13+496.0 | K17+650.693 |
| B5 | 直线(隧道) | K17+650.693 | K20+842.93 |
| B6、B7 | 直线(隧道) | K20+842.93 | K27+835.0 |

续上表

| 合同段 | 路段类型 | 起点桩号 | 终点桩号 |
|---|---|---|---|
| B8 | 直线(隧道) | K27+835.0 | K30+950 |
| B9 | 直线(立交) | K30+950 | K31+212 |
| | 曲线 | K31+212 | K31+779 |
| | 直线(立交) | K31+779 | K33+720 |
| | 曲线 | K33+720 | K34+860 |
| B10 | 直线 | K34+860 | K37+000 |
| | 弯坡 | K37+000 | K37+840 |
| | 纵坡 | K37+840 | K38+352.71 |
| B11 | 纵坡(隧道) | K38+352.71 | K39+970 |
| | 弯坡 | K39+970 | K40+502 |
| | 纵坡 | K40+502 | K40+800 |
| | 直线 | K40+800 | K41+093.956 |
| | 弯坡 | K41+093.956 | K41+571 |
| | 纵坡 | K41+571 | K42+108 |
| B12 | 直线 | K42+108 | K42+612 |
| B13 | 直线(隧道) | K42+612 | K49+400 |
| | 纵坡(隧道) | K49+400 | K50+400 |
| B14 | 直线 | K50+400 | K51+350 |
| | 直线 | K51+350 | K55+050 |
| | 曲线 | K55+050 | K55+772.433 |
| B15 | 直线 | K55+772.433 | K57+950 |
| | 纵坡 | K57+950 | K58+930 |
| | 直线 | K58+930 | K61+027.749 |

按照《指南》中的运行速度计算模型对武水路全线进行了双向运行速度测算。计算结果见图1及图2。

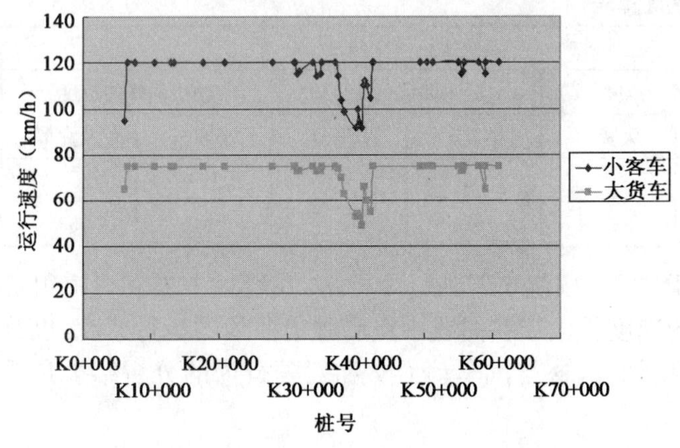

图1 武水路主线右侧运行速度预测图

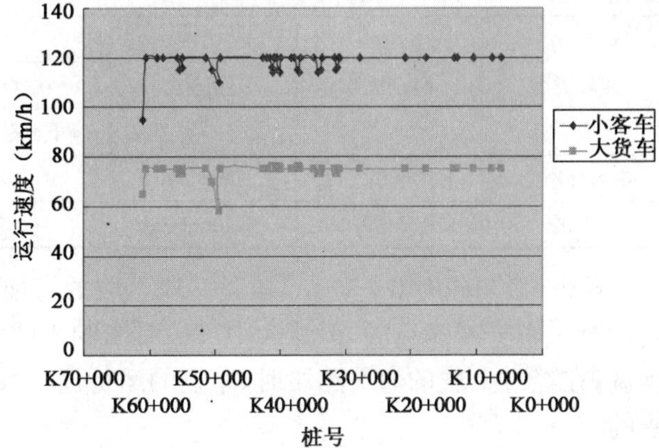

图2 武水路主线左侧运行速度预测图

## 3 问题的提出

在运行速度计算中发现了如下问题。

(1)直线段的加速度取值

平直路段上《指南》推荐加速度值如表 2 所示,而四种普通民用车型的官方测试数据见表 3。

平直路段上推荐加速度值 表 2

| 车　型 | 小 客 车 | 大 货 车 |
|---|---|---|
| 推荐加速度值($m/s^2$) | 0.15～0.50 | 020～0.25 |

车辆加速时间表 表 3

| 速度(km/h) | 车型 1(s) | 车型 2(s) | 车型 3(s) | 车型 4(s) |
|---|---|---|---|---|
| 0～60 | 5.2 | 5.4 | 5.1 | 6.1 |
| 0～80 | 8.2 | 8.5 | 7.8 | 9.8 |
| 0～100 | 11.8 | 11.9 | 10.9 | 13.5 |
| 0～120 | 16.7 | 16.8 | 14.7 | 19.4 |

以加速性能最低的车型 4 为例进行计算,得到表 4 的结果,车型 4 的加速度变化见图 3。

加 速 度 计 算 表 表 4

| 速度(km/h) | 加速度($m/s^2$) | 速度(km/h) | 加速度($m/s^2$) |
|---|---|---|---|
| 0～60 | 2.73 | 0～120 | 1.72 |
| 0～80 | 2.27 | 80～100 | 1.16 |
| 0～100 | 2.06 | 100～120 | 0.94 |

从表 4 可以看出,随着车速的提高,汽车加速度迅速衰减,但即使在 100～120km/h 的加速中,其加速度也达到了 $0.94m/s^2$。虽然此值为该车型极限值,但也大幅度高于指南中推荐的上限值 $0.50m/s^2$。

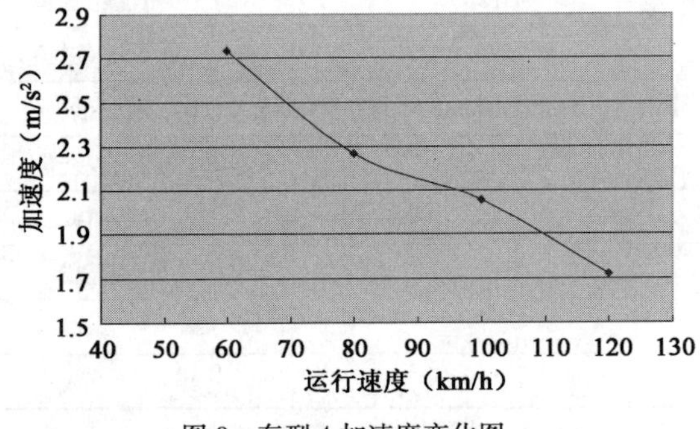

图 3 车型 4 加速度变化图

加速度估计偏小导致的后果就是对小汽车的加速性能估计不足,一些存在安全隐患的路段被忽视。

(2)弯坡路段的运行速度计算问题

在计算武水路弯坡路段的运行速度的过程中,存在一些矛盾的现象,结果如表 5 所示。

运行速度计算表 表 5

| 路段类型 | 起点桩号 | 终点桩号 | 平曲线运行速度(km/h) | | | | | |
|---|---|---|---|---|---|---|---|---|
| | | | 中点的运行速度 | | 驶入曲线的速度 | | 驶出曲线的速度 | |
| | | | 小客车 | 大货车 | 小客车 | 大货车 | 小客车 | 大货车 |
| 纵坡(隧道) | K38+352.71 | K39+970 | | | 99 | 63 | | |
| 弯坡 | K39+970 | K40+502 | 100 | 54 | 92 | 53 | 94 | 53 |

K39+970～K40+502 路段是一段上坡的弯坡组合路段,按汽车驾驶行为可得,在经过上坡和弯道组合路段时汽车会减速行驶,但从表中可以看出驶入曲线的速度均大于在曲线中点和驶出曲线的运行速度,也就是说,在经过上坡的弯坡路段时,车辆的运行速度反而增加了,这与汽车动力学和驾驶行为的分析结果是矛盾的。

## 4 解决思路

从以上分析可以看出"模型法"存在一定的缺陷,应该对其修正以满足实际运行速度状况的要求,初步提出以下的解决思路。

(1)充分调查现有车辆的性能情况,并通过实地调查确认车辆加速度的取值。

(2)对新建通车的高速公路运行速度进行大量调查分析,对模型进行进一步的修正。

## 参考文献

[1] 中华人民共和国行业标准. JTG/T B05—2004 公路项目安全性评价指南[S]. 北京:人民交通出版社,2004.

[2] 唐云,吴林. 运行速度的试算及探讨[J]. 公路,2005,7.

# 山区高速公路机电工程施工过程中的成本控制

曾玥琳[1] 张乐乐[2]

(1.重庆市华驰交通科技有限公司 重庆 400060;
2.重庆科技学院 机械与动力工程学院 重庆 401331)

**摘 要**:本文阐述了我国高速公路机电工程造价确定的程序,分析了山区高速公路工程造价的特点以及在施工过程中造价管理存在的问题。根据武水高速公路实际施工情况,提出了加强山区高速公路机电工程造价控制和管理的若干建议,对促进高速公路机电工程施工过程中的成本控制有一定的借鉴意义。

**关键词**:机电工程 成本控制

## 1 引言

随着我国社会经济和公路建设的快速发展,高速公路建设机电工程项目与维护工程项目日益增多。机电工程在高速公路总造价中所占的比例虽不大,但其地位却十分重要,是发挥高速公路经济效益、保障行驶安全必不可少的配套设施,是高速公路现代化、智能化的标志之一。高速公路机电工程主要包括交通监控、收费、通信、照明等四大系统,有些路段还包括隧道监控系统。由于高速公路机电工程所占投资相对比例较小,通常为总投资的1%～2%,而且公路系统内部缺少熟悉机电工程的专业人才,因此,机电工程造价的管理工作一直没有得到足够的重视,导致机电工程造价水平偏高。

本文通过对机电工程造价确定的程序、施工过程中的特点进行分析,提出对高速公路机电工程造价控制的一些思路。

## 2 机电工程造价确定的程序

(1)预可和工可阶段

本阶段提出机电工程的投资估算。通常机电工程不提供单独的研究报告,而是综合在主报告中一起阐述。承担编制高速公路可行性研究主报告的单位均为公路勘察设计单位,往往缺少专门的机电工程设计人员,更缺少熟悉机电工程造价业务的造价人员。在本阶段机电工程造价确定中,通常是参考类似项目机电工程概算,按每公里多少钱的形式确定。

(2)初步设计阶段

本阶段提出机电工程的设计概算。通常委托有机电工程专业资质的单位,根据主体工程设计单位提供的有关设计资料包括路线走向、互通、服务区、监控中心、收费站的设置等资料,进行机电工程专业设计,并编制设计概算。

(3)修编初步设计阶段

由于机电工程从国家批复初步设计到开始实施机电工程建设通常有3年或更长的时间差(一般在完成路面工程施工以后进行),而机电工程属于高技术产业,其更新周期非常快,3年以后,原设计的设备指标已远远落后于市场上的产品,因此,必须在机电工程实施招标前进行修编初步设计,编制修编概算。也可以说,原初步设计仅是为项目初步设计审批服务,修编初步设计才是实际的机电工程设计方案。

(4)招投标阶段

业主委托咨询单位根据修编初步设计概算编制招标文件。投标单位应根据招标文件确定的总体设计方案和性能指标,自己提出满足要求的设备配置方案,并以此为基础进行投标报价。业主设有标底的,标底编制人员应提出自己的配置方案,并编制标底,标底应控制在概算造价以内。

(5)联合设计阶段

通过招投标选择施工单位以后,施工单位应会同设计单位进行联合设计,具体为施工单位提交施工图设计,由设计单位审查,在保证施工图设计满足初步设计各项要求的基础上予以认可。

(6)结算和竣工阶段

根据签订的合同和工程量计量结果进行计量支付,完成工程结算。工程竣工以后,编制相应竣工决算。

## 3 山区高速公路机电工程造价的特点

(1)隧道机电工程每公里造价远大于路段机电工程,且在隧道工程整体造价中所占比例较大。

(2)隧道机电工程造价基本平稳,整体变化不大。

(3)随着重庆市高速公路建设向山区延伸,隧道将进一步增多,隧道机电工程的工程量也会随之加大。

(4)公路隧道属于特殊地下管状构造物,空间环境狭窄、行车条件较差,存在着极大的事故隐患。目前重庆市高速公路隧道机电设施已设置得比较齐全,但据日常观察和统计数据表明,隧道仍属事故多发地段,机电设施还有待进一步加强。由于通风、照明设施是耗能较大的电器设备,其日常运营费用也是一笔不小的开支,这就造成一些隧道的机电设备装而不用。所以,目前隧道机电设施配置还处于两难的局面。

(5)与平原省份相比,重庆市隧道机电工程造价较高。由于交通流量的差别,一些省份高速公路隧道仅设置简单的通风、照明、供配电设施。如山西省一些高速公路的隧道,除了照明设施之外基本上没有其他的机电设施,因此其造价较低。

## 4 机电工程施工过程中造价管理存在的问题

(1)机电工程造价构成中,材料和设备购置费所占比例很大,通常在80%左右。

(2)初步设计编制时间与机电工程实施期有3年左右的时间差,机电工程设备和材料作为电子产品,价格波动较大,如CO/VI检测器,目前单价仅相当于几年前的50%左右。

(3)投标中产品品牌的选择有较大的弹性。同等性能机电工程设备由于品牌不同,价格差异很大。初步设计通常选用进口品牌,而在实施中,部分国产品牌同样可达到目的,导致造价大幅度下降。标底编制中,业主倾向于采用在施工地区有业绩、且质量口碑不错的产品,投标商则需根据投标办法来选择品牌。

(4)特殊产品价格的合理确定。如电缆,现在国内大型的电缆生产厂商在电缆的订货流程一般是施工单位中标后,可以结合投标报价和期货市场的铜价来综合确定,由于期货市场的铜价是不断变化的,这样就存在价格的不确定性,何时下单,何时锁定铜价,会直接影响到工程的利润。

(5)机电工程设备属于高科技产品,往往带有技术垄断的性质,随之也带来了高额利润,其产品供应商的市场报价一般都有很大的折扣。如以太网交换机等设备,实际合同价通常为市场报价的40%～50%。设计单位在编制设计概算时通常按市场报价计算,导致造价水平偏高。

(6)机电工程设备更新周期快,降价也很快。如计算机等产品,其降价周期通常在2个月左右。投标单位在进行投标报价时,可以充分利用这一特点,考虑一定时期后的降价因素,提出有竞争力的报价,而作为标底编制单位,则难以采取相应措施,导致标底偏高。

(7)概算设备调试费是按照国家或行业相关定额计算的,但这些定额大都是20世纪90年代编制的。随着施工技术水平和企业管理水平的提高,目前实际设备调试费通常为设备购置费的10%～15%,低于定额反映的造价水平,导致初步设计概算水平偏高。

(8)缺少对机电工程进行造价管理的专业人员。

## 5 成本控制的措施

西部开发省际公路通道重庆至长沙公路武隆至水江段高速公路,是国家重点干线公路宁波至樟木公路的重要组成部分,是重庆市“二环八射”主骨架公路网中重要的射线之一,是连接我国西南、中南、东南地区的重要横向经济干线。重庆至长沙公路武隆至水江段高速公路隧道群现场监控设施按 A 级设置，包括完善的监测设备、报警设备、控制和诱导设备。水武路全线，包括整个常规路段的所有武隆、黄草岭、大湾、羊角、白马、长坝、白云隧道的监控业务，其中武隆、黄草岭、大湾、羊角、白马、长坝、白云隧道由武隆隧道临时监控管理站统一集中管理。水武路全路监控业务的直接上级管理机构为中西部监控中心(重庆市监控总中心)。本项目全长为 54.981km。设计时速 80km/h。全线共有 7 座隧道。

在武水高速公路施工过程中，主要从以下几个方面进行了成本控制。

(1)选择国产设备

目前我国交通信息产业发展势头良好，机电工程所需设备(包括主要材料)的绝大部分已经实现了国产化，而且各项性能指标和国外同类产品相比也毫不逊色，其价格则普遍低于国外同类产品。采用国产设备不仅可以满足机电工程的实际使用需要，还可以大幅度降低造价，同时还支持了国内民族信息产业的发展，一举数得。

在武水高速公路中，需要用到三层以太网交换机(LS-3600-28P-EI)5 台，三层以太网交换机(LS-3600-28P-EI)12 台，市场上的供应商主要有中兴、华为、华三、齐普生、D-Link、华远，在满足实际使用需要的原则(配置 2 个 100M 多模光纤口，10/100MRJ45 口≥24 个/48 个；含网管)下，选择了性价比较为实惠的华三公司生产的三层以太网交换机。

(2)合理确定机电工程设备档次

部分业主往往要求机电工程设计要 5 年内领先，10 年内不落后，迫使设计单位选择档次高的设计，并据此计价，引起造价增加。而实际上，由于机电工程设备作为电子产品有其特殊性，即使选择了当时的高档设备，也无法保证 10 年内不落后。因此，在机电工程设备档次的确定上，应选择当时的主流产品(注重设备的可兼容性)，而不能一味追求高档。

在武水高速公路中，亮度检测器型号为 REGAL 公司生产的 REGAL LUX CS201 检测仪，COVI、风速风向监测器为英国 CODEL 公司的产品，而另一个标段的上述 3 种产品均采用 CODEL 公司的产品，为了便于全线设备的统一管理和维护，在与业主、监理协调后，将亮度检测器改为英国 CODEL 公司的隧道亮度计(洞外)型号：LU—100；隧道照度计(洞内)型号：LU—201。

(3)在联合设计阶段通过核对招标图纸和两阶段施工图，来分析工程量的增减情况

在武水高速公路中，根据招标图纸和两阶段施工图，招标清单中武隆隧道洞口 3 个悬臂式情报板是武隆立交两侧和匝道情报板，划入路线监控系统实施，所以本标段取消该工程量；招标清单中羊角隧道接地扁钢为 135 000m，实际用量只有 13 500m，取消 121 500m 接地扁钢工程量。按照接地扁钢 55 元/m 计算，可节省工程造价 55×121 500=6 682 500 元。

经复核施工图纸、工程量清单和技术规范，只有黄草岭隧道长沙端和羊角隧道重庆端有通信站，通信站里用到视频编码器和硬盘录像机，而四路 KVM 切换器用于四台盘录像机的切换，两路码控制合成器用于解决隧道口一体化球机远程控制和现场站控制的总线冲突问题，因此，取消武隆隧道四路 KVM 切换器 1 台，2 号和 3 号通信站规格调整为八路 KVM 切换器；取消武隆隧道两路码控制合成器 1 台，2 号通信站应设置 2 台，3 号通信站应设置 3 台。

招标工程量清单中信号电缆 HYAT-5×2×0.7 和音频避雷器招标图纸中没有明确用在哪一种监控设备上，故取消该工程量。

(4)加强对机电工程造价专业人员的培养

机电工程造价管理对于公路行业而言是一个全新的课题，由于行业的特点，公路行业内部机电工程专业的人才极少，造价人员就更少。建议适当引进机电工程造价专业人员，纳入公路造价工程师的管理范围，并在公路造价工程师培训教材中增加机电工程造价方面的知识，并将其纳入公路造价工程师考试范围内，通过培训和考试，帮助公路造价管理人员尽快掌握机电工程造价管理的有关知识。同时，严格造价人员资格管理制度，对因自身原因导致造价失真的，给予降低直至吊销资质等相应处分。

武水高速公路的业主南方公司，在施工前期，对各施工单位负责计量和变更的人员进行了技术培训，并

在施工过程中，针对实际情况，及时组织专题培训。这样加强了施工单位与业主的沟通，同时也提高了计量和变更的准确性。

## 6 结语

通过实例分析，进一步说明了山区高速公路机电工程在施工过程中的成本控制的可行性和有效性，对施工单位在高速公路机电工程的实际施工中具有较大的实用价值。

## 参考文献


[1] 郎禄平，郎娟．电气安装工程造价[J]．北京：机械工业出版社，2009．

[2] 赵忠杰．公路隧道机电工程[J]．北京：人民交通出版社，2007．

[3] 唐菁菁．建筑工程施工项目成本管理[J]．北京：机械工业出版社，2009．

[4] 中华人民共和国行业标准．JTG F80/2—2004 公路工程质量检验评定标准(第二册机电工程)[S]．北京：人民交通出版社，2004．

[5] 张宝岭，高树林．施工项目成本管理与控制[J]．北京：机械工业出版社，2009．

# 高速公路基础服务设施功能开发研究

刘 影[1] 李木子[2] 陈 锋[1]

(1 重庆交通大学 管理学院 重庆 400074;

2. 中交第一公路工程局有限公司 北京 100024)

**摘 要:** 高速公路在社会、经济发展中起着非常重要的作用。随着高速公路的大力发展,高速公路基础服务设施——服务区的问题越来越受到人们重视,而且高速公路也因其作为连接城乡的纽带以及其具有的特殊地理环境、自然资源和人文景观而受到关注。那么,高速公路服务区服务设施的功能开发也就具有重大意义。本文结合高速公路服务区服务设施的现状以及过往司乘人员的需求,提出了高速公路服务区功能开发的设想,探索服务区新的服务形式。

**关键词:** 高速公路 服务设施 服务区 功能开发

## 1 引言

随着一条条高速公路的建成通车,公路基础服务设施功能问题越来越受到人们的重视。高速公路服务区基础服务设施的功能开发不仅有利于高速公路的可持续发展,而且也能带动区域经济发展,方便沿线居民出行,为建设新农村服务。如何更好的利用高速公路服务区基础服务设施,挖掘内在潜力,带动区域经济发展,更好地服务城乡统筹,成为当前高速公路基础服务热点研究课题之一。特别对于某些高速公路而言,其建设对沿线居民有深远的影响,对其服务区的基础设施进行功能开发研究不仅具有深刻的意义,而且也是非常必要的。本文以高速公路服务区的基础服务设施为依托,阐述了高速公路服务区基础服务设施的现状与不足,并针对这些现状与不足提出了高速公路服务区功能开发的相关对策。

## 2 高速公路服务区现状与不足

### 2.1 高速公路服务区现状

高速公路一般跨越众多的大山大河,具有独特而复杂的自然地理环境、丰富的自然资源和人文景观。同时,作为连接山区城市的主要纽带,高速公路所经过的区域存在发展差异大,经济相对落后,沿线居民出行比较困难,城乡二元结构矛盾突出等诸多特点。高速公路基础服务设施功能拓展就是在搞好收费和服务区管理的基础上,充分利用高速公路的无形资产及沿线土地、边角和现有设施,从事广告、仓库储存、旅游业、停车、商品出售等多种经营,即以高速公路为依托,除交通运输主营项目以外的利用公路基础设施从事的经营活动。

由于高速公路服务区占地面积较大,所以其进一步开发利用的空间也大。目前,高速公路服务区分为服务区和停车区两类。服务区一般设有停车场、餐厅、小型超市、厕所、加油站、汽车维修、客房、绿地和管理设施;停车区仅设置小型停车场、厕所、长凳和绿地等设施。而对于某些高速公路而言,由于其所处地区更为偏远,所以其布设间距存在不合理因素,并且服务区的内部设施也比一般高速公路服务区简陋,配套设施不足,其仅仅为高速公路上长距离行驶的乘客、车辆提供了简单的、必要的服务。即使服务区内配有其他基础服务设施,也存在没能吸引过往乘客的现象,这就致使服务区没有完全发挥其应有的功能。

### 2.2 高速公路服务区的不足

服务区作为高速公路的一部分,是城市的延伸和补充。而高速公路服务区的基础设施功能则在一定程度上反应了一个地区的特色,它折射出当地的经济资源和文化资源,是展示高速公路经营服务水平的重要窗口,同时在一定程度上也是城市向过往人群展示自己特色的交通口岸。随着高速公路的蓬勃发展,一方面,服务商机凸现;另一方面,服务区之间的竞争也日趋白热化。山区高速公路服务区的不足在某种程度上浪费了资源,作为连接山区城市的主要纽带,其不足主要表现为以下几方面。

(1)服务设施不够完善,服务区经营特色不够鲜明。一些高速公路服务区相对于其他高速公路的服务区而言,基础服务设施较少,服务项目也较简单,一般只有修理、加油、餐饮和超市等,没有自己的特色;大量服务区建设滞后,经营模式较单一,有时一个服务区引入较多的经营者,条块分割,各自为政,互相为了自己的利益,恶性竞争,而且管理起来难度很大,不明码标价,乱宰顾客,有损高速公路社会形象,造成较大社会影响。

(2)地方特色展示不足,服务区内缺少一个地方特色文化、特色产品的展现。高速公路在一定层次上是沿线居民与外界联系的窗口,同时高速公路服务区也是一个地方展示自己文化的窗口。但是,在高速公路的服务区内却很少能看到关于当地或附近发生的历史事件、历史人物以及特殊产品的展示,即使是服务区附近最美丽的风景也未曾展现给过往乘客。

(3)未惠及沿线居民。高速公路穿越于各大山区地区,多为封闭式管理。现有的高速公路基础服务设施项目都是针对公路上的货物和驾乘人员,而公路沿线两侧的居民除部分作为工作人员外,剩余大部分被隔离栅限制在外,没有机会享受高速公路所带来的利益。所以,高速公路的修建并没有给沿线居民带来出行上的方便,有些时候反而增加居民的出行难度。

(4)服务区的功能较单一。高速公路服务区作为一个综合性服务区,就应该有完善的服务功能,服务设施应齐全。为达到特定范围的服务功能,满足特定群体的途中需求,综合性服务区应在功能方面进行合理配置。

## 3 高速公路服务区功能开发对策

高速公路服务设施功能开发是指在开展常规服务项目的基础上,根据社会经济和交通运输发展的要求,基于高速公路服务区固有的属性、所处地方色彩等特点,通过提升或改造其软硬件环境和条件,有目的性、针对性地增加服务内容,扩大功能范围,以便有效配置和整合市场资源,更大程度地创造社会效益和经济效益。根据高速公路所处的地域性特点,高速公路服务区功能可以在以下几个方面进行拓展。

(1)增加服务区内的系列服务设施。随着高速公路的蓬勃发展,私家车的普及以及人们生活水平的不断提高,在高速公路上长途旅行和自驾游的人群也越来越多。除简单满足乘客、车辆的基本需求之外,在服务区内设置一些汽车旅馆,以方便“驴友”停车住宿也是十分必要的。很多乘客是长途旅行,在高速公路上停留的时间也比较长,在这期间他们的消息来源、通讯设备比较单一,所以高速公路服务区应该满足各中人群对信息来源以及通讯方式的不同需求,为司乘人员提供电话服务和网络服务以方便他们和外界的联系以及对各自所需信息的获取。

一些高速公路与其他高速公路相比,或许过往车辆、乘客不那么密集,但是可以增大服务区的布设距离,使得服务区的功能得到有效利用,并且在服务区的经营模式上也可有自己的特色:可对服务区进行整体承包制,将其给一个经营者来经营或引入一个很有实力的地方特色品牌企业来经营。

(2)充分展现地方特色文化和特色产品。高速公路沿线有丰富的自然资源和人文景观,它是过往人员了解当地文化的一个窗口。高速公路服务区一般占地面积较大,可以划分部分区域用来展示当地或附近发生的历史事件、历史人物以及该地方拥有的独特传统文化、习俗。这不仅能够体现出地域色彩,更能舒缓司乘人员的心情。同时在服务区内海可以给当地居民提供免费或租金较少的场地,促使他们在服务区里选取适当的位置进行当地的名、优、特质农产品的展示以及农副产品的销售,增加收入来源。这样不但宣传了当地的文化以及风土人情,同时也给当地居民带来了利益。

(3)增加服务区内车站服务以及就业机会。高速公路的建立是为人们的方便出行服务的,特别对于某些高速公路而言,由于沿线居民的出行本来就不方便,所以如果高速公路服务区设置在城镇或有国、省、县、乡道通过的附近时,可以在服务区内设置小型汽车站以方便服务区附近出行的居民,同时也可以避免附近出行居民在高速公路边胡乱拦车、搭车的危险行为,从而进一步提高了高速公路及其服务区的经济和社会效益。

高速公路一般占地较宽,不免有占据耕地的情况,耕地的减少使沿线村镇出现部分剩余劳动力,并在一定程度上影响居民的经济收入。高速公路基础设施的开发,提供了许多就业岗位,如:服务、养护、绿化等,这些工作岗位对技能要求不高,经过必要培训后就可以上岗。根据"就近"原则,功能拓展开发可以解决沿线农村一部分剩余劳动力,为其增加创收,在一定程度上也缓解了城乡二元差异。

(4)建立观景台以及科教实习基地。如果高速公路服务区地处当地的风景胜地,则可以充分利用沿线土地建立观景台,如重庆绕城高速公路黄桷树观景台即江津观音岩长江大桥观景台。其空间相对独立,内部环境良好,教师和学生在实习基地参观实习不必考虑安全问题。实习基地的建设不仅仅为重庆广大的大中小学生提供了科学人文教育的场所,而且为广大高速驾乘人员和附近居民提供了一个生态的赏景、休闲和娱乐的平台。

## 4 结语

服务区服务实施作为高速公路的主要组成部分,主要以对过往司乘人员的服务为主。随着高速公路服务区凸显的各种商机越来越多,高速公路服务区综合了公益性和商业性的色彩。对于高速公路服务区设施功能的定位尚不明确,所以在当前形势下,如何在发展高速公路服务区服务特性的基础上,使得服务设施的功能拓展能更多地方便司乘人员并惠及高速公路沿线居民是一个值得研究的问题。

## 参考文献

[1] 张全胜.高速公路服务区产业开发研究[D].长安大学硕士学位论文,2005.

[2] 张全胜,左庆乐.高速公路服务区功能定位的探讨[J].交通标准化,2008,8.

[3] 蒋群.关于高速公路服务区功能完善与拓展的研究[J].建筑经济与管理.2007.

[4] 张月鹏.对高速公路服务区功能配置的思考[J].华东公路,2006,4.

[5] 金双泉,何龙.广东省高速公路服务区功能拓展研究[J].广东公路勘察设施,2006,3.

[6] 周修婷.农产品品牌推广的有效途径——高速公路服务区[J].《蔬菜》杂志——经营管理,2008,11.

[7] Stanley M. Besen and Joseph Farrell. Choosing How to Compete: Strategies and Tacties in Standardization[J]. Journal of Eeonomics Perspective, 1994, Vol. (2): 117-13.

[8] Dockuchaev. V. V. On. the. Theory. of. Natural. Zones[C]. Moscow, Leningrad: Sochineniya(collected Works)1951.

# 五、工程建设管理及其他

# 结合 P3E/C 软件的公路隧道群施工进度控制研究

孙立东[1]　李红镝[2]　刘　涵[3]

（1.重庆高速公路集团有限公司南方建设分公司　重庆　400036；
2.重庆交通大学管理学院　重庆　400074；3.重庆交通大学管理学院　重庆　400074）

**摘　要：**随着我国大型建设项目数量的增加，对此类工程项目的管理水平提出了更高的要求。本文以武水公路隧道群为依托工程，结合 P3E/C 对公路隧道群施工进度控制问题进行研究，为实现工程项目管理信息化，提高工程项目的定量化管理水平提供建议。

**关键词：**公路隧道群　进度　资源　计划

## 1　引言

美国项目管理协会[PMI]将项目群定义"为一组相互关联并需要进行协调管理的项目"。公路隧道群常见于山岭重丘区的高速公路施工，比如在建的省际公路国道——重庆至长沙公路中的武隆到白马段全长24.76km，桥隧全长 23.77km，桥隧占该段长度的 96%，属于典型的公路隧道群地段，将其中各个标段视作单个项目，则此段高速公路符合项目群的定义。该地段施工作业面狭窄、地质条件复杂、且合同段划分不够合理，因此各标段之间的协作对整个项目的进度会产生一定影响，且不确定性因素较多，施工进度管理就显得尤为重要。

P3E/C 项目管理软件是由 Primavera 公司推出的项目管理专业软件，它主要实现了单个项目或项目群的范围管理、进度计划与管理、资源与成本管理等一系列项目管理功能，可用于公路隧道群的施工进度管理。本文以武水高速公路为例展示 P3E/C 在公路隧道群进度控制方面的作用。

## 2　P3E/C 在制定公路隧道群施工计划中的应用

### 2.1　公路隧道群施工计划编制流程

公路隧道群参建各方包括业主、监理、设计院、承包商，从公路隧道群的特点出发，结合参与各方的需要设置多级计划体系，制定应用于 P3E/C 的计划流程(图 1)。

### 2.2　公路隧道群施工前进度协调

针对武水高速公路的实际情况，计划编制流程的关键步骤是施工计划审查，该项目群中相邻标段间施工干扰较为严重，从而造成了整个项目群的施工进度滞后。如：B4 和 B5 标段之间的一段路基，两标段共用该段路基制梁。由于施工作业面狭窄，仅一条施工便道通往该路基，因此该段路基不能满足两标段同时制梁的要求，使得两标段的施工进度同时受到影响。在一般情况下，各承包商仅根据自身情况编制施工计划，而忽视了施工方面的相互协作。对于公路隧道群的施工，业主应重点审查各标段的施工计划中是否考虑了与相邻标段的施工协调问题，尤其对于两相邻标段间的桥隧结合处，应考虑引桥桥台施工与隧道洞口工程存在的逻辑关系，才不至于因标段间的施工组织协调问题造成整个项目群的进度滞后。

对于此问题，先给相邻标段的相关作业设定逻辑关系，再将两标段的施工计划输入 P3E/C 加以检验(图 2)。

然后执行 P3E/C 的"进度计算"功能，若总工期符合业主要求，则两标段的施工计划予以通过；若不符合要求，则由业主提供建议后重新编制计划。在武水高速公路项目中，业主要求所有标段应于 2008 年 6 月 25 日前完工，而图 2 中 B8 与 B7 标段在制订计划之前就没有考虑到施工作业面的协调问题，导致 B7 标段下的郭溪沟中桥不能按期完工。

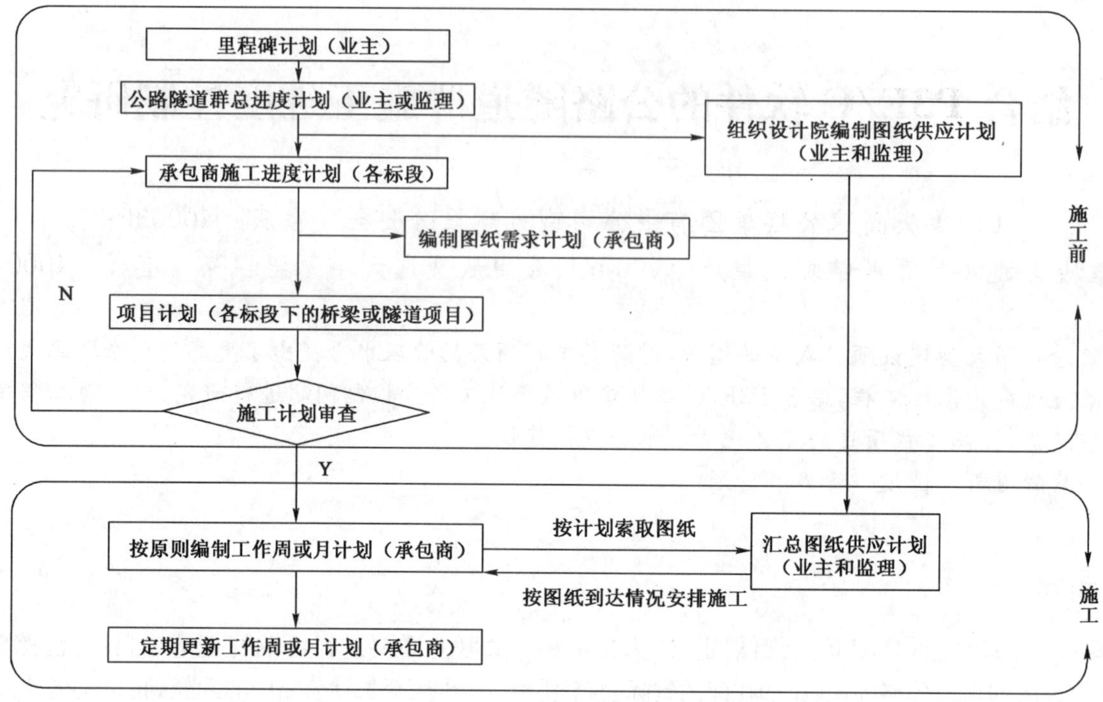


图 1　P3E/C 的计划流程图

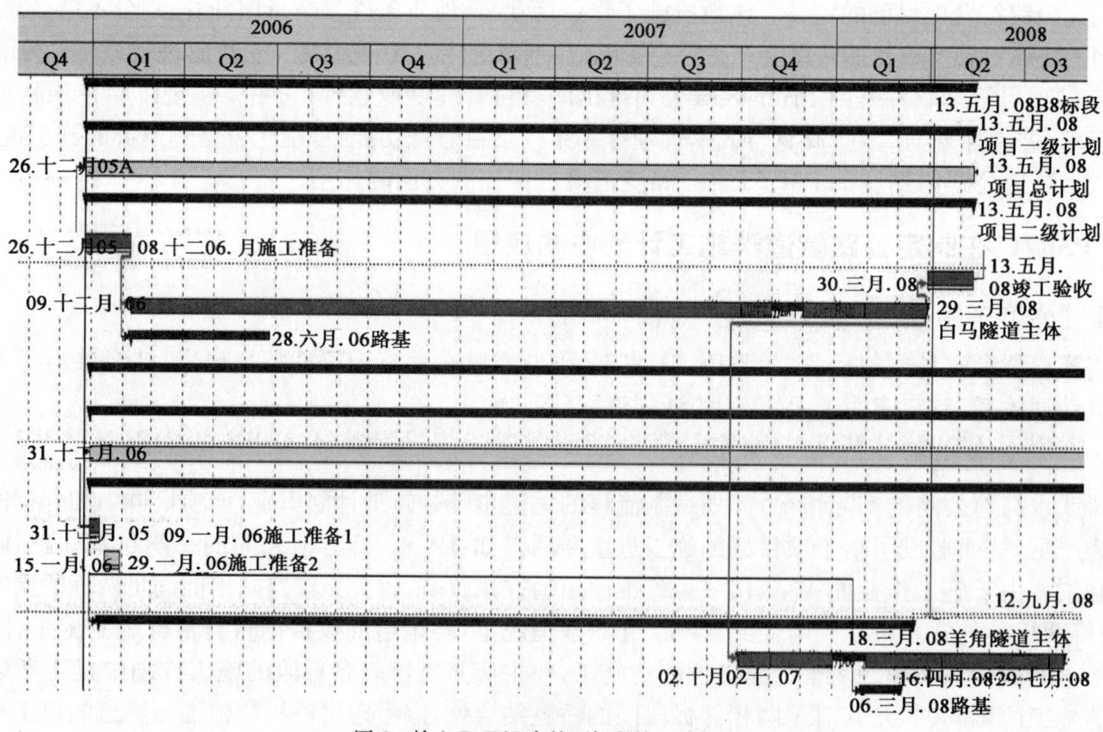


图 2　输入 P3E/C 中的两标段施工计划图

## 2.3　公路隧道群施工过程中进度资源综合分析

在项目群实施过程中,各标段可能会受到一些不确定性因素的影响,尤其公路隧道群的施工地点多处于山岭重丘区,因此需要调整进度计划,同时也要对资源计划进行调整。在武水高速公路施工过程中,如 B3 标段因为洪水造成桥墩一段时间内无法施工,其他各个标段都受到当地水泥供应不足和干旱灾害的影响。根据实地调查研究,发生类似突发事件的时候,发现各标段都是根据经验进行调整资源与进度,而没有借助于计算的方法来综合分析资源和进度,虽然计算原理很简单,但是计算调整极为繁琐。

应用 P3E/C 进行项目管理的一个主要优点可以进行加载资源的进度计算。为了配合这项功能的使用，在实施规划中，各承包商应按照近期计划详细、远期计划粗略的原则编制。若该计划的最早完工时间不符合要求，可以选择平滑条件满足工期要求；如果工期固定，则可以选择有时间限制的资源平衡方法。

(1)选择平滑条件。如果能通过加大资源的投入来缩短关键路径上作业工期，可设置平滑条件逐步加载资源。先将整个计划以周或月为单位分段，逐段进行资源平滑，假设作业 e 为关键作业，且在时间段($t_m$，$t_{m+1}$)进行，$R_i$ 为($t_m$，$t_{m+1}$)时间段内第 $i$ 种资源的最大限量，$r_i$ 为作业 e 对第 $i$ 种资源在时间段($t_m$，$t_{m+1}$)的正常需要量，每次给作业 e 的资源加载量也就是平滑条件为$\frac{1}{10}(R_i-r_i)$。模型如下：

$$\text{目标} \quad \min T_e \tag{1}$$

$$\text{约束条件} \quad \sum_{f=1}^{n} r_f' \leqslant R_i \tag{2}$$

式中：$T_e$——e 作业的工期；

$\sum_{f=1}^{n} r_f'$——时间段($t_m$，$t_{m+1}$)内 $f$ 个作业平滑后所需第 $i$ 种资源总和。

(2)选择时间限制条件。就是在工期不变的前提下均衡资源，通过消耗作业的自由浮时使资源的加载量最小。模型如下：

$$\text{目标} \quad \min \sigma^2 \tag{3}$$

$$\text{约束条件} \quad \mathrm{TF}(k) \geqslant 0 \tag{4}$$

式中：$\sigma^2$——方差；

TF($k$)——作业的总时差；

$$\sigma^2 = \frac{1}{T}\int (r_t - \bar{R})^2 \mathrm{d}t;$$

$T$——为规定的工期；

$\bar{R}$——对资源 $i$ 在工期内的平均需求量。

### 2.4 公路隧道群施工过程中进度监控

在实际应用 P3E/C 时，可以设定多个目标计划作为控制基准，并定期汇总实际进度计划在同一界面内进行对比，同时可以设定临界值，用以定义项目进度偏差的可接受范围。在武水高速公路项目中，业主制定的最后完工日期已考虑了承包商因不可抗力而造成的进度拖延，但实际情况是，除少数标段能按时完工之外，有些标段的完工日期超出了业主的规定范围。究其原因，在于各承包商在完成了对突发事件的应变之后，没有及时与目标计划对比，分析偏差，并制定详细的赶工计划，随着时间推移，使得原有的目标计划失去了控制作用。通过临界值的设定，可以对实际发生的进度偏差起警示作用，有些进度偏差较小，在一定控制范围内，则无需花费精力进行调整，而有些进度偏差较大，则需要制定调整计划。P3E/C 常见的临界值参数如表 1 所示：

**P3E/C 常见临界值参数表** 表 1

| 参　数 | 监 控 内 容 |
|---|---|
| SDV(Start Date Variance) | 开始日期差值，即计划开始日期——当前日期，若监控值为负，则表明此作业开始日期晚于计划开始日期 |
| FDV(Finish Date Variance) | 完成日期差值，即计划完成日期——完成日期，若监控值为负，则表明此作业完成日期晚于计划完成日期 |
| Total Float | 总浮时，当某一作业的总浮时超出了浮时限值范围将触发问题 |
| Free Float | 自由浮时，当作业工期在自由浮时内调整时不会对总工期产生影响 |
| Duration(%) of Original(%) | 实际工期占原定工期百分比，若大于 1，则实际工期大于原定工期 |
| SV(Schedule Variance) | 进度差值，即赢得值(BCWP)——计划费用(BCWS)，若为负，则表示已完工作少于原计划完成工作 |
| SVI(Schedule Variance Index) | 进度差值指数，即进度差值(SV)/计划费用(BCWS)，若为负，则表示已完工作少于原计划完成工作 |
| SPI(Schedule performance Index) | 进度执行指数，即赢得值(BCWP)/计划费用(BCWS)，若小于 1，则表示已完工作少于原计划完成工作 |

公路隧道群建设涉及到的问题很多,如隧道溶洞出现位置、情况常与地勘资料不符,施工企业需经过一系列上报流程才能使设计院得知具体情况,信息传递效率低下,多次因设计变更不能及时解决而造成工期延误。通过监控临界值,当问题被触发后,现场工作人员则可根据实际情况将触发问题及时输入 P3E/C,同时可通过 P3E/C 直接发邮件给相关人员。有权限的用户登陆后进入软件界面上的“问题导航器”,了解需要关注的问题后直接提出解决方案,提高管理效率。

## 3 P3E/C 行业应用前景展望

目前我国高速公路的项目管理水平仍处于初级阶段,多数路桥施工企业现场人员计算机水平较低,且 P3E/C 操作复杂,难以全面实施该管理软件,使得多数情况下通过软件制定的计划流于形式,不再具有指导与控制作用。P3E/C 作为世界上最为流行的项目管理软件,对于公路隧道群的进度控制仍具有理论与现实意义。虽然受制我国的客观条件,但实现工程项目管理信息化需要一个过程,在软件应用过程当中可能无法为企业立即创造巨大的效益,但从长远来看,由于 P3E/C 蕴含了国外积累的先进项目管理思想,对于提高路桥施工企业管理水平,适应国际竞争,积累企业信息化管理方面经验起到了不可忽视的作用。

## 参考文献

[1] 宣以政.工程项目网络计划优化及其动态管理[J].成都大学学报,1996(2):38-40

[2] 徐海明.浅谈运用 P3 工程项目管理软件进行工期资源平衡[J].建设监理,2001(2):63-64

[3] 华洪,舒景樟.应用 P3 软件加强工程进度控制[J].上海电力,2003(2):92-95

[4] 舒卿,李惠强.赢得值管理在工程项目建设中的运用[J].基建优化,2006(6):22-23

[5] 齐国友.P3E/C 工程项目管理应用[M].北京:机械工业出版社,2007.

[6] 包小春,廖培林.计划编制与进度控制暨 P3 软件参考手册[M].上海:普华软件有限公司,1999.

# 工程项目管理系统及其在渝湘高速公路洪西段中的应用

夏 斌 谭 星

（重庆高速公路集团有限公司北方建设分公司 重庆 401121）

**摘 要**：高速公路建设从无到有，从单项目到多项目不断发展，建设项目离管理中心越来越远，业主管理任务也越来越繁重。开发应用计算机软件，借助 Internet 来帮助管理中心实现项目远程办公，集中、精确地对项目建设进行全过程管理，更加方便快捷地完成项目决算、项目竣工是高速公路建设管理的新趋势。

**关键词**：项目管理 系统结构

## 1 引言

自 1988 年开始建设高速公路以来，我国高速公路建设就开始迅速迈进世界前列。到目前为止，已建成高速公路里程突破 6 万 km，高速公路里程居世界第二。

虽然我国的高速公路建设速度让世界侧目，但是建设项目管理工作水平，还有很大有待提升的空间。

高速公路建设项目，因其建设时间长，施工规模大，变动因素多，单位流动性强等诸多原因，历来都是业主的管理难题。对于业主来说，建设项目增多，传统的管理模式不能满足建设管理的需要。

随着科学技术的不断提高，计算机科学日渐成熟，其强大的功能已被人们深刻认识，它已进入人类社会的各个领域并发挥着越来越重要的作用。

重庆高速公路发展有限公司（简称重庆高发司）已建成高速公路里程约 1 000 多公里，目前在建 11 个项目，工程建设管理任务空前繁重。重庆高发司负责全市高速公路建设管理，下设南方、北方、渝东、渝东南、垫利公司，由董事长授权，分片区管理各个项目，每个公司承担 3～4 个项目的建设。

自 1999 年起，重庆高发司与重庆市博恩科技有限公司携手合作，利用计算机网络技术，通过 2 年时间对工程建设管理进行分析、比较、归类、开发和试点，形成了较完整的工程建设管理软件体系，并成功开发出“BN-EPM 公路建设（业主）管理系统”专业软件，同时，应用在北方公司负责的“渝湘高速公路洪西段”等多个项目的建设管理中，取得了令人满意的效果。

该系统在把高速公路项目建设的全面管理工作和计算机应用技术紧密结合起来，为业主、监理和承包商三方面提供了一个规范统一、沟通方便的工作平台，同时引入了银行对建设资金的监管，创新的提出了“3＋1”的联合办公平台。系统通过引入国际高速公路工程建设管理标准，从公路建设的概算管理、招投标管理、合同管理、计划进度、变更、计量、支付、签字管理、通讯和查询以及竣工文档等各项业务着手，通过计算机网络技术，在业主、监理和承包商三者之间，实现异地自动化办公的功能，为公路项目业主提供快速、准确、全面的管理信息，真正实现全程动态管理和实时监控。

系统在招标评标、降低造价、防止腐败、提高工作效率和全面实现质量、进度、成本“三大控制目标”的集成控制发挥了重要的作用，是专门为现代高速公路工程建设设计的专业管理工具。

## 2 系统结构

因为建设项目施工规模大，单位流动性强等特点，软件系统应该采用基于 Internet 的 B/S 架构，将软件客户端的故障率降低到零。

建设过程中所产生的相关数据，是非常重要的基础数据，而且还涉及到商业机密，所以有较高的安全等级。同时系统还承担了成为业主推行规范化和标准化管理的工具:以业主为数据汇集中心来设计该系统,为承包商、监理、业主的各部门、各层次业务管理人员在同一系统下提供方便的数据输入、汇总统计、报表生成等日常信息处理功能;数据采集方式见图1。

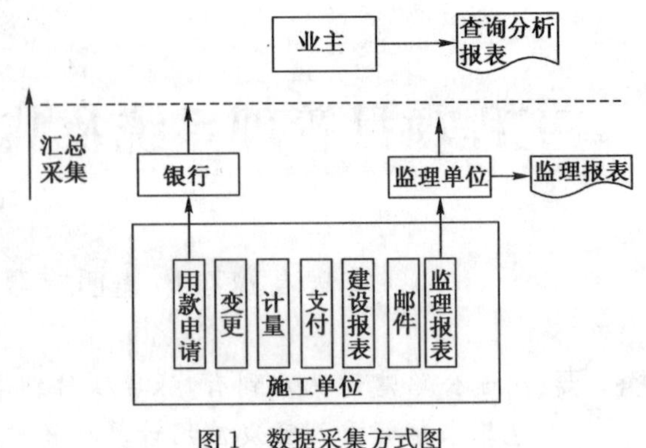

图1 数据采集方式图

为了让参与高速公路建设的各方使用同一系统录入原始数据,系统根据统一的数学逻辑进行汇总并生成相关管理报表,避免了不同人员对管理制度和标准的理解歧义,尽可能的减少人为操作的失误。为使参与单位在同一平台上进行数据共享,系统采用了现今流行的B/S模式,所有单位均在Internet上使用该系统,其网络拓扑图见图2。

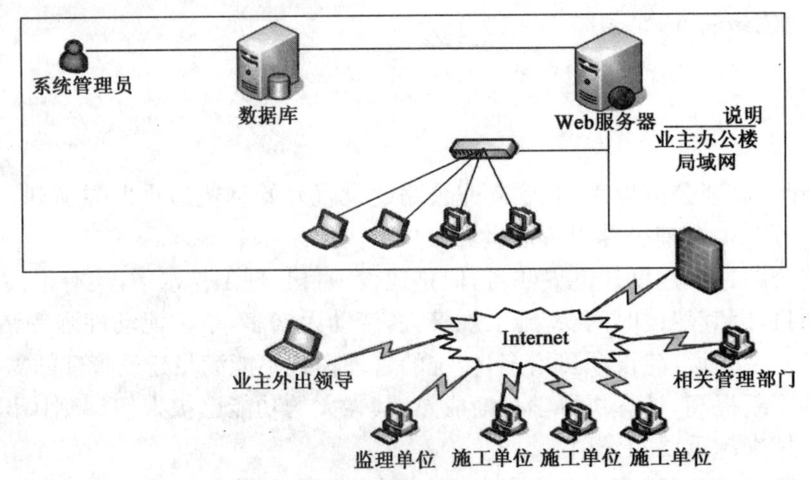

图2 网络拓扑图

通过对共同的系统的使用,对各个承包商和监理单位就起到了强制规范的作用,将各参与单位的管理水平提升到一个新的高度。

(1)为业主、承包商和监理建立和规范信息上传下达的通道。

作为业主单位,在建设过程中承担着总指挥、总协调、总管理的职责,其管理能力的强弱,运作效率的高低,将直接关系到高速公路建设项目的建设质量、工程进度和管理效率,所以要求业主的决策和指令能通过专门的渠道传达到施工单位和监理单位;而监理单位和施工单位的信息也通过统一的渠道反馈给业主,给业主的决策提供参考。这就规范了信息的传输渠道。

(2)系统的业务流程依据FIDIC条款来规范。

FIDIC条款所建立的是一种业主、监理、承包商三足鼎立的施工模式,各项指标细化、量化,弹性的东西较少,因而将人为的因素降低到最小限度。

(3)按档案管理办法,规范资料数据的管理。

按照档案管理办法,设计系统文件管理,规范所有工程文件的登记、检索和管理办法。

## 3 系统特点

该系统大大地提高了公路建设的工作效率,为工程决算、工程审计提供了更加方便快捷的查询功能,更加客观地保证了工程建设管理资料的真实性,同时也有效地对参建的各级管理人员、工程技术人员的签字行为进行监督。系统忠实地记录了各级签字人员的工作效率,有效地避免了恶意滞留和一些不规范的行为。

通过该系统软件的应用,使各类报表更加准确、及时和规范,避免了人为的改动而影响真实性。同时也为施工单位、监理、业主节约了大量的差旅费和办公费用。

本系统的应用也使业主在同时对多个项目管理时，各项目之间管理更加标准，业主的统计汇总工作更加准确。

(1)规范化设计思想

本系统严格按照国际高速公路工程建设标准及 FIDIC 条款来设计和开发。

(2)丰富的图表分析

同步显示当前作业的工程量对比图表、进度图表，以及实际完成图、工作量对比图，为业主提供最全面的图表分析功能(图 3)。

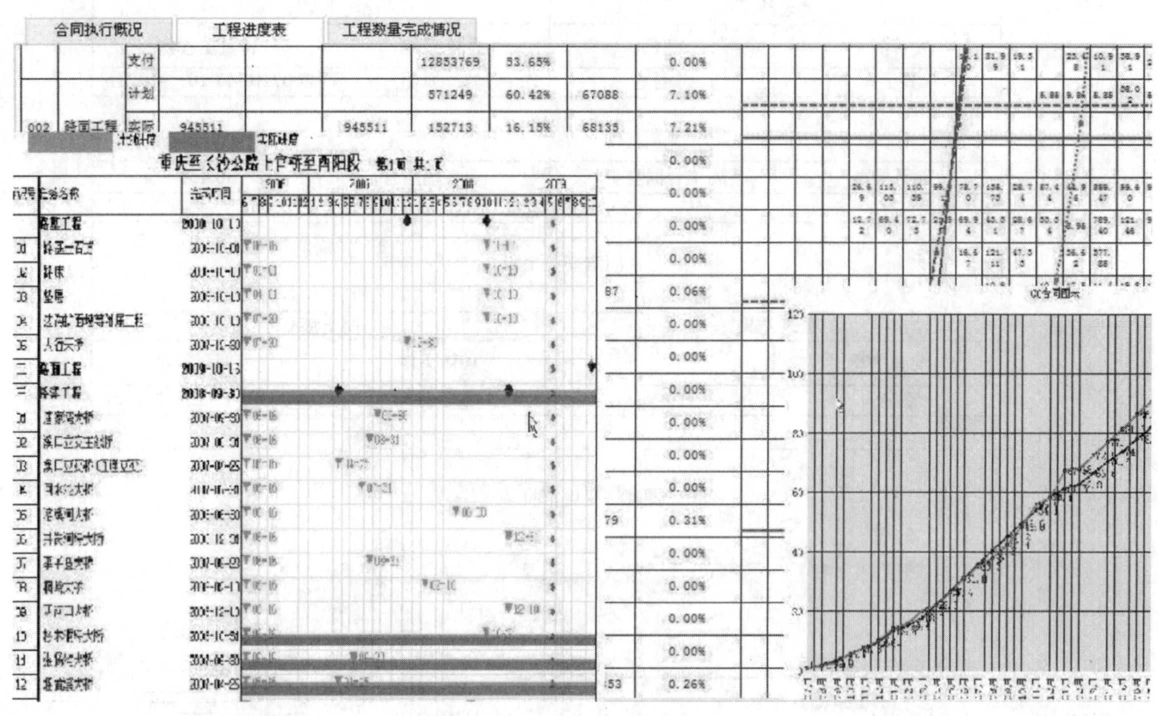


图 3　图表分析功能示意图

(3)方便灵活的建设过程监控

实行岗位责任制是加强管理的重要手段之一，在本系统应用中，由于每个岗位都有自己的密码和责权范围，从而真正实现了责权分明，使工程建设工作做到有序、有效、准确。而且该系统可以全过程地记录工程的建设过程，业主可以即时查询各单位、各岗位的报表以及审批全过程，真正实现全程动态管理和实时监控(图 3)。

(4)规范化的计量支付

鉴于以往的工程施工过程中，计量支付业务不规范，给业主单位的管理带来很大的困难。例如：报表格式不统一、数据计算方式不一、审批过程繁琐、业主监控手段不完善等。如今业主通过系统的规范化管理，使计量支付更规范，更易于管理，加强了对整个建设、整个计量支付流程的监控，大大减轻了审批、管理人员的工作量和工作难度(图 4)。

(5)完整方便的文档管理

高速公路建设过程所产生的文档种类繁多、数量惊人，往往在工程结束后要花大量的人力和时间来整理，工程的文档管理一直缺乏十分有效的手段。而该系统可以把所有的文档资料进行整理、分类、归档，业主随时可以查询到各单位、各岗位的报表、批复、文档、图纸、图片，大大降低了文档整理工作的难度和时间，使文档管理变得简单、轻松(图 5)。

(6)一体化的整合应用

本系统将业主、监理、施工单位、设计单位的工作组织在一起，通过严格的授权体系，使各方均能有效地协同工作，最大限度地实现了信息交流与共享，能为工程建设提供完整的数据记录(图 6)。

清单数据　报表查询　图档文档　签字处理

本期变更金额：11 456

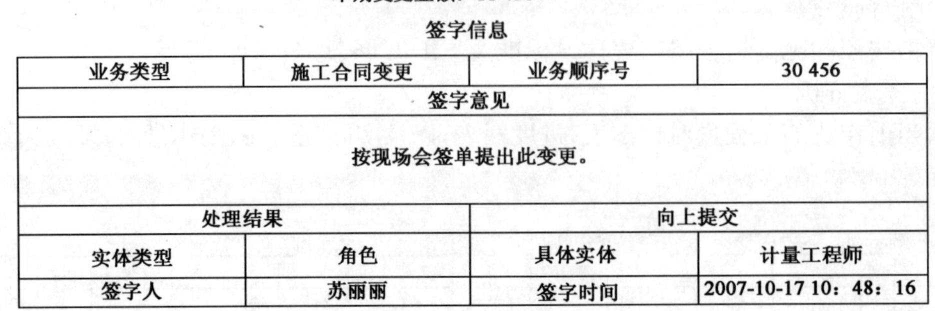

签字信息

| 业务类型 | 施工合同变更 | 业务顺序号 | 30 456 |
|---|---|---|---|
| 签字意见 | | | |
| 按现场会签单提出此变更。 | | | |
| 处理结果 | | 向上提交 | |
| 实体类型 | 角色 | 具体实体 | 计量工程师 |
| 签字人 | 苏丽丽 | 签字时间 | 2007-10-17 10：48：16 |

| 业务类型 | 施工合同变更 | 业务顺序号 | 30 456 |
|---|---|---|---|
| 签字意见 | | | |
| 同意变更上报。 | | | |
| 处理结果 | | 向上提交 | |
| 实体类型 | 角色 | 具体实体 | 项目经理 |
| 签字人 | 曾梦川 | 签字时间 | 2007-10-17 15：02：21 |

图4　变更审批表

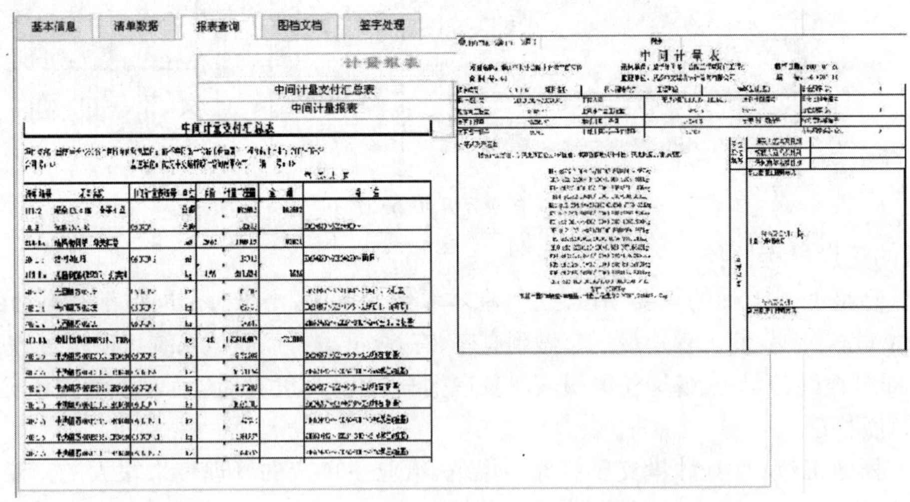


图5　计量报表示意图

(7)方便、低廉的使用成本

系统低廉的使用成本能为用户节省办公费用。软件基于B/S架构，充分运用计算机网络技术，通过低成本的通讯线路，实现业主、监理、施工单位三方之间的信息化办公，有效地为用户节约了办公经费与管理成本。

(8)操作简单、上手容易

操作方式类似普通上网，非常简易方便，通过友好的应用软件界面，用户几乎不需专门培训即可熟练使用。

(9)无需安装、维护方便

由于客户端无须安装该系统，所有参建单位和与工程项目相关的用户，均可通过系统随时随地共享工程项目管理信息，系统总体投入成本和系统总体维护费用非常低(图7)。

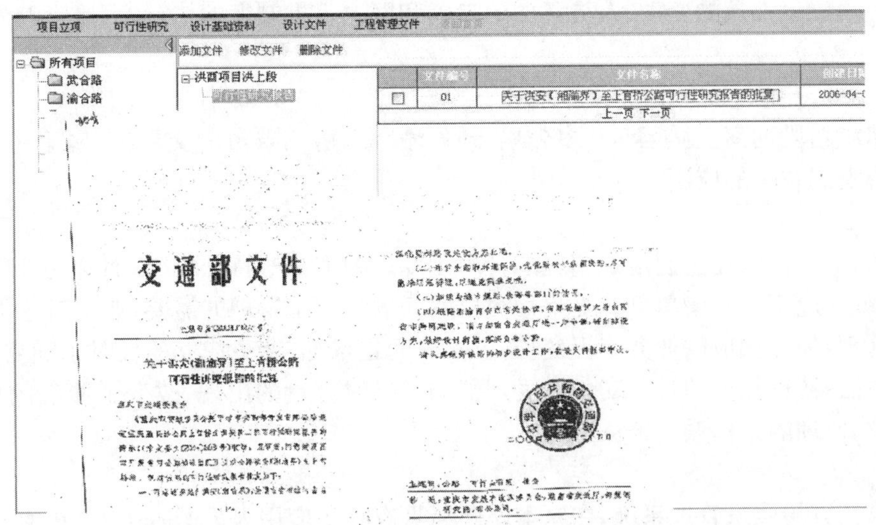


图 6　文档管理图

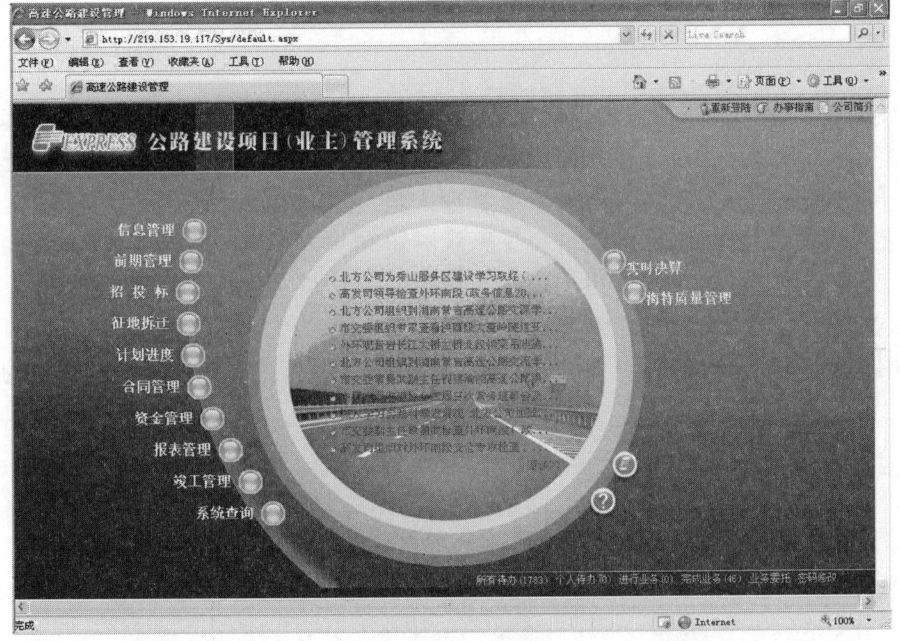


图 7　系统主界面

## 4　应用情况

渝湘高速洪酉段——远离主城区 500 多公里，是距主城区最远的项目之一。该项目里程为 78km，分为洪安——上官桥、上官桥——酉阳两个项目，土建工程参建单位有 20 家，2 个项目各设 1 个总监办和 3 个驻地办，以及 1 个监理协调办。

从 2006 年开工开始，该系统就在项目建设管理中全面应用，同时为配合业主管理的需要，集成了海特公司的质量管理系统，从而极大的提高了业主的办事效率，规范了业务流程，透明了办事制度，降低了管理成本。

但系统在应用的过程中，也出现了以下一些问题：

(1)人员因素

由于高速公路建设具有规模大、周期长、参建单位多的特性，使得项目建设中人员变动的情况无法避免。

而施工单位和监理单位因人员的变动、人员素质的参差和网上审批制度的执行,直接影响到系统应用情况的效果。

(2)环境因素

由于渝湘高速洪西段远离主城区500多公里,地处渝、湘、黔三省市的交界地,属于边远欠发达地区,通讯条件的落后也影响到系统的应用。

(3)管理因素

为规范项目的建设管理,业主制定了相应的管理制度。因为某些特殊情况,而这些管理制度在执行过程中,也会影响到系统的应用。新增单价变更是最突出的问题。由于管理的需要,业主对这类的变更引入了第三方咨询单位的管理,使得相应的业务流程变长,审批时间也增加,变更成立的耗时也随之变长。

由于变更的原因,使得相关的计量支付也受到影响。临时计量的出现,改变了原有的规范,使得局部方面增加了施工单位、监理的工作量。

(4)协作因素

由于集成了第三方的质量管理系统,在原本就已经具有很多应用人员的基础上,新增了许多参与者。

首先是两个软件服务商之间的协作,两者间任何一家系统的问题都会对整个项目的应用造成影响;其次是人员的协作,包含了施工方内部的协作、监理内部的协作、施工单位与监理之间的协作。

## 5 结语

通过该系统在渝湘高速洪上段建设中的运用,大大地提高了工作效率,使管理的全过程在业主的服务器中得到完善的保留,更加客观地保证了工程建设管理资料的真实性,为工程决算、工程审计提供了更加方便快捷的查询功能,同时也更加有效地对参建的各级管理人员、工程技术人员的签字行为进行监督;系统忠实地记录了各级签字人员的工作效率,有效地避免了恶意滞留和一些不规范的行为。

通过该系统软件的应用,使各类报表更加准确、及时和规范,避免了人为的改动而影响真实性。同时也为承包商、监理和业主节约了大量的差旅费和办公费用。

该系统的应用也使业主在同时进行多个项目管理时,各项目之间管理更加标准,业主的统计汇总工作更加准确。

# 渝湘高速公路洪酉段工程安全剖析

杨真子　张　渝

(重庆高速公路集团有限公司北方建设分公司　重庆　401121)

**摘　要**:本文以渝湘高速公路洪酉段为背景,对路线、边坡、桥梁和隧道等方面的工程安全问题进行分析,得出相关结论。

**关键词**:高速公路　安全剖析

## 1　工程概况

省际公路通道洪酉段由洪安(湘渝界)至上官桥段和上官桥至酉阳段组成,设计为双向四车道高速公路,速度80km/h,路基宽度24.5m,土建设计单位为重庆交通科研设计院,交通工程设计单位为四川省交通厅公路规划勘察设计院。项目开工时间为2006年6月16日,建设工期四年。

洪安(湘渝界)至上官桥段(简称洪上段)起点位于重庆市与湖南省交界的秀山县洪安镇花垣河,接湖南省境内的重庆至长沙公路吉首至茶洞段,经雅江、官庄、玉屏,止于秀山县溪口乡上官桥,与重庆至长沙公路上官桥至酉阳段相接。路线全长45.436km,其中桥梁有观音阁大桥、岩桩坪大桥、苗路河大桥、龙马大桥、车田大桥、老寨河大桥、一碗水大桥、雅江大桥、清水河中桥、青岗山大桥、石门闩大桥、黄泥沟大桥、官庄大桥、板栗田中桥、梅江大桥、平江大桥、田家湾大桥、玉屏大桥、红岩溪中桥、茶园大桥等,桥梁总长5 793.91m;隧道有狮子山隧道、大董岭隧道、老虎山隧道、沙帽坡隧道、小龙潭隧道、平阳隧道,隧道总长9 045.6m;桥隧占路线总长的32.66%;全线共设洪安、雅江、秀山、玉屏互通式立交4处;设计概算3 172 548 402元。洪上段土建部分共分12个合同段(后把H8合同段中官庄大桥40m+60m+40m主跨调整为H8-1合同段),土建合同工期30个月。洪上段项目监理单位为武汉大通公路桥梁工程咨询监理有限责任公司。

上官桥至酉阳段(简称上酉段)起点位于秀山县溪口乡上官桥,接重庆至长沙公路洪安(湘渝界)至上官桥段,经溪口、江丰、板溪,止于酉阳县钟多镇钟南村,与重庆至长沙公路酉阳至大涵段相接。路线全长31.95km,其中桥梁有唐家湾大桥、溶溪河大桥、井岗河特大桥(后地形地质情况调整为井岗河大桥和傅家湾大桥)、李子园中桥、桐岭大桥、两河口大桥、杉木洞特大桥、张杨沟大桥、堰黄溪大桥、板溪大桥、皂角树大桥、山羊沟大桥、瓦厂坝大桥、青木林大桥、小米坝大桥、冉家湾大桥等,桥梁总长7 849m;隧道有青冈隧道、龙门隧道、葡萄山隧道、寨上隧道,隧道总长8 742.5m;桥隧占路线总长的51.93%,全线共设溪口(预留)、酉阳南互通式立交2处;设计概算2 389 045 607元。上酉段土建部分共分8个合同段,土建合同工期30个月。后因地方政府要求,经相关部门批准,增加板溪互通立交一座。上酉段项目监理单位为武汉中交路桥设计咨询有限公司。

## 2　工程安全分析

本项目所在区域地形地质条件十分复杂,部分路段山高坡陡,因而多处出现了高挖深填的情况。进场便道路况差、里程长,岩溶和膨胀性红黏土等不良地质现象对公路建设有较大影响,地下水水位动态变化不利于填方路基的稳定、桥梁下部构造以及隧道施工。此外,项目区内夏季暴雨强度较大,可能引发山洪及山体滑坡、崩塌等自然灾害,严重危及施工甚至今后营运安全。当地地材尤其是天然砂、水泥缺乏,给工程建设带来较大的影响。本文从设计、施工等方面浅析洪酉路施工过程、营运阶段工程安全问题。

### 2.1　路线

对于路线设计而言,安全性主要体现在项目建成后,即运营阶段车辆行使的安全性上,具体剖析如下。

(1)技术指标的采用

本项目设计速度80km/h,为双向四车道高速公路。施工图路线设计于2005年完成,执行原《公路路线设计规范》(JTJ 011—1994),采用的各项技术指标均满足该规范要求。在路线设计时,考虑到原规范比较陈旧,因此还参考了当时正在修编的新规范送审稿。现对照现行《公路路线设计规范》(JTG D20—2006),对各项指标进行分析。

①平面

现行规范规定,设计速度80km/h对应的最小平曲线半径为400m(一般值)和250m(极限值),不设超高的最小半径2 500m,回旋线最小长度70m,平曲线最小长度为400m(一般值)和140m(极限值)。

本项目实际采用的最小平曲线半径为500m,不设超高的最小半径2 500m,回旋线最小长度160m,无转角等于或小于7度的情况,均大于或等于规范一般值。平曲线最小长度323.09m(该处平曲线半径2 500m,不设缓和曲线),大于极限值,接近一般值。

现行规范规定,圆曲线超高最大值8%,但未明确各圆曲线半径对应的超高值。本项目设计时实际采用的最大超高为6%,满足规范要求,各弯道处的超高值则参照规范送审稿采用。同时考虑到下坡段车辆行使速度较快,为了增加车辆运行的安全性,还将8处下坡路段弯道的超高适当增大了1%。根据计算,对于最小半径500m的平曲线,6%的超高可以满足110km/h的运行速度。

②纵断面

现行规范规定,设计速度80km/h对应的最大纵坡5%,最小纵坡0.3%,最大合成纵坡10.5%;隧道内纵坡大于0.3%并小于3%。

本项目设计实际采用的最大纵坡为4%,最小纵坡0.3%,最大合成纵坡7.02%;隧道内最小纵坡0.5%,最大纵坡3%,均满足规范要求。

现行规范规定,凸形竖曲线最小半径4 500m(一般值)和3 000m(极限值);凹形竖曲线最小半径3 000m(一般值)和2 000m(极限值)。本项目设计实际采用的凸形竖曲线最小半径12 000m;凹形竖曲线最小半径8 000m,均不小于视觉所需的最小竖曲线半径,满足规范要求。

(2)线形组合设计

本项目路线设计时根据地势变化合理确定线形指标,平、纵、横综合考虑,在地形条件较好的路段采用相对较高的指标,如秀山官庄段,而在地形困难路段采用相对较低的指标,如酉阳钟多段,以节约工程造价,减少环境破坏。注意整体线形的连续性,将相邻路段的运行速度差控制在15km/h以内。在指标较低的路段,设计尽量考虑了前后线形指标的连续性和均衡性,使线形指标大小逐渐变化,达到行驶速度自然过渡的目的,避免指标突变造成的行车安全隐患。如K72~K77段,平曲线半径组合为744.27m+500m+833.23m+1100m+(1 020m+550m卵形曲线)+501.35m+直线,与500m小半径相接的相邻平曲线半径值均不大于该处小半径值的2倍。

设计中充分重视了平纵线形的相互对应,基本上按照“平包竖”一一对应的关系进行组合。但在个别地段,为了适应地形,减少破坏,降低工程造价而采用了一个长平曲线内设两处竖曲线的线形组合方式(共5处,平曲线长度1km以上),上述路段经透视图检验,线形连续平顺,对于行车安全无不利影响。

根据《公路项目安全性评价指南》运行速度方法计算,本项目各相邻路段小客车的运行速度差值均在15km/h以内,运行速度协调性较好。

(3)视距

本项目设计采用的凸形竖曲线最小半径12 000m;凹形竖曲线最小半径8 000m,均满足停车视距要求。

本项目设计采用的最小平曲线半径500m,对于$V=80$km/h设计速度,按照规范规定的停车视距110m计算,位于弯道内侧的主行车道的所需最大横净距为3.064m,主车道中线与路肩护栏之间间距为4.375m,大于计算横净距值,满足停车视距要求。

但是对位于中央分隔带外侧的超车道(简称“超车道”)来说,按照规范规定的停车视距110m计算,平曲线半径500m时所需最大横净距为3.0m,而实际与护栏边缘的横净距仅为2.2m,不满足视距要求。需采取以下两种解决方案：

①对半径小于 690m 的平曲线路段，调整外侧路幅的路面标线，使行车道整体向外偏移 1m（当 $R$＝500m 时，半径增大时偏移值减小），硬路肩宽度相应减窄 1m，变为 1.5m，标线渐变在缓和曲线段调整。但同时应在该段落设置禁止停车标志。

②也可将半径小于 690m 的平曲线路段中央分隔带两侧波形护栏改为新泽西护栏，护栏位于中线向外侧偏移 65cm 处（当 $R$＝500m 时，半径增大时偏移值减小），上面设置防眩板，取消该段中央分隔带灌木，以紧贴地面生长的草种代替，宽度渐变通过缓和曲线段进行。

(4)长下坡路段

本项目 K48＋750～K62＋670 段，由于两端地势高差非常大，也无展线可能，因此由葡萄山隧道至溶溪河形成连续纵坡，长达 13.9km。设计时主要以纵坡控制线形，采用陡缓结合，避免连续长陡坡，最大纵坡 3.5%，并且在连续 2km 范围内的平均纵坡坡度均小于 3%，同时该路段平曲线最小半径均不小于 650m，不存在急弯，在正常行车条件下应无安全问题。

不过，考虑到该段连续下坡路段（包括葡萄山特长隧道）相当长，而目前国内货车超载现象较为普遍，且部分车辆性能较差，因此在 K55＋960～K56＋080 设置了一处紧急避险车道。

(5)隧道洞口线形

本项目共有 10 座隧道。其中有 2 处隧道洞口（平阳隧道、寨上隧道）位于缓和曲线上，其余隧道洞口均位于圆曲线或直线段上，且洞口与邻近特征点距离均大于 67m，即洞口线形满足洞口内外侧不小于 3S 设计速度行程长度范围内的平面线形一致的要求。

平阳隧道洪安端洞口的左洞口桩号 ZK37＋335，洞口缓和曲线 $A$＝461.77，相连接的圆曲线半径 $R$＝927.09m；右洞口桩号 YK37＋325，洞口缓和曲线 $A$＝442.15，相连接的圆曲线半径 $R$＝850m，距前后 YH 和 HZ 特征点距离均大于 67m。由于该处前后地形条件的限制，若要使洞口位于直线或者大半径圆曲线上，将使工程量大大增加。考虑到该处洞口所在的缓和曲线参数较大，视距充分，假定驾驶员在洞口处保持方向不变，则在 3s 行程内行车轨迹的横向偏移值仅 0.26m（右线进洞）和 0.21m（左线出洞），相对于 3.75m 宽的车道而言影响很小，因此在该洞口附近不致于因洞口位于缓和曲线而导致行车安全事故。若能加强洞口段的照明过渡，则影响将会进一步降低。

寨上隧道洪安端洞口的左洞口桩号 K64＋341.8，洞口缓和曲线 $A$＝476.45，相连接的圆曲线半径 $R$＝1 135m；右洞口桩号 K64＋341.26，洞口缓和曲线 $A$＝479.58，相连接的圆曲线半径 $R$＝1 150m。洞口的平面线形指标较高。由于该处前后地形条件的限制，若要使洞口位于直线或者大半径圆曲线上，将使工程量大大增加。考虑到该处洞口所在的缓和曲线参数较大，视距充分，假定驾驶员在洞口处保持方向不变，则在 3S 行程内行车轨迹的横向偏移值仅 0.27m（右线进洞）和 0.28m（左线出洞），相对于 3.75m 宽的车道而言影响很小，因此在该洞口附近不致于因洞口位于缓和曲线而导致行车安全事故。若能加强洞口段的照明过渡，则影响将会进一步降低。

### 2.2 高边坡

洪酉路部分路段山高坡陡，使得高边坡多达 35 处。边坡的安全对工程而言非常重要。设计时边坡稳定性的评价主要遵循《建筑边坡工程技术规范》（GB 20330—2002）和《公路路基设计规范》（JTG D30—2004）中有关的方法来对边坡进行稳定性分析评价。边坡稳定性计算考虑可能的破坏形式，对规模较大的破碎结构岩质边坡和土质边坡宜采用简化 Bishiop 法计算；对可能产生平面滑动的边坡宜采用平面滑动法进行计算，对可能产生折线滑动的边坡采取折线滑动法进行计算；对存在多个滑面的边坡，应分别对各种可能的滑动面组合进行稳定性计算分析，并取最小稳定性系数作为边坡稳定性系数，对多级滑动面的边坡，应分别对各级滑动面进行稳定性计算分析。

本项目边坡的主要问题有堆积体、滑坡以及岩溶地区溶积物等。

本项目多处出现高挖方且地质情况为堆积体，其中最大一处达到 8 级边坡 72m 高，在施工过程中采取了尽量放缓边坡的措施，但由于受地形条件限制放缓程度毕竟有限，所以现场实际坡率都在 1∶1 以内，坡面通常采用的锚索或锚杆格子梁加绿化防护。从现场实际情况来看,一是现在的坡率应该说对该类边坡是不适合的,虽然施工初期边坡能够成型,由于坡面防护无法及时跟上,在自然因素尤其是雨水作用下,都出现了部分坍塌现象;二是锚索或锚杆施工成孔困难,且锚索或锚杆的注浆只是对成孔周围的土体产生一定的固结,而不能保证整个边坡的固结因而无法保证整个边坡的稳定,格子梁施工完毕后的重量对边坡的稳定也是一个不利的因素。因此,对此类边坡,只有加大投入,在无法放缓坡率时,对整个边坡进行注浆固结以保证其稳定,否则,即使目前施工时能暂时保证其稳定,但在营运过程中,很可能发生坍塌甚至大面积垮塌的情况,出现无法估计的损失。

对于滑坡,通常采用了抗滑桩加挡墙或挡板,从设计计算及现场实际情况来看,这样的处理应该是适合的;目前让人担心的就是有没有在施工过程中未被我们发现而在营运阶段发生的滑坡。

本项目边坡还有一个普遍性问题就是由于地处石灰岩地区,大量的溶槽、溶室中夹有具有微膨胀性的黏土,在水的作用下自然产生向下流动。对于此类边坡,应采用浆砌片石或混凝土及时对这部分土体进行封闭,一是尽量避免水的浸入,二是可起挡护作用。

### 2.3 桥梁

桥梁在设计过程按承载能力和正常使用两种极限状态来进行。前者是控制结构在丧失服务能力临界状态时的承载能力、设计的基本原则是要求荷载效应不利组合的设计值,必须小于或等于结构抗力的设计值。利用荷载安全系数、材料安全系数及工作条件系数来考虑不确定因素作用下的结构总体的安全储备,是一个半概率的极限状态设计法。可以认为是对安全性要求的保证。后者控制结构在正常使用状态时应力、裂缝和变形小于一定的限值,对应于适用性的要求。

同时对结构局部进行安全性、耐久性设计:考虑桥面铺装混凝土在汽车违规超载、温度应力作用下容易开裂,设计掺加聚丙烯网状纤维和D8钢筋网片;为防止空心墩内外温差引起的表层混凝土微裂缝,在空心墩外围四面布置D8钢筋网片;由于伸缩缝处的混凝土在汽车荷载作用下易被拉裂,因此伸缩缝位置设计不采用普通橡胶支座,而是采用支座活动盆式;伸缩缝位置存在跳车,槽口位置用环氧混凝土改善混凝土的力学性能,避免伸缩缝位置混凝土开裂,提高了桥梁的耐久性;鉴于高速公路上天桥多次发生被撞而严重受损事件,洪西路上跨主线桥的桥墩在顺桥向前后设置了防撞墩;为增加桥梁横向稳定性,每15m在桥墩设一道系梁;在桥梁负弯矩区段采用用塑料波纹管,可避免金属波纹管在施工中生锈,难穿束等问题;对于长度超过25m、位于岩溶地区的桩基和水中桥墩采用钻孔桩施工,避免出现施工安全事故。

本项目桥梁最让人担心的是石灰岩地区的桥梁下面存在空洞的问题。对此,工程开始前,业主委托云南航天勘测院对全线桥梁桩基底进行了探察,避免桩基底下存在空洞的情况。同时,对桩周围如果存在溶洞的情况也进行了加强,为保证桩基承载力。除对溶洞进行封堵外,如果溶洞在桩基嵌岩位置,则桩基嵌岩深度须从溶洞底开始算起。

实际施工过程中多次遇到桩基础周围出现溶洞的情况,对于挖孔桩,除根据溶洞大小采取不同的措施对溶洞进行封堵外,同时加强了护壁。对于钻孔桩,采取了片石回填或混凝土灌注后重新成孔的措施,以保证对溶洞的封堵。

本项目桥梁存在的另一个问题就是同一下部构造的几个桩基础由于地质原因形成了嵌岩桩和摩擦桩两种结构类型,为保证各桩基承载力及沉降的均匀性,采取了对摩擦桩进行桩底注浆的措施,从目前情况来看,效果还是良好的。

受地形影响,本项目桥梁最高墩柱近70m,因此,施工过程中的高空安全也是必须重视的一个问题。除要求施工单位严格遵守施工技术规范及安全操作规程外,必须搭设Z字形梯步人行安全通道,两侧及底部同时布设防落网及防坠网。由于各方重视及严格要求,杜绝了大的安全事故的发生。

### 2.4 隧道

隧道设计完全遵照公路隧道设计及施工的相关规范及规程进行,总体设计综合考虑路线平面、纵面、隧道洞口、隧道结构、隧道长度、排水、通风、防灾、照明、消防、供配电等因素,确保隧道建设安全及运营安全。

(1)隧道洞口设计遵循早进晚出原则，尽量减小洞口边仰坡高度，对边仰坡进行有效、及时并永久的防护，结合洞口明洞或洞门保证隧道洞口安全；本项目实施时也是遵循了设计原则，采用了零开挖的方式进洞，对洞口周围环境的保护、洞口的稳定起到了较好的作用。

(2)隧道结构方面，设计施工严格按照新奥法原则进行设计，采用安全、经济并经过大量类似工程验证的支护、衬砌及超前支护措施，对于特殊地质及地形条件，采用专门设计及设计预案，对岩溶、岩溶水、断层及破碎带、煤层、瓦斯及高地应力进行了详细设计。

(3)隧道施工中业主、监理和承包人应精心组织，严格监理，耐心实施，设计也积极配合，在保证隧道施工安全的前提下保证质量，加快进度。一般隧道施工中要求除了承包人的监控外还要求采用第三方监控量测措施，对隧道施工进行全过程掌控，保证隧道施工安全。

(4)隧道防水方面采用除采用衬砌自身放水外还采用防水层结合膨胀止水条、止水带措施进行隧道结构防水，并设置纵、横、环向排水系统，保证隧道运营期间不漏不渗。

(5)隧道机电设计方面，对所有隧道均设置了纵向式机械通风并兼顾运营防灾、照明灯具基本照明及应急照明、消防及防灾、供配电措施，保证隧道运营安全。

本项目隧道存在的问题主要有地质不良、溶洞、突泥突水、煤层以及可燃性物质等。对此，建设业主委托专业单位对所有隧道实施了监控量测，同时要求施工单位进行全隧道地质超前预报，特殊地段并要求必须配合多个 20m 以上的超前探孔，同时做好监控量测以进行对比。此外，要求采用无缝钢管从洞外接至掌子面附近处，并配备一定数量的食品及饮用水，以保证在出现意外时的空气进入和人员必需的供给，同时，严格执行了进出洞的登记制度。

2007 年 1 月 3 日，平阳隧道出口发生山体垮塌，将已经形成的两个洞口全部掩埋，由于监控得力、措施果断、行动迅速，没有造成人员伤亡。已成为一个成功事例。

溶洞是本项目隧道的另一大特点。施工过程中遇到的小型溶洞、溶腔、溶室不计其数，最为严重的大董岭隧道，穿过溶洞群，同时伴有突泥和冒顶，双向 4 车道 800m 的隧道采用两端开挖施工历时 3 年，可见之艰难。根据溶洞相对与隧道的位置，采取了不同的处理措施，对于位于隧道底以上的溶洞，在保证衬砌混凝土厚度前提下，外加砂、挡墙等措施以防止今后营运阶段溶洞内有可能存在不稳定岩石对隧道结构的撞击；对于隧道下的溶洞，为避免营运阶段路面的沉降，首先对溶洞进行清理，采用片块石进行密实回填，同时进行注浆或增加混凝土板。从现场处理结果看，效果良好。

对于煤层及含可燃性物质地段，采用了全断面帷幕注浆的施工工艺，从施工结果来看，方法得当，效果良好。

突泥突水也是本项目隧道存在的较大问题。平阳隧道进口段施工完毕后在距离洞口 1km 左右处从隧道底部发生突泥突水，将已施工好的几十米仰拱及混凝土路面损坏。好在本次突泥突水未发生在营运阶段，否则将产生不可估计的损失。从整个过程来看，施工过程中采取了地质超前预报及超前探孔，开挖过程也未发现大的水流，隧道仰拱及混凝土路面施工完毕后一段时间发生突泥突水，即对隧道所在位置的地下水采取的以堵为主的方案，由于地下水的不断积累，最终导致结构强度承受不了而发生突泥突水。从本隧道发生的突泥突水来看，彻底探明隧道周围的地下水以及对地下水采取的堵、排或相结合的处理方案在隧道设计中尤为重要，稍有不慎，将会给结构安全造成隐患。

## 3 原因分析

### 3.1 工程投入

设计概算受估算金额的影响，估算定额取值应该是全国的一个平均水平，而对于西南山区来说，明显偏低，有很多地质方面的不利因素在工可阶段无法估计或核实，因而在工可报告及估算金额中就没有特殊地质处理的内容和费用，从而极有可能导致设计概算因增加大量的不良工程地质的处理而产生工程总造价超过估算规定的范围。本项目实施过程中，正因为受此约束，在一些不良工程地质尤其是高边坡的处理时，无论是在设计上或是在施工中都缩手缩脚，不敢大胆投入，应该说对今后营运留下了一定的安全隐患。建议在估算中增加一笔不良工程地质处理暂定金额,以确保在初步设计、施工图设计和项目实施时能够对出现的工程不良地质情况作出合理的处理。

### 3.2 设计方面

由于前期设计时间紧、工程项目所处位置地形地质条件复杂多变,加上受设计招投标总费用影响,地勘工作量虽满足规范规定且通过组织的专家委员会审查,但规范规定的地勘量也是一个全国的平均值,而对西南山区明显偏低。施工过程中出现了较多的预先未估计到的边坡垮塌、滑坡、涵洞和挡墙等结构物基底承载力不足、溶洞、溶槽、非适用性材料等情况,重复处理产生的费用比一次性投入明显偏大,这也是项目工程造价增加的一个重要因素,同时,对工期也产生了不小的影响。因此建议今后仅针对设计部分进行招投标,对地勘部分要根据项目所在地的实际情况而进行或采取方案加费用招标。

### 3.3 施工方面

由于同期进行的建设项目多,工程管理人员尤其是现场操作人员相对缺乏,表现出个人和整个队伍素质的参差不齐,甚至出现个别违反规范或安全操作规程的情况,对工程安全也产生了一定的影响。因此,对现场管理及施工人员的培训提高有待进一步加强。对于施工单位安全经费的投入偏低,现场时有安全隐患存在,为解决这个问题,一是适当增加安全费用,二是督促施工单位加强投入,三是在总体施工组织设计乃至工点施组计划中必须详细说明安全用品规格、投入及更换和补充数量、金额等,经核实满足要求后才予以签发开工令,同时在施工过程中根据申报的量加强督促和落实,对未达到要求的不予进行工程量的签认。

### 3.4 管理方面

本项目开工建设以来,受诸多因素影响,如人员数量、素质等,监理、业主人员也存在管理不到位的情况,增强监理、业主人员责任心、提高素质,也是今后亟待加强的方面。

### 3.5 其他方面

由于受工期紧、分布范围广等因素影响,本项目未能对高填方实施强夯,对此,心中始终感觉是个缺憾。此外,由于项目地处石灰岩地区,存在大量的溶洞、溶腔、溶室、溶槽等,施工过程中也出现了较多的路基填筑至上路床后发生沉陷的现象,为避免建成通车后出现类似情况,原计划对全线路基及隧道下进行空洞探察的工作未能实施,也是本项目的一个缺憾。

## 4 结语

综上所述,洪西高速公路开工以来,建设各方以保障人员人身安全、工程安全为最高准则来组织施工。整个工程施工进展顺利,安全一直处于可控状态。我们相信,在建设各方的继续努力下,洪西路在工程安全建设方面一定会继续保持良好状态,以保证工程建设的顺利完成。

# 利用计算机技术进行项目管理打造透明工程

段永胜　杜国平

（重庆高速公路集团有限公司渝东分公司　重庆市　401147）

**摘　要：**目前正值我国正处在基础设施建设的高峰期，怎样进行规范化管理，加强廉政建设，打造阳光工程是政府主管部门和项目业主面临的课题。利用计算机技术进行管理是一个有效的手段，本文结合实例对此进行了分析和介绍。

**关键词：**项目管理　廉政　透明

## 1　引言

目前我国正处在基础设施建设的高峰期，一个大型项目的建设，牵涉到很多方面，最基本的参建三方包括承包人、施工监理、项目业主。由于参建方较多，因此在建设管理过程中很容易出现建设资金被浪费、挪用、甚至贪污受贿；在办理变更支付的环节出现吃拿卡要等丑恶现象；同时办事效率不高，数据不能共享，各种数据的统计汇总查询不能及时提供，给领导决策带来困难。各级政府、有关主管部门和很多项目业主越来越意识到了这个问题的严重性，把如何进行规范管理、加强办公透明度、提高管理效率提上了议事日程。利用目前发达的通讯网络和计算机技术，开发工程项目建设管理系统，在一定程度上取代手工作业，通过设定的管理程序进行规范化管理是一个有效的手段。

目前软件市场上出现了很多工程建设项目管理系统，但是由于存在各种缺陷或不便，很多项目业主不愿意采用，项目管理系统不同于常见的预算软件或财务软件，它的每一次应用可能都面临一次新的开发。那么一个项目管理系统应该具备哪些功能呢？笔者曾经以工程技术人员的身份参与了几个项目管理系统的开发应用工作，下面根据多年工程管理实际经验并结合软件开发实例对其要点进行分析。

## 2　系统要求

（1）安全性

项目管理系统一般都是网络版，有固定IP地址，很容易受到黑客攻击，因此服务器及其数据的安全应放在首位。访问服务器时首先应通过对用户进行授权管理（通过密码进行访问），保证数据传送的真实性；其次还应在服务器上安装防火墙软件和物理防火墙，同时还要有备份硬盘，以便数据在系统受损后能够得到恢复。

（2）准确性

影响数据准确性的原因主要有以下方面：①软件本身的计算准确性。一般来讲，一个标准版本软件的计算是准确的，但因为各地管理模式和要求不一，导致一些版本改动很大，因此很有必要对其计算准确性和稳定性进行验证；②数据在上传更新时有可能因为传输中断而出错。

（3）时效性

从两个方面来讲这个问题，首先是网络和软件结构对时效的影响，目前可借助的网络类型有宽带、ADSL、电话拨号上网等形式将用户端与中心服务器相连，有的工程项目所在地网络条件较好，可以接宽带，有的地方只能通过拨号上网，不管网络情况怎样，都应让用户能快速处理数据，否则软件的使用推广将大打折扣，因此应根据当地网络情况采用相应的软件结构，一般来说当所有用户具备宽带或ADSL上网条件时可采用B/S结构，而当某些用户只能采用电话拨号上网时宜采用C/S结构；其次是工作效率，为提高工作效率，对于每一个需要审核的环节，每个流程审核人应在规定时间内完成成立或不成立的审核，超过时限电脑自动报警，且每个流程问题出在哪个环节，相关用户都一目了然，提高了管理透明度。

(4)兼容便捷性

一个项目管理系统是为业主服务的,但在构建这样一个平台时不应该仅仅考虑业主的使用,所有的数据都是从网络结构的最基层——承包人处录入,从小的范围来讲,应能够满足承包人、监理和业主日常工程管理的需要,尊重用户的工作思路和习惯,同时也要纠正一些不规范的习惯;从更大的范围来讲,这个系统应考虑到在本省、本市范围内有关信息的共享(这属于战略规划的层次,不属于本文讨论的重点),而且在软件使用过程中不可避免地会遇到需要进行调整更新的问题,这就要求软件具有较好的结构弹性和兼容性。软件开发时还应充分考虑到各种细节问题,如软件中各种表格应设置导出功能,能导成 EXCEL 表格形式,以便对数据进一步加工使用;当页面显示不全时应固定表头或左列,以便于浏览;签字流程应考虑到使用过程中可能发生变化,变化后应能够及时更新;为了节约内存空间,应分项定义有效数字保留位数等。

## 3　功能模块

功能模块按照工程管理的紧密程度分为核心功能模块和扩展功能模块,核心功能模块是为完成日常工程管理所必需的,扩展功能模块可由业主根据项目情况和管理需要进行选择。

### 3.1　核心功能模块

核心功能模块,包括工程变更、计量支付、统计查询、合同管理、任务栏等模块,下面分块对其功能要求进行简要分析说明。

(1)工程变更

目前我国越来越多的工程领域按照国际惯例实行工程量清单管理,通过工程量清单管理,可以比较清楚地了解工程变更的变化情况。通常业主都会有工程变更管理办法,对工程变更发生的原因、条件、性质等进行说明,对工程变更进行类别划分,拟定不同类别工程变更的处理流程。在办理工程变更前应根据施工图建立 0 号变更,为便于利用计量支付和统计查询软件管理,0 号变更的清单应实行多层清单结构。在变更属性中应按照工程决算办法的要求定义变更的属性,以便于按变更属性进行归类生成变更台账。通过网络申报变更时如何处理变更附件资料是一个难题,比较理想的办法是将附件资料电子化,并与竣工文档结合起来,这要求用户的计算机水平较高,且网络条件较好。在定义变更审核流程时,变更申报上传是不能越级,但上级在审核变更时可退回任一下级(指流程),审核人在进行审核时可对变更进行修改,但电脑应自动保留修改纪录。当变更经审核成立后,系统直接将变更内容纳入台账。

(2)计量支付

在这个模块中应将计量和支付分开处理,计量是监理工程师的日常工作,每一处分项工程完工,监理工程师应及时验收,验收合格后用项目管理系统填写中间计量单,当达到支付条件时(按照合同规定最小支付百分比或者时间),即可提交中间计量单自动生成支付报表。在软件中应设定计量值不能大于台账中变更后的工程量,譬如某大桥 1 号墩有 I 级钢筋 200kg,在计量时不可能计到 201kg。当支付审核流程支付完毕后,台账自动刷新。

(3)统计查询

统计查询的基础是有一个分项设置健全合理的台账,查询者可根据合同号、工程量清单号、项目名称、单价、变更号、日期、计量支付、进度等查询条件对一个合同或多合同进行组合统计查询,生成想要的查询台账,在很短的时间内掌握所需情况,为决策提供依据,也提高了项目管理的透明度。

(4)合同管理

一个大型的建设项目合同一般可分为两大类,即主合同和零星合同,主合同按标段划分,零星合同的分类应结合概算和决算的有关分类要求进行分类,以便于办理工程决算。在合同管理中还应考虑增加对承包人履约情况进行管理,目前各地主管部门和项目业主普遍缺乏统一对承包人履约的管理,往往是出了重大问题后才进行通报,这是一种亡羊补牢的做法。对承包人履约管理可以采用积分制,在一个省市设立一个汇总平台,将本省市各项目对承包人履约评比名次转化为分值进行量化,获奖或被通报批评再增加或减少一定积分,低于某一分值,在招标资格预审时不能通过。

(5)任务栏

其主要作用是提醒用户,有新的业务需要办理,当起动计算机后立即在屏幕上自动显示具体的业务,同时还可以通过手机短信的方式提醒用户及时办理业务,一旦超出规定时间自动报警。为加强时效管理,可将业务办理情况与员工考核挂钩,超出规定时间办理业务,系统自动记录并扣一定考评分(特殊情况可及时进行说明)。

### 3.2 扩展功能模块

扩展功能模块包括招投标管理、概算管理、工程决算管理、质量管理、计划管理、资金监管、监理日志、竣工文档管理、办公自动化等模块。

(1)招投标管理

招投标管理通常分为资格预审与招标评标两个阶段,这两部分的内容都应放在系统内,其中最重要的是做好招标评标的算数修正部分,因为以往一个项目招标,如果标段较多,可能需要 4 位工作人员工作一个礼拜才能完成,而采用软件进行修正,通过收发盘管理,只需要一个人工作一天就可以准确无误的完成,而且可进行单价比较,防止不平衡报价,其效率和准确性对于经常需要招标的单位绝对是需要的。当招标完成,中标单位的工程量清单应自动导入台账中。

(2)概算管理

由国家投资建设的项目在初设批复中有对概算的批复,作为项目业主应在批复的概算中完成项目建设。对于这类项目,有必要在管理软件中设置概算管理模块,便于随时了解概算执行情况。在这个模块中首先要建立概算模板,再解决台账与模板的对应关系。

(3)工程决算管理

建设项目工程决算是建设项目竣工验收的重要组成部分,由政府或国有经济组织投资的项目在竣工验收时都必须编制完成工程决算,各行业都有具体的编制办法,如果靠手工来完成工程决算的编制,通常情况下项目建成后还需要一年时间,不仅费时,还需耗费大量人工。因此对于这类项目,很有必要设置这个模块。有了这个模块,当办理完最后一笔支付,工程决算表格就自动生成完毕,补充上工程决算编制说明后即可完成工程决算文件。

(4)质量管理

每个分项工程在计量之前监理工程师都应进行检查验收,并填写质检单,本模块以质检单和试验检测资料建立原始检测数据库,作出质量情况月报,建立质量隐患档案,建立关键结构物监控量测档案,这样就建立了一套预警机制,为养护运营单位提供参考资料。本模块另一个功能就是要按照国家有关质量评定标准建立质量评定体系,当一个单项工程完工后,对其质量就进行了初步评定,这对加快工程完工后的交竣工验收进度有显著的效果。

(5)计划管理

工程项目都有工期目标,业主每年要给承包人下达完成指标,承包人要根据业主要求和工期目标拟出半年计划、季度计划、每月计划等,业主也要收集实际完成情况,并与原计划进行比较,将完成情况及投资计划报送上级主管部门,作为投资决策的参考之一,因此要求数据真实可靠。此模块应能根据台账计量情况和工期消耗指数,自动汇总所有标段的完成情况,生成计划与完成情况的对比台账,并将数据上传,保证统计数据的真实可靠。

(6)资金监管

为了保证建设资金用于本项目建设,不被转移或挪用,也为了保证不拖欠民工工资和材料款,许多项目业主开始对承包人项目部的资金使用情况进行监管,建立承包人资金使用台账,业主和监理工程师要对承包人大额资金的使用进行审批,银行在审批后才划款。有些项目施工地点较远,如果采用手工审批,可能要花费较多人力财力和时间,通过网上审批,效率肯定高得多,而且增加了透明度,对于这类项目管理系统应增加本模块。

(7)监理日志

监理日志是很重要的原始资料,以往都是监理工程师自己保存,不容易归档,通过监理日志模块的建立,可以有效的对监理工程师工作进行规范化管理,包括现场施工情况照片、重要结构物照片、隐蔽工程照片都应该在这里反映。

(8)办公自动化

这个模块的实现很简单,借助项目管理系统这个平台,可以把有关文件、监理工作指令、公共信息、情况通报等在这里发布,甚至可包括短信服务业务。

(9)竣工文档管理

它首先应按照竣工文件编制办法的要求对文件进行分类,前面所述的所有文件都应在这个"库"中,这是管理系统比较难以处理的一个模块,其难处在于有些文件只有纸质文件,如采用扫描的方式进行电子化将需要极高的内存空间,解决办法首先只有提高各用户的计算机水平,比如图纸必须提交 CAD 电子版,尽量减少扫描件。

## 4 开发应用实例

重庆高速公路发展有限公司渝东分公司(以下简称"公司")是一个负责建设重庆市渝东片区高速公路的项目业主,在以往的建设中取得了一些成绩,特别是在 2004 年一次性通车 180 多 km 的沪蓉国道主干线重庆长寿至万州段,创下了重庆市一次性通车最长里程的纪录。但接下来公司面临更艰巨的建设任务:2005 年将同时建设 4 条高速公路,建设里程达 240km,投资额高达 200 亿元,且建设项目远离主城区,项目的建设难度越来越大,公司感到传统的工程管理方式难以适应新的形势要求,为此从 2004 年开始公司着手构建一个由施工单位、监理、业主共同使用的公路建设项目管理系统,使参建三方同步实现异地办公,办公过程透明化,提高办事效率。至 2004 年下半年开发完毕并投入使用,公路建设项目管理系统包含了招投标管理、变更管理、计量支付管理、计划统计、合同管理、概算管理、决算管理、质量管理、查询系统、资金监管、任务栏等功能模块,为了不过分增加系统负担,保证使用效率,另外有信息自动化、竣工文档管理等两个模块单独成库,但还是在一个界面上显示,并通过链接与库相连,各项功能模块基本上实现了所要求的功能(因交通部颁发了新的交竣工验收办法,质量模块还在进一步的调整之中)。

对于近半年该系统的使用情况,笔者深有感触,刚开始时由于用户对系统不熟悉以及硬件软件方面的原因,有些用户不愿意用,甚至还想采用手工作业的方式,后来通过公司加强培训,对硬件配置提出要求,增加一条服务器宽带等措施进行推广使用,通过时效管理(即用户必须在规定时间内完成流程中任务,用户完成的每项工作在网上均能查到,在哪个环节耽搁了也能一目了然),改变了监理和业主工作人员的工作作风,工作效率得到了提高。由于实现了异地办公,即使在外地出差也能上网处理业务,承包人不用为了办理一个业务往来穿梭于监理工程师和业主之间,为承包人节约了大量人力和往来差旅费。监理工程师和业主工作人员也减少了大量手工工作,能够把更多时间和精力投入到解决工程实际问题的工作中去,在使用一段时间后得到了各用户的普遍欢迎,通过使用情况看,达到了预期目的。2004 年底,重庆市检察院和重庆市交通委员会也对该系统发挥的作用进行了肯定。

就像高速公路和铁路必须合理的连成路网才能发挥其最大功效一样,站在更高层次的角度来看,如果有一个管理平台能将所有大型建设项目相连,将能确保统计数据的准确性,为政府决策提供依据,为公众提供公共信息,做到信息共享。通过本项目开始,重庆市交通委员会和重庆高速公路发展有限公司开始规划构筑一个更大的管理平台。

## 5 结语

工程建设项目管理系统是实现管理者思路的有效载体,也是提高管理效率和透明度、加强廉政建设、打造阳光工程的有效手段,但它牵涉到项目从招投标开始至工程竣工验收的所有环节,在具体开发过程中更会遇到诸多细节问题需要解决,因此政府主管部门和项目业主首先应理清管理思路,确定需要通过系统解决的问题,预留与其他管理平台的接口,选派得力的相关专业人士参与该系统的开发。开发成功后在推广执行过程中还应加大力度,这一点非常重要。

# 水界高速公路征地拆迁特点分析及对策探讨

赵 刚[1] 程向荣[2] 汤泽远[1]

(1.重庆高速公路集团有限公司南方建设分公司 重庆 401121;
2.重庆市南川区高速公路建设指挥部 重庆 408400)

**摘 要**:针对高速公路征地拆迁这一难题,以水界高速公路为例,对高速公路征地拆迁特点进行分析,对做好征地拆迁工作的对策措施进行探讨。

**关键词**:高速公路征地 特点及对策 探讨

## 1 引言

征地拆迁是做好公路建设项目施工前期准备工作之一,是一项政策性很强,组织协调工作和思想政治工作都十分艰巨的任务。由于涉及被征地单位和个人的切身利益,用地矛盾十分突出,经常出现群众不拆迁不交地及阻碍施工正常进行的事件发生。为总结经验吸取教训,保证项目用地及时交付,维护正常施工秩序,分析征地拆迁规律,加强对策措施研究显得非常必要。本文以水界高速公路为例,结合工作实际,分析高速公路征地拆迁的特点,提出做好征地拆迁工作的对策措施,以期与同行们共同探讨,为高速公路征地拆迁工作提供参考。

## 2 高速公路建设征地拆迁特点

由于高速公路建设是一项典型的线性工程,它和其他工程建设一样,都需要征用集体经济组织的土地,拆迁征地红线内的各类建(构)筑物及管线,都需实施安置、补偿,需各级政府、国土房管局等职能部门、村社基层组织的配合与人民群众的支持,还需协调处理征地拆迁安置工作中的各方利益关系,这些都是带共性的做法。但高速公路建设的征地拆迁还有其一大、二散、三多、四宽、五连、六急、七长、八专、九难、十严等特点。

(1)征地拆迁数量大。一条高速公路建设,既有主干道(含互通匝道)建设用地,也有工程所需的施工便道、弃土堆放、填方借土、滑坡治理、线外工程改建恢复,拆迁还建、配套服务设施建设等用地。以水界高速公路为例,水界高速公路全长85.238km,总用地11 757亩,除各类建(构)物367 224m$^2$,拆建各类主干管线(供电、供水、通讯、电视光纤、国防光缆)达531km。

(2)征地拆迁零星分散。由于高速公路主干道工程和线外工程建设项目繁杂,除主干道建设用地实行一次性集中征地拆迁外,其他用地要根据工程建设项目需要而实行分散征地。

(3)征地拆迁宗数多。由于高速公路建设项目的多样性,必须采取补充征地的办法确保工程建设的需要。

(4)征地拆迁涉及面宽。由于高速公路建设战线长,用地量大,对沿线村社及企事业单位均要发生征地拆迁安置补偿关系,如水界高速公路沿线的征地拆迁涉及11个乡镇(街道办事处)57个村(居)委会的216个农业社,企业搬迁(含关闭)涉及33家,管线拆迁涉及产权单位36家,农房拆迁涉及1932户,在征地拆迁、管线拆迁和企业拆迁中还涉及众多的政府职能管理部门。

(5)征地拆迁行为连续不断。由于高速公路建设对一些项目前期设计的不确定性和建设过程中一些项目的不可预见性(如地质滑坡等),影响了对项目用地统筹规划的力度和深度,导致征地拆迁行为频繁发生,形成"流水作业"。

(6)工程建设用地急。由于高速公路建设计划性强,工期要求紧,工程建设所需用地急迫,要求在短时间内交付使用。特别是各类补充征地,都是在承建的施工单位进场后,根据工程需要提出或者设计变更引发的用地,若提供不及时,将直接影响工程进度,造成施工单位损失。

(7)征地拆迁时间跨度长。高速公路建设中的征地拆迁工作要伴随整个工程建设的全过程,并且连续不断;工程竣工后,还需用相当一段时间处理完善征地拆迁安置的善后工作。

(8)征地拆迁补偿实行专项政策。由于高速公路建设是带公益性质的基础设施建设,所以,在征地拆迁安置补偿的政策上除执行国家相关法律规定外,在补偿的范围及标准上,还应执行地方政府的一些专项补偿政策。

(9)征地拆迁补偿安置工作难度大。

(10)征地拆迁计划控制严。高速公路建设是一项投资大,用地多的项目,国家对项目用地实行了严格的控制,在它的建设过程中,必须对每一宗用地进行有效的计划管理,否则,不但会浪费大量土地,而且会增加工程建设成本,同时,还会给征地报批工作增加难度。

## 3 高速公路征地拆迁对策措施探讨

高速公路要发展,征地拆迁是保障。鉴于高速公路征地拆迁特点,征地拆迁安置补偿工作成为了能否推动高速公路建设工程顺利进展的基本前提条件。在工作实践中,必须全面把握这些特征,抓住主要矛盾,采取有效的应对措施,才能争取征地拆迁工作的主动权,确保工程建设的用地需要。在实际工作中应从以下几方面重点考虑。

(1)充分依靠地方政府的职能作用。由于高速公路建设的性质,决定了它涉及的征地拆迁与其他工程建设的征地拆迁具有不同的特殊性,因此,必须依靠高速公路沿线地方各级政府的职能来保证实现。在水界高速公路的建设中,根据重庆市人民政府渝府发[2000]84 号文件的规定,征地拆迁工作由地方政府负责组织实施。作为建设业主,按照此规定,把该路的征地拆迁工作委托沿线区级政府完成。沿线区级政府对此十分重视,专门成立了为高速公路建设服务的指挥机构,充分发挥其行政管理职能,认真组织国土、交通、林业等职能部门和沿线各乡镇、街道办事处开展了征地拆迁安置补偿等工作,及时有效地协调处理了工程建设征(占)用地中的各类纠纷和矛盾,为工程建设及时提供了土地,维护了良好的用地秩序,从用地上确保了工程建设的顺利进展。在具体实施上,各指挥部又根据各自的实际情况,采取了由地方指挥部统一领导,区国土房管局牵头,乡镇、街道办事处配合实施或由地方指挥部牵头、直接组织乡镇实施等组织形式,均取得了良好效果。

(2)实行严格的用地计划管理。由于高速公路建设是带状走向的线性工程,用地的多样性和不确定性十分明显,作为建设业主单位,必须按照工程建设设计和工程建设需要,严格实行用地管理。在具体实施中,严把“四关”:一是用地范围审定关。对主干道建设用地,应按设计首先确定征地红线,核实用地种类和数量,对工程建设所需的各类补充征地,必须对用地的项目、范围及数量进行现场核实,防止施工单位报多占少,报甲占乙等现象发生。二是计划审批关。对工程建设所需用地,必须在审核确认的基础上,给工程用地单位下达用地计划,再由地方指挥部按程序组织征地,防止施工单位未批先用或擅自协议用地等行为发生。三是土地交付关。对工程建设所需土地,按照程序完成面积核实,拆迁评估、费用补偿后,必须由业主单位现场代表及时组织交付,完善交地手续,确保工程建设及时用地。四是补偿资金兑现关。对征地拆迁的各类补偿资金,建设业主按规定拨付后,应加强对补偿资金兑付到位情况进行监督检查,及时纠正兑现中存在的问题,有效防止因补偿不到位而影响工程用地现象的发生。

(3)严格执行征地拆迁补偿政策。征地拆迁安置补偿政策是被征地拆迁单位和群众十分关心、关注的“热点”问题,坚持统一的政策,是确保征地拆迁工作顺利开展的有力保证。在水界高速公路建设的征地拆迁工作中,沿线各级政府严格按照国家土地管理法、森林法等相关规定和重庆市政府的专项政策,结合本地实际情况制定具体的实施办法,并在实施中通过深入广泛的政策宣传和应用,增强群众的法律、政策观念,有效地消除一些群众对政策的“偏见”;同时,在执行过程中,针对一些特殊的情况,本着实事求是的原则,采取一些灵活的措施,确保了征地拆迁工作的顺利推进,在规定的时间内按时提供工程建设用地。当重庆市人民政府根据国家宏观政策的变化，对征地拆迁补偿标准调整后，沿线区级政府及时制定了新的政策，并按新的政策规定，认真组织开展了征地政策调整补差工作，新征地按新的政策实行补偿，实现了新旧政策的平稳过渡，征地拆迁工作没有因政策的调整而受到任何影响，新的政策得到了广大群众的普遍拥护。

(4)坚持正确的舆论导向，营造良好的氛围。高速公路建设是带动区域经济发展，造富一方人民的千秋功业。在水界高速公路的建设过程中，建设业主、沿线高速公路建设指挥部从一开始就十分注重宣传工作，利用广播、电视、报刊等各种新闻媒体，对高速公路建设的重大意义、征地拆迁的相关政策、征地拆迁和工程建设中的典型事迹、工程建设的形象进度等坚持不懈地开展了多种形式、全方位的宣传，收到了良好的效果，调动了各级各部门及沿线广大人民群众关心、支持高速公路建设的热情，增强了维护良好建设秩序的自觉性，鼓舞了广大参建人员艰苦奋战的斗志。各高速公路建设指挥部，还以举办培训班的形式，对征地拆迁涉及的相关政策进行系统的学习培训，为征地拆迁工作的顺利开展奠定了良好的政策基础。

(5)密切配合，凝聚合力。高速公路建设中的征地拆迁政策性、群众性强，涉及面宽，程序复杂，要确保工作的顺利开展，必须要各方配合，齐抓共管。在水界高速公路的建设过程中，积极探索和采取了一些有效措施：一是正确处理建设业主与地方高速公路建设指挥部的工作关系，明确各自职责，充分发挥地方高速公路建设指挥部在征地拆迁、施工协调和建设治安秩序管理等工作的职能作用，建设业主加强与地方高速公路建设指挥部的联系沟通和工作检查指导；二是构筑交流平台，架起友谊桥梁。为加强各地方高速公路建设指挥部在高速公路建设征地拆迁、施工协调等方面经验的交流和学习，寻求共识，聚集合力，从水界高速公路建设开始，建设业主就建立和坚持了征地拆迁工作交流会制度，围绕征地拆迁工作中带共性的问题，定期在各地方高速公路建设指挥部举办交流座谈会，并将交流所取得的成果汇编整理，供相互借鉴，收到了良好的效果；三是地方高速公路建设指挥部与相关部门、乡镇和施工单位建立了联席会议、协调会议制度，针对征地拆迁和工程建设中的相关重大问题，定期或不定期召开协调会议予以解决，有力地支持了工程建设的顺利进行。

## 4 结语

高速公路是国家重要的交通基础设施，重庆市的高速公路建设事业方兴未艾，任重道远。每一条高速公路建设都要发生大量的征地拆迁任务，要确保征地拆迁工作的优质、高效，必须认真分析总结征地拆迁中出现的各种问题；加强政策研究，创新工作机制，积极推行人性化拆迁，实行阳光操作，强化地方政府职能作用，严格补偿标准，加强宣传工作，切实维护群众合法利益，让征地拆迁不再成为群众之忧，而成为群众之喜，那么征地拆迁工作就会得到群众的理解支持，按期交付建设用地和维护正常施工秩序就会得到保障。

# 试谈企业在贯彻执行 ISO 9000 族标准中如何管理文件与档案

陈海岚

(重庆高速公路集团有限公司 重庆 401121)

**摘 要**:简述了质量体系文件的内容,控制流程,提出了质量体系文件管理的具体要求。

**关键词**:ISO 9000 档案管理 文件管理

## 1 引言

ISO 9000 族标准,是国际标准组织质量管理和质量标准化技术委员会推出的一种关于质量保证技术实践的国际标准,它反映了当代社会对一个企业质量管理和质量保证的基本要求。企业如能建成符合标准的质量体系,就要以此作为向顾客提供满意产品的客观证据,这个证据就是企业拿到 ISO 9000 族质量认证书。因此,具有远见的企业必须顺应国际发展的趋势和潮流,率先掀起贯彻执行 ISO 9000 族标准和开展质量体系认证工作。

## 2 质量体系文件在贯彻执行 ISO 9000 族标准中的地位

企业在贯彻执行 ISO 9000 族标准中,必须把企业管理工作纳入制度化、标准化和规范化,就要求形成一系列关于质量管理的质量体系文件,关于管理工作的每一个环节,就要求按质量体系文件来执行,即"质量保证、文件先行"。因此对质量保证体系文件,要有严格的控制。那么什么是质量体系文件呢?它涉及企业质量管理工作的全面系统的规定性及正式文件的总称,它是企业质量体系设计的文件化的体现,它是企业开展质量管理的法规性文件,要求企业有关部门岗位理解并认真贯彻执行,从而确保质量体系的有效运行,可以看出质量体系文件在整个贯彻 ISO 9000 族的过程中的地位是十分重要的。

## 3 质量体系文件的内容

质量体系文件的内容按层次分为三个层次:(1)质量手册(层次 A),按规定质量方针和目标以及适用的 ISO 9000 族标准描述质量体系;(2)质量体系程序(层次 B),描述为实施质量体系要素所涉及到的各职能部门的活动;(3)其他质量体系文件(表格、报告、作业指导书等)(层次 C)。

按种类分为:

(1)质量体系文件;

(2)设计图纸性文件;

(3)标准规范类文件;

(4)与本企业有关的各类支持性文件、各类专项计划;

(5)施工技术性文件;

(6)与本企业有关的各类合同性文件。

党群系统的文件及其他与质量管理无关系的文件,不在此范围内,应与其严格区分开来。

## 4 质量体系文件管理要求

要求严密的控制程序,其流程图如图 1。

通过对文件和资料的控制管理,使所有质量体系运行起重要作用的各个场所得到相应有效的文件,防止采用已作废的文件;各职能部门负责本系统内相关质量技术相关质量文件的拟制、更改和管理工作;文书处理的部门负责文件的收发、登记、编号、缮印、传递、归档、保管、处置等工作。具体要求如下：

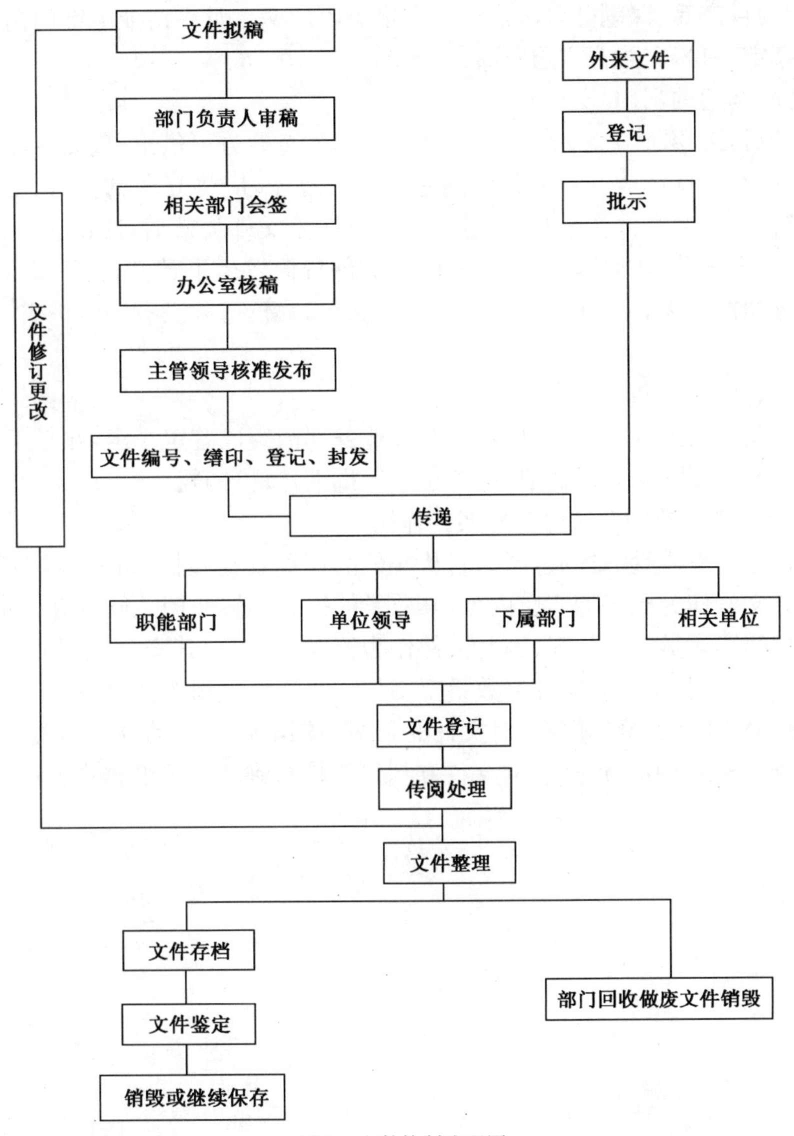


图 1　文件控制流程图

(1)当质量要求或生产条件发生变化时，为保证质量体系的有效运转、文件和资料应作相应的更改修订；任何更改和修订必须由文件和资料的原审批部门进行，当出现特殊情况必须由另一部门审批时，该部门应获得有关的依据和背景资料。更改修订前应由文件修订部门填写“文件修订通知单”，任何更改修订文件和资料均应标明更改性质。更改修订文件发放前首先由原文件发出部门确保对旧版的及时、准确无误回收，填写相应的“受控文件回收登记表”。由部门对回收的旧版进行相应处置：

①对于作废的法律法规、为积累知识或其他目的而需保留的任何作废文件和资料均应进行标识。

②其他无需保留的作废文件进行统一销毁，并由文件管理部门填写“文件作废通知单”，由销毁部门填写“文件销毁单”。

(2)有关部门和人员需要对文件和资料进行查阅或临时借用时，需经原审批部门同意并办理相关的登记手续，填写“文件借用登记表”。手册和程序文件不宜复印，其他文件的复印应有批准手续并按文件和资料发放规定进行标识和登记，文件和资料办理完毕后由业务部门整理立卷，填写受控文件清单，交档案室进行分类、归档和保管。由以上内容可以看出，在贯彻执行 ISO 9000 族标准工作中，文件的产生——运行——管理都有严格的控制，每一个环节都要求相应的“接口”与之相匹配，从而文件运行的各个环节都有相应的负责人把关并签字，给文件的运行提供良好的通道。

(3)质量体系文件属于文书文件的,应于第二年六月底以前同其他文书文件一起由业务部门立卷归档。属科技档案的,按工程项目产品、课题分阶段或全部鉴定验收后两个月内由业务部门向档案室归档。归档时将受控文件清单交档案室一份,交接双方履行签字手续。

(4)质量体系文件归档后的利用

质量体系文件归档后,借用时须经文件形成的业务部门同意后方可借出,属质量体系的文件原则上不得复印。确实需要复印的,经文件形成的业务部门同意后方可复印,应将复印的文件加盖“拷贝”和“受控”印章,对复印分数进行登记。以便文件作废时回收彻底,质量体系文件失效后,应由文件形成的业务部门及时通知档案室,在试销文件上加盖“作废”印章。但此时该文件价值发生了转变,已不属于现行有效文件,文件的行政功能和技术指导功能消失。只能作为非线性文件保存,其价值并没有完全消失,文件仍具有凭证作用和参考价值。

(5)质量体系文件归档后的销毁

对到期的质量体系文件所形成的档案,由档案室和业务部门组成鉴定小组,在总工程师和机关办公室主任的领导下进行鉴定。鉴定工作结束后造册,报单位领导批准,方可销毁。

(6)贯彻执行 ISO 9000 族标准对文件与档案的作用

①文件的规范化促进档案质量的提高,因为它从文件的拟稿直到归档,每一步都有章可循,因而来说文件的质量得到了保证。文件作为档案的实质内容,其质量的提高必然使档案质量进一步提高。

②各业务部门兼职档案人员责任心强,因此文件作为档案的前身,其安全性得到了进一步保障,因为对文件的印制份数都要严格控制,发出去文件的数量都要与收回的数量相吻合,除要归档的文件都要销毁。

③各职能部门责任分工明确,接口严密,对文件的到期归档增强了主动性和自觉性,有利于档案归档的按期进行。因此,在贯彻 ISO 9000 族过程,对文件和档案工作起到了很好的推进作用。

# 浅析统筹城乡发展中重庆高速公路建设用地问题及对策建议

刘宗强

(重庆高速公路集团有限公司北方建设分公司 重庆 401121)

**摘 要**:阐述了高速公路建设在重庆统筹城乡建设中的重要作用,对重庆高速公路建设用地过程中的困难和矛盾进行了分析,针对用地难结合高速公路建设的实际情况,从政策制订、征地资金、就业安置等方面提了一些解决思路和对策。

**关键词**:统筹城乡 高速公路征地 问题及建议

## 1 引言

2009年2月5日,中国政府网、新华网分别在头版头条全文刊发了国发[2009]3号文——《国务院关于推进重庆市统筹城乡改革和发展的若干意见》(简称《意见》)。《意见》指出,重庆市是中西部地区唯一的直辖市,是全国统筹城乡综合配套改革试验区,在促进区域协调发展和推进改革开放大局中具有重要的战略地位。《意见》第六条"加快基础设施建设,加快城乡发展能力"中特别强调,"应加快综合交通运输枢纽建设,完善综合交通运输体系,尽快建成长江上游地区综合交通枢纽……"除强调需加快铁路建设外,也特别强调应加快高速公路建设:"加快重庆辖区国家高速公路网络建设,稳步开展地方高速公路建设,加快建成'一环两射一联'市内高速公路骨架,国家和省级干线公路达到三级及以上标准,实现'四小时重庆'和"八小时邻省"的公路通达目标。"因此,高速公路建设在实现长江上游地区综合交通枢纽的作用尤为重要,要加快高速公路建设,首先应解决高速公路用地问题。

## 2 重庆高速公路建设用地情况

直辖设立之初,重庆市提出"5年变样,8年变畅"的奋斗目标。2001年,重庆市提出建设"8小时重庆"和在2020年建成"二环八射"骨架高速公路网。2002年,重庆市又进一步提出打造长江上游交通枢纽,将"二环八射"规划提前10年完成,即在2010年前建成2 000km高速公路骨架网络。2 000km高速公路建设后,重庆还有3 000km建设规划。

要探究高速公路"用地困难"的成因,需先了解一下用地情况。高速公路属带状走向,涉及的区县较多、用地量大,建设过程中随时出现滑坡、变更等现象出现不可预见性的用地。据初步统计,已建成通车的成渝、渝长等高速公路用地5万亩,经对2006年重庆在建项目的外环高速、渝湘高速、万宜高速等统计,用地量为13万亩,平均每公里用地115亩,而国家给重庆的用地指标:2006年为6.615 0万亩,2007年建设用地指标为10.5万亩(其中农用地指标为67 500亩),因此,重庆其他项目两年不新征用地的情况下,需拿出两年的国家下达指标才能满足在建高速公路用地需要,可见,高速公路具有"先天性"的用地难问题。

## 3 高速公路用地困难原因分析

高速公路建设需使用国有和集体两种类型的土地,其中,集体土地又分为征收和临时用地两种方式。

《国土管理法》对高速公路在占用国有土地方面有一定要求,第五十四条规定对能源、交通、水利等基础设施用地经县级人民政府批准可以以划拨方式取得。第五十八条规定对公共利益使用土地的可以回收土地使用权并适当补偿。因此,高速公路在使用国有土地上明确界定了取得方式,但对补偿方式未进一步明确操作性不强。但在使用集体土地方面,存在以下困难。

(1)公路占建设用地指标指标相对较大产生供需矛盾,造成供地困难。

重庆作为最年轻的直辖市,具有大城市带动大农村的特点,一方面需完善和加强城市中心区域的基础设施和城市改造建设,另一方面城市建设需辅以农村发展。因此,中央政府予以重庆市的用地指标总体有限,随着统筹城乡新一轮的规划及发展,重庆除应加快原先的规划实施外,在城乡统筹发展过程中一些新的尝试和举措会占用更多的用地指标。高速公路建设用地量极大,无疑会占用重庆大量的用地指标,“十一五”规划国家给重庆的用地指标约 30 000 公顷,高速公路需使用 9 000 余公顷,占 30%。如高速公路过分使用土地指标,则城市建设及重庆其他基础设施建设将会受到调控,会对重庆城乡统筹发展造成极大的制约。

为减少用地指标,市政府办公厅渝办发(2008)231 号文规定,将高速公路建设涉及到的建设管理用房、拌和场、取弃土场、施工道路等按临时用地办理,还规定临时用地支付复耕费、构附着青苗费、地上管网及房屋拆迁费,由于工程建设使用后大部分土地按现有复耕费标准根本无法达到复耕条件,加之前两项费用与征地补偿标准差价较大,又与《国土法》第五十七条规定“土地使用者应当根据土地权属,与有关土地行政主管部门或者农村集体经济组织、村民委员会签订临时使用土地合同,并按照合同的约定支付临时使用土地补偿费”要求有些不一致,造成临时用地使用面临巨大困难。

(2)高速公路用地未纳入土地利用总体规划,导致用地难。

重庆统筹城乡的任务之一就是增加交通枢纽功能,高速公路网的完善是密不可分的。但遗憾的是,重庆绝大多数区县在土地利用规划中,未对高速公路用地进行规划。笔者参建的渝湘高速公路所经过的武隆、彭水、黔江和酉阳,在办理土地报建手续时的前提就是对原有土地利用规划全部进行调整,除费时费力调整了当地原有土地利用布局之外,更重要的是因为高速公路用地必须能动用原规划用于其他建设的用地指标,打乱了原有的建设用地方案,既影响当地建设与发展,又会对高速公路用地带来困难。

(3)征地政策对高速公路用地无明确定位,导致征地困难。

《土地管理法》第五十四条规定“建设单位使用国有土地,应当……但是,下列建设用地……可以以划拨方式取得:……国家重点扶持的能源、交通、水利等基础设施用地;……”第五十八条规定“有下列情形之一的,……可以收回国有土地使用权:为公共利益需要使用土地的;……”因此,如果高速公路属公益事业或公共利益建设范畴,则仅是在使用国有土地时有对原使用者的收回权,对征用集体土地无明显的举措,高速公路及交通建设征地在政策支持方面很局限。

(4)高速公路建设过程中新增用地的不确定性,导致增手续难。

重庆属山陵重丘区域,受地形条件及地质条件影响,公路修建高挖高填及桥隧道比例较大,修建过程中对开挖不易防护、对滑坡不易治理、对隧道洞身情况不易探测,各种因素变化均可导产生新增用地,工程建设不能停止与建设急需新增用地的矛盾突出,但新增用又频繁发生,具有量多点广的特点,不能及时申报用地手续,或进行申报后又不能及时审批,新增用地与不能及时取得合法手续的矛盾特别突出。

(5)高速公路征地资金短缺,补偿兑付困难。

随着城乡统筹发展的需要,高速公路征地后对农村及农民既带来了发展的长久希望,又带来了征地后对村社短期发展及被占用地农民生产生活的影响,特别是短期影响主要是通过征地政策进行调整规范,征地政策一方面体现在调高征地补偿标准,另一方面体现在对失地农民政策优惠方面。征地补偿标准调高,意味着高速公路在资金原本紧张的情况下,要求投入更多的资金,易出现征地资金短缺。

(6)高速公路征地后易造成农民失地失业,征地实施困难。

高速公路具有线路长、路基宽的带状特点,经过区域集中占用在少数土地承包户头上,特别是互通式立交占地量更大,失地人员更多,这部分被征地的农民的大部分土地被占用,少部分土地又在耕种,面临既失地又没有失地的尴尬境地,失业后的无法选择恰当的就业方式或出现失业。

## 4 对策及建议

(1)重庆市人民政府应以统筹城乡为契机，力求中央政府将高速公路项目的用地指标纳入国家统一考虑，或将高速公路用地指标单独核定。

《意见》中指出“在近期新增建设用地总规模不变的前提下，试行近两年增加土地利用年度指标、后几年相应减少年度指标的管理方式。积极推进征地制度改革”。被为用地指标不足问题已有明确答案，但笔者认为仍有不足。

按照现有的征地政策规定，高速公路项目不管是国家立项或当地政府立项，项目用地只能占国家核定给当地人民政府的有限的地指标。如其他项目占用造成用地指标不足时，高速公路征地就会被卡壳。因此，如果国家对高速公路项目规划或立项时，将公路用地量核算后纳入规划或立项时一并考虑，达到土地指标与项目指标同时成立；或者是公路规划或立项后，争取中央政府将公路用地指标核发给重庆市，并要求重庆作为修建高速公路专用。这样，高速公路修建所需土地不会占用本市其他建设所需用地指标，既保证了高速公路用地需求，又保证了其他工程建设用地需要。

(2)把高速公路纳入全市土地规划范畴并加强高速公路土地储备制度。

土地储备具有以下作用：①是具有建设用地保障功能。要保证高速公路建设顺利实施，留足发展用地尤为关键，高速公路用地有规划、有储备，可使公路建设不再因土地“卡壳”。由于重庆现有土地规划，仅仅是按土地用途规划了建设用地、农用地等项目用地，对高速公路等基础设计建设用地无具体规划，不但是规划不能满足公路建设需要，而且更不能达到土地预期储备的效果。结合重庆实际情况，建议成立省级高速公路土地储备制度，根据高速公路的建设计划，由市政府授权的土地储备机构提前 1～2 年预先征用储备，避免项目用地时受土地供应指标限制出现的无法征地的现象，避免突击征地引发抢种、抢建和人为抬高地价等问题，可最大限度的减少土地成本和保证建设用地。

②是融集资金的平台。重庆市高速公路建设资金缺口较大，加之“十一五”规划中，高速公路建设项目，资金需要量巨大，财政难堪重负。据笔者对再建高速公路项目的了解，市政府渝府发(2005)67 号文颁布实施后，单是政策调增的征地拆迁安置补偿费缺口就达 20 余亿，高速公路征地在城乡统筹中单全现在征地费方面也会增加建设资金。提高交通规划中的高速公路需征用的土地进行储备，肯定是一个很好的融资平台。海南省用土地的预期受益作为政府融资信用担保，通过土地受益权质押贷款筹集资金形成了政府最佳融资模式。笔者认为，通过土地储备融资既能获取资金保证建设，又可避免违反国家调控政策。

③从政策层面定位高速公路等基础设施的征地程序，以便实施征地。我国的土地公有制包括通常所说的国有土地和集体土地两部分，《土地管理法》第二条第四款规定“国家为公共利益的需要，可以依法对集体所有的土地实行征用”，这就将集体土地转为国有土地，这就是我国的土地征地制度。这种制度是在高度集中的计划经济时代形成的，当时对于保证国家建设起到了积极作用，但随着社会经济发展，这个制度的弊端日益显现，高速公路征地在实施过程中也相当困难。

首先，《土地管理法》规定，“国家为公共利益的需要”就可以征用集体所有的土地，其中对“公共利益”的界定不明，实践中演变为几乎任何单位建设都可以征地土地，由于重庆的高速公路都属收费路，反而容易理解为不属公共利益，或公共利益的成分不足，征地时各级部门的认识程度不同，造成征地实施困难。

其次，《土地管理法》规定，建设征用土地时，由用地单位和被征地单位签订征地协议，经有批准权的人民政府批准后，用地单位取得土地使用权。这一规定混淆了土地征用和土地使用的法律性质，造成了人们一种对土地征用权的错误理解，认为征地不是政府行为，而是建设单位和农民集体所有者之间磋商达成的合同关系，只不过这种合同关系需政府证明而已。这种法律性质和法律地位上的错位，一是建设单位与被征地对象讨价还价，二是政府管理部门袖手旁观。

另外，结合高速公路征地涉及区县较多、如市政府没有专门组织机构统一实施征地，则在征地行为的理解、执行、贯彻等方面会出现不同意见，行为可能不一致，导致征地实施难。

因此，高速公路等公共利益项目应在“公共利益”中明确定位(达到防止可能出现的随意解释导致土地征用的滥用),明确操作步骤和程序,应是高速公路征地必要的政策保障。

④对高速公路建设过程中因滑坡治理等工程变更出现的新增用地允许先用后征。高速公路呈线型走向,以带状向前延伸,所经过区域地质状况彼此不同,不确定因素较多。因此,修建过程中频繁出现滑坡、填筑材料更换、占用地方道路恢复等工程变更必须使用的新增用地,此类用地具有零星、频繁、周期长、不确定、不能预期、同处反复等特点。重庆属山陵重丘区域,根据渝湘高速公路酉黔、黔彭、彭武200km高速公路用地情况统计,此类地占工程用地数量达135余宗约600亩,占全部用地的3.3%,时间涵盖全部建设期。如果按现有征地政策规定的先征后用原则,就会出现频繁申报用地,报建期间应停工等待,试想一条200km长的高速公路为3.3%的道路出现135处停工待地,会对工程建设造成多大的损失?按10宗地一报最快为6个月的办理周期计算会对工程工期耽误很长,工程建设陷入两难境界。如先占地施工违背法规,如征地后施工损失巨大。笔者认为对此部分用地应在政策层面予以特殊对待,为防止用地单位滥用“尚方宝剑”,可在《公路建设项目用地指标》中进行量化控制。

(3)以统筹城乡为契机,以土地为载体多渠道筹集高速公路征地拆迁资金。

《意见》指出,“按照依法自愿有偿原则,允许农民以转包、出租、互换、转让、股份合作等形式流转土地承包经营权……”。前面提到土地储备具有融资功能,属“土地银行”,除提前对高速公路用地进行储备可筹集征地拆迁资金外,还可以从以下几方面筹集征迁资金:

①土地入股。就是将需征用的土地通过土地股份合作制的方式组织起来,承包户以承包的土地加入成为股东,入股的土地实行保底分红和效益分红的两种分配办法。土地入股不但解决普遍存在的廉价征地的不公平、补偿费过低等问题,更重要的是解决了短期内征地资金短缺问题。但重庆高速公路盈利周期长、成本回收较慢,如土地入股长期不能分红,则易出现社会问题。

②土地债券。就是将需征用的土地按现行征地政策测算出补偿费用后,根据承包户被占用土地的数量按比例分配债券,债券利率可高于银行利率,债券可流转。很明显债券分配不但可解决征迁资金困难,而且可根据高速公路经营情况控制债券持有时间和利率,农户也可随时将债券通过流通变现。因此对高速公路征迁资金筹集、减少征地摩擦、筹资形式稳定等优点,值得推广。

③政策支持。在确保被征地对象的所有征迁补偿安置费足额支付的前提下,对国家政策性收费项目和纳税项目由市政府制订专项政策予以免缴、少缴或缓缴。市政府在财政政策和税收政策等方面实行优惠的专项规定仍需持续。

统筹城乡实践中,高速公路通过以上方面的实践,一方面可最大限度的解决征迁资金紧张的窘迫状况,另一方面可更大限度的支持高速公路征地群众在统筹城乡过程中的发展和保障问题。

(4)做好高速公路征地群众的就业安置工作,让失地农民安居乐业。

前面提到高速公路征地通过“土地入股”、“土地债券”等形式为被征地农民的提供了生活保障,但这两种方式与公路经营状况有着密切关系,如需分配较好的红利则等待期限较长,不能保证有较规律、较稳定的生活轨迹。因此,需对失地农民提供切实可行的就业保障:

①继续积极稳妥的解决失地农民的社会保障及最低生活保障制度。重庆市人政府渝府发(2008)45号等文件对被征地农民的社会保障和最低生活标准作了明确的规定和要求。规定“被征地土地补偿费总额的80%首先统筹用于被征地农转非人员参加城镇企业职工基本养老保险,……其余20%支付给被征地农村集体经济组织……”身份转变的同时生活有了保障,对顺利实施征地有了较大的帮助。

②引导被失地农民通过各种方式就业,减少征地后的失地落感。可采取政府扶持、部门协作、高速公路建设方支持,积极引导和扶持农民工培训工作。通过建立农民工培训基地、建立健全因征地后农村富余劳动力转移就业培训网络;加强服务区的社会功能把副产品集散功能体现在服务区的实用功能中,对带动农业产业发展,形成产业链后对促进被征地农民就业和创收便有不可估量的作用;高速公路本身应尽可能的提供就业岗位给被征地农民,针对被征地农民具有勤劳苦干、不怕脏、不怕累的吃苦精神,可适当安排一些易学易懂的岗位提供就业,如公路清洁卫生、加油站服务员、服务保洁员、收费服务员等等。

③结合当地路网规划,将工程进场便道纳入统筹城乡建设促进农村发展。为满足高速公路建设运输需

要，每条高速公路均修建得有专门的进场道路，可以把以前单一的满足工点建设的道路结合农村发展的需要，将土道建设纳入乡村道路规划，将道路建设等级适当提高，将道路网点适当增多。重庆高速公路在这方面有一些尝试，彭武高速公路和黔彭高速公路修建，80％部分均结合渝东南地区及武陵山少数民族地区山高路陡的特点，根据当地的需求进行统筹考虑。彭武路长滩3号便道经过彭水火车站，该便道修建后不但满足了高速公路建设需要，而且是连接火车站的唯一道路，为此，在便道建设时就把原先的四级道路标准提高到三级建设并硬化了路面，这样的举措使当地群众相当感动，便道建设需征用原本稀少的土地和拆迁密集的房屋，700m道路计划用6个月征迁，结果仅用了2个月完成。

(5)在强化临时用地使用范围的同时适当调整临时用地使用标准或将部分临时用地纳入土地储备。

对公路正线建设外的弃土场、便道等临建工程用地按临时用地办理，可减少建设用地指标，节约征迁投资。但土地使用后复耕困难和土质的变化，补偿标准偏低等现实情况，导致临时用地比征收使用还要困难，同时，《国土管理法》只是规定“……会签订临时使用土地合同，并按照合同的约定支付临时使用土地补偿费”，对补偿标准没有明确规定。笔者认为，临时用地可按两种方式处置：一是到期后归还原使用人的土地，按征收标准补偿，但人员安置基数应大幅度减少或不安置；二是对具有土地储备功能的土地进行征收，补偿临时用地与征收补偿之间的价格差，土地征收后通过通过土地储备弥补公路征地资金的不足。

总之，高速公路在重庆统筹城乡建设中具有举足轻重的作用，高速公路建设用地中已经体现出各种矛盾，市政府虽然制订了相关优惠政策，但仍需各方重视尤其是中央政府的支持。同时，高速公路征地关系着群众的切身利益，在征地过程中坚持以人为本、和谐拆迁，会减少相当多的用地矛盾和问题。

# 浅谈试验检测工作在工程质量控制中的重要性

王佳梅　胡　晓

(重庆高速公路集团有限公司北方建设分公司　重庆　401121)

**摘　要**:针对当前工程质量问题,从试验检测的角度,分析原因,对今后搞好工程质量检测的办法及其对策,提出建议。

**关键词**:工程　控制　施工　质量　试验检测

## 1　引言

“九五”、“十五”以来,随着国民经济的突飞猛进,重庆市交通主管部门亦抓住机遇,大力发展公路建设,并取得了长足的发展。高等级公路发展迅猛,至 2009 年底,重庆市高速公路通车总里程已达到 1 577km。但在我市公路建设进入“黄金时代”并取得巨大成绩的同时,有些地方也曾出现一些足以引起公路部门高度重视的工程事故,桥梁坍塌,路面破坏,工程缺陷……,事故发生频繁,工程质量令人担忧。究其原因,应该说是多方面的。但其中有一个重要原因是有些施工单位忽视了工程质量管理。也就是说在施工中没有切切实实建立一套较健全且完善的工程质量保证体系和质量管理制度。在从事公路建设的施工队伍中,有相当一部分施工队为非专业队伍,资质低,技术管理水平低下,质量保证体系不完善,质量意识薄弱。有些工地甚至连最基本的质检人员和试验检测设备都没有……所有这些使得工程质量管理失控,最终导致了工程质量事故的发生。

基于上述原因,为了适应我市高等级公路高速发展的需要,我市交通主管部门加大力度,加强质量管理,制定了一系列切实可行的质量管理措施,一系列措施法规的出台,进一步规范了我市公路工程建设市场,加强了我市公路工程质量管理,确保了公路工程质量。本文就工程质量管理这个主题,以公路工程试验检测为切入点,从工程质量检测手段的角度,简要分析探讨一下在当前公路建设形势下,如何切实加强试验检测工作,以提高公路工程质量的一点浅见。

试验检测是进行公路工程质量检测的一种有效手段。这项工作的目的是通过对某个产品或工程项目的检测,根据其检测的结果来判断工程质量或产品质量是否符合现行有关技术标准的规定。试验检测贯穿于工程建设的各个阶段之各道关键工序之中并具有不可替代的作用。准确的检测数据是科学、公正评价工程建设质量的基础。而如何运用科学、真实的试验检测数据指导工程建设和管理工作,真正做到“用数据说话,用科学的数据为工程建设质量保驾护航”,已是摆在我们面前的重要课题。道路工程试验检测工作是工程质量管理中的一个重要组成部分,同时也是公路工程质量控制评定验收的一个主要环节。一个产品或一项工程质量的好坏必须依靠试验检测这种手段得以实现。

## 2　试验工作的重要性

### 2.1　保证了工程的质量

试验工作严格控制了原材料、半成品、成品的质量。每道工序的质量都最终通过试验取得的数据来评定。开工前对原材料的检查,就要看材料的各项试验数据是否达到设计或者规范的要求——对水泥一般要进行标准稠度、凝结时间、抗压和抗折强度试验,砂石材料的级配是否满足施工要求。对每道工序的验收就是根据试验数据是否达到规范要求来进行。试验数据是否准确、是否具有代表性等往往影响着工程质量的评定结果。通过必要的试验检测,可科学地评定路用各种原材料及其成品、半成品材料的质量好坏。有了这套有效科学的测试手段，对于任何一种材料均可通过对其规定性能的相关检验，从而评定其产品是否合格。这对于合理地应用材料，提高工程质量是非常重要的。

### 2.2 保证了工程进度

试验工作抓的快慢也影响着整个工程的进度，如各种工前的标准试验是否完成，直接影响到相应施工段施工能否按期进行。如果试验工作扎实而有条理，一切按规定的时间要求完成，既可以提高工作效率，又可确保工程按进度计划合理组织施工。

通过试验检测，能充分利用当地出产的材料，便于就地取材。譬如建设地点的砂石、填料等等，可借助试验检测这种有效手段，以确定上述材料是否满足施工技术规定的要求。就地取材，缩短运距，节省时间，降低工程造价。

通过试验检测，有利于推广新技术、新工艺和材料的应用。及时有效地对某一新材料、新技术、新工艺进行试验检测，以鉴别其可行性、适用性、有效性、先进性，从而为工程施工积累经验教训。这对于推动施工技术进步，提高工程进度，质量等将起到积极的作用。

### 2.3 保证了资料的完整性

通过试验检测能合理的控制并科学的评价施工质量。一项工程质量的好坏，包括施工过程中的质量控制、竣工后的评定验收。试验检测无疑是一种科学有效的方法和手段。

道路工程施工项目多，试验结果记录特别多。如在土、水泥稳定碎石基层施工中，对每个结构层都需要检测其压实度、厚度、弯沉值等数据。在工程竣工时，这些试验数据就是验收的依据，因此对试验数据要整理完整、齐全，并要分类、编号、归档。

## 3 提高工程质量的措施及途径

### 3.1 制定详细的试验检测计划

建立试验台账。即能够对于合同段工程验证试验、取样试验的数量和频率进行统计和管理，便于查询的试验数据系统，并达到合同和规范的要求。试验台账建立要项目清楚、数量准确、频率满足规范要求。试验统计台账必须利用微机按统一格式建立和管理，并能随时提供检查和汇总。

### 3.2 施工控制参数的确定

施工过程中，应借助试验检测手段，严格把好关键环节。施工控制参数，通常是指一些能够指导施工，控制施工质量的关键数据。譬如填土最佳含水量和最大干密度，这两个参数是路基填土中指导施工，控制压实质量的关键参数。这些参数确定的准确与否，将直接影响路基工程的质量。所以在借助试验检测这种手段进行参数确定时，应认真对待，严格遵照试验检测规程，并力求消除试验误差，提高试验精度，以确保试验数据的准确性，可靠性。在试验室的各项试验中，最大干密度试验和混凝土的配合比试验，处在比较重要的位置。这些试验都应在项目开工之前就做好，其试验结果将直接指导施工，是影响工程质量的关键因素。因此，在做这些试验时，要特别谨慎小心，必要时要多做几组试验，才能和实际施工条件相吻合。

### 3.3 现场施工过程质量控制

在施工过程中，工程质量的控制主要包括施工单位自检，监理抽检，政府监督等环节。首先，对于施工方，要建立起一套较为完善的试验检测制度，建立工地实验室，并配备相关试验检测人员，专人负责，专职质检，坚持“自检”制度。对于监理方，要真正落实“事前”“事中”“事后”三层监理，特别是“事前”监理，要防患于未然，发现问题，及时解决。在监理过程中，要充分利用监理中心实验室的有关试验设备，以试验检测作为一种有效手段，严把质量关，从而起到控制施工质量的目的。对于监督方，要真正发挥作为政府监督职能的作用，及时抽检，及时验收评定。发现问题，及时化解。抓典型，树典范，维护政府对公路工程质量监督的严肃性、权威性和公正性。

另外,工程质量的许多问题,都是通过现场的跟踪检测、检测发现的,要做好现场检测,试验人员就一定要做到腿勤、眼勤、手勤,即勤跑工地、勤观察、多做试验。在施工现场不仅能发现问题,更要能解决问题,让质量事故的苗头在萌芽状态就被消灭掉。试验人员要在施工现场配合现场管理人员督促施工人员按规范施工,并随时抽查。如拌制混凝土时砂石料、水的称量是否准确,现场原材料含水量的检验是否按要求进行等。

### 3.4 工程材料质量的控制

工程材料的质量好坏,直接影响着整个建筑物质量等级、结构安全、外部造型和建成后的使用功能等,由于工程材料的质量低劣造成的工程质量事故和损失往往是非常严重并难以弥补和修复的。因此,工程材料的质量无论在建筑、安装行业还是交通行业均是一个至关重要的内容。对于工程所需原材料、半成品、成品材料(如填料、砂、石、水泥、钢筋、预制构件等),均应按有关试验检测规程,技术规定进行检验。经检验合格方可使用。不合格材料严禁使用。另外,对各种原材料除了要进行常规试验以外,有时还要进行一些必要的非常规试验,以确定该材料是否真正满足施工技术要求。在施工前,施工单位应向监理单位完整提供所使用材料的试验报告、出厂证明或质量证明书、合格证等资料。对于新采用的新材料、新工艺、新技术,也要严格按照技术要求先进行试验检测,经试验可行后方可推广使用,禁止盲目施工。

### 3.5 试验资料的收集与整理

每一项工程的竣工验收,一是验收外观质量,二是验收内业资料。而试验资料占据着重要的地位。建立试验室之初,就要选择经验丰富、责任心强的试验人员来进行试验内业资料的管理。建立试验台账,根据不同试验项目,分门别类进行管理存放,并做好试验仪器的使用维修记录、各种抽样试验的见证取样记录、按要求做好试验原始记录、保存原材料质量保证书、并根据施工时间、工序顺序,将试验资料归类装入档案盒,档案盒正面及侧面均标注明显标示等等。使试验检测工作有序开展,保证试验资料的清晰完整闭合。

### 3.6 提高完善检测人员与机构水平

(1)试验检测人员素质,技术水平有待提高。目前,各地施工单位技术水平不一,参差不齐,特别是试验检测人员匮乏,且素质低,甚至学非所用。缺乏一支业务素质较高的质检人员队伍,提高公路工程质量只能是一句空话。因此,针对当前存在的这种情况,有必要充实试验检测队伍,提高其整体素质和业务水平。具体做法可以引进,也可以选派人员到有关院校进行系统专业的培训。

(2)健全规章制度,完善质检机构和工程质量管理制度,是提高公路工程质量的一个重要保障。随着形势的发展,对于已不能适应公路建设的高速发展需要的一些规章制度,还有必要进一步完善发展,以便使公路建设单位做到有章可循,有法可依。另外,对于试验检测机构,应进一步严格管理,制定一套可行的管理措施,使质检机构逐渐规范化、专业化。交通主管部门对这些质检机构严格把关,坚持做到严格考核,严格审批,定期检查,定期考核。对于不合理质检单位坚决整顿或取缔,决不手软。

(3)进一步建立完善公路工程质量保证体系,增强工程质量意识。目前实行的是"政府监督,社会监理,企业自检"三级质量保证体系。各级质量管理部门应各司其责,按质量第一的方针和全面质量管理要求,采取切实有效的措施,不断提高质量管理水平。在实际工作中,应严格实行质量自检,加强质量管理和质量监督,逐步建立完善三级质量保证体系。其次增强建设各方面的质量意识,分工负责,责任到人,真正落实质量岗位责任制。

## 4 结语

(1)作为检测工程质量的一种有效手段,应对试验检测工作予以高度重视,禁止凭经验盲目施工,坚持以试验数据说话。

(2)一定要提高试验人员的素质,要有强烈的工作责任心和实事求是的精神,实行持证上岗。

(3)严格遵照试验检测规程,力求消除试验误差,提高试验精度,以确保试验数据的准确性。

(4)建立完善的公路工程质量保证体系和具有一定资质的试验检测机构,是提高公路工程质量的重要环节。

(5)试验室要按标准要求建设,试验仪器设备要配备齐全,使之更好地为工程服务。

综上所述,试验检测对于提高工程质量,加快工程进度,降低造价,推动施工技术进步,保证资料的完整,都起到了非常重要的作用。因此,加强试验检测工作,势在必行,务必引起高度重视。随着我市高等级公路的迅猛发展,质量是工程的生命已成为人们的普遍共识。作为检验工程质量的唯一有效手段——试验检测,不容忽视。因此,如何加强试验检测力度,提高公路工程质量值得广大同行共同探讨。上述浅见,旨在抛砖引玉。

# 重庆绕城高速公路换乘枢纽的运营管理机制与换乘衔接组织管理研究

郑 艳[1] 柴 娟[2]

(1.重庆高速公路集团有限公司 重庆 400042;
2.重庆交通大学管理学院 重庆 400074)

**摘 要**:本文首先从换乘枢纽的管理模式、运营管理理念、运营管理中主要的协调关系及其内容等方面,对换乘枢纽的运营管理机制进行研究,然后根据换乘枢纽衔接组织管理的目标和组织原则,分析了换乘枢纽内交通接驳方式的组织管理与不同交通方式之间的衔接组织管理,最后提出了一体化的换乘衔接组织措施。

**关键词**:绕城高速公路 换乘枢纽 运营管理机制 绿色交通理念 换乘衔接组织管理

## 1 引言

绕城(环城)高速公路在城市发展中的作用已经越来越显著,它不仅仅联结大城市内外部交通系统的重要枢纽,起着减少交通堵塞、疏导过境交通的作用,而且直接影响城市产业布局规划的框架,是促进城市社会经济发展的重要基础设施。另外还能促进沿线环带状产业带的形成,提升沿线产业带产业的层次,有助于"城乡统筹"规划目标的实现。研究服务于综合交通转换的绕城高速公路换乘枢纽的运营管理机制与换乘衔接组织管理,以更好地实现以绕城高速公路为界面的城市内外无缝衔接,对促进城市交通可持续发展具有重要的意义。

## 2 换乘枢纽的运营管理机制

### 2.1 换乘枢纽的管理模式

目前绕城高速公路沿线的换乘枢纽的管理模式正在探索,但多数是实行企业化经营管理即自主经营、独立核算、自负盈亏、自我发展、自我完善的管理模式。其具体形式主要有以下几种:

(1)公司化管理模式

这是一种换乘服务区经营的传统模式,由高速公路管理部门组建以经营管理服务区为重点工作的企业,对服务区实行系统化、专业化管理。

(2)承包经营管理模式

在合理确定利润水平的基础上,以一定条件实行承包经营,管理单位对物价、服务等方面实行严格控制,这种管理模式能大大提高公司的利润率。分合同段公开竞争性竞标,以利用高速公路服务区的网络和资信优势,通过引进先进的管理模式,统一标准,规范管理,全面提高换乘枢纽的服务质量和管理水平,创造良好的社会效益和经济效益。

(3)租赁管理模式

租赁管理模式即建设部门完成换乘服务区的土建和内部设施后,高速公路管理部门将统一规划建设的服务区设施在考虑到折旧、更新改造以及物价和服务等方面因素后,在较长时间内租赁给各个经营者,由经营者自主经营。

(4)专业的换乘枢纽服务区管理公司模式

按照连锁经营的管理模式,与专业的高速公路换乘枢纽管理公司达成协议,由其负责服务区的考察、调研、评估等,针对服务区所在区域的特点规划相应的经营战略,以解决服务区存在的突出问题,发挥连锁经营的优势，发展区域特性，实施系统化培训和激励机制以提升服务理念和服务质量，树立良好的品牌形象，扩大品牌的认知度、美誉度和忠诚度。

### 2.2 换乘枢纽运营管理重要理念

换乘枢纽的运营管理是一项极其复杂的工作，既包括国家事业性的管理又包括一般性的企业管理，因此其管理必须要以科学管理为依据，通过科学管理方法来保证公益性设施的服务质量和发挥经营性设施的微观经济效益。安全、服务、成本、环保是换乘枢纽运营管理的四大重要理念。

(1)安全是基础[1]

换乘枢纽运营安全管理就是把构成运营系统的人员、设备、信息、资金和环境等要素有效组织起来，实行整体、动态、定量的全方位管理，以求运营系统达到安全的最佳状态。

(2)服务是根本

换乘枢纽应满足乘客出行的基本需要：出行的全程速度、便捷的换乘、客观和心理上的安全度、有规律和周到的服务联系。

(3)控制成本、追求效益是核心

成本管理是运营管理的核心内容，换乘枢纽运营管理应通过控制成本，以提高经济效益、减少亏损和财政补贴。

(4)绿色交通理念是理想目标

绿色交通就是要发展多元化的交通体系，减少交通拥挤、降低大气污染、促进社会持续、公平发展、节省交通费用的交通运输系统。绿色交通是和谐的交通，是交通与环境、交通与未来、交通与社会、交通与资源多方面协调的交通体系。绿色交通理念是解决快速发展的交通需求与人们对健康需求的矛盾，是减缓环境恶化，促进社会可持续发展的理念。

### 2.3 运营管理中主要的协调关系及其内容

对于绕城高速公路换乘枢纽，由于是城市内外交通的衔接点，既服务于对外交通又服务于城市内交通，交通方式多样，要协调的关系多样。主要的协调关系和内容如表1[2]。

**综合交通换乘枢纽主要协调关系及其内容** 表1

| 主要协调关系 | 客运与各交通<br>衔接方式的协调 | 综合换乘枢纽内外<br>服务功能的协调 |
|---|---|---|
| 协调内容 | 各客运站的合理布局<br>运能的合理配置<br>接驳线路规模的确定<br>各场站容量规模的确定<br>站前广场交通流的组织<br>换乘、接驳模式的选择<br>站台的布置与建设<br>换乘通道的布置与建设<br>换乘诱导标志的布置<br>联运票价的制定<br>统一收费管理系统的建立 | 各客运站的合理布局<br>站前广场交通流的组织<br>站前广场合理规模的确定<br>站前广场功能设施布局<br>各交通方式接驳模式的选择<br>换乘通道的合理设置 |

换乘枢纽各种关系的协调统一对方便旅客出行、缩短旅客出行的时间、提高公共交通出行分担率、提高换乘枢纽的服务水平具有重要意义。

## 3 换乘枢纽内不同交通方式之间的衔接组织管理

### 3.1 换乘枢纽衔接组织管理的目标

总目标是使换乘枢纽成为某种程度的交通生活社区，即有便捷的内部衔接和清晰的通道指示；适当的商业消费和休闲娱乐设施；通过合理有效的交通组织管理达到运输服务水平的改善和交通系统整体效率的提高,构建"人性"、"高效"、"安全"、"环保",功能分离、管理同步、封闭人流、多方式和多层次的"一体化换乘衔接体系"。

### 3.2 换乘枢纽衔接组织原则

换乘枢纽内各种接驳交通方式都有其存在的合理性,要组织好换乘交通,保证各交通系统间的衔接协调,必须遵循以下原则:

(1)换乘过程的连续性[3]

交通工具之间相互顺利连接,旅客完成搭乘转换,应是一个完整连续的过程。换乘的连续性是组织换乘交通最基本的要求和条件。

(2)客运设备的适应性

应保证各交通方式的客运设备(包括各种交通工具的数量、客运站和枢纽中的站屋、站台、广场、人行通道、乘降设备、停车设施等)的运输能力相互适应和匹配;优化枢纽衔接设施、完善诱导系统,快速分流[4]。

(3)客流过程的通畅性

要使乘客尽可能均匀分布在换乘过程的每一环节上,不要在任一环节滞留、集聚、保证换乘过程的紧凑和通畅。

(4)换乘的舒适性和安全性

换乘过程的舒适、安全性不仅对乘客个人的生理、心理产生影响,同时也可能对社会产生意想不到的影响。过分拥挤和无安全感给乘客造成旅途疲劳,心理压力大,情绪烦躁,从而影响到乘客的工作、学习和生活等各个方面。

(5)一体化的服务原则

不同方式之间协调票价,建立优惠换乘价格体系,采用一体化自动售检票系统,方便乘客换乘。

### 3.3 枢纽内交通接驳方式的组织管理

(1)步行

步行是一种最基本的重要交通方式,人们出行不管采用什么交通工具都必须伴有步行,而且它是一种最有利于环境保护的交通方式。人行步道尽量与机动车流分道,除了满足客流集结和疏散要求,还要设置良好的导向标志、过街横道线和中央安全岛以及交通标识系统。此外,还应为方便残疾人出行设置无障碍设施。

(2)换乘枢纽内地面公交运营组织管理

轨道交通与地面公交是市内公共客运系统中最为重要的两大组成部分,只有两者相辅相成,紧密衔接,才能形成一个大众运输网络,以提供更快速、更方便、更有效率的大众运输服务。应从换乘枢纽内不同交通方式动态衔接的角度出发,对换乘枢纽内公交运营组织管理。

(3)小汽车组织管理

一个规划合理的换乘站点,停车场——换乘站方式是吸引客流换乘的有效措施。经济发展导致小轿车拥有量增加是社会发展的必然,日本的经验表明:在郊区轨道交通车站修建小汽车停车场,鼓励小汽车用户停车换乘进城,取得了一定效果。小汽车停车场可在高速公路沿线布置,鼓励外围居民换乘轨道交通进入主城内部。

(4)出租车组织管理

对出租车在高速公路沿线的换乘枢纽站点的运营,要合理引导,指派专人管理。由于土地利用紧张,停车场容量有限,对出租车必须严格管理,管理方式有两种,一是对出租车进站的管理,二是对出租车出站的管理。

(5)货车的组织管理

绕城高速公路换乘枢纽的主要目的是缓解市内交通压力,应尽量通过对货车,特别是大型货车做好组织管理,控制他们的进城率和进城时间段,通过合理的衔接组织,达到双赢的目标。

## 4 一体化的换乘衔接组织

### 4.1 一体化的换乘衔接组织原则

一体化的设计理念是换乘枢纽衔接组织的一个重要原则，该理念是指综合考虑不同层面的交通联系、疏解与引导功能，通过优化整合各类交通资源及对各类交通方式流线的合理设计，实现铁路、航空、水运、公路、城市轨道交通、常规公交、小汽车等交通方式中至少两种方式间实现无缝换乘。一体化换乘枢纽的规划建设，已经成为优化城市交通出行环境、缓解城市交通问题的关键环节。一般来讲，一体化换乘衔接组织应遵循以下几点原则：

(1)换乘距离最短[5]

布置枢纽时应尽量保证结构紧凑，充分利用空间，以缩短客流换乘距离，减少换乘时间，以满足中转换乘的方便与舒适。

(2)交通分流

实现交通分流的主要手段是通过平面流线分离设置和立体设计。流线设计与换乘组织应本着安全、高效、便捷的思想，充分考虑人在枢纽中进行换乘时的需求及心理特征；立体化设计理念的落实应以充分发挥各层面功能保证设施的高效利用为基本原则。

(3)与周边交通体系协调

通过各种交通方式换乘系统的合理布局，促进动、静态交通的均衡分布。枢纽的地理位置及其周边道路的疏解条件，设施配套情况应与枢纽的功能、规模、能力相适应；设施与导向系统的配套应充分体现人文关怀，保证人在枢纽内行动的舒适、安全。减少公共交通与其他交通方式的相互干扰，使居民的出行选择由低效的私人交通工具向高效的公共交通方式转化，实现道路网络运送人流的最大化。

(4)集中布置，统一管理

交通综合体系的建设应考虑将交通换乘与商业等功能相结合，在设计中应当通过潜在引导使得枢纽与相关物业相互带动，相互促进，并尽最大可能地充分利用地下空间，在控制地面土地利用规模的同时，创造通达便捷的集散吸引空间，结合周边条件刺激相关物业的开发。

(5)绿色交通方式优先

交通工具按绿色交通理念优先排列，依次为步行、自行车、公共交通、共乘交通、出租车和小汽车。[6]发展绿色交通，需要减少个人对机动车的使用，大力发展公共交通和轨道交通系统，改善机动车的排气和噪声，开发和使用低污染的新能源。

综上所述，绕城高速公路换乘枢纽的交通换乘衔接组织原则主要考虑两方面，一方面是物理上的一体化设计，即从布局上使换乘乘客的走行距离尽可能的短；另一方面是在运营管理上一体化换乘组织，使各种交通方式运能相互协调，使交通参与者最方便利用换乘设施。

### 4.2 一体化的换乘衔接组织措施

从一体化的角度，可以将枢纽换乘组织措施分为系统措施和细化措施。系统措施主要从规划布局角度考虑；而细化措施主要从建设和运营体系来考虑。

(1)系统措施主要包括：

综合换乘枢纽的合理布局；公共交通线网的优化设计；停车换乘系统的合理布局；小汽车和出租车停车场容量规模配置；货车停车位的合理布局。

(2)细化措施主要包括：

换乘联系通道的布置与建设；共用站台与换乘联系通道的布置与建设；站前广场等换乘设施的建设；增设信息诱导设施。在换乘枢纽站出口处设置信息诱导设施，并完善各种交通方式内部的诱导信息标志、标线，确保乘客进站、乘车、下车、离站的整个过程均能顺利且安全的完成，减少换乘的盲目性，提高枢纽换乘效率。[7]建立城市内交通和对外交通联运体系，包括联运措施的建立、联运票价的制定、联运利益的合理分配方案;建立城市内交通的通票体系,包括通票的发行、价格制定;停车优惠政策及安全管理措施。

## 5　结语

换乘枢纽是当前和今后高效、安全、舒适的现代化交通系统中的一个重要组成部分,对其运营管理机制和衔接组织管理的研究,不仅会缩短换乘旅客的步行距离和时间,而且可以提高乘客出行的便捷和舒适程度,对于城市交通问题的解决具有重要意义。[8]此研究体现了"以人为本"的原则,有利于"城乡统筹"综合运输系统的建设,以达到好的社会效益和经济效益。一体化换乘枢纽能够保障城市交通系统的高效运转,为广大出行者提供便捷、安全、舒适的换乘条件。

## 参考文献

[1]　朱咏辉.天津地铁运营管理理念探析[J].知识经济,2009,(14):2.

[2]　郭峰.城市综合交通枢纽的衔接换乘研究[硕士学位论文][D].武汉:华中科技大学,2004.

[3]　刘俊妮.城市铁路客运枢纽与道路公共交通衔接研究[硕士学位论文][D].西安:长安大学,2008.

[4]　王科.城市换乘枢纽交通组织方法探讨[J].科技创业月刊,2007,20(8):177.

[5]　王建聪.城市客运枢纽换乘组织关键问题研究[博士学位论文][D].北京:北京交通大学,2006.

[6]　沈沪瑛.论绿色交通管理理念[J].福建警察学院学报,2009,(1):52-54.

[7]　刘小丹,刘敏.综合客运枢纽内部换乘组织分析[J].交通科技与经济,2009,11(2):96-99.

[8]　林莉贤,李亚茹,葛亮等.常规公共交通换乘枢纽交通设计方法研究[J].交通标准化,2008,(2):173-176.

# 关于高速公路变更管理的思考

敬世红
（重庆高速公路集团有限公司北方建设分公司　重庆　401147）

**摘　要**：本文从需高度关注的几类变更进行阐述，分析了原因及对策，提出几点建议。

**关键词**：高速公路　工程变更

## 1　引言

重庆二环八射 2 000km 高速公路即将在今年实现全面通车，作为一名建设者倍感荣幸。参与了这样一场大建设之后百感交集，回头看看走过的建设路程，觉得有许多值得总结和思考的方面，在此主要针对如何作好工程变更方面的管理作一些探讨，希望能为下一个新开工的 1 000km 项目建设管理提供一定的参考价值。

一条高速公路的建设从开工到完工的 4 年时间里，几乎一直都会有变更产生，一项变更涉及金额少则几千元，多则上千万元，由此可见变更的产生直接影响了一个项目的造价投资，如各个环节控制稍有不严必将对国家建设资金造成巨大浪费。根据所管理过的几个项目的变更情况来看，一些具有普遍性的大宗变更项目尤其值得今后的项目高度关注。根据个人对所管理过的几条高速公路变更台账的各项目数据统计分析，可以初步总结如下 16 类值得高度关注的变更，它们均有如下共同特点：一是具有普及性；二是金额较大；三是人为因素很重；四是容易失控。

## 2　需高度关注的几类变更

（1）土石方调配变更（也称为借土填方变更）；
（2）非适用土的换填（也称为软基换填）；
（3）隧道围岩级别变更；
（4）边坡垮塌造成的变更（也称为滑坡边坡处置变更）；
（5）桥改路、路改桥；
（6）应沿线政府需求新增跨线桥及原有上跨桥的连接线；
（7）应沿线政府要求新增地方立交开口；
（8）便道的变更；
（9）因设计漏计工程量而产生的变更；
（10）垫层引起的变更；
（11）附属房建工程增加的变更；
（12）台背注浆引起的变更；
（13）绿化变更；
（14）征地拆迁包干费用以外的变更；
（15）标志牌的变更；
（16）与既有道路交叉增加措施费的变更。

## 3　产生变更的原因及对策

### 3.1　土石方调配变更

原设计对于每个合同段的土石方平衡应当有一个设计值，但实际施工过程中往往会增加借方量，这样势必会同时造成弃方量增加并同时伴有新增弃土场，造成这种情况主要有如下几个方面的原因：

(1)在本合同段内挖填调配之间有重要结构物如桥梁、隧道等隔断，结构物的工期自然比土石方工程进度慢，而之间又无必要连接通道，所以土石方平衡系统被一分为二，自然就打破了原有设计值。解决方法应该是招标阶段合理划分合同段，充分考虑结构物与土石方的工期协调性。

(2)有部分挖方量不适合填筑路基。解决此类问题应当在设计阶段作好沿线填筑材料的详勘工作，提供准确的材料土工实验指标，当遇到沿线筑路材料缺乏时，一定加强线外材料的勘察。

(3)设计原有计算有误。此类变更主要需加强设计方面的工作。

(4)施工单位未合理安排 96 区填料导致最后似乎缺方而要求借方。此类问题属于管理问题，监理和业主均应加强管理，不可违背合同。

### 3.2 非适用土的换填

在施工开始，随着清表工作的完成施工单位会陆续打报告要求换填软基，不论结构物基底还是路床封底都会出现大量的处理。如管理不到位，有时一个合同段都会造成上千万元的变更，所以该环节是需加强管理的重要环节，该变更造成的原因主要有如下原因：

(1)雨季开工，加上清表之后许多段落出现了饱水现象。

(2)设计方面对软基段落的勘察预估量不足。

这样会造成大量的抛石淤、桥台基础换填、涵洞基底换填等大项变更，许多承包人在投标阶段已预估到这类潜在的变更，所以这部分细目单价往往偏高，如果管理不严，结果会造成变更金额巨大。解决这类变更可以从以下几方面着手：一是选择最合理的处治方式，必要时请专家现场论证；二是确定合理的填筑速率；三是选好开工时间，充分利用晴好天气。四是可尽量采用红线内开挖大石封底，不需增加费用。总之加强管理是重中之重。

### 3.3 隧道围岩级别变更

目前施工的项目，绝大部分围岩级都发生了改变，而且都是变差，变好的甚少。目前一般的处理方法是以 10m 为一个变更单元，现场四方签字认可，但难免有些签字明显有后补现象，一个节段几十万元，一个隧道施工完累计变更可达千万元，如果再遇到发生塌方金额会更加巨大。产生此类变更的主要原因有：

(1)原设计勘察围岩地质不准确。

(2)施工单位不愿意报围岩变好的情况，如监理责任心不到位非常容易产生浪费。

(3)施工方法也很关键，由于施工方法不当而造成坍方反而还增加变更金额，无损失倒增加工程量，所以不利于承包人责任心的体现。

解决上述问题的方法是探索一种新的合同方式，充分调动承包人节约投资的主观能动性。比如在一定比例内变更包干的方式等，包干费用估足其合理利润，且充分调动承包人的积极性和主观能动性，在确保质量及安全的前提下，节约归己。

### 3.4 滑坡处治

滑坡出现主要有两大原因：

(1)设计原因：一是勘察设计单位未测出原本存在的地质灾害；二是选线不理想造成线路穿越鸡爪地形区域。

(2)施工原因：施工中由于不规范施工导致边坡开裂、沉降、滑坡等现象，其中比较典型的违规施工有未及时按设计实施防护工程、硬切坡脚、放大炮等情况，有些合同段滑坡处治过程中再次出现滑坡，主要原因还是责任心不强。因为现有的合同管理一定程度上被承包人钻了空子，挖垮了边坡反而有更大的经济利益空间，工程变更加大了，利润也提高了，因祸得利，机制上需研究调整，所以合同上需加大约束刻不容缓。遇到滑坡出现，果断取消原承包人继续在该段落施工的资格，并不予支付该部分挖方工程量，这样可以最大限度的增强其责任感。

关于实施方面可以探索面向社会采取施工设计总承包的方式，这样一是可以杜绝施工单位挖垮边坡反而得利的不良机制,二是可以最大限度发挥滑坡处治单位的技术优势,切实达到既能节省投资又确保边坡稳定。

3.5 桥改路、路改桥

这类变更的产生多数由施工方提出,从目前的总体情况看来,除了少数是由于原设计不当,更多的是利益驱使,如桥的单价偏低则想方设法桥改路,而桥单价高的则千方百计路改桥,现实中前者居多。需要特别注意的是有些合同段桥改路方案报出来表面上是节省造价,但往往在方案一经批准,该合同段上报借方变更,理由一般是软基、非适用土等原因,反正总能找出足够的理由。所以这一类变更原则上严格控制,不是万不得已最好不予批准。

3.6 应沿线政府需求新增跨线桥及原有上跨桥的连接线

这类变更主要由地方提出,本来修建高速公路应为地方服务,必需的连接线也该修,可目前存在的问题,一是时间跨度太长,从工程建设开工到通车前最后一天一直都有源源不断的需求,且不是每一项要求都合理,业主一直处于应接不暇的被动状况,由此常常打乱总体计划,甚至引发一些索赔;二是连接线长度越修越长,最长的达到几公里,导致费用过高,无限制的修下去费用处于不可控状态,且有些要求明显不合理。需要改进的也是机制,探索在特定的时间段内地方与业主共同认定一个关于连接线的总体设计,之后再有新的需求一律由地方从大包干费用中自行解决。

3.7 应沿线政府要求新增地方立交开口

这类变更几乎每条路都遇到过,费用巨大,一般都是涉及金额为几千万的变更,过去经常是在主管部门批复后与地方政府签一个协议由地方承担费用,迅速组织施工,一旦施工完成,地方的资金严重不到位,有的项目仅付了5%的费用,严重加剧了项目超概的风险。后来一些项目吸取教训,在协议上明确资金一次性到位且新增用地由地方无偿提交后方可实施,切实改变了不合理的现象,项目总投资得到有效控制,如洪酉路板溪立交。也有采用地方提供土地,以地建立交的模式,如溪口立交,有效节省了建设业主的资金,可以说这两个立交的实施业主真正意义上未多花费一分钱,还按照概算编制办法收回了建管费、监理费等费用,值得推广。

3.8 便道的变更

此类变更也常容易失控,产生的主要原因是前期预估不足及合同管理不够严密,经常在合同规定的便道数量中又增加一些变更,需注意管理方面的问题。

3.9 因设计时漏计工程量而产生的变更

这类变更主要是设计单位在设计阶段因工作不细产生漏计工程量,客观上由于有许多项目上得快,初步设计一完成就开始拟订招标清单,也就为清单漏项留下了伏笔。要减少此类变更的产生需加强前期管理,一是给设计单位合理的设计周期,二是设计合同中加强设计方责任感的机制方面的条款,如出现这类变更按照比例给予一定处罚,加大设计单位责任感,有效减少此类变更费用。

3.10 垫层引起的变更

垫层变更产生的原因:一是原土建合同中有垫层这一细目,而在后期又引入一家路面专项设计单位,而路面结构设计审批后一般与原土建设计单位设计的垫层有一定的不同,或是材料、或是厚度,由此导致变更,该项变更金额较大。要解决这类问题主要从两方面着手:一是最好在土建招标阶段就确定路面的结构形式并纳入合同段招标;二是将垫层纳入路面招标,更有利于路基提高质量。

3.11 附属房建工程增加的变更

现有的房建工程变更金额也较大,主要原因有:一是设计漏项较多;二是管理不够到位,也有现场随意的现象变更。目前高速公路房建工程的管理应该说存在许多问题亟待解决,总的说来是花钱多,效果并不理想,比如一个配电、泵房每平方米造价居然达到普通房建造价单价 4 倍,设计严重不合理。个人认为解决这方面问题应该从两个方面考虑:一是加强对设计质量提高;二是招投标方法上加以改进,标高正负零以上严格采取零变更的合同管理模式,探索采用包干总价的招标模式,或以每平方米单价报价,据了解城建项目这方面有成功经验值得借鉴。

### 3.12 台背注浆

根据已建成的项目经验,总结出桥台注浆能有效降低台背跳车的病害。目前主要是采用变更的方式解决,但明显感觉这部分变更金额越来越大,有失控的趋势,建议今后的项目在土建招标阶段就纳入,并纳入缺陷责任期,这样费用就可以得到有效控制。

### 3.13 绿化的变更

绿化工程对于许多项目都是变更比例比较大的部分,过去边坡变更费用成倍的增加,目前边坡绿化也积累了许多成功经验,亟待研究制定切实可行的合同方式。个人认为我司探索的限价、限量设计施工总承包招投标方法有利于限制绿化变更的产生,原则上除了业主要求增加大块的改变以外,原则不产生变更。业主监理节省出大量精力检查其履约方面的情况,检查其能否严格执行合同,且能有效确保绿化效果,还可节省几百万元的设计费。

### 3.14 征地拆迁包干费用以外的变更

我们过去的项目是采用征地单亩包干协议,但实际上过程中往往派生出大量包干以外的费用。据不完全统计,在不含新增的通道、跨线桥、连接线等大型构筑物的前提下这笔费用占总包用费用的10%以上。新的项目将实行大包干制度,设想如果能将所有的项目尽可能都纳入大包干费用,那征地拆迁费用应该会得到更好的控制。这方面铁路的入股经验也值得借鉴,既解决了很大的投资资金问题又调动了地方积极性。在高速公路路网主骨架已基本形成的今天,确实可以将高速公路沿线地方政府纳入修路的主体的一部分,充分发挥其主观能动性。

### 3.15 标志牌的变更

标志牌的变更费用也呈上升趋势,其主要原因:一是原设计出现了问题,需将结构加大而导致工程量需增加;二是部颁规范多次调整和本地路网的名称调整,这两方面造成了许多变更。解决办法:一是在设计合同中约定:凡是因为设计原因造成的费用增加应同比扣减相应的设计费,加大设计人员责任心,这一点在所有设计合同中均适用,以上第9点已阐述;二是本着优化的思想,在优化版面上下工夫,尽量不增加整体标志牌。

### 3.16 与既有道路交叉增加措施费的变更

随着高速公路路网与其他公路越来越发达,许多新建的路难免与既有道路交叉,给施工带来一定的要求。虽然来投标时就已知,但后来又办理了变更,所以加大这部分预估非常有必要。在招标阶段,测算一笔费用包干使用,对避免产生变更也非常必要。

## 4 变更管理存在的问题分析

出现以上十六类重要大变更的原因与目前管理现状有一定的关系,管理越来越规范使变更逐步得到改善,但仍然存在一定的管理漏洞,归纳起来有如下五方面:

(1)管理时效性不严

虽然上报变更的时间有严格规定,但绝大部分变更未执行期限规定。有的承包人因为了解这一现状,有意拖延上报时间,上报数量的真实性确实大打折扣,由此滋生虚报隐蔽工程量的情况。

(2)管理权限不严

通常业主监理设计现场决定事项时不预估费用,常常出现一个业主代表将上百万元的变更就定了,且现场候补会签单,最后生米煮成熟饭,施工单位再按以上第1条拖延上报,到时只有既成事实,两难处境出现。产生这种原因可概括为经办人员责任心不强和缺乏程序管理经验。

(3)责任机制缺乏

有的管理模式没有对工程技术管理人员进行这方面的考核机制,不论管理的项目是节省了还是增加了建设资金,只要最终竣工了,大家就算圆满完成任务了。从某种角度来看,这种管理模式也打击了责任心强的同志,最后形成了“花国家的钱办国家的事”,调动不了每一位员工的主观能动性,更有甚者,如果阻止大变更的发生甚至会遭到来自各方的非议。这确实是一个不容忽视的危险信号,尤其是一些年轻的同志可能在这方面产生曲解。当然与此对应,这种模式也缺乏奖励机制,同时也存在较大的廉政风险,不利于保护干部。

(4)设计变更随意

现有的许多设计合同是设计费与工程结算费用成正比,所以变更越多,其设计费不但没减,反而会增加,现在我们已在一些新的设计合同中改变了这一不合理现象,但全面推广还应得到广泛的认可。加大设计人员责任心,才能实现“设计的节约是最大的节约”。

(5)部分施工单位寄希望通过变更得以扭转亏损

目前有的履约不良的施工单位进场后不是努力设法把工程做好,而是想方设法搞变更,什么单价低就变什么,什么单价高也变什么,主要是变工程量。有的单位也确实达到目的,甚至采用一些不尽如人意的手段。

## 5 关于新项目变更管理的几点思考与建议

(1)采用大合同段划分招标

大幅提高准入条件,真正引入大型企业。

(2)采取变更一定比例包干

将土石方调配、软基处理、围岩级别、边坡垮塌等变更均纳入包干,在确保质量的前提下节约归己。小变更也采取包干使用,尤其是边坡垮塌,凡是垮塌均不予计量,原则上不发生变更,其他省市有这类成功的做法。铁路行业也是这样执行的。

(3)变更公示制度

发生规模较大的变更调整,必须经过专家评审会,而且在集团外网上对变更进行公示,使有效接受多方监督。

(4)严格控制变更管理的时效性

凡是超过了规定期限的变更一律不予认可,“过期作废”,确实特殊情况的需报上级组织审查。

(5)建议对变更实行“双签制”

即现场第一手资料必须有两人签字认可,两人承担同等责任,这是地方大型工程建设管理采用的经验,源于引用了检察院“两人办案”的模式,有利于相互制约和相互提醒。

(6)变更采取周报制度

凡必须办理的变更应采取周报制度,每周汇总上报,一个季度作一次清点,记录在案,此外不得再发生其他变更,避免出现建设后期突击报变更的现象发生。

(7)房建工程实行正负零以上每平方米单价包干制度

在指定一部分主材品质的前提下,每平方米单价采用包干制度。

(8)绿化工程采用每公里费用单价包干制度,设计施工总承包。

(9)线外工程采取规模总控制,避免连接线无限长的局面发生。

(10)征地费用实现真正意义的大包干方式,尽可能提高一定的包干费用比例将一切费用包含进去。

## 6 结语

变更管理直接关系到项目的投资控制,现有的管理体制下,变更管理也有做得好的一部分,那就是机电变更。目前几个已建成项目机电工程总体均为负变更而土建工程的变更目前处于花费了大量的人力与物力却并未完全可控状态,且变更金额呈现越来越大的发展趋势,变更管理亟待解决。渝邻路最终比概算节省了1.9亿,占部批投资10%,回想当初对变更管理控制得确实较严格,也采取了隐蔽工程3%比例包干的管理方法。只有探索出一条切实可行的变更管理办法我们的工程投资才会得到有效控制,同时也会节省大量的精力用于思考现场规范化施工管理,进一步提升管理水平。

这篇文章是个人对变更管理的一些浅薄体会,在二环八射即将建成,集团新的建设体制即将形成之时,在此抛砖引玉,供同行们探讨,对不妥之处请批评指正,目的是希望下一个1 000km高速公路的建设管理水平能得到进一步提高,合理用好每一笔建设资金,为我市高速公路集团的可持续发展献一份微薄的力量。

# 公路后评价中影响高速公路工程造价的因素分析

刘 浪 刘 蓉

(重庆交通大学管理学院 重庆 400074)

**摘 要**:高速公路项目实施需利用多种要素和各种条件,因而就会受到多种因素的影响,影响高速公路投资额的主要因素,包括社会、政治、经济环境,地理环境(地形、地质、水文),公路等级,交通状况,发展政策,资金来源,土地成本,结构物,定额取费标准,材料和设备价格等。其结果会对在公路后评价的质量有较大影响。

**关键词**:工程造价 经济环境 交通状况 公路后评价

## 1 项目环境因素

### 1.1 社会的政治环境

(1)政治局面的稳定性:有无社会动乱,政权变更,种族矛盾和冲突,宗教、文化、社会集中利益的冲突;

(2)政府对本项目提供的服务:政府的办事效率,政府官员的廉洁程度;

(3)与项目有关的政策:特别对项目有制约的政策,或向项目倾斜的政策。

### 1.2 社会的经济环境

(1)社会的发展状况:国家、当地、该城市处于一个什么样的发展阶段和发展水平;

(2)国家的财政状况:赤字和通货膨胀情况,国民经济计划的安排,国家重点投资发展的项目、领域、地区,国家的工业布局及经济结构等;

(3)国家、地区社会交通基础设施的资金来源,银行的货币供应能力和条件;

### 1.3 社会的法律环境

(1)该法律的完备性;

(2)与项目有关的各项法律和法规;

(3)国家的土地政策;

(4)对与本项目有关的税收、土地政策、货币政策等方面的优惠条件。

### 1.4 自然条件

(1)可以供项目使用的各种自然资源的蕴藏情况。

(2)自然地理状况:

### 1.5 项目基础设施、场地周围交通运输、通讯

(1)场地周围的生活及配套设施;

(2)现场及周围可供使用的临时设施;

(3)现场周围公用事业状况;

(4)现场以及通往现场的运输状况;

## 2 项目内部因素

### 2.1 工程技术特征对单位造价与总造价的影响

#### 2.1.1 公路等级

在同一个等级的公路中，由于地形的不同而导致工程投资差异较大。如高速公路平原微丘的设计行车速度为120km/h，这就意味着高速公路在平原微丘地带有很高的线性标准，在适应地形地物方面能力较差，从而导致有较高的工程投资。同样是高速公路在山岭地区设计行车速度只有60km/h，因此它具有更强的对地形地物适应的能力。尽管山岭地区的地形较差，但由于设计速度的降低，从而导致整个线性标准的降低，所以工程造价在同一等级的公路中，由于地形不同而使工程造价在同一个等级公路中并不会有更大增加。但在某些地区由地形特别复杂，地价较高和考虑到环保需要，工程造价会明显偏高。

在不同等级公路中，由于线性标准不同，使工程造价有较大变化。如：高速公路平原微丘的设计行车速度为120km/h，而一级公路平原微丘的设计行车速度为100km/h，二级公路平原微丘设计行车速度为80km/h。由设计行车速度引起的相应线性标准也有较大差异，从而引起同一地形不同技术标准下的公路造价有较大差异。

2.1.2　设计交通量

由于设计交通量的差异，从而对路面的通行能力（如宽度、车道数、路面强度及厚度）有不同程度的要求。如高速公路、一级公路均要求采用高级路面，而二级公路可使用次高级路面。这些原因就导致路面等级设施的工程造价不同。

2.1.3　路面结构形式

路面按力学特征可分为：柔性路面、刚性路面。一般刚性路面较柔性路面的工程造价高，但其使用寿命长，从而在使用年限内每年所分担的工程造价并不高。在高级路面中，水泥路面一般比沥青路面价格高5%左右。而采用改性沥青路面价格可比一般高级路面价格高30%左右。

## 2.2　分项工程组成比例差异对总造价的影响

根据交通运输部颁布的《公路工程质量检验评定标准》所规定的公路工程的项目分项得知，项目的总造价是不同分项造价数量之和。显然，不同分项造价数量大小会影响项目的总造价。

## 2.3　施工承包方式与施工工艺对单位造价与总造价的影响

2.3.1　施工承包方式

（1）合理分标一般可以降低工程造价

公路工程项目一般属于线形工程，形体庞大，项目构成复杂。一个公路工程项目路段少则几km，多则数百km，而且单位工程包括路基土石方、路面工程、桥梁工程、隧道工程、互通立交工程、沿线设施及交通工程、绿化工程等，各单位工程内容差异很大。因此公路工程项目施工周期长、投资大，要求承包人有很强的施工能力和施工经验，并且解决施工中的技术难题。如果不分标，会使有资格参加投标的单位数目大大减少。这时，投标人会乘机抬高报价，从而使招标人得不到比较合理的报价。如果合理分标，就会避免上述情况，能发挥投标人的特长，就会有更多的投标人参加投标。这时，投标人为了中标就会想方设法降低报价。

（2）同意合理分包比不允许工程分包的工程造价低

分包是相对总包而言的，承包者负责组织实施工程项目的一部分工程，一般是单位工程或某种专业工程。公路工程形体庞大，构成复杂，某些单位工程专业性强，因此可将这些单位工程如沿线交通设施等工程包给专业分包商；又如将某些项目中的小桥涵或小隧道分包给长期做桥涵、隧道工程的专业施工队等等。像这样一些专业分包商长期做同类工程，其熟练程度相当高，而且也具有丰富的施工经验，这样在施工中既能保证质量，又有可能缩短工期，降低成本。

2.3.2　施工方案与施工工艺

（1）施工方案的采用

施工方案是施工设计文件与施工现场实际情况结合的产物，其先进合理与否，直接影响工程成本及工程建设的综合效益。长期以来，施工技术人员中普遍存在重技术轻经济，只求施工方案可靠，便于施工，设计安全保守浪费等现象。应采用科学的理论方法进行经济分析，在满足工程施工要求的前提下，依据经济指标和综合效益优化选择施工方案。

(2)施工工艺的采用

一般情况下,施工方案中采用新技术、新工艺将有助于降低工程造价。比如大型土石方工程和高速路面工程,采用先进的机械化施工比起陈旧的机械施工或人工施工来说,其效率高得多,有利于加快进度,降低成本。当然这不能一概而论,对某些新技术、新工艺,如直螺纹钢筋对接代替传统施工工艺焊接等,虽加快了施工进度,却又提高了工程造价。因此,在施工方案中采用何种工艺、何种方法要结合现场实际情况,结合工程其他因素一起决定。

## 3 结语

影响高等级公路工程投资额的因素,主要包括项目所处环境和项目本身两个系列,这些因素包括政治、社会、经济环境、地理环境(地形、地质、水文)、公路等级、交通状况、发展政策、资金来源、土地成本、结构物、定额取费标准、材料和设备价格、项目施工承包方式、施工工艺的采用等。

## 参考文献

[1] 刘伊生.建设工程项目管理[M].北京:北方交通大学出版社,2001.
[2] 中华人民共和国行业标准.JTG F80/1—2004 公路工程质量检验评定标准(土建工程)[S].北京:人民交通出版社,2004.
[3] 沈其明,刘浪.工程建设投资控制[M].成都:成都科技大学出版社,2003.

# 高速公路建设项目财务管理存在的主要问题及对策

杨国书

（重庆高速公路集团有限公司北方建设分公司　重庆　401121）

**摘　要**：本文通过对目前高速公路建设项目财务管理中存在的财务管理与合同管理、工程管理脱节，施工单位向业主借支工程款较普遍等几个主要问题的分析，提出了解决问题的措施或建议。

**关键词**：高速公路　建设项目　财务管理　改进意见

## 1　引言

财务管理是财务工作的重要职能，加强高速公路建设项目各环节的财务管理可以有效控制工程建设成本，花最少的钱建最好的路，这是加强高速公路建设项目财务管理的根本目的。

随着一些高速公路建成通车，并经过竣工审计、竣工决算等过程，不断总结经验，不断创新和发展，我国高速公路建设项目的财务管理在建设资金筹资管理、建设管理费控制管理、建设资金的使用监管等方面的水平大大提高。近年来，我国高速公路建设大大提速，但国家制定的高速公路基本建设相关的法律法规和财务管理规章制度在某些方面还没有跟上工程建设的速度，作为高速公路建设项目管理系统的工程管理、合同管理等与财务管理在相互制约方面还存在一些脱节，施工单位向项目业主的工程借款在很多项目上都有发生。因此，目前高速公路财务管理中还存在不少亟待解决的问题，高速公路建设发展速度与财务管理中存在的问题的矛盾日益突出。笔者根据近10年的高速公路建设财务管理经验，就高速公路建设项目财务管理中存在的几个主要问题，提出一些改进意见。

## 2　高速公路建设项目财务管理存在的主要问题

### 2.1　合同管理与财务管理在相互制约方面脱节

(1)在主线工程合同的招投标工程过程中财务部门仅参加了初期的投标单位资格预审工作，未参加后期的评标、合同谈判等招标工作的关键阶段。

(2)零星合同(未公开招标的合同)的签订基本上没有财务人员的参与，只是从形式上搞了一个“合同会签表”，表中列有财务“会签”的位置。但实际上这仅仅是一个形式，财务人员对此类合同的单价、工程量的计算等合同主要条款是如何谈判的根本就不知情。

### 2.2　工程管理与财务管理在相互制约方面脱节

(1)工程变更资料没有财务人员审核。变更资料经业主代表、监理工程师、项目经理等审签后形成变更令，施工单位凭变更令确定的变更金额做入计量报表后就到项目业主财务办理支付手续。变更资料的真实性和变更数据的准确性没有经过财务人员的审核。这也是项目竣工决算审计时审计人员审出问题较多的地方。

(2)工程验收时没有财务人员的参与。主线工程决算时，要先进行工程验收，对工程所完成的工作量进行终期收方计量，该工作目前主要由业主工程人员、监理工程师、质检工作人员参与。财务人员根据终期计量报表办理终期支付，没有亲临现场对终期计量数据的准确性进行复核。零星合同存在的问题更为突出，此类合同一般没通过招投标，也没有监理、质检等部门进行监督，通常由工程部门独立确认工程数量和质量后就办理计量支付，工程完工后收方验收时也主要是工程部门单独验收确认工程量和工程质量，财务部门对该工程的工程量是否准确根本无从判断。财务人员对该工程在高速公路上的位置、工程外观及工程质量等基本没有感性认识,因而在处理工程成本时可能不知道该工程成本的分类。

(3)工程计量支付时间滞后太久,施工单位借支工程款的现象较普遍。目前,高速公路工程计量款的支付形式一般是:施工单位每月汇总其当月完成的工作量,按规定格式制作好工程计量支付报表后再按以下顺序进行审签:承包人驻地计量工程师→驻地监理工程师→驻地监理办公室(总监办)→驻地业主代表→总监理工程师→项目业主单位的总工办、工程部、总经理、财务部等部门,各单位(部门)根据各自的职责对计量支付报表所作的工程量予以审签,最后财务部门拨付工作款。作为国家重点建设工程,各单位(部门)按各自的职责对计量支付进行监督审核是非常必要的。但是工程计量支付从驻地监理工程师计算工程完工量到最后业主财务付款,往往要历经一个多月时间甚至更久。施工单位本来在工程建设前期就未投入流动资金,所以施工单位经常由于计量时间太滞后造成资金周转不畅,工程工期又紧,只好找业主借支工程款。从形式上看,此类工程借款是预支工程款,因为此类借款会从工程计量款中扣回。但从实质上分析,它是一种融资行为,是施工单位向项目业主融资。所以,此类工程借款的合规合法性是竣工决算审计中重点关注的问题。

## 3 原因分析

(1)受国家以前计划经济体制的影响

改革开放以前,国家实行计划经济体制,调控经济领域的各个方面。而作为垄断行业的国家重点建设工程——高速公路,由于其前期受计划规模及整体规划的影响较大,计划经济的阴影一直抹之不去,改革的力度一直不强,导致其经济活动过程中的工作重心仍偏重于计划合同部。

(2)国家的有关制度建设未跟上公路建设速度

我国的高速公路建设大大提速,但目前实行的《基本建设财务管理若干规定》和《交通基本建设资金监督管理办法》等行业规章制度却比较散、内容比较片面。没有一套针对高速公路建设工程内容比较系统的行业财务管理规章制度。

(3)内部管理制度不完善与约束机制不健全

一些建设项目的管理制度都比较粗略,工程、合同、财务等各部门各自执行本部门制定的有关制度,没有一套能把各部门工作融合在一起,能够相互制约的,内容比较系统的管理制度。个别单位领导在建设资金使用上凭意图行事,不重视财务部门的重要作用,财务部门形同虚设,认为财务部门只是代为管理国家的建设资金,只是一个大的出纳室,未发挥财务部门真正参与工程合同管理、工程建设主要成本控制、工程建设方案的决策与分析等职能。

(4)建设成本控制重心狭窄

建设单位在建设管理费方面控制较好,通过经费预算控制等手段约束建设管理费的开支,建设管理费一般不会超概算。但对高速公路总体建设成本来说,建设管理费只是凤毛麟角,建设管理费一般不超过总成本的1%。对高速公路建设经济活动中的一些重要环节,如合同谈判、工程变更、工程完工验收收方计量等却未引起重视。从过去的工作中发现,在一些大的工程变更和工程完工验收收方计量工作中,只要工程人员“闭一只眼睛”,工程建设成本可能就有几万元、几十万元、甚至更多费用的虚增。所以高速公路竣工决算审计往往在工程变更等工程管理方面能审计出比较多的问题。

(5)财务人员综合素质偏低,财务人员配备较少

财务人员一般都是财经专业毕业,财务人员不懂工程,一些基本的工程常识都不具备,如阅读简单的图纸,工程收方时使用的计量方法等。不懂经济合同价格谈判、工程定额等。即使是财务部门负责人,也存在某些工程和经济合同方面知识的欠缺,业务素质不高,也难以发挥财务部门的重要作用,其结果当然是财务部门无法参与工程管理和合同管理等经济活动。同时,由于高速公路建设大大提速,在建项目逐年增加,我国将在几年时间内完成国道主干线的建设。建设项目单位考虑到工程完工后人员安排的困难,财务人员与工程建设项目未同比例增加,形成了以前是几个财务人员管理一个建设项目,现在却是一个人兼几个建设项目的财务工作的局面。财务人员整天忙于“当出纳”,做报表,根本就没有时间和精力参与工程管理、合同管理等其他经济活动了。

(6)工程计量支付的审签人员太散,计量时间不集中

施工单位一般每月办理一次计量支付,但工程建设现场距业主、监理等机构一般较远,审签人员也较多,审签必须按职责先后顺序进行,施工单位计量人员做好计量支付报表后,几乎每天都在忙于找有关人员签审计量表,审签人员也不在一个较固定的地方,所以施工单位计量人员要按既定时间找到审签人员较困难。这样,一期计量支付可能一个月时间也办不好,施工单位只好采用找业主借支工程款(一般建设项目负责人审签后即可)解决燃眉之急这一简单方法了。

## 4 措施建议

针对以上提出的几个问题,笔者认为应采取以下的措施或方法来解决。

(1)国家应尽快建立一套针对重点工程建设项目的、内容比较系统的行业财务管理规章制度。由于我国目前基本上没有一套系统的公路建设项目行业财务管理制度,财务人员在业务操作时不知道除了管理货币形态的工程建设资金外,还可参与其他什么管理,财务管理的触角可伸向何处。有了一套较系统的行业财务管理规章制度,财务人员就有了依法办事的依据。

(2)转变思想观念,重视财务管理的重要职能。我国已改革开放多年,计划经济时代早已过去。现在的高速公路建设项目基本上都是实行的项目法人责任制,高速公路作为市场经济中的一种特殊产品,财务管理应参与高速公路建设经济活动的各个环节,这样才能控制好"产品"的成本。所以应从高层领导作起,从思想上抹去计划经济的阴影,撇开高速公路行业的垄断性,强化市场经济体制条件下的会计监督等财务管理职能,不能再沿袭计划经济时代形成的财务部就是一个大出纳的思想。

(3)加强内部管理制度中财务管理与工程管理、合同管理等相互衔接、相互制约方面制度的建设。在各部门制定的独立管理制度基础上增加财务部门参与合同管理和工程管理方面的制度,从内控制度上明确财务部门应参与合同招标、合同谈判、工程变更审核、工程验收、工程收方计量等经济活动的权利和职责。

(4)提高会计人员整体综合素质,配备适量的财会人员。引进既懂财务又懂工程的财务人员,加强在岗人员工程基本常识的学习,建设一支德才兼备、知识全面的财会队伍。同时,不应过多考虑全部高速公路建设完后财务人员的去处问题。现在搞的是市场经济,应按市场经济规律办事,以后财务人员的归宿自有市场经济规律约束。而且相比目前国家重点建设工程成本需要加强控制这一重大事件,后期财务人员的去处问题完全是小事。

(5)工程计量支付应集中地点、统一时间办理。鉴于目前施工单位办理计量人员找相关人员签字难的问题,与计量工程款支付审签有关人员可以统一确定一定的时间和地点,采用一站式办公,这样可以大大方便施工单位办理计量支付,缩短施工单位办理计量支付的时间,从而从根本上解决施工单位向业主单位借支工程款的问题。

总之,只要从思想意识上重视了财务管理,从根本上解决了施工单位办理计量支付的困难,以上存在的问题会得到很好的解决,我国高速公路建设项目财务管理水平会更上一台阶。

## 参考文献

[1] 肖坚.高速公路工程建设财务工作问题初探[J].交通财会,2003.

# 高速公路建设管理中审计关注重点

杨晓慧　何　兵

(重庆高速公路集团有限公司计划统计部　重庆　401121)

**摘　要**:在国家扩大内需拉动经济增长的大环境下,投资在我国经济发展中占有基础地位,而高速公路建设又是整个投资的重要组成部分。高速集团作为以高速公路建设为主业的大型国有企业,如何应对系列审计工作,是值得思考的问题。2009 年 11 月至 2010 年 1 月,笔者由集团公司派遣随国家审计署重庆特派办对福建某世行贷款的高速公路项目建设管理和营运绩效进行了全面审计。本文结合本次审计和日常工作经验,从工程建设各过程及工程营运期审计关注的重点进行归纳总结,并提出一些参考意见,希望能对高速公路建设工作有所启示,在日常管理工作中更加注重细节,减少建设管理的风险。

**关键词**:高速公路　工程审计

## 1　引言

工程审计重视的是可追溯性、证据可靠性和逻辑推理的合理性,高速公路建设各环节是否环环相扣是审计追根溯源的基础。外部审计一般是在工程竣工后或更晚时间进行,工程建设、营运的每个阶段都是审计关注的重点。审计的依据是相关法律法规、合同文件、技术规范、图纸和会议纪要等。

## 2　各时期审计工作要点和需重视的工作

### 2.1　前期工作审计要点

对建设前期工作,审计将从建设程序的审批、项目资金来源、概算、预算是否合理准确、有无虚增概算套取国有资金降低地方配套投入、招标过程是否规范等角度进行。于建设业主而言,对建设前期的工作足够的重视将起到事半功倍的效果。但由于各种主客观原因,高速公路项目的上马往往比较仓促,设计、建设时间短以及设计单位、咨询单位、审批单位的资质、实力等导致招标图纸的设计深度低,概算准确度较差,使建设方难以控制工程造价和建设期风险。特别是地勘工作往往由于勘测时间紧张,认识程度不足,布点数量少,布点断面缺乏代表性,使设计工作参考可信性降低,在建设期甚至花费大量的资金、时间重新进行地勘工作,对工期产生巨大影响,也会导致大量设计变更。如果建设单位经验不足,对于造价、变更控制不严,很容易出现问题。在本次审计工作中,该高速公路建设投资 51.71 亿元,建安费 32.3 亿元,实施结果设计变更达 7.9 亿余元,占建安费用的 24.5%,不但变更数量巨大,同时根据 FIDIC 条款和合同约定,产生较多的单价调整,给建设单位的资金控制带来相当难度。无论是路基、桥梁、隧道变更多是由于前期地勘工作不细,实际施工中地质情况和设计不符,施工单位感觉有文章可做,监理单位审核时流于形式,变更理由千奇百怪、疑窦丛生,历次审计均查出了许多问题。

在重庆高速公路建设中,也存在地勘工作重视程度不够问题,建设期业主不得不根据实际情况进行变更设计。因此建议建设业主列出专项资金,招标有专业资质的单位独立进行,并委托专门监理进行全程跟踪,相对准确的地勘工作对建设期管理意义重大,可有效减少变更,控制造价,降低审计风险。

### 2.2　工程实施阶段的审计要点

无论是审前调查还是审计过程,工程建设实施阶段都是审计主体内容。在此阶段一般关注的方面主要有概算控制情况、工程造价、变更设计、工程转分包情况以及工程质量。

工程概算方面针对资金来源不一的项目,较多的关注有无虚列概算套取国家资金、工程超出设计概算的理由是否由于管理粗糙,以及弄虚作假;工程造价方面一般审核工程量计算是否准确,综合单价的组成是否合理;在变更设计方面重点关注变更设计的提出、审查、确认等是否符合国家规定的程序,有关手续是否完整,变更设计的依据是否充分,有无以变更设计名义变相提高建设标准、扩大建设规模,造成损失浪费或转移资金,有无因设计不合理造成工程建设过程中重大设计变更形成的重复建设、损失浪费的问题,各类变更设计涉及工程价款调整的,是否符合国家规定和合同约定。在变更设计方面容易出现问题,一定要注意变更的依据和方案的比选,变更的依据要根据技术规范、合同文件反复斟酌;工程转分包方面要特别注意专业分包和劳务分包的解释及说明,有的审计人员对专业知识不甚明了,喜欢套用相关条款,如果分包合同不清楚明白,易产生歧义,出现理解上的不同,会引起不必要的麻烦;对于工程质量方面,审计一般关注建设项目是否存在重大工程设计缺陷和施工质量问题,产生问题的原因是否查清,责任是否明确。工程质量问题是否得到及时处理,处理方式是否符合国家规定和合同的约定,对工期等的影响以及造成损失浪费或成本增加情况,费用承担和分摊是否合理。审计一般对监理日记、施工日记以及各种会议纪要等结合分析,判断当时实际发生的情况,要求任何变更,质量缺陷的处理都应形成完整一致的记录和信息,在审计时能够相互印证。

### 2.3 征迁和资金使用方面审计要点

征地拆迁和资金使用管理方面,审计关注的重点是征地工作是否符合国家规定程序,主要审查超批准征用土地的原因,办理征地审批手续是否齐全,征用土地的规模、用途等方面的合法合规性问题,是否造成土地资源闲置弃荒的问题,关注是否借交通建设项目之名超范围征用土地的情况,以"搭车征地"的形式逃避国土部门审批监管程序的问题;审查征地拆迁资金的管理、使用是否合规,土地出让金等规费是否按规定缴纳,补偿标准是否符合国家规定,补偿资金是否及时下拨、支付到农民手中。还要关注是否存在超标准、无依据或依据不充分支付补偿资金,损害国家利益问题。征迁方面的审计方法是依据征迁资料结合现场调查,走访当事人等形式,需要注意征迁资料和现场情况的一致性。

### 2.4 缺陷责任期和营运期审计要点

在缺陷责任期审计部门较多关注:缺陷责任期的质量问题是否分清责任,存在的质量安全隐患问题是否得到及时处理,竣工决算是否符合合同约定,养护单位的专项养护是否属于建设期质量问题,日常养护费用标准是否合理;营运期审计重点关注运营资金的使用情况,是否存在违规担保、出借资金等形成财务风险的问题,是否存在通过三产等关联公司参与公路养护营运侵蚀、转移营运资金的问题,经济效益评价方面针对建成通车的车流量、运营收入以及同口径计算的内部收益率、财务净现值、动态、静态投资回收期等主要经济指标是否达到可行性研究水平;社会效益评价,从拉动当地GDP增长、减少客货运费用、缩短运输时间、节约运输成本、带动沿线经济发展等入手分析社会效益是否达到可行性研究的预期目标,是否拉动了沿线经济发展等;环境保护将成为未来高速公路建设的审计重点,其审计方向主要是生态环境保护设施是否按规定设计、施工,环保资金、水土保持资金是否按规定安排、使用,取弃土场、施工临时用地是否按规定恢复、处理,高速公路建设对当地环境特别是对沿线居民的影响,环保部门提出的问题是否经过整改处理,评价工程建设的环境效益。

## 3 结语

本文结合笔者实际工作经验对高速公路建设营运各时期审计关注要点进行了介绍,由于高速公路建设的系统性和复杂性,想在审计过程中不出现问题是不可能的,重要的是重视日常管理和归纳总结、加强企业内部跟踪审计,才能在外部审计或国家审计中规避不必要的风险。

# 公路工程变更造成估量单价合同中单价调整的研究

魏道升[1] 孔 政[1] 何柏科[2]

(1.重庆交通大学 重庆 400074;
2.重庆高速公路集团有限公司 重庆 400042)

**摘 要**:在估量单价合同中,当工程量清单的数量与实际工程变更的数量相差太大时,进行单价调整。当实际数量比工程量清单数量减少25%时,单价如何调整是一难点;同时,对工程变更细目的费用占合同总价2%这一合同条款更好地理解和表示,更有利于合理地处理公路施工中发生的工程变更。本文对此进行详细论述。

**关键词**:工程变更 数量减少 单价调整

## 1 估量单价合同中单价调整的规定和难点

工程建设实施阶段工程变更的管理是合同管理的重要内容,对提高合同管理的水平有着十分重要的意义。由于工程变更时常会引起合同价格的调整,因此合理地处理工程变更不仅能促进合同管理的深化和细化,而且也是建设单位施工阶段控制投资的主要内容,也是承包人工程造价管理的重要工作与任务;同时也是监理工程师维护建设单位和承包人合法权益、促进工程顺利进行的重点与难点。因而在工程造价控制的过程中,合同的双方以及监理单位都必须重视工程变更对造价控制的影响。

《公路工程国内招标文件范本》(2003年版)的52.2条款规定:如果变更工程的性质或数量,占整个工程的比例较大,使涉及的工程细目原有的单价或总额价因此而不合理或不适用时,由监理工程师和承包人议定一个合适的单价或总额价并报业主批准。当不能达成协议时,监理工程师应根据情况在报业主批准后,定出他们认为合理的单价或总额价,并通知承包人,抄送业主。但是,如果合同的工程量清单中某一个支付细目所列的"金额"或"合价"超过签约时合同价格的2%,而且该支付细目变更后的工程实际数量超过或少于工程量清单中所列数量的25%,则该支付细目的单价或总额价应予以调整。

根据上述合同通用条款。工程变更引起工程数量变化太大时,可以调整合同单价的条件是应同时满足以下两点:

1)工程数量变化太大做出了具体界定。即该细目实际数量与工程量清单原数量相比增加或减少超过25% 。该条款的如此表述,在处理数量减少超过25%时,是工程实践的难点,本文中将重点阐述。

2)该细目单价的调整要有意义,即金额的比重较大;否则,金额太小所占合同总价比重小,那么意义不大。因此,合同条款规定为,该支付细目所列的"金额"或"合价"超过签约时合同价格的2% 。该条款做如此规定,明确表示是工程量清单原金额,即变更以前的金额,在工程实践中避免了歧义和争议,这是其优点。但是,如此硬性规定,在工程实践中也带来另一个问题,有时变更前该细目的金额不足2%,而变更后该细目的金额超过2%而且数量变化特别大时,就显得不合理,这点也是工程实践中的难点,本文将对此重点阐述并提出修改的建议。

## 2 工程变更数量过大进行单价调整的理论依据

根据工程技术经济学的量本利(盈亏平衡)分析,见图1。工程某一支付细目的工程成本分为固定成本(不随数量变化的成本)和可变成本(随数量变化的成本)。$Q$为清单数量,$\Delta Q$为实际的增加量。一般正常情况下,在考虑投标报价时,理论上,应根据工程量清单的数量$Q$,计算总可变成本(总直接费)和总固定成本(总间接费),然后加上应获得的总利润,就是该清单细目的金额,紧接着除以$Q$得到投标单价(图中的斜率)。因此,该单价(该斜率)构成中包括:直接费＝总可变成本/$Q$,间接成本＝总固定成本/$Q$,利润＝总利润/$Q$。当数量增加过大时,$\Delta C$ 中包含过多的已经摊销完的间接费;而数量减少过大时,$\Delta C$ 中(此时为减少)包含过多还未得到待摊销的间接费。这就是,在正常情况下工程变更数量过大时,调整合同单价的理论依据,即调整单价中所包含间接费的思路。

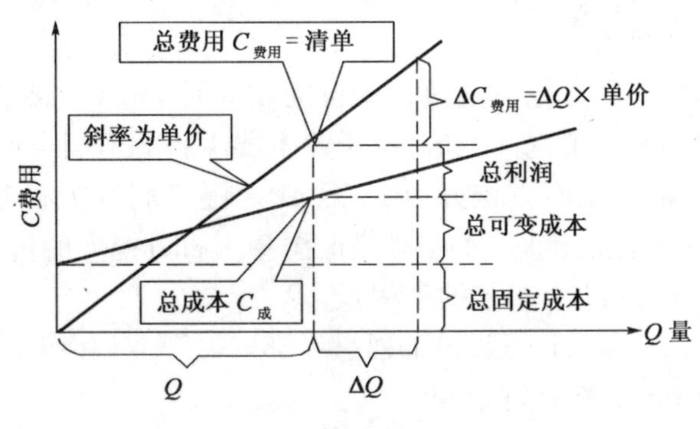


图1　量本利分析图

理论上,变更数量增加时单价下调,变更数量减少时单价上调。但是实际情况并非都是理想或正常的状态。在京津塘高速公路施工时,由于国际工程的竞争,所有中标的施工单位在投标报价时都存在报价偏低。当工程变更数量过大时,施工单位做得越多则亏的越多,在此情况下,业主和监理对数量增加全部是调高单价。总之,应以调整的更加合理为原则。

## 3　数量增加或减少超过25%的理解与分析

在施工过程中,当增加的工程量多于原清单中所列数量的25%时,根据条款规定,只对实际工作数量超过25%的部分予以单价调整,而在新增的25%范围之内的部分仍按原合同单价进行计算。以实际量是原清单数量160%为例,只调整超125%的部分,即(160－125)%＝35%。当实际的工程量减少时,减少量在清单中所列数量的25%以内时,不调整单价;减少超过25%的部分才调整单价,以实际量减少到原清单数量55%为例,只调整超75%的部分,即(75－55)%＝20%。见图2。由于这20%是虚的,没有实际完成数量,在工程实践中如何调整这部分价格是一难点,本文的“数量减少超过25%的单价调整”中将详细分析和阐述。

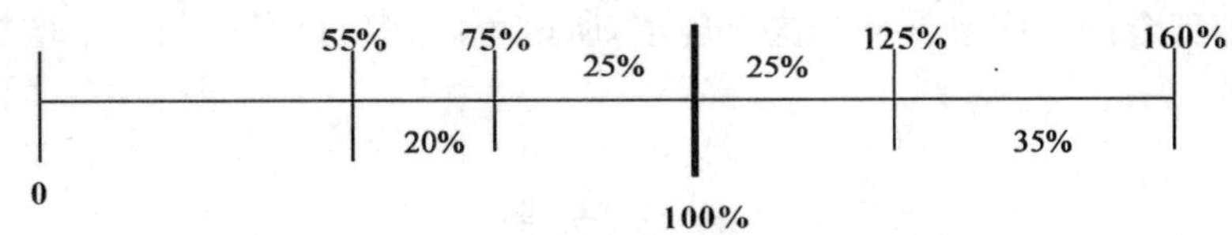


图2　数量减少超过25%的单价调整

## 4　数量增加超过25%的单价调整

某桥梁工程,工程量清单中C30水泥混凝土单价为300元/$m^3$(其中,直接费为220元、间接费60元、利润20元),工程量清单的数量为2 500$m^3$。由于工程变更,最终桥梁的C30水泥混凝土为3 500$m^3$。该清单支付项的单价调整应注意以下问题:

(1)判断是否超过25%,并计算超过25%的工程量。

(3 500－2 500)÷2 500＝40%＞25%。超过25%的工程量＝3 500－2 500×1.25＝375

(2)超过25%的单价应如何确定。

依据单价的构成,对于超过25%部分的单价应扣除间接费60元,确定为240元/$m^3$。

(3)30号水泥混凝土的最终支付金额为多少。

30号水泥混凝土的最终支付金额＝2 500×1.25×300＋375×240＝102.75万元

## 5 数量减少超过25%的单价调整

调整的内容,实际上是调整减少超过25%的虚部分,即没有实际完成数量。调整的原理和理由,应该与正好减少到原清单数量75%的情况下进行比较,即数量减少超过25%的情况要与是原清单数量75%情况下,在相同损失前提下相对合理的价格补差,也就是说只补足减少超过25%多损失的间接费部分,虚部分实际未施工因此不能考虑利润和直接费。

例如,某公路工程,隧道洞身土石方挖方的投标单价为100元/$m^3$(直接费70元、间接费20元、利润10元),工程量清单的数量为26万$m^3$。工程开工后,由于业主要求将隧道洞身设计断面减小,同时将其中一座隧道变更为路堑开挖,最终隧道洞身土石方挖方为13万$m^3$。隧道洞身土石方13万$m^3$在施工中已经按照100元/$m^3$进行了支付,但是在变更确定后,还应对隧道洞身土石方挖方的价格做出如下调整:

(1)判断是否超过25%,并计算超过25%的工程量。

(26－13)÷26＝50%＞25%。超过25%的工程量＝26×0.75－13＝6.5万$m^3$。

(2)隧道土石方挖方13万$m^3$最终支付金额

调整后隧道土石方挖方的最终支付金额＝13×100＋6.5×(20)＝1 430万元。因为6.5万$m^3$这部分没有施工,直接费就没有发生,同时也不应该获得利润。

(3)调整后隧道土石方挖方的综合单价＝1 430÷13＝110元/$m^3$。

## 6 实际工程变更数量变化过大时在专用条款中对2%的修改

(1)实际施工中由于原工程量清单数量太少,例如,原清单中挖淤泥数量极少,清单中该细目的金额不到签约合同价2%,同时由于数量太少,施工单位在投标报价不太计较,往往报价也偏低。但是,实际施工中发现,需挖淤泥的地段很多,进行工程变更后,实际数量非常大,按照变更后的实际数量,则该细目的金额就超过签约合同价的2%,此时业主考虑到实际情况,同意对挖淤泥单价适当调整提高。可是,在工程最终竣工的审计时,由于不符合合同条款的规定,该单价调整没能通过审计。所以建议业主在合同的专用条款中改写为:

“合同内所包含的任何细目的费率或价格不应考虑变动,如果该细目涉及的金额(合价)超过签约合同价格的2%,以及(并且)在该细目实施的实际工程量超出或少于工程量清单所规定的工程量的25%时,该细目的费率或价格可以变动。”

(2)2009版公路施工合同专用条款没有这个规定,所以可以在项目专用条款中增加此约定。

## 参考文献

[1] 中华人民共和国交通部.公路工程国内招标文件范本(2003年版)[M].北京:人民交通出版社,2003:63.

[2] 中华人民共和国交通运输部.公路工程标准施工招标文件(2009年版)[M].北京:人民交通出版社,2009:106.

[3] 刘燕.技术经济学[M].成都:电子科技大学出版社,2007.3:102-108.

# 公路工程招标评标办法的应用与思考

吴万佳 杨 颖 孙晓红

(重庆高速公路集团有限公司南方建设分公司 重庆 401121)

**摘 要**:招投标制度是工程建设的基本制度,针对不同的工程项目采用何种招标办法,如何通过招标选择到价格合理、能力优秀的中标单位,是决定工程项目能否顺利实施及实施效果如何的重要问题。通过结合招标实例对现行几种使用比较普遍的评标办法进行分析与总结,可以为公路工程招标工作提供参考和借鉴。

**关键词**:公路工程 评标办法 低评标价法 合理低价法 利弊分析

## 1 引言

招投标制度作为工程承包发包的主要形式在国际国内的工程项目建设中已广泛实施。建设工程发包,从以前的业主指定——议标——邀请招标到现在的公开招标,可以说已经有了很大的进步。公开招投标制度的初衷,是引入市场公开竞争机制,规范建筑市场交易行为,促进资源优化配置,保证建设工程的工期和质量,降低工程造价,特别是防止暗箱操作,加强权力制约,预防权钱交易等腐败行为。实行公开招投标制度后,直接引起的现象是工程压价、低价竞标;间接产生的作用是企业竞争、优胜劣汰。应该说,实行招投标后,改变了计划经济体制下定额价的做法,基本上实现了招投标的目的。但是在招投标的过程中也出现了诸如以低价抢标、投标人串标围标乃至招标过程中的腐败等问题。究竟在招投标的过程中采用什么样的评标办法,既能避免出现以上问题,又能使业主通过招标选择到价格合理、能力优秀的中标单位,是每个建设项目业主都非常关心的问题。

笔者参与了重庆市多个高速公路项目的招标工作,在这些招标活动中,使用了多种评标办法。本文主要就原交通部颁发《公路工程国内招标文件范本》(交公路发[2003]94 号文)后采用的评标办法,结合 2004 年开工建设的渝湘高速公路水界段的招标实践经验进行总结。

## 2 重庆高速公路项目的招标经验

在水界高速公路开始建设前,重庆已建成了多条利用外资贷款的高速公路项目,这些项目在招标时大部分都采用了国际上较为通行的最低价评标法,最低价评标法虽然具有公平、透明、为业主节约工程造价,避免评标过程中的人为因素等优点,但在现阶段国内信用体系还不完善、施工单位诚信度还不够高的实际情况下,带来的最大弊端就是投标人低价抢标。一些投标人为了中标,不惜以大大低于成本价的价格进行投标。在某项目的路基工程投标中,最低的中标人低于业主标底的 52%,平均中标价低于业主标底的 38%,这给业主的项目管理中带来了很大难度,工程进度和质量都难以得到保证。

在重庆后续的工程项目招标中,除了材料、设备采购项目外,基本没有再采用最低价评标法。但根据多年采用最低价评标法的经验,其最大的优点之一,是评标办法以标价为核心、公开、公正,最大限度的减少人为因素干预,因此在以后项目的招标中,一直都沿袭了下来。

## 3 几种评标方法的实际应用与思考

交通运输部于 2003 年 6 月颁布了《公路工程国内招标文件范本》(交公路发[2003]94 号文,简称范本),其中对评标办法的各项程序有较明确的规定,对初步评审与详细评审、细微偏差与重大偏差作出了明确的界定,同时规定评标办法应采用综合评估法、最低价评标法和双信封评标法等3种方法的一种,使招标人的招标工作条理清楚,有章可循。之后,通过范本使用情况的反馈意见,交通运输部于2004年11下发了《关于贯彻国务院办公厅关于进一步规范招投标活动的若干意见的通知》(交公路发[2004]688号文),其中的《关于改进公路工程施工招标评标办法的指导意见》(简称指导意见)将评标办法增加为合理低价法、最低评标价法、综合评估法和双信封评标法4种评标方法,并明确除技术特别复杂的特大桥、长大隧道工程和外资贷款项目外,一般公路工程项目中推荐使用合理低价法进行评标。2006年交通运输部以2006年7号令发布了《公路工程施工招投标管理办法》,其中再次对范本和指导意见中招标、评标、定标的各项程序以及评标委员会职责等进行了明确规定,进一步明确评标办法的采用及适用范围。由于交通运输部发布的一系列规定已经对投标文件的符合性审查、商务、技术部分的评审作了比较详细的规定,而综合评估法和双信封评标法需对投标文件进行评分,项目间的差异将导致评分项目差别较大,同时评审过程中的人为因素也较大,因此本文对这些内容不再赘述,而是主要就标价评审中的最低价评标法和合理低价法结合水界高速公路的实践经验进行分析与总结。

### 3.1 最低价评标法

按照范本和指导意见中的解释,最低价评标法即通过初步评审、算术性修正和详细评审的投标人按投标价由低到高进行排序,最低价作为推荐中标人。同时,范本和指导意见均提出了对低于成本价竞标的处理方法:要求投标人作出书面说明并提供相关证明材料,以证明该报价可以按照规定的工期和质量要求完成本工程。如不能证明,则按废标处理;如证明被采纳,则可同时在履约担保之外再增加最多可达15%的银行汇票。

对低于成本价竞标的处理方法的提出,说明交通主管部门已对低于成本价竞标的危害引起了重视,但在实际问题的处理中还是会遇到困难。比如,如何认定是否低于成本。一旦认定低于成本就会废标,十分严厉,但同时又给了投标人解释说明的机会,投标人为了中标可以千方百计证明自己可以完成工程。而且衡量低标的标准是以招标人标底为准,低于15%即视为低于成本价竞标,而招标人标底不一定就非常合理,如果招标人标底过高或者所有投标人都低于15%,处理起来就非常困难。一般来说,招标人不会轻易废掉最低标而会采取提高履约担保的形式,但最高15%合同价格的银行汇票对于大部分投标人来说都没有什么困难,难以起到震慑低价抢标的现象,招标结果可能还是中标价格大大低于招标人标底,造成项目执行和业主管理的困难。

基于以上原因,水界高速公路在采用最低价评标法时,对范本和指导意见中的办法进行了一定的修改,具体有2种方法。这2种方法都是通过对低价投标人增加较大额度的现金履约保证金来保证投标价格不会过低。为以示区别,称修改后的这2种方法为有限最低价评标法("有限"指对最低价采取了一定的限制措施,不是无条件的)。现对这2种方法作简要介绍。

#### 3.1.1 第1种方法

第1种方法应用于水界高速公路路基土建工程招标。

首先招标人按预算定额编制标底,在开标时公布招标人标底$C$;然后按照范本规定对投标文件进行初步评审、详细评审,对通过初步评审、详细评审的投标人,按以下步骤计算需增加的现金履约保证金:

(1)先将在招标人标底$C$的75%~100%范围内的投标价进行平均,得到投标价的平均值$B$,然后将$B$与招标人标底$C$进行二次平均,得到复合标底$A$,$A=(C+B)/2$。

(2)按照招标文件中的约定,计算出各合同段衡量低标的标准$D$:

大中桥里程占50%以上的合同段,设置$D_1=0.94A$;

以隧道施工为主的合同段,设置$D_2=0.88A$;

其余合同段,设置$D_3=0.92A$。

当投标人投标价大于该合同段的$D$值时,只需要提交10%合同价的银行保函;当投标人的投标价低于$D$值2个百分点以内(含2个百分点),即$0.98D \leqslant$投标价$<D$时,除10%合同价的银行保函外,还需增加20%复合标底($0.2A$)的现金保证金;当投标人的投标价低于$D$值2个百分点以下,机投标价$<0.98D$时,

除 10% 合同价的银行保函外，还需增加 100% 复合标底($A$) 的现金保证金。

(3)计算完毕后，招标人向须增加现金保证金的投标人发澄清确认函，投标人在收到澄清确认函后在规定时间内必须回复是否愿意提交现金保证金。

(4)投标人如回复不愿提交现金履约保证金，则按废标处理。评标时根据回复情况推荐通过初步评审、详细评审、愿意提交现金保证金(如需)且评标价最低的投标人为推荐中标人，次低的为备选第一中标人，依此类推。

3.1.2 第 2 种方法

第 2 种方法应用于水界高速公路路面、附属房建和交通安全设施工程招标。

首先招标人按预算定额下浮一定比例编制上限控制价 $A$(此控制价需通过定额站审核)，在开标前 5 日公布招标人成本估算价；然后在开标现场，招标人当场计算出各合同段的评标基准价。

评标基准价 $D$ 的确定方法如下：

第 1 步：招标人将当场组织以随机抽签的形式确定 $A$ 值的下浮幅度值 $m\%$，按公式 $A_1 = A \times (1 - m\%)$ 计算出下浮后的上限控制价 $A_1$。

$m\%$的确定：在开标现场，招标人将当场组织以随机抽签的形式确定下浮幅度值，下浮幅度值抽取范围为 0%、0.5%、1%、1.5%、2%。第 1 次抽取获得 $m_1$ 值，将第 1 次抽取的值放回后进行第 2 次抽取获得 $m_2$ 值，按公式 $m = (m_1 + m_2)/2$ 计算获得 $m$ 值。

第 2 步：将所有低于 $A$ 的投标价去掉一个最低报价和一个次低报价(如最低报价或次低报价中出现相同报价时，则同时去掉)，投标价高于 $A$ 的投标文件按废标处理。

第 3 步：如果剩余的投标人不小于 5 家，则将余下投标人的投标价进行算术平均，得到平均值 $B$。如果剩余的投标人小于 5 家，则依次以次低报价到最低报价补足 5 家后再进行算术平均，得到平均值 $B$；

第 4 步：将 $B$ 与 $A_1$ 进行第 2 次平均，得到评标基准价 $D$，评标基准价 $D$ 在评标过程中恒定不变。

计算出评标基准价后，按照范本规定对投标文件进行初步评审、详细评审；对通过初步评审、详细评审的投标人，按以下步骤计算需增加的现金履约保证金：

先计算出投标价比较评标基准价 $D$ 下降的百分点 $n$ 和投标价与评标基准价 $D$ 的差值的绝对值 $C$，$n = [(D - Bi)/D] \times 100$，$C = |D - Bi|$($Bi$ 为投标人的投标价)，然后根据 $n$ 值和 $C$ 值计算须增加的现金保证金 $E$。

当 $n \leqslant 3$ 时，履约担保的金额为合同总价的 10%(银行保函)，加上 $E = 2^{(n-2)} \times C$ 的现金保证金；当 $n > 3$ 时，履约担保的金额为合同总价的 10%(银行保函)，加上 $E = 2^{(n+4)} \times C$ 的现金保证金。

投标人需在投标文件中的《现金保证金提交承诺书》中承诺当开标后计算出的 $n > 3$ 时，是否愿意提交现金保证金(由于 $n > 3$ 时，需要提交的现金保证金额巨大，且标价越低，保证金额成几何级数增加，投标人一般都会填写当 $n > 3$ 时不提交现金保证金)。如投标人填写“不提交”，则在计算出该投标人的 $n > 3$ 时，按废标处理。

评标时根据现金保证金的计算情况和投标人关于 $n>3$ 时的承诺情况，推荐通过初步评审、详细评审，愿意提交现金保证金(如需)且评标价最低的投标人为推荐中标人，次低的为备选第一中标人，依此类推。

3.1.3 两种方法的实际招标结果和利弊分析

这两种方法的出发点都是通过对低标增加高额的现金保证金来控制投标人的投标价不至于过低，它们的实际使用结果如下：

采用第 1 种方法的路基土建招标共有 18 个合同段，中标价平均低于招标人标底的 17.68%，中标人最大降幅 25.5%，最小降幅 12.6%。其中有 3 个合同段的中标人未提交现金保证金，中标价相对较高；有 3 个合同段的中标人提交了 100%复合标底的现金保证金，中标价相对较低。除去这 6 家单位，其余合同段的降幅基本上都集中在 15%～21%之间，提交了 20%复合标底的现金保证金。大部分中标人的中标价格的水平比较接近，招标结果基本符合业主的初衷，但 3 个提交了 100%复合标底的合同段(均达 1 亿元以上)成为整个项目的难点。

采用第2种方法的路面工程、房建工程和交通安全设施工程共有10个合同段，中标价平均低于招标人上限控制价的6.64%(上限控制价根据不同工程类别已较预算价下浮了百分之几到百分之十几不等)，中标人最大降幅7.35%，最小降幅6.05%。计算出$n>3$的投标人均未提交现金保证金。中标单位的标价总体较为合理且只提交了较小数额的现金保证金(仅为合同价格的百分之几)。

从2种办法的实际使用效果来看，较好的控制了中标价格和招标人编制价格的差距(第2种方法尤其明显)，通过评标办法引导投标人投出较合理的价格，基本达到了业主的预期。下面结合实际应用经验，总结有限最低评标价法优点与不足。

优点：

(1)以投标价作为定标的最主要条件，避免评标过程中的人为因素。

(2)在招标文件中公布了评标的各种计算方法和废标条件，对投标人起到了较好的引导作用，使评标结果公开、公平、公正。

(3)通过高额现金保证金的限制，使中标价格控制在业主能够接受的范围内。

(4)在计算衡量低标的标准时结合了投标人的投标价，相对比较合理。

(5)第2种方法采取开标前公布上限控制价的做法，避免了标底编制过程中可能存在的泄密问题，避免了高价抬标的情况，同时只要上限控制价编制合理，可以对投标人的投标价进行有利的引导。

(6)第1种方法采用暗标底，第2种方法采用对公布的控制价抽取不确定的下浮值，使投标具有一定的不确定性。而上限价结合现金保证金计算公式的方法又能将投标价控制在一个相对小的范围内，标价的离散性不会太大，投标人如果想要围标，就必须控制所有投标单位才行，只要有一两家单位未参与围标，都不会有十足的把握。这样，增加了围标、串标的难度与成本，可以很大程度上杜绝投标中的围标、串标现象。

(7)大部分中标人都只提交了合同价格百分之几至百分之二十之内的现金保证金，额度不是很高，并且业主可以在工程实施工程中通过现金保证金的返还刺激承包人的施工积极性，同时也可在承包人资金困难时通过返还现金保证金进行缓解。

不足：

(1)2种方法中招标人编制的价格都参与了相关的计算，并起到了重要的作用，如果编制过程中出现偏差，则将导致整体招标结果偏离合理范围。

(2)由于招标人的估算价格在计算评标基准价时占了50%的比重，同时衡量低标的标准被控制在相对固定的下浮范围内，减弱了投标人的竞争性，投标人在计算投标价格时更多的在揣摩业主的评标公式，而相对忽略了自身对投标价格的认真测算。第2种方法由于公布了上限控制价，这一点显得尤为突出。

(3)第1种方法的保证金额度不能完全避免投标人低价抢标，在投标人不惜提交高额保证金也要中标的合同段，由于提交的现金额度很高，在低标的情况下进一步增加了承包人的资金成本，这给业主的管理和项目的执行带来了很大的难度。

### 3.2 合理低价法

合理低价法也是一种主要由投标价格决定中标与否的评标方法，其主要评审过程如下：首先对投标文件进行初步评审和详细评审，然后根据招标文件中公布的公式计算出评标基准价；投标价等于评标基准价的得满分，高于或低于评标基准价者按一定比例扣分，高于评标基准价的扣分幅度比低于评标基准价的扣分幅度大；然后按其投标价得分由高到低的顺序，依次推荐前3名投标人为中标候选人。

范本中未提出合理低价法的评标办法，但其3种评标办法之一的“综合评估法”中对标价得分的计算方法，已有了合理低价法的雏形。但综合评估法还需对财务能力、技术能力、管理水平、业绩与信誉等进行评分，这种方法比较适合技术非常复杂的工程(如特大桥、特长隧道等)，对于一般的工程合同适用性较差。2004年的指导意见中首次明确提出了合理低价法，同时要求公路工程施工招标评标，一般应当使用合理低价法。

指导意见中的评标基准价的计算一般有两种方式：一是采用所有被宣读的投标价的平均值(或去掉一个最低值和一个最高值后的算术平均值)，并对所有不高于平均值的投标人的投标报价进行二次平均，作为评

最低值和一个最高值后的算术平均值)，并对所有不高于平均值的投标人的投标报价进行二次平均，作为评标基准价；二是计算所有被宣读的投标价的平均值(或去掉一个最低值和一个最高值后，取算术平均值)，将该平均值下降若干百分点(现场随机确定)作为评标基准价。指导意见中还明确了为防止哄抬标价，招标人可以设定投标控制价上限，在开标前公布。

水界高速公路绿化工程和伸缩缝工程招标时采用了合理低价法，分别采用了指导意见中的两种评标基准价计算方法。现将招标的过程与结果进行简述。

3.2.1 招标过程

首先，招标人按预算定额下浮一定比例编制上限控制价 $A$(此控制价需通过定额站审核)，在开标前五日公布招标人成本估算价；然后在开标现场，招标人当场计算出各合同段的评标基准价。

评标基准价的 2 种确定方法如下：

(1)第 1 种计算方法(绿化工程)

在开标前 5 日，招标人向所有投标人公布成本估算价 $A$。开标时，第 1 步首先将报价低于 $A$ 值且去掉一个最低的 $D_i$ 值后的所有 $D_i$ 值进行算术平均($D_i$ 为某个投标人的投标价)，得到平均值 $C$(如果参与投标价平均值计算的投标报价少于 5 家时，则计算投标价平均值时不去掉最低 $D_i$ 值)；

第 2 步，将低于 $C$ 值且去掉最低 $D_i$ 值和次低 $D_i$ 值后的所有在此范围内投标价进行平均，得到 $D$ 值，即评标基准价。

(2)第 2 种计算方法(伸缩缝工程)

开标前 5 日，招标人向所有投标人公布成本估算价 $A$。开标时，第 1 步首先将报价低于 $A$ 值且去掉一个最低的 $D_i$ 值后的所有 $D_i$ 值进行算术平均($D_i$ 为某个投标人的投标价)，得到平均值 $C$(如果参与投标价平均值计算的投标报价少于 5 家时，则计算投标价平均值时不去掉最低 $D_i$ 值)，

第 2 步，在开标现场，招标人将当场组织以抽签的形式，随机抽取各合同段 $C$ 值下浮幅度值，下浮幅度值抽取范围为 0%、0.2%、0.4%、0.6%、0.8%、1%、1.2%、1.4%、1.6%、1.8%、2%，据随机抽取的下浮幅度值计算出 $m$($m$ 值的计算采用 2 次抽取的下浮值进行算术平均后得出)。

评标基准价 $D = C \times (1 - m)$。

计算出评标基准价后，即对投标价进行评分：当投标人的投标价等于评标基准价 $D$ 时得满分(100 分)，每高于 $D$ 一个百分点扣 2 分，每低于 $D$ 一个百分点扣 1 分，中间值按比例内插(得分精确到小数点后 2 位)。用公式表示如下：

$$F_i = F - \frac{|D_i - D|}{D} \times 100 \times E$$

式中，$F_i$ 为投标价得分，$F = 100$；$D_i$ 为投标人的投标价；$D$ 为评标基准价。

若 $D_i \geqslant D$，则 $E > 2$；若 $D_i < D$，则 $E = 1$。

评标委员会将按照综合评分由高到低进行排序，推荐通过初步评审，详细评审且综合评分最高的投标人为首选中标人，次高者为第二候选中标人，以此类推。

3.2.2 实际招标结果和利弊分析

水界高速公路绿化工程共有 11 个合同段，中标价平均低于招标人标底的 38.5%，中标人最大降幅 54.1%，最小降幅 26.1%，其中低于 50%的共有 4 个合同段。在各合同段中，中标价为第 5 低标的有 6 家，为第 4 低标的有 3 家，为第 3 低标的有 2 家。伸缩缝工程共有 3 个合同段，中标价平均低于招标人标底的 15.2%，中标人最大降幅 17.2%，最小降幅 12.2%，均为第 4 低价中标(这 2 个项目中各合同段的投标人均为 10 家左右)。

从招标结果可以看出，由于业主只限制了投标价不高于上限控制价，评标基准价由投标人的投标价计算而成，投标人的投标价主导了评标基准价的高低，所以各个合同段的中标价和上限控制价相比的离散性较

大,而第2种计算方法得到的结果要优于第一种计算方法。同时可以看到,中标人在各合同段的名次相对比较固定,也就是说,采用合理低价法对中标价格的控制力度相对有限,但由于没有选择最低价中标,基本上都是第三至第五低标中标,投标人在正常独立的投标情况下,是能够选择到合理的中标价格的。下面结合实际使用经验对合理低价法的优点与不足进行分析。

优点:

(1)以投标价作为定标的最主要条件,避免评标过程中的人为因素。

(2)在招标文件中公布了评标的各种计算方法和废标条件,对投标人起到了较好的引导作用,使评标结果公开、公平、公正。

(3)采取开标前公布上限控制价的做法,避免了标底编制过程中可能存在的泄密问题,避免了高价抬标的情况。

(4)由于上限控制价不参与评标基准价的计算,则对上限控制价的编制精度要求不如有限最低价评标法高,招标人只要保证上限控制价在一个合理偏高的范围即可。

(5)对比有限最低价评标法,更加鼓励投标人的标价竞争,投标人在投标过程中将会认真测算项目成本,分析其他投标人实力,从而确定投标报价。

(6)如上文所述,采用合理低价法,基本排除了最低价中标的可能,从中标人的位次来看,中标价格是比较合理的。

(7)在计算评标基准价时,去掉了一个最低价,对投标人有一定的诱导作用,提示投标人不要以低于成本价竞标。

不足:

(1)由于上限控制价未参与计算,投标人的自主性强,投标结果的离散性较大,各合同段之间的中标单价水平有一定的差异。

(2)评标基准价完全由投标人的投标价确定,投标人就有了进行串标、围标的可能。由于上限控制价,排除了高价围标的可能,但投标人有可能采取低价抢标的方法。举例如下:

如某合同段投标人共有10家,而某单位共串通了5家单位进行围标,业主公布上限控制价为1 000万元,其余5家正常独立投标的投标价在800万~900万元之间,其平均价为850万元。5家串标单位采用低价抢标的方式,分别投出了500万元、510万元、520万元、530万元、540万元。用以上2种计算评标基准价的方式(第2种方法的下浮值按1%计算)分别计算出的评标基准价为530万元和698.5万元。根据标价得分计算方法,分别由投标价为530万元和540万元的投标人中标,投标人低价围标成功。同时也可以看到,2种计算方法计算出的评标基准价相差较大,第2种计算方法明显更趋于合理,投标人围标的难度会更大。

如果低价围标的情况出现,由于对围标、串标的查实非常困难,业主很难将这些单位进行废标,造成的后果是承包人难以正常执行合同,在施工过程中将会千方百计增加投资、减少投入、偷工减料,极大地增加业主的管理难度。

## 4 结语

招投标活动的核心实际上是招标人和投标人的一种博弈,招标人希望通过招标选择到一个能力优秀、中标价格较低的中标人,而投标人则希望通过一切手段中标,且中标价格越高越好。结合目前中国的招投标环境,业主既不愿意投标人高价中标,同时也不愿意投标人以很低的价格中标,而投标人在能否中标和价格能否满足成本要求的问题上,往往都会更倾向于前者。低于成本价竞标引起的诸如管理难度加大、质量下降和后期变更等问题带来的后果可能比一个高价中标更坏,这也是交通运输部明确要控制采用最低价评标法的原因。

重庆地区的高速公路项目招标除了部分大跨径斜拉桥、特长隧道、部分机电设备招标和设计、监理类服务招标采用的综合评估法或双信封评标法,部分技术含量不高的材料采购采用最低价评标法之外,近几年基本上都采用的上文所述的有限最低价评标法和合理低价法,最近采用较多的是合理低价法。

通过上述比较和分析可以看出，2 种评标办法可以说各有优劣。有限最低价评标法的最大问题是投标人的自主竞争性被降低了，基本上可以说是针对评标计算公式的一种数字游戏，但其招标结果和项目的实际执行情况比较好。合理低价法最大的问题是投标人的自主性非常大，不能完全有效地避免低价围标、串标的现象，正常投标的效果较好，一旦被围标、串标成功，将非常不利于项目的执行与管理。

招投标办法的核心是通过投标企业间的竞争，公平、公正地选择承包单位。综合分析这 2 种办法的利弊，应该说合理低价法在现阶段公路工程的招标活动中更为适用。而采用合理低价法中的第 2 种计算方法更为合理且增加了投标人低价围标、串标的难度。为了进一步降低围标、串标的可能性，选取价格合理的中标人，可以在使用第 2 种方法计算评标基准价时，将去掉一个最低标修改为去掉一个最低标和一个次低标；在投标单位比较多时，甚至可以去掉第三低标后进行计算，同时将高低标价扣分的分值差距缩小，如将高一个百分点扣 2 分，低一个百分点扣 1 分修改为高一个百分点扣 1.5 分，低一个百分点扣 1 分。这样，投标人如果要串标，就需要控制更多的单位，难度进一步加大，同时中标价格也更趋于合理。

以上分析与总结都是结合现阶段国内公路建设市场的实际情况进行的。由于现阶段企业的诚信度还不够高，招标工作中遇到了很多这样那样的问题。如果全社会的诚信水平有了很大的提高，那么，对于技术难度不是特别大的项目，采用最低评标价法应该是最公平合理的。相对于其他办法，最低价评标法能够忠实地反映企业的管理水平、施工水平和成本控制水平，评标工作也最为简单。

我国自颁布《招标投标法》以来，各种类型招标活动就成了基础设施建设行业的热点。尽管目前的评标办法还难说尽善尽美，但可以看到，招标工作是在摸索中不断进步的。相信通过全行业的共同努力，业主不断提高管理水平，监理按照规范严格把关，设计单位的设计文件更加完善、合理、经济，承包人遵守合同、诚信履约，就能够使我国的基础设施建设市场更加规范，提升到一个新的高度。那时，招投标活动和评标办法就能够更加科学、合理、简单、公开、公平、公正。

## 参考文献


[1] 中华人民共和国交通部. 公路工程国内招标文件范本[M]. 北京：人民交通出版社，2003.

[2] 中华人民共和国交通部. 关于贯彻国务院办公厅关于进一步规范招投标活动的若干意见的通知[Z]. 北京：中华人民共和国交通部，2004.

[3] 中华人民共和国交通部. 公路工程施工招标投标管理办法[Z]. 北京：中华人民共和国交通部，2006.

# 后　记

历经数月的劳作和期待，这本题为《山区高速公路建设技术论文集》，上下册合500多页的论文集终于编排完毕付梓印刷了，但愿所有捧起这本书的读者在阅读后都能有所思有所得，我们将感到非常欣慰和满足。

重庆市“二环八射”高速公路网的建成是党和人民共同努力的结果，也凝结了无数公路学人的心血和智慧。为了提炼过去20年建设和管理经验，总结又好又快提前10年建成“二环八射”路网的方法，我们编写了《山区高速公路建设技术论文集》这本书，希望对今后的工程建设和管理具有借鉴和启示作用。

本书的作者均是来自直接或间接参与山区高速公路项目管理、设计、监理、建设等人员，他们结合国内外高速公路建设管理经验和山区高速公路建设实际，总结、探讨了路线、路基、路面、桥梁、隧道设计原理、施工技术和高速公路合同、质量、成本和安全管理及山区高速公路生态环保等方面的观点和实践经验，涉及面广，针对性强，具有理论深度和实际应用价值，其中不少论文所涉及内容具有独创性，对提高高速公路建设管理水平、丰富筹资、招投标、施工等经验、铸造精品工程和高效能工程，具有一定的借鉴意义。

在编辑本论文集时，前后共收到论文近400篇，从突出高速公路建设的新理念出发，以重庆山区高速公路建设和管理为背景，考虑本书总体字数限制，几经遴选，最后确定108篇。全书分为公路工程、桥梁工程、隧道工程、交通工程及环保景观、工程建设管理与其他等五章，以期与同行们进行交流。

本论文集在编辑过程中，得到重庆市委、市政府、市交委和高速公路集团有限公司领导的关心、指导和支持，以及相关的院校、科研、设计、施工和监理等单位专家学者积极参与，他们为编辑本论文集做出了许多具体工作，在此，一并表示衷心感谢。

鉴于出版时间急，在遴选论文时，难免挂一漏万，敬请未收录的作者理解。再者，有些被收录的论文，由于篇幅较长，也做了适当的压缩或删减，如有不妥之处，敬请包涵。